Dänemark

Hans Klüche

Reise-Handbuch

Inhalt

Wissenswertes über Dänemark

Das liebenswerte Königreich im Norden	10
Steckbrief Dänemark	12
Natur und Umwelt	14
Aktuelle Politik, Wirtschaft und Soziales	21
Geschichte	27
Zeittafel	36
Gesellschaft und Alltagskultur	38
Kunst und Kultur	46
Essen und Trinken	56
Kulinarisches Lexikon	64

Wissenswertes für die Reise

Informationsquellen	68
Reise- und Routenplanung	70
Anreise und Verkehr	75
Unterkunft	83
Sport und Aktivurlaub	88
Einkaufen	91
Ausgehen	92
Gut zu wissen	93
Reisekasse	95
Reisezeit und Ausrüstung	96
Gesundheit und Sicherheit	97
Kommunikation	98
Sprachführer	100

Unterwegs in Dänemark

Kapitel 1 Die Nordseeküste – von den Marschen zum Limfjord

Auf einen Blick: Die Nordseeküste	106
Tønder, Højer und die Marschen	108
Tønder	108
Møgeltønder	111

Rudbøl und Højer	113
Aktiv unterwegs: Tour durch Ballum Enge	114
Von der Tønder Marsk zum Rømø Damm	115
Skærbæk · Bredebro und Løgumkloster	116
Aktiv unterwegs: Sort Sol – der Schwarzen Sonne auf der Spur	117

Rømø, Mandø, Fanø und das Wattenmeer	118
Nationalpark Wattenmeer	118
Rømø	121
Aktiv unterwegs: Strandsport auf Rømø	123
Mandø	125
Fanø	127
Ribe	132
Gram · Esbjerg	139
Blåvand bis Thyborøn	146
Ganz im Westen	146
Varde	152
Billund	153
Aktiv unterwegs: Das 100-Kilometer-Museum	155
Ringkøbing Fjord	156
Stadil Fjord und Nissum Fjord	163
Von Ferring bis Thyborøn	167
Holstebro	168
Herning	170
Daugbjerg und Mønsted	171
Von Skive bis Struer	172
Lemvig	175

Kapitel 2 Nordjütland – Dänemarks hoher Norden

Auf einen Blick: Nordjütland	178
Thy und Mors	180
Sydthy	180
Aktiv unterwegs: Angelparadies Thy	182
Nationalpark Thy	183
Aktiv unterwegs: Kite-, Wind- und Wavesurfen auf Thy	184
Thisted	189
Insel Mors	190
Jammerbugten bis Skagen	193
Hanherred	193

Inhalt

Blokhus	195
Løkken und Umland	196
Lønstrup Klint	199
Hjørring	202
Hirtshals	203
Skagen	206
Aktiv unterwegs: Grenen – Land's End auf 57° 44' 36'' Nord	212

Von Skagen zum Mariager Fjord	216
Ålbæk Bugt · Frederikshavn	216
Insel Læsø	218
Von Sæby zum Limfjord	222
Aalborg	223
Aktiv unterwegs: Limfjordruten und Snapseruten – Radwandern zu Kultur und Genuss	230
Himmerland	231

Kapitel 3 Ostjütland und Fünen

Auf einen Blick: Ostjütland und Fünen	238
Jütlands Südosten	240
Flensborg Fjord	240
Insel Als	241
Von der Grenze bis Christiansfeld	244
Aktiv unterwegs: Zubringer zum Jakobsweg – Hærvejen	246
Kolding	250
Fredericia	253
Vejle Fjord und Vejle Ådal	255

Zwischen Seenhochland und Kattegat	258
Um den Horsens Fjord	258
Silkeborg und das Seenhochland	261
Aarhus	264
Samsø	274
Djursland mit Insel Anholt	277
Randers	283
Viborg	285
Fünen und Inseln	286
Insel der Schlösser	286
Odense	287
Fünens Nordwesten	297
Fünens Nordosten	299
Fünens Südwesten von Middelfart bis Faaborg	301

Aktiv unterwegs: Radtour zum Toskana-Turm	302
Svendborg	307
Aktiv unterwegs: Øhavsstien – Wandern im Inselmeer	309
Øhavet – südfünisches Inselmeer	310
Ærø	311
Tåsinge	316
Langeland	317
Aktiv unterwegs: Petri Heil auf dem Langelandsbælt	319
Nyborg und der Osten	321

Kapitel 4 Lolland, Falster, Møn und Seeland

Auf einen Blick: Lolland, Falster, Møn und Seeland	328
Lolland, Falster, Møn	330
Lolland	330
Aktiv unterwegs: Mit dem Postboot zur Albuen-Wandertour	334
Falster	336
Møn	340
Aktiv unterwegs: Wege und Risiken an Møns Klint	344
Seeland abseits der Metropole	346
Vordingborg	346
Næstved	347
Aktiv unterwegs: Paddeln auf der Suså	349
Von Præstø bis Køge	351
Aktiv unterwegs: Inselbesuche im Großen Belt	354
Von Skælskør bis Kalundborg	355
›Seelands Herz‹ um Sorø und Ringsted	360
Holbæk	363
Odsherred	365
Roskilde	370

Kapitel 5 Kopenhagen, Nordseeland und Bornholm

Auf einen Blick: Kopenhagen, Nordseeland und Bornholm	378
Kopenhagen	380
Millionenstadt mit 500 000 Einwohnern	380
Zwischen Rathausplatz und Kongens Nytorv	382
Nördlich vom Zentrum	388
Vom Rathausplatz zum Nationalmuseum	390
Slotsholmen	391

Inhalt

Vesterbro, Valby und Frederiksberg	392
Spaziergang zur Meerjungfrau	395
Christianshavn	399
Amager	401
Køge Bugt und Arken	402
Charlottenlund bis Klampenborg	402
Seen und Museen um Kongens Lyngby	403
Nordseeland	**414**
Ostküste	414
Helsingør	420
Nordseelands Nordküste	425
Frederikssund und Hornsherred	428
Kongernes Nordsjælland	429
Bornholm	**432**
Bornholms Attraktionen	433
Ertholmene	437
Aktiv unterwegs: Im Flying Fox über den Opalsø	441
Register	**442**
Abbildungsnachweis/Impressum	**448**

Themen

Die Wikinger sind wieder da	31
Zankapfel Schleswig	41
Folkehøjskoler – Schulen fürs Volk	45
Kalkmalerei – Erbe des Mittelalters	54
Rondo Bornholm – der dänische Burgunder	63
Wat is' wat im Watt?	119
Ein Wal für Rømø	124
Festung Hanstholm	186
Der Strand als Hafen	198
Die Skagenmaler	214
Ringreiten – Punktejagd mit Lanze	248
Kunst im Namen der CoBrA	262
Der Märchenmann	292
Reisen zwischen West- und Ostdänemark	324
Roskilde – das Festival	373
Wo der Himmel Form annahm – Insel Hven	418
Martin Andersen Nexø	438

Alle Karten auf einen Blick

Überblickskarte: Die Nordseeküste	107
Ballum Enge: Wanderkarte	114
Fanø	128
Ribe: Cityplan	133
Esbjerg: Cityplan	140
Das 100-Kilometer-Museum: Fahrrad-Routenkarte	155
Überblickskarte: Nordjütland	179
Skagen: Cityplan	206
Aalborg: Cityplan	224
Überblickskarte: Ostjütland und Fünen	239
Aarhus: Cityplan	266
Odense: Cityplan	288
Assens und Halbinsel Helæns: Fahrrad-Routenkarte	302
Überblickskarte: Lolland, Falster, Møn und Seeland	329
Von Naskos nach Albuen: Wanderkarte	334
Møns Klint: Wanderkarte	344
Überblickskarte: Kopenhagen, Nordseeland, Bornholm	379
Kopenhagen City: Cityplan	384
Kopenhagen Hafen: Cityplan	397
Nordseeland	416
Helsingør: Cityplan	422
Bornholm	436

▶ Dieses Symbol im Buch verweist auf die Extra-Reisekarte Dänemark

Die Badehütten am Strand sind ein Markenzeichen dänischer Freizeitkultur

Wissenswertes über Dänemark

Das liebenswerte Königreich im Norden

Von Gedser Odde, dem südlichsten, bis Grenen, dem nördlichsten Flecken, von Blåvands Huk ganz im Westen bis Christiansø, weit im Osten, präsentiert sich das Königreich Dänemark mit einer überraschenden Vielfalt der Landschaften und Städte, die einem oberflächlichen Blick oft verborgen bleibt. Dänemark klotzt nicht mit grandiosen Landschaften, gigantischen Bauten oder geografischen Weltrekorden, es sind eher Details, die das Land liebenswert machen.

Ein See erstreckt sich durch ein langgezogenes Tal, dichte Wälder breiten sich über umliegende Hügel aus, ein Raddampfer zieht seine Bahn über das spiegelglatte Wasser – das ist Dänemarks Seenhochland rund um die Stadt Silkeborg, ein Dänemark jenseits der gängigen Klischees. Ebenso wenig passen die Heide- und Moorlandschaften, die im zentralen Jütland allen Kultivierungsmaßnahmen trotzten, in das typische Bild des kleinen Königreiches, denn letztlich sind alle anderen Landschaften nur Beigaben für das, was die meisten Urlauber ansteuern: Dänemarks Küsten. Weit über 7000 km ziehen sich Meeresufer um die große Halbinsel Jütland, Dänemarks kontinentalen Teil, sowie um eine maritime Welt aus Inseln, Inselchen und sogar einigen Schären. Und wären da nicht die knapp 70 km Landgrenze zu Deutschland, Dänemark wäre ein Inselstaat.

Unendlich erscheinende Strände, Nordseewellen auf der einen, ein breiter Dünengürtel auf der anderen Seite – so präsentiert sich der Westen Jütlands. Meeresströmungen haben Dänemarks Nordseeküste zu einem weich geschwungenen Band ›ausgeglichen‹. Trotzdem ist sie nicht einheitlich und erst recht nicht überall flach: Lehm- und Kalksteinklippen – Bovbjerg, Bulbjerg und Rubjerg Knude – unterbrechen spektakulär das Dünenband. Kontrast zu diesen ›Gipfeln‹ ist das unendlich flache Wattenmeer im Südwesten, eine ökologisch bedeutende Landschaft, beherrscht vom ständigen Wechsel der Gezeiten.

Ein Vielfaches an Küstenkilometern und Küstenformen zeigt das Land aber zur Ostsee: Folgen Sie einmal dem Ufer der dänischen Inseln vom äußersten Südzipfel des Landes, Gedser Odde auf Falster, nach Norden. Zuerst zeigt sich das Ufer so flach, dass man es sicherheitshalber mit kräftigen Deichen geschützt hat. Dann ein kurzer Sprung, und man kann von den Kreideklippen der Insel Møn über 100 m steil nach unten auf die Ostsee schauen. Oder Bornholm: Im Süden feinste Sandstrände, im Norden Badebuchten, die sich zwischen Granitfelsen zwängen, und zum Anhängsel Christiansø gehören die einzigen Schären Dänemarks.

Überhaupt die Inseln: Amtlich – sprich mehr als 100 m² groß – sind es 1419, andere Zählungen kommen auf vier- bis fünfhundert. Da sind von Watt umgebene Strand- und Düneninseln an der südlichen Nordsee, von der Landwirtschaft und idyllischen Dörfern geprägte Inseln im Limfjord, entlang der Ostküste Jütlands und rund um Fünen oder die beiden rauen Perlen im Kattegat, Anholt und Læsø. Und es gibt die beiden großen Inseln Seeland und Fünen, jede für sich facettenreich wie ein kleines Land.

Dänemarks Städte sind nach mitteleuropäischen Maßstäben klein. Doch bieten sie vielseitige Kulturbegegnungen mal von liebenswerter Provinzialität, mal auf Augenhöhe mit globalen Highlights. Sie zeigen Lebensstil mit viel klarem nordischem Charme, aber auch einem gehörigen Schuss geradezu mediterraner Lebensfreude. Alle bemühen sich um die Menschen, drängen Autos aus den Zentren, bewahren Altes, wo es greifbar ist, und zeigen sich dank großzügiger Kulturförderung moderner Kunst aufgeschlossen. So präsentiert manches Nest, dessen Name außerhalb des Landes kaum jemand kennt, Attraktionen aus Kunst und Geschichte von internationalem Niveau.

Eine Stadt aber ist weit über Dänemarks Grenzen bekannt: Kopenhagen, eine überschaubare Metropole mit allem, was zu einer Weltstadt gehört: großartige Museen, urige Kneipen und ein ehrwürdiges Regierungsviertel, Parks, malerische Kanäle, Schlösser aus verschiedenen Epochen, die alternative Freistadt Christiania mit ihren Mythen und ›Tüten‹, das weltbekannte Tivoli mit seinem romantischen Charme und Strøget, die Mutter aller Fußgängerzonen und eine der bekannten Einkaufsstraßen Europas. Die Kleine Meerjungfrau, Kopenhagens Wahrzeichen, hat Symbolcharakter für den Lebensstil der Stadt: freizügig, aber nicht aufdringlich.

Kopenhagen ist die dominierende Stadt in Dänemark, trotzdem suchen andere die Konkurrenz: Aarhus schickt ein prächtiges Konzerthaus und sein großartiges Museum für moderne Kunst ARoS ins Rennen und veranstaltet jedes Jahr Festwochen auf internationalem Niveau, Odense kontrastiert seine Andersen-Gedenkstätten mit einem lebendigen Kunst- und Kulturzentrum in einem alten Fabrikgebäude im Herzen der Stadt, Aalborg weist auf seine Museen hin und vergisst nie, die vielen Restaurants und Kneipen der Stadt zu erwähnen.

Dänemarks Landschaften lassen sich nicht auf Strand und Dünen reduzieren, die Städte nicht auf Fachwerkbauten und Renaissanceschlösser. Es lohnt sich, die Vielfalt des Landes zu entdecken. Und alle sind willkommen – »Velkommen i Danmark«.

Typisch Dänemark – aber das Land ist mehr als ein Fluchtpunkt für Bauernhaus-Romantiker und Radfahrer

Steckbrief Dänemark

Daten und Fakten

Name: Kongeriget Danmark (Königreich Dänemark). Ist im Folgenden von Dänemark die Rede, ist der Staat gemeint. Zum Königreich gehören noch die ›gleichberechtigten Nationen‹ **Føroyar** und **Kalaallit Nunaat** (S. 22).

Fläche: 43 094 km²

Landeshauptstadt: København (Kopenhagen) 562 000 Einw., Ballungszentrum je nach Zählweise ca. 1,2–2 Mio. Einwohner.
Größte Städte: Aarhus 256 000 Einw. Stadt (urbane Bebauung) / 320 000 Einw. Kommune (inkl. ländlichem Umland), Odense 170 000 / 194 000, Aalborg 106 000 / 203 000, Esbjerg 71 500 / 115 000.

Amtssprache: Dänisch. Deutsch ist im Süden Jütlands ›anerkannte und geschützte Minderheitssprache‹.
Einwohner: 5,61 Mio. (= 130,1/km²)
Bevölkerungswachstum: 0,11 mit statistisch 1,8 Kindern pro Frau
Lebenserwartung: Männer 77,3, Frauen 81,6 Jahre

Währung: Dänische Krone (DKK), der Wechselkurs ist fest an den Euro gebunden. Offizielle Zahlungsmittel sind ferner Banknoten der Føroyska Krónan (Färöische Krone; immer 1 : 1 zur DKK), die aber außerhalb der Färöer-Inseln so gut wie nie auftauchen.
Zeitzone: Mitteleuropäische Zeit (MEZ) mit Sommerzeit (MESZ)
Internationale Kennungen: Internet: .dk; Kfz-Kennzeichen: DK; Währungskürzel: DKK; Telefonvorwahl: +45.
Landesflagge: Danebrog (dän. Dannebrog, wörtlich übersetzt: ›Dänentuch‹) mit weißem Kreuz auf rotem Grund. Der Sage nach seit 1219, nachweislich ab Mittte des 15. Jh. Reichsflagge.

Geografie

Üblich ist die Trennung in Landesteile östlich des Großen Belt (Seeland, Lolland, Falster und umliegende Inseln) und westlich des Großen Belt (Jütland und Fünen). Eine Sonderstellung nimmt die Insel Bornholm ein. 7314 km Küste stehen nur 67,6 km Landgrenze mit Deutschland gegenüber. Mehr als 400 Inseln sind namentlich benannt, ca. 75 bewohnt. Größte Insel ist Sjælland (Seeland), dort leben auf 17 % der Landesfläche etwa 40 % aller Einwohner.

Dänemark ist im Durchschnitt nur 31 m hoch, aber hügelig: Der erst 2005 ›entdeckte‹ Gipfel Møllehøj in Mitteljütland erreicht 170,86 m, die Wiesen im trockengelegten Lammefjord in Nordwestseeland liegen 7 m unter Normalnull.

Größter See ist der Arresø (37 km²) in Nordseeland, der längste Fluss die Gudenå (158 km) in Mitteljütland. Sie wird allerdings noch vom Limfjord übertroffen, der mit rund 180 km Länge der längste Meeresarm in Dänemark ist.

Geschichte

Die Staatsgründung fällt in die Wikingerzeit. Das Königshaus geht auf Gorm den Gamle (ca. 950) zurück und gilt nach dem japanischen Kaiserhaus als ältestes der Welt. Größte Macht und Ausdehnung hat das Land Ende des 14. Jh. in der Kalmarer Union unter Margrete I,. als es den gesamten Norden beherrscht. Der Zerfall beginnt 1412 mit Margretes Tod. Zahlreiche Kriege mit Schweden und dem deutschen Reich (zuletzt 1864) führen zu immer weiteren Gebietsverlusten. Die Grenzen Dänemarks veränderten sich zuletzt 1920 durch eine Volksabstimmung in Südjütland.

Staat und Politik

Dänemark besitzt eine parlamentarisch-demokratische Erbmonarchie mit einem Einkammerparlament, dem *Folketing*. Staatsoberhaupt mit repräsentativen Aufgaben ist Königin Margrethe II. Ihre wichtigste politische Aufgabe: Sie beauftragt nach Wahlen den Politiker mit der Regierungsbildung, dem sie die besten Chancen einräumt, im Folketing nicht abgewählt zu werden. Seit 1973 sind dort immer 7–10 Parteien vertreten, meist regieren Minderheitskoalitionen.

Seit Oktober 2011 ist die Sozialdemokratin Helle Thorning-Schmidt Regierungschefin. Ihre Drei-Parteien-Mitte-Links-Koalition wird von der grün-sozialistischen Partei (Enhedslisten – De Rød-Grønne) unterstützt. Dänemarks *statsminister* kann jederzeit kurzfristig Neuwahlen ansetzen, der nächste reguläre Urnengang wäre 2015 fällig.

Wirtschaft und Tourismus

Dänemark ist eines der reichsten Länder der Erde. Gas- und Ölfunde unter der Nordsee sanierten seit den 1980er-Jahren den Staatshaushalt, der bis 2008 noch Überschüsse erzielte und erst mit der globalen Wirtschaftskrise ins Minus drehte. Trotzdem scheint das Land gut aufgestellt (Zahlen Juni 2013) mit geringer Inflation (ca. 0,6 %) und Arbeitslosigkeit (netto 4,5 %, brutto = inkl. Personen in ABM-Programmen 5,9 %). Den Arbeitsmarkt zeichnen hohe Zufriedenheit der Arbeitnehmer mit ihren Jobs, große soziale Sicherheit, weltweite Spitzenwerte beim Beschäftigungsgrad von Frauen und große Jobmobilität aus.

In der Industrie überwiegen kleine und mittlere Betriebe, Großindustrie gibt es wenig. Die Außenhandelsbilanz ist positiv, größte Handelspartner sind Deutschland, Schweden und Großbritannien, wichtigste Exportgüter Produkte der metallverarbeitenden Industrie und der Landwirtschaft. Die meisten Arbeitsplätze bietet der Dienstleistungssektor, knapp über 100 000 der Tourismus. Deutsche sorgen für fast 60 % der insgesamt 22 Mio. Übernachtungen ausländischer Gäste und haben klare Vorlieben: In Ferienhäusern stellen sie 86 % aller nicht dänischen Urlauber, in Jachthäfen 64 %, auf Campingplätzen 62 %, in Hotels aber nicht einmal 10 %.

Bevölkerung und Religion

Knapp 90 % der Gesamtbevölkerung sind von Geburt Dänen, etwa 15 000 bis 20 000 davon gehören der deutschen Minderheit in Sønderjylland an. Die größte Migrantengruppe bilden Türken, gefolgt von Polen, Deutschen (ca. 32 000), Irakern und Libanesen.

80 % der Dänen – Tendenz fallend – sind Mitglieder der evangelisch-lutherischen Folkekirke, die in der Verfassung als Staatskirche verankert ist, Kirchenoberhaupt ist Königin Margrethe. Die Zahl regelmäßiger Kirchgänger ist gering. Andere Religionen und Sekten rekrutieren sich meist aus Migrantenkreisen: Muslime 4 %, Katholiken, Buddhisten, Juden u. a. jeweils unter 1 %.

Natur und Umwelt

Die letzte Eiszeit war der Landschaftsdesigner, schuf ein flaches, aber hügeliges Land, geprägt vom Meer und seinen Ufern. Bei Flora und Fauna sind es die Tiere des Meeres und die gefiederten Bewohner der Küsten, die das größte Interesse wecken, ebenso wie die Biotope im Grenzbereich zwischen Wasser und Land.

Meerumschlungen

»Wohin Du auch in diesem Land reisen magst – immer wird dies wogende, endlose Blau Dir entgegen winken, bevor Du es ahnst, bald freundlich lächelnd, halb zutraulich, als wolle es Dich zu sich hinaus locken mit seinen weißen, wogenden Schaumblumen, mit denen es seine Brust geschmückt hat; bald in völliger Ruhe, nackt und schön in trägem Schlummer, sich im blauen Gewölk des Horizontes verlierend; bald wieder einem Ungeheuer gleich mit drohendem Antlitz, gerunzelten Braunen, aus tausend schaumumkränzten Schlünden brüllend, während es gleichsam hungrig und beutegierig mit seinen starken Pranken gegen das Ufer donnert.« Was Dänemarks späterer Literaturnobelpreisträger Henrik Pontopiddian 1890 über sein Land schreibt, gilt bis heute: Das Meer prägt Dänemark; Buchten und Fjorde, Strände und Klippen gliedern das Land.

Küstenlandschaften

Die Dänen nennen die Küste im Westen ihres Landes ›Vestkysten‹, die Westküste, und das Meer, das daran brandet, ›Vesterhavet‹, das Westmeer – unsere Nordsee. Vom Rømø-Südstrand bis zur Sandbank Grenen, Mitteleuropas Fingerzeig nach Norwegen, stemmt sie sich über fast 400 km als langes Sandband gegen Wellen und Winde.

Hinter dem Strand türmen sich auf langen Abschnitten mächtige Dünen auf, in deren Windschatten sich idyllische Strandhöfe aus früheren Zeiten ducken, aber auch immer mehr Ferienhäuser.

Ein Abschnitt der Nordseeküste ganz im Süden fällt jedoch aus diesem Rahmen: Schlick und Schlamm statt Sandstrand prägen das Wattenmeer (S. 119), eine maritime Halbwelt im Rhythmus der Gezeiten und eine der bewahrungswürdigsten Naturlandschaften der Erde. Zweimal täglich wird es von der Nordsee überspült, zweimal täglich fällt es wieder trocken, eine Dynamik, die für eine ungeheuer große Produktion kleinster Pflanzen und Tiere sorgt, die am Anfang maritimer Nahrungsketten stehen. Nicht von ungefähr wurde das Wattenmeer zu einem der ersten Nationalparks Dänemarks erklärt.

Auf die Küsten des ganzen Landes bezogen, sind die 400 km entlang der Nordsee aber nur ein kleiner Teil, ihnen stehen fast 7000 km Ostseeufer gegenüber. Die zeigen in Nordjütland und an der Kattegatküste Nordseelands auch Sandstrände und Dünen, aber alles ein paar Nummern kleiner als an der Nordsee. Wellen branden hier meist sanfter an ein flach abfallendes Ufer – Ostseestrände sind fast immer kinderfreundlicher als die Strände der Nordsee.

Doch hat die Ostsee auch viele Küstenkilometer, die allenfalls aus schmalen Schotterbändern bestehen, an die Felder, Äcker oder Wälder stoßen. Ein Highlight sind indes die imposanten Kalksteinklippen im Osten der Insel Møn, aufgefaltete und an die Oberfläche gedrückte Ablagerungen vom Grund eines Kreidezeit-Meeres vor rund 70 Mio. Jahren.

Und ganz im Osten gibt es sogar eine Felsenküste mit ansehnlichen Klippen und ein paar Schären: Die Insel Bornholm (ab S. 432) ist ein freistehender, an die Oberfläche ragender Horst des skandinavischen Grundgesteins und zeigt sich in ihrem Norden anderen skandinavischen Landschaften ähnlicher als dem Mutterland.

Entstehung der Landschaften

Vor rund 20 000 Jahren, auf dem Höhepunkt der letzten Eiszeit, schob sich das ganz Skandinavien bedeckende Eisschild von Norden und Osten bis zu seiner Hauptstillstandslinie in Mitteljütland vor. Diese Endmoränenkette, die die damals weiteste Ausdehnung der Gletscherfront markiert, bildet Dänemarks bedeutendste geologische Grenze. Sie zieht sich von einem Scheitelpunkt bei Viborg nach Süden bis zum Ende der Flensburger Förde und nach Westen bis zum Bovbjerg (S. 167), dessen Steilküste zur Nordsee ein Anschnitt des gewaltigen Erd- und Schutthaufens ist, den die Gletscher vor sich hergeschoben haben.

Nach Westen flossen gewaltige Schmelzwassermassen ab und hinterließen einen flachen, armen Sandboden. Nur dort, wo Geestinseln, Ablagerungen früherer Eiszeiten, den Wassermassen standhielten, und dort, wo sich später durch Marschbildung neuer Boden aufbaute, ist das Land von Natur aus fruchtbar.

Die Mündungsgebiete der Gletscherströme wurden bei steigendem Meeresspiegel zu großen Buchten, anschließend legten Meeresströmungen jenes sanft geschwungene Band der Strände von heute davor. Nehrungen wie die Landzunge Holmsland Klit am Ringkøbing Fjord (S. 156) schufen klassische Haffs – der Begriff ›Fjord‹ im Namen ist etwas irreführend.

Anders im Osten: Unter dem Eis grub das Wasser Abflüsse in den Grund, heute die in West-Ost-Richtung verlaufenden Fjorde und Täler Ostjütlands. Beim Rückzug des Eises lagerte sich in den östlichen Landesteilen des heutigen Dänemark guter Ackerboden ab. Der Abschmelzprozess verlief durch den Wechsel wärmerer und kälterer Perioden aber wie eine Springprozession: Rückten die Eismassen wieder etwas vor, schoben sie den Boden vor sich zu ausgeprägten Hügellandschaften zusammen. Die Mols Bjerge auf der Halbinsel Djursland – seit 2009 Nationalpark – sind das Paradebeispiel einer solchen ›Randmoräne‹, aber auch Øhavet, die Inselwelt vor Südfünen, entstand so, doch ließ dort eine Landsenkung die Landschaft später vom Meer überfluten, nur die Anhöhen blieben als Inseln zurück.

Aufgetaucht

In den ersten Jahrtausenden nach der Eiszeit erstreckte sich eine durchgehende Landmasse von Schweden bis England. Erst ein weiteres Abschmelzen des Eises im hohen Norden und der damit verbundene Anstieg des Meeresspiegels ab etwa 6000 v. Chr. be-

Wer ist der Größte im ganzen Land?
Man kann auch auf niederem Niveau streiten: Bis Mitte des 19. Jh. galt der markante Himmelbjerget bei Silkeborg mit 147 m als höchste Erhebung des Landes. Dann wurde Ejer Bavnehøj südlich von Aarhus zum Gipfel hochgemessen. Eine erneute Vermessung 1941 machte den nahen Yding Skovhøj zur Nummer 1, einer von drei Grabhügeln aus der Bronzezeit auf seiner Spitze brachte ihn auf 172,54 m. Das gab langen Streit: Was ist eine natürliche Höhe, was eine unzulässige, von Menschen geschaffene? Seit 2005 ist der unscheinbare Møllehøj (S. 261), nur ein paar hundert Meter westlich des Ejer Bavnehøj, mit 170,86 m die amtlich höchste natürliche Erhebung Dänemarks, 9 cm höher als der Yding Skovhøj ohne Grabhügel und 51 cm höher als Ejer Bavnehøj. Zum Vergleich: Der Fernsehturm von Aarhus erreicht 325 m über Null, die Pylone der Brücke über den Großen Belt messen 254 m.

Natur und Umwelt

Küstenlandschaft auf Langeland am Rande des südfünischen Inselmeers

endete diese ›Festlandszeit‹. Erste Konturen des heutigen Dänemark waren jetzt zu erahnen, aber die Form, in der sich das Land aktuell zeigt, ist das Resultat eines langsamen, bis in die Gegenwart reichenden Prozesses.

Das Land nördlich des Limfjord ist ein besonders junger, längst nicht vollendeter Teil Dänemarks. Nach dem Abschmelzen der Gletscher breitete sich hier eine Inselwelt im ›Litorinameer‹ aus, deren Nordgrenze etwa zwischen den heutigen Städten Hirtshals und Frederikshavn verlief. Dann hob sich der Boden, dort wo sich die Halbinsel Skagen nach Norden streckt, immerhin um 13 m. Geologisch geschulte Augen erkennen vielerorts alte Küstenlinien weit im Landesinneren. Landmarken wie die 50 m hohe Kalksteinklippe Bulbjerg oder die Anhöhen, auf denen Städte wie Hanstholm und Hirtshals liegen, sind Reste alter Moräneninseln, während alle flachen Küstenabschnitte Neuland aus den letzten sechs Jahrtausenden sind.

fünen ebenso zur Folge wie die Entstehung des Wattenmeers vor Südwestjütland.

Sandflug und Biotopschutz

Die Landhebung und das Absinken des Meeresspiegels durch eine Zwischeneiszeit führte ab dem 16. Jh. zu einer Ökokatastrophe, die viele Küstenregionen bis heute prägt: Sandflug. Er traf auf ein Land, dessen Vegetation durch Abholzung und Beweidung seit der Wikingerzeit gelitten hatte und in der ersten Hälfte des 17. Jh. für den Schlösser- und Schiffsbauboom der Renaissance einen von der Natur nicht mehr auszugleichenden Aderlass erlebte. Viel fruchtbares Land versank unter Dünen, ganz Landstriche entvölkerten.

Erst 1805 rettete ein Waldgesetz die letzten verbliebenen Wälder, ab Mitte des 19. Jh. wurde der Sandflug mit systematischem Anpflanzen großer Dünenforste bekämpft und bis zum Anfang des 20. Jh. weitgehend eingedämmt. Diese *klitplantager* gehören zu den Merkmalen dänischer Küsten. Angepflanzt wurden fremde Nadelhölzer, die auf den kargen Sandböden überleben konnten: Bergkiefern aus Mitteleuropa spielten die Pioniere, später kamen ökonomisch attraktivere Kiefernarten wie Sitkafichten aus Amerika hinzu.

Zwar ist Dänemark im internationalen Vergleich immer noch recht waldarm, aber während andernorts immer mehr Waldgebiete verschwinden, stieg der Anteil der Wälder und Forste an der Gesamtfläche Dänemarks zwischen 1805 und heute von etwa 2 % auf gut 12 %, Tendenz wachsend. Die Wälder im Landesinneren sind vor allem von Buchen geprägt. Ansonsten ist Dänemark so stark vom Menschen gestaltet wie kein anderer Flächenstaat Europas: 60 % des Bodens werden beackert oder beweidet.

Empfindliche Biotope

Trotz aller Bepflanzungen besitzt Dänemark entlang der Nordseeküste immer noch Europas größte Dünenareale. Die noch nicht bewachsenen weißen Dünen sind Sandmassen in Bewegung. Sie werden, wo nötig, mit an-

Abgesunken

Während sich der Norden Jütlands langsam aus dem Steinzeitmeer hob, sank der Süden in die Tiefe. Vom Nissum Fjord durch den Kleinen Belt und quer über Fünen an der Nordspitze von Langeland entlang bis zur Nordostecke von Falster zieht sich die Trennlinie zwischen Landhebung und Senkung durch Dänemark: Hier liegt eine geologische ›Wippe‹ auf. Südlich davon hatte diese Landsenkung die Bildung der Inselwelt vor Süd-

Natur und Umwelt

spruchslosen Pflanzen befestigt, vor allem mit Strandhafer, aber auch verdorrte Äste und Zweige, die oft in Dünenmulden liegen, sind Versuche, den Sand zu binden. In wenigen eindrucksvollen Fällen unterbleibt aber jede Stabilisierung, weil Naturschutzgesetze auch Wanderdünen ein Existenzrecht garantieren. So darf die größte ihrer Art, die Råbjerg Mile (S. 208), ungehindert über die Halbinsel Skagen kriechen.

Robben, Fische, Vögel und das Watt

Auf dem Land fallen natürlich Nutztiere zuerst ins Auge, aber neben Kühen, Schafen und Schweinen (S. 25), die sich wieder häufiger unter freiem Himmel suhlen dürfen, sieht man gelegentlich wild lebende Säugetiere. Das bedeutendste Wildrevier mit Füchsen, Wildschweinen und dem größten Rotwildbestand im Lande grenzt direkt an eine der bekanntesten Ferienhausregionen bei Blåvands Huk und Vejers ganz im Westen (ab S. 148).

> **Nationalparks in Dänemark**
> Seit 2005 läuft ein Programm zur Einrichtung von Nationalparks. Drei sind bisher offiziell eröffnet (Thy, Mols Bjerge, Wattenmeer), einer ist noch in Planung (Kongernes Nordsjælland), ein Verfahren scheiterte (Skjern Enge), ein neues Anerkennungsverfahren wird vorbereitet (Nationalpark Roskilde-Lejre).
> – **Wattenmeer** (S. 118): maritime Halbwelt im Rhythmus der Tiden.
> – **Thy** (S. 183): die archaische, karge, im Detail aber vielfältige Dünenwelt entlang der Nordsee im Nordwesten Jütlands.
> – **Mols Bjerge** (S. 277): Randmoränenhügel mit Kulturspuren seit der Steinzeit.
> – **Kongernes Nordsjælland** (S. 429): Kulturträchtige Wald- und Seenlandschaft in Nordseeland.
> – **Skjoldungelandet – Roskilde-Lejre** (in Vorbereitung; S. 370): Kulturland am Roskilde Fjord mit prähistorischer Note.

Seehunde und Kegelrobben

Die imponierendsten heimischen Säugetiere sind jedoch die Meeresbewohner. Unter den Robben ist der Seehund (dän. *spættet sæl*) mit deutlich über 10 000 Exemplaren am weitesten verbreitet. Außerdem leben in kleinen Kolonien u. a. auf Læsø und Anholt sowie westlich von Gedser wenige Hundert Kegelrobben (dän. *gråsæl*). Die bis zu 300 kg schweren Bullen sind die größten Säuge- und Raubtiere Dänemarks. Die Lieblingsplätze der Fischfresser sind Sandbänke, die gute Jagdgründe vor der Nase und ungestörte Ruheplätze für die Aufzucht der Jungen bieten.

Die immer wieder, zuletzt 2002, massiv auftretende Seehundstaupe (PDV-Seuche) reduziert zwar jedes Mal die Bestände drastisch, aber sie erholen sich ebenso schnell wieder. Wissenschaftler gehen davon aus, dass sich die Zahl der Seehunde in dänischen Gewässern unter normalen Umständen etwa alle sechs Jahre verdoppelt. Trotzdem muss man Schutzzonen beachten. Nähern Sie sich auch nie einem jungen Seehund am Strand. Sein typisches Heulen ist kein Klagen im Sinne von »Hilfe, meine Mama hat mich verlassen«, sondern ein Signal an die Mutter, die irgendwo auf Fischfang ist, wo sie ihr Junges wiederfindet. Sind bei ihm Menschen, bleibt sie im Wasser, gibt irgendwann sogar das Kleine auf – dann erst wird es für den Heuler wirklich zum Heulen, zumal es in Dänemark bewusst keine Aufzuchtstationen wie in Deutschland gibt.

Schweine im Meer

Richtig zum Heulen ist das Schicksal des **Schweinswals,** den die Dänen *marsvin,* direkt übersetzt ›Meerschwein‹, nennen. Die mit wenig mehr als 1,50 m Länge kleinsten Wale der Weltmeere sind ständige Bewohner dänischer Gewässer von Nordsee, Skagerrak und Kattegat sowie rund um Fünen. Von Mitte des 16. bis zum Ende des 19. Jh. wurden die kleinen Wale sogar systematisch bejagt, das Städtchen **Middelfart** am Kleinen Belt war Fängerhochburg (S. 301).

Aber was waren schon die knapp 1750 erlegten Tiere im Rekordwinter 1854/55 gegen

Umwelt und Naturschutz

moderne Fangzahlen: Schweinswale sind tagtäglich Opfer der Fischerei. Nach Untersuchungen 1994–2001 ertranken jedes Jahr in der Nordsee etwa 4000 dieser auf Atmung angewiesenen Säuger in dänischen Fangnetzen, was Dänemark zur größten Walfangnation der Welt machte. Die aktuellste Zählung von 2013 nennt ca. 18 000 Marsvin in dänischen Gewässern gegenüber 28 000 bei einer Zählung 1994. Da ihr Fang in der EU verboten ist, dürfen versehentlich getötete Schweinswale aber nicht verwertet werden.

Man muss Dänemark zugutehalten, dass es führend bei der Forschung ist, wie sich Beifang von Schweinswalen verhindern lässt, und dass es die Ergebnisse dieser Forschung regelmäßig in die Praxis umsetzen lässt. Inzwischen sind akustische Warnbojen Pflicht und die für die Tiere besonders gefährliche Stellnetzfischerei wurde reduziert.

Erfreulich sind neue Beobachtungen: Schweinswale fühlen sich im Umfeld von Offshore-Windparks wohl, ihre Zahlen steigen dort. Meeresbiologen sehen Gründe im weitgehenden Fehlen von Fischerei und Schiffsverkehr in den Parkgrenzen und der Bodensicherung mit Steinen an jeder einzelnen Windkraftanlage, die das Wachstum von Seetang und der Fischbestände fördert.

In **Kerteminde** auf Fünen forscht das Aquarium und Wissenschaftszentrum **Fjord & Bælt** schwerpunktmäßig über Schweinswale und präsentiert als einziges Aquarium weltweit einige Tiere in einem abgetrennten Teil des Hafens (S. 299).

Dorsch, Hai & Co.

Zu den rund 100 in dänischen Gewässern heimischen Fischarten gehören bekannte Speisefische wie Dorsch, Meerforelle, Hering oder Scholle, aber auch einige Haie. Imposant sind die bis zu 3,5 m langen **Heringshaie,** häufiger vertreten kleinere Dorn- und Katzenhaie. Sie kommen aber nicht so nah an die Küste wie etwa der Schweinswal und – keine Sorge – sie sind Menschenfleischverächter. Eher umgekehrt: In den Auktionshallen der Fischereihäfen liegen sie oft auf Eis – Hai ist in der Küche begehrt. Lebend sieht man sie in Meerwasseraquarien, im **Jyllands Akvariet** (S. 167) von Thyborøn kann man sie sogar im Berührungsbecken streicheln.

Flugkreuz Wattenmeer

Die augenfälligsten Bewohner und Gäste der dänischen Nordseeküste sind jedoch die Millionen von Vögeln, vor allem See- und Watvögel. Aber auch große Raubvögel sieht man gelegentlich kreisen, und nicht nur die aus dem **Ørnereservatet,** der Adlerwarte von Tuen (S. 205) in Nordjütland. Seeadler, lange in Dänemark nur zufällige Gäste, sind in jüngster Zeit wieder heimisch geworden. An vielen Orten sind für Naturliebhaber komfortable Beobachtungsstände und -türme errichtet. **Tipperne** am Südende des Ringkøbing Fjord (S. 150) sowie **Vejlerne** (S. 188) an der Grenze zwischen Thy und Hanherred haben sogar den Status von RAMSAR-Reservaten, internationale bedeutende Lebensräume für See- und Zugvögel.

Ein Ökosystem übertrifft aber auch hier wieder alle anderen: Das **Wattenmeer** (S. 118). Es ist für viele Arten ein lebensnotwendiger Rast- und Speiseraum. Und das Watt muss einiges liefern: Ein Säbelschnäbler vertilgt bis zu 3000 Borstenwürmer am Tag, ein Austernfischer bis zu 300 Muscheln. Vor allem für Vögel, die in arktischen und subarktischen Regionen ihre Brutgebiete und im mittleren und südlichen Europa oder im nördlichen Afrika Winterquartiere haben, wären die jährlichen Züge undenkbar ohne das ›Auftanken‹ in dieser Speisekammer. Grob geschätzt machen im dänischen Wattenmeer etwa 10 Mio. Vögel pro Jahr Station.

Organisierte Vogelexkursionen im Wattenmeer bieten u. a. das **Vadehavscentret** in Vester Vedsted (S. 120) oder Naturcenter **Tønnisgård** (S. 121) auf Rømø.

Umwelt und Naturschutz

Überfischung der Meere, Walmord im Beifang und immer mal wieder ein Robbensterben – auch Dänemark macht manchmal negative Schlagzeilen mit Umweltproblemen.

Natur und Umwelt

Zwar fehlt mit der Großindustrie ein wichtiger Verursacher für die Verschmutzung der Umwelt, aber auch viele kleine Schweine machen Dreck: Die Folgen der intensiven Landwirtschaft, insbesondere bei der Beseitigung der Rückstände aus der Fleischproduktion, sprich der Gülle, bereiten Sorgen. Nitratverunreinigungen im Wasser und Überdüngung des Meeres sind die Schlagworte. Strenge Umweltauflagen und die Ausweitung der Energiegewinnung durch Biogasanlagen, in denen die meisten Rückstände der Landwirtschaft sinnvoll verwertet werden, haben die Negativmeldungen in den letzten Jahren jedoch deutlich reduziert.

Müll am Strand

Beim Thema Umwelt- und Naturschutz interessieren Urlauber in erster Line das Meer und seine Strände, allen voran an der Nordsee. Dort ist ein Problem nicht hausgemacht: Die meist von Westen kommenden Winde und die an der Küste entlangstreichenden Meeresströmungen, die in vergangenen Jahrhunderten den Strandbauern einen guten Nebenverdienst durch angeschwemmtes Strandgut gebracht haben, spülen heute fast nur noch Müll an. Viel stammt von Schiffen, manches aus den anderen Anrainerstaaten der Nordsee. Augenfällig wird die Verschmutzung durch nicht verrottbare Flaschen, Teile von Fischernetzen, Eimer, Kisten und anderen Kunststoffmüll, den man oft nach schweren Stürmen an den Stränden findet. Unsichtbar bleiben Chemierückstände.

Fester Müll wird gesammelt, was die Küstengemeinden viel Geld kostet, und bei allen Mühen kann ein kräftiger Weststurm binnen einer Nacht wochenlange Anstrengungen wieder zunichte machen. Hier sind auch die Urlauber gefordert: Melden Sie örtlichen Behörden oder dem nächsten i-Büro, wenn Sie am Strand Gegenstände oder Behälter finden, die nicht unter normales Strandgut fallen und von denen eine Gefahr ausgehen könnte.

Was die ›unsichtbaren‹ Verunreinigungen betrifft, so werden den ganzen Sommer hindurch systematisch und flächendeckend Wasserproben genommen und untersucht. Im internationalen Vergleich schneidet Dänemarks Wasserqualität hervorragend ab, wie eine große Zahl ›Blaue Flaggen‹ beweist, die nach EU-Norm gutes Badewasser anzeigen. Badeverbote bestehen fast nur im Bereich von Hafeneinfahrten und im Umfeld weniger Industrieanlagen.

Besucher sind auch gefordert

Umweltschutz beinhaltet aber nicht nur Schadenabwehr durch Behörden, sondern auch Pflichten des einzelnen: Zahlreiche Vogelbrutgebiete und die Reviere, in denen Robben ihre Jungen zur Welt bringen, sind Schutzgebiete. Jedes Elterntier, das von seinen Jungen oder einem Nest vertrieben wird, ist eines zuviel. Gerade Wassersportler sollten dies bedenken und auch einmal einen Bogen machen, selbst wenn irgendwo eine einsame Insel oder Sandbank lockt. Wer mit einem Boot oder als Surfer die Grenzen eines Naturschutzgebietes verletzt, wird streng bestraft – dabei hilft die Ausrede, diese Grenze nicht gekannt zu haben, wenig, denn in Dänemark gilt der Grundsatz: Unwissenheit schützt vor Strafe nicht.

Ein anderes empfindliches Biotop, mit dem Urlauber in Berührung kommen, sind die Dünen, ob an der Nordseeküste oder am Kattegat in Nordseeland. Auch heute noch sind der Schutz und die Befestigung der Dünen als natürlicher Deich für einige Küstenstreifen lebenswichtig. Wurden z. B. Zäune aufgestellt, sollte man sie respektieren, selbst wenn dahinter nur eine öde Sandfläche zu liegen scheint: Vielleicht ist gerade hier eine Stelle, an der beim nächsten Wintersturm ein Durchbruch befürchtet wird.

Nach dänischem Naturschutzrecht stehen alle Küstendünen, der gesamte Vorstrand und ein 300 m breiter Streifen landeinwärts unter besonderem Schutz. Trampeln Sie keine Pfade neben vorhandene, auch wenn man dort nur mühsam vorwärts kommt! Rutschen Sie nicht die Sandhänge hinunter und lassen Sie vor allem Kinder nicht in Dünen spielen oder gar Gruben buddeln (Lebensgefahr!). In den Dünen ist zudem jede Form von Feuer und Campen verboten.

Aktuelle Politik, Wirtschaft und Soziales

Eine für Außenstehende unstabil wirkende, aber in sich stabile politische Landschaft, eine nach deutlichen Einschnitten immer noch große soziale Sicherheit und die trotz Krise guten Wirtschaftsdaten mit einem vorbildlich organisierten Arbeitsmarkt kennzeichnen die aktuelle politische und ökonomische Lage. Ein Fleck auf der Weste: Rechtspopulisten beeinflussten lange den rigiden Umgang mit Migranten.

Aktuelle Politik

Die Regierungsform ist eine parlamentarisch-demokratische konstitutionelle Monarchie. Die parlamentarische Seite besteht aus einem Einkammerparlament, dem Folketing, die monarchische aus einem Erbkönigreich. Staatsoberhaupt ist seit 1972 Königin Margrethe II. Nach der Verfassung nimmt sie repräsentative Aufgaben wahr, muss aber formell als Vorsitzende des Staatsrates alle Gesetze unterschreiben und bei Regierungswechseln den Politiker mit der Regierungsbildung beauftragen, der die besten Chancen hat, vom Parlament nicht abgewählt zu werden. Dies ist keine leichte Aufgabe, denn seit 1973 sind immer mindestens sieben Parteien im Folketing vertreten, hinzu kommen zwei Abgeordnete von den Färöer-Inseln und aus Grönland, die sich in der Praxis befreundeten dänischen Fraktionen anschließen. So gilt als oberstes Prinzip dänischer Politik: Es regiert, wer keine Mehrheit gegen sich hat. Für das politische Alltagsgeschäft werden dann Abstimmungsmehrheiten mal bei der einen, mal bei der anderen Oppositionspartei geholt.

Dass Dänemark unter diesen Bedingungen von 1975 bis heute nur sechs Regierungschefs – drei Sozialdemokraten, einen Konservativen und zwei Rechtsliberale – erlebte, zeigt, wie stabil dieses System ist. Andererseits führten die sechs *statsminister* insgesamt 18 verschiedene Regierungen in unterschiedlichen Koalitionen, die meisten ohne eigene parlamentarische Mehrheit. Was in anderen Ländern als Chaos oder Krise angesehen würde, macht den Dänen keine Angst. Nur manchmal behagen die Konstellationen nicht.

Abhängige Regierungen

2001–2011 regierten bürgerlich-konservative Minderheitsregierungen – bis 2009 unter dem heutigen NATO-Generalsekretär Anders Fogh Rasmussen – mit Unterstützung der ausländerfeindlichen Dansk Folkeparti. Die Rechtspopulisten gelten bisher nicht als ›stubenrein‹ und wurden nie an einer Regierung direkt beteiligt. Ihre Unterstützung ließen sie sich jedoch honorieren, u. a. durch Verschärfungen des Ausländerrechts, das als eines der restriktivsten in der EU gilt. Geradezu eine Kapriole der von der Dansk Folkeparti diktierten Politik waren regelmäßige Grenzkontrollen im Sommer 2011 wider alle Verpflichtungen Dänemarks aus dem Schengen-Abkommen.

Auch die nach den Wahlen im September 2011 gebildete Mitte-Links-Koalition unter Helle Thorning-Schmidt muss Kompromisse über die Grenzen der Regierungsparteien hinaus eingehen. Die Sozialdemokratin, Schwiegertochter des ehemaligen britischen Labour-Chefs Neil Kinnock, ist eine erfahrene und überzeugte Europa-Politikerin, wegen ihrer Vorliebe für Designer-Outfits – Spitzname Gucci-Helle – fremdelt die traditionelle Par-

Aktuelle Politik, Wirtschaft und Soziales

Grönland in Stichworten

Name: grönländisch: Kalaallit Nunaat (= Land der Menschen); dänisch: Grønland (= grünes Land)

Amtssprachen: Kalaallisut, die Sprache der Inuit, und Dänisch

Kfz-Kennzeichen: KN (früher GR)

Internetkennung: .gl

Fläche: Mit 2 166 086 km² die größte Insel der Erde. Etwa 85 % der Oberfläche sind von bis zu 3 km dickem Inlandeis bedeckt – Tendenz abschmelzend.

Bevölkerung: Im Südwesten leben die meisten der 56 500 Grönländer, davon 15 500 in der Hauptstadt Nuuk (dän.: Godthåb). Fast 90 % aller Grönländer sind Inuit, Nachfahren der über Nordamerika aus Sibirien eingewanderten Erstbesiedler. Ständig leben einige Tausend Dänen auf der Insel.

Grönland im Web: Selbstverwaltung: www.naalakkersuisut.gl; Tourismus: www.greenland.com, www.greenland-guide.gl.

Tourismus setzt auf extreme Naturerlebnisse und Abenteuer.

teibasis aber etwas mit ihr. Trotz des schlechtesten Wahlergebnisses der Sozialdemokraten (Sozialdemokraterne = 24,8 %) seit mehr als einem Jahrhundert und nur Platz zwei hinter den ›abgewählten‹ Rechtsliberalen (Venstre = 26,7 %) formte sie mit Radikalliberalen (Radikale Venstre = 9,5%) – die Partei, die am ehesten zwischen bürgerlichem und linkem Block wechselt – und demokratischen Sozialisten (Socialistisk Folkeparti = 9,2 %) eine Regierung, die Unterstützung von den Öko-Sozialisten (Enhedslisten – De Rød-Grønne = 6,7 %) braucht. Diese Partei, aus einem Wahlbündnis von u. a. Ökologen, Pazifisten, Altkommunisten, Trotzkisten und Maoisten hervorgegangen, verdreifachte ihren Stimmenanteil und ist in einigen Programmpunkten – z. B. Auflösung der EU und NATO-Austritt – kaum kompatibel mit den politischen Idealen der neuen Regierungschefin. Aber selbst deren Unterstützung reicht nicht für eine echte Mehrheit. Die kommt erst zustande, weil drei der vier Parlamentarier aus Grönland und von den Färöer-Inseln dem *rød blok,* dem Roten Block, zuzuordnen sind. Ist das Regieren unter diesen Bedingungen zu beschwerlich, kann der *statsminister* mit ca. 21 Tagen Vorlauf jederzeit Neuwahlen ansetzen, spätestens vier Jahre nach der letzten Wahl ist er dazu verpflichtet.

Dänemark in den Bündnissen

In der EU wie in der NATO gelten Dänen als zuverlässige, aber kritische Partner. Aufsehen erregen immer wieder Erfolge erklärter EU-Gegner bei Europawahlen und die Ergebnisse von Volksabstimmungen, die jeden Schritt Richtung europäischer Einheit begleiten. Die Verfassung schreibt bei allen Schritten, die die nationale Souveränität beschneiden, eine Volksabstimmung vor, falls das Parlament in Kopenhagen nicht mit einer 5/6-Mehrheit zustimmt. Das ist im Folketing undenkbar.

Im September 2000 verbaute das bislang letzte Referendum mit 53 % Nein-Stimmen Dänemarks Beitritt zur Euro-Zone, obwohl Regierung, große Teile der Opposition, Wirtschaftsverbände und Gewerkschaften für ein ›Ja‹ getrommelt hatten. Der Ballungsraum Kopenhagen und die verbliebenen Fischereistandorte gelten als extrem EU-kritisch. Großes Unbehagen vor einem Moloch Europa und eine tief verwurzelte Angst, als kleines Volk die eigene Kultur und nationale Identität zu verlieren, werden als Gründe für die Abstimmungsergebnisse angeführt.

Schlanke Verwaltung

Dänemark wird im Grunde sehr zentralistisch, aber auch sehr schlank verwaltet. Unterhalb der gesamtstaatlichen Ebene gibt es seit einer Strukturreform Anfang 2007 nur noch fünf ›regioner‹ – Regierungsbezirke – und 98 ›kommuner‹ – Kommunen. Sprich: In ganz Dänemark gibt es nur noch 98 Rathäuser mit Bürgermeister & Co.

Dänemarks ›Kolonien‹ – Färöer und Grönland

Dass Dänemark im Spiel der Kolonialmächte mitmischte, ist kaum bekannt. So wehte der Danebrog einst über einem Sklavenhandelsstützpunkt in Westafrika, über Handelskolonien in Indien und in der Karibik sogar bis 1917 über den heutigen U.S. Virgin Islands. Bedeutender war jedoch das bis heute andauernde Engagement im Nordatlantik.

Als Norwegen im 14. Jh. unter den Einfluss der dänischen Krone kam (S. 32), brachte es seine Außenbesitzungen in die Union ein, darunter die Färöer-Inseln, Grönland und Island. Diese Kolonien blieben bei Dänemark, auch als die dänisch-norwegische Doppelmonarchie 1814 aufgelöst wurde, lediglich Island schaffte 1944 den Sprung in die vollständige Unabhängigkeit.

Selbstverwaltungsgesetze machten aus den Färöer-Inseln und Grönland im Laufe der Zeit ›gleichberechtigte Nationen‹ innerhalb des dänischen Königreichs. Eigene Parlamente – Løgting auf Färöer, Inatsisartut in Grönland – sowie Regierungen mit je einem Ministerpräsidenten sind die Organe ihrer Selbstverwaltung, Margrethe II. ist jedoch weiterhin Staatsoberhaupt. Müssen die Dänen an die Urnen, wählen auch Färinger und Grönländer jeweils zwei Abgeordnete für das Kopenhagener Folketing. Die Krone entsendet ihrerseits je einen ›Reichsombudsmann‹ als höchsten Repräsentanten. Der achtet auf die Einhaltung der Kompetenzverteilung zwischen Reichs- und Selbstverwaltungsangelegenheiten und hat ansonsten vorwiegend repräsentative Aufgaben.

In beiden Nationen gibt es immer wieder Bestrebungen für eine völlige Lösung von Dänemark, gern in Phasen wirtschaftlicher Stabilität. Kommt es in diesem Bereich zu Rückschlägen, haben in der Regel die Unionisten wieder mehr Zulauf. Beide Nationen erhalten nach wie vor beträchtliche Zuschüsse zu ihren Staatshaushalten aus Kopenhagen.

Färöer in Stichworten

Name: färöisch Føroyar; dänisch: Færøerne (beides = Schafsinseln);
Amtssprachen: Færøsk, eine im 19. Jh. aus dem Altwestnordischen abgeleitete Kunstsprache, und Dänisch
Kfz-Kennzeichen: FO
Internetkennung: .fo
Fläche: 18 Inseln – 16 bewohnt – und zahlreiche Schären zwischen Schottland und Island, 1399 km² groß.
Bevölkerung: ca. 49 000 Einwohner, davon etwa 12 500 in der Hauptstadt Tórshavn. Färinger sind Nachfahren nordischer Siedler der Wikingerzeit.
Färöer in Web: Selbstverwaltung: www.tinganes.fo; Tourismus: www.visitfaroeislands.com, www.faroeislands.com; Deutsch-Färöischer Freundeskreis: www.faeroeer.de.
Tourismus lockt vor allem Naturliebhaber, 2007 wählten Experten im Auftrag des US-Magazins »National Geographic Traveller« die Färöer zum weltweiten attraktivsten Inselziel unter 111 Kandidaten.

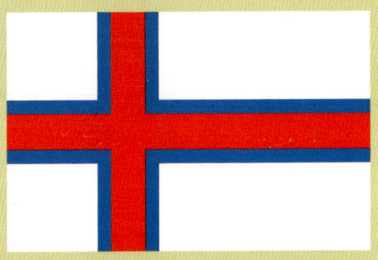

Wirtschaft

Dänemark, nach dem Bruttoeinkommen pro Kopf eines der reichsten Länder der Erde, ist ein moderner Industriestaat mit global gut positionierter Metallverarbeitung sowie einer

Aktuelle Politik, Wirtschaft und Soziales

Inzwischen ein Luxusgut: Fisch wird in Hanstholm angelandet

exportorientierten und hoch industrialisierten Nahrungsmittelproduktion, die etwa das Dreifache der eigenen Bevölkerung versorgen kann. In der Industrie überwiegen kleine und mittlere Betriebe, Großindustrie gibt es kaum.

Erfolgreich wurde die Ansiedlung internationaler Firmen aus der Kommunikationstechnik, der Biochemie, der Gentechnik und der Medizinforschung gefördert. Vor allem im Großraum Kopenhagen löste das einen gewaltigen Boom aus. Forschungsnahe Branchen können hier aus einem Know-how-Potential von fast zwei Dutzend Universitäten und anderen Hochschulen mit annähernd 150 000 Studenten schöpfen. Dabei setzt die Förderung weniger auf direkte Subventionen an die Unternehmen, sondern in viel größerem Maße auf Attraktivität, wissenschaftliches Potential und Bekanntheit des Standortes. Kultur-, Wissenschafts- und Wirt-

Wirtschaft

schaftsförderung greifen ineinander, um die ›Kreativwirtschaft‹ des Landes zu stärken. Jüngste Untersuchungen über den Großraum Kopenhagen zeigen das Potential, das diesen Standort global so attraktiv macht: Fast ein Drittel aller Einwohner haben einen akademischen Abschluss, 80 % sprechen Englisch. Nirgendwo sonst in Europa verdienen so viele Menschen ihren Lebensunterhalt in wissenschaftsnahen Branchen.

Bezeichnend sind auch Untersuchungen der EU-Kommission, nach denen prozentual mehr als doppelt so viele Dänen in der Globalisierung einen Vorteil sehen wie EU-Bürger im Durchschnitt oder gar die Deutschen, die in dieser Hinsicht sehr skeptisch sind.

Öl und Gas sanieren das Land

Galt Dänemark bis in die frühen 1980er-Jahre praktisch als rohstofflos, ist es heute nach Norwegen und Schottland Europas drittgrößtes Gas- und Ölförderland. Die Funde unter der Nordsee sowie eine rigide Sparpolitik sanierten ab der Mitte der 1980er-Jahre den Staatshaushalt und die Handelsbilanz: Die Anfang der 1980er-Jahre noch katastrophale Außenhandelsbilanz ist heute positiv und die horrenden Staatsschulden sind weitgehend abgebaut (Ende 2012: 45,8 % vom Bruttoinlandsprodukt; zum Vergleich: Deutschland 81,9 %, Griechenland 156,9 %; Euro-Kriterium 60 %). Dänemark würde mit seinen ökonomischen Kerndaten also die Maastricht-Kriterien für den Euro erfüllen, nur wollen die Dänen die Gemeinschaftswährung nicht.

Landwirtschaft

Über Jahrhunderte war der größte Teil der dänischen Bevölkerung in der Landwirtschaft tätig, heute sind es weniger als 3 % der Erwerbstätigen und selbst wenn man alle Jobs in der Nahrungsmittelverarbeitung hinzunimmt, sind es nicht einmal 10 %.

In der Landwirtschaft dominiert die Viehzucht: Dänemark ist einer der bedeutendsten Produzenten von Molkereiprodukten und der größte Schweinefleischexporteur der Welt. Dafür werden jedes Jahr rund 25 Mio. Schweine gezüchtet. 90 % des Fleisches gehen in den weltweiten Export von Brunsbüttel bis Brisbane. Über das Fleisch hinaus wird das Schwein fast vollständig verwertet. Aus den Häuten werden Ledersitze, aus den Borsten Bürsten und aus Schlachtabfällen wird in Biogasanlagen umweltfreundliches Gas und hochwertiger Dünger erzeugt, außerdem läuft seit 2008 die industrielle Produktion von Bio-Diesel aus Fettabfällen – pack die Sau in den Tank!

Doch während man bis weit in die 1990er-Jahre hinein im Welt-Schweineland Nr. 1 kaum je ein Borstenvieh zu sehen bekam, tauchen sie heute plötzlich vermehrt im Freien auf: Die Nachfrage nach Öko-Schweinen – auch da hat sich Dänemark eine globale Führungsposition erobert – brachte die Freilandhaltung zurück.

Damoklesschwert Fangquoten

In einem Land, das keinen Flecken Erde besitzt, der mehr als 52 km vom Meer entfernt liegt, hat naturgemäß die Fischerei eine große Tradition. Sie musste jedoch in den 1980er-Jahren aufgrund der Fangquoten zum Schutz der Bestände eine Schrumpfkur hinnehmen. Die Zahl der Berufsfischer sank um mehr als 50 %, und mit jedem Arbeitsplatz auf See gehen etwa sieben an Land verloren. Erst die steigenden Preise auf dem Weltmarkt haben der Branche etwas Ruhe gebracht. Relativ munter sind noch die Fischereihäfen an der Nordsee von Hvide Sande bis Skagen, der meiste Fisch kommt bei der Auktion in Hanstholm (S. 187) unter den Hammer.

Einige Fischer wechselten vom Konsum- zum Industriefisch: Kleinfische aus oberen Wasserschichten werden zu Fischprotein für Futtermittel oder Nahrungsergänzung für Leistungssportler verarbeitet. Naturschützer kritisieren, dass diese Kleinfische jetzt als wichtiges Glied in der Nahrungskette fehlen, vor allem für Seevögel. 999, einer der global führenden Fischproteinhersteller, betreibt Produktionsanlagen in Thyborøn, während die Konsumfischerei aus Dänemarks größtem Nordseehafen Esbjerg inzwischen so gut wie verschwunden ist.

Aktuelle Politik, Wirtschaft und Soziales

Wenn aus Feta Apetino wird
Viele Verbraucher achten nicht einmal darauf, ob der weiße Käse in der Salzlake aus Schaf- oder Kuhmilch hergestellt ist, selbst wenn sie ihn ›Schafskäse‹ nennen. Bis Ende 2006 wurde er überall als Feta vermarktet, ganz gleich woher er stammte – meist kam er aus Dänemark. Dort wird der Feta, der heute nicht mehr so heißen darf, weil eine EU-Richtlinie die Bezeichnung für traditionellen griechischen Schafskäse reserviert hat, aus Kuhmilch hergestellt. Unter Kunstnamen wie ›Apetino‹ ist der Salzlakenkäse weiterhin zu bekommen und mancher Markthändler reicht ihn bestimmt noch als Schafskäse über die Theke. Hauptabnehmer des dänischen Feta sind jedoch die Länder des Nahen und Mittleren Ostens.

Soziales

Dänemark entwickelte neben Schweden eines der dichtesten Sozialnetze weltweit. Das ›Recht auf Hilfe‹ war und ist unumstößlich. Ende der 1970er-Jahre drohte der finanzielle Kollaps. Während die eng mit den Gewerkschaften verbandelte Sozialdemokratie nicht in der Lage war, das System zu sanieren, schaffte der 1982 an die Regierung gekommene Konservative Poul Schlüter das für unmöglich Gehaltene. Dabei mussten die Dänen, denen das Nordsee-Erdöl bereits als ökonomisches Licht am Horizont leuchtete, längst nicht so brutale Schnitte in das soziales Netz hinnehmen wie ihre schwedischen oder deutschen Nachbarn.

Zauberformel Flexicurity
Ein weiterer Schritt war 1994 eine Arbeitsmarktreform, nach der die Arbeitslosenquote von etwa 13 % auf heute etwa 4,5 % sank. Inzwischen wirbt Dänemark international um Arbeitskräfte, auch in Deutschland. Das Konzept ›Flexicurity‹ bietet größtmögliche Flexibilität für die Arbeitgeber bei hoher sozialer Sicherheit für die Arbeitnehmer. Dazu bekamen Arbeitnehmervertreter ein verbreitetes Mitspracherecht, jedoch verknüpft mit einer Dezentralisierung der Tarifverhandlungen auf Betriebsniveau.

In der Praxis können Arbeitgeber ohne Probleme heuern oder feuern, wenn es die Marktsituation erfordert. Die Entlassenen bekommen bis zu 90 % ihres letzten Lohns, müssen sich aber aktiv um einen neuen Job bemühen, gegebenenfalls auch durch Umschulung. Wiedereingliederung in den Arbeitsmarkt hat höchste Priorität. In Dänemark ist ein Arbeitsloser im Durchschnitt nach 17 Wochen wieder in einem Job, in Deutschland nach 40 Wochen. Darüber hinaus wechselt pro Jahr ein Drittel aller dänischen Arbeitnehmer den Job, in der Regel freiwillig, um sich zu verbessern.

Vom System profitieren besonders ältere Arbeitnehmer, die keinen besonderen Kündigungsschutz genießen und somit auch nicht aufgrund ihres Alters bei der Jobsuche benachteiligt werden. Der Beschäftigungsgrad von Frauen kommt dem der Männer fast gleich; somit stehen über 80 % aller 15- bis 65-Jährigen dem Arbeitsmarkt zur Verfügung, soviel wie sonst nirgendwo in Europa. Dienstleister und öffentliche Hand bieten die meisten Arbeitsplätze.

Zufrieden trotz hoher Steuern
Die bei internationalen Vergleichen weit oben rangierenden Steuersätze – Einkommensteuer-Mindestsatz ca. 35 % (!), Mehrwertsteuer 25 % – dürfen nicht ohne die Leistungen gesehen werden, die damit abgegolten sind: eine medizinische Grundversorgung für alle, eine Grundrente für jeden älteren Menschen, eine hervorragende Verkehrsinfrastruktur sowie ein breites Kultur- und Bildungsangebot bis in die tiefste Provinz.

Die Dänen scheinen damit ganz gut leben zu können. Denn wenn internationale Rankings erstellt werden, die die Lebensqualität beurteilen oder danach fragen, ob man sich im Heimatland wohl fühlt, ob man dort gern arbeitet oder ob man schlicht glücklich ist: Dänemark steht auf der Liste immer ganz oben. Kein Volk der Welt ist so zufrieden und glücklich wie die Dänen.

Geschichte

Die Dänen lieben die Geschichte ihrer Heimat von ersten Menschenspuren bis zur Gegenwart. Überall ist sie in Museen dokumentiert und oft lebendig gehalten. Die Wikinger sorgen für die bekannteste Epoche, aus der das älteste bestehende Königreich der Welt hervorgeht.

Stein-, Bronze-, Eisenzeit

Grob behauene Feuersteine sowie einige aufgeschlagene Hirschknochen lassen die sporadische Anwesenheit erster Menschen auf dem Gebiet des heutigen Dänemark seit ca. 250 000 Jahren erahnen.

Ein Haufen mit Küchenabfällen – *køkkenmøddinger* – beim Dorf Ertebølle (S. 232) am Limfjord entpuppte sich als Fundgrube für Archäologen und gab einer ganzen Kultur des späten Mesolithikum in Norddeutschland und Dänemark den Namen: Erst gegen Ende dieser Ertebølle-Kultur (5200–4000 v. Chr.) beginnen die Menschen Tiere zu domestizieren, statt sie nur zu jagen, und Pflanzen zu kultivieren, statt nur deren Früchte zu sammeln. Die skandinavische Geschichtsschreibung registriert den Wandel von der Jägersteinzeit *(jægerstenalder)* zur Bauernsteinzeit *(bøndestenalder)*.

Dolmen und Kammergräber

Ab etwa 3500 v. Chr. bestatten die Menschen ihre Toten immer repräsentativer. Die Zeit der Megalithgräber beginnt. Über 25 000, nach anderen Schätzungen sogar mehr als 45 000 solcher Großsteingräber entstehen, etwa 2400 sind mehr oder minder gut erhalten, viele davon zugänglich.

Zuerst entstehen Runddolmen *(runddysse)*, in der Regel mit einer Grabkammer, später Langdolmen *(langdysse)* mit mehreren, getrennten Kammern. Der größte dänische Langdolmen, Lindeskov im Osten der Insel Fünen (S. 322), ist fast 170 m lang. Dolmengräber, die sich heute als freistehende Steinkonstruktionen zeigen, sind von Regen und Wind freigelegte zentrale Grabkammern solcher Anlagen.

Mit der Zeit werden die Grabkammern größer – 13 m misst die längste im Land – und oft kommen Neben- oder Doppel-, manchmal Dreifachkammern vor. Schmale, flache Gänge verbinden die Kammern mit der Außenwelt. Alles wird schließlich mit einem haltbaren Erdhügel überdeckt. Kammergräber, im Lande ›jættestuer‹ genannt, dienen nicht mehr einem einzelnen Toten als letzte Ruhestätte, sondern ganzen Sippen oder Dörfern. Bis zu 400 Bestattungen in einer Anlage wurden nachgewiesen.

Hügelgräber

In der Bronzezeit ab etwa 1800 v. Chr. bestatten die Menschen ihre Toten, vor allem die Mitglieder wichtiger Familien, in gewaltigen Erdhügeln. Sie verdecken aber keine steinernen Kammern mehr, sondern die Toten werden direkt in der Erde bestattet. Erste Eichensärge kommen zum Einsatz. Die Schichtung der Hügel mit Gras- und Torfsoden hat in Idealfällen zur Konservierung der Särge, Grabbeigaben und sogar der Kleidung der Toten geführt, beeindruckend bei der jungen Frau, die um etwa 1400 v. Chr. nahe Egtved (S. 255) bestattet wurde. Aus dieser Epoche stammen auch älteste kunsthandwerkliche Opfergaben, die in den Mooren gefunden wurden, wie der Sonnenwagen von

Geschichte

Trundholm (S. 366). Auf etwa 1000 v. Chr. werden die Hörnerhelme von Viksø in Nordseeland datiert. Wohlgemerkt: Die Hörnerhelme stammen aus der Bronzezeit, gut 1800 Jahre bevor die Wikinger, denen sie in populistischen Darstellungen gern aufgesetzt werden, in die Weltgeschichte hinein platzen.

Opfergaben

Die Eisenzeit wird in Dänemark nach den Kultureinflüssen in eine keltische (500 v. Chr. bis 0), eine römische (0–400 n. Chr.) und eine germanische (400–793 n. Chr.) unterteilt. Eine Klimaverschlechterung noch während der keltischen Eisenzeit dürfte den Aufbruch der Kimbern und Teutonen um 120 v. Chr. vom Gebiet des heutigen Jütland bewirkt haben, eine Völkerwanderung, die sogar das Römische Reich erschüttert.

Faszinierend gut erhaltene Moorleichen – nach heutigem Stand wissenschaftlicher Diskussion Menschenopfer und nicht, wie früher angenommen, Verbrecher oder gar, wie von den Nazis behauptet, hingerichtete Homosexuelle – sind die eindrucksvollsten Zeugen der dann folgenden Zeit: Die Männer aus Tollund (S. 263) und Grauballe (S. 270) starben vor gut 2000 Jahren.

Dass die Götter auch anders zu gewinnen waren, zeigen Opferfunde prächtiger Kunsthandwerksarbeiten wie die Silberschale von Gundestrup aus der keltischen Eisenzeit und die durch einen dreisten Diebstahl Anfang des 19. Jh. für immer verloren gegangenen Goldhörner von Gallehus (ca. 450 n. Chr.). Sie waren eindeutig nordischen Ursprungs – die Rekonstruktionen in mehreren Museen lassen ahnen, welchen Stand das Kunsthandwerk so weit im Norden Europas schon in der ersten Hälfte des 1. Jt. erreicht hatte.

Grenze nach Süden

In die ausgehende Eisenzeit fallen die Gründungen von Ribe (S. 132) und dem heute in Schleswig-Holstein gelegenen Haithabu. Beide Siedlungen entwickeln sich schnell zu den wichtigsten Plätzen des expandierenden Nord-Süd-Handels. Nach Süden entsteht 737 eine erste Grenzsicherung mit dem Schutzwall Danevirke. Offensichtlich gibt es bereits eine Macht im Lande, die sich gegen das aufstrebende Frankenreich organisiert.

Wikingerzeit

Wenn der Mönch Alcuin korrekt berichtet, legen am 8. Juni 793 heidnische Krieger aus dem Norden das Kloster Lindisfarne auf dem Inselchen Holy Island vor der Küste Nordenglands in Schutt und Asche; die Mönche werden je nach Handelswert versklavt oder erschlagen. Damit ist der Beginn der Wikingerzeit mit Mord und Raub markiert. Allzu oft werden die Menschen, die um die Wende zum 2. Jt. im Gebiet der heutigen Königreiche Dänemark, Norwegen und Schweden gelebt haben, auf diese negativen Begriffe reduziert. Sie haben eine schlechte Presse, denn es sind fast immer des Schreibens Kundige aus dem Kreis ihrer Opfer, die ihr Auftreten für die Nachwelt festhalten.

Was aber sind die Wikinger wirklich? Auf keinen Fall ein Volk. Wikinger zu sein, sei ein Handwerk, definierte es ein bekannter Skandinavist. Offensichtlich sogar ein steuerpflichtiges, denn ein wichtiger Zeitzeuge, Bischof Adam von Bremen, schreibt: »Hier sieht man reichlich Gold, das durch Raub zusammengetragen wurde. Diese Piraten, die hier Wikinger heißen und bei uns Eschenmänner, leisten dem König der Dänen Tribut, damit sie auf ihre Beutezüge fahren dürfen.« Wikinger sind Krieger, Eroberer, Plünderer, Piraten, Räuber – und ausschließlich Männer.

Sie treibt wohl Lust am Abenteuer und Streben nach Ruhm. Sagas berichten auch von Männern, die auf ›Wiking‹ gehen, wenn in ihrer Heimat Gebietsfürsten zu mächtig werden und sie zu Untertanen degradieren wollen. Und es treibt viele junge Männer auf die Boote, die auf elterlichem Besitz nicht erbberechtigt sind. Aber bei Weitem nicht alle Menschen, die damals im Norden leben und die man in ihrer Gesamtheit am korrektesten Nordleute nennt, sind Wikinger. Funde von Schmuck und reich verzierten Holzgeräten zeigen ihre künstlerischen Seiten, die Quali-

Wikingerzeit

tät ihrer Saga-Literatur ist in dieser Zeit sonst unerreicht und ihre Handwerker bauen die besten Schiffe der Epoche.

Händler und Siedler

Neben den Männern, die auf ›Wiking‹ gehen, setzen an den Küsten des Nordens auch immer wieder Siedler und Händler Segel, mal auf der Suche nach einem Platz für einen Neuanfang, mal zu einer Handelsfahrt. Es zieht sie in den Norden Schottlands, nach Ostengland und nach Irland, auf die Färöer-Inseln und nach Island, später auch nach Grönland, und um das Jahr 1000 landen sie sogar an der Ostküste des amerikanischen Kontinents. Sie handeln an den Küsten des Baltikums, sie gründen erste Reiche in den Weiten des heutigen Russlands und befahren dort die großen Flüsse bis zum Kaspischen und Schwarzen Meer.

Beste Schiffe, beste Navigation

Die große Stärke der Nordleute ist ihre Beweglichkeit auf dem Wasser. Sie beherrschen die Navigation wie sonst niemand in der Alten Welt, und sie haben ab dem 7. Jh. einen

Und gleich gibt's Haue: Wikinger ziehen in den Kampf bei Aarhus

Geschichte

äußerst seetüchtigen Schiffstyp zur Verfügung, dem sich erst die Kogge der Hansekaufleute sechs Jahrhunderte später als überlegen erweist.

Das Knarr ist das Arbeitspferd der Siedler und Händler. Es ist robust und schnell. Bei geringer Wasserverdrängung rutscht es förmlich auf seinem flachen Rumpf über das Wasser, angetrieben von einem breiten, viereckigen Rahsegel, aufgezogen am einzigen Mast in der Mitte des Schiffes. Mit Nachbauten hat man problemlos den Atlantik überquert.

Als Kampfschiff dient das Langboot, das zwar nicht so hochseetüchtig wie das Knarr ist, aber wendiger und schneller. Ruderer können es bei Bedarf zusätzlich beschleunigen, und es ist flach genug, auf Stränden aufgesetzt zu werden. Dies bringt den entscheidenden Zeitvorteil: Die Wikinger tauchen an Küsten oder entlang der großen Flüsse auf und schlagen blitzschnell zu, noch ehe sich Widerstand organisieren kann. Hamburg und Paris, Lissabon und Pisa, Cadiz und London, Nantes und Köln – eine illustre Sammlung bekannter Städte macht auf diese Weise üble Erfahrungen. Sie werden gebrandschatzt und geplündert, kaufen sich später immer häufiger frei oder lassen sich von einer Wikingertruppe gegen die nächste schützen.

Kassieren statt herrschen

Viele Schiffe sind allein oder in kleinen Verbänden unterwegs, erst gegen Ende der Epoche formieren sich große Flotten. Da sind es aber schon die neuen Königreiche des Nordens, die mobilisieren. Sie brechen jedoch weniger zu Eroberungszügen auf, eher um ›Schutzsteuern‹ abzuholen, wie zwischen 991 und 1063 in England: *Danegæld,* Dänengeld, nennen Opfer die Zwangsabgabe.

Nur selten folgen aus Wikingerzügen Eroberungen, allenfalls setzten sich Nordleute als Siedler dort fest, wo sie auf politisch ungefestigte Verhältnisse treffen, so in der Normandie und in Ostengland sowie auf den bis zu ihrer Ankunft unbesiedelten Inseln im Nordatlantik. Wo sie auf eine Bevölkerung treffen, erweisen sich die Nordleute als Assimilationskünstler, die sich schnell – meist mit der Oberschicht – arrangieren und oft in ihr aufgehen, nicht ohne deutliche Spuren in Gesellschafts- und Rechtsordnungen zu hinterlassen. In Ostengland dominieren sie im späten 9. und frühen 10. Jh. ein eigenständiges Staatswesen derart, dass es als ›Danelag‹ – abgeleitet vom altnordischen Wort für Dänenrecht – in die Geschichte eingeht.

Neue Machtstrukturen

Schon ab dem 9. Jh. entwickeln sich in den Heimatregionen der Nordleute neue Machtstrukturen. Aus Großbauern werden Jarle, aus den durchsetzungsstärksten Kleinkönige. Von denen erweist sich auf dem Gebiet des heutigen Dänemark Mitte des 10. Jh. jene Dynastie als die mächtigste, die in Jelling in Mitteljütland residiert.

Während Gorm den Gamle (der Alte, Regentschaft ca. 940–50) heute als Urvater des dänischen Königshauses gilt, sorgt sein Sohn Harald Blåtand (Blauzahn; ca. 950–85) mit guter Öffentlichkeitsarbeit dafür, als Einiger und Christianisierer Dänemarks in die Geschichte einzugehen. In den großen der beiden Runensteine von Jelling (S. 256) lässt er den Satz einschlagen:»›König Harald ließ diesen Gedenkstein für seinen Vater Gorm und seine Mutter Thyra errichten, der Harald, der ganz Dänemark und Norwegen unterwarf und die Dänen zu Christen machte.‹« Immerhin machte sich der König so nachhaltig einen Namen, dass der skandinavische Handyhersteller Ericsson den von ihm entwickelten Kommunikationsstandard ›Bluetooth‹ nach Harald Blauzahn benannte.

In seiner Zeit werden sechs große Ringburgen mit geradezu perfekter Präzision angelegt, zwei davon auf heute schwedischem, vier auf dänischem Boden.

Die frühen Dänenkönige dehnen ihre Macht stetig aus. Bald herrschen sie über das südliche Norwegen und von 1013 bis 1042 mit kurzen Unterbrechungen über Ostengland. Dass der Einfluss der Dänen dort zurückgeht, hat auch eine natürliche Ursache: Mit der Versandung der Limfjord-Mündung zur Nordsee geht der direkte Seeweg zwischen beiden Reichsteilen verloren.

Wikingerzeit

Die Wikinger sind wieder da

Thema

Überall in Dänemark befassen sich Museen, moderne Geschichtszentren, bunte Märkte oder wilde Freilichtspiele mit der Zeit der Wikinger. Sogar im Internet treiben sich die vermeintlich rauen Gesellen herum: Umfassende Informationen zum Thema bietet der Eintrag Wikinger bei Wikipedia: de.wikipedia.org/wiki/Wikinger.

Eine fundierte Übersicht stellt ein engagierter Skandinavist bereit, auch mit Veranstaltungshinweisen: www.wikinger.org.

Fundstätten, Museen, Auferstehungen

- Ribe: Ribes Vikinger. Museum mit modernster Medientechnologie (S. 134, www.ribesvikinger.dk); VikingeCenter Lustrupholm: Erlebniscenter mit dem Schwerpunkt Handel/Handelsstadt (S. 132, www.ribevikingecenter.dk).
- Bork: Vikingehavn am Ringkøbing Fjord: Erlebniscenter mit dem Themenschwerpunkt Seefahrt der Wikinger (S. 156, www.levendehistorie.dk).
- Aarhus: Vikingemuseet, Fundamente einer Wikingersiedlung (S. 265, www.vikingemuseet.dk); Forhistorisk Museum Moesgård: wichtigstes Museum zur Vorgeschichte außerhalb Kopenhagens, auch mit Wikinger-Exponaten (S. 270, www.moesmus.dk).
- Jelling: Dänemarks erster Königssitz, Runensteine (UNESCO-Weltkulturerbe), modernes Geschichtszentrum (S. 256, www.natmus.dk/kongernes-jelling).
- Aalborg: Lindholm Høje, großes Gräberfeld, Steinsetzungen in Schiffsform, kleines Museum (S. 229, www.nordmus.dk).
- Fyrkat: rekonstruierte Ringburg bei Hobro, nachgebauter Wikingerhof (S. 234, www.nordmus.dk).
- Aggersborg: nahe Løgstør am Nordufer des Limfjord, größte Ringburg im Lande (S. 194).
- Frederikshavn: Bangsbomuseum, einziger Wikingerschiffsfund in Jütland (S. 217, www.bangsbo.com).
- Ladby in Nordostfünen: einziges Schiffsgrab in Dänemark; sehr authentische Fundpräsentation (S. 300, www.vikingemuseetladby.dk).
- Trelleborg in Westseeland: rekonstruierte Ringburg, Wikingerhausnachbau, Museum, Vorführung alter Handwerkstechniken, Kinderaktivitäten (S. 357, www.vikingeborgentrelleborg.dk).
- Roskilde: Wikingerschiffsmuseum mit fünf aus dem Roskilde Fjord geborgene Wikingerschiffen, Wikingerschiffswerft, Fjordfahrten mit Wikingerschiffsnachbauten (S. 371, www.vikingeskibsmuseet.dk).
- Kopenhagen: Nationalmuseum mit vielen bedeutenden Originalfunden (S. 391, http://natmus.dk).

Die Wikinger erleben – eine Auswahl

- Am ersten Maiwochenende großer Markt am Vikingecenter Lustrupholm (s. links).
- Ende Mai/Anfang Juni, Wikingerschauspiel im nachgebauten Langhaus der Wikingerburg Fyrkat, sehr viel Atmosphäre (s. links, www.fyrkatspillet.dk).
- Wikingermarkt auf Lindholm Høje bei Aalborg am ›letzten kompletten Juniwochenende‹ (S. 229, www.nordmus.dk).
- Ab Mitte Juni Dänemarks traditionsreichstes Wikingerspiel in Frederikssund – sehr professionell, sehr figurenreich (S. 429, www.vikingespillet.dk).
- 1. Julihälfte Freilichtspiel auf der Bühne am See von Jels (S. 253, www.jelsvikingespil.dk).
- Letztes Juliwochenende am Strand nahe Museum Moesgård bei Aarhus; großes Wikingertreffen, Kämpfe, Lager mit Handelsbuden. Weitere Termine: www.visitdenmark.dk, dort Suche: [Wikinger-Events].

Geschichte

Ende der Wikingerzeit

Im 11. Jh. hat sich der Beruf des Wikingers auch überlebt: An Europas Küsten ist man auf ihre Überfälle eingestellt, zudem sind die Nordleute Christen geworden. Da ziemt es sich nicht mehr, Klöster zu plündern, die für die Anhänger der alten Götter die ertragreichsten Ziele waren. Zum Ende der Wikingerzeit gibt es unterschiedliche Standpunkte, spätestens aber mit der Eroberung Englands durch die Normannen unter William I. 1066 gilt sie als beendet. Nach dänischem Verständnis beginnt jetzt das Mittelalter.

Mittelalter

Wichtig für die Eigenständigkeit des jungen Königreichs ist 1104 die Trennung der dänischen Kirche vom Erzbistum Hamburg-Bremen und die Gründung einer eigenen Erzdiözese im damals dänischen, heute schwedischen Lund. Ansonsten beginnen sehr unruhige Zeiten, mit Thronstreitigkeiten, häufigen Machtwechseln und sogar königslosen Perioden, Zeiten der Expansion und des Rückzugs. Die Hanse wird zu einem mächtigen Gegner Dänemarks im Ostseeraum.

Margrete I. – Megaherrscherin

Eine der bedeutendsten Frauen der Weltgeschichte, Margrete I. (faktische Regentschaft 1376–1412) bringt Dänemark dann mit untrüglichem Machtinstinkt und großem diplomatischen Geschick in eine Großmachtrolle. Als Tochter des dänischen Regenten Valdemar Atterdag und Ehefrau des norwegischen Königs Håkon VI. sorgt sie dafür, dass ihr erst sechsjähriger Sohn Olaf III. (1376–87) im Wahlkönigreich Dänemark zum Nachfolger ihres Vaters gewählt wird, und als 1379 ihr Mann stirbt, fällt dem Jungen im Erbkönigreich Norwegen automatisch dessen Krone zu. Obwohl Dänemark formal bis zum Beginn des Absolutismus 1660 Wahlkönigreich bleibt, ist damit die direkte, dynastische Thronfolge gesichert, denn jede abweichende Wahl würde von nun an die Doppelmonarchie sprengen. Als 1389 in Schweden ein Machtvakuum entsteht, nutzt Margrete die Gunst der Stunde und gewinnt unter Hinweis auf vage Ansprüche ihres inzwischen verstorbenen Sohnes auch noch die dritte Krone des Nordens.

Großreich Kalmarer Union

1397 wird in der Kalmarer Union die dänische Herrschaft über alle drei nordischen Länder formal besiegelt, um den Preis, dass Margrete einen Mann zum König der drei Reiche krönen lassen muss, ihren Neffen Erik VII. von Pommern (1397–1439). Die Fäden der Macht hält sie jedoch bis zu ihrem Pest-Tod 1412 in den Händen.

Was Margrete zusammengefügt hat, lassen ihre männlichen Nachfolger in wenigen Jahrzehnten wieder zerrinnen. Vor allem Christian II. (1512–23) macht sich 1520 durch die Hinrichtung von 80 schwedischen Adeligen unbeliebt. Ein Volksaufstand bringt 1523 Gustav Vasa auf den Schwedenthron – das nordische Großreich der drei Kronen ist nun Vergangenheit.

Schlimmer noch: Angestachelt durch die Demütigungen zur Zeit der Union erwächst mit dem unabhängigen Schweden in den nächsten Jahrhunderten ein Erzrivale, mit dem die Dänen insgesamt 130 Jahre Krieg führen und an den sie alle Provinzen östlich von Kattegat und Øresund verlieren, ausgenommen Bornholm.

Von der Reformation zur Revolution

Dänemark erlebt in der ersten Hälfte des 16. Jh. einen Bürgerkrieg, der mit der Reformation 1536 endet. Die Krone hält sich an den Reichtümern der Kirche schadlos und geht gefestigt aus den Unruhen hervor.

Christian IV. (1588–1648) entwickelt sich zum profiliertesten König auf dem Dänenthron. Als Bauherr der Renaissance drückt er Kopenhagen seinen Stempel auf, als Feldherr und Möchtegern-Seeheld im Dreißigjährigen Krieg erweist er sich hingegen als Fehlbesetzung: Am Ende seiner Regentschaft ist das

Land ruiniert, Schweden hat endgültig die Führungsrolle im Norden übernommen.

Absolutismus

Frederik III. (1648–70) entmachtet 1660 den Adel und regiert fortan absolutistisch. Im 18. Jh. macht das Land eher mit Skandalen als mit großer Politik auf sich aufmerksam: Die Affäre um Johann Friedrich Graf von Struensee ist dank immer neuer literarischer Aufarbeitung bis in unsere Tage unvergessen: Der junge Arzt aus Altona wird Leibarzt des geisteswirren Christian VII. (1766–1808), gewinnt sein Vertrauen und regiert bald das Reich mit futuristischen Ideen, die ihm aber mehr Feinde als Freunde bringen. Als er schließlich zum Geliebten der jungen Königin Caroline Mathilde avanciert und in dieser Funktion dem Königspaar zu einer Tochter verhilft, nutzen seine Gegner das zum Putsch: Nach nicht einmal anderthalb Jahren, in denen Struensee am Kopenhagener Hof frei schalten und walten kann, wird er im Januar 1772 entmachtet und bald darauf enthauptet und geviertelt.

Es folgt ein Jahrzehnt konservativer Restauration, ehe 1784 der 16-jährige Frederik VI. (1808–39), geleitet von fortschrittlichen Lehrern und Beratern, seiner Krönung um ein Viertel Jahrhundert vorgreift und seinem geisteskranken Vater die Regentschaft abnimmt. In Frederiks Zeit fällt das Ende der Leibeigenschaft der Bauern, aber auch ein glückloses Engagement an Frankreichs Seite in den Napoleonischen Kriegen. Die Siegermächte lösen 1814 die dänisch-norwegische Doppelmonarchie auf. Wie aus Trotz über den Niedergang der Macht erlebt das Land daraufhin ein von bürgerlichem Chauvinismus geprägtes Goldenes Zeitalter seiner Kultur, der Wissenschaften und der Bildung.

Bürgerliche (R)evolution

Es folgt der Machtverlust der Krone: Frederik VII. (1848–63) unterschreibt am 5. Juni 1849 eine bürgerliche, in den Grundzügen bis heute gültige Verfassung. Aus der absoluten wird eine konstitutionelle Monarchie. Die bürgerliche Revolution verläuft unblutig, von Frederik ist der Satz überliefert: »Auf meine Untertanen schießt man nicht.«

Das Ende des Absolutismus fordert indirekt aber doch Opfer: Nationale Kräfte im Königreich wie in den Herzogtümern Schleswig und Holstein nutzen die politische Unruhe für ihre jeweiligen Interessen. Zwei Kriege und ein traumatischer Landverlust im Süden Jütlands an Preußen sind die Folge (S. 41). Dieser Verlust wird mit einer gewaltigen Kraftanstrengung im Inneren ausgeglichen: Große zuvor ungenutzte Heide- und Moorgebiete in Jütland werden urbar gemacht und als Ausgleich aller im Süden verlorenen Häfen wird Esbjerg aus dem Dünenboden gestampft, heute Dänemarks fünftgrößte Stadt.

Dänemark reichte bis Hamburg-Altona

Im Odenser H. C. Andersen-Hus stellt eine Zeittafel Daten aus dem Leben des Märchendichters in Zusammenhang mit Ereignissen in der Welt und in Dänemark. Vor allem deutsche Besucher stutzen beim Jahr 1844: ›Dänemarks erste Eisenbahn wird zwischen Altona und Kiel eröffnet.‹ Nach dänischer Geschichtsauffassung reichte das dänische Territorium durch die Personalunion, mit der das Königreich Dänemark und die Herzogtümer Schleswig und Holstein vom 15. bis ins 19. Jh. unter gemeinsamer Herrschaft standen, bis ins heutige Hamburg.

---

20. Jahrhundert

Dänemark übersteht den Ersten Weltkrieg neutral, jedoch sterben 6000 Dänen aus Südjütland in deutschen Uniformen. 1920 initiieren die Siegermächte für das Herzogtum Schleswig ein Referendum über die staatliche Zugehörigkeit. Die Abstimmung soll zeitversetzt in drei Zonen von Norden nach Süden erfolgen. Am 10. Februar 1920 stimmt in der nördlichen Zone eine deutliche Mehrheit für die Wiedervereinigung mit Dänemark, einen Monat später in der mittleren eine fast ebenso große für den Verbleib bei Deutsch-

Geschichte

land. Damit steht die Grenze fest und eine Abstimmung in der dritten Zone ist hinfällig.

1924 bilden Sozialdemokraten eine erste Arbeiterregierung unter Thorvald Stauning, der mit einer kurzen Unterbrechung das Land bis 1942 in verschiedenen Regierungen führt und die Fundamanete des dänischen Sozialstaats legt. 1933 verankert ein Gesetz den ›Anspruch auf Hilfe‹.

Zweiter Weltkrieg

Im Zweiten Weltkrieg versucht Dänemark wieder, neutral zu bleiben, wird aber am 9. April 1940, ohne nennenswerten Widerstand zu leisten, von der Wehrmacht besetzt. Drei Jahre lang funktioniert eine ›Zusammenarbeitspolitik‹: Die Deutschen halten das Land militärisch besetzt, aber alle staatlichen Institutionen bleiben im Amt inklusive Regierung, Polizei, Militär und König. Die morgendlichen Ritte von Christian X. (1912–47) durch das besetzte Kopenhagen werden zum Symbol des Durchhaltewillens. Es werden im April 1943 sogar noch Wahlen abgehalten, bei denen die Dänischen Nationalsozialisten als unbedeutende Splittergruppe enden, während die Traditionsparteien zusammen fast 95 % der Stimmen erringen.

Im Juli 1943 weiten sich Massendemonstrationen und Streiks zum ›Volksstreik‹ aus. Als die Regierung der deutschen Forderung widerspricht, dänische Saboteure nach deutschem Kriegsrecht abzuurteilen und Freiheitsstrafen in Deutschland zu vollstrecken, endet die Zusammenarbeitspolitik. Die Regierung tritt zurück, die Besatzer rufen das Kriegsrecht aus. Die Alliierten erkennen Dänemark als Verbündeten an.

Nach einem gezielten Hinweis aus der Deutschen Gesandtschaft, dass die Deportation der dänischen Juden bevorsteht, gelingt es im Oktober 1943 mit Unterstützung des Widerstandes, aber auch vieler Helfer aus der nicht organisierten Bevölkerung, die meisten von ihnen vor dem Zugriff der Nazis zu retten und in Fischerbooten über den Øresund nach Schweden zu bringen.

Als am 4. Mai 1945 mit einer Teilkapitulation der Krieg für Dänemark zu Ende ist, haben etwa 7000 Dänen ihr Leben verloren. Bei Kriegsende befinden sich noch etwa eine halbe Millionen Deutsche im Land, vor allem Flüchtlinge, die aus den deutschen Ostgebieten über die Ostsee evakuiert wurden. Sie werden in Sammellagern interniert, das größte im westjütischen Oksbøl (S. 146) bestand bis Weihnachten 1948.

Neue Bündnisse

Die Nachkriegsjahre sind von der Aufarbeitung der Besatzung und Kollaboration sowie der Orientierung in der neuen Weltordnung bestimmt. Dänemark wird Gründungsmitglied von UN, NATO sowie der Freihandelszone EFTA. 1973 wechselt Dänemark zusammen mit seinem damals wichtigsten Handelspartner Großbritannien von der EFTA in die EWG, die heutige EU, und entwickelt sich zu einem Mustermitglied, das europäisches Recht und EU-Richtlinien kompromisslos umsetzt. Dennoch ist das Image ein ganz anderes: Die Dänen bremsen mehrfach mit Volksentscheiden den Zug zur europäischen Einigung.

Monarchie in der Gegenwart

1953 kommt es vor dem Hintergrund, dass der amtierende König keine Söhne hat und sein als Kronprinz in der Erbfolge geführter Bruder als – höflich gesagt – nicht thronfähig gilt, zu einer Verfassungsreform, die die weibliche Thronfolge erlaubt: Margrethe II. wird nach dem Tod ihres Vaters 1972 Königin.

Im Mai 2004 heiratet ihr Sohn, Kronprinz Frederik (geb. 1968) die aus Australien stammende Juristin Mary Donaldson und sorgt bald für die Fortsetzung einer langen Tradition: Die mit Ausnahme von Margrethe seit der Thronbesteigung von Christian II. 1513 nie unterbrochene Abfolge der Christians und Frederiks auf dem Thron in Kopenhagen kann sich fortsetzen: Im Januar 2006 lassen Frederik und Mary ihren Erstgeborenen auf den Namen Christian Valdemar Henri John taufen, nach seinem Vater nun Nr. 2 der Thronfolge. Werden die beiden einmal gekrönt, gehen sie als Frederik X. und Christian XI. in eine der ältesten Regentenlisten der Welt ein.

Dänemark heute

Prall gefüllte öffentliche Kassen erlauben es, in den 1990er-Jahren mit Brücken-Tunnel-Kombination für Straße und Schiene den 18 km breiten Großen Belt (S. 324) zwischen Fünen und Seeland und den etwas schmaleren Øresund nach Schweden (S. 381) zu queren. Die beiden Projekte refinanzieren sich durch Mautgebühren und sind ökonomisch erfolgreicher als geplant. Außerdem geben sie Dänemarks Wirtschaft weitere Impulse.

Das macht Mut, ab 2015 den 18 km langen Tunnel unter dem Fehmarnbelt zwischen Rødby auf Lolland (S. 330) und Puttgarden auf Fehmarn in Angriff zu nehmen – 2021 soll er fertig sein. Gebaut wird mit dem Senktunnelverfahren: An Land vorgefertigte Betonelemente werden versenkt und unter Wasser miteinander verbunden.

Nach einem 2009 ratifizierten Staatsvertrag übernimmt Dänemark die Kosten von ca. 5,5 Mrd. Euro praktisch alleine, kassiert später aber auch die Maut-Einnahmen, die den Bau bis 2050 refinanzieren sollen. Auf deutscher Seite war das Interesse an dem Projekt immer gering: Seit dem Mauerfall haben Ost-West-Verbindungen höhere Priorität als Wege in den Norden, zumal dieser für die deutsche Wirtschaft bislang ein eher unbedeutender Markt ist.

Derweil fordern in Dänemark Verkehrsplaner und Wirtschaft eine zweite, nördlichere, feste Verbindung zwischen Seeland und Jütland: Das bestehende Autobahnnetz ist durch den Verkehrsanstieg nach dem ersten Brückenschlag überlastet und ohne eine Alternativstrecke wäre jede längere Sperrung der Storebæltsforbindelse nach einem Anschlag oder einem Unglück katastrophal für Dänemarks Wirtschaftsleben.

Krieg und Karikaturen

2003 greift Dänemark Seite an Seite mit Amerikanern, Briten, Australiern und Polen in den Zweiten Golfkrieg ein. Im September 2005 druckt die größte Tageszeitung im Lande zwölf harmlose Mohammed-Karikaturen. Für ein Jugendbuch über den Islam hatte sich kein Zeichner getraut, Bilder abzuliefern, weil die bildliche Darstellung Mohammeds von den meisten Muslimen abgelehnt wird. Angestachelt von konservativen Politikern, die darin einen Sieg islamischer über westliche Werte in ihrem Land sahen, fordert die Feuilleton-Redaktion von »Jyllands Posten« 40 Zeichner auf, Karikaturen zum Thema ›Das Gesicht Mohammeds‹ einzureichen. Zwölf machen mit. Die ersten Nachdrucke in der arabischen Welt bleiben ohne jede Reaktion, erst eine Hetzkampagne in Dänemark lebender Islamisten, die sogar nie veröffentlichte, jedoch sehr obszöne Zeichnungen verbreiten, ruft im Januar 2006 hitzige, antidänische Proteste in der ganzen islamischen Welt hervor. Überall werden die rot-weißen Flaggen mit dem Kreuz geschändet, dänische Waren boykottiert. In Damaskus brennt die Botschaft des Königreichs – und die norwegische und die schwedische gleich mit.

Die Regierung unterschätzt die Brisanz, beruft sich auf die Unabhängigkeit der Presse und hält sich lange aus der Diskussion heraus. Bald jedoch wird der ›Karikaturenstreit‹ im Lande als schwerste Krise seit dem Zweiten Weltkrieg empfunden. In Europa und den USA löst er eine Debatte über die Wahrung westlicher Werte und die Standfestigkeit der westlichen Kultur im Streit mit dem fundamentalistischen Islam aus. Aus dem Karikaturenstreit wird ein Kulturenstreit.

Als Anfang 2008 ein Mordkomplott muslimischer Aktivisten gegen den Karikaturisten Kurt Westergaard aufgedeckt wird, veröffentlichen skandinavische Tageszeitungen seinen Mohammed mit dem Turban in Form einer Bombe erneut. Wieder brennen dänische Fahnen und es gibt Terrordrohungen gegen Dänemark. Und der Streit scheint nicht beendet: Am Neujahrsabend 2010 dringt ein der al-Qaida nahe stehender Somalier in Kurt Westergaards Wohnung ein, um ihn zu ermorden. Der 74-Jährige kann sich im letzten Augenblick mit seiner fünf Jahre alten Enkelin in einen extra dafür in seiner Wohnung eingerichteten Schutzraum retten. Wieder gibt es Nachdrucke seiner umstrittenen Karikatur.

Zeittafel

Ca. 13 000–1800 v. Chr.	Steinzeit. Um 4000 werden erste Menschen sesshaft, später legen sie Dolmen-, Kammer- und Ganggräber an.
1800–500 v. Chr.	Bronzezeit. Markante Grabhügel entstehen.
500 v. – 793 n. Chr.	Eisenzeit. Menschen und Waffen werden in Mooren und Seen geopfert. Ribe und Haithabu wachsen zu Handelsplätzen heran.
793–1035	Wikingerzeit. Christianisierung ab 826. Ab Mitte des 10. Jh. bildet sich ein gesamtdänisches Königreichs mit Zentrum in Jelling.
1375–1412	Margrete I. (1375–1412) vereint Dänemark, Norwegen (inkl. Färöer, Island und Grönland) sowie Schweden in der Kalmarer Union. Ihre Nachfolger können das Großreich aber nicht bewahren.
1417	Kopenhagen wird Hauptstadt.
1536	Ein Bürgerkrieg bringt dem Land die Reformation. Die Entmachtung der katholischen Kirche stärkt Krone und Adel.
1563–1720	Kriege gegen Schweden führen zu Landverlust im heutigen Süd- und Westschweden. Christian IV. (1596–1648) profiliert sich als Renaissancebauherr, ruiniert aber das Land.
1807–14	In den Napoleonischen Kriegen schlittert Dänemark an Frankreichs Seite in eine Niederlage und verliert Norwegen an Schweden.
1815–50	Guldalderen (goldenes Zeitalter) von Kunst und Wissenschaften.
1849	Unblutiges Ende des Absolutismus. Bürgerliches Grundgesetz.
1848–50 und 1863/64	Zwei Kriege um Schleswig und Holstein enden mit der dänischen Niederlage bei Dybbøl. Die Herzogtümer werden deutsch, einschließlich großer dänisch orientierter Gebiete in Nordschleswig.
1901	Erste Regierung aus der Mehrheit des Folketing heraus.
1914–18	Dänemark bleibt im Ersten Weltkrieg neutral.
1920	Ein Referendum im Herzogtum Schleswig legt die bis heute gültige Grenze zu Deutschland fest.

Sozialdemokraten stellen erstmals eine Regierung.	**1924**
Dänemark wird von der Wehrmacht besetzt. Regierung, Polizei und Militär bleiben ›im Dienst‹, bis 1943 das Kriegsrecht ausgerufen wird.	**1940–45**
NATO-Beitritt	**1949**
Eine Verfassungsreform ermöglicht die weibliche Thronfolge und ebnet Margrethe II. den Weg zum Thron, den sie 1972 besteigt.	**1953**
Dänemark hat als erstes Land der Welt einen Umweltminister.	**1971**
EWG Beitritt. Die Verfassung erzwingt später mehrere Referenden In EU-Fragen, dabei lehnen die Dänen u. a. den Euro ab (2000).	**1973**
Dänemark gewinnt die Fußball-EM gegen Deutschland.	**1992**
Verbindungen über den Großen Belt (eröffnet 1998) und den Øresund (2000) revolutionieren die Infrastruktur.	**1989–2000**
Kronprinz Frederik heiratet die Australierin Mary Donaldson. Im Oktober 2005 wird ihr Sohn Christian Valdemar Henri John geboren.	**2004/05**
Antidänische Proteste in der islamischen Welt als Folge der Veröffentlichung von Mohammed-Karikaturen in einer dänischen Zeitung.	**2006**
Die Küstenregion von Thy wird Dänemarks erster Nationalpark.	**2008**
In Kopenhagen scheitert ein Weltklimagipfel – als eine Ursache gilt die ungeschickte Konferenzleitung des dänischen Regierungschefs.	**2009**
Nach zehn Jahren Opposition übernehmen Sozialdemokraten die Regierung, erstmals in der Landesgeschichte mit einer Frau als Chef.	**2011**
Emmelie de Forest gewinnt mit »Only Teardrops« den Eurovision Song Contest, Dänemarks dritter Sieg nach 1963 und 2000. Die 59. Ausgabe der Kult-Show wird im Mai 2014 in Kopenhagen ausgetragen.	**2013/2014**
Für gut 5,5 Mrd. Euro entsteht ein 17,6 km langer Tunnel unter dem Fehmarnbelt im Senktunnelverfahren – er wird ca. 12 km länger, als der längste bisher so gebaute Tunnel weltweit.	**2015–2021**

Gesellschaft und Alltagskultur

Die gestylte Städterin im offenen Porsche, die Werftarbeiterin im Blaumann mit der Flasche Carlsberg an den Lippen, der Jungbauer an der Computersteuerung seines Hightech-Schweinestalls oder der von der Glatze bis zu den Fußgelenken tätowierte Drei-Zentner-Rocker auf seiner Harley – typische Dänen gibt es nicht. Allerdings haben sie es alle gern ›hyggelig‹, lieben es, im Sommer draußen zu feiern, und zeigen stolz die rot-weiße Flagge ihrer Heimat.

Dänischer Lebenstil

Die Dänen gelten unter den Nordeuropäern als die lebenslustigsten, geselligsten und im geschäftlichen Umgang lockersten Skandinavier, die auch mal fünf gerade sein lassen. In der skandinavischen Variante jener Witze, bei denen ein Däne, ein Norweger, ein Schwede und ein Finne in einem Boot oder wo auch immer einer Katastrophe entgegensteuern, erzählt der Däne noch einen Witz, leert mit einem ›skål‹ sein letztes Bier und gibt sich dann dem Unglück hin, der Schwede richtet Anzug, Krawatte und Einstecktuch, ehe er sich förmlich verabschiedet, der Finne ertränkt sich und seine Depressionen mit Wodka und der Norweger bringt einen Toast auf König und Vaterland aus.

Locker drauf

Die Dänen sind überzeugt, von ihrem Staat weniger als andere Völker gegängelt zu werden. So reiben sie den Schweden, denen der Staat nach dänischer Auffassung alles verbietet, was Spaß macht, gern unter die Nase, dass man in Dänemark auf der Straße ein Bier trinken darf, ohne verhaftet zu werden. Und für die Gründlichkeit der Deutschen haben sie eher Spott übrig – man muss doch nicht alles so engstirnig sehen.

Die Neigung, eigene Leistungen oder berufliche Positionen herauszustellen, verstößt gegen das *Jantelov*. Dieser allgegenwärtige Kodex aus zehn Regeln lässt sich leicht auf einen Nenner bringen: Glaube nie, dass Du etwas Besseres bist oder etwas besser kannst. Titel sind Dänen eher egal. Der wirtschaftliche Höhenflug und der neue Reichtum lassen das Jantelov aber wanken: Niemand versteckt mehr die Insignien des Erfolgs: Understatement allenfalls, wenn der Porsche Cayenne Turbo S, den man für die morgendliche Fahrt ins Büro nutzt, als zweisitziger Lieferwagen mit gelber Nummer zugelassen wird – dann kostet er statt knapp 3 nur schlappe 1,5 Mio. Kronen.

Klammer für alle: Hygge

Ein weit über die Grenzen bekanntes Symbol für dänischen Lebensstil ist ›hygge‹. Dies als ›dänische Gemütlichkeit‹ zu übersetzen oder es darauf zu reduzieren, wie Dänen sich einrichten, trifft nicht den Kern. Hygge – man kann sich auch ›hyggen‹ – ist die Art, es sich ganz individuell gemütlich zu machen.

Es ist eine Form von ›hygge‹, wenn eine Drei-Generationen-Familie ein Familienfest als Picknick in einer öffentlichen Parkanlage feiert mit Grillwürstchen, Gammel Dansk, viel kaltem ›øl‹ in den Kühltaschen und mindestens ebenso viel heißem Kaffee in den obligatorischen Thermoskannen, und eine andere, wenn die Clique von Althippies auf einem Open-Air-Festival ihre Campingstühle im

Dänischer Lebensstil

Halbkreis zur Bühne aufstellt und zum Kaffee noch einen Joint kreisen lässt. Auch die Einrichtungs-›hygge‹ einer Rentnerwohnung sieht anders aus als die einer Studentenbude oder des Penthouses eines schwulen Paares über den Dächern von Kopenhagen.

Bedrohte Toleranz

Traditionsbewusstsein und Toleranz gegenüber Andersdenkenden und anders Lebenden galten immer als Bestandteile des gesellschaftlichen Konsenses in Dänemark. Der rot-weiße Chauvinismus, der sich in einer ausgeprägten Liebe zur Nationalflagge ›Dannebrog‹ zeigt, machte nie Angst, ist eher ein bunter Tupfer dänischer Identität. Zahlreiche Flaggentage (S. 43) überziehen das Land mit rot-weißen Farborgien, aber auch bei Firmenjubiläen, Abiturpartys, Eheschließungen, Geburtstagsfeiern und Beerdigungen – dann weht der ›Dannebrog‹ auf Halbmast – wird das rot-weiße Tuch reichlich gezeigt.

Dieses liebenswerte Bild hat in jüngster Zeit Schaden genommen, und nicht nur, weil die geliebten Flaggen beim ›Karikaturenstreit‹ in islamischen Ländern reihenweise öffentlich verbrannt und besudelt wurden. Das Land, das Mitte des 17. Jh. religiös Verfolgte – Katholiken, Juden, Hugenotten – ins Land lockte, das 1989 als erstes weltweit die Schwulenehe erlaubte, dieses Land erschwert Einwanderern heute Eheschließungen und Familienzusammenführung wie kein anderes in der EU. Dabei ist der Anteil der Menschen mit Migrationshintergrund immer niedriger gewesen als etwa in Deutschland oder Schweden. Warum er trotzdem als so bedrohlich empfunden wird, dass rechte Populisten regelmäßig über 10 % bei nationalen Urnengängen einfahren und die Traditionsparteien zum Rechtsschwenk verführt haben, gibt Soziologen, linken Politikern und Medienbeobachtern Rätsel auf.

Hier spielt wohl eine historisch gewachsene Angst vor Überfremdung und Verlust nationaler Identität mit, die die Dänen auch so skeptisch gegenüber der Europäischen Union machen. Schon im Mittelalter rekru-

Auch dänische Fußballfans zeigen gern, woher sie kommen

Gesellschaft und Alltagskultur

tierte sich die Handwerkerschaft der Städte weitgehend aus Deutschland und sprach Deutsch. Später folgte dann deutscher Adel in den Dienst der dänischen Krone. »Der König, die hochgestellten Männer, der Adel und viele Bürger bedienen sich des Deutschen bei gewöhnlichen Gesprächen … Ich habe etliche in hohen Ämtern prahlen hören, dass sie kein Dänisch könnten,« berichtet ein englischer Diplomat Ende des 17. Jh. Und von 1864 bis 1920 war es erklärte Politik, im preußisch besetzten Südjütland dänische Kultur und Sprache zu unterdrücken.

Dänen und andere

Dänemark besitzt eine ethnisch recht homogene Bevölkerung. Natürlich gibt es Unterschiede zwischen den als verschlossen, beinahe ›stur‹ geltenden Jüten, den wegen ihrer auffällig singenden Aussprache gern als ›Reserveschweden‹ gehänselten Bornholmern und den weltoffenen, global orientierten Kopenhagenern. Volksgruppen mit ausgeprägter regionaler Identität gibt es aber nicht.

Die Jensens, Nielsens & Co
Jens und Anne Jensen sind die statistisch typischsten Dänen. Mehr als 5 % aller Dänen heißen Jensen, kaum weniger Nielsen und Hansen. 19 der 20 häufigsten Familiennamen im Lande enden auf -sen, abgeleitet aus der patronymen Namensgebungstradition im Norden: Bis 1856 bekam ein Sohn immer den Vornamen des Vaters mit angehängtem ›sen‹, eine Tochter mit angehängter ›dottir‹ als Herkunftsnamen. Ein Rasmus Hansen war somit Rasmus, der Sohn vom Hans. Bei Einführung der Familiennamen erhoben die Kirchenschreiber in den meisten Fällen einfach den des Familienoberhauptes dazu. Träger der Massennamen benutzen gern Zwischennamen wie der ehemalige Regierungschef Lars *Løkke* Rasmussen und seine zwei direkten Vorgänger Anders *Fogh* Rasmussen und Poul *Nyrup* Rasmussen.

Aus den ehemaligen Kolonien (S. 23) leben gut 15 000 Färinger und etwa 13 000 Grönländer in Mutterland. Die bestens integrierten Färinger fallen als Menschen nordischer Abstammung praktisch nicht auf, anders die eher asiatisch wirkenden Grönländer. Die haben zwar dänische Pässe, beherrschen die dänische Sprache aber oft nur unvollkommen. Viele von ihnen leben ohne Ausbildung am Rande der Gesellschaft; Alkohol- und Drogenprobleme sind verbreitet.

Deutsche Dänen
Mit den deutschstämmigen Nordschleswigern nördlich und einer dänischen Bevölkerungsgruppe südlich der heutigen Grenze hat die Südjütland-Problematik zwei Minderheiten hervorgebracht. Ihnen wird in den Bonn-Kopenhagener Erklärungen von 1955 in einer international als vorbildlich gelobten Weise die politische und kulturelle Integrität garantiert. Die Zugehörigkeit wird ausdrücklich nur durch individuelle Empfindungen bestimmt und darf keiner ethnischen Kontrolle unterliegen. So gibt es nur Schätzungen über die Stärken beider Minderheiten und die sind umstritten, sogar die von Berliner Ministerien veröffentlichten Zahlen: Die gehen von ca. 15 000 bis 25 000 Deutschen in Südjütland und etwa 50 000 Dänen in Südschleswig aus.

Beide Volksgruppen erhalten erhebliche öffentliche Mittel und werden außer durch ihre Verbände von Parteien vertreten, denen das Wahlrecht Sonderrechte wie die Freistellung von Sperrklauseln gewährt. Die Tageszeitungen beider Minderheiten, der deutschsprachige »Nordschleswiger« aus Aabenraa und die zweisprachige »Flensborg Avis« aus Flensburg, überleben alimentiert mit Mini-Auflagen von ca. 2300 bzw. 5400 Exemplaren. Auf lokaler Ebene betreiben Schul- und Sprachvereine Kindergärten und Schulen sowie gut sortierte Bibliotheken.

Die Grenzregion im Web: Deutsche in Nordschleswig: www.nordschleswig.dk; Dänen in Südschleswig: www.syfo.de; Vertretung Nordschleswigs beim Folketing: www.tysksekretariat.dk; die Zeitungen: www.nordschleswiger.dk, www.fla.de.

Kriege um Schleswig

Zankapfel Schleswig — Thema

Fast 1000 Jahre Streit um Schleswig prägen die deutsch-dänische Geschichte. Schon beim Namen fängt's an: Dänen meinen mit ›Sønderjylland‹ dasselbe Land wie ihre deutschen Nachbarn mit ›Nordschleswig‹.

Schon im frühen Mittelalter einigen sich dänische und deutsche Herrscher auf die Eider als Grenze ihrer Machtbereiche, im Norden das Herzogtum Schleswig als dänisches Lehen, im Süden das deutsche Holstein, ab 1474 ebenfalls Herzogtum. Im 13. Jh. bringen dynastische Verbindungen beide Gebiete in eine Hand. Als 1460 der letzte Schauenburger auf dem Doppelthron kinderlos stirbt, wählt die Ritterschaft Dänenkönig Christian I. zum Nachfolger. Er muss jedoch schwören ›Schleswig und Holstein bleiben auf ewig ungeteilt zusammen‹.

Trotzdem ist die politische Karte Schleswigs bald ein Flickenteppich gräflicher, herzoglicher, königlicher, reichsunmittelbarer oder gemeinschaftlich verwalteter Gebiete. Deutsch entwickelt sich zur Sprache der Oberschicht, Dänisch sprechen bald nur die Menschen auf dem Lande im nördlichen Teil Schleswigs, die ›Ungebildeten‹.

Christian VIII. verordnet im Mai 1840, dass Dänisch Amtssprache in allen dänischsprachigen Teilen Schleswigs wird, Beginn eines emotional geführten Sprachkampfes. Der aufkommende bürgerliche Chauvinismus des 19. Jh. verschärft die Situation: Soll die dänische Verfassung, die Frederik VII. seinen Landsleuten gewährt, auch in den Herzogtümern gelten und diese damit zu einem Teil Dänemarks machen? Die Deutschgesinnten in Schleswig und Holstein wollen eine gemeinsame Verfassung für beide Herzogtümer sowie den Anschluss an den Deutschen Bund. Ihr Aufstand führt zum Ersten Schleswigschen Krieg 1848–50, der am 25. Juli 1850 in einer der blutigsten Schlachten endet, die Nordeuropa je erlebte: 10 000 Tote und Verwundete bleiben zurück. Für die Dänen ein Sieg, aber ein sinnloser: Frederik VII. bleibt in den Herzogtümern absoluter Regent, während in Dänemark die Monarchie konstitutionelle Züge annimmt.

1863 eine neue Eskalation: Die nationalliberale Regierung in Kopenhagen lässt Christian IX. ein Gesetz unterschreiben, das die dänische Verfassung auf Schleswig ausdehnt. Preußens Kanzler Bismarck setzt ein 24-Stunden-Ultimatum zur Rücknahme. Das ist praktisch unerfüllbar. Es gibt Krieg. Die dänischen Truppen sind hoffnungslos unterlegen und erleiden am 18. April 1864 an den Schanzen von Dybbøl eine katastrophale Niederlage. Dänemark muss Schleswig bis zur Kongeå an Preußen abtreten, zusammen mit ca. 175 000 dänischgesinnten Menschen. In der Folge verlässt ein Drittel aller Dänen das Herzogtum, viele Richtung Amerika.

Der Friedensvertrag bietet ein Hintertürchen: Ein Referendum prüft 1920 die nationale Zugehörigkeit Schleswigs. Als Resultat rutscht die Grenze dann ein Stück nach Süden und teilt das alte Herzogtum Schleswig. Auf beiden Seiten bleiben Minderheiten (S. 40). Während des Dritten Reichs kommt es noch einmal zu Irritationen. In Deutschland wird die Arbeit der dänischen Volksgruppe behindert und in Dänemark schließen sich viele Nordschleswiger den Nationalsozialisten an. Fast 3000 werden nach 1945 als Kollaborateure verurteilt. Die Grenze jedoch bleibt unangetastet.

Gesellschaft und Alltagskultur

Sankt-Hans-Feuer bei Dragør am Øresund

Veranstaltungen & Events

Ein landesweiter Veranstaltungskalender in Deutsch findet sich auf www.visitdenmark.com unter dem Stichwort ›Veranstaltungen‹.

Bunt und traditionell

Mit je einem farbenprächtigen **Karneval der Kulturen** am Pfingstsamstag in Kopenhagen (www.copenhagencarnival.com) und in der Woche 21 (Mitte Mai) in Aalborg (www.aalborgkarneval.dk, S. 231) beginnt die Saison der Outdoor-Events.

Die traditionellsten **Volksfeste** sind Vieh- und Trödelmärkte in ländlichen Regionen. Dazu gehören echter Viehhandel, große Flohmärkte und viel Jahrmarkt. Die bekanntesten Feste dieser Art sind die seit Mitte des 18. Jh. abgehaltene **Hjallerup Marked** in Nordjütland (S. 223) Anfang Juni, **Vorbasse Hestemarked** (S. 257) in Mitteljütland Mitte Juli, der **Vildsund Heste og Kræmmermarked** (S. 190) auf Thy Ende Juli, der **Kloster Mærken** im südjütischen Løgumkloster (S. 116) Mitte August und der **Ho Fåremarked** bei Blåvand an der Nordsee Ende August (S. 152).

In den Juli fallen die meisten **Ringreiterspiele** in Südostjütland (S. 248). Für die schönsten **Trachtenfeste** muss man Mitte Juli nach Fanø (S. 131) übersetzen: Die Fannikerdage im Norden und der Sønderhodag im Süden der Insel präsentieren viel Brauchtum, Musik, Tanz und traditionelle Trachten.

Zeitreisen

Wikingermärkte (S. 31) sind die häufigsten Events, bei denen die Besucher auf eine Zeitreise geschickt werden.

Das größte Fest dieser Art führt jedoch ins Mittelalter: Das **Horsens Europæisk Middelalder Festival** gilt als eines der besten historischen Stadtfeste in Europa (S. 261).

Feier- und Flaggentage

Alle Festivals im Überblick auf www.dansklive.dk, dort ›Livearrangører‹ anklicken.

Klassik

Klassische Konzertreihen nutzen gern alte Burgen, Schlösser oder Kirchen. Das **Sorø Internationale Musikfestival** (www.soroemusik.dk, S. 362) in der Kleinstadt Sorø auf Seeland setzt Ende Juni bis Anfang September vor allem auf die berühmte Orgel der Klosterkirche. Das **Vendsyssel Festival** (www.vendsysselfestival.dk, S. 203) präsentiert rund 50 Konzerte mit nationalen und internationalen Künstlern in der ländlichen Region im Norden Jütlands im Juli und August.

Die international renomierte **Aarhus Festuge** (http://aarhusfestuge.dk, S. 274) Anfang September dauert rund 10 Tage und bietet ein breites, ambitioniertes Programm von Rock über Tanz bis zur Oper, sogar Sportveranstaltungen sind eingebunden.

Feier- und Flaggentage

Zu **Ostern** erleben Urlauber oft eine unliebsame Überraschungen, weil die Geschäfte schon am Gründonnerstag geschlossen sind. Dafür beginnt mit den Ostertagen für viele Einrichtungen die Sommersaison mit wieder länger werdenden Öffnungszeiten.

Einen weiteren ungewohnten Feiertag bringt das vierte Wochenende nach Ostern: Der Freitag ist der **Große Bettag,** 1686 von der Krone verordnet, um die Flut kirchlicher Feier- und Fastentage einzudämmen. Kein offizieller Feiertag, aber für viele Arbeitnehmer in Tarifverträgen als freier Tag verankert ist der **1. Mai,** den Parteien und Gewerkschaften für Kundgebungen und Kulturveranstaltungen nutzen.

An **Pfingsten** sind Sonntag und Montag Feiertage, die zum Teil sehr ausgelassen begangen werden. Ursprünglich schaute man am Ostermorgen nach der aufgehenden Sonne, die aus Freude über Jesu Auferstehung am Himmel tanzt. Weil das Wetter aber Ostern meist nicht dazu einlädt, eine Nacht durchzufeiern, um auf diesen Augenblick zu

Jazz, Rock und Folk

Auf lange Traditionen blicken Rock-, Jazz- und Folkfestivals zurück, allen voran das berühmte **Roskilde Festival** (http://roskildefestival.dk, S. 373), das seit 1971 jedes Jahr Anfang Juli rund 110 000 Besucher lockt.

Das **København Jazz Festival** (www.jazz.dk, S. 412) füllt in der ersten Julihälfte knapp zwei Wochen lang Plätze, Säle und Clubs in der Hauptstadt.

Das **Langeland Festival** (www.langelandsfestival.dk, S. 321) bietet 8 Tage um den Monatswechsel Juli/August in Rudkøbing am Meer ein gigantisches Familien- und Gartenfest mit breitem Unterhaltungsprogramm von der Show für Kleinkinder im betreuten Kinderland über Musik für Teenager bis zum Rockkonzert für die Eltern.

Höhepunkt für Fans internationaler Folkmusik ist das **Tønder Festival** ganz im Südwesten Dänemark (www.tf.dk, S. 111).

Gesellschaft und Alltagskultur

warten, verlegte man den Brauch pragmatisch auf Pfingsten – Kopenhagen nutzt diese Tage für einen Karneval der Kulturen.

Der 5. Juni ist **Grundlovsdag**, Verfassungstag; am 5. 6. 1849 hatte Frederik VII. ein bürgerliches Grundgesetz unterschrieben. Der Tag kommt einem Nationalfeiertag am nächsten. Die meisten Geschäfte haben geschlossen und viele Arbeitnehmer bekommen einen halben oder ganzen Tag frei – ähnlich wie am 1. Mai per Tarifvertrag geregelt.

Feuer am Johannesabend

Am Vorabend des 24. Juni, des Johannestags, feiern die Dänen **Sankthansaften**. Wie heute noch die Schweden, beging man ursprünglich den längsten Tag des Jahres – Mittsommer – am 21./22. Juni. In katholischen Zeiten wurde dieses heidnische Fest durch das Fest Johannes des Täufers – dänisch: Sankt Hans – ersetzt. Gefeiert wird mit Straßen- oder Nachbarschaftsfesten; meist marschiert man mit einer Hexe aus Stroh zu einem vorbereiteten Holzstoß, die Hexe kommt obenauf und das Ganze wird angezündet. Mit dem Sankt-Hans-Lied hat der Tag seine eigene Hymne. Eindrucksvoll sind die Sankt-Hans-Feste am Meer, wenn am Ufer eine ganze Kette von Feuern auflodert.

Mandelgave und Kransekage

Ausgelassene wie ausgedehnte **Weihnachtsfeiern** *(julefrokost)* von Betrieben und Vereinen füllen in der Vorweihnachtszeit Restaurants und Kneipen und lassen das wirkliche Wirtschaftsleben erlahmen. Der Heilige Abend wird dann im Familienkreis begangen. Zum Festessen gehört eine Schüssel Milchreis, in der eine ganze Mandel versenkt ist. Wer sie in seiner Portion findet, bekommt eine *mandelgave,* ein Mandelgeschenk.

An den Weihnachtstagen kann ein neutraler Beobachter angesichts eines dänischen Weihnachtsbaumes nicht sicher sein, ob er einen christlichen Feiertag erlebt oder einen nationalen Gedenktag: Rot-weiße Fähnchen sind der beliebteste Baumschmuck.

Bei einer zünftigen dänischen Silvesterfeier sollte dann ein mehrstöckiger *kransekage* auf dem Tisch stehen, ein Kuchenturm aus immer kleiner werdenden Ringen Marzipangebäck – pro Person ein Ring.

Offizielle Feier- und Flaggentage

(GF = Gesetzlicher Feiertag; FL = Flaggentag)
Bewegliche Tage
Ostern: *Skærtorsdag* (Gründonnerstag) GF
Langfredag (Karfreitag) GF/FL (Halbmast)
Påskedag (Ostersonntag GF/FL
2. Påskedag (Ostermontag) GF
4. Wochenende nach Ostern:
Store Bededag (Großer Bettag) GF/FL
6. Donnerstag nach Ostern: *Kristi Himmelfartsdag* (Christi Himmelfahrt) GF/FL
Pfingsten: *Pinsedag* (Pfingstsonntag) GF/FL
Pinsemandag (Pfingstmontag) GF
Feste Tage
1. Jan.: *Nytår* (Neujahr), GF/FL
5. Febr.: Geburtstag Kronprinzessin Mary, FL
6. Febr.: Geburtstag Prinzessin Marie, FL
9. April: *Danmarks besættelse* (Dänemarks Besetzung 1940), FL (bis 12 Uhr Halbmast).
16. April: Geburtstag Königin Margrethe, FL
29. April: Geb. Prinzessin Benedikte, FL
5. Mai: *Danmarks befrielse 1945* (Dänemarks Befreiung), FL
26. Mai: Geburtstag Kronprinz Frederik, FL
5. Juni: *Grundlovsdag* (Verfassungstag), FL
7. Juni: Geburtstag Prinz Joachim, FL
11. Juni: Geburtstag Prinzgemahl Henrik, FL
15. Juni: *Valdemarsdag og Genforeningsdag* (Valdemarstag und Wiedervereinigungstag, erinnert an die Schlacht bei Lyndanisse, bei der der Sage nach der Dannebrog vom Himmel fiel, und an die Wiedervereinigung Südjütlands mit Dänemark 1920, FL
5. Sept.: Tag der ausgesannten Soldaten, FL
24. Dez.: *Juleaften* (Heiligabend)
25. Dez.: *Juledag* (Weihnachten) GL/FL
26. Dez.: *Juledag* (Weihnachten) GL
31. Dez.: *Nytårsaften* (Neujahrsabend), ab mittags arbeitsfrei

Volkshochschulen

Folkehøjskoler – Schulen fürs Volk

Thema

Ein Ende des Absolutismus und ein Erfolg des Parlamentarismus ist ohne Anhebung des Bildungsniveaus der Bevölkerung nicht denkbar. Mit dieser Überzeugung konzipierte der Theologe und Pädagoge N. F. S. Grundtvig Anfang des 19. Jh. die Folkehøjskoler – Schulen fürs Volk.

Naturgemäß stieß Grundtvig (1783–1872) mit dieser Idee für eine bürgerliche Revolution durch Bildung nicht gerade auf offene Ohren, bis ihm der deutsch-dänische Kulturkampf zu Hilfe kam: Ein Kollege gründete 1844 eine Volkshochschule nach seinem Konzept in Rødding im damaligen Herzogtum Schleswig. Sie sollte Hort dänischer Kultur und Sprache gegen alles Deutsche sein.

Das Konzept der Schulen für das Volk verbreitet sich von Rødding aus schnell in ganz Dänemark und bald über dessen Grenzen hinaus. Auch die deutschen Volkshochschulen haben ihre Wurzeln bei Grundtvig, nur anders umgesetzt. Die rund 80 dänischen Folkehøjskoler sind Heimvolkshochschulen, oft in landschaftlich reizvolle Umgebung eingebettet. In der Regel leben die Schüler mehrere Monate dort und nehmen ganztägig an gesellschaftspolitischen, künstlerisch-kreativen, religiösen oder sportlichen Kursen teil. Modernen Bedürfnissen angepasst, gibt es inzwischen auch Kurse von ein bis drei Wochen Dauer – das kann abstrakte Malerei auf Ærø sein oder ein Golfkurs bei Skagen. Die Mehrzahl der Schüler ist zwischen 18 und 30 Jahre alt, aber im Prinzip gibt es Kurse für alle Altersstufen – Kurse für Kinder ebenso wie für Senioren.

Jede Volkshochschule kann im Sinne der Organisationen agieren, die hinter ihr steht, egal ob Sportverband, Freikirche oder sozialistische Gewerkschaft. Das Lehrangebot dient laut Gesetz der Erweiterung der Allgemeinbildung und nicht einer speziellen Ausbildung, deshalb gibt es weder Prüfungen noch benotete Zeugnisse, ebenso wenig werden Zugangsqualifikationen gefordert.

Seine Folkehøjskoler lässt sich der dänische Staat einiges kosten. Die Schulen bekommen direkt Zuschüsse für den Betrieb, während einzelne Teilnehmer durch Stipendien gefördert werden. Aber weil diese Form des freien Bildungswesens von der Mehrheit der Dänen als prägender Teil der Kultur ihres Landes gesehen wird, käme kein Politiker auf die Idee, die Förderung in Frage zu stellen.

Meist ist Dänisch Unterrichtssprache. Doch manchmal wird auch Dänisch als Fremdsprache vermittelt und Englisch ist Unterrichtssprache wie in *Den Internationale Højskole* in Helsingør (www.ipc.dk). Diese wurde in den 1920er-Jahren unter dem Eindruck des Ersten Weltkriegs gegründet, um Verständnis und Frieden zwischen Menschen verschiedener Nationen zu fördern – Bedarf besteht wohl immer noch!

Dachverband dänischer Volkshochschulen: Højskolernes Hus, Nytorv 7, 1450 København K, Tel. 33 36 40 40, Fax 33 13 98 70, www.hojskolerne.dk (dän./engl.). Informationen zu allen Folkehøjskoler, zu Kursangeboten und Stipendien. Die Preise variieren je nach Material- und Exkursionskosten, im Schnitt sollte man bei Kurzkursen von ein bis zwei Wochen Dauer ca. 4500 bis 6000 DKK, für Langzeitkurse 900 bis 1700 DKK pro Woche kalkulieren – Wohnen, Vollverpflegung und Unterricht inklusive.

Kunst und Kultur

Dänemarks bekanntestes Kulturerbe steht 16 032 km vom Kopenhagener Rathausplatz entfernt: Die Oper von Sydney. Der Bau mit der markanten Muschelsilhouette am anderen Ende der Welt gehört offiziell zum nationalen Kulturkanon, weil ein Däne die Pläne lieferte: Jørn Utzon. Sonst sind Danish Design und Dogma-Filme Begriffe, für die Dänemark bekannt ist, und ein Name aus der Literatur: H. C. Andersen.

Zwischen 2004 und 2006 legte eine Expertenkommission im Auftrag des Kulturministeriums das nationale Kulturerbe Dänemarks aus den Bereichen Architektur, Design, Bildende Kunst, Theater, Literatur, Film, Musik und Kinderkultur fest, angefangen vom fast 3500 Jahre alten Sonnenwagen von Trundholm bis zu einem Fassadensystem aus Verbundstoffen von 2006 als Beispiel für modernes Design. H. C. Andersens Märchen von der Kleinen Meerjungfrau gehört dazu, der Dogma-Film »Idioten« von Lars von Trier, der LEGO-Stein und eben die Oper von Sydney – der ganze Kanon im Netz: www.kulturkanon.kum.dk (dän., engl., arab., türk.).

Überragendes Kulturzentrum ist Kopenhagen mit den bedeutendsten Museen und Bühnen. Der Rest des Landes profitiert von einer staatlich wie privat geförderten Dezentralisierung. So kommen Kunst und Kultur aller Spielarten auf hohem Niveau bis in die tiefste Provinz, ob es nun das **Symfoniorkester Sønderjylland** ist, das mit Interpretationen sinfonischer Gegenwartsmusik über Dänemark Grenzen hinaus bekannt ist (S. 242), oder die **Jyske Opera**, die mit ihren Wagnerinszenierungen Aarhus als nordisches Bayreuth positionieren konnte (S. 268).

Oder Herning (S. 170): Die Textilstadt im mittleren Jütland besitzt zwei bedeutende Museen zur modernen Kunst und gleich daneben das größte Einzelkunstwerk des Landes, die martialisch wirkende Donnerkuppel »Elia« von Ingvar Cronhammar, dem ›Giganten der dänischen Kunstszene‹.

Überhaupt hat Kunst des 20. und 21. Jh. einen hohen Stellenwert. Das Louisiana in Nordseeland gehört seit Jahren international zur ersten Liga der Museen, die sich ihr widmen (S. 420). Und moderne Kunst ist im öffentlichen Raum überall greifbar, kaum aber irgendwo sonst so spektakulär wie an der Megaskulptur »Mennesket ved Havet« von Svend Wiig Hansen in Esbjerg (S. 142).

Entwicklungslinien

Der vergoldete Sonnenwagen von Trundholm aus der Bronze- und die reich verzierten, als Rekonstruktionen erhaltenen Goldhörner von Gallehus aus den Eisenzeit deuten auf ein hoch entwickeltes, eigenständiges Kunsthandwerk schon in frühester Zeit hin. In den vielen Museen zur Geschichte belegen filigrane Exponate aus Gold, Bernstein oder Walrosselfenbein, dass die vermeintlich so derben Nordleute der Wikingerzeit (800–1050) brillante Künstler und Kunsthandwerker mit Sinn für feine Formen in ihren Reihen hatten.

In der folgenden Romanik (1050–1250) erlebt das Land einen sakralen Bauboom. Von knapp 1800 erhaltenen mittelalterlichen Landkirchen haben mehr als 90 % ihre Wurzeln in dieser Epoche. Der Bau der bedeutendsten Kirche des Landes, der Roskilde Domkirke (S. 370), markiert den Übergang zur Gotik (1250–1550). Dass heute die Mehrzahl dänischer Kirchen gotisch wirkt, liegt an vielen Anbauten wie Waffenhäuser, Seitenschiffe und Westtürme. In den Landkirchen ist ein bedeutender Kulturschatz bewahrt: die Kalkmalerei (Thema S. 54).

Die großen Epochen

Von den großen europäischen Kulturepochen hinterlässt die Renaissance (1550–1630) die deutlichsten Spuren. Im Auftrag der Krone entstehen Schlösser wie Rosenborg und Kronborg, ebenso die Börse und der von Grachten durchzogene Stadtteil Christianshavn; Christian IV. prägt als Bauherr die Epoche. Und was dem König in der Hauptstadt recht ist, ist dem Adel in der Provinz billig: Überall entstehen Herrensitze und Schlösser, Egeskov auf Fünen ist wohl das prächtigste.

Inzwischen zeigt auch das Bürgertum seinen Reichtümer: In Aalborg entsteht 1624 mit dem Jens Bangs Stenhus das schönste Stadthaus der Renaissance. Aus den Niederlanden angeworbene Baumeister, Steinmetze und Künstler prägen den Stil. Viele bleiben im Land und setzen mit ihren Familien für Generationen Trends in Kunst und Architektur. Auch der Barock (1630–1735) zeigt deutlich niederländische Einflüsse.

Die Epoche des Rokoko (1735–75) bricht mit dieser Tradition. Die Gründung einer Kunstakademie bringt deutsche und französische Lehrer ins Land und ein Däne, Nicolai Eigtved (1701–54), liefert den Masterplan für Kopenhagens königliches Viertel und zeichnete die Prunkstücke des Rokoko selbst: Schloss Amalienborg und die benachbarte Marmorkirche. In Dresden verbrachte Eigtved seine wichtigsten Lehrjahre.

Schloss Rosenborg in Kopenhagen zeigt die Pracht der Renaissance

Kunst und Kultur

Dem Klassizismus (1775–1850) helfen die Engländer auf die Sprünge, indem sie 1807 Kopenhagen in Brand schießen. Der für den Wiederaufbau federführende Christian Frederik Hansen (1756–1845) avanciert zum bekanntesten Architekten seiner Zeit, der neue Dom von Kopenhagen wird sein Hauptwerk. An dessen künstlerischer Gestaltung ist Bertel Thorvaldsen (1770–1844) maßgeblich beteiligt, der führende Bildhauer des Klassizismus in Europa.

›Guldalderen‹ bis CoBrA

Die Niederlage in den napoleonischen Kriegen und die desolate Lage des Staates löst in der Kulturszene ab ca. 1815 eine Blütezeit aus. *Guldalderen*, das Goldene Zeitalter, befriedigt das Verlangen des Volkes nach dem schönen, idyllischen Dänemark der Nationalromantik. Dabei beginnen die Maler auch den Alltag der Menschen, vor allem der einfachen Bauern und Fischer zu entdecken.

Die ›Guldalder‹-Maler schlagen einen Weg ein, den gegen Ende des 19. Jh. Dänemarks bekannteste Künstlergruppe weiter geht: die **Skagenmaler** (S. 214). Über das kleine Nest ganz im Norden Jütlands kommt der Impressionismus ins Land.

Vilhelm Hammershøj (1864–1915) macht sich – jenseits aller Schubladen seiner Zeit – um die Jahrhundertwende einen Namen mit melancholischen, oft in Grautönen gehaltenen Interieurs. Das durch streng geometrisch angelegte Fenster hereintanzende Licht macht er physisch so greifbar wie kein zweiter – in Dänemark gilt er als ein Liebling der Deutschen.

Internationale Impulse geben dänische Künstler kurz nach dem Zweiten Weltkrieg in der **Gruppe CoBrA** zusammen mit Niederländern und Belgiern. Asger Jorn (1914–73) ist aus dänischer Sicht führender Kopf der Bewegung. Die bedeutendste Sammlung an CoBrA-Kunst besitzt das Silkeborg Kunstmuseum (S. 262).

Kunst der Gegenwart

Dänische Künstler bleiben auf Tuchfühlung mit internationalen Trends. Weit über die Grenzen Dänemarks hinaus ist **Robert Jacobsen** (1912–93) bekannt, ein Meister großer Metallskulpturen. Grandios seine Landschaftsskulpturen aus Stahl und Holz in einer ehemaligen Kiesgrube bei Egtved (S. 255). Wie Jakobsen lehrte der Maler, Bildhauer, Filmemacher und Lyriker **Per Kirkeby** (geb. 1938) gut 20 Jahre in Deutschland, expressive Landschaftsmalerei und große Backsteinskulpturen sind seine Markenzeichen.

Bjørn Nørgaard (geb. 1947) trifft man im öffentlichen Raum Dänemarks oft, dort schuf er so Unterschiedliches wie die Pflastergestaltung des Amagertorv (S. 383) in Kopenhagen, mystisch wirkende Wasserspiele in Hjørring in Nordjütland (S. 202) oder die Gobelins zur dänischen Geschichte im Rittersaal von Schloss Christiansborg (S. 391). **Ólafur Elíasson** (geb. 1967) ist aktuell Dänemarks strahlendster Stern am Kunsthimmel. Licht, Bewegung und Reflexionen stehen im Zentrum seiner Arbeiten. Im Aarhus Kunstmuseum ARoS (S. 268) ist er besonders gut vertreten. Elíasson hat isländische Wurzeln – auch der Inselstaat reklamiert ihn als Sohn des Landes – und lebt seit 1994 in Berlin. Ein Lebenslauf, der an seinen bedeutendsten Vorgänger erinnert, Bertel Thorvaldsen: Auch der hatte isländische Wurzeln und kam zu Weltruhm, als er im Ausland – damals in Rom – arbeitete.

Museen umsonst

Über 850 Museen und Sammlungen besitzt das kleine Dänemark. Außer bei Sonderausstellungen gewähren staatliche Museen wie das Nationalmuseet in Kopenhagen (S. 390) sowie seine Abteilungen im Lande oder Statens Museet for Kunst (S. 389) freien Eintritt. Darüber hinaus müssen staatlich geförderten Museen, und das sind die Mehrzahl, alle unter 18-Jährigen gratis ins Haus lassen. Vor allem in Kopenhagen haben mehrere Museen noch spezielle Gratistage (S. 390) und dort wo kassiert wird, bekommen Studenten und Senioren (ab 65 Jahren) fast immer Ermäßigung.

Danish Design und Kunsthandwerk

Blickfang am Kopenhagener Hafen: die Oper von Henning Larsen

Architektur des 20. und 21. Jahrhunderts

Das 1942 eingeweihte Rathaus von Aarhus im nüchternen Stil des Funktionalismus markiert in der Architektur den Einstieg in die Moderne. An den Plänen arbeitet **Arne Jacobsen** (1902–71) mit, der nach dem Krieg zu einem der führenden Architekten und Designer Europas wird. Für das 1960 in Kopenhagen eröffnete SAS Royal Hotel (S. 405) entwirft er vom Gebäude bis zum Besteck alles.

Kein Däne aber schafft sich so ein architektonisches Denkmal wie der in Aalborg aufgewachsene **Jørn Utzon** (geb. 1918–2008) mit der Oper von Sydney. Zwar überwirft sich Utzon mit den Auftraggebern, als die Kosten des Baus explodieren, und verlässt Australien noch während der Bauphase ohne je wieder einen Fuß auf den fünften Kontinent zu setzen, aber er wird durch das Projekt zum Doyen der modernen Architektur in Dänemark. Im eigenen Land liefert er Entwürfe u. a. für das Musikhaus in Esbjerg (S. 141), das Möbelhaus Paustian und das Skagen Odde Naturcenter (S. 209).

Showroom aktueller dänischer Architektur sind Kopenhagens Hafenfronten mit extravaganten Neubauten. Das Wahrzeichen ist die Oper von **Henning Larsen,** einer ganz großen der globalen Architektengilden; sein Büro lieferte auch die Pläne für das neue Spiegel-Verlagshaus in der Hamburger Hafen City.

Bei all dem Modernen am Kopenhagener Hafen schien es geradezu paradox, dass das Dansk Arkitektur Center (S. 399) in einem historischen Speicher residiert. Jetzt ist der erste Spatenstich für die neue Heimat dieser wichtigsten Institution der dänischen Architektur auf dem letzten freien Grundstück gemacht, mit dem die City an den Hafen stößt, nur – fast schon wieder paradox – lieferte kein Däne, sondern ein Holländer den Entwurf.

Danish Design und Kunsthandwerk

›Danish Design‹ steht für funktionale, hochwertige Gebrauchsgüter. Dänische Hersteller spezialisieren sich schon Anfang des 20. Jh. auf Gegenstände, die in der Produktion ein-

Kunst und Kultur

fach, für den Verbraucher aber sehr hochwertig und konsequent auf die Funktion zugeschnitten sind. Hinzu kommt eine lange Tradition, Künstler an der Gestaltung industrieller Produkte zu beteiligten – die Königliche Porzellanmanufaktur macht dies seit ihrer Gründung 1775.

Neben dem industriellen Design stehen zahlreiche Kunsthandwerker wie Keramiker, Glas- und Webkünstler, die vielerorts in den Ferienregionen vom Direktverkauf leben, für das Danish Design. Auch von ihnen folgen die meisten den Dogmen einfacher Formen und konsequenter Funktionalität.

Die Gurus des Design

Man kann viele bahnbrechende dänische Designer nennen. Da ist der ›Mann der Stühle‹ **Hans J. Wegner** (1914–2007), der für Kennedy das Oval Office bestuhlte und in seiner Geburtsstadt Tønder museal herausragend gewürdigt wird (S. 109).

Da ist der langjährige B-&-O-Chefdesigner **Jacob Jensen** (geb. 1926), der mit seinen HiFi-Anlagen, Telefonen, Wetterstationen und Uhren wie kaum ein anderer in die Wohnzimmer moderner Europäer vorgedrungen ist.

Da ist der Lyriker, Spieleerfinder und Designer **Piet Hein** (1905–96), der die Superellipse als Kompromiss von Rechteck und Kreis zum Maß aller Dinge machte, als idealen Kreisverkehr für einen Platz in Stockholm ebenso wie für den Ess- und Konferenztisch Superellipse Board – bis heute ein Klassiker des Danish Design.

> **Design zum Greifen und Sehen**
>
> Um die wie keine andere Sparte der Kreativwirtschaft boomende Designbranche zu fördern und Dänemarks ›Country Branding‹ zu optimieren, wird seit 2005 alle zwei Jahre der höchstdotierte Designpreis der Welt vergeben, der INDEX:Award (http://designtoimprovelife.dk). Die Preisverleihung ist immer mit einer großen Gala und einer öffentlichen Präsentation der nominierten Produkte in der Stadt verbunden, in der der Preis aktuell vergeben wird.

Arne Jacobsen und Poul Henningsen

Viele Designer sind branchenübergreifend tätig, so auch **Arne Jacobsen**. Als Architekt weltberühmt (S. 49), revolutioniert er 1951 mit einem dünnbeinigen Stahlrohrstuhl, dessen Sitz und Lehne aus einem durchgehenden Stück Sperrholz gepresst wird, eine ganze Branche: Der Stuhl markiert den Einstieg in die industrialisierte Möbelproduktion und wird in der Form bis heute produziert, nur bei den Farben gab es immer mal wieder Anpassungen an den Zeitgeist – seine Popularität beweisen die unzähligen Plagiate.

Poul Henningsen (1894–1967) ist ein weiteres Multitalent, das u. a. Kabarettprogramme schrieb oder Hotels plante wie das Henne Mølleå Badehotel (S. 150). Berühmt machen ihn seine Lampen: Konsequent berücksichtigt er Lichtreflexe, um Farbwerte zu korrigieren und Übergänge von direkt zu indirekt beleuchteten Flächen fließend zu gestalten – so zeichnen sich alle PH-Lampen, wie sie überall heißen, durch mehrere Reflektorelemente aus. Man findet sie überall, wo hochpreisige Lampen verkauft werden, obwohl sie in ihrer Grundform aus den 1920er-Jahren stammen. Das ist typisch für dänisches Design: Nicht die kurzlebige Momentenwicklung steht im Vordergrund, eher sucht man bewährte Produkte in Form und Farbe zu perfektionieren.

Literatur

Eine eigenständig dänische Literatur entsteht erst ab Mitte des 18. Jh. durch **Ludvig Holberg** (1684–1754) und später **Adam Oehlenschläger** (1779–1850), die beide über Bühnenwerke zu Ruhm und Ehre kommen. Diesen Weg versucht auch jener Mann zu gehen, der mit seinen Märchen später Lichtgestalt der dänischen Literatur, ja der Kultur insgesamt wird: H. C. Andersen (S. 292).

Als Tourist muss man **Herman Bang** (1857–1912), den Meister des literarischen Impressionismus wahrnehmen, der mit seinem Weltliteratur-Klassiker »Sommerfreuden« beschreibt, wie der Tourismus um die Wende

Literatur

Besser Schlafen? Dänisches Design schafft neue Perspektiven wie dieser Entwurf von Verner Panton (1926-1998)

vom 19. ins 20. Jh. die dänischen Küstenregionen, genau genommen das kleine Sæby in Nordjütland, erobert.

Nexø und Blixen

Im frühen 20. Jh. machen zwei Autoren Karriere, deren literarisches Werk über das Medium Film bis in unsere Tage Nachhall findet: Der Arbeiterdichter **Martin Andersen Nexø** (1869–1954; S. 438) hat in den 1920er-Jahren große Erfolge in Deutschland, ehe seine Bücher in Feuern der Nazis landen. Der erste Teil seines vierbändigen Entwicklungsromans »Pelle der Eroberer« wird 1987 verfilmt und mit einem Oscar belohnt (S. 52).

Einen Oscar bekam auch »Babettes Fest«, die Verfilmung einer Novelle von **Karen** – in Deutschland Tanja – **Blixen** (1885–1962). Sie erlebt in den 1930er-Jahren mit »Sieben Phantastische Geschichten« ihren literarischen Durchbruch. Dass sie heute noch so bekannt ist, verdankt sie vor allem dem autobiografischen Roman »Afrika – dunkel lockende Welt«, unter dem Titel »Out of Afrika« (dt. »Jenseits von Afrika«) ebenfalls ein Filmklassiker.

Literatur heute

Anfang der 1990er-Jahre gehört **Peter Høeg** (geb. 1957) mit seinem in Kopenhagen und vor Grönland spielenden Polit-Thriller »Fräulein Smillas Gespür für Schnee« zu den ersten Bestsellern des neuen Skandinavienbooms auf dem europäischen Buchmarkt, konnte den Erfolg seines Erstlings aber nie wiederholen. Überhaupt stehen dänische Autoren etwas im Schatten der Bestsellerlieferanten aus Schweden und Norwegen, obwohl sehr viele in deutscher Sprache zugänglich sind.

In Dänemark ein Bestseller, in Deutschland vom Feuilleton bejubelt, erregte **Knud Romer** (geb. 1960) vor allem nördlich der Grenze mit seinem autobiografischen Debütroman »Wer blinzelt, hat Angst vor dem Tod« 2007 die Gemüter. Romer packt darin ein heißes deutsch-dänisches Eisen an: Sein Romanheld wächst in Nykøbing Falster als Kind einer deutschen Mutter und eines dänischen Vaters auf, isoliert und gemobbt als ›deutsches Schwein‹ in einer Zeit, als Dänen in der Provinz noch ihre Nachkriegs-Ressentiments gegen alles Deutsche ausleben.

Kunst und Kultur

Dänenkrimis
Dan Túrells ›Mordserie‹ um einen Privatschnüffler und Boulevard-Journalisten aus dem Kopenhagener Rotlichtviertel Vesterbro umfasst zwölf Bände (original 1981–90, dt. 2004–08) – für eingefleischte Krimi-Fans etwas wenig Krimi, dafür viel Lokalkolorit.

Elsebeth Egholm zählt zur ersten Liga nordischer Krimiautoren. Sie schickt die Journalistin Dicte Svendsen auf Verbrecherjagd durch ein düsteres Aarhus, aber selbst im Ferienhaus auf Samsø verliert schon mal jemand den Kopf. Alle sechs Svendsen-Fälle sind auf Deutsch erschienen, fünf fürs Fernsehen verfilmt, koproduziert vom ZDF. Inzwischen ist der erste Roman ihrer Spinn-Off-Reihe um Dicte Svendsens Sohn Peter übersetzt im Buchhandel: »Eiskalt wie die Nacht« (2013).

Sara Blædel greift aktuelle Themen wie Netdating auf und lässt die Polizistin Louise Rick in Kopenhagen ermitteln, ebenfalls mit einer Journalistin an ihrer Seite. Sieben Fälle haben die beiden im Original schon überstanden, vier liegen übersetzt auf Deutsch vor (2006–10).

Jussi Adler Olsen ist der dänische Bestseller-Star am nordischen Thriller-Firmament: In deutscher Übersetzung erschienen bisher fünf Fälle – »Erbarmen«, »Schändung«, »Erlösung«, »Verachtung« und Ende 2013 »Erwartung« – um das Dezernat Q der Kopenhagener Polizei, in dem der grantige Kommissar Carl Mørk, seine exzentrisch-skurrile Sekretärin Rose und der undurchsichtige Assad ungelöste Uraltfälle aufgreifen, die jedoch alle bis in die Gegenwart hinein wirken.

Ballett von Weltruf

Das Sprechtheater leidet unter der Sprachbarriere. Aber wo die keine große Rolle spielt, bringt Dänemark oft Großes hervor: So ist im Bereich des experimentellen Theaters das **Nordisk Teaterlaboratorium Odin Teatret** (S. 169) weltberühmt. Die freie Truppe residiert in Holstebro, einer Kleinstadt im Westen Jütlands, die zudem eine Dependance der königlichen Ballettschule und ein speziell für die Bedürfnisse modernen Tanztheaters konzipiertes Aufführungshaus besitzt.

Keine andere Form darstellender Kunst aus Dänemark macht international so Furore wie das Ballett: Der Meister der Romantik **August Bournonville** (1805–79), der im 19. Jh. das Königliche Ballett leitet, begründet dessen Weltruhm; seine Choreografien sind bis heute gern getanzte Klassiker. Und immer wieder bringt das Land große Tänzer hervor, darunter **Peter Schaufuss** (geb. 1949), der Anfang der 1990er-Jahre auch das Ballett der Deutschen Oper in Berlin leitete. Er hat heute mit seinem Peter Schaufuss Ballett eine Heimatbasis in der Provinz, begeistert aber auf Gastspielen Besucher in London oder New York ebenso wie auf Tourneen durch Dänemark.

Der dänische Film

Als die Bilder laufen lernen, aber noch stumm sind, ist Kopenhagen eine bedeutende Filmstadt. 1906 entsteht dort Nordisk Film, heute die älteste Filmproduktionsfirma der Welt. Auch Europas erster Leinwandstar kommt aus Dänemark: Asta Nielsen (1881–1972).

Mit Aufkommen des Tonfilms beginnt eine dunkle Zeit mit wenigen cineastischen Lichtblicken wie den Arbeiten des Regiegenies Carl Th. Dreyer (1889–1968) und seltenen kommerziellen Erfolgen wie den 13 Olsenbande-Filmen (1968–81). Neue Erfolge kommen in den 1980er-Jahren mit zwei Literaturverfilmungen: »Babettes Fest« (1987) und »Pelle der Eroberer« (1988) heimsen auch gleich je einen Oscar für den besten nicht englischsprachigen Film ein.

Trier und das Dogma
Zum Regie-Star des europäischen Kinos avanciert Mitte der 1980er-Jahre **Lars von Trier**, ein Mann mit allen Zutaten zur Kultfigur: Genie, Exzentrik, manisches Verhalten, Kapriolen in der Biografie und manchmal unerträglich provokant wie 2011 mit »Ich-bin-ein-Nazi«-Faseleien. Auch sein Werk irritiert: Auf-

Der dänische Film

opferungswillige Frauenfiguren in »Breaking the Waves« (1996) verschrecken Feministinnen und seine Amerika-Trilogie wird in einer Kulissenstadt in Schweden gedreht, kokettiert von Trier doch mit Flugangst und war nie in den USA. 1998 lässt er in »Idioten« Wohlstandsintellektuelle als geistig Behinderte die Reaktionen ihrer bürgerlich-liberalen Nachbarschaft ausloten und obwohl der Film in einigen Ländern wegen einer Gruppensexszene als Pornografie eingestuft wird, gilt er als ein Hauptwerk der Dogma-Bewegung. Die stellte von Trier mit drei dänischen Kollegen 1995 in Paris vor, ein Plädoyer für eine puristische Filmsprache: Nur an Originalschauplätzen mit Handkamera drehen, keine künstliche Beleuchtung, keine Zeitsprünge, keine Spezialeffekte und Musik nur als Teil der Handlung. Viele Dogma-Filme entstehen in Dänemark wie »Das Fest« von **Thomas Vinterberg** (dt. 1999) oder »Mifune« von **Søren Kragh-Jacobsen** (dt. 1999). Und dann bricht von Trier die Regeln als erster und radikal: Er dreht mit Björk ein Musical, »Dancer in the Dark«, und gewinnt dafür 2000 die Goldene Palme in Cannes. Mit dem verstörenden »Antichrist« (dt. 2009) und der Endzeitstudie »Melancholia« (dt. 2011) visualisiert von Trier seine Depressionen, während er mit »The Boss of It All« (dt. 2009) auch eine komödiantische Seite zeigt. Sein jüngster Film, das Porno-Drama »Nymphomaniac«, brilliert wie immer, wenn von Trier dreht, allein schon mit dem Cast: Charlotte Gainsbourg als selbstdiagnostizierte Nymphomanin Joe, Udo Kier, Shia LaBeouf, Willem Dafoe und Uma Thurman – trotzdem eher ein Film fürs Arthouse-Kino denn fürs Multiplex.

Krimis, Komödien und viel Blut

Im TV lieben Krimi-Enthusiasten und Kritiker dänische Serien wie »Der Adler«, »Kommissarin Lund«, »Anna Pihl« oder »Die Brücke – Transit in den Tod«. Im Kino überzeugen dänische Filme derweil durch emotionale Beschreibungen normaler Menschen und ihrer Schicksale, die tragisch aber trotzdem humorvoll und lebensbejahend sein können wie 2012 die Komödie »Love Is All You Need« von **Susanne Bier,** sonst eher Spezialistin für moralische Grenzsituationen – 2011 bekam ihr »In einer besseren Welt« den begehrten ›Fremdsprachen‹-Oscar. »Love Is All You Need« bringt Friseurin Ida – brustamputiert, von der Chemo kahlköpfig und vom Ehemann mit einem drallen Dummchen aus der Firma betrogen – mit Philip zusammen. Der erfolgreiche, aber vom Schicksal gebeutelte und verbitterte Brite ist Vater ihres Fast-Schwiegersohns, ›fast‹ weil die Hochzeit in Italien im Fiasko endet. Allein die potentiell tragischen Hauptfiguren amüsant aber glaubwürdig und mit etwas Melancholie zu paaren, ist grandios, von köstlich gezeichneten Nebenfiguren ganz zu schweigen – beste Unterhaltung. Vor der Kamera macht **Mads Mikkelsen** Furore, ein Typ, den Frauen lieben. In erfolgreichen Filmen wie »Adams Äpfel« (2005), »Die Königin und der Leibarzt« (2012) sowie dem Mobbingdrama »Die Jagd« (dt. 2013) spielte er Hauptrollen und erreicht als James Bond Gegenspieler LeChiffre in »Casino Royal« (2006) ein breites Publikum. Der Durchbruch kam für Mikkelsen mit den längst Kult gewordenen, blutig-brutalen Sozialdramen der »Pusher«-Trilogie (dt. nur DVD) von **Nicolas Winding Refn** – vom Feuilleton zum dänischen Tarantino stilisiert. Refn dreht mit Mikkelsen 2010 noch das mystische Wikinger-Epos »Walhalla Rising«, ehe er 2011 mit »Drive« und 2013 mit »Only God Forgives« in internationalen Produktionen Regie führte. Weitere Spezialität aus Dänemark sind tiefschwarze Komödien weit ab jeder Political Correctness wie »Dänische Delikatessen« (dt. 2004), in der zwei Metzger unangenehme Zeitgenossen verwursten, oder Action-Burlesken wie »In China essen sie Hunde« (dt. 2000) mit Kim Bodnia, Dänemarks Antwort auf Bruce Willis. Dass junge Filmemacher kein Pardon mit Idolen kennen, zeigt **Thomas Villum Jensen** in »Das Genie und der Wahnsinn« (dt. nur DVD), einem Film übers Filmemachen, in dem ein Regisseur cineastischer, aber vom Publikum ignorierter Meisterwerke gnadenlos auf die Schippe genommen wird. Kein Zweifel wer: die Ikone des dänischen Films, Lars von Trier.

Kunst und Kultur

Kalkmalerei – Erbe des Mittelalters

›Dänemarks Nationalschatz‹ nennt die Zeitung Politiken die ›kalkmaleri‹ im Lande, und das Nationalmuseum erachtete es immerhin als angemessen, ein siebenbändiges Werk diesem kulturhistorischen Erbe des Mittelalters zu widmen. In der Tat ist die Kalkmalerei in den Landkirchen Dänemarks vielleicht nicht einzigartig, aber in ihrer Menge und Bandbreite etwas Besonderes.

Nach der Einführung des Christentums im 10. Jh. entstanden zuerst hölzerne Stabkirchen, ab der Jahrtausendwende dann steinerne Kirchen. Und so wie die Kirchen äußerlich eher gotisch erscheinen, so zeigen sich auch die Ausschmückungen im Inneren: Angesichts der vielen ursprünglich romanischen Bauten ist die Kalkmalerei dieser Zeit unterrepräsentiert, genauer gesagt, wohl von späteren Werken überdeckt.

Häufiger als die großen, Ruhe ausstrahlenden Bilder der Romanik sind die mehr ins Detail gehenden, die Architektur betonenden und reich verzierten Bilder der Gotik. Sie wirken dynamischer, zeigen Momentaufnahmen, wie in den bluttriefenden Kindermordszenen von Bethlehem, die der Elmelunde-Meister bei seinen drei Arbeiten auf Møn malte. In der Gotik tauchen auch häufiger weltliche Motive auf, meist am Rande, eher verzierend als dominierend. Je jünger die Bilder, desto augenfälliger ist die Ausschmückung: Hier eine Ranke, dort ein Sternchen – die Fresken aus dem späten 15. Jh. in der Grabkapelle von Christian I. im Dom von Roskilde sind dafür ein anschauliches Beispiel.

Exemplarisch für die früheste Periode der Kalkmalerei im 11. und 12. Jh. sind die Wandbilder in der Måløv Kirke westlich von Kopenhagen. Dort ist in einer Nische an der Chorwand auch eines der seltenen Bilder zu sehen, das byzantinische Einflüsse zeigt: eine Madonna mit dem Kinde. Sonst kopieren die Maler der Romanik in Dänemark eher italienische Vorbilder, aber wohl nicht durch Anschauungsunterricht im Ursprungsland, sondern nach Vorlagen in kirchlichen Büchern.

Die Malereien in der Måløv Kirke, bei denen man nur von großflächigen Fragmenten sprechen kann, dokumentieren sehr deutlich, dass diese Art Kunst nicht unvergänglich ist. Immer wieder wurde Vorhandenes verändert, ergänzt, nachgezeichnet und farblich aufgefrischt. Lange Zeit galt dieses Erbe des Mittelalters als Gebrauchskunst, wurde neuen Trends angepasst und auch schon mal komplett übermalt, wenn den Verantwortlichen ein ›Tapetenwechsel‹ geboten schien. Letzteres trifft insbesondere für die Zeit nach der Reformation zu, mit der die große Zeit der Kalkmalerei endete.

Im frühen 19. Jh. begann die Wiederentdeckung der alten Kunst mit der Freilegung der spätgotischen Fresken in der bereits erwähnten Grabkapelle von Christian I. in Roskilde, die nach der Reformation übertüncht worden waren. Griff man anfänglich noch stark in die Werke ein, um sie ›schön und komplett‹ zu machen, wie bei den 1874 neu gemalten, ursprünglich aus der Zeit um 1100 stammenden Kalkmalereien in der Jelling Kirke in Jütland, so bemüht man sich heute, sie ›zurückzubilden‹, d. h., sie von späteren Zusätzen zu befreien.

Wandmalerei

Thema

Mit ihren Techniken, alte Kalkmalereien so ursprünglich wie möglich zu bewahren, haben sich Dänemarks Restauratoren inzwischen weltweite Anerkennung erworben.

Dass sich heute regionale Unterschiede in der Quantität des Auftretens von Kalkmalerei zeigen, und dass sich nur wenige wichtige Schulen oder Einzelkünstler identifizieren lassen, wie die Isefjord-Maler in Nordwest-Seeland oder der Elmelunde-Meister, darf nicht zu dem Schluss führen, in anderen Teilen Dänemarks sei diese Kunst nicht vertreten gewesen und es habe nur diese wenigen großen Schulen gegeben. So wie nämlich Stilarten kennzeichnend für bestimmte Maler und Regionen sein können, so sind es auch Arbeitsweisen. Von den beiden Techniken, in denen Kalkmalerei entstehen kann, hat sich nur diejenige als haltbar erwiesen, bei der auf nassen Putz oder Kalk gemalt wird, die sogenannte ›al fresco‹-Technik. Bei dieser Methode verbinden sich die Farben dauerhaft mit dem Wandbelag und die Restauratoren haben kaum Schwierigkeiten damit, spätere überdeckende Schichten abzutragen. Dagegen sind Werke, die ›al secco‹ auf trockenen Putz gemalt wurden, mit wenigen Ausnahmen verloren gegangen. Ein großer Teil des ›Nationalschatzes Kalkmalerei‹ ist also erst gar nicht in die Erbmasse eingeflossen.

Kindermord in Bethlehem in der Elmelunde Kirke auf der Insel Møn

Essen und Trinken

Da müssen zwei kulinarische Herzen in der Dänen Brust schlagen: Das eine mag's deftig, herzhaft und von Fleisch dominiert, das andere lässt sich durch die Kochgenüsse der Welt verführen. Frikadellen mit brauner Soße hier, französisch oder mediterran geprägte Kochkunst dort.

Traditionen und Trends

Ohne Klischees lässt sich nicht in nationale Kochtöpfe schauen: Charakteristisch für dänische Alltagskost ist eine dicke, alles überdeckende braune Soße, eine Mehlschwitze ohne viel Geschmack. Darunter verbergen sich typischerweise Frikadellen und Kartoffeln. Beilagen sind süßsauer eingelegte Gurkenscheibchen, Rotkohl oder Rote Bete. Im Sommer sind die Dänen dann begeisterte Grillfans, Supermärkte liefern dazu reichlich Auswahl an Fleisch und Würstchen.

Auf Speisekarten tauchen die in Soße ertränkten Gerichte nur selten auf, dafür in den unteren und mittleren Preisklassen viel Gegrilltes oder Gebratenes: Eine Steakvariante, gern mit Backkartoffel serviert, findet man immer. Schwein oder Ferkel – *gris* – erleben seit einigen Jahren eine Renaissance bis in die gehobenen Küche. Für Freunde deftiger Kost sei ›flæskesteg‹ empfohlen: Schweinebraten mitsamt Schwarte wird im Ofen kross gebraten, bis die mit Salz und Pfeffer eingeriebene Fettkruste zum Knabbervergnügen wird. Im Südwesten gilt Marschlamm, das auf den salzigen Marschwiesen und Deichen heranwächst, als Delikatesse.

Kleines Land – große Fische

»Über die Vorzüglichkeit der Fische, gibt es nur eine Meinung. Eine Frederikshavner Goldbutte könnte ihre Brust mit mehr Ehrenzeichen bedecken, als irgendein Fürst.« Dieses Loblied verfasste der Literaturnobelpreisträger Henrik Pontopiddan schon 1890 in seinen »Reisebildern aus Dänemark«. Auch die Bemerkung eines Kellners zum ungläubigen Staunen einer älteren Dame, der er gerade eine über den Tellerrand hinaus gewachsene und mit Krabben reich garnierte Scholle serviert, spricht für sich: »Tja, wir sind ein kleines Land, aber wir haben große Fische!«. Und fast immer trifft auf Fischgerichte zu: Sie werden aus hochwertiger, fangfrischer Rohware zubereitet.

Dorsch, lange Allerweltsfisch, heute Luxusgut, wird hochgeschätzt; probieren Sie ihn mal traditionell in Senfsoße. Angler, Seewolf, Steinbeißer – der auch den dänischen Kaviar liefert – sowie schwarzer und weißer Heilbutt sind weitere Delikatessen. Hering wird schon zum Frühstück, spätestens aber zum *frokost* serviert: gebraten, mariniert – mal süß, mal sauer, mal in kräftiger Kräuterlake. Auch die in jedem Supermarkt angebotenen Heringsspezialitäten in Glaskonserven sind ausgezeichnet und relativ preiswert.

Bei Krustentieren entstehen aus einer Namensverwechslung oft Enttäuschungen: Der dänische *jomfruhummer*, Jungfrauenhummer, ist im Deutschen eine Kaisergarnele, auch Kaiserhummer oder Kaisergranat genannt – delikat, aber deutlich kleiner als ein richtiger Hummer. Wird irgendwo ein halber Hummer für 24,50 DKK oder so angeboten, ist es mit Sicherheit Jomfruhummer. Große Hummer gibt es in dänischen Gewässern und Gourmetrestaurants auch – sie sind aber selten und kaum für unter 500 DKK zu haben.

Traditionen und Trends

Nicht aussprechen – essen

Bei den Desserts bietet Dänemarks Küche zwei Klassiker. Den einen lassen sich Dänen mit Wonne von Ausländern im Original bestellen: *rødgrød med fløde*, sprachlich ein absoluter Halskratzer, mehr herausgewürgt als gesprochen: Was dann auf den Tisch kommt ist Rote Grütze mit Sahne. Die andere süße Spezialität weckt regelmäßig falsche Vorstellungen: *æblekage med flødeskum* bedeutet direkt übersetzt Apfelkuchen mit Schlagsahne, ist jedoch im Schälchen serviertes Apfelkompott mit Krokant und Sahne überdeckt.

Nordic Cooking

Lange galt dänisch-französische Küche – beste dänische Rohwaren gepaart mit französischer Kochkunst – als Synonym für Top-Gastronomie, meist in edlen Landgasthäusern serviert wie im Falsled Kro (S. 304) oder im Søllerød Kro (S. 415). Mit dem neuen Jahrtausend kam dann ein internationaler Kochtrend aus dem Norden selbst und wurde in Dänemark perfektioniert: ›Nordic Cooking‹. Spitzenköche suchen Zutaten immer regionaler, Fisch und Schalentiere aus Skagerrak und Kattegat, Pilze, Beeren, Kräuter aus dem nächsten Wald oder dem eigenen Kräutergarten, Lamm von Marschwiesen im Südwesten, Schwein vom nächsten Ökobauern und Geflügel aus Bornholm, Dänemarks Gourmet-Speisekammer. Star des Trends ist René Redzepi. Sein Restaurant »Noma« (S. 406) – Kurzform von Nordisk Mad = nordische Küche – in Kopenhagen wurde 2010, 2011 und 2012 von internationalen Fachjournalisten zum besten und 2013 zum zweitbesten Restaurant der Welt gekürt und rühmt sich zweier Michelin-Sterne. Insgesamt polieren 15 solcher Sterne den kulinarischen Ruhm der dänischen Hauptstadt auf, außerdem tragen 13 Lokale den Bib Gourmand als Zeichen für gute, regional verwurzelte Küche zu bezahlbaren Preisen. Gourmets wie Kritiker sind sich einig: Würde der Guide Michelin Lokale außerhalb Kopenhagens bewerten, hätte Dänemark etliche Sterne mehr, denn vom Henne Kirkeby Kro (S.151) bis zum »Kadeau« an der Südspitze Bornholm gibt es reichlich Kandidaten.

Fangfrischer Fisch am Hafen von Havneby auf Rømø

Essen und Trinken

Legende ›smørrebrød‹

An was aber denkt man beim Thema ›dänische Küche‹ zuerst? Doch wohl ans *smørrebrød*. Diese legendären, ebenso kunstvoll wie üppig belegten Schnittchen sind zweifelsohne Dänemarks bekanntester Beitrag zur Küche der Welt. Das Smørrebrød – auf Deutsch profan ›Butterbrot‹ – ist etwas Rein- und Urdänisches. Auf eine dünne Scheibe Graubrot kommt ein Salatblatt, darauf möglichst dick Schinken, Leberpastete, Roastbeef, ein halbes Täubchen, ein kleines Fischfilet, Krabben oder Hummer. Nichts hindert daran, eine korrespondierende zweite Lage zu schichten oder ein Spiegelei, gedünstete Champignons, vielleicht Trüffeln oder gern herzhaft salzige Anchovis.

Passend zur jeweiligen Unterlage werden das ein oder andere Gürkchen, ein paar Zwiebelringe, ein dicker Klecks Remoulade oder Meerrettich, ein Sahnehäubchen, ein Streifen von jener Art Aspik, die man im Lande *sky* – sprich skü – nennt, oder ein Schlag kalorienreicher Salat auf der Spitze des Ganzen platziert. Das Brot, das ganz zuunterst liegt, ist dabei längst auf die Funktion reduziert, die Auflagen zusammenzuhalten.

Wie man bestellt

In einigen Restaurants bekommen Sie neben der normalen Speisekarte einen speziellen *smørrebrødseddel,* mit dem die Schnittchen bestellt werden. Doch aufpassen: Die ewig Hungrigen erwarten nur Schnittchen, bestellen ordentlich und sind spätestens nach dem dritten Smørrebrød pappsatt. Die ewig Sparsamen lesen etwas von Fischfilet mit Salat und Remoulade oder ähnlichem, freuen sich über den günstigen Preis, bestellen ein Exemplar und sitzen anschließend frustriert vor einem riesigen Teller, auf dem sich zwischen großen Salatblättern ein einzelnes Schnittchenkunstwerk verbirgt.

Die Stullen-Dynastie

Im Dunkeln der kulinarischen Geschichtsforschung liegt, wann und wo die dänische Edelstulle das Gesicht der Welt erblickte. Der Durchbruch erfolgte 1888, als ein gewisser Oskar Davidsen die Schankrechte für ein kleines Lokal in Kopenhagen bekam. Da für eine richtige Küche kein Platz war, reichte es nur, um ein paar Butterbrote zu schmieren. Die Kaltmamsell, die dafür zuständig war, erwies sich als Glücksgriff für den Herrn Davidsen: Mit viel Fantasie kreierte sie die ersten Smørrebrød der Luxusklasse. Die wurden ein Renner und aus der kleinen Weinkneipe das angesehene Restaurant »Oscar Davidsen«, das den Sprung ins Guinness Book of Records schaffte: Auf sage und schreibe einhundertvierzig Zentimetern wurden 178 Kreationen angeboten.

In Kopenhagen führt heute wieder ein Oscar Davidsen, Ururenkel des alten Oscar, ein Smørrebrødrestaurant, das »Ida Davidsen«. Dort darf man sogar Prominente anknabbern, nach denen regelmäßig Kreationen benannt werden: So kommt *Kronprins Frederik* als Leberpastete mit Tomate, Gurkensalat und gerösteten Zwiebeln daher. Und *Jomfruens forårsfornemmelser* verwöhnen auch anspruchsvollste Gäste: Wer die ›Frühlingsgefühle einer Jungfrau‹ bestellt, bekommt geräucherten Seehase mit eigenem Rogen und einem frischen Eigelb.

Frokost und Middag

Das Smørrebrød kommt nicht nur als Kultobjekt auf den Teller, es gibt auch Variationen für ›so mal zwischendurch‹. Dann isst man die Stulle direkt aus der Pappschachtel, in der man sie in Smørrebrød-Läden kauft, die es in allen größeren Städten gibt. Es ist ein typischer Frokost-Happen. *Frokost* – direkt übersetzt Frühstück – essen Dänen in der Mittagszeit. Nach dem *morgenmad*, dem eigentlichen Frühstück, war Frokost ursprünglich das zweite Frühstück im Laufe des Vormittages. Seit aber kaum noch um fünf in der Früh' mit der Arbeit begonnen wird, ist Frokost die Mahlzeit in der Mittagspause geworden. Es wird viel Kult um sie getrieben, denn sie ist die beliebteste Mahlzeit für Geschäftsessen.

Essen gehen

Ein ordentliches Frokost besteht immer aus mehreren Bestandteilen, kann *kolde og lune retter* – kalte und lauwarme Gerichte – mit Fleisch und Fisch umfassen, in edlen Varianten auch Krabben oder Jomfruhummer. *Frokost anretning* ist gut für die, die sich nicht entscheiden können, sie verspricht von Vielem etwas: verschiedene Heringe, Aufschnitt, vielleicht ein kleines Filetchen und etwas Fisch.

Das Frokost hat das *middag* – direkt übersetzt Mittag – von seinem angestammten Platz verdrängt. Diese große, warme Hauptmahlzeit gibt es jetzt eher am Abend zwischen 18 und 20 Uhr. Ein Middag kann auch sehr edel werden – *giver en middag* heißt es, wenn zwischen Gedser und Skagen zu einem Festmahl geladen wird. Das *aftensmad*, ein einfacheres Abendessen, gehört eher in den Familienalltag. Ein *natmad* ist der Mitternachtsimbiss eines festlichen Abends.

Für den kleinen Hunger

Was aber, wenn zwischendurch der Hunger zwackt? Ein Stopp am nächsten ›pølservogn‹ (S. 62) ist die herzhafte Alternative, die süße wäre der Gang zum nächsten Bäcker oder in ein Café. Für die Plunderteilchen ist Dänemark so berühmt, dass sie fast in der ganzen Welt ›Kopenhagener‹ oder ›Danish Pastry‹ heißen, nur im Ursprungsland muss man *wienerbrød*, Wienerbrot, bestellen. Das ist aber nur ein kleiner Teil dessen, was den Mund in einer Bäckerei wässerig macht.

Isst man Kuchen im Café, gibt's zur Fruchttorte oft eine Überraschung: Die *Tærte* wird gern mit Crème fraîche serviert, immer wieder Anlass für Fremde, zu reklamieren »Die Sahne ist sauer!«. Wer Kalorienbomben sucht, greift zur Schichttorte, *lagkage*.

Essen gehen

Meist findet man auf Speisenkarten alle Elemente der kulinarischen Dreifaltigkeit mit Vor-, Haupt- und Nachspeisen. Anspruchsvolle Lokale stellen jedoch häufig nur noch ein Menü nach Marktlage auf ihre Karte, aus dem man dann zwei, drei oder mehr Gänge aussuchen kann. Auch am unteren Ende der Sättigungsleiter locken 3-Gänge-Menüs oder Buffets sogar schon für weniger als 100 Kronen – satt wird man, Kulinarisches darf man aber nicht erwarten. Ab 200 DKK für ein Hauptgericht und etwa 400 DKK für ein 3-Gänge-Menü hat man die gehobene Gastronomie erreicht. In der Top-Gastronomie sind

---

Frokostspezialitäten

biksemad med spejlæg og surt: deftiger Hausmannskost-Klassiker – ursprünglich ein Resteessen – aus Fleisch und Kartoffeln mit Rote Beete, Gurke und Spiegelei.

Christiansø Sild: *die* Heringsdelikatesse von der kleinen Insel Christiansø in einer speziellem roten Kräuterlake eingelegt (S. 433).

dansk bøf med bløde løg: Hacksteak mit geschmorten Zwiebeln.

dyrlægens natmad: Smørrebrød-Klassiker auf Graubrot, darauf kommt eine Scheibe dänische Leberpastete, Schweineschmalz, Sky (Gewürzaspik), dünne Scheiben Salzfleisch, frische Zwiebelringe, Dill.

hjemmelavet leverpostej med ristet bacon: hausgemachte Leberpastete mit gebratenem Frühstücksspeck.

lun fiskefilet med remoulade: warmes Fischfilet mit Remoulade.

mørbradbøf med bløde løg: Schweinefiletscheiben mit gedünsteten Zwiebeln.

pariserbøf med rå æggeblomme, kapers, løg og peberrod: kleines Hacksteak (rot bis rosa), auf geröstetem Weißbrot mit frischem Eigelb, Kapern, Zwiebeln, Meerrettich.

roastbeef med løg, remoulade og peberrod: Roastbeef mit Zwiebeln, Remoulade und geriebenem frischem Meerrettich.

røget ål med røræg: geräucherter Aal mit Rührei.

sol over Gudhjem: geräucherter Hering mit Zwiebelringen und rohem Eigelb (S. 433).

stegt flæsk med persillesovs og hvide kartofler: Schweinebraten mit Salzkartoffeln und Petersiliensoße serviert.

uspecificerede smørrebrød: Schnittchen nach Wahl des Kochs (meist drei).

Essen und Trinken

Deftiger Frokostteller im Svaneke Bryghus auf Bornholm

Essen online
www.daenischessen.com (dt.) wirbt für dänische Lebensmittelprodukte, bietet aber auch Gastro-Trends und typische Rezepte.
www.visitdenmark.com (dt.) liefert unter dem Stichwort [Gastronomie] eine breite Übersicht zu Trends, Preisen und Restaurants.
www.danskerestauranter.dk (engl./dän.), die Website des dänischen Gaststättenverbandes, listet Restaurants nach Suchkriterien.
www.aok.dk (engl./dän.), der Online-Guide über Kopenhagen, listet unzählige Restaurants im Hauptstadtbereich nach Restauranttyp mit Kurzprofilen.

auch 1000 DKK oder mehr für ein Menü – dann aber fünf oder mehr Gänge – möglich.

Das geradezu legendäre *koldt bord,* das skandinavische **Kalte Buffet,** bei dem man sich den Bauch bis zum ›geht-nicht-mehr‹ voll schlagen kann, ist derweil etwas in den Hintergrund getreten. Findet man es noch, dann gilt: Man geht oft, aber lädt sich den Teller nicht zu voll und mischt nie Fisch mit Fleisch. Verpönt ist es bei jeder Art von Buffet, ›Fresspakete‹ zu packen und mitzunehmen.

Bøffer contra Burger
Ein Phänomen der dänischen Gastronomie ist die Familienrestaurantkette **Jensen's Bøfhus**, Inbegriff moderner ›bürgerlicher‹ Küche

Getränke: Øl, Snaps, Vin

dienen über 30 Restaurants in Dänemark ebenso wie Filialen in Schweden und Norddeutschland Gäste. In Supermärkten findet man unter dem Label »Jensen's Bøfhus« inzwischen Fertiggerichte und Zutaten wie die in der Zwischenzeit legendäre Whisky-Sauce. Die ist so populär, dass das Unternehmen nur für die Beimischung in ihre Sauce zum größten Whisky-Importeur im Lande avancierte.

Besonders aufmerksam umsorgt werden Kinder. Kleine Präsente versüßen ihnen die Wartezeit, bis das Essen kommt, und sie lieben das Softeis-Buffet mit diversen Streuseln und süßen Soßen – einmal zahlen, dann schlecken bis zum Übelwerden. Hauptgerichte starten mittags bei ca. 60 DKK, abends bei ca. 100 DKK, Menüs ab ca. 190 DKK; Sonderangebote sind üblich. Alle Filialen und die aktuelle Menükarte findet man unter www.jensens.com. Die Restaurants öffnen um 11 und schließen ja nach Standort So–Do 21–22.30, Fr, Sa 21.30–23,30 Uhr.

Getränke: Øl, Snaps, Vin

Dass Dänen gern ein Schlückchen trinken, ist bekannt, statistisch trinken sie tatsächlich aber weniger Alkohol als Deutsche (oder auch Österreicher und Schweizer). **Bier** – dänisch *øl* und wie Öl gesprochen – ist Alltagsgetränk. Die Carlsberg-Gruppe – eine der größten Brauereien weltweit – dominiert mit Marken wie »Carlsberg« und »Tuborg« den Markt im Lande, Standardsorte ist ein obergäriges Pilsner.

Die Trinkgewohnheiten sind jedoch im Wandel. Wein ist stark im Vormarsch, viele junge Dänen sind auf Alkopops umgestiegen, und auch beim Bier wurden die Karten neu gemischt: 1990 öffnete in Kopenhagen eine erste ›mikrobryggerie‹ die Zapfhähne für eigene Spezialbiere. Seither werfen immer neue Kleinstbrauereien überall im Land die Kessel an und immer neue Spezialitäten mit immer verrückteren Ingredienzien auf den Markt. Kaum eine Kneipe, die nicht ein, zwei oder gar ein halbes Dutzend der neuen Life-

in Dänemark. Im Vergleich zu amerikanischen Mitbewerbern erreicht Jensen's Bøfhus deutlich weitere Teile der Bevölkerung, sowohl was Alter als auch gesellschaftliche Kreise betrifft. In den rustikalen Steakhäusern essen Eltern mit ihren Kids, ebenso wie verliebte Paare oder die Zickenclique vor ihrem nächtlichen Zug durch die Discos.

Deftige Fleischportionen und ein Salatbuffet, an dem man sich selbst bedient, garniert mit niedrigen Preisen und einem betont freundlichen Service, das mögen dänische Familien, dachte sich der Palle Skov Jensen, als er Mitte der 1980er-Jahre ein Restaurant in Aarhus übernahm. Das Konzept erwies sich als Renner, inzwischen be-

Essen und Trinken

style-Biere am Hahn und etliche mehr in der Flasche hat.

Ale- und Stout-Sorten sind Standard, Weißbier mit Holunderblüten oder Porse Øl, ein Pils mit den Blättern des Gagelstrauchs als Gewürz gebraut, die gewöhnungsbedürftigeren Varianten. Und in den Brauhäusern geht es längst nicht nur ums Bier, auch die Küche muss gut sein wie im Bryghuset Nørrebro in Kopenhagen, in Bryggeriet Skt. Clemens in Aarhus oder im Svaneke Bryghus auf Bornholm. Und selbst zum Fur Bryghus (S. 172) auf der 1000-Einwohner-Insel Fur im Limfjord gehört ein ansehnliches Restaurant. Die Homepage der einflussreichen dänischen Bierenthusiasten, www.ale.dk, informiert über alle aktuellen Biertrends und was die Brauhäuser an neuen Sorten so brauen – leider bisher nur in Dänisch.

Vor allem nach dem Essen genehmigen sich die Dänen gern einen eiskalt servierten **Schnaps** *(snaps)*. Der kommt meist aus Aalborg, schmeckt nach Kümmel und ist als Akvavit bekannt oder – obwohl glasklar – als *Rød Aalborg,* ›Roter Aalborg‹. Die goldgelbe Edelversion steht als *Aalborg Jubilæum* in den Regalen. Alternative ist der *Gammel Dansk,* ein kräftiger Kräuterbitter, der jeden Magen aufräumt. Aktuell liegen Kombinationen von Akvavit oder dänischem Wodka mit Kräutern oder Früchten im Trend.

In Szenelokalen und Discos sind zudem **Cocktails** angesagt, von denen längst nicht alle zum Repertoire internationaler Barkeeper gehören, oder wüssten Sie auf Anhieb, was ein ›brandbil med udrykning‹ ist? Beim ›Feuerwehrauto im Einsatz‹ geht es um Jägermeister mit Wodka und Himbeersprudel.

Zumindest zu den Mahlzeiten hat **Wein** *(vin)* dem Gerstensaft den Rang abgelaufen, auf guten Weinkarten ist die ganze Welt zu finden, vor allem die Spitzengastronomie weist immer stolz auf ihre umfangreichen Kellerbestände hin. Und bei dem, was man ordern kann, gibt es seit dem Jahrgang 2002 auch dänische Weine (S. 63).

Steuersenkung für Alkohol

Der unmäßig teuere ›skandinavische Alkohol‹ ist, was Dänemark betrifft, Legende: Die bürgerlich-konservative Regierung senkte 2003 Alkohol- und Tabaksteuern, um dem Sauf- und Rauchtourismus gen Süden den Reiz des ›billig‹ zu nehmen. Seitdem sind Alkoholika im Laden bei Sonderangeboten manchmal billiger als in Deutschland. In Kneipen und Restaurants ist eine 0,33-l-Flasche Pilsner selten über 35 DKK, ein halber Liter vom Fass meist noch unter 60 DKK zu bekommen. Teurer sind die neuen Kultbiere, ganz besonders in Szenelokalen.

Für Hochprozentiges gilt die Faustregel: Standards wie Gammel Dansk und Rød Aalborg kosten etwa so viel wie ein normales Bier, Edelspirituosen sind relativ teuer. Das gilt auch für einzelne Gläser Wein. Für eine ordentliche Flasche zahlt man ab ca. 200 DKK, in der gehobenen Gastronomie gibt es nach oben kaum eine Grenze.

In Tanzclubs und anderen Nightlife-Locations wird junges Publikum vor allem donnerstags gern mit Happy-Hour-Preisen oder Angeboten zum Flatrate-Trinken gelockt.

›Pølsevogne‹

Mobile Würstchenbuden, vor die eine Art halber Motorroller montiert ist, folgen seit 1912 den Brennpunkten des Lebens – wo genug los ist, haben sie die ganze Nacht geöffnet. Die Kunden kommen aus allen Schichten und Altersstufen – *pølser* sind das demokratischste Element der dänischen Nahrungskette. Der des Dänischen Unkundige setzt gerade an, »En pølse og en brød med begge dele!« herauszupressen, da liegt das Würstchen mit dem angetoasteten Brötchen und je einem Ketchup- und Senfklecks schon vor ihm, gleiches gilt für die Grillversion ›risted pølse‹ oder für die amerikanisierte Fassung: Der ›hot dog‹ gibt mit seinem internationalen Namen dem Fremden eher die Chance, die Bestellung unmissverständlich aufzugeben. Aber keine Sorge: Alle Würstchenkreationen hängen meist als Bilder aus – drauf zeigen reicht. Heiß- und Grillwürstchen kosten je nach Standort ca. 20–45 DKK.

Dänischer Wein

Rondo Bornholm – der dänische Burgunder

Thema

Bornholms historische Namen Borungia und Borgundarholmr nähren die These, dass von der Insel Menschen stammen, die es mit den Völkerwanderungen ins heutige Burgund verschlug und die dort großartige Weinbauern wurden.

Aber auch denen, die auf der Insel blieben, scheint der Wein im Blut zu liegen: Am 1. August 2003 verkaufte Jesper Poulsen auf seinem Lille Gadegård in Pedersker im Süden von Bornholm die ersten 1000 Flaschen eines auf dem eigenen Hof angebauten und gekelterten Rotweins. Nach drei Stunden war der »Rondo 2002« ausverkauft.

Der Folgejahrgang aus dem Jahrhundertsommer 2003 übertraf seinen Vorgänger an Klasse und Reife: Tiefrot, trocken mit ausgewogenem Säuregehalt und dichten Aromen, die von ein Hauch frischer Brombeeren durchweht. Die Rondo-Traube, dem Blauen Spätburgunder ähnlich, entstand in den 1960er-Jahren aus Kreuzungen klimarobuster Sorten mit kurzen Vegetationszeiten und ist eine der in kälteren Zonen am häufigsten angebauten Rebart: Sie nimmt einen verregneten Nordlandsommer nicht übel und reift in so kurzer Zeit wie keine andere Traube.

Die ersten 2000 Rebstöcke kamen im Juni 2000 auf dem kleinen Hof im Süden der Sonneninsel an. Spät in der Nacht des selben Tages stecken alle sorgfältig gewässert in Bornholmer Erde – zu diesem Zeitpunkt noch illegal. Erst eine neue EU-Weinverordnung erlaubt seit dem 1. August 2000 außerhalb klassischer Anbauländer Wein kommerziell zu produzieren, wenn auch nur auf einer beschränkten Anbaufläche. Jesper hatte trotzdem Erfahrung als Weinmacher: Er keltert seit Jahren auch Erd- und Johannesbeerweine, die alle Vorurteile über billige, süße, Kopfschmerzen verursachende Fruchtweine widerlegen und das zweite Standbein des Lille Gadegård (www.a7.dk) bilden.

Rund 55 Weingüter sind inzwischen im Verband dänischer Weinbauern (www.vinavl.dk) organisiert. Keine 10 km vom Kopenhagener Rathausplatz betreibt Jens Michael Gundersen das **Dansk VinCenter** (www.vincenter.dk; Byvej 55, Avedøre Landsby, 2650 Hvidovre), mit rund 10 000 Rebstöcken und nagelneuem Besucherzentrum das größte und professionellste Weingut im Lande. Gundersens erster Rotwein unter dem Label »Nordlund« kam 2003 mit 7100 handnummerierten Flaschen auf den Markt.

Weißweinproduzent Lars Hagemann kann auf seiner **Domain Aalsgaard** in Nordseeland (http://domainaalsgaard.dk; Ålsgårde Stationsvej 13, 3140 Ålsgårde) mittlerweile schon auf über 30 Jahre Anbauerfahrung zurückgreifen, denn er zählt zu jenen Winzern, die lange vor dem Jahr 2000 Weine für den Privatgebrauch kelterten.

Die größte Produktpalette mit Roten, Rosés, Weißen sowie Schaum- und Dessertweinen bietet **Skærsøgaard Vin** (www.dansk-vin.dk, Nørresøvej 12, Dons, 6051 Almind) nahe Kolding in Jütland.

In einem Punkt übertreffen Dänische Weine viele Mitbewerber aus klassischen Anbauländern: beim Preis. Dänischer Wein hat eben noch Sammlerpotential. So zahlte man für einen 2003er Rondo aus Bornholm beim Erstverkauf 140 DKK, vier Jahre später kostete er schon knapp 1000 DKK – da kann kaum eine Aktie mithalten.

Kulinarisches Lexikon

Allgemeines

ad libitum	›nach Belieben‹, eine kulinarische Flatrate
bagt	gebacken
dagens ret	Tagesgericht
dampet	gedämpft
egnsretter	regionale Gerichte
frisk	frisch
fyldt	gefüllt
gammeldags	traditionell(e)
gennem	durch
husets (vin)	Hauswein
hvidvinsdampet	in Weißwein gedämpft/gekocht
kæmpe	große Portionen
kæmpe burger	Riesenhamburger
kæmpe muslinger	große Muscheln
kolde retter	kalte Gerichte
lune retter	lauwarme Gerichte
rå	roh
røget	geräuchert
smørstegt	in Butter gebraten
stegt	gebraten
torve-/fra torvet	frisch vom Markt
fra panden	aus der Pfanne
fra grillen	vom Grill
varme retter	heiße Gerichte
vegetar	vegetarisch
krydderier	Kräuter
hvidløg	Knoblauch
salt	Salz
peber	Pfeffer
eddike	Essig
olie	Öl
sennep	Senf

Frühstück (morgenmad)

flute	Baguette
franskbrød	Weißbrot
ost	Käse
rullepølse	Presswurst aus Bauchspeck
rundstykke	Brötchen mit Mohn
røræg	Rührei
skinke	Schinken
smør	Butter
spanske	Brötchen ohne Mohn
spegepølse	Pökelwurst (oft erschreckend rot)
tebirkes	süßes Blätterteiggebäck mit Mohn

Mittagskarte (Frokostkort)

fiskefrikadeller	Fischfrikadellen
frokostanretning	Lunchplatte
håndmadder	Schnittchen
jomfruhummer	Königsgarnelen
landgangsbrød	belegtes Baguette
(fjord)rejer	Krabben
pil selv	zum selbst Pulen
pillede	gepulte
rogn	Rogen
røget torskrogn	geräucherter Dorschrogen
stenbiderrogn	Seehasenrogen (dän. Kaviar)
sild	Hering
carry –	in Curry-Sauce
krydder –	in Kräuterlake
marrineret –	mariniert
stegt –	in Butter gebraten
sildeanretning	Heringsplatte
smørrebrød	belegte Brote (S. 58)

Fisch und Meeresfrüchte

fisk(eretter)	Fisch(gerichte)
(blå-)muslinger	(Mies-)Muscheln
blæksprutte	Calamaris
fjordlaks	Fjordlachs (Zucht)
fjæsing	Petermännchen
havkat	Seewolf
havtaske	Seeteufel/Angler
havørred	Meerforelle (lachsähnlich)
hellefisk	Schwarzer Heilbutt
helleflynder	Heilbutt
kammusling	Kammmuscheln/Jakobsmuscheln

kuller	Schellfisch	nudler	Nudeln
makrel	Makrele	ris	Reis
pighvar	Steinbutt	surt	saure Beilagen (Rote Beete, Gurken)
pighaj	Dornhaj		
rejecocktail	Krabbencocktail		
rødspætte(filet)	Scholle(nfilet)		
rødfisk	Rotbarsch		
stenbider	Seehase		
søtunge	Seezunge		
torsk	Dorsch		
sej	Seelachs		
ål	Aal		
østers	Austern		
østersølaks	Ostseelachs (Wildfang)		

Kindergerichte

børnetallerken	Kinderteller
fiskefilet	Fischfilet
frikadeller	Frikadellen
pølser	Würstchen (Pl.)
vanilleis m/syltetøj	Vanilleeis mit Erdbeersauce

Fleisch und Geflügel

fjerkræ	Geflügel
hønsesalat	Hühnersalat
kylling(ebryst)	Hähnchen(brust)
kød(retter)	Fleisch(gerichte)
dansk bøf	s. hakkebøf
engelsk bøf	Rumpsteak
entrecôte	marmoriertes Rindersteak
fransk bøf	kurzgebratenes Rindersteak vom Filet
frikadelle	Frikadelle
hakkebøf	Hacksteak (Rind)
hamburgerryg	Kassler
mørbrad	Schweinefilet

Nachspeisen

desserter	Desserts
is	Eis
rødgrød	Rote Grütze
æblekage	Apfelkompott (wörtl. Apfelkuchen)
oste(tallerken)	Käse(teller)
Danbo	beliebter Schnittkäse
gammel ost	alter, gereifter Käse
gårdoste	Bauernkäse aus privater Herstellung

Kaffee und Kuchen

kage	Kuchen
flødeskum	Schlagsahne
kaffefløde	Kaffeesahne
lagkage	Schichttorte
(små)kager	Gebäck
tærte	(Frucht)torte

Gemüse und Beilagen

grøntsager	Gemüse
gulerødder	Karotten
peberfrugt	Paprika
rødkål	Rotkohl
salat(bord)	Salat(buffet)
svampe	Pilze
tilbehør	Beilagen
kartofler	Kartoffeln
bagt kartoffel	Backkartoffel
flødestuvede k.	Bechamelkartoffeln
hvide kartofler	Salzkartoffeln
stegte kartofler	Bratkartoffeln

Getränke

dansk vand	Mineralwasser (mit Kohlensäure)
hyldebær (saft)	Holunderbeeren(saft)
hyldeblomst (saft)	Holunderblüten(saft)
kildevand	Quellwasser (stilles Wasser)
øl	Bier
vin (hvid/rød)	Wein (Rot-/Weiß-)
saft (oft juice)	Saft
snaps (akvavit)	Schnaps (Aquavit)
vand	Wasser

Viel Reet deckt die Ferienhäuser in Blåvand, ganz im westlichsten Eck Dänemarks

Wissenswertes für die Reise

Informationsquellen

Dänemark im Internet

www.tyskland.um.dk, www.oestrig.um.dk, www.schweiz.um.dk (dt.)
Die dänischen Botschaften zu konsularischen Fragen, Einreise- und Aufenthaltsbestimmungen; Hintergrundinformationen zu Land und Leuten.
www.denmark.dk (engl.)
Vom Außenministerium. Offizielle Präsentation des Landes. Praktische Infos z. B. für Einwanderer und Jobsuchende.
www.dk-forum.de (dt.)
Das Forum für Dänemarkfans.
www.dmi.dk (u. a. dt.)
Detailliertere Wetterinfos. 5-Tage-Wetter-Vorhersage für alle Regionen auf Deutsch!
www.kulturnaut.dk (u. a. dt.)
Nationaler Veranstaltungskalender. Suche auf Deutsch, Inhalte aber meist Dänisch.
www.degulesider.dk / www.krak.dk (dän.)
Online-Auskunft inkl. Reverse-Suche (von der Nummer zur Adresse) und mit gutem Kartenmaterial inkl. Routenplaner.
www.rejseplanen.dk (u. a. dt.)
Generelle Fahrplanauskunft für alle Busse und Bahnen.
www.trafikken.dk (dän./engl.)
Verkehrshinweise, Verkehrswebcams und die wichtigsten Verkehrsregeln.
www.kongehuset.dk (dän./engl.)
Was Sie immer schon über Dänemarks Königshaus wissen wollten – die ganz offizielle Seite der Königsfamilie.
www.daenemark.dk, www.dänemark.info, www.gute-adressen.dk (alle dt.)
Kommerzielle Portale u. a. mit Links zu Anbietern von Ferienhäusern und anderen touristischen Leistungen. Online-Buchungen.
www.daenemarkmithund.de, www.hunde-in-daenemark.de (dt.)
Alles Wichtige zum Urlaub mit Hunden in Dänemark (S. 93), u. a. Infos zu gesetzlichen Regelungen wie der Leinenpflicht am Strand und dem Verbot bestimmter Hunderassen.

Touristeninformationen

VisitDenmark
Dänemarks offizielle Tourismuszentrale nennt sich VisitDenmark. Der größte Teil der Informationsarbeit erfolgt auf www.visitdenmark.de mit Routenplaner, Buchungsfunktionen sowie Bestellformular für Broschüren: VisitDenmark, Glockengießerwall 2, D-20095 Hamburg, daninfo@visitdenmark.com, Tel. 0180 532 64 63 (Mo–Fr 9–17 Uhr, 0,14 €/Min).

i-Büros im Land
In touristisch relevanten Orten kann man mit einem i-Büro rechnen. Ein ›**Turistbureau**‹ – Kennzeichen weißes ›i‹ auf grünem Grund – hat ganzjährig Mo–Sa während der üblichen Geschäftszeiten geöffnet und kann über ganz Dänemark informieren. Eine ›**Turistinformation**‹ – weißes ›i‹ auf rotem Grund – braucht nur lokal zu informieren und hat außerhalb der Sommersaison eingeschränkte Öffnungszeiten. Viele Büros bieten Buchungsservice u. a. für Fährtickets, Eintrittskarten und Ferienhäuser. Für postalische Anfragen reicht: Turistbureau, DK-Postleitzahl, Ortsname.

Als Webadresse setzt sich zunehmend die Kombination ›visit‹ + Orts- bzw. Regionalname durch, z. B. www.visitcopenhagen.com oder www.visitnord.dk. Man muss jedoch Endungen und Umsetzung der dänischen Sonderzeichen ø, æ und å genau beachten: So surft man mit www.visitfanoe.dk und www.visitfanoe.de zum offiziellen i-Büro der Insel Fanø, mit www.visitfano.de oder www.visitfanoe.com aber zu kommerziellen Anbietern.

Karten

Eine Dänemark-Karte 1 : 500 000 stellt VisitDenmark jedes Jahr mit guten Zusatzinfos – Strände, i-Büro-Adressen, Campingplätze, Jugendherbergen – kostenlos oder gegen eine geringe Schutzgebühr zur Verfügung. An

Raststätten und in vielen i-Büros bekommt man den Autobahnatlas **Motorvej** gratis, der jährlich mit vielen Zusatzinformationen vom Straßenverkehrsamt publiziert wird. Daneben gibt es in allen Regionen Broschüren mit guten Detailkarten. Wer viel im Land reisen will und gern Nebenstraßen nutzt, sollte sich den Straßenatlas Færdselskort Danmark im Maßstab 1 : 200 000 zulegen, der jährlich erscheint und in Dänemark ca. 100 DKK kostet.

Lesetipps

H. C. Andersen (S. 292): Regelmäßig erscheinen einzelne seiner 156 Märchen oder Sammlungen davon in neuen, schön illustrierten Ausgaben, eine der aktuellsten Zusammenstellungen »Hans Christian Andersen Märchen« mit Bildern von Nikolaus Heidelbach ist zuletzt 2010 im Beltz Verlag erschienen.

Karen/Tanja Blixen (S. 415): Dauer-Seller ist ihr autobiografischer Roman »Afrika – dunkel lockende Welt«, zuletzt 2010 in neuer Übersetzung als »Jenseits von Afrika« erschienen. Unter diesem Titel ist auch die Verfilmung als DVD erhältlich. Regelmäßig werden Sammlungen ihrer Kurzgeschichten herausgegeben, gerne dabei und ebenfalls erfolgreich verfilmt: »Babettes Fest«.

Peter Høeg (S. 51):»Fräulein Smillas Gespür für Schnee« war sein Bestseller-Anfang der 1990er-Jahre (TB-Ausgabe im Buchhandel; verfilmt 1997 von Bille August als DVD). Über seinen jüngsten Roman »Die Kinder der Elefantenhüter« (TB 2012) sind Kritiker wie Leser gespaltener Ansicht: Viele genießen einen skurrilen Schelmenroman, einige sind von der wirren Handlung genervt.

Morten Ramsland: Der ›Meister der Alltagssprache‹ erzählt in seinem Bestseller »Hundsköpfe« (2006/TB 2008) mit viel hintergründigem Humor, reichlich skurrilem Personal, aber auch traurigen Momenten eine dänisch-norwegische Familiengeschichte und lässt in »Sumobrüder« (2011/TB 2013) den elfjährigen Lars Anfang der 1980er-Jahre mitten in einem Problemviertel namens Paradiesgarten in die wirre Welt der Erwachsen hineinwachsen – großartige Literatur!

Die Affäre Struensee: Keine andere Episode dänischer Geschichte ist so oft literarisch aufgearbeitet worden, wie die kurze, tödlich endende Karriere des deutschen Arztes Johann Friedrich Struensee (S. 33). Am erfolgreichsten nahm sich **Olov Enquist** in seinem Bestseller »Der Besuch des Leibarztes« des Themas an.

Krimis: aktuelle Autoren s. S. 52.

Zeitungen und TV

Deutschsprachige Zeitungen gibt es überall am Erscheinungstag und in Südjütland ist der deutschsprachige »Nordschleswiger« (S. 40) erhältlich. NRD-Radio ist in Süddänemark auf UKW zu hören. Im digitalen Überall-Fernsehen DVB-T empfängt man deutsche Sender nur in einem schmalen Streifen nördlich der Grenze, dänische landesweit – internationale Sportereignisse übertragen sie meist live. Ansonsten speisen Hotels deutsche Programme via Satellit in ihre Hausanlagen und viele Ferienhäuser haben SAT-Anlagen, die deutsches Fernsehen zugänglich machen.

Dänische Literatur online und im Shop
Urheberrechtsfreie Werke dänischer Autoren gibt es kostenlos unter www.adl.dk (Arkiv for Dansk Literatur), Lyrik auch unter www.kalliope.org. Dänische Bücher mit günstiger deutscher Mehrwertsteuer vertreibt Skandinavisk Boghandel (Werkstr. 8, D-24955 Harrislee, Tel. 04 61 70 71 71 0) auch im Online-Shop unter www.danskboghandel.dk.

Auf skandinavische Literatur in deutschen Ausgaben sind www.skanbuch.de und www.nordis-shop.de spezialisiert.

Reise- und Routenplanung

Dänemark als Reiseziel

Der überwiegende Teil der Übernachtungen deutscher Urlauber in Dänemark findet im Ferienhaus statt: ein Ort, ein Strand, eine Region, ein längerer Ausflug in einen Freizeitpark oder in eines der Erlebniszentren zu historischen oder naturwissenschaftlichen Themen – für eine Familie ist das eine ideale Urlaubsform, und schon mehrere Generationen deutscher Besucher haben Dänemark so kennengelernt. Viele sogar über Jahre in immer demselben Ferienhaus.

Schweizer und Österreicher sowie mit steigender Zahl Deutsche besuchen Dänemark aber auch auf eine andere Weise: Sie reisen im Lande umher, nutzen günstige Sommerpreise vieler Stadthotels, quartieren sich in komfortablen Danhostels ein, die mit Jugendherbergen der herkömmlichen Art nichts mehr zu tun haben, oder sie kreuzen im Camper durchs Land.

Junge, aktive Familien sind darunter, die sich mit dem Fahrrad aufmachen, aber auch viele ›Empty Nester‹, die das vermeintliche Familienurlaubsland ohne Kinder ganz neu entdecken: Sie erleben die Vielfalt der Kunst

Die Margeriten-Route
Geruhsam reist man im Zeichen der Margerite durchs Land, abgebildet als Blüte auf braunem Grund. Ausgeschildert sind insg. 3500 km Bummelroute meist über Nebenstraßen kreuz und quer durch Dänemark zu 1000 mehr oder minder bedeutenden Sehenswürdigkeiten. Vor allem bei Ortsdurchfahrten oder an unübersichtlichen Abzweigungen verliert man leicht den ›Faden‹. Mit gutem Kartenmaterial (s. Reisekarte), in dem die Margeriten-Route markiert ist, findet man sie aber immer schnell und über die Google-Suche ›Margeriten Route‹ kommt man zu aktuellen Online-Darstellungen der Strecke.

und Geschichte, die das Land in seinen unzähligen Museen bietet, saugen am Tage in schattigen Strandwäldern die Lungen voll mit dem Mix aus See- und Waldluft und amüsieren sich bis in die Nacht hinein bei Livekonzerten in proppenvollen Hafenkneipen, entspannen sich bei immer hochwertiger werdenden Wellness-Angeboten oder genießen die weit über die Landesgrenzen hinaus bekannte Gourmetküche – Dänemark ist längst auch eine Destination für Genießer.

Andererseits ist Dänemark nicht gerade ein Ziel für Pub Crawling und Party Nights, aber vor allem Kopenhagen drängt sich auch ins Bewusstsein junger, modebewusster Jet-Setter als kleine Weltstadt, hip, überschaubar, mit exzentrischer Mode in exzellenten Shops, nur eben nicht gerade billig.

Was ist sehenswert?

Kulturhighlights (s. Klappenkarte vorn) wie die alte Stadt Ribe oder Kolding mit dem genial rekonstruierten Schloss Koldinghus und dem Schwerpunktmuseum für Möbeldesign Trapholt sind Must-see-Stationen für Kulturliebhaber. Haben Sie eine Vorliebe für moderne Kunst, gehören das weltbekannte Louisiana in Nordseeland und die Museen ARoS in Aarhus sowie Arken am Südrand von Kopenhagen auf den Reiseplan.

Naturliebhaber dürfen das Wattenmeer im Südwesten, die spröden Klippen von Lønstrup in Nordjütland und die schönsten Kreidefelsen der Ostsee auf der Insel Møn nicht missen. Aber auch die Wanderdüne Råbjerg Mile auf Skagen oder Rønnerne, die Halbwelt zwischen Meer und Land auf Læsø, sowie der Nakskov Fjord im Westen von Lolland sind wahre Naturparadiese.

Und wer einfach den Dänemark-Mix aus romantischen Orten, hautnaher Kultur, Sommerfrische und Lifestyle genießen will, muss die Künstlerkolonie Skagen ansteuern, oder die Insel Fanø, wo das Dorf Sønderho reetgedeckte Fachwerkidylle, Gourmeterlebnisse und einen Mega-Strand vereint, oder das puppenstubenhafte Ærøskøbing auf der Insel Ærø, Dänemarks schnuckeligstes Städtchen.

Unter den großen Städten ist Kopenhagen immer für eine eigene Reise gut. Aarhus mit seiner pulsierenden Studentenszene oder Aalborg mit seinen quirligen Kneipenvierteln lohnen mindestens Tagesausflüge vom Ferienhaus aus.

Unbedingt reservieren

In der Hochsaison (S. 96) kann es Probleme geben, in populären Orten kurzfristig einen Platz zum Schlafen zu bekommen. Dann können sogar Campingplätze ›alt optaget‹ – alles belegt – melden. Irgendwie kulminiert alles in der Woche 29 – Mitte Juli. Sonst kann man mit zwei oder drei Tagen Vorausplanung beruhigt auf eine Rundreise gehen. Und wenn es in den Küstenorten kein Bett oder keinen Stellplatz mehr gibt, dann ein paar Kilometer landeinwärts in der nächstgrößeren Provinzstadt. Etwas muss man aber wirklich Monate voraus buchen: Fährplätze zu allen Inseln am Samstag (S. 79).

Strandurlaub

Rund 5000 der über 7000 Küstenkilometer sind zum Baden geeignet. Wassertemperaturen erreichen selten Werte nennenswert über 20 °C, und wenn es mal ganz warme Sommer gibt, nervt an Ostseestränden schnell eine Algenblüte, die am Ufer eine stinkende Masse hinterlassen kann und bei bestimmten Arten wie Blaualgen auch zu Badeverboten führt.

Dänemarks Top-Strände
Rømø Südstrand (S. 121): Kilometerbreite Sandfläche, abgetrennte Räume für Strandsportarten; die Autos können nicht ganz bis ans Wasser fahren.
Fanø (S. 127): Auf 14 km Länge bis zu 2 km breiter Strand mit etlichen autofreien Zonen.
Jammerbugt (ab S. 193): Auf fast 50 km mindestens 100 m breit, relativ seicht abfallend, fast durchgängig vor Dünen. Im Süden weicher, zwischen Blokhus und Løkken harter Sand, dort für Autos freigegeben.
Flyvesandet (S. 298): Fünens schönster Strand liegt im Norden der Insel.
Marielyst (S. 337): Kilometerlange Strände vor den Deichen der Ostküste von Falster.
Tisvildeleje (S. 426): Viel Sand und etwas Kies vor kleinen Dünen und einem großen Strandforst sorgen für Nordseelands attraktivsten Strandabschnitt.
Dueodde (S. 434): Dänemarks bester Strand im Süden von Bornholm – kann auch global mit den schönsten Stränden mithalten.

Vorschläge für Rundreisen

Mondäne Badehoteltour

Die vorgeschlagene Rundreise mit Übernachtungen in mondänen Badehotels ist nicht gerade billig und erfordert angesichts der Popularität der Häuser langfristiges Vorausbuchen. Alle genannten Hotels sind aber auch allein eine Reise wert. Alternativ gibt es in allen Orten günstigere Unterkünfte oder Campingplätze (s. Reiseteil). Die Fahrstrecke ohne Abstecher beträgt ca. 1060 km. Die drei Fährfahrten summieren sich auf ca. 200 €.
1., 2. Tag: Nach Kopenhagen via Vogelfluglinie. Übernachtungen im Skovshoved Hotel (S. 403) an der Øresundküste nördlich der Hauptstadt. An einem Abend Bummel über den nahen Bakken, den ältesten Vergnügungspark der Welt.
3., 4. Tag: Fahrt am Øresund entlang mit Stopp am Kunstmuseum Louisiana. Übernachten im Gilleleje Badehotel (S. 427) oder

Helenekilde Hotel og Badepension Tisvildeleje (S. 427) in Nordseeland. Strandtag oder Schlössertour.

5., 6. Tag: Fahrt via Fähren Hundested – Rørvig und Odden Færgehavn – Ebeltoft nach Jütland auf die Halbinsel Djursland. Übernachten im Molskroen (S. 279). Wanderungen im Nationalpark Mols Bjerge; Glasmuseum und Fregatte Jylland in Ebeltoft.

7., 8., 9. Tag: Fahrt über Ålborg und Frederikshavn nach Skagen. Übernachten in Ruths Hotel (S. 211; Spitze in Leistung und Preis) oder Hjorts Badehotel (S. 211; idyllisch, einfacher; im Winter geschlossen). Zwei Tage Kunst, Licht und Lebensfreude von Skagen.

10., 11. Tag: Fahrt via Hirtshals und Jammerbugt zum Svinkløv Badehotel (S. 194; im Winter geschl.), der Klassiker unter den dänischen Badehotels.

12., 13. Tag: Henne Mølle Å Badehotel (S. 151; Winter geschlossen), der funktionalistische Klassiker aus den 1930er-Jahren bei Henne Strand in den Dünen. Abschiedsessen im Henne Kirkeby Kro (S. 151).

14. Tag: Rückfahrt über Esbjerg, Ribe und Tønder nach Deutschland.

7 Tage, 2 Meere, 7 Inseln

Zwei Meere und sieben Inseln bei nur etwa 500 km (ab/bis Grenze) Fahrstrecke plus zwei Fährfahrten bietet diese Route durch Südjütland und Fünen. Sieben Tage sind das Minimum, unterwegs kann man aber überall tagelang Station machen.

1., 2. Tag: Anreise von Süden über Flensburg am Geschichtszentrum Dybbøl vorbei nach Sønderborg und über die Insel Als nach Fynshav. Fähre Fynshav–Søby zur Insel Ærø (Fährinfo S. 315). Zwei Übernachtungen.

3. Tag: Fähre Marstal–Rudkøbing zur Insel Langeland und weiter über Brücken nach Tåsinge mit Valdemars Slot und in die Hafenstadt Svendborg auf Fünen.

4. Tag: Fahrt in die H. C. Andersen-Stadt Odense oder nach Kerteminde mit seinen Schweinswalen und Dänemarks einzigem Wikingerschiffsgrab.

5. Tag: Die ca. 130 km zur Nordseeküste sind über die Autobahn schnell zurückgelegt. Station wahlweise in der Hafenstadt Esbjerg mit Fischerei- und Seefahrtsmuseum oder im historischen Ribe.

6. Tag: Die Tide gibt vor, wann man zur Wattenmeer-Insel Mandø fährt. Die letzte Station, die Insel Rømø, erreicht man indes jederzeit über einen Damm.

7. Tag: Rückreise via Tønder zur Grenze nach Deutschland oder Fähre nach Sylt (S. 122).

Radwandern auf der Østersørouten

Dänemarks abwechslungsreichste Radwander-Themen-Tour über sieben Inseln und das kontinentale Jütland führt gut markiert von der Grenze bei Flensburg am Nordufer der Flensburger Förde entlang und über die Inseln Als, Ærø, Langeland, Lolland, Falster, Møn, Seeland und Fünen wieder zurück an der Ostküste Jütlands entlang zum Ausgangspunkt. Highlights sind die Kreideklippen von Møn und die Insel Ærø. Je nach Kondition ist die 800-km-Tour in 10–14 Tagen zu schaffen. Offiziell ist die Route in 23 Etappen gegliedert, die so angelegt sind, dass man sich verschieden lange Teilstrecken für eine Urlaubstour zusammenstellen kann. Weitere Infos auf www.bikeandsea.com (auch dt.).

Reisen mit Kindern

Im Familienferienland Dänemark ist Reisen mit Kindern problemlos. In vielen Ferienhausorten werden kind- und familiengerechte Programme auch auf Deutsch von i-Büros, Naturführern oder Naturerlebniscentern angeboten, vom munteren Bonbonmachen über Piratentörns auf Oldtimer-Schiffen bis zur naturwissenschaftlichen Wattwanderung. i-Büros kennen alle Programme und einige

Für Kinder gibt es überall etwas zu bestaunen: Jyllands Akvariet in Thyborøn

Ferienhausvermittler bieten sie ihren Kunden zu Sonderkonditionen.

Darüber hinaus haben viele Museen – die meisten sind für unter 18-Jährige gratis (S. 48) – und Erlebniszentren Kinderabteilungen oder -animation; Restaurants servieren preiswerte Kindergerichte und der öffentliche Transport ist für Kinder günstig – in der Regel kann ein Erwachsener zwei Kinder unter 12 Jahren gratis mitnehmen. Wo Kinder Hauptzielgruppe sind, zahlen meist alle ab 12 Jahren, in Einzelfällen schon ab 3 Jahren, fast oder ganz den Erwachsenenpreis; unter 3 Jahren fällt eigentlich nie Eintritt an. Gibt es Familientickets, lohnen sie ab 2 Erwachsenen mit 2 Kindern. Aber auch Top-Attraktionen wie der LEGOLAND Park bieten versteckt Familienrabatte durch vielerorts – z.B. bei Ferienhausvermittlern – erhältliche Gutscheine nach dem Prinzip: ein Kind frei in Begleitung eines voll zahlenden Erwachsenen.

Freizeitparks & Co.

Tivoli in Kopenhagen und LEGOLAND Park spielen in der Champions League europäischer Freizeitparks. In der nationalen Liga tummeln sich Kopenhagens zweiter Vergnügungspark Bakken (S. 403), Tivoli Friheden in Aarhus (S. 273) und ›Sommerland‹-Parks wie Fårup Sommerland (S. 195) an der Nordseeküste, Djurs Sommerland (S. 283) im Osten Jütlands oder BonBon-Land in Südseeland (S. 348). Diese familiären Freizeitparks sprechen mit einem Mix aus wilden Achterbahnen, geruhsamen Tretbötchen und Streichelzoo für die Kleinsten Kinder jeden Alters an, einige habe auch Open-Air-Spaßbäder auf dem Gelände. Picknickplätze gibt es fast immer, sonst bieten Imbissbuden und Familienrestaurants alle Kinderklassiker, natürlich auch Røde Pølser – rote Würstchen – mit Pommes. Das typische Sommerland beginnt seine Saison im Mai und schließt Mitte September, hat aber nur in der Hochsaison jeden Tag die Tore auf.

Reisen mit Handicap

Öffentliche Gebäude, Verkehrsmittel und die Mehrzahl aller Unterkünfte sind für Behinderte – dänisch ›handicappede‹ – eingerichtet. Ferienhäuser sind meist ebenerdig, aber nicht immer rollstuhlgerecht; gute Vermittler listen geeignete Objekte auf. Touristische Informationen für Behinderte auf Deutsch hält www.visitdenmark.de etwas versteckt unter ›Praktische Informationen‹>›Besondere Interessen‹>›Barrierefreies Reisen‹ bereit. Der Dachverband der Behindertenorganisationen Danske Handicaporganisationer (www.handicap.dk, dän./teils engl.) vergibt ein Qualitätslogo für barrierefreien Zugang in sieben Kategorien, mit dem Attraktionen, Unterkünfte oder Restaurants werben können. Auf www.godadgang.dk (auch dt.) findet man dazu die Kriterien und eine Suchmaschine für die gezielte Suche nach barrierefreien Einrichtungen. **Ferienanlagen** speziell für Behinderte sind Dronningens Ferieby auf der Halbinsel Djursland (S. 277; 8500 Grenaa, Tel. 86 30 05 80, www.dronningensferieby.dk) und Musholm Bugt Feriecenter nördlich Korsør am Großen Belt (S. 356; Musholmvej 1000, 4220 Korsør, Tel. 70 13 77 00, www.musholm.dk).

Schwule und Lesben

Schwule *(bøsser)* und Lesben *(lesbiske)* brauchen in Dänemark keine Angst vor Diskriminierung zu haben. Mitte August erlebt Kopenhagen jedes Jahr eine schwul-lesbische Aktionswoche, die mit einer Parade endet: Copenhagen Pride Parade (www.copenhagenpride.dk). Wer ganz unter Gleichgesinnten Ferien machen möchte, findet *ølejre,* Insellager, für Schwule (www.gaycamp.dk) und Lesben (http://kvindelejren.dk).

Mit Profis die Natur erleben

Da geht ein Förster durch einen Dünenforst voran und zeigt Zusammenhänge zwischen Baumbewuchs und Sandflug, da erklärt ein Meeresbiologe die Bedeutung des Ökosystems Wattenmeer für unsere Nordsee, dort führt eine ›Kräuterhexe‹ eine Besuchergruppe am Ufer eines Strandsees entlang, um Ingredienzien für einen hochprozentigen Aufgesetzten zu suchen, oder ein Pilzkenner passt auf, dass sein Gefolge keine Giftpilze fürs Abendessen sammelt. Überall in den touristischen Regionen Dänemarks bieten gut ausgebildete *naturvejleder* ihre Dienste an, oft auch mit Erklärungen in deutscher Sprache. Die Naturführer – ein anerkannter Beruf in Dänemark – operieren meist von naturwissenschaftlichen Erlebniszentren aus. i-Büros kennen Themen, Termine und Treffpunkte.

Eintrittspreise/-karten

Der Eintritt in kleinere Museen und historische Bauten kosten für Erwachsene 10–40 DKK, in bedeutende Museen 60–120 DKK, in große Erlebniszentren zur Natur und Geschichte 100–150 DKK und in Freizeitparks auch schon mal über 200 DKK, dann sind aber Fahrgeschäfte und Attraktionen in der Anlage frei. Mehr zum Eintritt in Museen S. 48, zum Eintritt für Kinder S. 72.

Eintrittskarten für Konzerte und andere Kulturveranstaltungen, aber auch für ausgewählte Attraktionen (spart Wartezeiten an der Kasse!) verkauft BilletNet unter Tel. 70 15 65 65 sowie in allen Post-Shops oder online unter www.billetnet.dk. Auch viele i-Büro verkaufen Tickets für Veranstaltungen im ganzen Land, schwerpunktmäßig jedoch für die eigene Region (www.billetten.dk).

Anreise und Verkehr

Einreiseformalitäten

Ausweise und Visa

Dänemark gehört zur Schengen-Zone, Grenzkontrollen sollte es nicht geben. Dies entbindet Staatsbürger der EU-Länder (auch Kinder!) nicht davon, Ausweispapiere mit sich zu führen. Gleiches gilt für Schweizer. Nicht-EU-Bürger müssen die Visabestimmungen entsprechend ihrer Staatsbürgerschaft beachten. Im Sommer 2011 gab es auf Druck einer rechten Partei (S. 21) wieder regelmäßige Grenzkontrollen, neue politische Verhältnisse beendeten den Spuk nach zwei Monaten.

Haustiere

Haustiere benötigen einen EU-Heimtierausweis. Hunde – ausgenommen Kampfhundrassen, für die ein Einfuhrverbot gilt (S. 93) – und Katzen, können ohne Probleme eingeführt werden, müssen aber nachweislich einmal pro Jahr oder mindestens einen und höchstens zwölf Monate vor dem Grenzübertritt gegen Tollwut geimpft sein und eindeutig durch einen implantierten Chip identifizierbar sein. Details zur Einfuhr anderer Tiere auf www.foedevarestyrelsen.dk (engl.).

Autopapiere

Autofahrer aus EU-Ländern und der Schweiz benötigen einen gültigen nationalen Führerschein und den KFZ-Schein, ein grüner Versicherungsschein ist nicht vorgeschrieben, vereinfacht aber bei Unfällen Formalitäten.

Zollbestimmungen

Urlauber dürfen aus EU-Ländern Dinge für den persönlichen Gebrauch unbeschränkt einführen. An der deutsch-dänischen Grenze finden keine generellen Zollkontrollen mehr statt. Bei Stichproben ist in Zweifelsfällen (z. B. bei mehr als 800 Zigaretten, 10 l hochprozentiger Spirituosen oder 90 l Wein) der persönliche Ge- oder Verbrauchszweck glaubhaft zu machen.

Anreise

... mit Auto und Fähre

Der größte Teil Dänemarks ist über Autobahnen und Fernstraßen direkt zu erreichen, zu einigen Urlaubsinseln wie Bornholm, Samsø, Fanø, Læsø oder Ærø gelangt man jedoch nur mit einer Fähre. Trotz der mautpflichtigen Brücke über den Großen Belt sind zur Anreise nach Kopenhagen sowie auf die Inseln Seeland, Lolland, Falster und Møn Fähren der Reederei **Scandlines** auf den Vogelfluglinien populär wie eh und je: Sie sparen bei Anreise aus Ostdeutschland via Rostock–Gedser bis zu 450 und zwischen Hamburg und Kopenhagen via Puttgarden–Rødby gut 170 Straßenkilometer.

Der günstigste Tarif erfordert die Buchung für eine feste Abfahrt mindestens 14 Tage vor Reiseantritt. Will man kurzfristig buchen, flexibel reisen oder gar bevorzugt abgefertigt werden, steigt der Preis und er variiert nach Saison. An Spitzentagen sind Billigtarife zudem gar nicht oder nur beschränkt erhältlich. Ermäßigungen für Hin- und Rückfahrt gibt es nur am selben Tag oder binnen fünf Tagen. Dutyfree-Einkauf ist kein Lockmittel mehr: Pro Erwachsenem darf man an Bord noch eine Schachtel Zigaretten zollfrei kaufen!

Puttgarden – Rødby: Fahrtdauer 45 Min., Abfahrten ca. alle 30 Min., 40–100 €/Fahrzeug bis 6 m und maximal 9 Pers. (a), 41–47 €/Motorrad inkl. Pers. (b), 5–11 €/Pers. mit oder ohne Fahrrad (c); **Rostock – Gedser:** Fahrtdauer 1 Std. 45 Min., bis 9 x tgl., 54–154 € (a), 50–57 € (b), 7–14 € (c).

Details zu anderen Fährverbindungen im Reiseteil des Bandes.

... mit der Bahn

Auf der Schiene ist Dänemark ab bzw. über Hamburg direkt oder mit Umsteigen zu erreichen, durch Ostjütland nach Aarhus oder mit Zugverladung auf der Fähre Puttgarden–Rødby (s. o.) nach Kopenhagen. Die seit Ende

2008 eingesetzten Diesel-ICE benötigen dafür noch jeweils rund 4 Std. 45 Min. ab Hamburg. Details über Fahrpläne und Sparpreise erhalten Sie in Reisebüros, Servicezentren der nationalen Bahngesellschaften oder auf www.bahn.de. Günstige Online-Tickets für Direktzüge Hamburg–Aarhus bzw. –Kopenhagen gibt es ab 29 €.

Ein Nachtzug mit Sitz-, Liege- und Schlafwagen in Zugteilen aus Amsterdam via Rhein-Ruhr-Gebiet, aus Basel via Mannheim, Frankfurt/Main, Fulda sowie aus Prag via Dresden, Berlin fährt täglich außer am 24. und 31. Dezember über Hamburg, Flensburg, Odense und den großen Belt nach Kopenhagen; Ankunft dort gegen 10 Uhr, Rückfahrt ab Kopenhagen ca. 18 Uhr. Sparpreise ab 43 € im Sitz-, ab 59 € im Liege-, ab 84 € im einfachsten und ab 174 € im besten Schlafwagenabteil. Beratung und Buchung unter Tel. 01805-99 66 33 (0,14 €/Min.) oder unter www.nachtzugreise.de.

Die Bahnstrecke von Niebüll (IC-Bahnhof an der Strecke Hamburg–Westerland) via Tønder und Ribe nach Esbjerg wird bis zu 10 x tgl. befahren. Da hier Fahrräder transportiert werden, ist die Strecke für die Bahnanreise von Radurlaubern zur dänischen Westküste populär. Fahrplandetails unter www.nah.sh.

Großes unbekanntes Land

Ist es Seemannsgarn, moderne Legende oder Fluch moderner Technik? Ein Familienvater kommt auf die Brücke der Fähre von Mommark zur Insel Ærø, ganz irritiert, weil die Überfahrt viel länger dauert, als in den Reiseunterlagen angegeben: Das gemietete Ferienhaus liegt auf der Insel Årø, rund 50 km weiter die Küste hinauf – fatale Fehlprogrammierung eines Navigationssystems. Ähnliches widerfährt einer Familie, die in Sæby in Nordjütland landet, tatsächlich aber Søby auf Ærø erreichen will.

... mit dem Bus

Abildskou: verkehrt tgl. Aarhus–Ostjütland–Hamburg–Berlin (Tel. in DK 70 21 08 88, www.abildskou.dk).
Eurolines: Die meisten internationalen Buslinien via Hamburg ZOB ab/bis Kopenhagen und Jütland (Tel. in DK 70 10 00 30, in D 069-79 03 501, www.eurolines.de).
Graahundbus/Berolina Linie E 55: tgl. ab Berlin ZOB via Rostock nach Kopenhagen (Tel. in DK 44 68 44 00, in D 030-88 56 80 30, www.berolina-berlin.com).
Bustickets Deutschland–Dänemark pro Strecke ca. 40–70 €/Erw., Rabatte für Kinder, Studenten und über 65-Jährige.

... mit dem Flugzeug

Der Flugverkehr zwischen den deutschsprachigen Ländern und Dänemark läuft weitgehend über den Flughafen Kopenhagen Kastrup (CPH). Dort sind fürs **Umsteigen** zwischen internationalen und nationalen (S. 78) Flügen mindestens 45 Min. notwendig, außerdem fahren ab Flughafenbahnhof Fernzüge in alle Landesteile (Nahverkehr in die Stadt, S. 412). Wenige Linien fliegen direkt nach Billund (BLL, S. 156) in Mitteljütland. Sind an Wochenenden und in den Ferien keine Businesskunden zu erwarten, locken viele Airlines mit Sondertarifen. Außerdem fliegen ganzjährig Billigflieger Dänemark an, Flugpläne und Routen wechseln jedoch häufig. Tickets für einen Hin- und Rückflug ab deutschsprachigen Ländern gibt es ab ca. 60 € inkl. Steuern, Preise ab ca. 150 € mit Einschränkungen beim Buchen und Umbuchen sind realistischer. Flexible Tickets kosten ca. 180–1000 € pro Strecke. Direkt fliegen (Stand Juli 2013):

airberlin.com, www.airberlin.com: Düsseldorf – und Berlin – Kopenhagen
Austrian: www.austrian.com: Wien–Kopenhagen
British Airways / Sun-Air, www.sun-air.dk: Düsseldorf – und München – Billund

Fähr-ABC

Alle Fährlinien zwischen Deutschland und Dänemark sowie viele innerhalb Dänemarks kann man online oder telefonisch buchen, der Gang ins Reisebüro ist also überflüssig. Bei Online-Buchungen druckt man sich meist ein Ticket aus, das am Hafen manuell oder an voll automatischen Schranken bearbeitet wird. In anderen Fällen muss man sich nur eine Buchungsnummer merken oder man gibt seine Autonummer an – dann wird am Anleger oder auf dem Schiff bezahlt. Für viele Kurzfähren mit häufigen Abfahrten sind keine Reservierungen möglich. Hat man gebucht, muss man 5–20 Minuten vor Abfahrt am Anleger sein, in seltenen Ausnahmefällen auch 30 Min. vorher.

Kalkulieren Sie aber stets ein, dass es an Hauptreisetagen auch vor den Anlegern zu Staus kommen kann. Während der Überfahrt darf man – schon zur eigenen Sicherheit – nicht im Fahrzeug bleiben, ausgenommen auf offenen Kleinfähren.

Die Preise richten sich nach der Länge des Fahrzeugs/Gespanns (Grenze meist bei 6 m), manchmal nach dem Reisetag (wenn, dann Fr–So teurer als Mo–Do). Gibt es Höhengrenzen (ca. 2–2,30 m), schließen sie Dachgepäckträger inklusive Fahrrädern sowie Antennen ein. Dafür spielt die Zahl der Passagiere immer seltener eine Rolle, häufig gelten Pauschalpreise für einen Pkw inkl. sämtlicher Insassen.

EasyJet, www.easyjet.com: Berlin –, Basel – und Genf – Kopenhagen
Lufthansa, www.lufthansa.com: München –, Frankfurt – Kopenhagen; Frankfurt – Billund
Niki, www.flyniki.com: Wien – Kopenhagen
Norwegian.com, www.norwegian.com: Berlin – Kopenhagen
SAS, www.flysas.de: 10 Airports im deutschsprachigen Raum – Kopenhagen
Swiss, www.swiss.com: Zürich – Kopenhagen

... mit dem Rad

Eine Fahrradmitnahme im Zug nach Dänemark ist zurzeit in Nah- und Regionalzügen via Flensburg/Padborg oder Niebüll-Tønder (S. 76) sowie in beschränktem Umfang in Nachtzügen nach Kopenhagen (S. 76) möglich (Kostenpunkt: internationale Fahrradkarte 10 €). ICE-Züge nehmen keine Räder mit!

Die Fahrradmitnahme auf Flügen ist vom Fluggerät abhängig. Erkundigen Sie sich rechtzeitig bei der Airline, ob und zu welchem Preis ein Rad befördert wird. Fast immer muss das Rad verpackt werden, auch hier hat jede Airline eigene Regeln.

Öffentliche Verkehrsmittel

Der öffentliche Verkehr ist hervorragend organisiert. Jahrzehntelang wurde frei vom Lobbydruck einer eigenen Autoindustrie der Kollektivverkehr gegenüber dem Individualverkehr gefördert.

Bahnen, Regionalbusse und Fähren verkehren mit zeitlich abgestimmten Fahrplänen und gemeinsamer Tarifstruktur bis aufs ›platte Land‹. Dort machen große Verkehrsverbünde mit einfachen und preiswerten Tarifen den Regionalverkehr attraktiv. Touristenzeitkarten zum Besuch von Sehenswürdigkeiten mit Bahnen und Bussen gibt es in einigen dänischen Großstädten.

Bahn

Die Hauptstrecke des innerdänischen Bahnverkehrs verbindet Kopenhagen mit Jütland über Fünen. Tagsüber verkehrt dort mindestens ein Qualitätszug – InterCity, InterCityLyn, ICL Nonstop – mit den Serviceklassen Standard (2. Klasse) und DSB 1' mit Rundum-Service. In den jeweiligen Klassen findet man

Ruhebereiche *(hvileplads)* mit Handyverbot. Regional- und Lokalbahnen haben in der Regel nur Standard. Alle Züge sind rauchfrei. DSB Orange heißen limitierte Billigtickets für die Standardklasse mit Erstattungs- und Umbuchungseinschränkungen. Die Preise richten sich nach einem Zonensystem. Von Kopenhagen nach Aalborg zahlt man ca. 150–330 DKK/Orange (je nach Termin), 420 DKK/Standard und 672 DKK/DSB 1', jeweils plus 30 DKK/Platzkarte. Rabatte: 2 Kinder unter 12 Jahren pro Erw. gratis. 12- bis 15-Jährige 50 %, über 65-Jährige und Personen von 16–26 Jahren mit Jugendkarte DSB WildCard (180 DKK/Jahr) je nach Reisetag 25–50 %. Infos: www.dsb.dk (dän./engl.)

Bus

Der regionale und lokale Busverkehr wird durch Fernbuslinien ergänzt. Eine Fahrt Aalborg–Kopenhagen dauert z. B. 5 Std. inklusive Fährfahrt und kostet ca. 240–340 DKK, Studenten und unter 16- bzw. über 65-Jährige 140–250 DKK.

Abildskou: tgl. ab vielen Orten in Nord- und Mitteljütland über Mols-Fähre (S. 325) nach Kopenhagen (Tel. in DK 70 21 08 88, www.abildskou.dk).

Thinggaard Express (www.ekspresbus.dk) und **X-Bus** (www.xbus.dk): Linien kreuz und quer durch Jütland.

Fähre

Knapp 50 Fährlinien mit Überfahrtzeiten von zwei Minuten bis fünfeinhalb Stunden gehören zur Infrastruktur Dänemarks, die meisten steuern kleine Inseln an, einige kürzen Wege um Meeresarme ab. Zum Prozedere s. Kasten S. 77. Details zu Linien im Reiseteil.

Flugzeug

Ein sternförmiges Flugnetz verbindet Kopenhagen mit Bornholm (RNN), Billund (BLL), Sønderborg (SGD), Karup (KRP), Aalborg (AAL) und Aarhus (AAR) in Jütland. Die Flugzeiten betragen 35–50 Min. Ganzjährig gültige Sondertarife (Mindestaufenthalt, Beschränkungen beim Umbuchen) sowie spezielle Preise in Zeiten mit geringem Geschäftsreiseverkehr (Sommerferien!) machen Fliegen billig – da kann schon ein Tagesausflug vom Ferienhausurlaub in Jütland zum Shoppen in Kopenhagen drin sein. Innerdänisch fliegen:

DAT Danish Air Transport / Bornholmerflyet.dk: Tel. 75 58 37 77, www.dat.dk. Kopenhagen – Bornholm, – Sønderborg

Norwegian.com, Tel. 70 80 78 80, www.norwegian.com/dk: Kopenhagen–Karup, –Aalborg

SAS, Tel. 70 10 20 00, www. flysas.dk: Kopenhagen – Billund, – Aarhus, – Aalborg

Ab allen Flughäfen gibt es gut organisierten Bodentransport in umliegende Städte, Details im Reiseteil.

Nahverkehr

Abgesehen von S-Bahn und Metro in Kopenhagen dominiert der Bus den Nahverkehr. Alle Linien sind zusammen mit Regionalbahnen und einigen Fähren in fünf großen Tarifverbünden zusammengeschlossen. Auf absoluten Nebenstrecken verkehren Kleinbusse ›on demand‹, die telefonisch bestellt werden müssen. Die Fahrpreise ergeben sich aus einem Zonensystem. Rabatte bringen Mehrfachkarten *(klippekort),* von denen man bei Fahrtantritt die notwendige Anzahl an Feldern entwertet. In Nordjütland gibt es im Sommer spezielle Touristen-Routen (Tipp S. 199).

Taxi

Die Tarife sind lokal unterschiedlich. Richtwerte: Je nach Zeitpunkt – Tag, Nacht, Werktag, Wochenende, Feiertage – der Taxifahrt berechnen sich der Grundpreis (20–50 DKK) und der Kilometerpreis (12–16 DKK/km). Am teuersten sind Fahrten an Wochenendnächten, am billigsten werktags 7–16 Uhr. Transporte von Fahrrädern sind in der Regel möglich, kosten aber ca. 20 DKK extra.

Autofahren

Wer zum ersten Mal auf dänischen Straßen fährt, merkt schnell, dass der Verkehr nicht so hektisch wie auf bundesdeutschen Autobahnen ist. Drängler, die mit der Lichthupe spielen, sind seltener. Insgesamt ist der Verkehr noch nicht so dicht wie in Mitteleuropa. Staus und zäh fließenden Verkehr – Berufsverkehrsgeschädigte aus deutschen Ballungszentren lächeln darüber nur müde – gibt es zur Rushhour morgens nach Kopenhagen hinein und nachmittags wieder hinaus. Ein neuralgischer Punkt ist die E 45 nördlich des Zusammenflusses mit der E 20, ein Nadelöhr ist dort die Autobahnbrücke über den Vejle Fjord.

Die Straßennutzung ist kostenlos außer auf den Brücken über den Großen Belt (S. 324) und den Øresund nach Schweden. Die City-Maut für Kopenhagen – ein wichtiger Programmpunkt der im Oktober 2011 gewählten Mitte-Links-Regierung – ist vorerst auf Eis gelegt, eine Einführung in näherer Zukunft unwahrscheinlich.

Direkt an den Autobahnen gibt es Raststätten, meist mit Tankstelle, gut sortiertem Kiosk und Cafeteria. Die etwas abseits angelegten, gut ausgeschilderten ›Trafikcenter‹ oder ›Transportcenter‹ entsprechen Autohöfen in Deutschland, einige haben Motels.

Orientierung

Verkehrshinweise mit Angaben zu Baustellen, an denen längerfristig mit Störungen zu rechnen ist, auf www.trafikken.dk (dän., engl.). Allen Hauptstraßen und Autobahnen sowie deren Abfahrten sind Nummern zugeordnet; eine Orientierung kann nur anhand dieser Nummern erfolgen, die aus guten Karten ersichtlich sind. Oft verlaufen mehrere Straßen über eine Trasse, z. B. südlich Kopenhagen E 20, E 47 und E 55. Kleinbuchstaben unter den Straßennummern geben die Richtung an, z. B. E 47 s = Autobahn 47 in südliche Richtung; n = Nord, ø = Ost, v = West.

Panne und Unfall

Der dänische Automobilclub FDM unterhält keinen Pannendienst, das leisten private Firmen wie Falck (zentraler Pannenruf Tel. 70 10 20 30) oder SOS Dansk Autohjælp (Tel. 70 10 80 90), mit denen ausländische Automobilclubs kooperieren (beachten Sie Unterlagen Ihres Clubs zu eventuellen Partnern!).

Bei Unfällen mit dänischen Fahrzeugen, deren Halter nicht feststellbar ist oder die unversichert sind, hilft DFIM (Tel. 41 91 90 69, www.dfim.dk, engl.).

Tanken

Das Tankstellennetz ist dicht und man erhält überall unverbleite Kraftstoffe (92, 95 und 98 Oktan = Normal, Super, Super plus) sowie Diesel, selten und teuer ist dagegen Autogas (bilgas). Je nach Stand der letzten Steuererhöhungen sind die Benzinpreise mal in Deutschland, mal in Dänemark höher. Minutenaktuelle Preise auf www.fdmbenzinpriser.

Monstersamstag

An allen Samstagen – allgemeiner Wechseltag für Ferienhäuser, Pensionen und Ferienparks in Norddeutschland und Dänemark – gibt es zur Urlaubszeit lange **Staus** schon um Hamburg sowie auf den Zu- und Abfahrten in die Ferienhausgebiete (Nadelöhre u. a. Varde, Rømø–Damm, Ribe). Auch Fährplätze auf alle Inseln mit Ferienhäusern sollte man für die Samstage am besten Monate im Voraus bestellen. Erfahrene Dänemark-Urlauber machen einen **Stop-over**: Dänemarks Stadthotels sind im Sommer preiswert (S. 83), Danhostels (S. 85) haben günstige Familienzimmer. Und der Tipp für Familien: Einen Tag im LEGOLAND Park vor- oder anhängen. In der Hauptreisezeit sind dort Wochenendtage erfahrungsgemäß ruhiger als die Tage in der Wochenmitte (zum Übernachten am LEGOLAND Park S. 154).

dk (dän., aber leicht verständlich). Viele Tankstellen arbeiten vollautomatisch mit Banknoten oder Kreditkarten (zu Gebühren S. 95), in der Regel mit Anleitung in Deutsch.

Tempolimits und Verkehrsverstöße

Das Fernstraßennetz ist gut ausgebaut, aber nicht auf so hohe Geschwindigkeiten ausgelegt wie in Deutschland. Es gelten Tempo 50 innerorts, 80 auf Landstraßen und 130 auf Autobahnen; über lange Abschnitte hinweg erlaubt die Beschilderung aber nur 110 km/h. Für Fahrzeuge mit Wohnwagen oder Anhänger gilt: Stadt 50, Landstraße 70 und Autobahn 80 km/h. Geschwindigkeitsüberschreitungen werden strengstens geahndet nach Prozent der Überschreitung des Erlaubten: mindestens 1000 DKK/135 € z. B. mit 35 km/h bei erlaubten 30 km/h, oder mit 3000 DKK/ca. 400 € bei 70 km/h in einer Stadt mit erlaubten 50 km/h. Grundsätzlich sind Verkehrsverstöße teuer, nichts geht unter 1000 DKK bei Motorfahrzeugen und 700 DKK bei Fahrrädern, z. B. Fahren ohne Licht 1000 DKK, nicht angelegte Sicherheitsgurte 1500 DKK, bei Kindern unter 15 Jahren sogar 2000 DKK, Telefonieren beim Fahren 1500 DKK im Auto, 1000 DKK auf dem Fahrrad. Bei Ausländern wird das Bußgeld sofort kassiert, cash oder per Kreditkarte.

Verkehrsregeln und -zeichen

Regeln und Zeichen entsprechen europäischem Standard; einige Besonderheiten:
– Fahrlicht ist ganztägig vorgeschrieben.
– An Autobahnauffahrten gilt in der Regel das Reißverschlussverfahren.
– Weiße Dreiecke (Haifischzähne) auf der Fahrbahn signalisieren: Vorfahrt gewähren.
– Ein oft, aber nicht generell durch gelbe Dreiecke am Bordstein markiertes generelles Parkverbot besteht 10 m vor und hinter Straßenkreuzungen, -einmündungen und -gabelungen, 5 m vor Zebrastreifen und Abfahrten von Fahrradwegen, an Straßen mit durchgezogener Mittellinie und sobald Straßen in Richtungsfahrbahnen aufgeteilt sind. Knöllchen kosten mindestens 510 DKK (ca. 70 €!), vielerorts schon 650 DKK (ca. 90 €), sogar bei Überschreiten der erlaubten Parkdauer, die durch eine Parkscheibe oder einen bezahlten Parkschein angezeigt ist. Auch auf privaten Parkplätzen z. B. an Einkaufszentren oder Sehenswürdigkeiten werden Knöllchen für Überschreiten der Parkdauer oder für falsches Parken z. B. außerhalb markierter Parkflächen oder Parken mit falschen Fahrzeugen auf Spezialflächen z. B. für Gespanne mit entsprechenden Knöllchen geahndet.
– An Ampelkreuzungen gibt es neben der Lichtanlage vor dem Kreuzungsbereich eine zweite hinter dem Kreuzungsbereich. Ist man das nicht gewohnt, irritiert es, wenn man beim Linksabbiegen plötzlich auf eine rote Ampel zufährt, deren Signal aber für den Querverkehr gilt.

Die in Großstädten eingerichteten Miljøzoner (Umweltzonen) für Dieselfahrzeuge über 3,5 t betreffen Busse und LKW, aber nicht Wohnmobile. Gegebenenfalls gibt's die Plakette online auf http://ecosticker.applus bilsyn.dk/de.

Autostrände

Früher war es ein Werbeargument für Dänemark, dass man mit dem Auto auf den Strand fahren darf. Da dies nicht mehr zu Dänemarks grünem Image passt, tauchen Autostrände in der Werbung kaum noch auf, verschwunden sind sie aber nicht: Längere, für Autos freigegebene Strandabschnitte liegen auf Rømø und Fanø, bei Vejers Strand nördlich Esbjerg, in Nordjütland an der Jammerbugt sowie zwischen Tversted und Kandestederne an der Tannis Bugt. Die Geschwindigkeit ist auf 30 km/h beschränkt, wird aber leider oft überschritten. Höchste Vorsicht mit Kindern: Buddeln die sich im Sand ein, sind sie für Autofahrer quasi unsichtbar!

Auch auf freigegebenen Stränden gibt es Abschnitte, wo man sich festfahren kann. Am besten orientiert man sich an vorhandenen Fahrspuren. Bei Springtiden (S. 119) mit starkem Westwind können selbst unter blauem Himmel Strandflächen innerhalb kürzester Zeit überflutet werden – und die nächste Abfahrt kann weit sein! Beachten Sie örtliche Warnungen! Nach Fahrten über den salzhaltigen Sand sollte man seinem Wagen bald eine Unterbodenwäsche gönnen. Die meisten Strände im mittleren Abschnitt der Nordseeküste und alle Ostseestrände sind autofrei.

Mietwagen

Die großen internationalen Verleihfirmen (s. r.) sind landesweit vertreten, daneben gibt es wenige lokale Vermieter. i-Büros, Hotels und Ferienparks vermitteln Mietwagen zu günstigen Ferientarifen, wenn der Wagen im selben Ort geliehen und zurückgegeben wird. Sonderangebote gibt es oft an Wochenenden und während der dänischen Schulferien. Landesweit aktive Vermieter:

Avis, www.avis.dk, Tel. 70 24 77 00.
Europcar/National, www.europcar.dk, Tel. 70 11 33 55.
Hertz, www.hertzdk.dk, Tel. 33 17 90 00.
Budget, www.budget.dk, Tel. 33 55 05 00.
Sixt, www.sixt.dk, Tel. 32 48 11 00.

Mietwagen zu günstigen Konditionen überall in Dänemark – und weltweit – vermittelt **Sunny Cars,** www.sunnycars.de, Tel. in D 089-829 93 39 00.

Radfahren

Dänemark besitzt ein vorbildlich gekennzeichnetes Radwegenetz. Hinweisschilder zeigen ein weißes Fahrrad auf blauem Grund, meist mit Routennummer und Kilometerangaben. Elf nummerierte nationale **Fahrradrouten** führen über 4325 km kreuz und quer durch das Land, ergänzt durch ca. 6000 km regionaler und lokaler Routen. Auf dieses dichte Netz greifen Radwander-Themenrouten zurück, drei davon grenzüberschreitend

Husch, Husch – die Radfahrerin hat keinen Blick für das Renaissance-Fachwerk

wie die Strecke Berlin–Kopenhagen (www.bike-berlin-copenhagen.com). Meist werden autofreie Wege oder wenig befahrene Nebenstraßen genutzt.

Radwanderführer u. a. zum Nordseeküsten-Radweg (Vestkyststien), zum Heerweg Viborg–Hamburg, zur Limfjord-Route und zu Berlin–Kopenhagen erscheinen in der Reihe ›bikeline‹ im Verlag Esterbauer und kosten im Buchhandel ca. 12– 13 €. Detailreiche regionale Radführer für alle Landesteile vertreibt der dänische Radfahrerverband Dansk Cyklist Forbund auch in Deutsch, u. a. online über http://shop.dcf.dk (je 129 DKK).

Die **Brücken** über den Großen Belt sowie über den Øresund nach Schweden können mit Fahrrädern nicht befahren werden. Möglich ist jedoch die Mitnahme von Rädern in der Bahn (S. 309).

Rad im Zug

Die Mitnahme von Fahrrädern ist in der Kopenhagener S-Bahn gratis, in nationalen Zügen ist ein zonenabhängiger Preis von 12 bis maximal 60 DKK fällig. Tandems kosten das Doppelte, können aber nicht in allen Zugtypen transportiert werden. Der Transport von Fahrradanhängern ist auf die Querung des Storebælt in bestimmten Zügen beschränkt.

Es besteht kein Beförderungsanspruch für Räder, wenn kein Platz mehr vorhanden ist. Für Fernzüge wird von Mai bis August eine Fahrradplatz-Reservierung (30 DKK) verlangt, den Rest des Jahres ist sie zu empfehlen. Reservierungen sowie Infos zum Transport von Spezialrädern (z. B. Tandems) auf allen DSB-Bahnhöfen oder über Tel. 70 13 14 15.

Die Online-Informationen zum Thema auf www.dsb.dk/kundeservice/under-rejsen/service-i-toget/cykler sind leider nur auf Dänisch. Auf Bahnhöfen ist meist ein deutschsprachiges Faltblatt erhältlich, das über Details und Preise informiert. Bei Überlandbussen und Inlandsflügen ist der Radtransport ebenfalls vom Platzangebot abhängig.

Mietfahrräder

Mietfahrräder bekommt man in jedem touristisch entwickelten Ort, meist von mehreren Anbietern. Falls die i-Büros nicht selbst einen Verleih betreiben, wissen sie auf jeden Fall, wo der nächste ist. Die Preise liegen bei ca. 40–80 DKK/Tag, mit deutlichen Preisnachlässen bei mehrtägiger Miete. Kinderräder sind Standard, gut sortierte Verleiher haben auch Tandems und Fahrradanhänger.

1995 brachte Kopenhagen bycykler, Stadträder, auf die Straßen, die wie Einkaufswagen gegen ein Münzpfand überall bereit standen. Das unkomplizierte System betreiben u. a. noch Aarhus und Aalborg, Kopenhagen ersetzt es durch ein modernes aber kostenpflichtiges mit Hightech-Hybrid-Bikes, ausgestattet mit Internetzugang und Navi auf fest installiertem Mini-Tablet – Zielgruppe Pendler. Mit einem Jahr Verspätung sollen die Räder 2014 in der Stadt bereitstehen (S. 412).

Wichtig für Radfahrer

– Radweg heißt *cykelsti* oder *cykelvej*.

– Ein Fahrrad oder ein kleiner Strich über dem roten Balken eines Sackgassenschildes zeigt an, dass es am Ende eine Durchfahrt für Radfahrer gibt.

– Zum Linksabbiegen fährt man am rechten Fahrbahnrand über den Kreuzungsbereich und ordnet sich auf der anderen Seite in den Querverkehr ein, wieder am rechten Fahrbahnrand. Es ist lebensgefährlich, sich in der Fahrbahnmitte oder auf Linksabbiegespuren einzuordnen, da dänische Autofahrer dies nicht gewohnt sind und dort keine Radfahrer erwarten!

– Durch Heben einer Hand zeigt man auf Radwegen nachfolgenden Radfahrern an, wenn man bremst oder anhalten will – das ist auf viel befahrenen Wegen unerlässlich, um Auffahrunfälle zu vermeiden.

– Infos rund ums Radfahren sowie zu allen Radwander-Themenrouten auf www.visitdenmark.com unter ›Aktivitäten‹, ›Radfahren‹.

Unterkunft

Hotels

Der dänische Hotel- und Gaststättenverband Horesta klassifiziert die Hotels im Lande nach der Ausstattung, nicht nach subjektiven Qualitäten oder Atmosphäre, mit 1–5 Sternen. Ab drei Sternen haben alle Zimmer Bad und WC sowie Telefon, TV/Radio und Schreibtisch.

Doppelzimmer mit Frühstück kosten in einfachen Hotels ab ca. 550 DKK/75 €, in der Mittelklasse ab 1000 DKK/134 € und in luxuriösen Häusern ab 1750 DKK/235 €. In Kopenhagen liegen die Preise generell etwas höher. Immer mehr Hotels bestimmen ihre Preise bei Online-Buchungen flexibel nach Nachfrage. An Wochenenden und zu dänischen Ferienzeiten, wenn Geschäftsreisende fehlen, sind Zimmer oft günstiger als in der Woche und Familien werden dann heiß umworben – ein Sonderstellung nimmt Kopenhagen mit seinem ausgeprägten Städtetourismus ein.

Zahlreiche Schlösser und Herrensitze werden als **Schlosshotels** genutzt und bieten viel Atmosphäre und gehobenen Service. Man kann ›nur‹ ein Zimmer mit Frühstück buchen (ab ca. 900 DKK/120 €), aber auch allerlei Romantik-, Golf- oder Gourmet-Pakete, vor allem über die Wochenenden. Sechs Schlösser firmieren als **Danske Slotshoteller** (Tel. 98 34 18 88, www.slotshotel.dk), rund 20, die Unterkunft bieten, sind als **Slotte & Herregaarde** (Tel. 86 60 38 44, www.slotte-herregaarde.dk) organisiert und im Online-Buchungssystem der Dansk Kroferie auf www.smalldanishhotels.dk buchbar.

Geradezu einen Boom erleben die lange vernachlässigten **Badehotels**. Einige haben schon über 100 Jahre auf dem Gebälk und sind in den letzten Jahren respektvoll renoviert, andere aus verfallenem Zustand komplett restauriert worden. Der Klassiker ist das Svinkløv Badehotel (S. 194) nahe Fjerritslev in Nordjütland, aber selbst bei einem Besuch in Kopenhagen kann man das spezielle Flair im Skovshoved Hotel am Øresund nördlich der Hauptstadt (S. 403) genießen. Ein Rundreise-Vorschlag auf S. 71 führt zu den schönsten Badehotels im Lande.

Preisgünstig sind **Missionshotels, Seemannsheime** oder **Discounthotels** wie die ›Cabinn Hotels‹ (www.cabinn.com), wo Funktionalität höchste Priorität hat. Die Zimmer ähneln Schiffskabinen, können mit 2–4 Pers. belegt werden und kosten ab 625 DKK/85 €, Frühstück 70 DKK/9,50 € extra.

Ein umfassendes Hotelbuchungssystem findet man im Web auf www.hotel.dk.

Ferienhäuser

Von amtlich gut 221 000 Ferienhäusern im Lande werden laut statistischem Amt nur knapp über 40 000 regelmäßig vermietet. Das relativiert Angaben, mit denen einige Ferienhausanbieter im Internet werben: Wenn dort mehrere über 20 000, einzelne angeblich über 50 000 Häuser im Online-Katalog haben wollen, dann nur deshalb, weil alle dieselben Häuser anbieten. Ferienhäuser werden in der Regel wochenweise mit Wechsel am Samstag vermietet. In der Nebensaison sind viele Vermieter flexibler und für Wohneinheiten in Ferienparks (S. 85) gibt es fast immer auch kürzere Mietzeiten.

Vermieter und Vermittler

Häuser, die ausschließlich durch Mundpropaganda oder Hinweisschilder an Straßen bzw. Aushänge im Laden an der Strandzufahrt vermietet werden, gibt es nur noch selten. Sie sind billiger als die durch professionelle Büros vermittelten, bei Reklamationen ist es aber schwer, Ansprüche geltend zu machen. Professionelle Vermittler müssen dem Kunden einen Sicherungsschein zum Schutz vor einer Veranstalterpleite ausstellen. Auf der Vermittlerseite gibt es drei Typen:

– **Kleine Vermittler,** darunter viele i-Büros, auf rein lokaler Ebene. In einigen Fällen arbeiten kleine Vermittler zusammen und können Häuser überregional anbieten, ohne den Kontakt zu verlieren (www.feriepartner.dk, www.go-denmark.dk, www.danibo.dk/ferie/).

– **Große Vermittler,** die online mit tagesaktuellen Angeboten Tausende von Objekten in allen Landesteilen bieten und ihre Kunden durch ein Netz von Servicebüros betreuen. Die wichtigsten sind TUI (www.tui-ferienhaus.de) mit Häusern aller Preisklassen, dansommer (www.dansommer.de) mit Premium- und Aktivitätshäusern oder NOVASOL (www.novasol.de) mit großem Angebot an Qualitätshäusern für jeden Geschmack.

– **Digitale Vermittler** sind Online-Reisebüros, die Häuser vieler Anbieter automatisiert bündeln. Sie vermitteln nur, unterhalten aber keine Service-Büros in den Ferienhausregionen. Dort sind die Anbieter (s. o.), aus deren Bestand das Haus letztendlich stammt, der Ansprechpartner. Portale dieser Art sind www.cofman.de, www.feline-holidays.de, www.atraveo.de.

Ausstattung und Übernahme

Ferienhäuser gibt es vom gemütlichen, aber einfachen Sommerhaus mit minimalem Komfort bis zu winterfesten Kleinpalästen, ausgestattet mit Satelliten-TV, DVD-Player, Fax, Telefon und Internetzugang. Sauna und Whirlpool zählen fast zum Standard, der Indoorpool ist keine Seltenheit mehr.

Stauraum im Allgemeinen und Schränke im Besonderen sind keine Stärken dänischer Ferienhäuser, und die Betten sind selbst in den luxuriösen Häusern eher schmal und kurz, erinnern an die Ausstattung eines Jugendzimmers. Bei der Angabe über die maximal im Haus zulässige Personenzahl sind oft Schlafsofas in Durchgangs- oder Wohnzimmern sowie Schlafkojen, die nur für Kinder geeignet sind, mitgerechnet. Aufschlussreich ist das Studium der in Katalogen abgedruckten Grundrisse. Nicht zulässig ist es, Ferienhäuser mit mehr Personen zu belegen als Betten vorhanden sind, oder sie auf dem Grundstück campieren zu lassen.

Üblicherweise sind Ferienhäuser am frühen Nachmittag (14 oder 15 Uhr) zum Bezug fertig. Alle Servicebüros haben Schlüsselkästen, in denen man alles Notwendige findet, wenn man erst nach Büroschluss dort eintrifft. Am Abreisetag müssen die Häuser spätestens bis zum Mittag geputzt verlassen werden (zur bestellten Endreinigung s. u.).

Preise und Nebenkosten

In der absoluten Nebensaison ist ein einfaches Haus für 4 Pers. ohne direkten Strandzugang schon für gut 200 € pro Woche zu haben, während man für ein Luxushaus in der Spitzensaison schnell über 2500 € zahlt. Teuerste Perioden sind Juli bis Mitte August sowie über den Jahreswechsel. Je nach Vermieter kann es bis zu einem halben Dutzend Preis-Perioden geben: Manchmal spart eine Woche Verschiebung etliche hundert Euro. Die großen Vermittler verwischen die Grenzen ihrer Preisperioden auch noch gern mit Angeboten wie 3-Wochen-zum-2-Wochen-Preis oder 2-Wochen-zum-10-Tage-Preis.

Vor allem **Heizkosten** – meist wird mit Strom geheizt – machen außerhalb des Sommers die Nebenkosten leicht zur zweiten Miete. Bei herbst- oder winterlichen Außentemperaturen können dann in einem ›Poolhaus‹ schnell über 2000 DKK/Woche anfallen. Kaminöfen, die es in vielen Häusern gibt, helfen Stromkosten sparen, aber auch Brennholz und Briketts, die es in den Ferienhausregionen an jeder Ecke zu kaufen gibt, müssen bezahlt werden. Treibholz vom Strand darf wegen des Salzgehaltes nicht verheizt werden.

Bettwäsche und Handtücher muss man mitbringen oder leihen (ca. 10–15 €/Garnitur).

Eine **Endreinigung** durch den Vermieter kostet ab etwa 60 €, ist ein Whirlpool im Haus kaum unter 100 € und für große Pool-Häuser auch schon mal um 400 € und sollte früh bestellt werden. Bei Pool-Häusern ist eine professionelle Endreinigung häufig sogar Pflicht, muss dann aber im Mietpreis enthalten sein.

Die **Abrechnung** der Nebenkosten erfolgt in der Regel über das nächstliegende Servicebüro des Vermittlers. Informieren Sie sich rechtzeitig, welche Zahlungsmittel akzeptiert werden: neben Bargeld manchmal die deutsche Maestro Card (ex EC-Karte), nur ganz selten Kreditkarten.

Fast alle Vermieter verlangen bei Ankunft eine **Kaution,** je nach Haustyp 100–400 €; erhöhte Kautionen gelten gelegentlich für Mieter unter 21 Jahren sowie über den Jahreswechsel. In der Regel werden bei der Abreise Kaution und Nebenkosten verrechnet.

Alternative Ferienpark

Ferienparks mit Apartments oder kleinen Reihenhäusern sind eine Alternative zum frei stehenden Ferienhaus. Sie sind bei gleichem Komfort etwas preiswerter und bieten in Zentralgebäuden meist gute Fitness-Einrichtungen, zum Teil Spaßbäder. Alle großen Ferienhausvermittler haben solche Anlagen in den Katalogen, die außerhalb der Saison mit günstigen Angeboten locken und in puncto Mietzeiten und Wechseltag meist so flexibel wie Hotels sind.

Landesweit gut zwei Dutzend Ferienparks unterschiedlicher Größe und Ausstattung, einige im sehr schroffen Baustil der 1970er-/80er-Jahre, vermarktet die Danland-Gruppe (www.danland.de), nicht alle sind ganzjährig geöffnet. Dayz Resorts (www.dayz.dk) betreibt aktuell sechs Ferienparks in Jütland, dazu gehört einer der modernsten im Lande, SeaWest Nymindegab (S. 151) im Center-Park-Stil. Zwei Anlagen gleich nördlich der deutsch-dänischen Grenze betreibt Enjoy Resorts (www.enjoyresorts.dk), darunter auf Rømø (S. 122) eine mit einer der besten dänischen Wellnessanlagen sowie einem international beachteten Golfplatz vor der Tür. Kettenübergreifend ist das Buchungsportal www.feriecenter-siden.dk.

Haustiere

Haustiere dürfen nicht grundsätzlich in jedes Ferienhaus, Kataloge sollten darüber Auskunft geben. Einige Vermieter nehmen für Haustiere eine Extragebühr.

Danhostel und Sleep-In

Die mehr als 90 Danhostel, die dänischen Pendants der Jugendherbergen, verstehen sich als Familienherbergen. Reglementierungen sind minimal. Alle Häuser sind mit 1–5 Sternen bewertet. Zunehmend findet man komfortable Häuser mit großzügigen Aufenthaltsräumen und Außenanlagen. Ab 4 Sternen haben die meisten, in 5-Sterne-Herbergen alle Zimmer eigenes Bad und WC. Beim opulenten Frühstück (50–75 DKK/7–10 €) erreichen praktisch alle Danhostel Hotelstandard, in einigen Häusern gibt's auch Lunch und/oder Abendessen zu familienfreundlichen Preisen. Alle haben aber auch gut ausgestattete Küchen für Selbstversorger.

Jedes Danhostel bestimmt seine Preise selbst. So gibt es – jeweils ohne Frühstück – noch vereinzelt Betten im Mehrbettzimmer für 100 DKK (13,50 €), aber auch für 250 DKK (33,50 €), ein Preis, für den man andernorts Einzelzimmer bekommt. Betten im Mehrbettzimmer werden auch nicht mehr generell angeboten, teilweise nur in der Hauptreisezeit. Nimmt man stattdessen in einer städtischen 4- oder 5-Sterne-Herberge ein Einzelzimmer mit Bad/WC, kommt man schnell in die Preisklasse billiger Hotels (um 600 DKK/80 €), meist ist der Zimmerstandard aber im Danhostel besser. Ähnlich weit gespannt sind die Preise für Doppelzimmer von ca. 250 bis fast 750 DKK (33–100 €) oder für Familienzimmer von ca. 450 bis über 1100 DKK (60–150 €). Haben im Zimmer alle Personen über 18 Jahre einen YHA-Ausweis oder Familien einen Herbergs-Familienausweis, gibt es 10 % Rabatt. Bettwäsche muss man mitbringen oder gegen Gebühr (ca. 50–60 DKK/Pers. und Aufenthalt) leihen, wenige Häuser stellen sie kostenlos. Mitgebrachte Schlafsäcke sind jedoch streng verboten. Infos und Buchungsoption für alle Danhostel auf www.danhostel.dk.

In großen Städten gibt es unter Bezeichnungen wie Hostel, Sleep-Inn oder Backpacker unabhängige Unterkünfte, die sich vorrangig an Jugendliche und junge Erwachsene richten. Übernachtet wird oft in Mehrbettzimmern, nicht immer nach Geschlechtern getrennt. Ausgewählte Häuser werden im Reiseteil genannt.

Bed & Breakfast, Bauernhöfe

In Zimmern, die nach dem Bed-&-Breakfast-Prinzip vermietet werden, wohnt man für rund 300–750 DKK (ca. 40–100 €). Die Häuser findet man durch Schilder ›Værleser – rooms – Zimmer‹ an der Straße oder durch Vermittlung von i-Büros.

Landesweit fast 450 Häuser mit Option zur Online-Buchung bietet **Dansk Bed & Breakfast** (Tel. 39 61 04 05, www.bbdk.dk), während das Webportal www.net-bb.dk lediglich Adressen und Links auflistet.

Auch Bauernhofunterkünfte haben oft Zimmer mit Frühstück für Rundreisende. Darüber hinaus bieten sie Apartments mit Selbstversorgung für längere Aufenthalte: **Landsforeningen for Landboturisme,** Føllevej 5, 8410 Rønde, Tel. 86 37 39 00, www.bondegaardsferie.dk. Über ein Dutzend Öko-Bauernhöfe mit Unterkunftsmöglichkeit organisieren sich unter **Økologisk Bøndegårdsferie:** www.ecoholiday.dk.

Camping

Gut 460 Campingplätze – etwa ein Viertel ganzjährig geöffnet – sind vom dänischen Campingrat anerkannt und in Kategorien mit einem bis fünf Sternen eingeteilt. 5-Sterne haben aktuell sieben, 4 Sterne immerhin 21

Kroer

Kroer – Einzahl Kro – sind die traditionsreichsten Unterkünfte in Dänemark: Die Könige verliehen Jahrhunderte lang Gasthöfen Privilegien: ›Kongelig priviligerde kroer‹ durften steuerfrei Branntwein brennen, Bier brauen, Brot backen und brauchten keine Soldaten einzuquartieren. Im Lauf der Zeit kamen 113 Gasthöfe in diesen ›Gastro-Adel‹.

König Erik V. Glipping befahl 1283, an allen Königswegen und Fährstationen Kroer zu errichten. Margrete I. bestimmte 1396, dass alle 40 km entlang der wichtigsten Wege im Land ein Kro stehen sollte, Christian II. setzte Anfang des 16. Jh. den Abstand auf 20 km herab. 1912 bekam der letzte Kro unter Frederik VIII. königliche Privilegien, die heute aber keine besonderen Rechte mehr beinhalten.

Wer heute durch Dänemark reist, findet überall Kroer – bodenständige Häuser wie den Bromølle Kro von 1198, den ältesten urkundliche erwähnten Kro (S. 364), ebenso wie abgehobene Gastrotempel à la Falsled Kro in Südfünen (S. 304).

Eine Qualitätsgarantie ist der Begriff Kro nicht und er ist auch nicht geschützt. Guten Standard kann man von den rund 100 Häusern erwarten, die als Small Danish Hotels zusammen mit kleineren Stadt- und Schlosshotels ein Online-Buchungsportal betreiben. Die Preisspanne für Standard-Doppelzimmer liegt bei ca. 600 bis 1000 DKK/80–135 DKK.

Infos und Katalog: Small Danish Hotels (ehemals Danske Kroer & Hoteller), Vejlevej 16, DK-8700 Horsens, Tel. 75 64 87 00, www.smalldanishhotels.dk.

Plätze – dort kann man jeden erdenklichen Campingkomfort bis hin zu Hallenbädern und Wellness-Abteilungen erwarten.

Die **Übernachtungskosten** setzen sich aus dem Preis pro Person (Erw. ca. 40–80 DKK, Kinder 20–60 DKK), einer Stellplatzmiete je nach Komfort und Saisonzeit von 0–250 DKK und evtl. einem Zuschlag für Stromanschluss zusammen. Luxus-Stellplätze mit fast 300 m² Fläche, eigenem Bad-/WC-Häuschen und Internetzugang können sogar bis fast 800 DKK/Tag (110 €) kosten. Auf vielen Plätzen werden Hütten vermietet, die für den Hochsommer oft früh ausgebucht sind. Basic-Hütten in Familiengröße kosten in der Nebensaison ab 300 DKK/Tag, Luxushütten mit Küche, Toilette, Dusche und Meerblick bis über 1000 DKK/Tag in der Hochsaison. Dann wird aber fast ausschließlich wochenweise vermietet zu Preisen von etwa 4000 bis über 9000 DKK (535–1205 €) in der besten Kategorie.

Wohnmobilreisende dürfen von 20–10 Uhr auf rund 200 DK-Camp-Plätzen (s. u.) einfachste, preiswerte ›Quick Stop‹-Stellplätze nutzen, die auch ›vor dem Schlagbaum‹ liegen können. Weitere 400 geprüfte Plätze für Wohnmobile von der Wiese bei einem Bauern bis zu Marina-Anlagen mit Servicegebäuden an Häfen listet www.stellplatz-danmark.dk. Einige sind gratis, der Durchschnitt kostet ca. 50–100 DKK, an Häfen bis 150 DKK bzw. 7–13/20 €. Campen auf Rast- und Parkplätzen oder in der freien Natur ist illegal.

Grundsätzlich wird ein internationaler **Camping-Ausweis** verlangt. Eine ›Camping Key Europe‹-Karte (110 DKK/Jahr) kann man noch auf dem ersten Platz, den man ansteuert, kaufen. Alle dem offiziellen Campingrådet angeschlossenen Plätze auf www.daenische campingplaetze.de (mit guter Suchmaske).

DK-Camp, www.dk-camp.dk: etwa 310 Plätze unterschiedlicher Kategorien (Tel. 75 71 29 62), darunter 15 ›Elite Camp‹-Plätze mit besonderem Komfort (www.elitecamp.dk), knapp 40 familiäre ›Små Pladser‹ mit maximal 145 Stellplätzen (www.smaapladser.dk) und etwa 25 stadtnahe ›City Camp‹-Plätze.
FDM Camping, www.fdm.dk/camping: Campingplätze des dänischen Automobilclubs (Tel. 45 20 27 27).
Top Camping, www.topcamp.dk; 14 überdurchschnittlich ausgestattete Plätze (Tel. 98 24 45 30).

Naturlejrpladser

Bald 1000 Naturlagerplätze an Bauernhöfen, Schulen, Vereinsheimen sowie in dafür zugelassenen Staatsforsten sind absolut ›basic‹, kosten aber auch nur maximal 20 DKK. Sie dienen rundreisenden Wanderern, Radfahrern, Reitern, an Küsten auch Seglern und an Flussläufen Kanuten zum Aufstellen kleiner Zelte, manchmal gibt es Unterschlüpfe für die, die nicht einmal das dabei haben.

Verboten ist jede Form von Motorfahrzeugen. Allgemeine Infos (teilweise deutsch) auf www.teltpladser.dk.

Druckversion »Overnatning i det fri« im dänischen Buchhandel etwa 129 DKK, in Deutschland zu beziehen bei www.geobuch handlung.de (Tel. 0431-910 02).

Insellager (Ø-lejr)

Aus den 1970er-Jahren stammt die Idee, auf kleineren Inseln günstige Zeltlager unter einem Motto (z. B. Musik und Tanz, Fantasiereisen, ›hygge‹ und Handwerk) oder für bestimmte Personengruppen (Rentner, Eltern mit Kindern, Schwule, Lesben) zu organisieren. Die Insellager werden von Ende Juni bis Mitte August aufgeschlagen. Geschlafen und gekocht wird in Gemeinschaftszelten. Dänische oder wenigstens englische Sprachkenntnisse sind hilfreich. Ein einwöchiger Aufenthalt für einen Erwachsenen inkl. Verpflegung kostet gut 1000 DKK (ca. 135 €). Die Buchung erfolgt wie bei einer Konzertkarte über das auf Vorverkauf spezialisierte Unternehmen BilletNet (S. 74). Infos unter Tel. 70 22 55 81 und www.oelejr.dk (dän.).

Sport- und Aktivurlaub

Angeln

Zum Angeln ist grundsätzlich eine Lizenz notwendig, auch am **Meer**. Der landesweite Angelschein ist in Post-Shops, Touristenbüros oder online auf www.fisketegn.dk (auch dt.) erhältlich: 40 DKK/Tag, 130 DKK/Woche, 185 DKK im Jahr; gratis unter 18 und ab 65 Jahren. An **Binnengewässern** bestehen oft private Angelrechte, für die man zusätzliche Angelscheine benötigt. Lediglich in ›**put & take**‹-Seen angelt man nur gegen Eintritt oder der Fang wird nach Gewicht berechnet.

VisitDenmark (S. 68) publiziert regelmäßig gutes Infomaterial, das alle Schutzbestimmungen sowie Ausgangshäfen für Hochseeangelfahrten nennt. Regionale Tipps zum Angeln im Reiseteil u. a. S. 182 und S. 319.

Große Ferienhausvermittler wie NOVASOL (S. 84) bieten spezielle **Anglerhäuser,** mit Plätzen zum Ausnehmen der Fische, Räumen zum Unterstellen der Geräte sowie einer Truhe bzw. einem Gefrierschrank von mindestens 150 l zum Aufbewahren des Fangs.

> **Hilfe Badeunfall!**
> Offizielle Strandzugänge haben Nummern, angezeigt auf grün-weißen Schildern, z. B. [C 096]. Perfekt ist das System an der Nordsee, an der Ostsee im Aufbau. Nennen Sie die Nummer in Notfällen der Notrufzentrale (Tel. 112), das hilft Rettern bei der Lokalisierung.

Baden

Unzählige ›Blaue Flaggen‹, die nach strengen EU-Richtlinien für gute Umwelteinrichtungen und Wasserqualität vergeben werden, unterstreichen die **Qualität des Meerwassers**.

An immer mehr Stränden sorgen **Rettungsschwimmer** in markanten, rot-weiß gestreiften Rettungstürmen (Bild S. 90) für Sicherheit. Dort, wo bewacht wird, zeigen Flaggen, ob Baden erlaubt ist oder nicht (rot = Baden verboten, gelb = gefährlich, grün = erlaubt).

Sonst sollte man nie allein schwimmen und nie die Wucht der Wellen unterschätzen. Besondere Vorsicht gilt bei ablandigem Wind: Schwimmen Sie keinen abtreibenden Gegenständen nach und achten Sie besonders darauf, dass Kinder nicht auf diese Idee kommen! Luftmatratzen, Schlauchboote, leichte Wasserbälle sowie Schwimmringe gehören nicht aufs Meer, schon gar nicht mit Nichtschwimmern.

Weil das Meer rund um Dänemark nicht immer zum Baden einlädt, entstehen überall **Spaß- und Erlebnisbäder** (baadeland oder vandland). Auch solche Bäder in Ferienparks oder auf Campingplätzen stehen in den meisten Fällen Tagesgästen offen. Im Durchschnitt beträgt der Eintritt rund 50–120 DKK/Erw. bzw. 25–60 DKK/Kinder, in Einzelfällen jedoch deutlich darüber.

Einige Ferienhausanbieter haben mit nahe liegenden Bädern Verträge, sodass Besuche für ihre Mieter dort kostenlos sind.

Golf

Rund 200 Plätze locken mit wenig Etikette und unkomplizierten Zugangsbedingungen. Die typische Parklandschaft Dänemarks ist ideal für den Sport. Ungemein populär sind aber auch **Seaside-Plätze** – angesichts der vielen Küsten des Landes kein Wunder. Im Holbæk Golfclub (www.holbakgolfklub.dk) liegen 9 der 18 Bahnen sogar auf einer kleinen Insel vor der Küste im Isefjord.

Die **Greenfees** variieren nach Lage, Nähe zu Großstädten, Platzstandard und Wochentag. Im Durchschnitt zahlt man 250–300 DKK. Die meisten Golfplätze sind zwar Clubanlagen, aber viele bieten ganz oder Teilen ihres Greens den Zugang nach dem **Pay & Play** Prinzip, verlangen also keine Mitgliedschaft in einem anerkannten Golfclub (Liste auf www.payandplay.dk). Weitere Informationen auf www.visitdenmark.com unter den Stichworten ›Aktivitäten‹, ›Golf‹.

Kanu- und Kajakfahren

Populäre Reviere sind die Suså (S. 349) auf Seeland und die Gudenå (S. 264) in Jütland. Die i-Büros der Regionen informieren über Kanuverleiher und Naturschutzbestimmungen, die das **Kanufahren** einschränken.

Meereskajaks für Fahrten auf Haffs und Fjorden werden u. a. ab Limfjordcentre Doverodde (S. 181) für den Limfjord vermietet. Kurse werden angeboten.

Radfahren

Siehe S. 81.

Reiten

Viele **Bauern-** und spezielle **Reiterhöfe** bieten Mietpferde oder organisieren Reittouren; häufig kommen Island-Pferde zum Einsatz. Für eine 1- bis 2-stündige Reittour sollte man ca. 175–300 DKK kalkulieren. Überall an der Nordsee sind lange Strandritte möglich.

Segeln

Kaum ein anderes Land in Europa hat eine solche maritime Vielfalt zu bieten wie Dänemark. Grob kann man seine Segelreviere in drei Kategorien einteilen:

– **Fjorde und Buchten** sind gut geeignet für Gelegenheitssegler mit geringer Erfahrung auf Meeresgewässern.

– Die **Seegebiete in den Sunden** zwischen den Ostsee-Inseln erfordern Segelerfahrung und Navigationskenntnisse und mindestens einen soliden Küstenkreuzer.

– Seegebiete vor der **Nordseeküste**, im **Skagerrak, Kattegat** und auf dem direkten **Weg nach Bornholm** erfordern erfahrene Mannschaften, gute Navigationskenntnisse und seegängige Jachten.

Eine formale Legitimation, ein Segelboot zu führen, wird nicht verlangt. Eine Liste der Häfen und Marinas mit den jeweiligen Ausstattungsdaten findet sich unter www.sejlerens.dk. Ungefähr 100–250 DKK Hafengebühr sollte man für eine 10-m-Jacht pro Nacht kalkulieren, in Einzelfällen liegt der Preis auch deutlich darüber.

Strandsport & Surfen

Strandsegler, Kite Buggies, Blokarts und Kitewings (S. 123) dienen dazu, sich vom Wind über die kilometerbreiten, oft bretthartten Strände der dänischen Nordsee treiben oder ziehen zu lassen. Auf Rømø und Fanø sowie an der Jammerbugt zwischen Blokhus und Løkken sind spezielle Areale dafür abgesteckt. Schon um Kollisionen mit Autos zu vermeiden, sollte man diese Grenzen beachten. Und wer die entsprechenden Geräte besitzt, kennt die wichtigste Regel: Ohne Helm fahren nur Lebensmüde!

Dort wo Surfen möglich ist, bieten Surfschulen und -shops Kurse und Geräteverleih, z. B. Schnupperkurse Wind- oder pures Brettsurfen inkl. Ausrüstung ca. 400 DKK/55 €, Kitesurfen mehrtägig Theorie und Anfängerkurs ca. 2000 DKK/270 €, Stand Up Paddling (SUP) ab 175 DKK/24 €. Das dänische Windsurfer-Eldorado ist der Ringkøbing Fjord mit Hvide Sande als Zentrum (S. 160). Klassische Brettsurfer finden im beschaulichen Fischerdorf Klitmøller (S. 185) einen der besten Wavespots der alten Welt – ›Klitten‹, wie es in der Szene heißt, gilt als das ›Cold Hawaii‹ Europas.

Bornholms Badestrände, hier die Balka Bugt, sind berühmt für ihren feinen Sand

Tauchen

Tauchen wird zunehmend populär, vor allem am Kattegat, am Kleinen Belt und rund um Bornholm. Dort liegt vor der Nordspitze auf 30–70 m Tiefe Dänemarks größtes, für Taucher freigegebenes Wrack, der 2003 gesunkene, 225 m lange Stückgutfrachter »Fu Shan Hai«. Eine Tauchsportinfrastruktur entsteht jedoch erst langsam. Beim Wracktauchen sind strenge Bestimmungen zu beachten, was man entnehmen darf (gute Übersicht auf www.visitdenmark.com unter ›Aktivitäten‹, ›Wassersport‹, ›Tauchen‹). Allgemeine Infos: Dansk Sportsdykkerforbund, Idrættens Hus, 2605 Brøndby, Tel. 43 26 25 60, www.sportsdykning.dk (dän.).

Wandern

Alle Wälder und Dünenforste unter der Obhut des staatlichen *skov- og naturstyrelse* sind durch markierte Wanderwege erschlossen. Dazu gibt es immer Faltblätter mit gutem Kartenmaterial in den umliegenden i-Büros oder an Infoständern direkt am Weg, viele sogar in Deutsch (PDF-Download: www.naturstyrelsen.dk/Udgivelser/Vandretursfoldere/Tysk).

Landesweit sind zudem Langstreckenwanderwege eingerichtet, u. a. der alte Pilgerweg Hærvejen in Mitteljütland (S. 246) oder der Øhavsstien (S. 309) über Inseln im südfünischen Inselmeer. Eine gute Übersicht über Wanderwege bietet die private Website www.fjaellwanderung.de/daenemark.

Einkaufen

Für den täglichen Bedarf

In jedem Ort kann man mindestens einen kleinen **Supermarkt** erwarten und meist eine **Bäckerei**, die neben Brot und Brötchen ein paar Molkereiprodukte verkauft – das reicht fürs erste Frühstück. Läden oder Kioske in Ferienparks und auf Campingplätzen bieten bei langen Öffnungszeiten alles für den täglichen Bedarf. Wie in jeder Urlaubsregion sind die Preise beim *købmand* mitten im Ferienhausgebiet nicht die günstigsten, aber im Hinterland findet sich garantiert ein großer Supermarkt oder ein Einkaufszentrum für den Großeinkauf zu normalen Preisen.

Öko-Produkte sind im normalen Handel verbreitet, der Preisunterschied zu konventionell produzierten Waren ist nicht groß. Viele Bauern, Gartenbesitzer und Imkern verkaufen Obst, Gemüse – vor allem Kartoffeln – sowie selbst gemachte Säfte, Marmeladen oder Honig direkt ›vom Hof‹ in einfachsten, meist unbewachten Ständen an der Straße. Bezahlt wird nach Treu und Glauben – dafür sollte man Kleingeld in der Tasche haben.

Souvenirs

Wer außerhalb der EU wohnt, kann von Einkäufen in Geschäften, die mit dem Zeichen ›Tax-Free-Shopping‹ auf sich aufmerksam machen, die Mehrwertsteuer von 25 % erstattet bekommen.

Edelsouvenirs der Königlich Kopenhagener Porzellanmanufaktur und der Silberschmiede Georg Jensen erhält man nicht nur in deren Flagship Stores in der Hauptstadt (S. 407), sondern auch in Haushaltswarenläden wie denen der Kette »Inspiration«. Überhaupt sind Haushaltsgeräte im schlichten Danish Design populäre Souvenirs, ebenso Produkte der vielen Kunsthandwerker. Möbel werden frei Haus oder gegen eine geringe Gebühr überall in Deutschland geliefert, Designklassiker sind dabei meist deutlich billiger als südlich der Grenze. Vor allem in Südjütland haben sich Möbelgeschäfte auf Direktexporte spezialisiert (S. 109).

Als leger, aber elegant gilt die dänische Mode. Mainstream sind Marken wie »Sand«, »Cottonfield«, »InWear«, »Matinique« und »Jackpot«, extravaganter »Noa Noa«, »Baum und Pferdgarten«, »Munthe plus Simonsen« oder »Samsøe & Samsøe«.

Dänemark-Fans greifen gern nach Dingen, die für die dänische ›Hygge‹ (S. 38) stehen, vor allem Kerzen, aber auch Weihnachtsschmuck der z. B. in Det Gamle Apotek in Tønder (S. 111) rund ums Jahr verkauft wird.

Halbkonserven mit Krabben, Heringen oder Lachs- und Forellenkaviar sind beliebte kulinarische Mitbringsel (Kühltasche nötig!). Geräucherten Fisch kann man sich in jeder Räucherei einschweißen lassen.

Öffnungszeiten

Kernöffnungszeiten sind Mo–Fr 10–17.30, Sa bis 14 Uhr. Dank liberaler Gesetze haben Läden in den Urlaubsorten abhängig von der Saison bis zu sieben Tage die Woche oft bis in den späten Abend hinein geöffnet. Bäckereien, Kioske, Minimärkte an Tankstellen sowie Campingplatz- und Ferienpark-Shops – in denen man auch einkaufen darf, wenn man nicht in der entsprechenden Anlage wohnt – bieten ebenfalls ein breites Sortiment bei verlängerten Geschäftszeiten. Infos zu den Banköffnungszeiten S. 95.

Total Dänisch
Im Internetshop ›www.hjemve.dk‹ (dän./engl.) befriedigen heimwehgeplagte Auslandsdänen ebenso wie begeisterte Dänemarkfans ihre Sehnsüchte – das Angebot reicht von Lebensmitteln bis zu Zeitschriften.

Ausgehen

Aalborg gilt mit seiner Jomfrue Ane Gade – zwei Dutzend Kneipen auf 200 m Straßenlänge – als Dänemarks längste Theke. Aarhus hat an den Ufern seiner aus den Rohren befreiten Århus Å deutlich Boden gut gemacht. Odense lässt rund ums Kulturzentrum Brandts Klædefabrik die Puppen tanzen. Und in Kopenhagen wabert Nostalgie durch Jazz- und Rockclubs, während in Cocktailbars und Tanzschuppen neuste Trends aus den Lautsprechern wummern. In den großen Städten ist Ausgehen kein Problem, allenfalls im Sommer fehlt etwas der Drive der Nächte, denn dann sind die meisten Einheimischen irgendwo am Meer.

Zum Trinken locken Kneipen zu besuchsschwachen Zeiten gern mit einer Happy Hour, das können verbilligte Getränke sein, Gratisdrinks für weibliche Gäste oder kostenlose Verdopplung der Bestellung. Alkopops und Cocktails gehen vor allem bei jungen Dänen gut. Der neue Kult ums Bier (S. 61), spricht eher die Generationen ab 30 an. In guten Kneipen sind ein Dutzend Zapfhähne an der Theke keine Seltenheit – da muss man einiges probieren, um den Überblick zu behalten.

Livemusik gehört zu Dänemarks Sommer wie Sonne und Wind. *Spillesteder* nennt man die Clubs und Kneipen, in denen oft nur ein paar Tische an die Seite geschoben werden, um Platz für Musiker zu machen. Eintritt wird selten verlangt, eher werden Getränkepreise erhöht, solange die Band spielt.

Jazz, Blues, Folk und Rock aller Spielarten werden gepflegt oder Liedermacher begeistern mit einem Mix aus Musik- und Wort-Entertainment. Besonders in Hafenorten, in denen gern Freizeitsegler fest machen, haben solche Kneipenkonzerte Tradition. Aber sagen Sie hinterher nicht, Sie wären nicht gewarnt worden: Schwedische und deutsche Gäste werden von dänischen Musik-Comedians gern auf die Schippe genommen.

Sonst kann das, was außerhalb der Großstädte als Nachtleben geboten wird, nicht gerade als feinsinnige Unterhaltung bezeichnet werden. Schnell trinken und schrill feiern steht im Vordergrund. Einmal die Woche Striptease, an einem anderen Tag Oben-ohne-Bedienung und an einem dritten eine Wet-T-Shirt-Konkurrenz wäre kein ungewöhnliches Programm für eine Provinzdisse.

Café Jorden im Studentenviertel in Aarhus

Gut zu wissen

Adressen

Adressen sind wie in den deutschsprachigen Ländern aufgebaut. In dünner besiedelten Regionen gibt es große Postleitzahlbezirke, die mehrere Orte und Siedlungen einschließen können. In diesem Buch erscheinen zur besseren Orientierung die Postleitzahlen mit dem Namen des direkten Ortes, z. B. ›6950 Søndervig‹ oder ›6720 Sønderho‹. Zulässig ist auch die Schreibweise ›Søndervig, 6950 Ringkøbing‹ bzw. ›Sønderho, 6720 Fanø‹.

Diplomatische Vertretungen

Botschaften und Konsulate helfen Staatsangehörigen ihrer Länder in Notfällen, die nicht durch eine Reiseversicherung abgedeckt sind, und wenn alle Mittel zur Selbsthilfe ausgeschöpft sind; Kosten und Auslagen werden zurückgefordert.
Deutsche Botschaft: Kopenhagen, Tel. 35 45 99 00, Notfälle Tel. 40 17 24 90, www.kopenhagen.diplo.de
Österreichische Botschaft: Kopenhagen, Tel. 39 29 41 41, kopenhagen-ob@bmaa.gv.at, 24-Std.-Hotline beim Außenministerium: Tel. +43 5011 50 44 11
Schweizer Botschaft: Kopenhagen, Tel. 33 14 17 96; in konsularischen Fällen ist das regionale Konsularcenter der Botschaft Stockholm zuständig, Tel. +46 8 676 79 00, sto.vertretung@eda.admin.ch, Helpline CH Mo–So 8–18 Uhr Tel. +41 800 24 73 65

Elektrizität

Die Stromspannung entspricht der in Mitteleuropa üblichen: 220 Volt Wechselstrom, Adapter sind nicht nötig. Dänische Steckdosen sind häufig mit einem Schalter gesichert, der daneben oder darüber angebracht ist.

Heiraten

In Dänemark lässt sich eine Heirat binnen 24 Stunden von der Idee in die Tat umsetzen. Voraussetzung ist, dass beide Partner Pässe und Geburtsurkunden parat haben und nachweislich unverheiratet sind. Sind einer oder beide Partner geschieden, dauert die Prozedur etwas länger, weil die Auflösung der alten Ehen geprüft werden muss. Heiratswillige wenden sich an das Rathaus der Gemeinde, in der sie Urlaub machen, oder bitten das nächstgelegene i-Büro, einen Trauungstermin zu besorgen. Übrigens traut in Dänemark entweder der Bürgermeister – in der Regel dort, wo Sie wollen – oder der Priester.

Büros organisieren Eheschließung, Fest und Aufenthalt, z. B. **Danish Island Wedding** auf der romantischen Insel Ærø (Tel. in DK 20 24 30 07, www.getmarriedindenmark.com) oder in Deutschland die **Dänische Kommunal-Cooperative** (Tel. 06131-965 55, www.heiraten-online.de).

Hunde

Dänemark gilt aufgrund unkomplizierter ›Einreisebestimmungen‹ als Hundeparadies unter den skandinavischen Urlaubsländern. Etwa die Hälfte aller Ferienhäuser ist für Hunde zugelassen. Für Irritationen sorgte 2010 ein neues Hundegesetz: Außer in Biergärten und Straßencafés haben Vierbeiner aus hygienischen Gründen praktisch keinen Zugang mehr zu Restaurants. An Stränden gilt von April bis September offiziell Leinenzwang, der abseits der stark besuchten Familienstrände aber tolerant gehandhabt wird. In Wäldern gilt immer Leinenpflicht, als Ausgleich gibt es ausgewiesene Hundewälder. Theoretisch können bei Verstößen die Halter empfindlich zur Kasse gebeten werden. Bissige Hunde können beschlagnahmt und im Extremfall eingeschläfert werden.

Generell als gefährlich eingestuft und verboten sind 13 landläufig als Kampfhunde geltende Hunderassen sowie Mischlinge davon, sie dürfen nicht eingeführt werden (S. 75), die Haltung im Land ist strafbar. Theoretisch können entdeckte Hunde, auch von Touristen, amtlich eingeschläfert werden. Heikel ist dabei die Bestimmung von Mischlingen. Der Halter hat im Zweifel die Beweislast (Stammbuch mitführen). Zum Thema gibt es viele emotionale, teils polemische und politisch motivierte Beiträge in Internetforen, sachlichere Infos bieten www.daenemarkmithund.de oder www.hunde-in-daenemark.de.

Kriminalität

Dänemark ist ein sicheres, aber nicht kriminalitätsfreies Land. Der Satz »tøm bilen, for tyven gør det«, der auf Schildern an vielen Parkplätzen zu lesen ist, heißt auf Deutsch »Leere Dein Auto, bevor der Dieb es tut« und spricht für sich: Mit dem zu Hause angewandten Maß an Vorsicht kommt man gut zurecht.

Militärische Sperrzonen

Truppenübungsplätze in der Nachbarschaft von Ferienhausgebieten, z. B. bei Oksbøl (S. 146), werden während der Hochsaison kaum genutzt, sonst kann es zu Einschränkungen kommen, weil Nebenstraßen oder Strandabschnitte gesperrt werden. Warnhinweise sind gegebenenfalls unübersehbar.

Nacktbaden

Überall gilt für Männer und Frauen: Eine Badehose reicht. Völlige Nacktheit wird oft, aber nicht grundsätzlich toleriert. Ob man also alle Kleidung ablegt, sollte man mit Rücksicht auf die Strandnachbarn entscheiden; deutsche Touristen gelten in diesem Punkt als unsensibel. Es gibt aber auch Strandabschnitte, an denen Nacktbaden dezidiert verboten ist, ebenso wie reine FKK-Strände und FKK-Campingplätze. Infos auch auf Deutsch unter www.strandguide.dk.

Rauchverbote

Seit Ende 2007 ist Rauchen im öffentlichen Raum einschließlich Lokalen und Hotels drastisch eingeschränkt, Ausnahmen gelten für sehr kleine Bars, Kneipen und Clubs.

Trinkgeld

Trinkgeld ist keine Pflicht, guten Service sollte man aber honorieren wie in Deutschland.

Umgangsformen

Umgangsform und -ton sind nur von wenigen Konventionen geprägt. Das ›Du‹ ist die gängige Anrede außer bei älteren Personen oder Persönlichkeiten, denen man Respekt erweisen will. Benutzen Dänen das ›Du‹ im Deutschen, ist das kein Zeichen von Anbiederung oder gar von Anmache.

Wichtig bei Einladungen: Nach dem Essen bedankt man sich mit ›tak for mad‹ (Danke fürs Essen) und beim nächsten Wiedersehen mit ›tak for sidst‹ (Danke für letztens).

Auch wenn viele Dänen Deutsch können, sollte man nicht jedes Gespräch sofort auf Deutsch beginnen, ohne wenigstens zu fragen, ob das Gegenüber es kann.

Zeit

Es gilt rund ums Jahr wie in den deutschsprachigen Ländern die MEZ bzw. MESZ.

Reisekasse

Geld und Banken

Dänemark ist zwar in der Europäischen Union (EU), nimmt aber nicht am Euro teil (S. 22). Die Dänische Krone (DKK) ist jedoch sehr eng an die Gemeinschaftswährung gebunden. In den Ferienregionen ist der Euro Zweitwährung zu Wechselkursen von ca. 7–7,30 DKK auf 1 €. Im Sept. 2013 lag der Kurs bei 1 € = 7,46 DKK, 1 CHF = 6,07 DKK, 1 DKK = 0,13 € bzw. 0,16 CHF (tagesaktuelle Kurse: www.oanda.com). Es gibt Banknoten zu 50, 100, 200, 500 und 1000 DKK und Münzen zu 1, 2, 5, 10 und 20 DKK sowie zu 50 Øre – bei Barzahlung werden andere Øre-Beträge gerundet.

Das **Geldwechseln** ist in Banken (Mo–Fr 9.30–16 Uhr, Do bis 18 Uhr), Wechselstuben (bis 22 Uhr, hohe Gebühren!) sowie in größeren Touristenbüros möglich. Wechselgebühren pro Tausch ca. 20–35 DKK. Ob Sie Bargeld in Dänemark oder schon zu Hause eintauschen, macht kaum einen Unterschied, nur sollten Sie in Dänemark wegen hoher pauschaler Wechselgebühren nicht zu oft kleine Beträge wechseln.

Kreditkarten (insbesondere Visa und MasterCard, seltener Diners und American Express) sind gängige Zahlungsmittel, jedoch verlangen immer häufiger Restaurants, Hotels, Shops und sogar Tankstellen bei Zahlungen mit ausländischen Kreditkarten Aufschläge in Höhe der ihnen angelasteten Gebühren von 2 bis 5,75 %. Geldautomaten mit deutschsprachiger Menüführung für Maestro- (ehemals EC-) und Kreditkarten sind landesweit vorhanden (z. B. rote KONTANTEN-Automaten).

Preise und Spartipps

Das gefühlte Preisniveau ist hoch, Rabatte relativieren dies aber. Kostet z. B. eine Flasche Rotwein 35 DKK, zahlt man für vier davon 100 DKK. Solche Mengenrabatte sind für praktisch alle Waren gängig, von Milch über Brot, Grillfleisch, Gemüse bis Obst. Grundsätzlich günstig sind Tee, Kaffee, Fischkonserven und heimisches Gemüse, teuer sind alle importierten Markenartikel.

Sonderangebote und Ausverkäufe *(udsalg)* machen Freizeitkleidung und dänische Mode für Schnäppchenjäger attraktiv. Auch hier gibt es Mengenrabatt: eine Hose 395, zwei davon für 500 oder gleich drei für 600 DKK. Zudem boomen in den Urlaubsgebieten entlang der Nordsee Factory-Outlets, die vor allem Freizeitkleidung und -schuhe älterer Kollektionen verhökern. Trendy sind auch Billigläden mit Krimskrams zu Dumpingpreisen wie »Søstrene Grenes Økonomi Marked« oder »Tiger«. Letzterer wird *ti:er* gesprochen und ist damit gleichlautend wie die 10-Kronen-Münze *tier*, der Zehner. Hintergrund: Die meisten Waren im »Tiger« kosten einen *tier*.

Keine Kurtaxe!

Jeder Mensch hat freien Zugang zu Stränden, Seeufern und Meeresküsten – eine Kurtaxe ist unbekannt.

Sperrung von EC-und Kreditkarten bei Verlust oder Diebstahl*:

+49 116 116

oder +49 30 4050 4050
(* Gilt nur, wenn das ausstellende Geldinstitut angeschlossen ist, Übersicht: www.sperr-notruf.de)
Weitere Sperrnummern:
– MasterCard in DK: 80 01 60 98
– Visa in DK: 80 01 02 77
– American Express in DK: 80 01 02 77
– Diners Club in DK: 36 73 73 73
Bitte halten Sie Ihre Kreditkartennummer, Kontonummer und Bankleitzahl bereit!

Reisezeit und Ausrüstung

Das Wetter

In Jütland dominiert wechselhaftes Meeresklima während der Osten des Landes hin und wieder unter stabiles Kontinentalklima gerät.

Der Jahreswechsel ist eher nasskalt als verschneit. Wenn, dann zieht der Winter Ende Januar ein und reicht bis März. Frieren Ostsee und Limfjord – nie die Nordsee – in dieser Zeit zu, hält sich die Kälte lange. Im Mai klettern die Temperaturen, der Frühling kommt schnell und ist kurz. Pollenallergiker sollten die gegenüber Mitteleuropa späteren Vegetationsperioden beachten. Der eigentliche Sommer reicht von Mitte/Ende Juni bis in den August, dann sind am Tage über 20 °C üblich, über 30 °C möglich. Die Wassertemperatur überschreitet aber nur in guten Sommern die 20 °C, am ehesten an der Ostsee.

Der September bringt oft wunderschöne Spätsommertage. In den Herbstferien ist ein Dänemarkurlaub dann eine Lotterie: Gewinne sind strahlend blaue, aber kalte Tage, die Nieten Regen und erste Herbststürme.
Wetter im Web: www.dmi.dk.

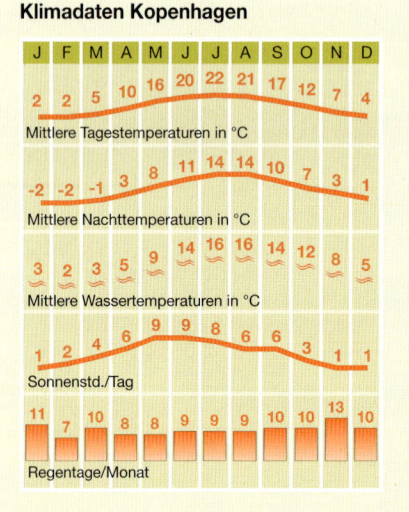

Klimadaten Kopenhagen

	J	F	M	A	M	J	J	A	S	O	N	D
Mittlere Tagestemperaturen in °C	2	2	5	10	16	20	22	21	17	12	7	4
Mittlere Nachttemperaturen in °C	-2	-2	-1	3	8	11	14	14	10	7	3	1
Mittlere Wassertemperaturen in °C	3	2	3	5	9	14	16	16	14	12	8	5
Sonnenstd./Tag	1	2	4	6	9	9	9	8	6	3	1	1
Regentage/Monat	11	7	10	8	8	9	9	9	10	10	13	10

Saisonverlauf

Soweit Museen, Attraktionen, Lokale und Campingplätze Saisonbetriebe sind, öffnen sie in vielen Fällen Ostern oder Pfingsten, aber auch der 1. Mai ist beliebt für den Saisonauftakt. Hochsaison mit längsten Öffnungszeiten ist von Ende Juni bis Mitte August. Dann haben alle skandinavischen Länder Ferien, das Publikum in den Urlaubsgebieten ist international gemischt. Ab Mitte August, wenn deutsche Gäste die Oberhand gewinnen, wird es ruhiger: ›Die kommen nicht aus ihren Ferienhäusern‹ lästern Locals gern. Dafür wird es dann in den Städten im Hinterland wieder munterer.

Die Saison endet mit dem September, spätestens mit den dänischen Herbstferien in der Woche 42. Dann haben viele Attraktionen, allen voran Museen, noch einmal Öffnungszeiten wie in der Hochsaison – anschließend heißt es in Saisonbetrieben meist ›Tak for i år‹, Danke für dieses Jahr.

Wer in der Nebensaison ein Ferienhaus mieten will, aber außer langen Spaziergängen am Meer noch etwas Lifestyle und Kultur sucht, sollte Urlaubsgebiete in Nähe einer Stadt wählen, wie Nordseeland mit Kopenhagen, Djurslands mit Aarhus oder die südliche Jammerbugt mit Aalborg im Hinterland.

Was gehört ins Gepäck?

Dänemark ist klimatisch nicht so exotisch, als dass spezielle Kleidung nötig wäre. Auf jeden Fall gehören Regenzeug und winddurchlässige Kleidung ins Gepäck. Mit legersportlichem Outfit ist man dann bei allen Anlässen, mit denen man als Tourist konfrontiert wird, gut angezogen. Sind Sand- und Strandspielzeug für Kinder und zur Nebensaison ein paar Gesellschaftsspiele für lange Abende im Ferienhaus im Gepäck, kann nichts mehr schief gehen.

Gesundheit und Sicherheit

Ärztliche Versorgung

Für die Grundversorgung gibt es in den meisten Orten ein **Ärztehaus** *(lægehus)* mit praktischen Ärzten und in größeren Städten **Krankenhäuser** *(sygehus)*. Gut ist die Versorgung mit Zahnärzten *(tandlæge)*. Kinderärzte gibt es selten, dafür verstehen sich die Allgemeinmediziner als Familienärzte für alle Generationen.

Außerhalb der normalen Sprechzeiten (werktags ca. 8–16 Uhr) stehen **ärztliche Notdienste** *(Lægevagten)* bereit. Ihre Telefonnummern hängen üblicherweise in Ferienhäusern oder Unterkünften aus oder sind im Internet (www.laegevagten.dk) zu finden. Zentrale Rufnummern: Region Nordjylland Tel. 70 15 03 00, Midtjylland Tel. 70 11 31 31, Syddanmark (Südjütland und Fünen) Tel. 70 11 07 07, Region Sjælland Tel. 70 15 07 00, Region Hovedstaden inkl. Nordseeland und Bornholm Tel. 38 69 38 69. Im Zweifelsfall hilft der Notruf 112.

Kleine und mittelgroße Städte haben in der Regel nur eine **Apotheke,** die nebenbei ein großes Umfeld versorgt. Dafür kooperiert sie in Dörfern oder Ferienhaussiedlungen mit örtlichen Lebensmittelläden, in denen man rezeptpflichtige Medikamente abholen und wenige rezeptfreie Medizin kaufen kann.

Versicherungen

Kostenlos sind Notfallbehandlungen in Krankenhäusern. Ansonsten sind gesetzlich versicherte EU-Bürger gegen Vorlage der European Health Insurance Card (EHIC), die Sie entweder auf der Rückseite Ihrer Versichertenkarte haben oder bei Ihrer Krankenkasse kostenlos anfordern können, beim Arztbesuch gesetzlich versicherten Dänen gleichgestellt. Ein Großteil der Kosten ist damit gedeckt, es werden aber hohe Eigenleistungen bei Zahnbehandlung und Medikamenten fällig. Es empfiehlt sich in jedem Fall, den aktuellen Versicherungsschutz bei der eigenen Krankenkasse oder -versicherung vor Reiseantritt zu erfragen. Jedes Restrisiko vermeidet eine Auslandskrankenversicherung.

Gefährliches Getier

Kreuzottern *(hugorm)* leben in Dünen und Heidegebieten u. a. entlang der Nordseeküste. Sie sind klein, nicht aggressiv, haben wenig Gift und beißen nur, wenn sie überrascht werden. Gegebenenfalls sollte man den betroffenen Körperteil ruhig stellen, sich wenig bewegen und einen Arzt oder die Unfallstation eines Krankenhauses aufsuchen.

Das **Petermännchen** *(fjæsing)* ist ein kleiner Fisch mit Giftstacheln, der sich in flachem Wasser in den Sand eingräbt. Tritt man, was selten passiert, beim Baden darauf, ist der Stich schmerzhaft und kann Schwellungen, Hautirritationen sowie Unwohlsein zur Folge haben. Da das Gift ein Eiweiß ist, ist eine Sofortbehandlung mit Hitze – heißes Wasser, Feuerzeug – oder Zitronensaft möglich. Auf jeden Fall: Stachel raus, Arzt aufsuchen!

Feuerquallen *(bandmand)* verursachen brennende, später juckende Bläschen. Nach dem Kontakt befinden sich auf der Haut noch intakte Nesselkapseln, die sich nicht entladen sollten. Deshalb keinen Druck ausüben und nicht mit einem Handtuch oder nassem Sand abreiben! Auch Süßwasser lässt die Giftkapseln platzen, also nicht abwaschen. Am besten schabt man die Stellen mit einem Messer, einer Kreditkarte oder einem Eisstiel vorsichtig ab. Schmerz- und juckreizstillende Salben helfen.

Notruf: 112
Landesweit für Polizei, Feuerwehr und Krankenwagen.

Kommunikation

Pure Nostalgie – lang ist's her, dass Dänemarks Postboten so rot die Post ausfuhren

Telefonieren

Dänemark kennt außer bei Sondernummern nur Ruf- und Faxnummern mit acht Ziffern ohne Vorwahlen. Für Gespräche ins Ausland wählt man 00 + Kennzahl des gewünschten Landes (D = 49, A = 43 und CH = 41), bei Anrufen in Länder mit Ortsvorwahlen entfällt die führende 0 der Ortsvorwahl. Dänemarks internationale Vorzahl ist 45.
Auskunft (nummeroplysning): Inland Tel. 118, Ausland Tel. 113.

... innerhalb von Dänemark

Der liberalisierte Telefonmarkt ist ähnlich unübersichtlich wie in Deutschland. Münz- und Kartentelefone des Ex-Monopolisten TDC sind zahlreich, deutschsprachige Bedienungsanleitungen meist vorhanden. Günstiger telefoniert man ins Ausland mit Calling Cards anderer Gesellschaften, z. B. Global One, die es in Kiosken oder Post-Shops gibt. Bei denen erfolgt die Einwahl über gebührenfreie Rufnummern; Probleme gibt es jedoch bei privaten Münzgeräten (s. u.).

Die meisten Münzgeräte verarbeiten alle dänischen Münzen, manche auch Euro-Stücke, geben aber einmal eingeworfene Münzen nicht zurück, selbst wenn kein Gespräch zustande kommt. Vorsicht: In Hotels, Lokalen, auf Campingplätzen und in Ferienparks gibt es Clubtelefone, die Laien nicht von öffentlichen Münzfernsprechern unterscheiden können. Die kassieren oft deutlich mehr als öffentliche Geräte, weil der Aufsteller die Kosten selbst programmiert. Bei einigen dieser Geräte laufen Gebühren für Fern- und Auslandsgespräche sofort nach dem Geldeinwurf. Man braucht das Geld jedoch erst einzuwerfen, wenn sich der Gesprächspartner am anderen Ende gemeldet hat – also nie zu früh füttern!

Sind Telefone in Ferienhäusern vorhanden, wird per Zähler abgerechnet. Fehlt dieser, ist meist nur die Gesprächsannahme erlaubt.

... mit dem Mobiltelefon

Die Netzabdeckung für GSM-Mobiltelefone ist ausgezeichnet. Details zu den Gebühren im Rahmen des International Roaming erhalten Sie bei Ihrem Netzbetreiber. Prepaid-Cards dänischer Mobilfunkanbieter, z. B. von TDC, sind sehr günstig: Starterpakete kosten bislang nicht einmal so viel wie die darin enthaltenen Gesprächsgebühren, die SIM-Card – de facto also eine dänische Nummer – gibt's somit gratis. Damit ist man dann zwar nur über die dänische Rufnummer zu erreichen, telefoniert aber ins In- und Ausland preisgünstiger und zahlt nicht wie sonst üblich für ankommende Gespräche. In südlichen Landesteilen – z. B. Teile von Rømø – kann man bei manueller Netzeinstellung über deutsche Anbieter telefonieren.

Internet

Dänemark gehört zu den Ländern mit den besten Internetzugangsmöglichkeiten weltweit. Die meisten Hotels, Danhostel, Campingplätze und i-Büros sowie viele Cafés bieten Netzzugang, meist über WLAN. Zudem sind immer mehr Ferienhäuser und Wohnungen in Ferienparks damit ausgestattet. Oft ist der Zugang gratis, mal zahlt man einen Pauschalbetrag für eine unbegrenzte Aufenthaltsdauer oder es wird nach Zeit abgerechnet – mehr als 60 DKK/Std. wird man in der Regel nicht zahlen. Provider mit landesweiten Hotspots in Unterkünften, Tankstellen, Raststätten, Bahnhöfen, Flugplätzen und auf Fähren wie TDC Hotspot kassieren beim ersten Log-In per Kreditkarte oder durch Prepaid-Voucher, die man vor Ort an der Rezeption oder am Tresen bekommt, wo ein Hotspot zu finden ist. Den gezahlten Betrag kann man an beliebig vielen Orten in beliebig vielen Sitzungen verbrauchen.

Internetzugang über UMTS- und LTE-Netze (in Dänemark 3G- bzw. 4G-Bredbånd genannt) ist landesweit möglich. Noch relativ teuer ist DATA-Roaming mit einer SIM-Card des Providers aus dem Heimatland im Stick am mobilen Computer oder im Smart-Phone, Details nennt Ihr Provider zu Hause. Günstiger ist die Nutzung dänischer SIM-Cards. Für die gibt es aber ständig neue Angebote und Veränderungen bei der Übertragungsgeschwindigkeit und dem Daten-Maximum, sodass detaillierte Angaben nicht möglich sind.

Besitzt man einen Sim-Lock freien UMTS-Stick, kann man schon mal ein Starterpaket mit SIM-Card und Grundgebühr für 7 Tage oder gar einen Monat für 100 DKK bekommen, 200–300 DKK sind realistischer. Braucht man den Stick dazu, wird es noch teurer. Eine Übersicht zeigt www.mobilt-bredband.dk (nur dän.), ansonsten fragt man in den Läden von Elektronikketten wie »Fona« oder »Telekæden« nach aktuellen Angeboten.

Post

Im Rahmen der Privatisierung verschwinden immer mehr traditionelle Post›ämter‹ und werden in Post-Shops mit breitem Sortiment an Schreibwaren und Kommunikationsmitteln umgewandelt oder durch Poststellen in Supermärkten u. ä. ersetzt. Folglich richten sich die Öffnungszeiten meist nach dem der Geschäfte. Das Porto für Briefe bis 50 g und Postkarten ins europäische Ausland beträgt derzeit einheitlich 12,50 DKK in der gängigen Beförderungsklasse A (= Prioritaire), die man durch einen Aufkleber bzw. durch das Aufmalen eines deutlichen A kennzeichnet. Die langsamere Beförderungsklasse B (= Économique) bringt nur wenig Ersparnis (11 DKK). Online-Shop für Briefmarkensammler unter www.postdanmark.dk/netbutik.

Sprachführer

Alphabet und Aussprache
Geschriebenes Dänisch versteht man relativ leicht, wehe aber, Dänen sprechen: Sie sind Weltmeister im Verschlucken von Silben. Zudem werden einige Buchstaben ungewohnt ausgesprochen: das S immer stimmlos, das G gelegentlich wie J. Dänische Sonderbuchstaben sind Æ/æ, gesprochen wie Ä, und Ø/ø, wie Ö. Å/å entspricht Aa/aa, wird jedoch bei Eigennamen uneinheitlich verwendet. So heißt es manchmal Åbenrå, meist aber Aabenraa. Gesprochen werden Å/å bzw. Aa/aa wie ein offenes O: Aalborg also am Anfang wie Oldenburg, nicht wie Aachen.

Wichtig bei der Suche in Registern: Æ, Ø und Å/Aa rangieren hinter XYZ, das W – Dänisch ›Doppel-V‹ – kommt im dänischen Alphabet nicht vor und wird dem V zugeordnet.
Abkürzungen: DKK: Dänische Kronen; Sct., Skt.: Sankt; St.: Store (Groß-)

Allgemeines
Du/Sie	du/De

Im täglichen Umgang hat das Du das förmliche De (Sie) weitgehend ersetzt.

Guten Morgen	god morgen
Guten Tag	goddag
›Tachchen‹	davs
Auf Wiedersehen	farvel
Wir sehen uns!	Vi ses!
Entschuldigung	undskyld
Danke	tak
Danke für letztens!	tak for sidst!
Bitte sehr	værsågod

(Ein direktes Pendant zum ›Bitte‹, wie in ›Ich möchte bitte …‹ ist unbekannt, ihm entspricht das tak (danke) am Satzende: ›Jeg vil gerne …, tak!‹. Auch heißt es ›Ja, tak‹, wo man im Deutschen eher ›Ja, bitte‹ sagt.

Unterwegs
(Stadt)bus	(by)bus
S-Bahn/Zug	S-tog/tog
Haltestelle	stoppested
Bahnhof	banegård
Fahrplan	køreplan
Abfahrt/Ankunft	afgang/ankomst
ab/an	fra/til
Pkw-Platz (auf Fähre)	bilplads (på færgen)
Fähre(hafen)	færge(havn)
Auto(verleih)	bil(udlejning)
Fahrrad	cykel
Durchfahrt	gennemkørsel
Parkplatz	parkeringsplads
(nach) rechts	(til) højre
(nach) links	(til) venstre
Flughafen	lufthavn
Charter-/Linienflug	charter-/rutefly
Einbahnstraße	ensrettet
Brücke	bro
Fußgängerzone	gågade
Platz	plads
Radweg	cyklesti
Einfahrt/Zugang	adgang
geschlossen	lukket
geöffnet	åbent

Zeit
Minute/Stunde	minut/time
Tag/Woche	dag/uge
Monat/Jahr	måned/år
heute/gestern	i dag/i går
Morgen/Mittag	morgen/middag
Nachmittag	eftermiddag
Abend/Nacht	aften/nat
täglich (außer)	dagligt (undtagen)
werktags	hverdage
außer	undtagen
Feiertag	helligdag

Notfall
Hilfe!	hjælp!
Polizei(station)	politi(gården/station)
Arzt	læge
Zahnarzt	tandlæge
Apotheke	apotek
Unfallstation	skadestue
Krankenhaus	sygehus
Unfall/Panne	ulykke/uheld
Rettungswagen	ambulance

Übernachten

Ferienhausvermietung	Feriehusudlejning
Einzel-/Doppel-/Familienzimmer	enkelt-/dobbelt-/familieværelse
Bett	seng
Dusche	brusebad
alles voll	alt optaget
zu mieten	til leje
(Nicht)Raucher	(ikke)ryger
Rechnung	regning

Einkaufen

Geschäft	forretning
Markt	marked/grøntorv
Kreditkarte	kreditkort
Geld	penge
Geldautomat	kontanten
Bäckerei	bageri
billig/teuer	billigt/dyrt
Größe	størrelse
bezahlen	betale

Zahlen

1	en		21	en-og-tyve
2	to		22	to-og-tyve
3	tre		30	tredive
4	fire		40	fyrre
5	fem		50	halvtreds (femti)
6	seks			
7	syv		60	tres (seksti)
8	otte		70	halvfjerds (syti)
9	ni			
10	ti		80	firs (otti)
11	elleve		90	halvfems (niti)
12	tolv		100	ethundrede
13	tretten		200	tohundrede
14	fjorten		225	tohundredefemogtyve
15	femten			
16	seksten		1000	ettusinde
17	sytten		2000	totusinde
18	atten		2245	totusindetohundredeogfemogfyrre
19	nitten			
20	tyve			

Die wichtigsten Sätze

Allgemeines

Sprechen Sie Deutsch/Englisch?	Taler du tysk/engelsk?
Ich verstehe kein Dänisch.	Jeg forstår ikke dansk.
Ich heiße …	Jeg hedder …
Wie geht's?	Hvordan går det?
Gut. Und wie geht es Dir?	Fint! Og hvordan går det med dig?
Wie viel Uhr ist es?	Hvad er klokken?
Es ist drei Uhr	Klokken er tre.
halb/viertel vor	halv/kvart i
zehn Minuten nach	ti minutter over

Unterwegs

Wo kann ich das Auto parken?	Hvor kan jeg parkere bilen?
Wo finde ich …?	Hvor er …?
Wo fährt der Bus/die (S-)Bahn ab?	Hvor går bussen/(S-)toget fra?

Notfall

Können Sie mir bitte helfen?	Kan du hjælpe mig?
Ich brauche einen Arzt.	Jeg har brug for en læge.
Hier tut es weh.	Jeg har smerter her.

Übernachten

Haben Sie ein Zimmer?	Har Du et værelse?
mit Frühstück?	med morgenmad?
Kann ich mit (dieser) Kreditkarte bezahlen?	Kan jeg betale med (dette) kreditkort

Einkaufen

Wie viel kostet …?	Hvor meget koster …?
Wann öffnet/schließt …?	Hvornår åbner/lukker …?
Nehmen Sie Kreditkarten?	Tager Du kreditkort?

Oldtimer-Kai in Svendborg auf Fünen

Unterwegs in Dänemark

Krake im Anflug beim Drachenfest am Strand von Rømø

Kapitel 1
Die Nordseeküste

Es ist der Deutschen liebstes Dänemark: die Nordseeküste, die man hierzulande ›Vestkysten‹ (Westküste) nennt. Ihre scheinbar nicht enden wollenden Strände, manche Kilometer breit, sind das wichtigste touristische Kapital. Und das typische Dach über dem Kopf versteckt sich in Dünen- und Heidegebieten: das Ferienhaus. Landschaftliche Höhepunkte sind eher flach: Das gilt für die Marschen bei Tønder und Ribe ebenso wie für das Wattenmeer und seine Inseln oder die Nehrung Holmsland Klit. Es sind alte Dünen wie der 64 m hohe Blåbjerg bei Nørre Nebel oder die 40 m hohe Lehm- und Sandklippe am Bovbjerg, eine alte Endmoräne, die die Gipfelliste dominieren.

Die Städte sind idyllisch, romantisch und ruhig, vom Nachtleben pulsierende Szene-Spots wird man vergebens suchen. Ribe, die älteste, ist durch und durch historisch, ihr ehrwürdiger Dom mit den beiden ungleichen Türmen ragt weithin sichtbar aus dem flachen Land. Die größte, die Hafenstadt Esbjerg, Skandinaviens Tor nach Westen, ist dagegen eine spröde Schönheit, deren Reize man eher auf den zweiten Blick entdeckt. Dazu gehört ein kulturelles Angebot weit über Provinzniveau.

Der ganze Landstrich ist dank gut ausgestatteter Ferienhäuser ein Ganzjahresreiseziel, auch wenn die touristische Infrastruktur – Aktivitäten, Attraktionen, Lokale – im Winterhalbjahr etwas eingeschränkt ist.

Regionale Websites für die weitere Planung: www.visitvestjylland.com für die ganze Region, www.visitwestdenmark.com für den Abschnitt von Blåvandshuk bis Nymindegab und www.visitlimfjorden.com für die Region, die an den Limfjord stößt.

Auf einen Blick
Die Nordseeküste

Sehenswert

1 Nationalpark Wattenmeer: Halbwelt zwischen Meer und Land – eines der wertvollsten Ökosysteme der Erde (S. 118).

2 Ribe: Die historische Stadt in den Marschen – Handelsplatz der Wikinger, Residenzstadt früher Könige und Zentrum der Christianisierung (S. 132).

LEGOLAND Park: Mit Kindern ist der Ausflug nach Billund, wo der LEGO-Stein erfunden wurde, Pflicht. Eine Welt aus Noppensteinen, wilde Karussells und schnelle Achterbahnen begeistern kleine Kinder ebenso wie coole Teenies (S. 154).

Freilichtmuseum Hjerl Hede: So war der Alltag früher auf dem Lande – ein Dorf in bester Tradition ›lebender Museen‹, und beim Bäcker gibt's sogar frische Semmeln (S. 173).

Schöne Routen

Küstenstrecke: Sie folgt von der Grenze bei Tønder der Straße [419] bis zum Rømø-Damm, dann nordwärts den Hauptstraßen [11]/[24] via Ribe nach Esbjerg. Anschließend geht es über Hjerting und am Blåbjerg vorbei bis Holmsland Klit und weiter über die [181] bis Thyborøn. Für die 275 km benötigt man ca. 6–7 Std. reine Fahrzeit.

Heide, Höhlen und viel Kunst: Zu den Kunstmuseen von Herning (S. 170), durch die Heidegebiete Mitteljütlands, in eine der Kalkhöhlen von Daugbjerg oder Mønsted (alles S. 171) und zurück über die Skulpturenstadt Holstebro (S. 168), z. B. ab Vedersø Klit an der Nordsee 190 km, Fahrzeit ohne Besichtigungen ca. 3–4 Std.

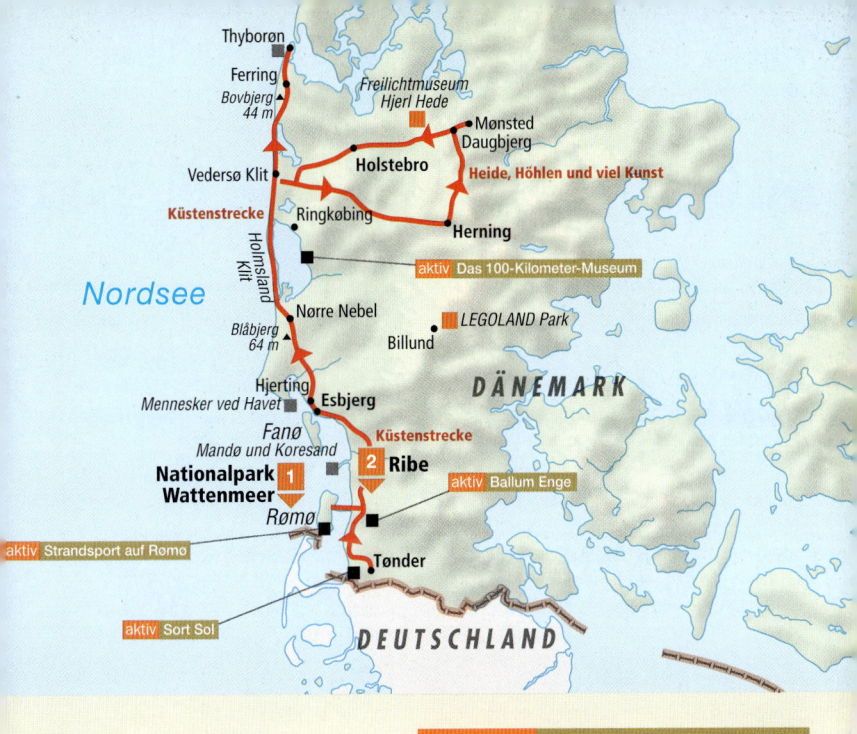

Meine Tipps

Mandø und Koresand: Einzigartig wird die Stimmung, wenn die Flut Mandø vom Festland trennt; i-Tüpfelchen ist dann die Fahrt mit dem offenen Treckerbus auf Koresand, die Sahara im Meer (S. 125).

Mennesket ved Havet: Ich liebe es, mit den vier Riesen der Mammutskulptur bei Esbjerg zusammen aufs Meer hinauszustarren und den Schiffen nachzuschauen, die auf die Nordsee hinausgleiten. Bei Sonnenuntergang einfach kitschig schön (S. 142)!

Thyborøn: Haie streicheln im Jyllands Akvariet, im Kystcenter die formenden Kräfte der Küste erkunden, sich vom Sneglehuset anrühren lassen und den Wahnsinn des Krieges im Bunkermuseum hinterfragen – die Stadt an der Durchfahrt zwischen Nordsee und Limfjord ist immer einen Tagesausflug wert, vor allem mit Kindern (S. 167).

aktiv unterwegs

Ganz flach gehalten – Tour durch Ballum Enge: Wandern oder Radfahren hinter den Deichen über fettes Weideland mit einer tragisch-historischen Note (S. 114).

Sort Sol – der Schwarzen Sonne auf der Spur: Exkursion zum abendlichen Ballett von mehr als einer Million Staren (S. 117).

Strandsport auf Rømø: Ein paar Minuten Einführung, und schon flitzt man mit einem Blokart über den kilometerbreiten Südstrand der Wattenmeerinsel (S. 123).

Das 100-Kilometer-Museum: Hier ist das Fahrrad ideal zum Museumsbesuch. Über ein Dutzend Museen und ›Besuchsstätten‹ am Ringkøbing Fjord vermitteln ein Bild vergangener Tage im Westen Jütlands (S. 155).

Tønder, Højer und die Marschen

Das flache Land scheint sich hinter hohen Deichen zu verstecken. Dabei kann es sich und seine Städte sehen lassen: Tønder, Shoppingstadt mit Barockcharme, Møgeltønder, das Dorf mit dem Prinzenschloss oder Højer, wo so gern geheiratet wird. Und im Frühjahr und Herbst inszeniert die Natur über den Marschen den ›Tanz der Schwarzen Sonne‹.

In Jahrhunderten harter Arbeit haben Menschen dem Meer fruchtbares Land abgerungen, haben mal gesiegt, aber auch immer wieder verloren, wenn der Blanke Hans Haus, Hof, Land und oft sogar jedes Leben mitriss: 1362, 1615, 1634, 1825, 1874, 1881, 1904, 1909, 1911, 1923, 1976, 1981, 1990, 1999, 2002, 2005, 2006 – das sind wichtige Sturmflutjahre. Die schlimmsten sind an den Flutsäulen abzulesen, auf die man überall stößt.

Die ersten Deiche entstanden 1553–56 und der jüngste, der auf deutscher Seite am Hindenburg-Damm bei Sylt beginnt und auf dänischer bis Emmerlev Klev reicht, ist seit 1982 fertig. Insgesamt umfasst die eingedeichte *Tønder Marsk* ein Areal von über 130 km².

Nach Norden hin hebt sich eine Geestinsel aus der flachen Marsch, eine kaum merkliche Anhöhe aus Sand und Kies, die schon während der letzten Eiszeit als Insel zwischen den Schmelzwasserströmen hervorlugte. Mit 20 m Höhe bietet sie bei schlimmsten Sturmfluten noch so viel Sicherheit, dass ab Emmerlev Klev Richtung Norden auf gut 12 km kein künstlicher Küstenschutz notwendig ist.

Tønder ▶ D 14

1920 machte Tønder Furore, weil die Bevölkerung sich bei der Volksabstimmung über die nationale Zugehörigkeit Südjütlands (S. 41) mit großer Mehrheit für Deutschland entschied, aber in der gesamten Abstimmungszone doch klar überstimmt wurde. Heute lebt die Stadt ganz gut vom Grenzhandel mit all dem, was Deutsche gern in Dänemark kaufen. Das Zentrum bietet auf jeden Fall bessere Einkaufsmöglichkeiten, als man von einem Städtchen mit gut 7500 Einwohnern erwartet.

Reich geklöppelt

Tønder besaß bis ins 16. Jh. einen bedeutenden Handelshafen, nach alten Quellen diente der Turm der Kristkirke als Seezeichen. Als im Westen erste Deiche gebaut wurden, um die regelmäßigen Überschwemmungen zu stoppen, versandete die Zufahrt durch die Vidå. Der Hafen war damit Geschichte, die Sturmfluten aber nicht: Noch zweimal, 1615 und 1825, meldete Tønder ›Land unter‹. Es blieb jedoch wichtigste Handelsstadt der Region und erlebte im 17. Jh. einen Boom mit der Spitzenklöppelei. Die feinen Gewebe wurden vornehmlich nach Holland und Flandern exportiert. Manch Brüsseler Spitze kam wohl aus Tønder – frühe Globalisierung.

Die fisselige, ermüdende, schlecht bezahlte Handarbeit von bis zu 12 000 Heimarbeiterinnen – gern als idyllische Folklore dargestellt – machte die Händler von Tønder reich. Das belegen barocke Patrizierviilen im Zentrum wie das 1672 gebaute **Drøhses Hus** in der Fußgängerzone. Es zeigt unter den Fittichen des Sønderjyllands Museum regelmäßig Ausstellungen rund ums Klöppeln (Storegade 14, April–Dez. Mo–Fr 10–17, Sa 10–14 Uhr, 30 DKK/ab 18 Jahre).

Tønder

Nur selten erfährt man etwas von den Schattenseiten der Klöppelei, von den Rückenleiden der Frauen und den Augenschäden schon bei kleinen Mädchen, die weit häufiger am Klöppelschrein eingesetzt als zur Schule geschickt wurden. Eine Gasse mit den schmalen Häusern der ärmeren Tønder-Familien ist die **Uldgade**. Charakteristisch sind hier die Erker, hinter deren Fenstern die Frauen und Mädchen saßen, um das Tageslicht so lange wie möglich für ihre knifflige Arbeit zu nutzen. Die Boomzeit endete erst Anfang des 19. Jh., als auf den europäischen Märkten maschinell produzierte Stoffe in Mode kamen.

Kagmanden und Kristkirke

Mittelpunkt der Einkaufszone ist der Marktplatz Torvet. Dort zeigt das älteste Haus der Stadt, **Klosterbagerens Hus** von ca. 1520, spätgotische Architektur. Im Mittelalter backten hier Mönche für das angeschlossene Kloster, heute versorgt ein Café Touristen. Im alten **Rathaus** aus der Mitte des 17. Jh. residiert das i-Büro und am Rande des Platzes ermahnt eine Staupe-Figur zur Einhaltung von Recht und Ordnung. Solche hölzernen ›Büttel‹ waren früher in Städten üblich. Richtig Respekt scheint **Kagmanden** aber nicht mehr einzuflößen, denn die siebenschwänzige Katze, die er eigentlich schwingen sollte, ist schon so oft geklaut worden, dass sie ihm nur noch zu besonderen Anlässen in die Hand gegeben wird. Das Original des Herrn steht im Tønder Museum.

Über die Häuser am Torvet ragt der 47,5 m hohe Turm der **Kristkirke**. Damit die häufigen Weststürme nicht die Statik unter Druck setzen, besitzt er knapp über den Turmuhren markante Luftlöcher, durch die der Wind hindurchpfeifen kann. Außerdem ungewöhnlich: Der Turm ist der einzige im Lande, der deutlich älter ist als seine Kirche. Er entstand als letztes Bauteil einer Vorgängerkirche; als diese Ende des 16. Jh. ersetzt wurde, ließ man den Turm stehen. Das Kircheninventar aus Barock und Renaissance spiegelt den Reichtum der Stadt in diesen Epochen wider.

Tipp: Traumstühle im Møbelhuset 2

Model PP 124 – The Rocking Chair – ist mein Traumstuhl. Das Rückenteil aus einem Netz handgeflochtener Flaggseile macht den Schaukelstuhl luftig, und der feine Rahmen aus geseifter Esche erlaubt angenehmen Körperkontakt zum Holz. Hans J. Wegner entwarf den Klassiker 1984. Beim Preis von fast 4000 € ist ein Spontankauf unwahrscheinlich, aber probesitzen kann man ja mal: An der Fußgängerzone von Tønder ist das **Møbelhus 2** auf Klassiker der Moderne und natürlich in seiner Heimatstadt auf die Stühle von Hans Jørgen Wegner spezialisiert. Auf die Kollektion, die hier steht, dürfte manches Design-Museum neidisch sein (Vestergade 35–39, Tel. 74 72 20 81, www.mobelhuset-2.dk, Auslieferung deutschlandweit).

Ein Wasserturm voller Stühle

Am Südrand der Innenstadt blieb von einer mittelalterlichen Burg nur das Torhaus und dient heute als Empfang für die drei Abteilungen des regionalen Museumsverbundes **Museum Sønderjylland** in Tønder: **Kulturhistorie Tønder** stellt die Geschichte der Region sowie die Kunst der Spitzenklöppelei in den Fokus und ist für seine Sammlung holländischer und friesischer Fliesen berühmt, die größte außerhalb der Niederlande. Das **Kunstmuseet i Tønder** sammelt Kunst des 20. und 21. Jh. mit regionalem Schwerpunkt. Gut vertreten ist der dänische Surrealismus, u. a. durch Wilhelm Freddie (1909–95).

Wahrzeichen des Komplexes ist der 40 m hohe **Vandtårnet**, der Wasserturm. Oben bietet ein rundum verglaster Panorama-Konferenzraum die beste Aussicht über das flache Marschland, die man in der Region bekommen kann. Auf den sieben Etagen darunter wird das Lebenswerk des 1914 in Tønder geborenen Designers Hans Jørgen Wegner gewürdigt (S. 50). Der gelernte Tischler verkörpert wie kein anderer die Symbiose aus perfekten Fertigkeiten eines Handwer-

Tønder, Højer und die Marschen

Kagmanden in Tønder: Wer Unsinn macht, bekommt's mit der Peitsche

kers und der Kunst der Formgebung eines genialen Designers. Er prägt mit seinen international bekannt gewordenen Stuhl- und Sesselklassikern ganz entscheidend den globalen Ruhm dänischen Möbeldesigns – viele werden bis heute produziert (Kongevej 51, Tel. 74 72 89 89, www.museum-sonderjylland.dk, Di–So, Juni–Aug. auch Mo 10–17 Uhr, 50 DKK/ab 18 Jahre für alle Abteilungen).

Luftschiffhafen Tønder

Im Norden der Stadt an der Straße [11] Richtung Ribe wird die besondere Geschichte Südjütlands vom **Zepplin- og Garnisonsmuseum Tønder** unterstrichen: Im Ersten Weltkrieg gehörte Tønder als Tondern noch zum Deutschen Reich, und es betrieb hier eine seiner größten Luftschiffbasen für Angriffe gegen England. Die Reste der Hangars wurden nach Kriegsende demontiert, nur Fundamente sind noch zu sehen. Geblieben sind Versorgungsgebäude, die das Zeppelinmuseum jetzt nutzt. Gezeigt werden u. a. Fotos, Ausrüstungsgegenstände, alte Uniformen sowie Modelle der Basis (Gasværksvej 1/Ribe Landevej, Tel. 74 72 72 54, www.zeppelin-museum.dk, Mai–Okt. Sa, So 11–16 Uhr, 30 DKK/ab 12 Jahre).

Infos

Turistbureau: Torvet 1, 6270 Tønder, Tel. 74 72 12 20, www.visittonder.dk.

Übernachten

Ein Hauch von Luxus ▶ Hotel Tønderhus: Jomfruestien 1, 6270 Tønder, Tel. 74 72 22 22, www.hoteltoenderhus.dk (Small Danish Hotels, S. 86). Komfortables Kleinstadthotel mit gutem Restaurant, günstig zwischen dem Zentrum und den Museen gelegen; DZ ab ca. 1000 DKK.

4-Sterne-Herberge im Grünen ▶ Danhostel Tønder: Sønderport 4, 6270 Tønder, Tel. 74 92 80 00. Weitläufige, moderne Anlage im Grünen am südöstlichen Stadtrand; über die Vidå-Brücke gelangt man schnell ins Zentrum. DZ mit Bad ab 445 DKK, auch Familienzimmer bis 6 Pers.

Møgeltønder

Tipp: Sie dürfen die Braut gleich küssen

In der Großgemeinde Tønder heiraten Jahr für Jahr rund 3000 Paare aus dem Ausland, viele aus Deutschland. Anfragen und Terminabsprache: Tønder Kommune Standesamt, Kongevej 57, 6270 Tønder, Tel. 74 92 97 09, vielse@toender.dk. Infos: http://www.toender.dk/Burger/Standesamt.aspx (dt.). Mehr zum Heiraten in Dänemark S. 93.

Essen & Trinken

Gourmetküche mit persönlicher Note ▶
Stigs Restaurant: Sønderlandevej 3, 6270 Tønder, Tel. 74 72 00 46. Man fühlt sich nicht wie in einem Restaurant, sondern als persönlicher Gast bei Küchenchef Stig Henriksen zu Hause – mehr als 20 Gäste passen nicht ins ›Wohnzimmer‹ seiner Villa. Es gibt immer nur ein mehrgängiges Menü, das erfüllt höchste Ansprüche, aber hechelt nicht jedem Trend nach. Und über Preise spricht man in dieser Klasse nicht mehr. Nur abends, Di, Sa, So und feiertags geschl. Nur mit Reservierung!

Einkaufen

Krimskrams ▶ Det Gamle Apotek: Østergade 1, Tel. 74 72 51 11, www.det-gamle-apotek.dk, Mo–Fr 9.30–17.30, Sa, So 10–16 Uhr. Krimskrams ohne Ende, Weihnachtsschmuck das ganze Jahr über und dänische Delikatessen.

Termine

Tønder Festival: Das viertägige Festival internationaler Folkmusik im August mit rund 25 000 Besuchern zählt zu den bedeutendsten seiner Art. Eintritt für das komplette Festival ca. 1200 DKK, Tagesticket 500–600 DKK, einzelne Konzerte bis 300 DKK. Programm und Details: www.tf.dk, Info-Tel. 74 72 46 10, Ticket-Hotline Tel. 74 72 10 10.
Klöppelfestival: Alle drei Jahre Workshops, Vorträge, Ausstellungen und eine Messe rund um die Klöppelkunst; der nächste Termin: 3.–5. Juni 2016, Informationen unter www.kniplings-festival.dk.
Julebyen Tønder: www.tonderhandel.dk, Stichwort ›Events‹. Dänemarks bekanntester Weihnachtsmarkt macht Tønder von Mitte November bis zum Fest ganz anheimelnd.

Verkehr

Bahn: Tønder ist Station an der Strecke Niebühl – Ribe – Esbjerg, tagsüber alle 1–2 Std. Niebühl ist IC-Station an der Strecke Hamburg Altona – Westerland.

Møgeltønder ▶ D 14

Gut 2 km westlich von Tønder führt die Hauptstraße 419 an der Bauerschaft **Gallehus** vorbei. Dort ging am 20. Juli 1639 die junge Kristine Svendsdatter aus Østerby entlang, die wieder einen Korb mit Klöppelarbeiten zum Händler nach Tønder bringen musste. Plötzlich stolperte sie über einen glänzenden Metallgegenstand, der aus der Erde ragte: Das größere der beiden Goldhörner von Gallehus war gefunden, das kleinere kam 1734 ganz in der Nähe wiederum durch Zufall ans Tageslicht. Die mit Tierdarstellungen verzierten Hörner, Kultgegenstände aus der germanischen Eisenzeit, belegen eindrucksvoll, wie hoch entwickelt und eigenständig das Kunsthandwerk im Norden zu diesem Zeitpunkt bereits war. Wenig Sinn dafür hatte Niels Heidenreich, ein polizeibekannter Falschmünzer, der die Goldhörner 1802 aus der Kopenhagener Kunstkammer – Vorläuferin des Nationalmuseums – klaute und einschmolz. Alle Exemplare, die heute in historischen Museen des Landes gezeigt werden, sind Rekonstruktionen nach alten Zeichnungen. An die Fundstellen erinnern Gedenksteine.

Prinzenschloss Schackenborg

Von Gallehus ist es nur noch einen Katzensprung nach **Møgeltønder**. Am östlichen Ortseingang begrüßt Schloss Schackenborg die Besucher, ein dreiflügeliger Barockbau von 1664 und im Besitz des jüngeren Sohnes von Königin Margrethe: Weht über dem

Tønder, Højer und die Marschen

Hauptgebäude ein großer Danebrog mit Königswappen im Wind, ist Prinz Joachim daheim (Schlossparkführungen: Juni–Aug. 1–2 x pro Woche je 2 Touren am Mittag; Termine und Anmeldung beim i-Büro Tønder).

Frederik III. hatte das Gut im 17. Jh. seinem Reichsfeldherrn Hans Schack als Lehen gegeben und bis 1993 war es im Besitz dieser Familie. Dann vererbte der kinderlos gebliebene Lehnsgraf Hans Schack sein Gut an Prinz Joachim und setzte damit das mittelalterliche Lehnsrecht praktisch wieder in Kraft: Das Lehen fiel mangels direktem Erben an die Krone zurück.

Joachim war auf seine Rolle als Gutsherr gut vorbereitet, er ist diplomierter Landwirt. Kauft man im Lande Produkte der ›De 5 Gaarde‹, klingelt's bei ihm in der Kasse – Schackenborg gehört zu diesem Vertriebsverbund für Qualitätslebensmittel. Ein Spezialbier mit dem Namen »Didrik« erinnert sogar an fünf der ehemaligen Gutsherrn von Schackenborg, die diesen Namen trugen. Darüber hinaus produziert das königliche Gut in seinen Forstbetrieben Weihnachtsbäume für den Export – Blau›blüter‹tannen.

Das Schloss selbst erstrahlt in neuem Glanz, seit Joachim 1995 zum ersten Mal heiratete und zur Hochzeit, wie bei königlichen Festtagen üblich, im ganzen Land für ein Volksgeschenk gesammelt wurde: 13 Mio. Kronen kamen für die Rekonstruktion der barocken Parkanlagen und die Renovierung von Schackenborg zusammen – die Ehe hielt nicht einmal ein Jahrzehnt. Dafür, dass Møgeltønder Pilgerziel royaler Fans bleiben kann, ist jedoch gesorgt: Im Mai 2008 führte Joachim seine zweite Frau, die Französin Marie Cavallier, vor den Traualtar der Dorfkirche. Dorthin gelangt man vom Schloss über Dänemarks schönste Dorfstraße.

Slotsgade

Gleich hinter dem Torhaus von Schackenborg ist die Slotsgade erreicht. Rechts und links drängen malerische, teils reetgedeckte Erkerhäuser in friesischem Stil – die meisten aus dem 18. Jh. – an die kopfsteingepflasterte Lindenallee.

Dem Schloss unmittelbar benachbart ist der kulinarisch weit über Südjütland hinaus bekannte **Schackenborg Slotskro** (s. u., Essen & Trinken). Hier könnte man einmal bei einem echten Prinzen nächtigen oder dinieren: Joachim ist in der Tat Besitzer des Kro, aber man wird ihn weder hinter der Rezeption noch in der Küche antreffen – Pächter betreiben das Geschäft.

Kirche mit heiligen Comics

Am anderen Ende der Slotsgade streckt die ursprünglich romanische Dorfkirche ihren Westturm hoch über das flache Land. Das reiche Inventar dokumentiert ebenso wie die vielen Wand- und Deckenmalereien aus verschiedensten Epochen ihre lange Geschichte als Schlosskirche von Schackenborg – offiziell gehörte sie bis 1970 zum lehnsgräflichen Besitz. Das älteste Ausstattungsstück ist der Taufstein von etwa 1200, über dem ein sechseckiger Renaissancehimmel aus dem 17. Jh. hängt, geziert von drallen Meerjungfrauen in trauter Eintracht mit Evangelisten und Aposteln. Selbst Kindern kann man mit dieser Kirche imponieren: Die reich verzierte Empore und eine farbenfrohe, naive Deckenbemalung erzählen Geschichten – Schöpfung, Kreuzigung, Jüngster Tag – fast wie in einem Comic.

Übernachten, Essen & Trinken

Königlich ▶ **Schackenborg Slotskro:** Slotsgaden 42, 6270 Møgeltønder, Tel. 74 73 83 83, www.slotskro.dk. Die geschmackvollen Zimmer – auch Familienzimmer und Suiten – verteilen sich auf den eigentlichen Kro und einige Häuser an der Slotsgade. Kostenpunkt: ca. 1360–2000 DKK. Das Gourmetrestaurant bietet mit wechselnden Menüs anspruchsvollste Küche zu gehobenen Preisen, 3 Gänge ca. 420 DKK.

Einkaufen

Antiquitäten ▶ **Møgeltønder Antikviteter og Butik:** Slotsgaden 14, 6270 Møgeltønder, Tel. 74 73 86 62. Ein Hof voller Antiquitäten, nostalgischem Krimskrams und typisch dänischen Souvenirs.

Rudbøl und Højer ▶ D 14

Will man das Marschland intensiver erleben und Dänemarks einzige Warfthöfe sehen, macht man man zwischen Møgeltønder und Højer einen Schlenker über den Grenzort **Rudbøl**. Gleich südlich der Brücke über die Vidå, die sich hier auf Seebreite erweitert, verläuft die deutsch-dänische Grenze auf mehr als 100 m mitten durch die Dorfstraße: Auf der Ostseite gehören die Häuser zu Deutschland, auf der Westseite zu Dänemark. Die alten Grenzsteine sind im Asphalt noch zu entdecken und zeigen wie alle 279 Grenzsteine, die 1920 aufgestellt wurden, die Buchstaben D für Dänemark und DRP für Deutsches Reich Preußen.

Højer

Ganz im Westen liegt Højer als idyllischer Vorposten hinter den Deichen. Fast der gesamte Hausbestand im alten Teil Højers mit seinen reetgedeckten Höfen steht unter Denkmalschutz. Das romantische alte **Rathaus** ist eine beliebte Heirats-Location.

Markant ragt aus der Mitte des Ortes seit 1857 Dänemarks größte Mühle im holländischen Stil hervor. Sie dient mitsamt ihrer Nebengebäude als Rahmen für Ausstellungen über das traditionelle Müllerhandwerk sowie über die Marschlandschaft und ihre Natur: **Højer Mølle og Marsk Museum** (Møllegade 13, Højer, Tel. 74 78 29 11, April–Okt. 10–16 Uhr, 30 DKK).

Sperrwerke

Im Westen von Højer schirmen Deiche von 1861 und 1981 die Marsch von der Nordsee ab. Die Vidå durchfließt den älteren an der **Højer Sluse**. Im Schutz dieses Sperrwerks liegt ein paar Meter den Fluss landeinwärts die kleine Freilichtausstellung **Bådfolk ved Vidåen**, ein pittoreskes Fischerlager im Stil vergangener Tage: So lebten und arbeiteten die Binnenfischer an den Flüssen und Seen des Marschlandes. Von der Deichkrone am alten Sperrwerk sieht man im Westen die jüngeren, höheren Deiche. Auch hier muss die Vidå durchgeschleust werden, ehe sie sich ins Watt ergießen darf. Das Sperrwerk **Vidå Slusen** reguliert die Mündung und macht bei Gefahr ›dicht‹. Nebenan informiert **Tøndermarskens Naturcenter** über Watt, Marsch und Wirkung der Deiche auf die Natur.

Intensiv wird dort auch über das für normale Besucher unzugängliche Margrethe Kog informiert, das in den 1980er-Jahren hinter dem jüngsten Deich entstand. Kog nennt

Tipp: Blick über die Grenze – das Emil-Nolde-Museum

Kulturgenuss ist grenzenlos, also darf hier eines der wichtigsten Museen der Region nicht unerwähnt bleiben, auch wenn es schon südlich der Grenze auf deutschem Gebiet liegt: Das Nolde-Museum südlich Rudbøl.

Emil Nolde, einer der bedeutendsten Expressionisten und im Deutschland der Nazizeit als ›entarteter Künstler‹ mit Berufsverbot belegt, wurde 1867 als Emil Hansen östlich von Tønder in der damals preußischen Bauernschaft Nolde geboren. Ab 1902 nannte er sich nach seinem Geburtsort.

Der Vater Friese, die Mutter dänischsprachig, erlebte er eine deutsche Jugend- und Schulzeit. Er fühlte sich zwar als Deutscher, als aber 1920 durch die Rückgabe Nordschleswigs an Dänemark sein Hof Utenwarf zwischen Møgeltønder und Rudbøl plötzlich wieder nördlich der neuen Grenze im Königreich lag, nahm er sofort die dänische Staatsbürgerschaft an. Die behielt er bis zu seinem Tod 1956, auch nachdem er aus ökologischen Gründen – Enttäuschung über die Entwässerung der Vidå-Auen – 1926 mit seiner dänischen Frau Ada auf die deutsche Seite der Grenze gezogen war.

Dort war sein Wohnsitz auf der Warft Seebüll gleichzeitig Atelier und Galerie und bildet heute das Museum (www.nolde-stiftung.de, März–Nov. tgl. 10–18 Uhr, 8 €).

Tønder, Højer und die Marschen

aktiv unterwegs

Ganz flach gehalten – Tour durch Ballum Enge

Tour-Infos

Start–Ziel: Hjemsted Oldtidspark (S. 116) – Ballum Sluse
Länge: 5,6 km, zu Fuß oder mit dem Rad
Zurück: Gleicher Weg. Optional für Radfahrer: Straße nordwärts, dann Hjemstedsvej. Die Tour nutzt teilweise den Wanderweg ›Æ' Markmandssti‹, der zum Dorf Mjolden führt.
Einkehren: Ballum Slusekro, Ballum Sluse 1, 6261 Bredebro, Tel. 74 75 11 79, www.ballumslusekro.dk. Solide Hausmannskost (HG ab ca. 100 DKK), einfache Zimmer (600 DKK). Ein Hot-Spot für Ornithologen!

In die flachen Marschen von Ballum locken die Ruhe, die Wolken, die darüber hinwegfliegen und die kleinen Details, die an den Kampf der Menschen erinnern, die hier vor Jahrhunderten leben wollten, aber dem Meer nicht trotzen konnten. Ganz flach ist die Marsch eigentlich nicht: Im Westen versperren Deiche den Blick aufs Meer und unterwegs sind ein paar Hügel erkennbar. Friesen hatten hier im Mittelalter auf acht Warften das Dorf Misthusum gegründet. Es ging 1634 in der zweiten Großen Mandränke mit Mann und Maus unter, nur wenige Einwohner überlebten. Das Dorf erholte sich nie von der Katastrophe und wurde 1814 ganz aufgegeben. Aus Steinen alter Häuser entstand das **Markmandens Hus,** das heute auf einer der Warften steht. Es diente lange dem Markmand als Unterkunft, jenem Hirten, der im

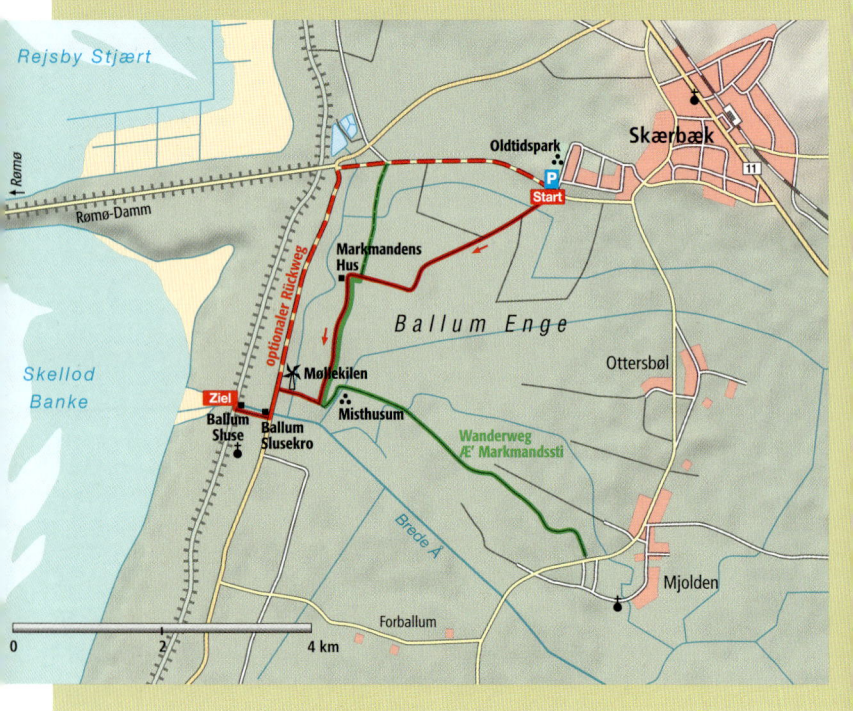

Von der Tønder Marsk zum Rømø Damm

Sommer für die Bauern aus Ballum Vieh auf den Marschweiden bewachte und versorgte. ›Den Svorne Vej‹, auf dem man hier geht, ist von einer düsteren Schwursage umwoben: Einst standen hier elf Männer und schworen, ein Wegerecht zu besitzen, weil sie auf ›eigenem Boden‹ standen. Dabei hatten sie alle nur Erde von ihrem eigenen Acker in den Schuhen. Alle elf kamen bei der Mandränke ums Leben und waren später ruhelose Wiedergänger. Erst eine junge Frau gab ihnen die ewige Ruhe, indem sie elf potenzielle Selbstmörder von ihrem Plan abbrachte.

Dort, wo der befestigte Weg endet, sieht man beim Blick zum Meer die Flügel zweier windbetriebener Förderpumpen. Diese Anlage, **Møllekilen**, versorgte früher ein Grabensystem zum Tränken des Viehs mit Wasser aus dem ›døde arm‹, einem Seitenarm der Brede Å: So feucht die Marsch auch wirkt, es gibt kaum Süßwasser. Eine kleine Fußgängerbrücke führt über den ›toten Arm‹ zu den Pumpen. Auf der Warft daneben dokumentiert das Minimuseum im alten Møllehuset Natur und Geschichte der Marsch. Ins Auge fällt noch eine Sturmflutsäule. Auf deren Spitze überrollt eine Monsterwelle ein Haus: Misthusums Untergang während der großen Mandränke.

Der **Ballum Slusekro** ist das einzige bewohnte Haus weit und breit. Es entstand 1915 als Kro und Wohnsitz des Deichgrafen. Innen von gediegenem friesischen Stil geprägt, ist es äußerlich ein in Dänemark seltenes Beispiel der aus Deutschland stammenden Heimatschutz-Architektur der ersten Hälfte des 20. Jh. – zur Bauzeit gehörte die Ballum Marsch zum deutschen Reich. Vom Kro ist es nur ein Katzensprung zum Deich mit dem Sperrwerk **Ballum Sluse**, durch das die Brede Å ins Wattenmeer entlassen wird und das bei Sturmfluten geschlossen werden kann. Ab hier verkehrten vor dem Bau des Rømø Damm (S. 121) Fähren nach Rømø.

man normalerweise Land, das durch Eindeichung dem Meer abgerungen wird. Hier hat man den Boden aber nicht urbar gemacht, sondern effektiven Küstenschutz und das Interesse der Natur an unzerstörten Lebensräumen unter einen Hut gebracht: Im Margrethe Kog werden 260 ha Fläche zweimal täglich im Rhythmus der Natur mit Salzwasser geflutet, um der Vogelwelt jenen Lebensraum zu erhalten, der ihr bei früheren Deichbauten immer verloren ging (April–Okt. tgl. 10–18 Uhr; unter demselben Dach die Cafeteria Slusen Højer, Tel. 74 78 27 31 – einfach, aber gut und preiswert).

Übernachten
Bauernhof im Herbergsstil ▶ **Marskens Bondegårdsferie:** Hohenwarte, Siltoftvej 2, 6280 Højer, Tel. 74 78 93 83, www.hohenwarte.dk. Mit etwa 90 Betten schon recht groß für ›Ferien auf dem Bauernhof‹. Tiere werden aber noch gehalten. DZ inkl. Frühstück ca. 600 DKK ohne, 650 DKK mit Bad; weitere Mahlzeiten werden angeboten.

Einkaufen
Lokale Wurstspezialitäten ▶ **Højer Pølser:** Søndergade 1, 6280 Højer, Mo–Fr 9–17, Sa bis 12 Uhr. Fabrikverkauf einer angesehenen Wurstfabrik – ein Muss für Selbstversorger.

Termine
Højer Internationale Træskulptur Symposium: Jedes Jahr in Woche 24 kommen rund ein Dutzend Künstler aus aller Welt und bearbeiten in der Regel unter freiem Himmel jeder einen Eichenstamm. Am letzten Tag werden die Objekte versteigert.

Von der Tønder Marsk zum Rømø Damm

6 km nördlich Højer knickt Straße [419] zur Küste ab und erreicht nahe der aus romanischer Zeit stammenden Kirche von **Hjerpsted** fast das Meer. Von dort bietet sich ein exzellenter Blick auf das Wattenmeer und jene Sandbank, die bis 1999 Dänemarks ein-

Tønder, Højer und die Marschen

zige Hallig **Jordsand** war. In historischen Quellen hieß sie Hjortsand – Hischsand –, war gut 20 km² groß, bewaldet und mit mehreren Warfthöfen bebaut. Jede Sturmflut machte sie kleiner, der letzte Hof wurde 1895 weggespült. Noch einmal 100 Jahre blieben ihr als Weideinsel, bis eine Sturmflut 1999 ihr endgültig den Garaus machte und ihren Status von Insel auf Sandbank reduzierte.

Am Dorf **Ballum** geht es von den sicheren Höhen der Geestinsel wieder in die Niederungen der typischsten aller Marschen: Ballum Enge – fast 600 ha fettes Weideland, durchwunden von der Brede Å und flach wie ein Kuchenblech (s. Aktiv unterwegs S. 114).

Skærbæk ▶ D 13

Skærbæk ist Einkaufsort für die Ferieninsel Rømø und wird in der Saison bei schlechtem Wetter regelmäßig überschwemmt – nicht von einer Sturmflut, sondern von shoppingwilligen Touristen. Zudem lockt das Skærbæk Fritidscenter mit großem Hallenbad, Bowlingbahnen und Kinderspielland (Storegade 46–48, Tel. 74 75 19 70, www.kursus-fritidscenter.dk, tgl. wechselnde Öffnungszeiten).

Die größte Attraktion liegt am Rande der Stadt: Der **Hjemsted Oldtidspark** ist gleichzeitig Museum für einzigartige Funde als auch ein modernes Erlebniszentrum zur Eisenzeit (ca. 500 v. Chr.–ca. 500 n. Chr.). Die Funde aus dieser Epoche werden unter dickem Glas im Boden des Museums so präsentiert, wie Archäologen sie an genau dieser Stelle freigelegt haben. Auf dem Außengelände mit Nachbauten zeittypischer Häuser wird dann Eisenzeit lebendig in Szene gesetzt: Fahrten in Einbaumbooten, Schießen mit Pfeil und Bogen, Herstellung zeittypischer Gerätschaften oder auch Kochen und Backen wie vor 2000 Jahren – spannend für Kinder aller Altersstufen (Hjemstedvej 60, Tel. 74 75 08 00, www.hjemsted.dk, tgl. mindestens 11–16 Uhr, Hochsaison und Ferienzeiten länger [aktuelle Zeiten online], Eintritt je nach Aktivitäten 60–120 DKK, 25–60 DKK/ 3–14 Jahre, Familientickets).

Bredebro und Løgumkloster ▶ D 14

Wählt man zur Fahrt nach Norden statt der Küstenstrecke ab Tønder die schnellere Hauptstraße [11], kann man einen Shopping-Stopp in **Bredebro** machen: Dort startete 1963 eine kleine Schuhfabrik, die heute unter dem Namen ECCO ein Global Player ist, aber dem Ort verbunden blieb. Im Fabrikverkauf kann man immer ein Schnäppchen machen (**Ecco Shoppen i Bredebro**, Storegade 20, 6261 Bredebro, Tel. 74 71 00 28).

Die attraktivere Fahrroute führt weiter landeinwärts über **Løgumkloster**. Das Städtchen entstand um ein gleichnamiges, 1173 gegründetes Zisterzienserkloster. Von den umfangreichen Klostergebäuden des Mittelalters sind nur ein Teil des Ostflügels und die nach den Ordensregeln schlichte, aber doch imponierende Backsteinkirche erhalten, die zwischen Mitte des 13. und Mitte des 14. Jh. als Nordflügel gebaut wurde, gerade in der Zeit der Wende von der Romanik zur Gotik – entsprechend mischen sich die Stilarten. Der westlich anschließende Renaissanceflügel stammt nicht aus der Klosterzeit, sondern entstand 1614 als herzogliches Jagdschloss. Heute beherbergt er ein Priesterseminar der dänischen Volkskirche. Eine benachbarte Kirchenmusikschule unterrichtet die hohe Kunst des Glockenspiels. Von einem modernen Turm mit 49 Glocken – die kleinste 16, die größte 1800 kg schwer – klingelt, gongt und dröhnt es fünfmal täglich vom Computer gesteuert, an Wochenenden wird dagegen meist manuell angeschlagen.

Das **Museet Holmen** schließlich ist der Hort für anspruchsvolle, oft überregional bedeutende Kunstausstellungen (Østergade 13, 6240 Løgumkloster, Tel. 74 74 41 65, www.museetholmen.com, während Ausstellungen Di–Do 13–16.30, Sa, So 14–17 Uhr).

Termine

Klostermærken: Volksfest Mitte Aug. mit Floh-, Vieh- und Jahrmarkt; stimmungsvoller Schaustellergottesdienst zum Auftakt, Feuerwerk zum Abschluss.

Bredebro und Løgumkloster

aktiv unterwegs

Sort Sol – der Schwarzen Sonne auf der Spur

Tour-Infos
Wo: Marschland von der Grenze bis Südende Ringkøbing Fjord, auch auf Rømø
Wann: März/April und Sept./Okt. bei einsetzender Dämmerung
Mit wem: Man kann allein auf die Suche gehen, verbessert seine Chancen zur rechten Zeit am rechten Ort zu sein aber mit Naturführern, u. a. von SortSafari (Tel. 73 72 64 00, www.sortsafari.dk, Führungen auf Deutsch ca. 185 DKK). Festes Schuhwerk und warme Kleidung sind notwendig.

Ein sonst nicht spektakulärer Vogel sorgt in den Marschen Südwest-Jütlands für ein Naturspektakel der Extraklasse: Bis zu 1,5 Mio. Stare treten im Frühjahr, sobald die Frostzeit zu Ende geht, und im Herbst, bevor die Temperaturen nachts wieder unter Null fallen, zum ›Tanz der schwarzen Sonne‹ über der Marsch an. Bevor sie sich auf ihre Schlafplätze niederlassen, kreieren sie ein wundersames Luftballett über den Schilfgürteln der Marschseen. Bis zu einer halben Stunde lang werfen sie zu den Strahlen der Abendsonne Figuren an den Himmel: Dämonen. Engel. Rauchschwaden. Fließende Schleier wie bei einem Nordlicht. Bild für Bild synchronisiert mit Abertausenden von Flügelpaaren. Wenn Raubvögel diesen überreich gedeckten Tisch entdecken und sich ins Getümmel stürzen, werden die Bewegungen schneller, aber nicht weniger präzis – und wer hört schon die Schreie der Opfer. Als die Bewohner der Marsch von Vogelzügen noch nichts wussten, gab es wunderliche Geschichten um das Phänomen der schwarzen Sonne. So war man sicher, dass die Stare, die im Oktober plötzlich verschwinden und im Frühjahr wieder da sind, auf dem Grund der Marschseen im Schlamm überwintern.

Wenn die Sonne untergeht, sammeln sich die Stare zu ihren Formationsflügen

Rømø, Mandø, Fanø und das Wattenmeer

Rømø, Mandø und Fanø liegen wie Spiegeleier in einer zu großen Pfanne im Wattenmeer. Jede für sich eine Perle, geprägt von rauer Natur und traditionsreicher Küstenkultur. Ribe mit seinem ehrwürdigen Dom darf man getrost in die Reihe der schönsten historischen Städte Europas stellen, und auf ganz andere Weise spannend ist das junge Esbjerg, die boomende Ölstadt.

1 Nationalpark Wattenmeer ► C 12/13

Das europäische Wattenmeer erstreckt sich vom holländischen Den Helder fast 500 km entlang den Nordseeküsten dreier Staaten bis Blåvands Huk nördlich von Esbjerg und gilt als eines der wertvollsten Ökosysteme der Welt. Der dänische Abschnitt von der Grenze bei Højer bis in die Ho Bugt ist der kleinste, steht jedoch seit 2010 als Dänemarks größter Nationalpark unter besonderem Schutz.

Sonne, Mond und Tiden

Das Watt ist ein Zwitter, mal wogendes Meer, mal flaches, schlammiges Land. Motor dieses amphibischen Lebensraums sind die Gezeiten: 6 Std. 12 Min. nach dem niedrigsten ist der höchste Wasserstand erreicht, wieder 6 Std. 12 Min. später der niedrigste – und das Spiel beginnt von vorn.

Dass die Gezeiten vom Stand des Mondes abhängig sind, wussten im klassischen Altertum schon die Griechen, aber erst Newton erfasste die genauen Zusammenhänge: Tiden sind Massenbewegungen des Wassers in den Weltmeeren, die in erster Linie von der Schwerkraft des Mondes und in geringem Umfang von der Sonne beeinflusst werden. Flut herrscht auf der dem Mond zugewandten Seite der Erde und – fliehkraftbedingt – auf der gegenüberliegenden Seite.

Im Bereich des dänischen Wattenmeers steigt das Wasser im Normalfall bis zu 2 m, das ist reichlich gegenüber den 20–30 cm in den Fjorden und Sunden an Jütlands Ostküste oder rund um Fünen, aber Kinderkram gegenüber der Weltrekordhalterin Fundy Bay an der kanadischen Ostküste: Bis zu 21 m Tidenhub misst man dort.

Springtiden und Nipptiden

Schwankungen sind normal. Astronomische Konstellationen, geographische Verhältnisse und das Wetter verändern den Tidenhub. Reihen sich Sonne, Mond und Erde bei Neu- und Vollmond in einer Linie auf, verstärkt er sich zur Springtide und schwächt sich bei Halbmond zur Nipptide ab, wenn Sonne und Mond im Winkel von 90° zueinander stehen. Dabei wirkt die Deutsche Bucht wie ein Trichter ohne Abfluss. West- und Nordweststürme drücken dort große Wassermassen vom Atlantik hinein und können leicht 4 oder 5 m auf das normale Hochwasser ›drauflegen‹. Kulminiert dies mit einer Springflut, sind die Folgen oft katastrophal.

Die Liste der Katastrophenfluten an der dänischen Küste ist lang (S. 108). Die meisten Opfer forderten die beiden Mandränken. Die erste ließ 1362 rund 30 Kirchspiele, darunter auch das sagenumwobene Rungholt, von der Landkarte verschwinden, die Zahl der Opfer an der Nordseeküste wird mal auf 15 000, mal auf 100 000 geschätzt. Die zweite

Watt-Wörterbuch

Wat is' wat im Watt? Thema

Wer Ferien am oder auf einer Insel im Wattenmeer macht, wird früher oder später Begriffen begegnen, die nicht zum gebräuchlichen Wortschatz eines Binnenländlers gehören oder die eine andere Bedeutung haben, wie ›Besen‹ oder ›Priel‹. Hier ein kleines Watt-Wörterbuch:

Besen: Reisigbesen markieren Wege oder Fahrrinnen im *Watt*

Blanker Hans: die Nordsee bei Sturm; auch für *Sturmflut*

Deichkrone: höchste Stelle eines Deiches

Ebbe: Phase ablaufenden Wassers

Ebbeweg: rund um *Niedrigwasser* nutzbarer Weg durchs Watt

Flut: Phase auflaufenden Wassers

Flutsaum: angeschwemmte Algenreste, Muscheln usw. zeigen die maximale Reichweite des Wassers auf dem Strand

Gezeiten: von Mond und Sonne verursachte Massenbewegungen; Meeresgezeiten sind *Tiden*, es gibt auch Gezeiten der Atmosphäre und der Erdmasse

Gezeitenwelle: mit dem Mond die Weltmeere umlaufende Welle höchsten Wasserstandes, ein Umlauf dauert 24 Std. 48 Min.

Grüppe: künstliche Rinne zur Entwässerung von Marschland

Hochsand: bei normalem Hochwasser nicht überspülte Sandbank

Hochwasser *(højvande)*: höchster Wasserstand einer *Tide*

Kentern: Wechsel zwischen Ebbe und Flut

Kog/Koog: eingedeichtes Marschland

Lahnungen: flache, künstliche Dämme im Watt, die durch Bindung von Sedimenten die Marschbildung einleiten sollen

Marsch: aus Meeresablagerungen aufgebauter, fruchtbarer Landstreifen an Gezeitenküsten, wo diese nicht mehr regelmäßig überflutet werden

Niedrigwasser *(lavvande)*: tiefster Wasserstand einer *Tide*

Nipptide: *Tide* bei Halbmond mit niedrigem Hoch-, aber hohem Niedrigwasser

Priel: natürlicher Wasserlauf im Watt

Salzwiesen: Grünflächen an Meeresküsten, die durch Gischt und Überflutungen Salzwasser ausgesetzt sind und eine ganz spezielle Flora ausbilden

Seegatt: Synonym für Tief (s. u.)

Springtide: *Tide* bei Voll- und Neumond mit höchstem Hoch- und tiefstem Niedrigwasser

Stillwasser: Strömungsstillstand beim *Kentern*

Sturmflut: durch Stürme um mehr als 3 m über normal verstärke *Flut*, besonders gefährlich, wenn sie mit einer *Springtide* zusammentrifft

Tennen: Abflüsse bei natürlicher Marschbildung

Tide: Gezeitenperiode des Meeres zwischen zwei Niedrigwassern

Tidenhub: Unterschied zwischen Niedrig- und Hochwasser; im dänischen Watt ca. 1–2 m, nach Nordjütland hin abfallend

Tidenkalender (dän.: *højvandskalender*): lokal gültige Kalender mit den Zeiten der höchsten Wasserstände

Tief *(dyb)*: bis zu 30 m tiefe Ströme im Watt, durch die der größte Wasseraustausch bei Ebbe und Flut erfolgt

Vorland: Übergang vom Watt zum festen Land, das bei hohen Wasserständen noch überspült wird

Rømø, Mandø, Fanø und das Wattenmeer

brach am 11. Oktober 1634 über die Küste herein. Wissenschaftler schätzen die Höhe der Flut an diesem Tag auf aktuelle Maßstäbe umgerechnet auf knapp 6 m über normal. Wieder starben an den Küsten des Wattenmeers bis zu 15 000 Menschen. Heute liegt die Deichkrone bei 7,45 m über dem Meeresspiegel, das reichte am 3. Dezember 1999, als im Watt vor Ribe mit 5,50 m der höchste Sturmbonus neuerer Zeit gemessen wurde. Sorgen macht indes die Häufigkeit der Sturmfluten. Lagen früher lange Perioden dazwischen, so kommt der ›Blanke Hans‹ heute statistisch 2,2-mal pro Jahr.

Kinderstube und Speisekammer

Der regelmäßige Nährstoff- und Sauerstoffaustausch macht das Watt zu einem der fruchtbarsten Lebensräume der Erde: Es produziert pro Quadratmeter mehr Biomasse als ein Regenwald. Plankton, Algen, Würmer, Kleinkrebse, Schnecken, Muscheln, Fische, Vögel und Robben leben hier wie im Paradies, und auch der Mensch profitiert am Ende der Nahrungskette vom Watt: Für Nordseescholle und Seezunge ist es die wichtigste Kinderstube und auch Jungdorsche fressen sich hier bei Flut gern dick. Auf sie warten Seehunde. Die lagern mit ihren Jungen auf einem Hochsand am Rand jener Tiefs, durch die zweimal am Tag etwa 1 Mrd. m³ Wasser ins Wattenmeer und wieder hinaus strömen. Da schwimmen dann Unmengen von Fischen direkt vor den Seehundnasen vorbei – guten Appetit!

Auch die Vogelwelt sähe ohne diesen Rast- und Proviantierungsplatz ärmer aus. Biologen schätzen: Ohne das Watt wären etwa 50 Zugvogelarten Europas gefährdet. Von Mitte August bis in den Oktober hinein kann man täglich ihre Großflugtage erleben. Der Frühjahrszug im Mai ist indes kürzer, aber dann kommen mehr Individuen auf einmal.

Exotische Einwanderer

Die guten Bedingungen im Watt lassen auch Einwanderer aus fremden Welten gut gedeihen, die der globale Schiffsverkehr von der amerikanischen Ostküste oder aus dem Pazifik meist in Ballasttanks mitbringt. Zu bisher rund 80 eingeschleppten Arten gehört die amerikanische Messermuschel, deren lange, schmale Schalen überall an den Stränden liegen – sie ist drei Jahrzehnte nach ihrer Ankunft eine der meistverbreiteten Muscheln im Wattenmeer, zum Glück ohne einheimische Arten zu verdrängen. Auch Austern verbreiten sich seit einigen Jahren explosionsartig, für ein misslungenes Zuchtprojekt auf Sylt eingeführt. Im dänischen Watt darf man sie für den Privatgebrauch sammeln, am besten genießbar sind sie in den kalten Monaten – alle Monate mit ›r‹ im Namen.

Das Watt erleben

Die Wasserbewegungen bei Ebbe und Flut sind mit starken Strömungen verbunden, am gefährlichsten in den Tiefs und den Prielen. Wer dies bei individuellen Touren im Watt oder auf Sandbänken vor Rømø, Mandø und Fanø unterschätzt, spielt mit seinem Leben. In Tidenkalendern (dän. *højvandskalender),* die überall in der Region aushängen oder in den i-Büros erhältlich sind, findet man die Uhrzeiten der höchsten Wasserstände. Die Angaben gelten aber nur lokal: Ein Tidenkalender für den Norden von Fanø ist z. B. am Rømø Südstrand unbrauchbar, denn je weiter südlich man sich befindet, desto früher kommt das Wasser.

Das **Vadehavscentret,** ein Erlebniscenter rund ums Wattenmeer, duckt sich am Rande von **Vester Vedsted** hinter den Deich. Als Höhepunkt erleben Besucher in einem Multimediaraum hinter sich lärmend schließenden Deichtoren, wie eine Sturmflut über das Land hereinbricht. Das Center bietet in entsprechenden Jahreszeiten Wattexkursionen inklusive Austernsuchen und Touren zu spektakulären Starenflügen (s. Aktiv unterwegs S. 117). Zudem startet vor der Tür der watttaugliche Mandø Bus zur Wattenmeerinsel Mandø (S. 125) (Okholmvej 5, 6760 Vester Vedstedt ▶ **C 13,** Tel. 75 44 61 61, www.vadehavscentret.dk, Mitte Febr.–Okt. tgl. 10–16, Mai–Sept. 10–17 Uhr, Eintritt 70 DKK, 35 DKK/4–12 Jahre).

Infos

In allen i-Büros der Region sind Broschüren erhältlich, mit deren Hilfe man sich über Naturschutzregeln, Sperrgebiete und Zugangsbeschränkungen informieren kann.

Rømø ▶ C 13/14

Rømø ist mit dem Festland durch den 9,2 km langen **Rømø Damm** verbunden, über den die einzige Straße überhaupt zu einer Insel im europäischen Wattenmeer führt. Der 9170 m lange und am Fuß 60 m breite Damm wurde 1938 zur Linderung der Massenarbeitslosigkeit begonnen, aber erst 1948 vollendet. Am Rande sind die vielen Haltebuchten vor allem während der Vogelzugzeiten ständig belegt, der Rømø Damm ist ein idealer Vogelbeobachtungsplatz.

Rømø zeigt sich am touristischsten im Umfeld der mehrspurigen Zufahrt zum **Lakolk Strand:** Das Lakolk Butikscenter bietet eine grell-bunte Mischung aus Boutiquen, Lebensmittelläden, Kite-Shops und Gastronomie auf eher niedrigem kulinarischen Niveau – PPP dominieren die Speisekarten: Pølser, Pommes, Pizza.

Strände

Seit den Kindertagen des Inseltourismus um 1840 begeistern sich Gäste für die kilometerbreiten Strände, die in Europa kaum Konkurrenz haben. Da ist Platz zum Baden, Weite für Spaziergänge und viel Raum für Flüge bunter Drachen.

Große Teile des Strandes dürfen mit Autos befahren werden, südwestlich der Strandzufahrt von Lakolk ist aber ein *bilfrit område,* eine autofreie Zone, ausgewiesen. Weitgehend auto- und textilfrei genießt man ganz im Süden den **Sønderstrand.** Eine feste Fahrspur – die bei bestimmten Wetter- und Tidenkonstellationen aber überflutet werden kann – führt vom Dünenübergang Richtung Meer (ca. 2 km), aber dort draußen ist der Sand dann so weich, dass sich selbst Geländewagen-Fahrer nicht ganz bis ans Ufer herantrauen. Gut so.

Naturerlebnisse

Mit den Stränden nach Westen, den unterschiedlich alten Dünenketten und den biologisch höchst interessanten Strandsümpfen in der zweiten Reihe, den Dünenwäldern und Heideflächen im Inselinneren und den Marschen sowie dem Watt nach Osten vereint Rømø mehrere typische dänische Landschaften auf kleinstem Raum. Rad- und Wanderwege erschließen die archaische Landschaft, Infos dazu gibt's beim i-Büro.

Vor allem die Natur, aber auch Kulturgeschichte sind Themen im **Naturcenter Tønnisgård,** das sich das Dach eines alten reetgedeckten Hofes mit dem Sekretariat des Nationalparks Wattenmeer teilt. Parallel zu den permanenten Naturausstellungen veranstaltet das Zentrum rund ums Jahr Natur- und Kulturexkursionen überall auf Rømø, meist auch mit deutschsprachigen Erläuterungen. Bei deutschen Urlaubern der Hit: Bunkertouren (Havnebyvej 30, Tvismark, Tel. 74 75 52 57, Mo–Fr 10–16 Uhr, Nov.–März unregelmäßige Öffnungszeiten mit Details auf www.tonnisgaard.dk, Eintritt 15 DKK, 5 DKK 4–12 Jahre; Exkursionen ab 50 DKK).

Kulturbegegnungen

Der alte Hof, den sich i-Büro und Naturcenter teilen, ist nicht der einzige Bau im friesischen Stil auf der Insel. Schmuckstück ist **Nationalmuseets Kommandørgård** in der Bauernschaft Toftum, im Norden. Der reetgedeckte Kapitänshof entstand 1748 und blieb 200 Jahre fast ohne bauliche Veränderungen in Familienbesitz, ehe er dem Nationalmuseum übertragen wurde. In der alten Scheune informiert eine permanente Ausstellung über Wale, Walstrandungen und Walfang (S. 124; Juvrevej 60, Toftum, Tel. 74 75 52 76, www.natmus.dk; Mai–Sept. Di–So 10–17, 14 Tage um Ostern und Okt. Di–So 10–15 Uhr, gratis). Zum Museum gehört ferner die **Toftum Gamle Skole,** eine Zwergschule, in der von 1784 bis 1874 ehemalige Kapitäne die Kinder der Umgebung unterrichteten.

Den Reichtum der Insel im 17., 18. und 19. Jh., den der Kommandørgård widerspiegelt, mussten Tausende Wale vor Grönland

Rømø, Mandø, Fanø und das Wattenmeer

und Spitzbergen mit dem Leben bezahlen. Viele Rømser fuhren als Schiffsoffiziere oder Kapitäne unter fremden Flaggen, bevorzugt unter der holländischen. Groß im Geschäft waren die Männer von Rømø beim Walfang im nördlichen Eismeer.

Aus dieser Zeit stammt in Juvre, ganz im Norden, ein auf den ersten Blick unscheinbarer Gartenzaun aus Wal-Kieferknochen, **Hvalbenshegn.** Er entstand als Notlösung, denn Holz war damals schwieriger auf der Insel zu bekommen als Walgebein. Eine weitere Hinterlassenschaft der maritimen Boomzeit sind die edlen Grabplatten für die Kapitäne auf dem Kirchhof der **Rømø Kirke** von Kirkeby, direkt an der Hauptstraße in den Süden der Insel. Eine Zeit lang war es Mode, dass sich reiche Schiffsführer solche repräsentativen Kommandørstene schon vorsorglich aus Holland mitbrachten. Im Todesfall musste nur noch das Datum eingemeißelt werden.

Havneby

Am Ortseingang von Havneby finden Kinder im **Rømø Lege- & Hesteland** alles, was sie lieben: Streichelzoo, Spaßbad, Wasserrutsche, Kletterburg, Bötchenfahrten und Ponyreiten (Tel. 74 75 51 22, ganzjährig mit jahreszeitlich variierenden Öffnungszeiten, -tagen und Preisen zwischen 50 und 90 DKK). Havneby ist in jüngster Zeit ein kleiner Ort geworden mit hypermodernem Zentrum inklusive Supermarkt, Cafés, Outlet-Shops und i-Büro. Der im Osten angrenzende Hafen wurde in den 1960er-Jahren für die Fischerei angelegt und erlebt gerade den Ausbau zum Versorgungshafen für Off-Shore-Windenergieparks – Idylle ist etwas anderes. Die Inselhauptstraße endet am Anleger der Sylt-Fähre. Ihr Zielhafen ist List mit den Scampi- und Schampusbuden von Gosch – günstige Tagestickets erlauben Spritztouren (Sylt-faehre.de, 5–10 x tgl., Fahrtdauer 40 Min., Tel. 73 75 53 03, www.syltfaehre.de).

Infos

Rømø Turistbureau: Nørre Frankel 1, Havneby, 6792 Rømø, Tel. 74 75 51 30, www.romo.dk.

Übernachten

Klassische Hotelzimmer gibt es auf Rømø kaum, dafür viele Ferienhäuser und Ferienparks, die auch über deutsche Vermittler zu buchen sind (S. 83).

Wellness unterm Reetdach ▶ **Enjoy Resorts Rømø:** Vestergade 31, 6792 Havneby, Tel. 74 75 56 55, www.enjoy-resorts.dk. Komfort-Ferienpark am Rande von Havneby für Familien ebenso wie für Golf-Fans und Wellness-Sucher: Zur Anlage gehören eines der größten dänischen Wellnesscenter, ein Indoorpool und zwischen den Häusern und den Deichen eine der besten Linksgolfplätze Skandinaviens (18- Loch und 9-Loch Pay & Play). Die 200 Reetdach-Reihenhäuser sind äußerlich keine Augenweide, aber hochwertig und mit viel Dansk Design ausgestattet. Die Preise variieren nach Saison und Aufenthaltsdauer ab ca. 5500 DKK/Woche; viele Angebote für Wellness-, Golf- oder Aktiv-Miniferien. Flexible An-/Abreisetage.

All-in-one ▶ **Kommandørgården:** Havnebyvej 201, Østerby, 6792 Rømø, Tel. 74 75 51 22, www.kommandoergaarden.dk. Hotelzimmer (ca. 825–1200 DKK), Ferienapartments und familienfreundlicher Campingplatz mit Hütten. Neben viel Entertainment für Kinder gibt es eine kleine Wellnessabteilung und einen Reiterhof (S. 125). Pakete mit Unterkunft und Aktivitäten.

Familiär ▶ **Hos Else og Keld:** Havnebyvej 110, 6792 Rømø, Tel. 74 75 51 06, www.hoselseogkeld.dk. Seit fünf Generationen in Familienbesitz befindliche, urgemütliche Pension (DZ ca. 530–605 DKK) auf einem Bauernhof mit prima Frühstück; Gästeküche zur gemeinschaftlichen Benutzung und Unterstellmöglichkeit für Pferde.

Camping mit Lageratmosphäre ▶ **Lakolk Strand Camping:** Lakolk, 6792 Rømø, Tel. 74 75 52 28, www.lakolkcamping.dk, geöffnet von April bis zu den Herbstferien. Sehr groß und munter und in der Saison sehr dicht belegt, aber am nächsten zum Weststrand.

Ferienhäuser ▶ **Feriepartner Rømø:** www.feriepartner-roemoe.dk. Das i-Büro vermittelt sowohl frei stehende Ferienhäuser als auch Wohnungen in Ferienparks der Insel.

aktiv unterwegs

Strandsport auf Rømø

Tour-Infos
Wo: Rømø Sønderstrand (▶ **C 14**)
Wann: April–Okt. bei gutem Wind & Wetter
Verleih: Windriders.dk, Havnebyvej 60, Kongsmark, 6792 Rømø (dort auch Radverleih), Mobil-Tel. 22 85 50 15, www.windriders.dk. Mobiler Stand am Rømø Sønnerstrand bei guten Wetterbedingungen. Preise jeweils pro Tag: Blokart inkl. Handschuhe und Helm ca. 550 DKK, Kite & Board ca. 300 DKK, Kite & Buggy ca. 500 DKK. Unterweisung am Strand ab ca. 260 DKK/Std.

Man muss nicht gleich um die halbe Welt reisen, um Erfindungen aus dem Trendsport-Eldorado Neuseeland auszuprobieren: Über Europas breitesten Sandstrand im Süden der Nordseeinsel Rømø flitzen regelmäßig **Blokarts,** superleichte, dreirädrige Strandsegler. Sie nutzen mit einem Segelmast, ähnlich dem der Windsurfer, die Kraft des Windes. Mit einem Blokart kommt jeder klar, der Fahrrad fahren kann: zum Steuern dient eine einfache Lenkstange. So ziehen selbst Anfänger ohne Segelerfahrung nach wenigen Minuten Einführung ihre ersten Bahnen über den Sand.

Aus Finnland kommen **Kitewings:** Windsurfen ohne nass zu werden. Hier ist schon eine gute Körperbeherrschung nötig, um auf dem Board zu balancieren und sich von dem nur mit den Händen gehaltenen Segel vor dem Wind treiben zu lassen. Als Boards dienen sowohl zweirädrige Dirtsurfer aus Australien, mit denen sich dort Wellenreiter bei Landausflügen vergnügen, als auch die von Snowboardern als Sommergerät entwickelten vierrädrigen All-Terrain-Boards.

Wettlauf mit der Fähre: Kitewing-Fahrer am Rømø-Südstrand

Rømø, Mandø, Fanø und das Wattenmeer

Ein Wal für Rømø — Thema

Rømø machte 1996 und 1997 Schlagzeilen, als am Strand der Insel zwei Gruppen mit insgesamt 27 Pottwalen strandeten und verendeten. Wale stranden immer wieder an den Küsten der Nordsee, in so großer Zahl aber nicht mehr seit 1723.

Die Tiere, die bei der Nahrungssuche bis zu 3000 m tief tauchen können, haben im Wattenmeer keine Chance, weil ihr hochentwickeltes Orientierungssystem bei geringer Wassertiefe nicht funktioniert. Haben sich die bis zu 25 t schweren Kolosse in zu flaches Wasser verirrt und stranden sie bei Ebbe, sind sie nicht mehr zu retten. Anders als ihre leichteren Verwandten wie Delfine und Grindwale, die man durch Wässern der Haut und Schutz gegen die Sonne bis zum nächsten Hochwasser am Leben halten kann, werden sie auf Land liegend von ihrem eigenen Gewicht erdrückt.

Die Ursache dafür, dass die Großwale in dieses für sie tödliche Meeresgebiet hineinschwimmen, ist umstritten: Ein Irrtum neugieriger Jungbullen – das waren die meisten der Gestrandeten von Rømø – auf der Futtersuche kombiniert mit dem Instinkt, konsequent nach Süden zu schwimmen, meinen die einen, Schädigungen des Nervensystems durch Giftstoffe und die akustische Umweltverschmutzung der Nordsee durch Schiffe und Ölplattformen die anderen.

Die Skelette waren begehrt und gingen an verschiedenste Museen und Erlebniszentren in Dänemark und Norddeutschland, nur Rømø musste zehn Jahre warten. Erst seit April 2007 ist eins der Skelette komplett auf der Insel zu sehen, Teil einer permanenten Ausstellung über Wale und Walfang in Nationalmuseets Kommandørgaarden in Toftum im Norden von Rømø (S. 121).

Nirgendwo kommt man einem Pottwalskelett so nah wie auf Rømø

Essen & Trinken

Fisch gutbürgerlich ▶ Havneby Kro: Skansen 3, 3792 Havneby, Tel. 74 75 75 35, www.havneby-kro.dk. Die Küche ist grundsolide dänisch – neben Fisch gibt's auch Schnitzel und Burger (HG ab ca. 130 DKK, mittags ab ca. 70 DKK) und im Sommer oft Buffet. Im Obergeschoss wenige, jüngst renovierte Zimmer (ca. 700–1000 DKK).

Fisch in allen Varianten ▶ Holms: Norde Havnevej 1, Havneby, 6792 Rømø, Tel. 74 75 50 66. Exzellentes Fischrestaurant mit eigener Räucherei und großem Fischladen; HG ca. 110–210 DKK, mittags preiswertes Bistro; in der Saison Fr u. So eines der besten Fischbuffets im ganzen Land; Ostern bis Anfang Nov. und um den Jahreswechsel, Küche Saison tgl. 12–22 Uhr, Shop tgl. 10–18.30 Uhr.

Fisch gut und preiswert ▶ Otto & Ani's Fisk: Havnepladsen (direkt am Fischereihafen), Havneby, 6792 Rømø, Tel. 74 75 53 06. Fischgeschäft mit preiswertem Fisch-Imbiss.

Aktiv

Seehunde beobachten ▶ Sæl Safari: Tel. 73 72 64 00, www.sortsafari.dk. Bootstouren ab Havneby meist via Sylt, Mai–Sept. 1–4 x wöchentl., 225 DKK, 175 DKK/bis 13 Jahre.

Reiten ▶ Thomsens Ridecenter: Vråbyvej 9, Havneby, 6792 Rømø, Tel. 74 75 68 80, www.sigurd-thomsen.com. Auf dem Pferderücken über einen kilometerbreiten Strand zu gleiten – davon träumt jeder Reiter (2 Std. ca. 240 DKK), auch Waldritte (ab 160 DKK) und Ponys für die Kleinsten sowie die Möglichkeit, eigene Pferde für die Urlaubszeit unterzustellen. **Rømø Islændercenter:** Reiterhof des Kommandørgården (s. o.). Ausritte auf Islandpferden von 2–8 Std. Dauer auf Rømø, Mandø und Koresand (s. r.).

Termine

Rømø internationale Dragetræf: Farbenprächtiges, dreitägiges Drachenfest auf dem Strand vor Lakolk Anfang Sept.

Verkehr

Bus: Rømø–Skærbæk, dort Bahn.

Mandø ▶ C 13

Am Vadehavscentret (S. 120) in Vester Vedsted startet ›Mandø Bussen‹, ein ungewöhnliches Gespann mit hochachsigem Trecker vor ein oder zwei mit Passagierkabinen ausgestatteten Anhängern. Er ist für die Bewohner Mandøs auch Postwagen und Schulbus und nutzt den bei Niedrigwasser trockenliegenden Ebbeweg durch das Watt zur Fahrt auf die 7,5 km² große Insel Mandø.

Schon diese Reise über den Meeresboden ist den Ausflug wert; die Abfahrtzeiten sind tideabhängig. Ortsunkundige mit normalen Fahrzeugen sollten den Ebbeweg auf keinen Fall nutzen. Immer wieder werden Übermütige mit ihren Autos von der Flut überrascht und in den meisten Fällen haben die Fahrzeuge anschließend nur noch Schrottwert, ganz abgesehen von der Lebensgefahr, in die der Fahrer sich und seine Beifahrer bringt. Und zu allem Ärger ist in vielen Fällen der Schaden nicht einmal von der Versicherung gedeckt. Eine Alternative bietet der Låningsvej, eine grobe Schotterpiste, die etwas höher liegt, aber ebenfalls überspült wird.

Heute leben ganzjährig nicht einmal mehr 45 Menschen auf der Insel, Tendenz fallend. 1994 wurde die Grundschule geschlossen, die verbliebenen Kinder müssen aufs Festland nach Vester Vedsted zum Unterricht.

Nähert man sich dem Inseldorf, wartet am Ortseingang die **Mandø Mølle,** eine Hollandmühle aus dem 19. Jh., auf Besucher. Ihre alte Technik ist im Inneren erhalten und zugänglich. Im Dorf informiert das kleine **Mandø Museum** in einem alten Skipper-Haus, dem Mandø Huset, über das Leben auf der Insel (Sdr. Strandvej 6A; geöffnet ca. 45 Min. vor Rückfahrt des Mandø Bus zum Festland). Das moderne **Mandø Center** oberhalb des Weststrandes zeigt eine frei zugängliche Ausstellung zur Inselnatur und zur Ökologie des Wattenmeers.

Mandø besitzt keine breiten Strände wie Rømø oder Fanø. Das Meer schwappt hier nur bei Hochwasser ans Inselufer, bei Niedrigwasser umgibt ein Sand- und Schlickwattgürtel die ganze Insel.

Rømø, Mandø, Fanø und das Wattenmeer

Koresand – Sahara im Meer

Zu den beeindruckendsten Erlebnissen an der gesamten dänischen Westküste gehören jedoch Fahrten mit treckergezogenen, offenen Wagen von Mandø aus auf den Hochsand **Koresand**. Der Kern dieser 24 km^2 großen Sandwüste, die sich Richtung Rømø über 10 km weit ins Wattenmeer ausstreckt und größer als Mandø selbst ist, wird nur bei extremen Hochwassern überspült, während das flache Sandwatt auf dem Weg dorthin regelmäßig bei Flut unter Wasser steht. Ganz im Südwesten des Koresand, am Rande des Juvredyb, befindet sich ein Seehundreservat, aber auch an anderen Stellen sind die Chancen gut, Seehunde beobachten zu können.

Infos

Mandø Brugs: Mandø Byvej 1, 6760 Mandø, Tel. 75 44 51 02, www.mandoebrugs.dk. Der örtliche **Genossenschaftsladen** fungiert zur gleichen Zeit als i-Büro, Buchungszentrum, Servicebüro für die meisten Ferienhäuser und den Campingplatz und als ein non-virtueller Chatroom für die Einheimischen. Auf dem Festland ist das **Ribe Turistbureau** für die Insel verantwortlich (S. 136).

Übernachten

Im Herbergsstil ▶ **Klithus Mandø:** Vestervej 1, 6760 Mandø, Tel. 75 44 53 54, www.klithusmandoe.dk. 12 einfache DZ (ab 500 DKK), im Haus das einfache, aber gemütliche **Restaurant Mandø** (Frokost ca. 40–70 DKK, abends bis 140 DKK).

Urwüchsig ▶ **Mandø Kro:** Mandø Byvej 26, 6760 Mandø, Tel. 75 44 60 83, www.mandoekro.dk. Einfache, aber gemütliche Zimmer (ca. 700 DKK). Die Küche verarbeitet gern lokale Rohwaren, ansonsten wird dänisch gekocht und im Sommer ein Frokost-Buffet serviert. Geöffnet nur Mai–Okt.

Basic-Camping ▶ **Mandø Camping:** 2-Sterne-Platz im Dorf. Nur April–Okt., Buchung über Mandø Brugsen (s. o.).

Aktiv

Mit dem Pferdewagen über Mando ▶ **Mandø Event:** Vestervej 16, 6760 Mandø, Mobil-Tel. 23 25 53 75, www.mandoevent.

Zwischen Marsch und Meer auf Mandø

Fanø

dk. Inselrundfahrten, Seehundbeobachtung nördlich der Insel und bei niedrigen Wassertemperaturen Austernsuche; ab Mandø Brugs.

Verkehr

Mandø Bus: Fahrplan tidenabhängig, Info-Tel. 75 44 51 07, www.mandoebussen.dk. Hin und zurück 60 DKK, 40 DKK/bis 14 Jahre, im Sommer werden auch Inselrundfahrten angeboten (25 DKK).

Privatwagen: nur Låningsvej, keinesfalls (!) Ebbevej nutzen. Vor Fahrten unbedingt sichere Fahrzeiten erfragen, z. B. im Vadehavscentret (S. 120) oder Mandø Brugs (S. 126).

Fanø ▶ C 12

Karte: S. 128

Esbjerg wie ein Wellenbrecher vorgelagert ist das 55 km² große Fanø. Die nördlichste Insel des europäischen Wattenmeers ist mit der Fähre fast rund um die Uhr in nur zwölf Minuten zu erreichen. Das ist aber schon Filter genug und sorgt dafür, dass Fanø nie so überlaufen wirkt wie das mehr als doppelt so große Rømø.

Fanø war schon Ende des 19. Jh. als Promi-Bad bekannt, häufiger Gast war Christian IX., ›Europas Schwiegervater‹, der über seine Kinder und Enkel mit den Königshäusern in England, Russland, Griechenland und Norwegen familiär verbandelt war. Vom einst königlich-mondänen Fanø Bad an der rauen Nordsee sind aber nur ein paar Villen hinter den Dünen geblieben, sonst prägen moderne Ferienhäuser und Ferienparks das Bild.

Von den knapp über 3200 Menschen auf Fanø leben gut 80 % im Städtchen Nordby im Norden der Insel, das sind die Fanniker, sorgfältig zu unterscheiden von den etwa 400 Sønderhoninger aus dem malerischen Dorf Sønderho im Süden. Der Sturheit der Insulaner ist es wohl zu danken, dass Fanø die drastische Gebietsreform Anfang 2007 unbeschadet als selbstständige Kommune überstand, als Kleinste im ganzen Land.

Strände

Auch Fanø zeigt einen Mix aus Dünen, Strandwäldern, Marschgebieten und Watt, und auch hier lockt ein imponierender Weststrand: 15 km lang und im Norden mehrere tausend Meter breit. Er ist ein Eldorado für Baderatten und Strandwanderer; Drachenfans halten hier jedes Jahr ein internationales Kite Fliers Meeting ab (Tipp S. 131). Strandsegler und Kitebuggy-Fahrer kommen auf den weiten Sandflächen ebenso auf ihre Kosten wie Windsurfer und Kiteboarder im Meer davor, sie alle müssen sich aber auf den mittleren Strandbereich beschränken. Auch laute Lenkdrachen sind in diese Zone verbannt.

In den 1920er-Jahren jagten Autopioniere auf Fanøs Strand Geschwindigkeitsrekorden nach. So setzte der legendäre Sir Malcolm Campbell, der später auf den Salzseen von Utah als erster Mensch die 300-mph-›Schallmauer‹ durchbrach, bei einem Raser-Meeting im Juni 1923 auf Fanø eine Rekordmarke mit 221 km/h. Heute gilt zwischen den **Strandzufahrten** [1] bei Fanø Bad und westlich von Sønderho eine Geschwindigkeitsbegrenzung von 30 km/h, der Norden und der Süden sind gänzlich für Autos gesperrt.

Die Chancen, bei langen Spaziergängen Bernstein am Strand zu finden, sind gut. Damit man nicht auch den Tod findet, sollte man jedoch einige Warnungen beachten: Im Süden wird die bei Niedrigwasser verlockende Sandbank mit dem Namen **Galgerev** [2] bei jeder Flut mehr als 1 m hoch überspült, wobei das aufkommende Wasser zuerst den Weg zum Hauptstrand zurück abschneidet. **Søren Jessen Sand** [3] im Norden wird nur bei extremen Hochwassern und Stürmen überflutet, dort wird es vor allem bei plötzlich aufkommendem Nebel gefährlich, wenn man den Rückweg zum ›Land‹ nicht mehr erkennen kann!

Inneres und Osten der Insel

Im Hinterland des mittleren Strandabschnitts erstreckt sich eine naturbelassene, waldreiche Dünenlandschaft. Schöne Spazierwege findet man rund um den Aussichtspunkt auf dem 21 m hohen **Pælebjerg** [4]. Etwas süd-

ESBJERG

Grådyb

Grønningen

Kikkebjerg Plantage

Søren Jessen Sand

Hamborgdyb

siehe Detailkarte 1

NORDBY

Skrånberg

autofreie Zone

FANØ BAD

Strandvejen

Postvejen

Næs Søjord

Halen

RINDBY

Fodgens Eng

Skideneng

Klingbjerg

Rindby Strand

Sandflot Hede

Kæret

Nordsee

Strandsport Windsurfer Kiteboarder Zone

Skovløberbolig

Fanø Plantage

Albue Bugt

Sønderho Hede

Silkebjerg

Assistentbolig

Gammelende

Skifterne

Havside Bjerge

Gammeltoft Bjerge

Detailkarte 1

Fähranleger

Lodsvej

Sprøjtehusplads

NORDBY

Hovedgaden

Langlinie

Hanevej

Fanø Rådhuset

Skolesti

Skolevej

Svenskervej

Detailkarte 2

SØNDERHO

Digevej

Sønderho Strandvej

Landevejen

Gl. Byvej

Nord.land

Digevej

Ø.land

Søndertoft

Landevejen

Bjerrevej

Sdr.land

Kropladsen

Kåverhej

Galgerev

autofreie Zone

Sønderho Strandvej

Landevejen

SØNDERHO

Fanø

Sehenswert
1. Strandzufahrten
2. Galgerev
3. Søren Jessen Sand
4. Pælebjerg
5. Vogelkojen
6. Sturmflutsäule
7. Sønderho Mølle
8. Hannes Hus
9. Sønderho Kirke
10. Rettungsstation
11. Fanø Kunstmuseum
12. Fanø Skibsfarts- og Dragtsamling
13. Fanø Museum
14. Hundesäule (De To Hunde)

Übernachten
1. Sønderho Kro
2. Fanø Krogaard
3. Camping Klitten
4. Danibo – Fanø Sommerhusudlejning

Essen & Trinken
1. Café Nana's Stue (Fanø Flisesamling)

Einkaufen
1. Glaspusteriet Fanø
2. Fanø Fisk
3. Ravsmeden Jens Peter Jensen

Aktiv
1. Bootstouren (Anleger)
2. Fanø Fun Activity Centre

---

lich finden Kinder den Skovlegeplads, einen fantasievollen Waldspielplatz, dessen Spielgeräte zum größten Teil von Künstlern aus Naturmaterialien gestaltet wurden – wo sonst soll man ausdrücklich auf Kunst klettern? Und Grillplätze gibt's auch!

An der Albue Bucht, im Osten zum Wattenmeer hin, kann man **Vogelkojen** 5 sehen, die früher zur Wildentenjagd benutzt wurden. Die Enten, die heute hier in die Fallen gehen, brauchen aber nichts mehr zu fürchten, sie werden nur von Vogelwarten beringt.

Sønderho

Die beiden Orte auf Fanø, vor allem das romantische **Sønderho** im Süden, erzählen viel über die Blütezeit der Insel im 18. und 19. Jh., als es hier von erfolgreichen Skippern, Reedern und Schiffbauern wimmelte. Die auf Fanø registrierte Handelsflotte war die zweitgrößte Dänemarks, nur von der Kopenhagens übertroffen. Ein Spaziergang durch Sønderho sollte unbedingt auf die Deiche im Süden führen, hinter denen sich die Häuser ducken. Eine schöne Stelle ist an der obligatorischen **Sturmflutsäule** 6. Blickt man hier aufs Wasser wird man eines vermissen: einen richtigen Hafen. Den hatte Sønderho nie. Die Segler lagen früher in dem natürlichen Tief vor der Südspitze auf Reede.

Von den reetgedeckten Langhäusern aus der Boomzeit – die meisten mit dem charakteristischen Fanø-Fries in den Farben Grün, Weiß und Schwarz über Tür und Fenstern – stehen rund 70 unter Denkmalschutz. Seit 1928 kümmert sich die rührige Stiftung ›Fonden Gamle Sønderho‹ um ihren Erhalt. Eines der Objekte, das die Stiftung vor dem Verfall rettete, ist bei der Einfahrt in den Ort von Nordby kommend nicht zu übersehen: die **Sønderho Mølle** 7, eine Hollandmühle von 1865 (geöffnet nach Vereinbarung, Tel. 51 50 18 50, www.fondengamlesonderho.dk, Eintritt 20 DKK, 5 DKK/Kinder).

Stadt der Witwen und Waisen

Zu den Häusern unter der Obhut des ›Fonden Gamle Sønderho‹ zählt **Hannes Hus** 8 aus der zweiten Hälfte des 18. Jh. Das im Laufe von 200 Jahren nie grundlegend veränderte Skipperhaus gibt einen Eindruck von den Lebensbedingungen im 19. Jh. (Øster Land 7, Mai/Juni und Sept. Mi, Sa, Juli/Aug. und Woche 42 tgl. 14–16 Uhr, 30 DKK). Namensgeberin Hanne Sørensen zahlte wie viele andere Frauen den Preis für den Reichtum von Sønderho: Ihr Mann kehrte von einer Islandfahrt nicht zurück. Im Volksmund hieß Sønderho lange nur die ›Stadt der Witwen und Waisen‹ – allein im Winter 1824/25 verloren 40 Frauen ihre Männer und mehr als 100 Kinder ihre Väter. Dass es in manchen Fällen auch Rettung aus höchster Seenot gab, belegen 14 in der **Sønderho Kirke** 9 aufgehängte Votivschiffe (Mo–Fr 8–16, Sa, So 12–16 Uhr).

Rømø, Mandø, Fanø und das Wattenmeer

Um die Gewässer vor der eigenen Insel etwas sicherer zu machen, wurde 1889 am Dünenweg zum Weststrand eine der für Dänemarks Westküste typischen **Rettungsstationen** 10 mit Walmdach und den beiden über Kreuz aufgemalten Spitzflaggen auf dem großen, grünen Tor gebaut. Heute beherbergt sie eine Ausstellung zur Seenotrettung (Sønderho Strandvej 15, Juni–Aug. So 13–15 Uhr, 20 DKK/Erw., 5 DKK/Kinder).

Malereien und Fliesen

Dass die Seefahrt selbst in Sønderho nicht das einzige im Leben war und ist, zeigt das **Fanø Kunstmuseum** 11 im Kromanns Hus mit Werken jener Maler, die ab Mitte des 19. Jh. regelmäßig zum Arbeiten auf die Insel kamen (Nordland 5, Tel. 75 16 40 44, April–Okt. Di–So Kernzeit 14–17 Uhr, 30 DKK/ Erw., 15 DKK/Kinder).

Klein und quadratisch ist die Kunst, die die **Fanø Flisesamling** in den Räumen einer ehemaligen Molkerei zeigt, die gleichzeitig Café **Nana's Stue** 1 ist (gleiche Öffnungszeiten).

Nordby

Mit dem Bau des Hafens in Esbjerg Ende des 19. Jh. verfiel Sønderho in seinen Dornröschenschlaf. Nordby, Esbjerg gleich gegenüber gelegen, wurde schnell die wichtigere Stadt. Trotzdem findet man auch dort idyllische Ecken mit den langen reetgedeckten Häusern, die für die Insel typisch sind. Die Seefahrt der Männer und den Alltag der Frauen auf der Insel beleuchtet nahe dem Fähranleger in Nordby die Schifffahrts- und Trachtensammlung **Fanø Skibsfarts- og Dragtsamling** 12 (Hovedgade 28, Tel. 75 16 22 72, www.fanoskibs-dragt.dk, Mai–Sept. Mo–Sa 11–16, Ostern–April und Okt. 11–13, Wochen 7, 8 und 42 11–15 Uhr, 25 DKK/Erw., 5 DKK/Kinder).

Etwas bescheidener gibt sich das kulturhistorische Heimatmuseum **Fanø Museum** 13, das auch allerlei Souvenirs zeigt, die Fanøs Seeleute von ihren Reisen mitgebracht haben (Skolevej 2, Nordby, Tel. 75 16 61 37; Juli/Aug. Mo–Fr 11–16, Juni, Sept. und Woche 42 Mo–Sa 11–14 Uhr, 25 DKK).

Ein spezielles Andenken bekam sogar ein Denkmal gegenüber dem Fähranleger: **De To Hunde** 14 von Poul Isbak. Porzellanhunde, von Chinafahrern mitgebracht, waren lange ein Statussymbol und wurden für jeden sichtbar ins Fenster gestellt. Dort erfüllten sie noch einen speziellen Zweck, da sie immer nach ihrem Herrn schauten. Blickten sie also aus dem Fenster, war der Mann des Hauses unterwegs, blickten sie ins Zimmer, war er daheim – wen immer das interessieren mochte. Als die Hunde in Massenfabrikation aus englischen Fabriken kamen, übernahmen Huren in den Häfen diesen Brauch, um anzuzeigen, ob sie frei oder besetzt waren. Und da sie offiziell keinen Lohn für ihre Liebesdienste nahmen, verkauften sie die Hunde zu überhöhten Preisen an ihre Freier. So wurden aus illegalen Gunst- legale Kunstgewerblerinnen.

Infos

Fanø Turistbureau: Skolevej 5–7, im Fanø Rådhus, 6720 Nordby, Tel. 70 26 42 00, www.visitfanoe.dk. Über das i-Büro sind ganzjährig Natur- und Geschichtswanderungen u. a. zu Themen wie Watt, Heide und Vögel oder Befestigungen des Atlantikwalls zu buchen.

Übernachten

Romantik pur unterm Reetdach ▶ **Sønderho Kro** 1: Kropladsen 11, 6720 Sønderho, Tel. 75 16 40 09, www.sonderhokro.dk. Edler Traditions-Kro in einem der schönsten Häuser von Sønderho. 13 Zimmer und ein Gartenhäuschen, je nach Kategorie und Saison ca. 1400–1900 DKK mit Gourmetfrühstück, auch Gourmetwochenenden u. ä. – die Küche des Hauses genießt einen ausgezeichneten Ruf (s. Essen & Trinken S. 57).

Traditionsbewusst ▶ **Fanø Krogaard** 2: Langelinie 11, 6720 Nordby, Tel. 75 16 20 52, www.fanoekrogaard.dk. Der Kro nicht weit vom Fähranleger bekam 1664 königliche Privilegien – die Zimmer wurden aber schon erneuert (ab 895 DKK, Paketangebote).

Rustikales Camping ▶ **Camping Klitten** 3: Sønderho Strandvej 11, 6720 Sønderho, Tel. 75 16 40 65, www.campingklitten.dk. Ganzjährig geöffneter Platz in Gehweite zum

Sønderho Dorf mit rustikal-romantischen Hütten. Insgesamt stehen sieben Campingplätze auf Fanø zur Verfügung, vier davon gehören nicht dem Campingrådet (S. 86) an, ein Campingpass ist dort nicht erforderlich.
Achtung: Wildes Campen ist auf der gesamten Insel untersagt; Verstöße gegen das Verbot werden streng geahndet!
Ferienhäuser ▶ Insgesamt werden ca. 2500 Ferienhäuser auf Fanø angeboten, auch alle großen Vermittler (S. 83) sind mit Servicebüros vor Ort vertreten. Ein lokaler Ferienhausvermittler ist **Danibo – Fanø Sommerhusudlejning** 4: Langelinie 9 B, 6720 Nordby, Tel. 75 16 36 99, www.danibo.dk.

Essen & Trinken

Landesweit spitze ▶ **Sønderho Kro**: (S. 130 1). Top-Gastronomie! Frokost ab ca. 100 DKK, abends wechselnde Menüs mit 2–6 Gängen (ab ca. 400 DKK), auch großes Abendmenü mit Weinen ca. 1100 DKK.
Gediegenes Restaurant und echte Kneipenatmosphäre ▶ **Fanø Krogaard** (S. 130 2): Gekocht wird dänisch-deftig mit Sinn für Inselspezialitäten; in die Krostue kommen auch viele Einheimische auf ein Bier. Nachmittags Kaffee und Kuchen; bei schönem Wetter Biergarten mit Aussicht.
Wie im Museum ▶ **Café Nana's Stue** 1: Sønder Land 1, 6720 Sønderho, Tel. 75 17 40 25, www.nanas-stue.com. Frokost, Kaffee & Kuchen, Abendessen (HG ca. 130–250 DKK, Menüs) und oft mit Livemusik. Man sitzt praktisch im Museum Fanø Flisesamling (S. 130).

Einkaufen

Glaskunst ▶ **Glaspusteriet Fanø** 1: Hovedgaden 47, 6720 Nordby, Tel. 75 16 48 00. Offenes Atelier mit Verkauf, Mitte Febr.–Woche 42 Mo–Fr 11–16, Sa 11–14 Uhr.
Lokale Fischspezialitäten ▶ **Fanø Fisk** 2: Havnevej 4, 6720 Nordby, Tel. 75 16 25 10. Frischer und geräucherter Fisch.
Bernstein ▶ **Ravsmeden Jens Peter Jensen** 3: Landevejen 40, 6720 Sønderho, Tel. 75 16 40 70, www.ravsmeden.dk. Hier darf man dabei zuschauen, wie der Schmuckstein bearbeitet wird.

Aktiv

Bootstouren ▶ ab Nordby Hafen 1: In der Saison mit der **Barkasse Sønderho** der FanøFærgen (s. Verkehr) zu Seehundbänken, in den Mondschein oder zu Hafenrundfahrten in Esbjerg: 2–2,5 Std., ab ca. 130 DKK, 70 DKK/4–15 Jahre, Familientickets; Buchungen über das i-Büro (S. 130).
Strandsport ▶ **Fanø Fun Activity Centre** 2: www.fanoefun.com, Juli/Aug. mobil am Rindby Strand, in der übrigen Zeit c/o Factory Outlet Butik, Kirkevejen 37a, 6720 Rindby Strand, Tel. 75 16 43 68. Ähnliches Programm wie auf Rømø (S. 123) mit Strandsegelschule und Vermietung von Blokarts und anderen Trendsportgeräten.

Termine

Trachtenfeste: Fannikerdage in Nordby am 2. kompletten Juliwochenende; Sønderhodag am 3. Julisonntag an der alten Mühle von Sønderho.

Tipp: Drachenland Fanø

Tausende bunter Drachen an langen dünnen Schnüren beherrschen Mitte Juni den Himmel über Fanøs weitem Weststrand. Aus einem eher zufälligen Treffen einiger Drachenfreaks im Sommer 1985 hat sich eines der größten Drachenfestivals der Welt entwickelt: das jährliche **Kite Fliers Meeting Fanø**. Stimmt der Wind, steigen scheinbar unendliche Drachenreihen so weit das Auge reicht in den Himmel, hängen große Fantasy-Figuren behäbig über dem Strand, schießen Kites mit fast schon nervtötendem Kreischen durch die Luft. Manch ein Lenkdrachen hat solche Ausmaße, dass er seinen Meister an den Seilen in die Höhe reißt; in solchen Fällen sind Erdungsanker nötig, um auf dem Boden zu bleiben. Die Termine in den kommenden Jahren sind: 19.–22. Juni 2014, 18.–21. Juni 2015, 16.–19. Juni 2016 und 15.–18. Juni 2017. Weitere Informationen unter www.kitefliersmeetingfanoe.de oder beim Fanø Turistbureau (S. 130).

Rømø, Mandø, Fanø und das Wattenmeer

Fanø Sommerkoncerter: Konzertreihe in der Nordby Kirke mit Klassikprogramm (www.fanokoncerter.dk) Di in Juli/Aug.
Sønderho Guitarfestival: Konzerte in der Sønderho Kirke in Juli/Aug.
Programme und Tickets (ca. 110 DKK) für beide Festivals über das i-Büro.

Verkehr

Fähre: FanøFærgen, Tel. 70 23 15 15, www.faergen.de (keine Reservierung möglich!). Esbjerg – Fanø, tgl. von 5–0.30, Sa, So bis 2.30 Uhr, je nach Tageszeit und Saison Abfahrten alle 20, 40 oder 60 Min., Fahrtdauer 12 Min.; Pkw und Camper bis 6 m inkl. maximal 9 Pers. je nach Saison und Reisetag ca. 300–415 DKK.
Achtung: Camper/Gespanne über 6 m sind samstags sehr teuer! Für Exkursionen von der Insel aufs Festland billige Tagestickets – Rückfahrt nicht vor 16 Uhr – u. a. beim i-Büro.
Bus: Auf der Insel regelmäßige Abfahrten Nordby – Sønderho, meist über Fanø Bad und Rindby.

2 Ribe ▶ D 12

Cityplan: S. 133
Von welcher Seite man sich auch nähert, Ribe ist schon von weither zu erkennen. Markant hebt sich die Silhouette der beiden ungleichen Domtürme aus den Marschen. Ribes Ursprünge als Umschlagplatz am Kreuzungspunkt zweier Handelswege zwischen Nord- und Südeuropa sowie von der Nord- zur Ostsee werden auf ca. 710 n. Chr. datiert, Anlass für ein großes 1300-Jahre-Jubiläum in 2010. Durch den Handel kamen über Ribe immer wieder Neuerungen in den Norden, neue Moden, Techniken und Trends. Auch das Christentum fasste hier erstmals im Reich von Thor & Co. Fuß. Ansgar, der Missionar des Nordens, baute hier in den 850er-Jahren eine erste Holzkirche, ein Jahrhundert später war Ribe Bischofssitz und ab dem 12. Jh. zudem königliche Residenz.

Die Wikingerzeit ist in den letzten Jahrzehnten durch systematische Ausgrabungen insbesondere am Nordufer der Ribe Å, wo die erste Stadt lag, untersucht worden. Nachgelebt wird die Epoche der Wikinger im **Ribe VikingeCenter** 1 auf Gut Lustrupholm südlich der Stadt. Hier ist fast ausschließlich mit zeittypischem Handwerkszeug und Material ein Handelsplatz entstanden, wie es Ribe selbst einmal war, oft gefüllt mit buntem Leben: Hier tummeln sich aber keine Eroberer mit Kettenhemd und Hörnerhelm, sondern eher Handwerker, Händler, Bäcker oder Bauern (Lustrupvej 4, Tel. 75 41 16 11, www.ribevikingecenter.dk, ca. Mai/Juni, Sept.–Woche 42 Mo–Fr 10–15.30, Juli/Aug. tgl. 11–17/20 Uhr [genaue Perioden nach Ferienzeiten]; 100 DKK, 50 DKK/3–13 Jahre).

Niedergang

Im frühen 16. Jh. endete Ribes Blütezeit, und von nun an ging es lange nur bergab: Die Reformation setzte den Aktivitäten der katholischen Kirche ein Ende; immerhin gab es zuvor neun Klöster und 13 Kirchen in der Stadt. Die Versandung der Ribe Å erschwerte den Handel, brachte ihn schließlich fast zum Erliegen. Ein Stadtbrand 1580 sorgte noch einmal für eine rege Bautätigkeit, bei der viele der heutigen Häuser entstanden, aber bald brachten der Dreißigjährige Krieg sowie Waffengänge mit Schweden erneut Tod, Zerstörung und Plünderungen. Und dann auch noch die ›Mandränke‹ 1634 (S. 119): Im Dom zeigt eine Markierung an der Säule hinter der Kanzel einen Wasserstand von knapp 2,5 m über dem Kirchenboden.

Nun sank Ribe in einen Dornröschenschlaf, der wie ein gewaltiges Denkmalschutzprogramm wirkte – es gab weder Geld noch Bedarf für Neuerungen. Zu allem Unglück ging 1864 mit der Niederlage gegen Preußen das Umland verloren. Die Stadt wurde Enklave, nur im Norden mit dem Mutterland verbunden. Und das war noch nicht alles: 1868 stampfte man auf königlichen Befehl 25 km entfernt Esbjerg (S. 139) aus dem Dünenboden. Binnen weniger Jahre lief die junge Stadt am Meer der alten in den Marschen den Rang ab und hat heute gut zehnmal so viele Einwohner. 2007 verlor Ribe

Ribe

Sehenswert

1. Ribe VikingeCenter
2. Ribes Vikinger
3. Ribe Kunstmuseum
4. Stauwehre der Ribe Å
5. Skibbroen
6. Sturmflutsäule
7. Riberhus
8. Quedens Gård
9. Dom
10. Ausgrabungen 2008–2012
11. Det Gamle Rådhus
12. Maren Spliids Hus
13. Skt. Catharinæ Kirke

Übernachten

1. Hotel Dagmar
2. Hotel Den Gamle Arrest
3. Weis' Stue
4. Danhostel Ribe Vandrerhjem

Essen & Trinken

1. Kolvig Café

Einkaufen

1. Torvedag (Markt)
2. Postgaarden – Butik & Café

Aktiv

1. Vægterrundgang (Start)
2. Ghost Walk (Start)

Rømø, Mandø, Fanø und das Wattenmeer

sogar die Selbstständigkeit und ist heute Teil der Kommune Esbjerg.

Denkmalschutz wurde Anfang des 20. Jh. Programm in Ribe, erst freiwillig, ab 1958 behördlich verordnet. Heute sind 110 Häuser im historischen Zentrum, in dem rund 4000 Menschen leben, nach strengen Regeln denkmalgeschützt.

Vom Bahnhof zur Skibbroen

Bequeme, feste Schuhe sind für diesen Rundgang über das oft holprige Kopfsteinpflaster der Altstadtgassen zu empfehlen. Der Rundgang beginnt am **Bahnhof**, in jenem Teil der Stadt nördlich der Ribe Å, in dem um 700 n. Chr. alles begann. Über das, was historisch dann folgte, informiert das Museum **Ribes Vikinger** 2, das Geschichte multimedial präsentiert und hautnah erlebbar macht mit lebensgroßen Alltagsszenen in der Erlebnishalle. Kinder können in einem Aktivitätsraum das Leben ihrer Altersgenossen in längst vergangenen Zeiten spielend erleben – anfassen, anziehen und ausprobieren (Odins Plads, Tel. 76 16 39 39, www.ribesvikinger.dk, Juli–Aug. Do–Di 10–18, Mi 10–21, sonst nur 10–16 Uhr, Nov.–März Mo geschl., 70 DKK/ab 18 Jahre).

Das 2010 für gut 7 Mio. Euro renovierte und von Königin Margrethe wiedereröffnete **Ribe Kunstmuseum** 3 zeigt in seinen klassizistischen Räumen eine herausragende Sammlung von Malerei und Bildhauerei des 19. und frühen 20. Jhs. vom dänischen Goldenen Zeitalter und den Skagenmalern bis zu den klassischen Modernisten. Sonderausstellungen ergänzen das Programm (Skt. Nicolai Gade 10, Tel. 75 42 03 62, www.ribekunstmuseum.dk, Di–So 11–16 Uhr, Juli/Aug. tgl. 10–17, Mi 10–20 Uhr, 70 DKK/ab 18 Jahre). Über drei historische Brücken und vorbei an archaisch wirkenden **Stauwehren** 4, die die hier dreigeteilte Ribe Å im Zaum halten, wechselt man über die Hauptstraßenabschnitte Neder-, Mellem- und Overdammen in den heute zwar älter wirkenden, aber historisch jüngeren Teil Ribes. Gleich nach der ersten Brücke liegt linker Hand **Postgaarden** (2, S. 138), ein Eldorado für Genussmenschen. Am Südufer der Ribe Å breitet sich **Skibbroen** 5 aus, die ›Schiffsbrücke‹, wie der alte Kai vor einer pittoresken Häuserfront heißt. Von Mai bis September wird hier mittwochs ein Wochenmarkt abgehalten, mit dem, was das Land um Ribe herum hervorbringt. Wie die Kähne aussahen, mit denen früher die Ribe Å und das Wattenmeer befahren wurden, zeigt der traditionelle Wattsegler »Johanne Dan«, der an Skibbroen einen festen Liegeplatz hat.

Wälle von Ribehus

Vorbei an der **Sturmflutsäule** 6 mit Angaben zu den schlimmsten Überschwemmungen, die die Stadt erdulden musste, erreicht man die alten Wälle des im 17. Jh. abgerissenen Königsschlosses **Ribehus** 7. Die Steine der Schlossmauern gingen bei Wiederaufbaumaßnahmen nach Stadtbränden und Sturmfluten in so manchem Haus der Stadt auf. Die Skulptur auf den Wällen – eine Arbeit der bekannten Bildhauerin Anne Marie Carl-Nielsen von 1913 – zeigt eine junge Frau, wie sie im Bug eines Schiffes an neue Ufer kommt: Die Landung der böhmischen Königstochter Dragomir in Dänemark. Sie heiratete 1205 in Ribe König Valdemar Sejr. Die Yellow Press würde sie heute wahrscheinlich auf eine Stufe mit Lady Di hieven: Nach der Hochzeitsnacht verlangte sie als Morgengabe von ihrem Valdemar die Abschaffung der Kettenhaft im Reich.

Dieser Linie blieb Königin Dagmar, wie sie in Dänemark heißt, treu, hatte immer ein Ohr für die Schwachen und Armen. Ihre Güte und Milde machten sie beim Volk beliebt wie keine andere Königin des Mittelalters, und bis heute ist das traurige Lied von ihrem frühen Tod, »Dronning Dagmar ligger ud i Ribe syg« (»Königin Dagmar liegt krank in Ribe«) ein populäres Volkslied und wird täglich um 12 und 15 Uhr von den Domglocken gespielt. Es berichtet vom legendären Nonstop-Ritt ihres Valdemar quer durch Jütland an ihr Totenbett: Kurz zuvor in den Armen einer Freundin verstorben, erwachte Dagmar wieder, als Valdemar an den Leichnam herantrat, richtete sich auf und sagte ihm ein letztes Lebewohl.

Ribe

Altstadtgassen

Der Weg zurück ins Zentrum sollte auf jeden Fall durch die **Fiskergade** führen. Hier und in den schmalen Seitengassen – *slipper* genannt – bilden viele der kleinen Fischerhäuser, die nach dem Stadtbrand 1580 entstanden sind, ein malerisches Viertel. Ebenfalls nach diesem Brand entstand der **Quedens Gård** 8, imponierendes Beispiel eines großbürgerlichen Stadthofs der Renaissance in Fachwerkstil. Er ragt entlang der Sortebrødregade tief in den Häuserblock hinein, nur die Fassade des Vorderhauses, in dem ein Café residiert, ist deutlich jünger. Das Gebäude steht unter den Fittichen der Sydvestjyske Museer und das plant hier u. a. ein Hexenmuseum sowie eine Ausstellung über einen der bedeutendsten Söhne der Stadt: Jacob August Riis (1849–1914) emigrierte praktisch mittellos in die USA, avancierte dort zum Vater der sozialdokumentarischen Fotografie und der Reportagen im Wallraff-Stil. Später wurde er sozialpolitischer Berater und enger Freund des Präsidenten Theodor Roosevelt. Aktuelles zum Status des Quedens Gård sollte das i-Büro wissen. Das residiert hinter dem Domchor im alten Viehhändlerhof Porsborg. Der bildet zusammen mit dem **Hotel Dagmar** 1 – Dänemarks ältestem Hotel – ein pittoreskes Backsteinensemble aus dem späten 16. Jh.

Dom und Domplatz

Die ältesten Teile des **Doms** 9 zeugen von frühen und guten Handelsbeziehungen Ribes nach Mitteleuropa: Eifeltuff- und Wesersandstein wurde verbaut und der Stil folgt rheinischen Vorbildern. Obwohl ursprünglich auf einer Warft gebaut, 3 m über dem umliegenden Gelände, liegt der Kirchenboden heute deutlich unter dem umliegenden Straßenniveau: Der schwere Bau sinkt in den weichen Marschboden ein, während die Stadt auf den Resten ihrer Vergangenheit immer höher wächst – 2,5 m Gefälle musste der 2013 neu gestaltete **Domplatz** zu den Domportalen hinunter ausgleichen.

Der weiche Untergrund sorgt seit Baubeginn Mitte des 12. Jh. immer wieder für Katastrophen: Türme und Teile des Querschiffs brachen ein. Der kantige Bürgerturm aus rotem Backstein ersetzte 1333 einen zuvor in die Christmette gekrachten Vorgängerbau, 1593 fiel seine Spitze ab. Das Flachdach von heute war Notlösung, weil Geld für den Wiederaufbau fehlte. Auch der perfekt romanische Marienturm auf der Südseite ist nur ein Nachbau aus dem frühen 20. Jh.

Beispiel für die tolerante dänische Art sogar beim Umgang mit bedeutenden Gotteshäusern ist die Ausschmückung der Chorapsis 1982–87 durch den CoBrA-Künstler Carl-Henning Pedersen (S. 170). Seine sieben großen Wandmosaiken, die fabulierenden Fresken im Gewölbe und die adäquaten Glasfenster sind der Beitrag des 20. Jh. zum Gesamtbild des altehrwürdigen Baus (Kernöffnungszeit tgl. 11–15, Mai-Sep. 10–17 Uhr, außer bei kirchlichen Handlungen; gratis).

Die Neugestaltung des Domplatzes und vor allem der Abriss einer Brandruine auf einem Grundstück direkt gegenüber dem Südportal des Doms machten 2008–2012 sensationelle **Ausgrabungen** 10 möglich, so sensationell, dass an dieser Stelle ein Geschichtszentrum entstehen und die Funde am Originalplatz zugänglich machen soll: Zwischen ursprünglicher und heutiger Bodenoberfläche summieren sich die Kulturschichten auf gut 3,5 m mit fünf deutlich erkennbaren Entwicklungsphasen von der Wikingerzeit bis Mitte des 18. Jh., darunter das älteste christliche Gräberfeld in Dänemark aus der Zeit um 850. Bis ins 11. Jh. fanden Beisetzungen in dieser ›Schicht‹ statt, das

> **Tipp: Optimaler Überblick**
>
> Der Blick von der offenen Aussichtsplattform in 52 m Höhe auf dem Bürgerturm des Doms von Ribe über die alte Stadt und die Marschen bis zum Wattenmeer ist grandios. Da staunen selbst Kinder, die zuvor noch über die vielen Stufen nörgeln. Lassen Sie sie doch einfach zählen, es sollten 248 sein! (Zugang bis 30 Min. vor Domschließung, 20 DKK/Erw., 10 DKK/Kinder).

Rømø, Mandø, Fanø und das Wattenmeer

dokumentiert eine 1030 in London geprägte Münze in einem der Gräber. Auch der Teil eines verzierten Runensteins aus dieser Epoche ist eine Sensation, nie wurde Vergleichbares so weit im Westen Dänemarks entdeckt. Weitere Funde zeigen den Wandel von der Wikingerzeit zum Mittelalter, die Archäologen wiesen einen der ältesten Ziegelsteinbauten im Norden nach. Im 15 Jh. entstanden dann Nebengebäude des Doms, ehe hier vom 16. bis ins 18. Jh. wieder Würdenträger und reiche Bürger bestattet wurden.

Rathausviertel

Das Viertel südlich des Doms mit Skolegade, Puggårdsgade und Sønderportsgade ist von ansehnlichen Fachwerk- und Backsteinbauten geprägt, in denen einst kirchliche Würdenträger, Kaufleute und Handwerker residierten. In diesem Teil der Stadt haben auch relativ viele Häuser den Stadtbrand von 1580 überstanden.

Den Gamle Arrest 2 ist ein Hotel, das auf eine lange Tradition als Beherbergungsbetrieb zurückblickt, nur war die Logis dabei nicht immer freiwillig: Bis 1989 war der Bau das städtische Gefängnis. Nebenan ragt jener Giebel von **Det Gamle Rådhus** 11, dem alten Rathaus, in die Höhe, auf dessen Spitze jedes Frühjahr ein Storchen-Nistplatz darauf wartet, bezogen zu werden – die ganze Stadt fiebert mit. Das Gebäude mit dem gotischen Treppengiebel kam 1709 in den Gemeindebesitz, ist aber rund 200 Jahre älter. Fast 300 Jahre tagte hier Ribes Rat, bis die Kommunalreform 2007 der Stadt ihre Selbständigkeit raubte. Aber man kann sich zwischen den alten Mauern noch romantisch trauen lassen (S. 93; Infos unter www.heiratenin ribe.dk). Für spätere Phasen der Ehe können sich die Brautleute schon informieren: Der alte Schuldkerker dient heute als Museum und zeigt neben mittelalterlichen Waffen vor allem Folterwerkzeug und Henkerutensilien (Von Støckens Plads 6, Tel. 76 88 11 22, 2. Hälfte Mai und 1. Hälfte Sept. Mo–Fr, Juni–Aug. tgl. 13–15 Uhr, 15 DKK).

An ein düsteres Kapitel der frühen Neuzeit erinnert die Gedenktafel an **Maren Spliids Hus** 12 (Sønderportsgade 3): »Hier wohnte Schneider Laurids Spliid, dessen bedauernswerte Frau Maren am 9. November 1641 auf dem Galgenhügel von Ribe wegen Hexerei verbrannt wurde.« Ein Konkurrent ihres Mannes hatte sie denunziert. Ihre gesellschaftliche Stellung, ein vier Jahre währendes Verfahren und die Einmischung des abergläubischen Königs Christian IV. zu ihren Ungunsten machten sie zum bekanntesten Opfer des Hexenwahns in Dänemark.

Kloster

Auf dem Rückweg zum Bahnhof führt dieser kleine Stadtrundgang am zweiten großen Sakralkomplex Ribes vorbei: **Skt. Catharinæ Kirke og Kloster** 13. Die heutigen Gebäude entstanden im 15. Jh., nachdem die Vorgängerbauten des 1228 gegründeten Dominikanerklosters infolge der Bodenabsenkungen zusammengebrochen waren. Durch die Kirche ist der Innenhof mit dem alten Kreuzgang zugänglich (tgl. 10–16, Mai–Sept. 10–17 Uhr, nicht während kirchlicher Handlungen).

Infos

Ribe Turistbureau: Torvet 3, 6760 Ribe, Tel. 75 42 15 00, www.visitribe.dk.
Ribepass: 20 % Rabatt bekommt man mit dem Ribepass beim Eintritt in die meisten Sehenswürdigkeiten, bei Stadtführungen, im Schwimmbad und sogar auf dem Mandø Bus (S. 127). In den meisten Unterkünften ist er im Übernachtungspreis enthalten, sonst kostet er im i-Büro 20 DKK.
Stadtführungen: Das i-Büro organisiert Führungen auch auf Deutsch, April–Okt. nur Mo, Juli/Aug. und Woche 42 Mo–Fr 11.30 Uhr, 90 Min., 65 DKK/ab 12 Jahre.

Übernachten, Essen & Trinken

Dänemarks ältestes Hotel ▶ **Hotel Dagmar** 1: Torvet 1, 6760 Ribe, Tel. 75 42 00 33, www.hoteldagmar.dk. 50 individuell eingerichtete Zimmer hinter romantischen Back-

Die Ribe Domkirke mit dem kantigen Bürgerturm im Abendlicht

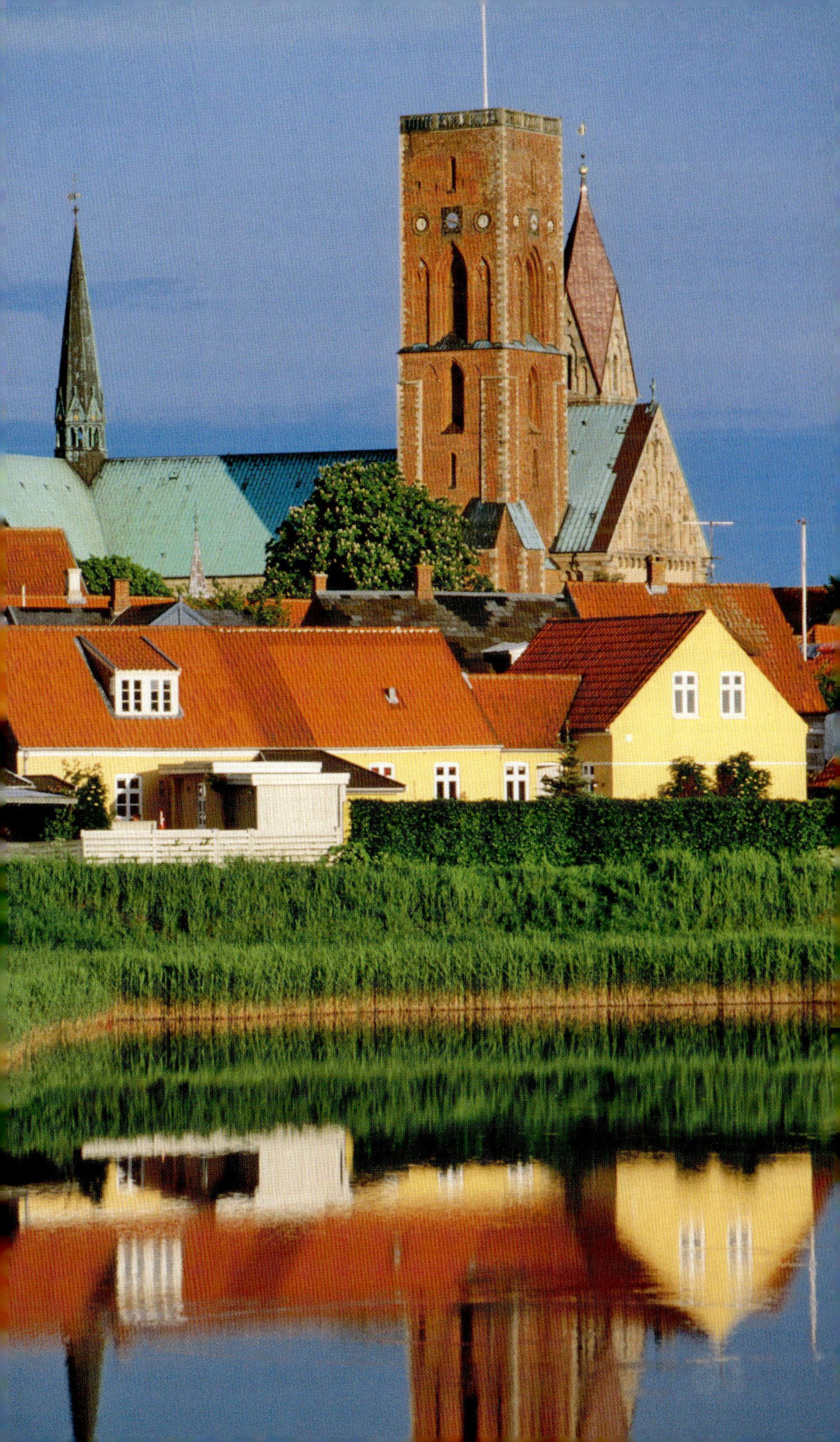

Rømø, Mandø, Fanø und das Wattenmeer

steinmauern, Listenpreise DZ 1245–1695 DKK, online fast immer günstiger. Das nostalgische, aber edle **Hauptrestaurant** des Hotels zählt zur gastronomischen Oberklasse (HG um 200 DKK, Menüs 2–6 Gänge ca. 320–600 DKK). Deftig-dänische Küche bietet dagegen das Kellerlokal **Vægterkælderen,** das auch immer ein gut gezapftes Bier bereithält. In den Sommermonaten bietet das »Dagmar« tagsüber unter den Linden vor dem Hotel und zur Fußgängerzone hin auch noch reichlich **Außengastronomie** mit preiswerter Bistroküche.

Ehemaliger Knast ▶ **Den Gamle Arrest** 2 : Torvet 11, 6760 Ribe, Tel. 75 42 37 00, www.dengamlearrest.dk. Bei den meisten Zimmern handelt es sich um nur geringfügig umgestaltete Gefängniszellen (ab 740 DKK, Bad/WC auf dem Gang); die Zimmer in der alten Direktorenwohnung (ab 890 DKK) haben ein eigenes Bad und werden gern als Hochzeitssuite vermietet.

Hutzelig ▶ **Weis' Stue** 3 : Torvet 2, 6760 Ribe, Tel. 75 42 07 00, www.weis-stue.dk. Acht einfache Zimmer in einem 400 Jahre alten Fachwerkhaus (ab 500 DKK ohne Frühstück; Dusche/WC auf dem Gang). Urgemütlich und rustikal geht es im **Restaurant** des Hauses zu: Heringe und Schollen zum Frokost (ca. 85–120 DKK), Hacksteak oder Filet zum Abend (HG ca. 155–250 DKK) – alles urdänisch.

4-Sterne-Herberge mit Hotelqualitäten ▶ **Danhostel Ribe Vandrerhjem** 4 : Sct. Pedersgade 16, 6760 Ribe, Tel. 75 42 06 20, www.danhostel-ribe.dk. Alle Zimmer mit Bad und WC, die Penthousezimmer haben einen grandiosen Blick auf die Altstadt. DZ ca. 410–700 DKK, 4-Bett-Zimmer 630–700 DKK. Üppiges Frühstücksbuffet (nicht nur für Hausgäste) 74 DKK, 37 DKK/bis 12 Jahre.

Essen & Trinken

Außengastronomie am Fluss ▶ **Kolvig** 1 : Mellemdammen 13, 6760 Ribe, Tel. 75 41 04 88, www.kolvig.dk. Mo–Sa ab Frokost, So nur Juli, Aug. Charmantes Café und Restaurant auf der ›Insel‹ in der Ribe Å mit Blick auf Skibbroen. Küche mit gehobenem Anspruch (abends HG ca. 235 DKK, 2- bis 5-Gänge-Menüs ca. 305–435 DKK).

Einkaufen

Schnäppchen ▶ **Torvedag** 1 : Mai–Aug. jeden Mi 9–15 Uhr malerischer Bauern- und Trödelmarkt am Skibbroen mit Erzeugnissen aus der Region und Gebrauchtwaren von Kitsch bis Kunst.

Biere, Weine und Delikatessen ▶ **Postgaarden** 2 : Nederdammen 36, 6760 Ribe, Tel. 75 41 01 12, www.postgaarden-ribe.dk. Exklusive Brauhausbiere, hochwertige Weine, Tees und Kaffes und dazu allerlei Leckereien. Vieles davon bekommt man auch serviert – ein Teil des Geschäfts ist Café, im Sommer mit Biergarten.

Aktiv

Rundgang mit dem Nachtwächter ▶ **Vægterrundgang** 1 : Ab Hotel Dagmar im Gefolge eines historisch gewandeten Nachtwächters durch die Altstadt mit mittelalterlichen Gesängen und vielen Geschichten über das alte Ribe und seine Bewohner (dänisch und englisch; Mai–Woche 42 tgl. 20 Uhr, Juni–Aug. auch 22 Uhr, gratis).

Gruseliger Rundgang ▶ **Ghost Walk** 2 : Ab Museum Ribes Vikinger zu später Stunde mit Geschichten, nach denen Kinder garantiert nicht sofort einschlafen (Juli/Aug. Mi 21 Uhr, 60 Min., 50 DKK/ab 14 Jahre).

Termine

Wikingermarkt: Eines der größten Wikingerfeste Dänemarks mit Teilnehmern aus ganz Europa im **Ribe VikingeCenter** 1 am Wochenende nach dem 1. Mai.

Verkehr

Bahn: Station an der Regionalbahn Niebüll – Tønder – Esbjerg.

Eigener Wagen: Parkplätze sind in der historischen Altstadt knapp, die meisten Straßen und Gassen verkehrsberuhigt oder reine Fußgängerzonen. Am besten lässt man den Wagen auf einem der Großparkplätze am Rande der Altstadt, auf denen man kostenlos 48 Std. stehen, aber nicht campen darf.

Gram ▶ D 13

Dänemarks heutige Küste und das Land, auf dem Ribe liegt, sind sehr jung. Es gab Zeiten, da lag praktisch alles unter dem Meer. In der Kleinstadt Gram, 22 km östlich von Ribe, brachten Faltungen und Landhebungen Ablagerungen eines Meeres aus dem frühen Tertiär an die Oberfläche. Schon seit dem 17. Jh. nutzt man Ton aus dieser Schicht. Die Grube **Gram Lergrav** erwies sich schnell als ergiebigste Fossilienfundstätte Dänemarks. Immer wieder werden Muscheln und Krebse entdeckt, manchmal sogar Walskelette und Haifischzähne. Die interessantesten Funde zeigt neben der Lehmgrube das Museum **Naturhistorie og Palæontologie** (Lergravsvej 2, Gram, Tel. 74 82 10 00, www.grammus.dk, tgl. 13–16, Mai–Aug. 10–17 Uhr, Kombitickets Museum/Grube 40 DKK). Wer selbst nach Fossilien buddeln will, sollte Gummistiefel und Kleidung, die auch dreckig werden darf, tragen; Waschplätze sind vorhanden.

Esbjerg ▶ C 12

Cityplan: S. 140

Die junge Stadt, von der vor 1868 noch kein Stein stand, ist längst nicht so spröde oder gar uninteressant, wie sie bei oberflächlicher Begegnung wirken mag. Selbstbewusst vermarktet sie sich als Kulturhauptstadt des Westens mit einer Musikhochschule, die ein international beachtetes Kammermusikfestival in die Stadt bringt, einer großen Festwoche im August, einem Opernensemble, einem angesehenen Kunstmuseum und viel Kunst im öffentlichen Raum.

Dazu kommt eine außergewöhnliche Vielfalt der Architektur, die erst Europas Kulturgeschichte plünderte und dann mit großen Namen klotzte: Was Architekten angeht, ist Esbjerg auf Augenhöhe mit den ganz Großen: Jørn Utzon (S. 49), der Architekt der Oper von Sydney, entwarf das Musikhaus (S. 141), und Johan Otto von Spreckelsen, der Paris den ›Triumphbogen der Menschheit‹ (La Grande Arche) brachte, zeichnete für Esbjerg die katholische **Skt. Nikolaj Kirke** [1], einen spartanischen Kubus (Kirkegade 58, Zugang bei kirchlichen Handlungen beschränkt).

Ein Hafen musste her

Ausschlaggebend für Esbjergs Geburt war der verlorene Krieg 1864, der Dänemark den Zugang zu den Häfen an der Nordseeküste der Herzogtümer Schleswig und Holstein versperrte. Das Land besaß zu diesem Zeitpunkt keinen weiteren nennenswerten Hafen nach Westen, um seinen wachsenden Agrarexport nach Großbritannien abzuwickeln. Grådybet, das gut schiffbare Tief zwischen Fanøs Nordspitze und der Halbinsel Skallingen, ließ die Standortwahl auf einen Flecken in den Dünen fallen, an dem zwei einsame Bauernhöfe standen. Heute ist Esbjerg mit knapp über 70 000 Einwohnern schon Dänemarks fünftgrößte Stadt, die Kommune Esbjerg, zu der seit 2007 auch Ribe gehört, kommt auf 115 000. Der Hafen ist einer der größten in Nordeuropa und nennt sich nicht umsonst ›Gateway Scandinavia‹ – exzellente Verkehrsanbindungen lassen seinen Einzugsbereich weit über Dänemarks Grenzen hinaus reichen.

Hafen mit Zukunft

Mit dem Be- und Entladen von Schiffen begnügt man sich aber längst nicht mehr. Als in den 1980er-Jahren Dänemarks Ölabenteuer begann, ging schon aufgrund der Lage zu den Abbaugebieten kein Weg an Esbjerg vorbei: Der Hafen versorgt die dänische Öl- und Gasförderung der Nordsee – über 2000 Arbeitsplätze bietet allein dieser Bereich. Fast immer sieht man Versorgungsschiffe an den Kais, manchmal dümpeln große Plattformen im Hafen, und über die Stadt dröhnen Helikopter auf dem Weg zwischen Esbjergs Airport und den Förderanlagen in der Nordsee. Nach jüngsten Prognosen dürfte das Öl dort draußen noch bis mindestens 2030 reichen. Aber auch ohne Öl hätte Esbjerg ein Standbein im Energiegeschäft: Im Hafen sind die Serviceanlagen für einen der weltgrößten Offshore-Windenergieparks vor Blåvands Huk (S. 148) und Verladeanlagen für Dänemarks Exportschlager Windkraftwerke.

Esbjerg

Sehenswert
1. Skt. Nikolaj Kirke
2. Auktionshalle
3. Fyrskibet Horns Rev
4. Esbjerg Vandtårnet
5. Musikhuset Esbjerg / Kunstmuseum
6. Stjernedrys
7. Torvet
8. Musikkonservatorium
9. Esbjerg Museum
10. Fiskeri- og Søfartsmuseet / Saltvandsakvariet i Esbjerg
11. Mennesket ved Havet
12. Hjerting Kirke

Übernachten
1. Hjerting Badehotel
2. Cabinn Hotel Esbjerg
3. Danhostel Esbjerg
4. Sjælborg Camping

Essen & Trinken
1. Dronningen Louise
2. Sand's Restauration
3. Jensen's Bøfhus
4. Sydvesten

Einkaufen
1. Kongensgade
2. Rådhuspladsen
3. Havnens Fiskehus

Abends & Nachts
1. Industrien
2. Tobakken

Aktiv
1. Anleger »M/S Sønderho«
2. Anleger »E.1 Claus Sørensen«
3. Svømmestadion Danmark

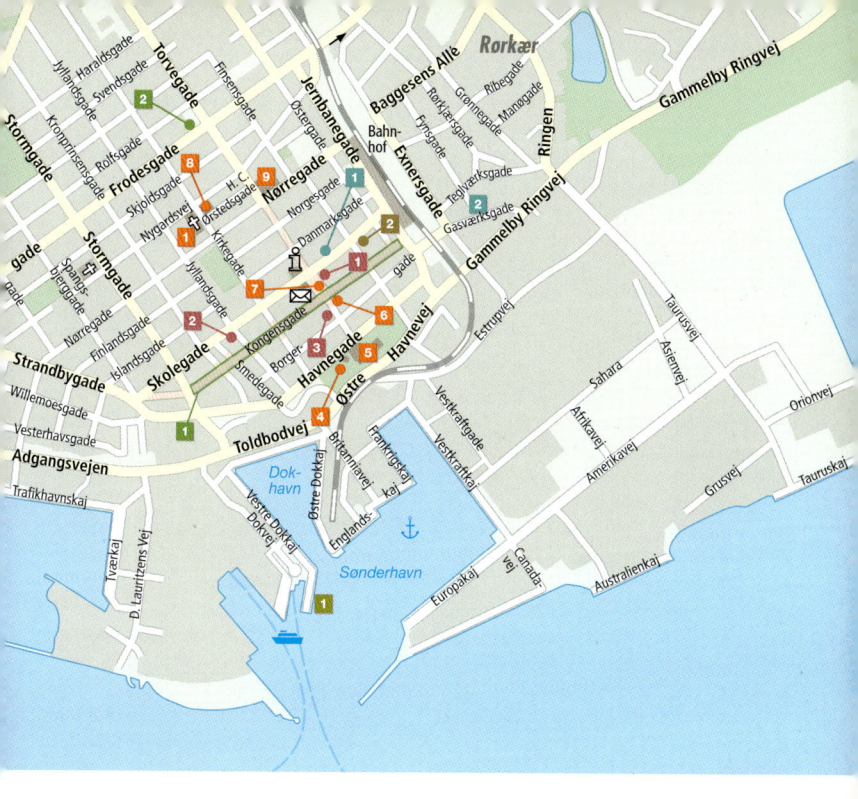

Nostalgie-Auktionen

Derweil kam die Konsumfischerei praktisch zum Erliegen, an sie erinnern Nostalgie-Fischauktionen für Touristen in der alten **Auktionshalle** 2 an einigen Mittwochsterminen in der Hochsaison (11 Uhr, genaue Daten beim i-Büro) – nicht nur für Besucher attraktiv, auch für viele alte Fischer ein Ereignis, bei dem sie gern mitmachen, Fische für Besucher filetieren und von alten Zeiten erzählen. Der ehemalige Fischereihafen vor der Auktionshalle wandelt sich mehr und mehr zur schicken Marina. **Havnens Fiskehus** (3 S. 145) hat aber immer noch exzellenten frischen und geräucherten Fisch, auch wenn der in anderen Häfen angelandet wird, und die **Cafeteria des Sydvesten** (4 S. 143) ist nach wie vor ein beliebter Treff für alle, die im Hafen arbeiten.

Hier liegt auch **Fyrskibet Horns Rev** 3, das älteste Holzfeuerschiff der Welt, als - Museumsschiff. Es war in seiner aktiven Zeit vor Blåvands Huk über einer der gefährlichsten Sandbänke der Nordsee im Einsatz (www.horns-rev.dk, Mai–Aug. tgl. 11–16 Uhr, 25 DKK, 10 DKK/8–15 Jahre).

Wassertum und Musikhaus

Über dem Hafen ragt **Vandtårnet** 4 auf, Esbjergs imposanter Wasserturm mit architektonischen Anleihen beim mittelalterlichen Nassauer Haus in Nürnberg. Von seiner Spitze ist die Aussicht auf Stadt, Hafen, Watt und über die Insel Fanø bis zur Nordsee fantastisch (April–Okt. Sa, So, Juni–Mitte Sept. tgl. 10–16 Uhr, 20 DKK).

Der Turm wird von einem modernen Nachbargebäude kontrastiert: Dänemarks Architekturstar Jørn Utzon und sein Sohn Jan bauten hier 1997 das **Musikhuset Esbjerg** 5 mit zwei Sälen. In den Neubau mussten sie ein älteres Gebäude integrieren, das **Esbjerg Kunstmuseum**. Es zeigt dänische Kunst ab dem ›Modernen Durchbruch‹ der 1920er-

Rømø, Mandø, Fanø und das Wattenmeer

Jahre bis zur Gegenwart. Ein Schwerpunkt ist der Konstruktivismus, dessen wichtigster dänischer Vertreter Robert Jacobsen (S. 48) gut repräsentiert ist (Havnegade 20, Tel. 75 13 02 11, www.eskum.dk, tgl. 10–16 Uhr, 60 DKK/ab 18 Jahre).

Sternenhimmel

Durch ferne Welten bummelt man im Dunkeln zwischen Musikhuset und Torvet: In das Pflaster der Torvegade sind 288 ›Sterne‹ zur Lichterskulptur **Stjernedrys** 6 eingelassen und bilden Sternzeichen aus dem Nachthimmel über Esbjerg am 1. 1. 2000 um 00:01 ab.

Esbjergs Zentrum wirkt etwas befremdlich, wenn man sich die kurze Geschichte der Stadt in Erinnerung ruft: Da stehen Bauten im Stil der Gotik, der Renaissance und des Barock – alle aber nur wenig mehr als 100 Jahre alt. Gerade um die Wende vom 19. zum 20. Jh., als in Esbjerg munter gebaut wurde, erlebte der Historismus seinen Höhepunkt: Schick war alles, was retro war.

Rund um den zentralen Marktplatz **Torvet** 7 sieht es aus, als hätten Architekten einen Wettstreit ausgetragen, wer denn besser die Vergangenheit kopieren kann. Das i-Büro residiert im ehemalige **Ting- og Arresthus**, dem Gerichts- und Arresthaus, das mit strengen gotischen Formen an eine mittelalterliche Burg erinnert. Die Post im Eckhaus schräg gegenüber bedient sich der dänischen Backsteingotik und könnte auch als Herrensitz irgendwo in Ostjütland stehen. Den Vogel schießt das Bankgebäude daneben mit seiner Fassade in verspielter Siena-Gotik ab. Auf der anderen Seite des Platzes zeigt sich ein Café im Look der Neorenaissance. Zu diesem Ensemble passt das **Reiterstandbild** mitten auf Torvet ganz gut, mit Christian IX. hoch zu Ross. Unter seiner Regentschaft wurde die Stadt angelegt.

Musik und Stadtgeschichte

Ein weiteres Kleinod des Historismus ist das erste E-Werk der Stadt, in dem sich griechisch inspirierter Klassizismus mit Jugendstilelementen paart. Das **Syddansk Musikkonservatorium** 8 (S. 145) ist hier zu Hause und dort, wo früher Turbinen surrten, ist heute ein künstlerisch extravagant gestalteter und ob seiner Akustik hoch gelobter Konzertsaal eingerichtet.

Vom Konservatorium führt die H. C. Ørstedsgade auf das **Esbjerg Museum** 9 zu. Es dokumentiert die junge Geschichte der Stadt, aber auch Vorzeitfunde der Region, und besitzt eine außergewöhnliche Bernsteinsammlung sowohl von Natur- als auch von Schmucksteinen – die ältesten sind gut 10 000 Jahre alt (Torvegade 45, Tel. 76 16 39 39, www.esbjergmuseum.dk, tgl. 10–16 Uhr, Sept.–Mai Mo geschl., 40 DKK/ab 18 Jahre, Mi gratis).

Robben und kräftige Männer

Was das Zentrum an Museen auch aufbietet, Esbjergs meistbesuchte Attraktion, das **Fiskeri- og Søfartsmuseet/Saltvandsakvariet i Esbjerg** 10, liegt am Nordrand der Stadt. Der sperrige Name sagt schon viel über die Inhalte: Fischerei und Seefahrt sind Themen in einer großen Bootshalle und in der Freiluftausstellung, zu der u. a. eine typische Küstenlandschaft mit Booten, Gerätschaften von Strandfischern und sogar ein Atlantikwall-Bunker gehören. In den Salzwasseraquarien tummelt sich ein Querschnitt der Nordseefauna, im großen Freiluftbecken leben Seehunde; Fütterungszeit tgl. 11 und 14.30 Uhr (Tarphagevej, Tel. 76 12 20 00, www.fimus.dk, tgl. mindestens 10–16, Juli/Aug. 10–18 Uhr, je nach Saison und Aktivitäten 85/100/125DKK/ab 18 Jahre).

Auf Höhe des Museums direkt am Ufer neben der Küstenstraße ist eine der interessantesten, aber auch umstrittensten Sehenswürdigkeiten Jütlands platziert: Die Skulpturengruppe **Mennesket ved Havet** 11, der Mensch am Meer, von Svend Wiig Hansen (1922–97). Vier gewaltige Männerskulpturen, jede 9 m hoch und mehrere Tonnen schwer, starren auf Grådyb, das Tief nördlich von Fanø, das als Fahrrinne zwischen Hafen und offenem Meer den Lebensnerv Esbjergs bildet. Die Gleichheit der vier Figuren, ihre kaum strukturierte Oberfläche, ihre monumentale Größe – Punkte, an denen sich Missfallen ar-

Esbjerg

tikuliert, gibt es. Aber ist Kunst nicht immer Geschmackssache? Für Esbjerg, die junge Stadt am Meer, ist die Skulptur längst Wahr- und Markenzeichen.

Hjerting – Esbjergs Badeort
▶ C 11

Verlässt man Esbjerg nach Norden an der Männerskulptur vorbei, rollt man bald über die Promenade von **Hjerting,** nur eine kleine Mauer trennt die Straße von dem schmalen Strand zur **Ho Bugt** hin. Die Bucht ist der nördlichste Zipfel des europäischen Wattenmeers und beliebtes Revier von Windsurfern.

Esbjergs Badeort ist deutlich älter als die Stadt selbst. Nachdem die Hauptstraße ins Landesinnere vom Meer abgebogen ist, fällt nach wenigen hundert Metern die moderne **Hjerting Kirke** 12 auf. Fenster, Altarleuchter und die Figurengruppe an der Altarwand aus vergoldetem Eisen und Schrott mit Szenen der Karfreitagsgeschichte schuf Robert Jacobsen (S. 48) – Objekte, die jedes Museum für Moderne Kunst gern an der Wänd hätte.

Infos

VisitEsbjerg: Skolegade 33, 6700 Esbjerg, Tel. 75 12 55 99, www.visitesbjerg.dk. Das Ende 2013 neu eröffnete Besucherzentrum mitten in der Stadt versteht sich nicht nur als Touristeninformation, sondern auch als Visitor Centre des Nationalparks Wattenmeer.

Übernachten

Etwas Bade-, etwas Businesshotel ▶ **Hjerting Badehotel** 1 : Strandpromenaden 1, 6710 Hjerting, Tel. 75 11 70 00, www.hjertingbadehotel.dk. Ca. 7 km nördlich Esbjerg Zentrum, nur durch die Promenade vom Strand getrennt. DZ ab 1395 DKK; viele Sommer- und Wochenendangebote online.

Discount-Hotel in nostalgischer Hülle ▶ **Cabinn Hotel Esbjerg** 2 : Skolegade 14, 6700 Esbjerg, Tel. 75 18 16 00, www.cabinn.com. Haus der Cabinn-Kette (S. 83), nur wenige Schritte von Fußgängerzone und i-Büro entfernt.

3-Sterne-Herberge ▶ **Danhostel Esbjerg** 3 : Gl. Vardevej 80, 6700 Esbjerg, Tel. 75 12 42 58, www.esbjerg-danhostel.dk. Die einfachen Zimmer ohne Bad (DZ 560 DKK, 4-Bett-Zimmer 670 DKK) verhindern mehr Sterne für dieses Danhostel, die seine Luxuszimmer im neuen Gartenflügel verdienen – Hotelqualität! (DZ mit Bad/WC 720 DKK, 4-Bett-Zimmer 890 DKK). Das Ökofrühstück mit vielen selbstgemachten Zutaten könnte in jedem Gourmethotel bestehen (72 DKK).

3-Sterne-Camping in Strandnähe ▶ **Sjælborg Camping** 4 : Sjælborg Strandvej 11, 6710 Hjerting (10 km von Esbjerg Zentrum), Tel. 75 11 54 32, www.sjelborg.dk. Im Grünen, nicht weit vom Strand und der Marbæk Plantage mit interessanten Vorzeitrelikten. Viele Angleraktivitäten, preiswerte Hütten.

Essen & Trinken

Edel und maritim ▶ Die Gastronomie im **Hjerting Badehotel** (s. Übernachten 1) hat Gourmetklasse im **Strandpavillonen** (3 Gänge ca. 470 DKK) und ist deutlich günstiger mit viel maritimer Atmosphäre im Pub-Café **Ship Inn** (z. B. Brunch tgl. 119 DKK).

All-in-one ▶ **Dronningen Louise** 1 : Torvet 19, 6700 Esbjerg, Tel. 75 13 13 44, www.dr-louise.dk. Bistro-Café mit Kaffeespezialitäten und Kleinigkeiten, Restaurant vom Frokost bis zum Abendessen (HG ca. 130–250 DKK, Burger, Sandwiches, Bagels ab ca. 100 DKK) und zu später Stunde Bar (s. Ausgehen).

Urdänisch ▶ **Sand's Restauration** 2 : Skolegade 60, 6700 Esbjerg, Tel. 75 12 02 07, www.sands.dk. Dänische Küche; leckere Frokost-Gerichte (ab 60 DKK), beliebt auch am Abend (HG ab 110 DKK); im Sommer auch Open-Air-Plätze, aber leider im Juli gern mal Sommerferien, So immer geschl.

Favorit der Kinder ▶ **Jensen's Bøfhus** 3 : Torvegade 10, 6700 Esbjerg, Tel. 75 18 18 70. Filiale der Familienrestaurantkette (S. 60).

Fisherman's Friend ▶ **Sydvesten** 4 : Fiskerihavnsgade 6, 6700 Esbjerg, Tel. 75 12 82 88, www.sydvesten.dk. Am alten Fischereihafen. Hierher kommen viele Einheimische zum Frühstück oder Frokost. Mo–Fr 7–16, Sa 7–13, Sommer Do–Fr 7–21 Uhr; HG ab 90 DKK; auf der Karte steht immer auch ein preiswertes Tagesgericht.

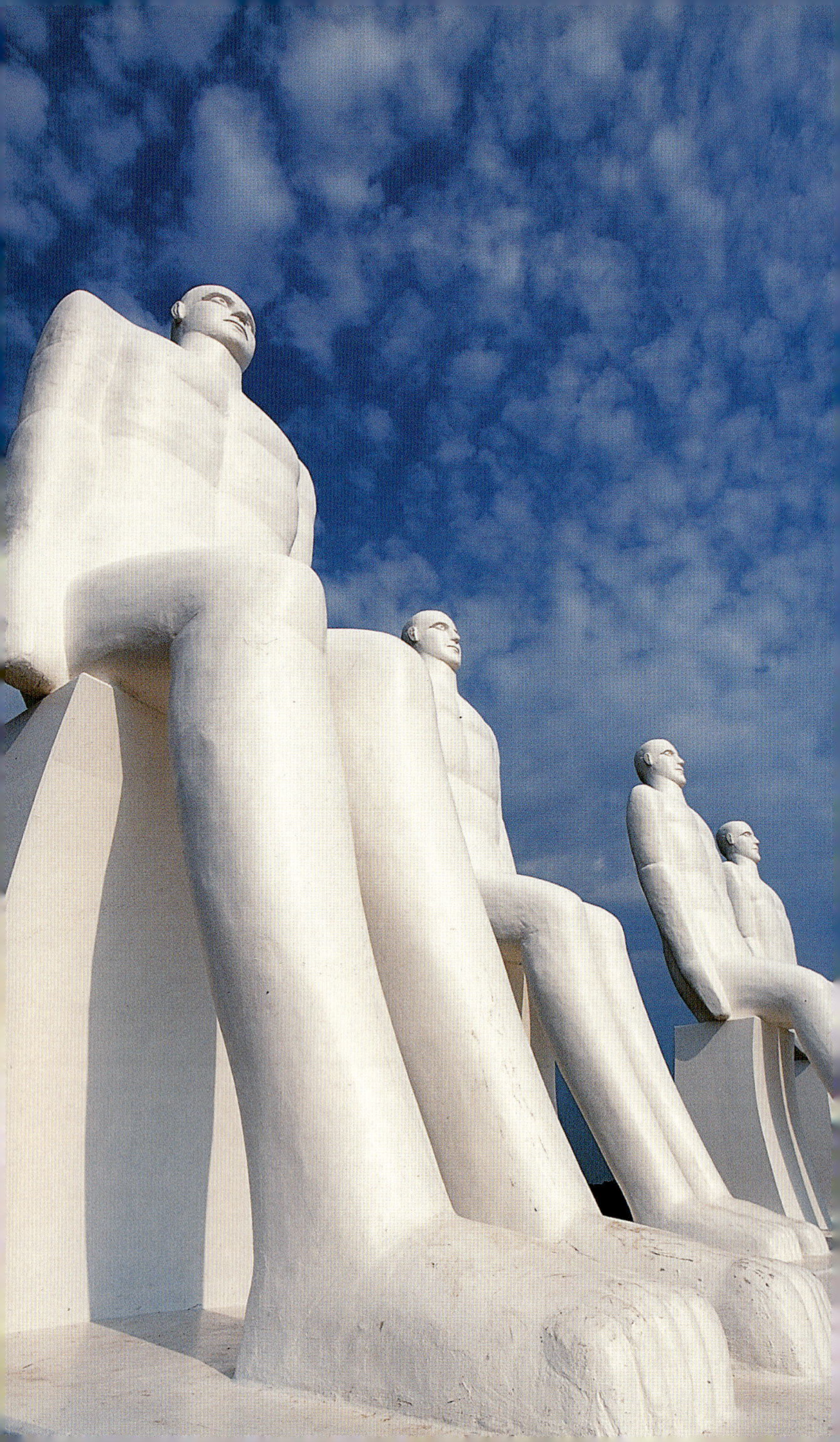

Esbjerg

Einkaufen

Freizeit- und Sportkleidung ▶ Kongensgade 1 : Die Fußgängerzone ist eine preiswerte, aber gut sortierte Einkaufsstraße quer durchs Zentrum mit vielen Geschäften, die Freizeit- und Sportkleidung günstig anbieten.
Wochenmarkt ▶ Rådhuspladsen 2 : Jeweils Mi und Sa 8–13 Uhr wird auf dem Rathausplatz ein bunter Markt abgehalten.
Trödelmarkt ▶ Torvet 7 : Mitte Juni–Anf. Sept. Mo ca. 10–16 Uhr rund um das Reiterstandbild von Christian IX. auf dem zentralen Platz der Stadt.
Frischer und geräucherter Fisch ▶ Havnens Fiskehus 3 : Fiskerihavnsgade 13 A, 6700 Esbjerg. Gut sortierter Fischladen am Hafen.

Abends & Nachts

Clubbing am Wochenende ▶ Dronningen Louise Natclub 1 : (s. auch Essen & Trinken). Resident- und Gast-DJs pflegen an Wochenendnächten ihre Profile, hin und wieder gibt es auch Liveacts.
Szenetreff ▶ Industrien 1 : Skolegade 27, 6700 Esbjerg, Tel. 75 13 61 66, Do 20–2, Fr, Sa 20–5 Uhr; Szenetreff mit alternativem Touch und langer Tradition, erfindet sich immer wieder mit neuen Konzepten – einfach mal testen, was gerade angesagt ist.
Event-Location ▶ Tobakken 2 : Gasværksgade 2, 6700 Esbjerg, Tel. 75 18 00 00, www.tobakken.dk; Saal und Bühne für allerlei Konzerte von Folk über Jazz bis Rock.
Spielstätte für Hochkultur wie Popmusik ▶ Musikhuset Esbjerg 5 : Havnegade 18, 6700 Esbjerg, Ticket-Hotline Tel. 76 10 90 10, www.mhe.dk. Auch Heimat der Ny Opera (www.dennyopera.dk).
Konzertsaal ▶ Syddansk Musikkonservatorium 8 : Kirkegade 61, 6700 Esbjerg, Tel. 76 10 43 00, www.vmk.dk. Zahlreiche öffentliche Konzerte, viele davon gratis, u.a. im Café Ørsted Do 20 Uhr ›Torsdagscafé‹ mit moderner und Fr 12.10 Uhr ›Frokostkonzerter‹ mit klassischer Musik (nicht jede Woche!).

Mennesket ved Havet: Kunst mit Weitblick in Esbjerg

Aktiv

Hafenrundfahrt und Seehundbeobachtung ▶ »M/S Sønderho« 1 : Dokvej 5, Tel. 70 23 15 15, www.faergen.de. Die Hafenbarkasse der FanøTrafikken, die auch die Fähren im Linienverkehr nach Fanø unterstützt, macht Juli/Aug. Mo–Do 2 x, Fr 1 x tgl. Ausflugsfahrten ab Anleger Fanø-Fähre (75 Min., 130 DKK, 70 DKK/4–15 und ab 65 Jahre).
Tour mit dem Museumskutter ▶ »E.1 Claus Sørensen« 2 : Der 1931 vom Stapel gelaufene Fischkutter des Fischereimuseums demonstriert für Touristen an Bord Fangmethoden in Grådybet oder in der Ho Bugt, Abfahrt Fischereihafen, ca. 2 Std., 75 DKK, Termine und Tickets beim **Fiskeri- og Søfartsmuseum** (10 , S. 142).
Dänemarks größtes Spaß- und Sportbad ▶ Svømmestadion Danmark 3 : Gl. Vardevej 60, 6700 Esbjerg, www.svdk.dk; auch großer Wellness-Bereich, Mo–Do 8–21, Fr 6–18, Sa, So 9–18 Uhr.
Eisbahn ▶ Skøjtebane på Torvet 7 : Die 1500 m² große Open-Air-Eisbahn macht Ende Nov.–Ende Febr. Esbjergs zentralen Platz Torvet spiegelglatt: Die Benutzung ist kostenlos, Ausrüstung kann geliehen werden.

Termine

Esbjerg Festuge: Neun Tage Mitte Aug. mit breitem Programm, Infos unter www.esbjergfestuge.dk.
Esbjerg International Chamber Musik Festival: Kammermusikfestival in der 2. Augusthälfte im Konservatorium, Programm unter www.eicmf.dk.

Verkehr

Bahn: Wichtigste Bahnstation für Südwestjütland, IC-Strecke nach Kopenhagen (ca. 3 Std. 10 Min.), Regionalverkehr entlang der Nordseeküste nach Struer sowie via Tønder nach Niebüll (S. 76).
Bus: Zentrale Haltestelle nahe Bahnhof mit dichtem Stadt- und Regionalbusnetz sowie X-Bus-Linien (S. 78) u. a. nach Sønderborg und Frederikshavn via Herning und Aalborg.
Fähre: Linien nach England (www.dfds.de) und zur Insel Fanø (S. 132) ganzjährig.

145

Blåvand bis Thyborøn

Nirgendwo in Dänemark stehen so viele Ferienhäuser, nirgendwo übernachten so viele Urlauber wie an diesem Küstenabschnitt. Dabei kennt kaum jemand die Ferienhausorte mit Namen. Selbst die Städte im Hinterland sind nur wenigen Nichtdänen geläufig: Varde und Ringkøbing mit ihren gemütlichen Zentren oder Holstebro und Herning mit ihrem Hang zur modernen Kunst. Und Billund, die Stadt, in die alle Kinder wollen, ist nur durch ihre größte Attraktion berühmt, den LEGOLAND Park.

Im Norden schließt an das Wattenmeer jenes von Meeresströmungen geschaffene, weich geschwungene Band aus viel Sand und etwas Kies an, das Geografen ›Ausgleichsküste‹ nennen. Hinter den Stränden erstreckt sich ein mehr oder minder breiter Dünengürtel. Damit der nicht wie früher auf Wanderschaft geht, pflanzte man ab dem 19. Jh. auf vielen Kilometern Strandwälder gegen den Sandflug. Die großen Haffs wie Ringkøbing Fjord und Nissum Fjord waren einst Deltas eiszeitlicher Schmelzwasserflüsse. Sandbänke schoben sich davor, wuchsen zu Nehrungen wie Holmsland Klit.

Ganz im Westen

Diese Küste lockt viele Urlauber, meist Dänen und Deutsche, in unzählige Ferienhäuser und wenige Ferienparks. Das Gebiet ganz im Westen um die Ferienhausmetropolen Blåvand und Vejers verzeichnet bei nur 4000 festen Einwohnern traditionell die höchsten Übernachtungszahlen ausländischer Touristen in ganz Dänemark nach der Hauptstadt Kopenhagen. Überhaupt gibt es relativ wenige Einheimische: In den vier Großkommunen, die zwischen Blåvandshuk und Thyborøn an die Nordsee stoßen, leben im Schnitt 45 Menschen pro Quadratkilometer, 128 sind es landesweit.

Oksbøl ▶ B 11

Oksbøl ist ein kleines Mittelzentrum mit Verwaltung, Spaßbad, zentralem i-Büro und ordentlichen Einkaufsmöglichkeiten, und es ist die Garnisonsstadt, von der aus ein großer Truppenübungsplatz verwaltet wird. In den Wäldern, Dünen und Heiden hinter der Küste üben neben dänischen Soldaten auch andere NATO-Truppen für den Einsatz in den Krisenregionen der Welt. In der Haupttreisezeit reduzieren die Militärs ihre Aktivitäten auf ein Minimum und viele Urlauber sehen ihre Anwesenheit eher als Attraktion denn als Belästigung, was gut besuchte Tage der offenen Tür in den Kasernen von Oksbøl immer wieder bestätigen (Termine bei den i-Büros). Das Übungsgelände ist zudem ein Refugium vieler bedrohter Pflanzen- und Tierarten und mit wenigen Abschnitten für jedermann zugänglich, solange keine Manöver stattfinden. An speziellen Masten signalisieren aufgezogene rote Kugeln eventuelle Schießübungen; Schilder warnen auch in deutscher Sprache.

Die **Aal Kirke** am Nordrand von Oksbøl macht deutlich, dass es eine alte Stadt ist. Die Kirche entstand schon im frühen 12. Jh. und ist berühmt für ihre Kalkmalereien mit Darstellungen eines heftig tobenden Reiterkampfes an der Nordwand.

Von 1945 bis Dezember 1948 war Oksbøl Standort des größten Lagers für deutsche Flüchtlinge auf dänischem Boden. Mehr als

Ganz im Westen

100 000 Menschen machten hier Station, in Spitzenzeiten bis zu 36 000 gleichzeitig, interniert zwar, aber weitgehend unter eigener Verwaltung. Von der Barackenstadt erhalten geblieben ist das Hospital, in dem bis Ende 2013 eine Jugendherberge untergebracht war. Dort soll ein Museum über das Lager entstehen, an das auch ein großer Flüchtlingsfriedhof erinnert.

Das **Ravmuseet i Oksbøl** ist eines der besten Museen zum Thema Bernstein in Europa und zeigt, wie er entsteht, wie er bearbeitet wird, wie er gefälscht und verfälscht wird und wie man ihn am besten findet (Vestergade 25, Tel. 75 27 07 03, www.vardemuseum.dk, Juli/Aug. tgl. 10–17, sonst Di–So 10–16 Uhr, 50 DKK/ab 18 Jahre). Bernstein ist eigentlich kein Stein, sondern verfestigtes Harz, und die Herkunft des Namens vom altdeutschen Wort für Brennstein deutet schon eine Eigenschaft an: Bernstein ist brennbar. Das dürfte aber nicht der Grund sein, warum in Oksbøl im **Museet Danmarks Brandbiler og Panser Museet** eine Sammlung von gut 100 großen Feuerwehrfahrzeugen und etwa 2500 im Spielzeugformat ein Zuhause hat (Industrivej 18, Tel. 76 54 20 00, www.danmarksbrandbiler.dk, So–Fr Juli/Aug. 10–17, sonst 10–15 Uhr, 60 DKK, 25 DKK/Kinder). Einige Fahrzeuge in den Hallen sind statt in auffälligem Rot eher in Tarnfarben bemalt: Die im Ort stationierte Kampfschule des dänischen Heers zeigt hier ihre historische Fahrzeugsammlung mit diversen Panzern und Mannschaftswagen, wobei das ›historisch‹ bis an die Gegenwart heranreicht.

Blåvand ▶ B 11

Der Ort Blåvand, längst mit dem Nachbarort Oksby zusammengewachsen, ist rund ums Jahr lebendig. Eine moderne Einkaufsstraße lockt Urlauber vor allem wenn kein richtiges Strandwetter ist zu Tausenden in die zahlreichen ›Factory-Outlet-Stores‹ auf Schnäppchenjagd. Lokalkolorit von gestern und heute vermittelt das **Blåvand Museum** in der alten reetgedeckten Schule von Oksby. Es hat auch das **Blåvand Redningsbådsmuseum** in der ehemaligen Küstenrettungsstation des Ortes unter seinen Fittichen (Museum: Blåvandsvej 30, Tel. 75 22 08 77, Juli–Aug. tgl. 14–17 Uhr, 25 DKK/ab 18 Jahre).

Tipp: Camping, Wellness und fünf Sterne

Direkt hinter Strand und Dünen von Blåvand liegt einer der besten europäischen Campingplätze: **Hvidbjerg Strand Camping.** Ein Spaß- und Erlebnisbad, das jeder mittelgroßen Stadt in Deutschland gut zu Gesicht stünde, ein Reitcenter mit Westerncamp, ein Put & Take-See, aus dem jeder Gast pro Tag eine Forelle ziehen darf, und ein edles Kurbad und Wellnesscenter in geschmackvoll-nordischem Design, aus dessen Panorama-Sauna der Blick über die Dünen zum Meer schweifen kann, sind nur die i-Tüpfelchen der Ausstattung. Die lässt auch bei profanen Dingen wie sanitären Anlagen, Laden, Fischshop, Minigolf, Spielplätzen und den Hütten verschiedener Standards nichts zu wünschen übrig. Reetdächer zieren die Gemeinschaftsgebäude, innen ist es äußerst gepflegt, sauber und modern. Die meisten der fast 700 Stellplätze haben 100–120 m² Fläche, etwa 10 % sogar über 120 m², einige sind mit eigenem Bade- und WC-Häuschen ausgestattet. Das **Familienrestaurant** mit dänisch-mediterraner Küche und die Take-away-Pizzeria stehen auch Gästen von außerhalb offen, gleiches gilt für das **Badeland** und das **Blåvand Kurbad & Wellness** (80/200 DKK). Platzgäste haben im Badeland immer freien Eintritt, im Kurbad abhängig von Saison, Wochentag und davon, ob man Camping- oder Hüttengast ist – Rabatt gibt's auf jeden Fall. Beide Einrichtungen sind von Mitte März bis zur Woche 42 tgl. mindestens 10–18 Uhr geöffnet. Im Kurbad gelten Altersbeschränkungen. Info: Hvidbjerg Strandvej 27, 6857 Blåvand, Tel. 75 27 90 40, www.hvidbjerg.dk.

Blåvand bis Thyborøn

420 000 t CO_2 vermeiden

Seit 2002 produzieren 14 km vor der Küste auf der Sandbank Horns Rev 80 Windkraftanlagen des Havmøllepark Horns Rev 1 Strom und 2009 eröffnete Kronprinz Frederik die Erweiterung, Horns Rev 2, gut 30 km vor Blåvands Huk. Dessen 91 Windräder, verteilt auf 35 km^2 Meeresfläche, linsen bei klarem Wetter vom Strand gesehen gerade noch über den Horizont. Zusammen kommen beide Anlagen auf eine Nennleistung von fast 370 MW. Das spart Dänemark etwa 420 000 t CO_2 pro Jahr, Teil der Strategie des Landes in der Zukunft Energie CO_2-neutral zu produzieren. Schon ist Horns Rev 3 weiter nördlich der bestehenden Anlagen in der Vorbereitung und soll spätestens 2020 mit einer Leistung 400 MW und einen CO_2-Ersparnis von 450 000 t pro Jahr noch effektiver sein als die bisherigen Anlagen zusammen. Tierschützer kritisieren die Windmühlen im Meer als lebensgefährlich für Vögel, gilt doch die Umgebung von Blåvands Huk als eines der wichtigsten Drehkreuze europäischer Vogelzüge im Frühjahr und Herbst. Was übrigens vom Strand aus wie eine Ölbohrplattform mitten zwischen den Windkraftanlagen aussieht, ist eine Kombination als Transformatorstation und Wohnplattform für Techniker.

Dänemarks westlichster Landpunkt auf 8° 5' Ost, **Blåvands Huk,** wird von einem viereckigen Leuchtturm markiert, der hier seit dem Jahr 1900 gut 40 m aus den Dünen aufragt und bestiegen werden kann (witterungsabhängig tgl. 10–15, Ostern–Woche 42 bis 17 Uhr, 20 DKK, 10 DKK/3–11 Jahre). Er warnt mit seinem 50 km weit reichenden Licht vor einer der gefährlichsten Sandbänke der Nordsee, dem Horns Rev, das sich 40 km ins Meer hinaus streckt und unter Seeleuten als ›Teufels Horn‹ verschrieen ist. Im Alten Leuchtturmwärterhaus informiert das **Horns Rev Wind Farm Visitor's Center** über die Offshore-Windparks (s. oben), die dort aufgestellten Windkraftanlagen und darüber, wie der Strom an Land kommt (tgl. 10–15, Ostern–Woche 42 10–17 Uhr, gratis). Das Haus dient auch als lokales i-Büro.

An Leuchtturm und i-Büro vorbei führt ein beliebter Zugang zum Strand und damit zur westlichsten Stelle Dänemarks. Hier findet man im Flutsaum, wo der höchste Wasserstand der letzten Fluten abgestorbene Algen und Holzreste abgelegt hat, oft Bernstein. Glauben Sie mir aber: Es ist eine sehr mühsame Suche und die Stücke sind klein, eher Splitter als Brocken. Am unteren Ende des großen Parkplatzes für diesen Strandzugang informiert **Blåvand Naturcenter** mit einer Mini-Ausstellung über die Naturphänomene der Region (gratis; auch Naturführungen).

An der Landspitze **Blåvands Huk** wechselt der Strand markant Richtung und Charakter: Nach Norden bietet er dem offenen Meer und seiner Brandung die Stirn, nach Südosten wird er von sanfteren Wellen gestreichelt, gefährliche Strömungen fehlen – der kinderfreundlichste Strand an der ganzen dänischen Nordsee. Etliche alte Bunker erinnern an die Expansionsgelüste des Dritten Reichs. Einige sehen ungewohnt aus: Der britische Bildhauer Bill Woodrow setzte ihnen stählerne Köpfe und Schwänze auf: Maulesel sollen es sein. Hofft Woodrow, dass sich Bunker, Mauleseln gleich, nicht vermehren? Weit vorn Richtung Landspitze Blåvands Huk, dort wo Warnschilder vor dem militärischen Schießplatz der Gegenwart warnen, verzierte Jörg Immendorff, einer der bedeutendsten deutschen Künstler der Gegenwart, einen anderen Bunker mit zwei der für ihn typischen roten ›Affen als Künstler‹ – zuletzt schienen sie dem Zahn der Zeit überlassen, sollen aber restauriert werden. Woodrows und Immendorffs Bunkerkunstwerke waren Teil eines großen Projektes 1995 zum 50. Jahrestag des Endes des Zweiten Weltkriegs.

Historische und technische Aspekte der deutschen Bunker zeigt in den Dünen zwischen Blåvand und Ho das Bunkermuseum Tirpitz-stillingen. Die niemals vollendete Kanonenstellung sollte die Hafenzufahrt von Esbjerg sichern (Tane Hedevej, 6857 Blåvand, Tel. 75 27 84 27, tgl. 11–16/17 Uhr, 30 DKK/ab 18 Jahre).

Ganz im Westen

Skallingen ▶ B 11/12

Eine schmale, nicht in ganzer Länge befestigte Piste, die bei hohen Hochwassern auch überfluten kann, führt auf die Halbinsel Skallingen südlich von Blåvand – ein Platz für Menschen, die Einsamkeit lieben. Skallingen bildete sich erst nach der legendären Mandränke von 1634, zuvor schwenkte die Küste bei Blåvands Huk direkt nach Osten. Um 1900 war Skallingen zu einem Hochsand herangewachsen, dann ergriffen Pflanzen langsam davon Besitz. Heute sind die Wattseite der Halbinsel und die angrenzende Ho Bugt Teile des Nationalparks Wattenmeer und der Weststrand ist von wenigen markierten Parkplätzen durch die Dünen zugänglich. Skallingen trug lange an einer Altlast des Zweiten Weltkriegs: Die deutsche Wehrmacht legte hier noch 1944 Zehntausende Minen aus. 2006–2012 wurden sie aufwendig geräumt. Pioniere gruben in einigen Abschnitten Strand und Dünen metertief auf, durchsuchten den Sand und rekonstruierten das Gelände anschließend wieder – erst nach dieser Aktion wurde Dänemark im Juli 2012 offiziell für minenfrei erklärt.

Von Vejers bis Houstrup
▶ B 10/11

Von **Blåvandshuk** zieht sich ein im Schnitt 100–200 m breiter Sandstrand die Küste hinauf nach Norden. Was dort in manchen Straßenkarten Ortsnamen trägt, sind oft nicht mehr als Strandzufahrten, an denen Ferienhäuser und Campingplätze liegen, wie **Grærup Strand** und **Børsmose Strand**. Nur **Vejers Strand** besitzt einen richtigen Ortskern, aber deutlich kleiner und übersichtlicher als Blåvand. Eine Ladenreihe mit allem, was das Touristenherz begehrt, säumt die einzige Straße zum Meer. Ein Magnet ist **Vejers Strand Dropskogeri**, in der man beim Bonbonmachen zusehen und sich mit diversen Mischungen leckerer Zahnkiller eindecken kann (Vejers Havvej 68A, Tel. 75 27 76 77).

Nördlich der Zufahrt zum **Kærgård Strand** breiten sich seit Mitte des 19. Jh. systematisch gegen den Sandflug angepflanzte und von Reit- und Wanderwegen durchzogene Strandwälder aus, die kleinere **Kærgård Klitplantage** und die große **Blåbjerg Klitplantage**. Von einem viel älteren Vorgängerwald zeugen eigenartige Büsche in beiden Forsten: Eichen wurden hier vor Jahrhunderten meterhoch unter Flugsand begraben, ließen sich davon aber nicht gänzlich unterkriegen: An mehreren Stellen wachsen die Kronen der alten Bäume wie Gestrüpp aus den Dünen. Vor allem im Frühjahr, wenn die Eichen ausschlagen, erkennt man Zusammenhänge, da jeder Baum zu einem anderen Zeitpunkt seine ersten Blätter ausbringt. So konnte nachgewiesen werden, dass bis zu 160 selbstständig wirkende Büsche und Mini-Eichen an ein und derselben Wurzel hängen.

Die fast bis zur Spitze bewaldete Düne **Blåbjerg,** mit 64 m die höchste im Lande, bietet von der Plattform auf ihrer Spitze einen der besten Aussichtsplätze entlang der dänischen Nordsee. Vielleicht wäre auch die Blåbjerg-Düne irgendwann vom Sandflug übers Land geblasen worden, hätte nicht der Oberförster Thyge de Thygeson die Initiative ergriffen und 1861–99 den umliegenden Dünenwald pflanzen lassen. An Thyge erinnert der Findling auf dem Blåbjerg-Gipfel.

Bekanntester Ferienhausort in diesem Abschnitt ist **Henne Strand**. Dessen touristische Entdeckung fiel mit dem Bau der Bahn von Varde nach Nørre Nebel Anfang des 20. Jh. zusammen. An der Strecke entstand Henne Stationsby, und von dort ging es mit Pferdewagen zum Meer. Das älteste der ›Hennes‹ ist **Henne Kirkeby** mit seinem Gourmettempel Henne Kirkeby Kro gleich neben der Kirche.

Zwischen **Houstrup Strand** mit einem der wenigen offiziellen FKK-Strände der Küste und Nymindegab Strand weiter im Norden stößt man in den Dünen auf die Reste des alten Gezeitenstroms Nymindestrømmen, bis 1845 die natürliche Verbindung zwischen Nordsee und Ringkøbing Fjord (ab S. 156).

Nymindegab und Nørre Nebel
▶ B 10

Dieser Nymindestrømmen war ab Mitte des 17. Jh. von weit nördlich Nymindegab fast 20 km nach Süden gewandert und hatte sich

Blåvand bis Thyborøn

dabei von einer kurzen, schiffbaren Mündung zu einem langen, flachen und versandenden Gewässer gewandelt. Im Prinzip schob sich in dieser geologischen Phase die nördliche Nehrung, das heutige Holmsland Klit (S. 158), vor ihr südliches Pendant Tippeland. Daraus entstand die Halbinsel **Værnengene og Tipperne** nördlich von Nymindegab, ein Gebiet mit Marschwiesen, kargen Heideflächen und ein paar Dünen.

Tipperne steht komplett als Vogelreservat unter Naturschutz und ist nur eingeschränkt zugänglich (März–Juni, Okt. So, Juli–Sept. 9–11 Uhr), ständig erreichbar sind ein Vogelbeobachtungsturm und eine kleine Naturausstellung an der Zufahrt von Süden her.

Um den Schiffsverkehr zwischen Ringkøbing Fjord und Nordsee aufrecht zu erhalten, versuchte man ab Mitte des 19. Jh. immer wieder, künstliche Durchbrüche durch die Dünen zu schaffen. Zuerst vor Nymindegab, später im Norden bei Hvide Sande (S. 158). Als dort 1910 der erste Hvide Sande Kanal gegraben wurde, versandete der Durchbruch im Süden umgehend.

Vom Nymindegab Kro hat man den perfekten Blick über die Dünen, die damals ohne großes Gerät durchgraben wurden, und auf den alten Nymindestrøm. Wo Straße [181] seine Reste quert, erinnern reetgedeckte Köderhütten, Esehuserne, an die Saisonlager, wie sie Anfang des 19. Jh. Nebenerwerbsfischer aus dem Hinterland in jeder Fangsaison nutzten. Diese arme, archaische Region lockte damals Künstler von nationalem Rang und so überrascht das jüngst renovierte **Nymindegab Museum,** eines der besten lokalhistorischen Museen im Lande, mit einer kleinen, aber hochkarätigen Kunstsammlung. Unter den naturwissenschaftlichen Exponaten ragt das Skelett eines 12 m langen Pottwals heraus, der 1990 vor Nymindegab strandete (Vesterhavsvej 294, Tel. 75 25 55 44, www.vardemuseum.dk, Mitte März–Okt. tgl. 10–16/17 Uhr, 50 DKK/ab 18 Jahre). Das Museum organisiert auch den Zugang zu dem etwa 1 km entfernt liegenden **Nymindegab Redningsbådsmuseum** mit Dänemarks ältestem erhaltenem Rettungsboot.

Nørre Nebel im Hinterland ist mit etwa 1350 Einwohnern Haupt-Einkaufsort für einen großen Küstenabschnitt. Über die stillgelegte Bahnstrecke Nørre Nebel – Nymindegab darf man im Sommer mit Skinnecykler, Fahrraddraisinen, strampeln. Ungefähr auf der Hälfte der Strecke kann man in einer überdachten Grillhütte picknicken (Mai–Okt., Buchung im Nørre Nebel Minimarked, Bredgade 56, Tel. 75 28 87 33, ca. 110 DKK/4 Std. für ein Gefährt mit Platz für 3 Pers.).

Infos
Blåvandshuk Fyr Turistinformation: Fyrvej 106, 6857 Blåvand, Tel. 75 27 54 11
Henne Strand Turistinformation: Strandvejen 415, 6854 Henne Strand, Tel 75 28 86 70
Webportal für beide: www.visitwestdenmark.com.
10 Tage, 10 Attraktionen: Für 10 Sehenswürdigkeiten in der Großkommune Varde, u. a. Bernsteinmuseum (S. 147), Nymindegab Museum (S. 150), Varde Museum, Artillerimuseet und Minibyen (alle S. 152) kostet ein 10-Tage-Ticket nur 100 DKK/ab 18 Jahre und ist in allen beteiligten Stationen erhältlich.

Übernachten
Traumblick auf Dünen und Meer ▶ **Nymindegab Kro:** Vesterhavsvej 327, 6830 Nymindegab, Tel. 75 28 92 11, www.nymindegabkro.dk (Small Danish Hotels, S. 86). Traditions-Kro über dem alten Steilufer am Nymindegab; DZ Listenpreis ab 1095 DKK, online meist deutlich billiger, auch Ferienwohnungen und Restaurant.
Familiäres Badehotel ▶ **Klithjem Badehotel:** Nordvej 1, 6853 Vejers Strand, Tel. 75 27 70 42, www.klithjembadehotel.dk. In den Dünen von Vejers, mit einfachen Mitteln geschmackvoll und gemütlich eingerichtet; DZ ab 700 DKK, mit Bad ab 800 DKK.
Designhotel aus den 1930ern ▶ **Henne Mølleå Badehotel:** Hennemølleåvej 6, 6854 Henne Strand, Tel. 76 52 40 00, www.hennemoelleaa.dk, nur März–Sept. Klassisches Badehotel abseits des Trubels von Henne Strand, in den 1930er-Jahren vom Architekten, Designer und Gesellschaftskritiker Poul

Ganz im Westen

Henningsen (S. 50) entworfen. DZ je nach Wochentag und Saison 700–990 DKK.
Ferienpark mit Spaßbad ▶ **Dayz SeaWest Nymindegab:** Vesterhavsvej 81, 6830 Nørre Nebel, Tel. 76 52 30 00, www.dayz.dk. Setzt als Ferienpark Maßstäbe in Dänemark. Im Zentralbau ›gläserne Düne‹ u. a. 3 Restaurants, Wellnesscenter, Indoor-Minigolf, Hoppeloppeland für Kinder, Badmintonplätze und großzügiges Spaßbad mit zwei Riesenrutschen. Zum Wohnen ›hyggelige‹ Reihenhäuser und freistehende Ferienhäuser für 4–8 Pers., alle mit cleverer Raumnutzung, ab ca. 5500 DKK/Woche; auch Miniferien, Wellness-Paket, LEGOLAND-Paket usw.
FKK-Camping ▶ **Lyngboparken:** Strand-fogedvej 15, 6854 Henneby, Tel. 75 25 50 92, www.lyngbo.dk. Familiärer Platz mit vielen Stammkunden. Einfache Hütten.
Ferienhäuser ▶ In der Region wohnen die meisten Urlauber in einem der über 5000 Ferienhäuser. Alle großen Vermittler (S. 83) sind mit Servicebüros präsent, daneben gibt es regionale Anbieter. Die haben lokale Schwerpunkte, sind aber im ganzen Gebiet präsent und bieten ihre Häuser in Online-Katalogen mit Buchungsoptionen: **Feriepartner Blåvand:** www.feriepartner.dk/blaavand; **Die hyggelige Dänen Vejers:** www.vejers.com; **Købmand Hansen's Feriehusudlejning** (Henne Strand): www.kobmand-hansen.dk; **Schultz Feriehuse Houstrup:** www.schultz-houstrup.dk.

Essen & Trinken

Gourmetfreuden ▶ **Henne Kirkeby Kro:** Strandvejen 234, Tel. 75 25 50 30, www.hennekirkebykro.dk. Wer gut ist, macht sich rar: Ostern–Woche 24 nur Do–Sa mittags und abends, Hochsaison auch So zum Frokost, außerdem einige Feiertage (unbedingt reservieren!). Seit 2012 steht der Brite Paul Cunningham für die Küche im besten Restaurant im Westen, zuvor hatte er sich in Kopenhagen sieben Jahre in Folge einen Michelin-Stern erkocht. Paul ist bekannt für bodenständige Gourmetküche, die er mal klassisch, mal experimentell interpretiert. So gibt's bei ihm in der Saison auch regelmäßig den Klassiker aus seiner Heimat kulinarisch aufgewertet: Fish & Chips. Die Küche im Henne Kirkeby Kro orientiert sich unter seiner Leitung an der Region mit ihren frischen Rohwaren aus dem Meer und von nahen Weiden – Marschlamm und Freilandschwein – und nach ökologischen Grundsätzen selbst gezogenen Gemüse und Kräuter. Immerhin hat der Hennekirkeby Kro einen der größten Restaurantgärten in Dänemark. Über die Preise redet man in dieser Klasse lieber nicht, eher darüber, dass alles trotz des Ambientes in einer zwanglosen, von Sonne, Strand und Urlaubsgefühlen geprägten Atmosphäre stattfindet. Ebenfalls ambitioniert sind die wenigen Zimmer, alle mit überragendem Design je nach Standard und Werktag ca. 1500 bis 3500 DKK inkl. Gourmetfrühstück.
Gourmetboutique mit Küche ▶ **Hr. Skov:** Blåvandvej 37, Tel. 75 27 85 00, www.hrskov.dk, außer Jan. Mi–So 10–17/18 Uhr. Das hat schon Metropolenniveau, was Claus Skov und Henny Dahl in den Regalen und der Frischetheke ihrer Gourmetboutique an Genüssen aus der Region und der Welt präsentieren: delikaten Käse, besten Fisch und Hummer, Wild, Weine, Kaviar, Trüffel und etliche Produkte unter dem Hr. Skov-Label wie Spezialbiere, Marmeladen und Schnäpse mit selbst gesuchten Zutaten. Im Dachgeschoss versteckt sich das Deli-Café mit köstlich-deftigen Leckereien wie ›Hr. Skovs Brunch Tallerken‹ – ein ›Must‹ für Genießer.
Hier wird selbst geräuchert ▶ **Det Gamle Røgeri:** Vejers Havvej 70, 6853 Vejers Strand, Tel. 75 27 67 67, Ostern–Woche 42 sowie Weihnachten/Neujahr. Fischrestaurant für die ganze Familie mit eigener Räucherei und Fischladen; urige Außengastronomie mit Biergartenatmosphäre und großem Spielplatz in Sichtweite.
Fisch ganz frisch ▶ **Blåvand Fiskerestaurant:** Kallesmærskvej 2, 6857 Blåvand, Tel. 75 27 85 10, www.blaavandfisk.dk. Solides Fischrestaurant mit Fischladen; sehr populär, daher besser vorab reservieren! Sa mittags Heringsbuffet ca. 100 DKK, Ostern–Woche 42 außer Juli/Aug. So großes Fischbuffet ca. 170 DKK, HG ab ca. 150 DKK.

151

Blåvand bis Thyborøn

Einkaufen

Käse-Delikatessen ▶ **Enghavegård Osteri** Henrik Walther-Larsen: Ho Bugt Vej 17, 6852 Billum, Tel. 75 25 85 33. Direktverkauf einer Hofkäserei. Ein Muss für Genießer!

Aktiv

Strände ▶ Den gesamten Küstenabschnitt säumen breite Sandstrände; bei **Vejers Strand** und **Børsmose Strand** gibt es kurze Autostrand-Abschnitte, am Houstrup Strand ein offizielles FKK-Areal. Lenkdrachen/Kites dürfen nur an bestimmten Strandabschnitten fliegen, genaue Informationen bekommt man in den i-Büros.

Reiten ▶ Touren mit Islandpferden u. a. bei **Stutteri Vestmose** (Hovej 29, Ho, 6857 Blåvand, Mobil-Tel. 28 49 99 99, www.stutterivestmose.dk), **Stutteri Vestkysten** (Hennebysvej 62, Henne, Tel. 75 25 58 53, www.stutterivestkysten.dk), **Islandheste Houstrup** (Houstrupvej 10, 6830 Houstrup, Tel. 75 28 70 38, www.strandritt.de; dt. Besitzer).

Termine

North Sea Beach Marathon: an einem Sonntag um den Monatswechsel Juni/Juli. Neben dem klassischen Marathon zwischen Vejers (S. 149) und Hvide Sande (S. 158) werden auch ein Halbmarathon sowie 5- und 10-Kilometer ausschließlich über den Strand gelaufen, in geraden Jahren von Süd nach Nord, in ungeraden Jahren umgekehrt. 2013 gingen 833 Männer und Frauen an den Start, Die Streckenrekorde beim Marathon lagen in der Gruppe der Männer bei 2.36,46, in der Gruppe der Frauen bei 3.03,45 Std. Infos und Anmeldung: www.beachmarathon.com.

Ho Fåremarked: Am Wochenende mit dem letzten Samstag des August in Ho mit großem Vieh-, Floh- und Jahrmarkt und Zehntausenden von Besuchern.

Verkehr

Vestbanen verkehrt werktags alle 1–2 Std., Sa, So alle 2–3 Std. von Varde über Oksbøl und Henne Stationsby nach Nørre Nebel. Von den Bahnhöfen bestehen Anschlüsse mit Bussen in die Küstenorte und ab Nørre Nebel via Nymindegab zu sämtlichen Orten auf Holmsland Klit (ab S. 156).

Varde ▶ C 11

Varde selbst hat zwar nur etwa 13 500 Einwohner, ist aber wichtigstes Verwaltungs- und Einkaufszentrum einer großen Kommune, die bis zur Küste reicht und dort die großen Ferienhausorte wie Blåvand und Vejers einschließt. Das alte Varde wurde bei zwei Stadtbränden in den Jahren 1789 und 1821 weitgehend in Schutt und Asche gelegt, kann aber als Nachbildung im Maßstab 1 : 10 in der **Varde Minibyen** im Park Arnbjerganlægget besichtigt werden. Rund 300 Gebäude stehen dort, hingebungsvoll von alten Handwerkern gebaut und gepflegt (Tel. 75 22 32 22; Mai–Okt. tgl. mindestens 10–16, saisonal auch 10–17/18 Uhr, 40 DKK, 12 DKK/3–12 Jahre). Im Original sind nur wenige Bürgerhäuser aus dem späten 18. Jh. am Marktplatz Torvet und in der Storegade erhalten. Das schnuckeligste dieser Häuschen ist die ehemalige Marktkneipe **Sillasens Hus** von 1795 am Torvet.

Im alten Zentrum hinter der Kirche besitzt das **Varde Museum** sein Ausstellungshaus, in dem es zu wechselnden Themen von Archäologie bis moderner Kunst Artefakte aus seiner breiten kunst- und kulturhistorischen Sammlung zeigt; immer präsent ist der Fantasy-Maler und Lokalmatador Otto Frello (Kirkepladsen 1, Tel. 75 22 08 77, www.vardemuseum.dk, Di–So 10–16, Juli/Aug. tgl. 10–17 Uhr, 50 DKK/ab 18 Jahre).

Dass Varde traditionsreiche Garnisonsstadt ist, unterstreicht das **Artillerimuseet:** Die Welt der Kanonen, Kanoniere und Kanonenkugeln ist Ausstellungsthema (Vestervold 11, Tel. 75 22 15 94, www.vardemuseum.dk, Febr.–Juni Di–So 10–14, Juli–Okt. tgl. 10–16 Uhr, 30 DKK/ab 18 Jahre).

Infos

Varde Turistbureau: Otto Frellos Plads 1, 6800 Varde, Tel. 75 22 32 22, www.visitwestdenmark.com.

Billund

Kopenhagens Nyhavn im Maßstab 1:20 im LEGOLAND Park Billund

Übernachten, Essen & Trinken

Fast wie ein Ausflugslokal ▶ Hotel Arnbjerg: Arnbjerg Allé 2, Tel. 75 21 11 00, www.arnbjerg.dk (Small Danish Hotels, S. 86). Nostalgisches Ambiente, aber moderne Zimmer im Park Arnbjerganlægget; DZ ca. 1100 DKK, auch Familienzimmer (2 + 2) und oft Wochenend-, Sommer- oder Eventangebote wie Anglerwochenenden inkl. Angelschein für die Varde Å. Zum Haus gehört das Restaurant **Brasseriet** mit innovativ interpretierter dänischer Küche, z. B. mit exzellenten Smørrebrød zum Frokost (ab 80 DKK) und 3-Gänge-Menüs (Ca. 370 DKK) am Abend, im Sommer auch Buffet; an Wochenenden gelegentlich Dinner-Arrangements, oft Musik und Tanz für die ›silberne‹ Generation.

Verkehr

Regionalbahnstation an der Linie Esbjerg – Ringkøbing – Struer, Lokalbahn via Oksbøl nach Nørre Nebel.

Billund ▶ E 10/11

Wer mit Kindern an der dänischen Nordseeküste Ferien macht, wird über Varde hinaus noch etwas weiter ins Landesinnere vorstoßen müssen, nach Billund. Das könnte irgendein Kaff in Jütland sein, hätte nicht 1932 der arbeitslose Tischler Ole Kirk Christiansen dort angefangen, Spielzeug aus Holz zu bauen. Seinem Spielzeug, mit dem er anfangs noch selbst durchs Land tingelte, um es von Tür zu Tür zu verkaufen, gab er den Namen LEGO, zusammengesetzt aus den ersten Buchstaben der dänischen Wörter ›leg‹ und ›godt‹, zu Deutsch ›spiel gut‹.

Inzwischen zu einer kleinen Firma gewachsen, nahm Ole Kirk Christiansens 1947 Spielzeugsteine aus Plastik ins Programm. Mitte der 1950er-Jahre entwickelte sein Sohn dafür ein Stecksystem – die LEGO-Idee war geboren. Mit dem ›Spielzeug des Jahrhunderts‹ wuchs die einstige Holzwerkstatt zum welt-

Blåvand bis Thyborøn

weit tätigen Spielwarenkonzern mit Fabriken rund um den Globus. Die Zentrale mit der Entwicklungsabteilung, in der Hunderte von Erwachsenen spielend Geld verdienen, blieb jedoch immer in Billund. Und der Konzern machte das Dorf zur Stadt. Selbst der Flugplatz wäre ohne LEGO nie zum wichtigsten im Land neben Kopenhagen geworden.

Trotz der Expansion ist LEGO ein Familienunternehmen geblieben: Kjeld Kirk Kristiansen, Enkel des Firmengründers, gehört laut Wirtschaftsmagazin Forbes zu den Superreichen der Welt mit einem Vermögen von etwa 3,3 Mrd. US-Dollar. Und das, obwohl sein Konzern im Kampf gegen die Multimedia-Konkurrenz einiges an Federn lassen musste und sogar einige Jahre rote Zahlen schrieb, Werke schließen und Personal abbauen musste. Im Zuge der Konsolidierung gab der Klötzchen-Konzern sogar ein Kronjuwel in fremde Hände: die LEGOLAND Parks.

LEGOLAND Park

In den 1960er-Jahren, als in Billund häufiger nach Fabrikbesichtigungen gefragt wurde, schuf man nahe der Fabrik einen gigantischen Showroom: 1968 öffnete der LEGOLAND Park Billund die Tore, und gleich im ersten Jahr wurde die angepeilte Besucherzahl von 300 000 verdoppelt. Inzwischen kommen pro Saison mehr als 1,5 Mio. Gäste.

Anfangs war die Miniaturwelt aus LEGO-Steinen die wichtigste Attraktion des Parks: Häuser, Schlösser und ganze Straßenzüge aus Kopenhagen stehen im Maßstab 1:20 auf dem Gelände, daneben etwas Amsterdam, ein Stückchen Rheinlandschaft und ein Schiffshebewerk aus Deutschland, ein Fjorddorf aus Norwegen, die Schleusen des Göta-Kanals in Schweden, amerikanische Wolkenkratzer, eine schottische Ölplattform und das Kennedy Space Center mit qualmendem Shuttle auf der Startrampe.

Längst ist der LEGOLAND Park zu einem großen Freizeitpark geworden, aber immer in enger Anbindung an LEGO-Produkte und mit Blick auf die Zielgruppe der 2- bis 12-Jährigen und ihrer Familien. Die können heute in einer Westernstadt Gold waschen oder Stockbrot mit Indianern backen, die Kleinsten strahlen auf den Kleinkinderkarussells im DUPLO Land, die Ältesten machen in der Kinderfahrschule ihren ersten Führerschein, andere rasen auf dem Rücken eines Drachen durch eine verwunschene Königsburg, kreischen im X-treme Racer was die Stimmbänder hergeben oder tauchen in die Unterwasserwelt von Atlantis ein. Und jedes Jahr bringt der Park eine Neuerung, wie 2012 das Polarland mit schriller Polar-X-plorer-Achterbahn, Eisbären aus LEGO-Steinen und echten Pinguinen in naturnaher Eiswelt (Tel. 75 33 13 33, www.legoland.dk, Osterferien–Okt. tgl. mindestens 10–17, Sa, So und Ferienzeiten bis 20 Uhr. Eintritt 299 DKK/ca. 40 €, 3–12 und ab 60 Jahre 279 DKK/ca. 33 €, Rabatte bei früher Online-Buchung, günstige Zweitages-, Saison- und Famlienkarten. Vorab z. B. in i-Büros gekaufte Tickets verkürzen Wartezeiten am Eingang!).

Infos

Visit Billund: Rådhuscentret 16, 7190 Billund, Tel. 79 72 72 99, www.visitbillund.dk.

Übernachten, Essen & Trinken

Familienherberge ▶ **LEGOLAND Village:** Ellehammers Allé 2, Tel. 75 33 27 77, www.legoland-village.dk. 500 m vom Park haben sich eine ›LEGO-like‹ eingerichtete Familienherberge im Hostel-Stil und ein moderner Campingplatz unter einem Namen vereint, natürlich mit großem Spielplatz – Kinder haben hier das Sagen! Das »La Famille Cafe & Bistro« auf dem Gelände bietet jeden Abend ein sättigendes – mehr aber auch nicht – All-You-Can-Eat-Buffet für ca. 190 DKK/Erw., 95 DKK/3–12 Jahre, das Frühstücksbuffet ist für Hostelgäste inklusive, für Campinggäste kostet es 80 DKK. Im Hostel sind alle Zimmer für bis zu 5 Pers. eingerichtet; während der LEGOLAND Park-Öffnungsperiode DZ mit Frühstück nach Saison ca. 850–1100 DKK, für 4 Pers. 1000–1225 DKK. Der Campingplatz (Campingpass 35 DKK/Tag, 110 DKK/Saison) bietet neben Stellplätzen viele Hütten von basic – nur Betten – bis komfortabel – mit Bad/WC – und mit Schlafplätzen für maximal

Billund

aktiv unterwegs

Das 100-Kilometer-Museum

Tour-Infos
Start–Ziel: Ringkøbing oder jede Station
Beste Zeit: Ringkøbing Museum ganzjährig, andere Abteilungen Ostern–Woche 42, alle Juli/Aug.; Eintritt 25–100 DKK/ab 18 Jahre; die ›Museumskort‹ für alle Abteilungen gilt 1 Jahr (200 DKK/ab 18 Jahre), die ›Ugekort‹ 1 Woche (125 DKK); Infos unter www.levende historie.dk, Tel. für alle 97 36 23 43.
Länge: ca. 100 km
Schwierigkeitsgrad: Einfach, flach. Meist separate Radwege, teilweise Schotter; Karten sind in den i-Büros erhältlich.
Einkehren: Fahl Kro, Museum und Kaffestue tgl. in der Saison; Juli/Aug. Do ab 19 Uhr Kroabende mit Küche der Region (125 DKK, Tisch bestellen unter Tel. 75 28 01 43).

Das **Ringkøbing-Skjern Museum** besucht man am besten in Etappen, es ist gut 100 km lang. Rund um den Fjord finden sich inzwischen 14 Abteilungen, die zusammen ein Bild der Lebens-, Arbeits- und Wohnumstände der Menschen im Westen Jütlands in der Vergangenheit vermitteln. Das **Ringkøbing Museum** (S. 161) zeigt, was Archäologen zu diesem Bild beitragen. Die Eisenzeit ist im **Dejbjerg Jernalder** (Bundsbækvej 4A, Dejbjerg) nördlich Skjern lebendig, die Wikingerzeit im **Bork Vikingehavn** (S. 156). Das Leben der Privilegierten der Küste zeigt **Abelines Gaard** (S. 157) auf Holmsland Klit.

Das Bild wäre unvollständig ohne die kleinen Häuser der Tagelöhner und Landarbeiter wie **Gåsemandens Gård** in Nørre Bork (Galgebjergevej 20) und **Hattemagerhuset** in Tarm (Foersumvej 1), oder ohne alte Betriebe wie **Bundsbæk Mølle** (Bundsbækvej 27), Dänemarks letzte intakte Wassermühle, mit deren Mehl für die urige Kaffeestube im Haus des Müllers gleich nebenan Brot und Kuchen gebacken wird, die Seilmacherwerkstadt **Reberbanen** (Reberbanen 1A. Skjern) oder die **Skjern Vindmølle** (Langagervej 25). Neben der Volkskunde nimmt die Natur viel Raum ein, besonders die der Landschaft **Skjern Enge** im renaturierten Mündungsdelta der Skjern Å (S. 162). Über ihre besonderen ökologischen Bedingungen informiert das **Skjern Bymuseet** (Bredgade 73–75).

Im Norden liegen zwei Abteilungen abseits des Rundkurses: **Strandgaarden** (an der Straße [181]) thematisiert in Ausstellungen Natur und Leben an der Küste; **Kaj Munks Præstegård,** der Pfarrhof von Vedersø, erinnert an den 1944 als Widerständler ermordeten Dichterpriester Kaj Munk (S. 163). Einen perfekten Überblick verschafft die höchste Abteilung des Museums, der Leuchtturm **Nørre Lyngvig Fyr** (S. 158).

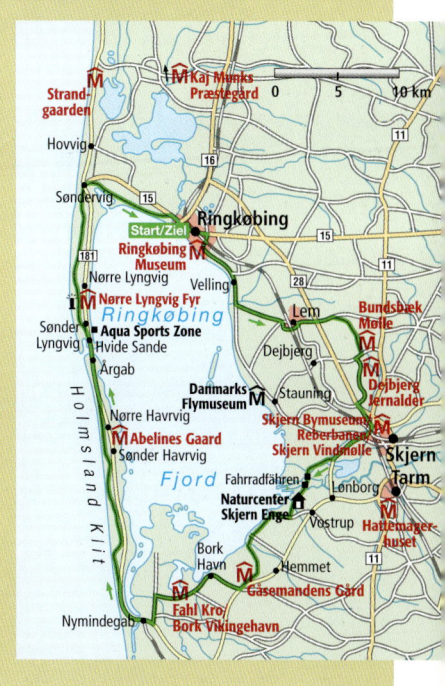

155

Blåvand bis Thyborøn

5 Pers. (je nach Saison und Ausstattung ca. 550–1000 DKK/Tag). Bettwäsche muss fürs Hostel wie für die Hütten mitgebracht werden oder kann geliehen werden (inkl. Handtücher 70 DKK/Pers).

Verkehr
Bustouren in den LEGOLAND Park werden in vielen Ferienhausgebieten zur Hauptsaison angeboten und meist in lokalen Touristenzeitungen angekündigt, auch die i-Büros kennen die Termine.
Pkw-Fahrzeiten z. B. ab Blåvand ca. 90 Min. (77 km), ab Ringkøbing Fjord 80–120 Min. (75–100 km). Der Park ist weiträumig ausgeschildert. Parkplätze sind gebührenpflichtig (50 DKK).
Billund Airport: www.billund-airport.dk, Tel. 76 50 50 50, nach Kopenhagen Dänemarks zweitwichtigster Airport mit mehreren Flügen täglich ab/bis Kopenhagen (SAS, S. 78) und vielen internationalen Verbindungen (S. 76).

Ringkøbing Fjord
▶ B/C 9/10

Wie alle Fjorde im Westen Jütlands ist der Ringkøbing Fjord kein Fjord im klassischen Sinn. Er wurde nicht von Eiszeitgletschern ausgeschabt, sondern entstand aus dem Delta eines gigantischen Gletscherstroms der letzten Eiszeit. Er besitzt die am deutlichsten ausgeprägte Nehrung der dänischen Nordseeküste: **Holmsland Klit**.

Surfer lieben den 40 km langen und bis zu 10 km breiten Ringkøbing Fjord. Vor allem Anfängern hilft, dass sie meist 300 m, manchmal bis zu 1000 m vom Ufer entfernt noch Boden unter den Füßen haben. Auch Segler mit kleinen Jollen ohne viel Tiefgang schätzen das flache Gewässer mit dem kräftigen Wind der Nordsee, aber ohne ihre gewaltigen Wellen und ihre zickigen Strömungen.

Während das Land geologisch jung ist, zeigt es reichlich Kulturgüter mit langer Geschichte. Nein, es sind keine Schlösser und Burgen, es sind eher alte Strandhöfe, die vom früheren Leben an der Küste erzählen, oder kleine Landkirchen, die unerwartete Schätze bergen, wie die über 800 Jahre alten Kalkmalereien in der Gammel Sogn Kirke am Nordufer des Fjords. Rund um den Fjord führt eine 105 km lange markierte Radwanderroute.

Infos
Alle i-Büros rund um den Ringkøbing Fjord bis Skjern (S. 163): Tel. 70 22 70 01, www.hvidesande.dk. Besetzt ist ganzjährig nur das i-Büro Hvide Sande (Nørregade 2b, 6960 Hvide Sande) und von Ostern bis Woche 42 das i-Büro Ringkøbing (Vestergade 2, 6950 Ringkøbing), weitere 11 interaktive i-Büros sind mit einem Bildschirm ausgestattet, über den man per Video-Gespräch Mitarbeiter in der Zentrale erreicht (Adressen bei den Orten).

Der Süden des Fjords ▶ B 10
Am Südufer des Ringkøbing Fjord zieht sich von Bork bis Skarven ein Ferienhausgebiet entlang, mit kinderfreundlichen Stränden und einem beliebten Anfängerrevier für Surfer (Surf-Schule und Verleih: West Wind, S. 160).

Hin und wieder kreuzt ein Wikingerboot zwischen den Surfern hindurch, das vom **Bork Vikingehavn** die schilfbewachsene Falen Å zum Fjord hinuntergekommen ist. Das Erlebniszentrum zur Wikingerzeit befasst sich mit der maritimen Seite dieser Epoche und besitzt einen kleinen Hafen, einen Marktplatz, etliche zeittypische Häuser und mehrere seetüchtige Schiffe. Es lebt mit seinen Aktivitäten auf, Höhepunkt ist der Wikingermarkt Anfang August (Vikingevej 7, Sdr Bork, 6893 Hemmet, Tel. 75 28 05 97, Ostern–Woche 42 mind. So–Fr 11–16, Juli/Aug. tgl. 11–17 Uhr, je nach Aktivitäten 50–120 DKK/ab 18 Jahre). Der Eintritt gilt auch für den Fahl Kro nebenan, eine weitere Abteilung des Ringkøbing-Skjern Museum (S. 155).

Holmsland Klit – der Süden und Hvide Sande ▶ B 9/10
Ab Nymindegab (S. 149) verläuft die Küstenstraße [181] über die 35 km lange, bis 3 km breite und stellenweise bis zu 30 m hohe Dünenkette **Holmsland Klit**. Als zweite Verkehrsachse für Radfahrer und Wanderer

Ringkøbing Fjord

Heide, Dünen, Strand und Meer: Holmsland Klit

schlängelt sich der **Vestkyststien** über die Nehrung, meist über schmale Schotterwege und immer näher am Meer als die Straße.

Die Ferienhaussiedlungen auf Holmsland Klit haben zwar in den meisten Fällen eigene Namen, richtige Orte sind jedoch nur die Hafenstadt Hvide Sande und mit Abstrichen Søndervig im Norden.

Einen Eindruck davon, wie die Bessergestellten der Region lebten, bevor die Touristen kamen, gibt im Südteil von Holmsland Klit **Abelines Gaard**. Dieser für Westjütland typische, reetgedeckte Vierkanthof wurde von 1854 bis 1871 für den Strandvogt der Region gebaut und später nach Abeline Christensen benannt. Die heiratete 1890 ein, hatte bald fünf Kinder und wurde mit 34 Witwe. Die restlichen 53 Jahre ihres langen Lebens bewirtschaftete sie den Hof allein und übte etliche Jahre das Amt des Strandvogtes aus. Abelines Gaard ist das Juwel des **Ringkøbing-Skjern-Museum**, romantisch, voller Nostalgie und so vorzüglich restauriert, dass es auf europäischer Ebene dafür ausgezeichnet wurde. Häufig werden alte Handwerkstechniken demonstriert wie Klöppeln, Weben oder Bernsteinschleifen (Sdr. Klitvej 87, Mai–Okt. So–Fr 11–17, Juli/Aug. 12–18 Uhr; nettes Café; 50 DKK/ab 18 Jahre).

Ein unregulierter künstlicher Durchbruch durch Holmsland Klit auf Höhe des heutigen **Hvide Sande Kanal** geriet 1910 außer Kontrolle. Auf 25 m Breite angelegt, riss er schnell auf 300 m auf und konnte nur mit Mühe wieder zugeschüttet werden. Beim nächsten Durchbruchversuch 1931 entstand die erste Anlage mit Sperrwerk und Schleuse. 1987 wurde sie erweitert: Schiffe bis zu einer Breite von 16 m und einer Länge von etwa 100 m können zwischen Fjord und Meer verkehren. Dafür muss die Hauptstraße aber hochgeklappt werden – oft Anlass für lange Staus.

Blåvand bis Thyborøn

Tipp: Fischauktion

Das Internet hat die Fischauktionen in Hvide Sande radikal verändert. Kein Auktionator schiebt sich mehr mit bietendem Gefolge zwischen den Fischkisten hindurch. Der Fisch wird jetzt frühmorgens in einer regionalen Internetauktion versteigert, zusammen mit Fisch, der in Thyboroen und Thorsminde angelandet wurde. Dafür sieht man auf www.danskefiskeauktioner.dk, was 1 kg Scholle, Dorsch oder Schellfisch aktuell bringt.

An vergangene Zeiten erinnern Auktionen für Touristen an Sommersonntagen ab 11 Uhr in der alten Auktionshalle von Hvide Sande. Da kommen Fische und Krustentiere nicht kistenweise unter den Hammer, sondern in ›Familienportionen‹ – mal ein einzelner Lengfisch oder Dorsch, mal eine Tüte Schollen, Krabben oder Jomfrue-Hummer. Rund um die Auktion herrscht Volksfeststimmung in der Halle und mitten im Trubel ›putzen‹ und filetieren pensionierte Fischer gegen eine kleine Spende fachgerecht das, was Landratten gerade ersteigert haben.

Um den Kanal wuchs binnen weniger Jahrzehnte das Städtchen Hvide Sande heran, einer der wenigen verbliebenen Fischereistandorte im Lande. Etwa zwei Drittel der rund 5000 Einheimischen von Holmsland Klit leben in der Stadt. Hafenbecken mit direktem Zugang zur Nordsee – gerade erweitert – wie zum Fjord hin sind angelegt, knapp 80 Kutter und Trawler sind hier noch registriert, aber auch viele mit fremden Heimathäfen operieren ab Hvide Sande. Was sie alle im Laufe der Nacht anlanden, wird morgens per Internet-Auktion versteigert.

Fische, die in Fjord und Nordsee leben, zeigt **Fiskeriets Hus** in seinen Aquarien. Darüber hinaus sieht man gut gemachte Ausstellungen zu den Themen Fischerei und Seenotrettung (Nørregade 2B, Tel. 97 31 26 10, www.fiskerietshus.dk; tgl. 10–16/17 Uhr, 60 DKK, 25 DKK/4–12 Jahre; Cafeteria mit Aussicht auf den Kanal). Hvide Sande ist Standort des hochmodernen Seenotrettungskreuzers »Emile Robin«, der ständig einsatzbereit unterhalb des Blauen Turms, wie das Schleusenhaus genannt wird, liegt. Hier legt im Sommer auch der Bramsegelschoner »Maja« zu Törns Richtung Nordsee oder Ringkøbingfjord ab. Die »Maja« segelte unter holländischer, deutscher und dänischer Flagge, war Heringsfänger und bis 1996 Lastenkahn. Dann wurde sie im Zustand der 1930er-Jahre für Passagierfahrten restauriert (**Bramsejlskonnert af Hvide Sande,** Tel. 40 12 38 93, www.schoner.dk, zweistündige Törns 200 DKK, 150 DKK/Kinder, Rabatt u. a. bei Online-Buchung; Charter möglich).

Holmsland Klit – der Norden mit Søndervig ▶ B 9

Die neue Art, mit dem Meer Geld zu verdienen, zeigt am Fjord im Norden von Hvide Sande die **Aqua Sports Zone** (S. 160) mit einer Windsurf-Schule und einem Wasserski- und Wakeboard-Kabelpark – man saust, von einem Schlepplift gezogen, übers Wasser. Weil gestürzt wird ohne Ende, ist das coole Café ständig voll mit Spannern – es macht aber auch Gaudi zuzuschauen.

Vom Leuchtturm **Nørre Lyngvig Fyr,** der 38 m über die Dünen oder, anders gemessen, 53 m über den Meeresspiegel aufragt, kann man den Aufbau von Holmsland Klit bestens erkennen: breiter Strand im Westen bis an die jungen ›weißen Dünen‹, dahinter ältere, von anspruchslosen Pflanzen überzogene ›graue Dünen‹, dann ein breiter Streifen Heide – das Gebiet, in dem die meisten Ferienhäuser stehen – und im Osten grüne Marschwiesen und etwas Ackerland bis ans Ufer des Ringkøbing Fjord (Holmsland Klitvej 109, April–Okt. tgl. 11–17 Uhr, witterungsabhängig; 40 DKK/ab 18 Jahre).

Bald nachdem Brücken die Wasserläufe überspannten, die den Stadil Fjord mit dem Ringkøbing Fjord verbinden, begann Ende des 19. Jh. der Tourismus auf Holmsland Klit mit dem Bau eines Badehotels und erster Ferienhäuser in **Søndervig.** Heute ist es der Ort am Fjord, der am weitesten mit Pubs und Disco, Badeland und Boutiquen, 27-Loch-Golfplatz und Put & Take-Angelsee, Bowling-

Ringkøbing Fjord

halle und Indoorspielplatz, Ferienparks und -hotels auf Touristen zugeht.

Mitten durch den Ort und über die hohen Dünen führt ein viel benutzter Strandzugang, gesäumt von Krimskrams-Läden und Kiosken. Am Ufer stößt man auf etliche alte Bunkeranlagen des Atlantikwalls, mit dem Hitlerdeutschland eine – nie geplante – Invasion der Alliierten im Norden verhindern wollte. Die Betonklötze dokumentieren nebenbei die Küstenerosion, denn alle waren ursprünglich in die Dünen gebaut, und je weiter sich das Meer vorgearbeitet hat, desto offener liegen sie am Strand oder sogar schon in der Brandungszone. Eine große, gut erhaltene Radar- und Geschützstellung mit rund 50 Einzelbunkern liegt knapp 4 km nördlich Søndervig bei **Houvig**, Bunkertouren werden angeboten (Details beim i-Büro).

Infos

Turistservicekontor Hvide Sande: Nørregade 2B (S. 156); interaktive Filialen im Supermarkt EuroSpar (Stormgade 2, Hvide Sande), im Spar Købmanden in Kledgod sowie in Søndervig am Badevej 17 und im Beach Bowl am Lodbergsvej 36.

Übernachten

Einfach, funktional, preiswert ▶ **Hvide Sande Hotel:** Bredgade 5, 6960 Hvide Sande, Tel. 97 31 10 33, www.hssh.dk. Zentral und einfach, aber solide. DZ ab 700 DKK, auch Familienzimmer; leider kein Frühstück im Haus selbst, aber in einer benachbarten Bäckerei mit Café.

3-Sterne-Herberge ▶ **Danhostel Hvide Sande Vandrerhjem:** Numitvej 5, 6960 Hvide Sande, Tel. 97 31 21 05, www.hvidesande.dk/danhostel. Ruhig gelegen, viele Zimmer mit Bad/WC, je nach Saison und Standard DZ 325-455 DKK, 4-Bett-Zimmer 390–495 DKK, Super-Frühstück 55 DKK.

Ferienhäuser ▶ **Esmarch Feriehusudlejning:** Søndre Klitvej 195, 6960 Bjerregård, Tel. 97 31 50 40, www.esmarch.dk. Starker lokaler Anbieter mit sehr gutem Service, unkomplizierter Abwicklung und etwa 700 ausgezeichneten Häusern auf Holmsland Klit.

Hausboote und Häuser ▶ **Feriepartner Hvide Sande:** Ferienhausvermittlung des i-Büros (s. l.), Tel. 96 59 35 93, www.nordsee.dk. Bietet u. a. originelle, komfortabel ausgestattete Hausboote für 7–8 Pers. auf zwei Etagen an, die in Hvide Sande nördl. der Schleusen im Tyskerhavnen vertäut liegen.

Camping nahe Surfcenter Syd ▶ **Beltana Camping:** Karen Brands Vej 70, 6960 Hvide Sande, Tel. 97 31 12 18, www.hvidesandecamping.dk. Nach Westen nichts als Dünen bis zum Meer, im Osten nur ein Katzensprung zum Surfcenter; Hütten von ›basic‹ bis Luxus.

Grandioser Naturcampingplatz ▶ **Nørre Lyngvig Camping:** Holmsland Klitvej 81, 6960 Nørre Lyngvig, Tel. 97 31 12 31, www.lyngvigcamping.dk. Des Autors liebster Campingplatz an der Küste mit gut 440 000 m² Naturgelände zwischen Dünen und Heide; direkter Zugang zum Strand, deutsche Besitzer. Ein Fahrrad hilft Wege zum Laden oder Swimmingpool zu verkürzen, wenn man weit hinten in den Dünen sein Lager aufschlägt. Auch Hütten – von einfachsten für 2 Pers. bis zur 5-Personen-Luxushütte mit Bad/WC.

Essen & Trinken

Ganz zentral in Søndervig ▶ **Hotel Strand Kroen:** Nordsøvej 2, 6950 Søndervig, Tel. 97 33 90 02, www.hotel-strandkroen.dk. Bürgerlich dänische Küche mit Frokost-Kleinigkeiten wie Hering auf Graubrot ab ca. 50 DKK, abends Scholle, Lachs & Co. als HG ab ca. 160 DKK. Auf Bestellung Aal mit Bechamelkartoffeln. Auch einfache, funktionale Zimmer.

Discount-Restaurant mit Dumpingpreisen ▶ **Sandslottet:** Anker Eskildsens Vej 1, 6960

Tipp: Helt

… heißt ein Fisch aus der Familie der Lachse, der nur im brackigen Ringkøbing Fjord vorkommt und an seinen Ufern als Spezialität der dortigen Räuchereien und Restaurants gilt. Auf deutschsprachigen Speisekarten taucht er mal als Maräne, mal als Felchen oder Blaufelchen auf.

Blåvand bis Thyborøn

Nørre Lyngvig (direkt an der Straße [181]), www.restaurant-sandslottet.dk, April–Okt. Hier isst die ganze Familie schnell und superbillig, aber ohne kulinarische Höhenflüge. In der Hochsaison immer voll, keine Reservierung möglich, HG ca. 60–130 DKK.
Fischräucherei mit Restaurant ▶ **Hvide Sande Røgeri / Røgeriets Spisested:** Troldbjergvej 4 (im Fiskecentret am nördlichen Kanalufer), 6960 Hvide Sande. Laden tgl. 9–17.30 Uhr, Restaurant tgl. 12–21/22 Uhr. Ein Großteil des Fischs, der hier verarbeitet und verkauft wird, kommt jeden Werktag von der Fischauktion am anderen Hafenufer. Im Restaurant Fischbüfett ca. 190 DKK, 80 DKK/3–10 Jahre, sonst HG ab ca. 95 DKK.

Einkaufen
Fisch ▶ **Edgar Madsen:** Metheasvej 11, 6960 Hvide Sande, Tel. 97 31 14 33. Beste Fischhandlung der Stadt.
Antiquariat ▶ **Antikvarboghandel:** Solvej 2, 6950 Søndervig, Tel. 97 33 90 03, www.kroning-antikvariat.dk. Nach Eigenwerbung immer rund 50 000 deutschsprachige Bücher vom Ramsch-Krimi bis zur hohen Literatur in den Regalen.
Alltagsbedarf ▶ Sämtliche Supermärkte auf Holmsland Klit haben 7 Tage die Woche geöffnet, so u.a. in Søndervig SuperBest (Ortseingang), in Hvide Sande 2 x EuroSpar (Stormgade 2, Zentrum; Parallelvej 68, Nordstadt) und FAKTA (Parallelvej 74, Nordstadt tgl. bis mindestens 20 Uhr!). Kleinere Supermärkte in Bjerregård und Klegod.

Aktiv
Strände ▶ An der **Nordsee** breiter Strand auf voller Länge. Meist Sand, manchmal Kies, viele Bunkerreste. Alle paar hundert Meter Strandzugänge, größter in Søndervig. Am **Fjord** nur wenige, schmale Strände und sehr flaches Wasser.
Hochseeangeln ▶ **»M/S Solea«:** Buchung über Kott Fritid (Sandormskiosken), Nørregade 2a, 6960 Hvide Sande, Tel. 97 31 23 41; Hochseeangel-Exkursionen von unterschiedlicher Länge (von 3 Std./300 DKK bis 20 Std./1400 DKK).
Reiten ▶ **Vinterlejegaard:** Vesterledvej 9, 6960 Hauvrig (8 km südl. Hvide Sande), Tel. 97 31 51 63, www.vinterlejegaard.dk. Kurze Strandritte wie längere Reitferien.
Surfen ▶ **West Wind:** Aqua Sports Zone, Gytjevej 15, 6960 Hvide Sande, Tel. 97 31 25 99, www.westwind.dk, oder Hvide Sande Syd, Søndre Klitvej 1, Tel. 97 31 28 99. Surfkurse und -ausrüstung, Mai–Sept.; Schnupperkurse ab 400 DKK, Anfängerkurs etwa 1000 DKK.
Wasserski und Wakeboarding ▶ **Kabelpark.DK:** Aqua Sports Zone, Gytjevej 15, 6960 Hvide Sande, Tel. 96 59 20 77. Am Schleppseil ohne oder (mit) Leihausrüstung ca. 155 (260) DKK/Std., 300 (525) DKK/Tag, Angebote wie 4 x 2 Std., Wochen- oder Saisonkarten. Mai–Sept. tgl. mindestens 12–17, Hochsaion bis 21 Uhr, www.kabelpark.de.

Termine
Sildefestival: Ende April am Hvide Sande Kanal; www.sildefestival.dk. Wenn der Hering in Schwärmen zwischen Fjord und offenem Meer wandert, findet im Rahmen des Heringsfestivals ein hoch dotiertes **Wettangeln** statt: Der Stundenrekord liegt bei 313 Heringen mit einem Gesamtgewicht von 29,8 kg.
Sandskulpturfestival: Lodbjergsvej, 6950 Søndervig, www.sandskulptur.dk; Juni bis Woche 42, 45 DKK, 20 DKK/5-11 Jahre. Eine fantastische Welt aus Sand – jedes Jahr unter einem anderen Thema, aber nicht, wie viele erwarten, am Strand, denn der Sand ist dort ungeeignet.
Hvide Sande Masterclass: 1 Woche Ende Sept. Junge Violinisten, Cellisten und Pianisten aus der ganzen Welt sind zu diesem Unterrichts-Seminar bei international bekannten Musikern eingeladen, Gäste können auf den täglichen Konzerten Kammermusik vom Feinsten erleben, Anmeldungen/Programm unter www.hvidesande-masterclass.dk.

Verkehr
Bus: Häufige Verbindungen über Holmsland Klit zwischen Nørre Nebel (S. 149) und Ringkøbing (S. 161), an beiden Endpunkten besteht Bahnanschluss.

Ringkøbing Fjord

Tipp: Nolde in Ølstrup

Ein Kleinod besitzt die Kirche von Ølstrup (13 km östlich von Ringkøbing, ▶ C 9): Als man Anfang des 20. Jh. ein neues Altarbild brauchte, traf es sich gut, dass des Probstes Nichte einen jungen Maler geheiratet hatte, dem man den Auftrag zuschanzte. Der hieß damals noch Emil Hansen, wurde aber später als Emil Nolde (S. 113) weltberühmt. 360,67 Kronen inklusive Spesen zahlte die Gemeinde für ihren ›Christus in Emmaus‹. Das Bild ist das einzige religiöse Gemälde Noldes, das einen festen Platz in einem Kirchenraum gefunden hat.

Ringkøbing ▶ B 9

Die 9 km von Søndervig an der Nordsee landeinwärts nach Ringkøbing kann man statt auf der Straße [15] auch direkt am Fjordufer über einen Rad- und Wanderweg zurücklegen, vorbei an Windsurfer-Spots und an der einsam am Fjordufer gelegenen romanischen **Gammelsogn Kirke**. Fragmente von Kalkmalereien an ihrer Nordwand wurden schon um 1170 gemalt und gehören damit zu den ganz frühen Beispielen dieser Kunst.

Das Wohl und Wehe der Stadt Ringkøbing war lange vom Zugang zum Meer abhängig: Als Dänemark nach dem Krieg gegen Preußen 1864 die Häfen in Schleswig-Holstein verlor, hätte die Stadt den einzigen Nordseehafen des Landes gehabt – hätte, wäre nicht der Zugang zum Meer versandet. So kam Esbjerg ins Spiel und wurde zur Nr. 1 für den Export nach Westen. Erst der Bau der Schleusen am Hvide Sande-Kanal 1931 bewahrte Ringkøbings Existenz als Hafenstadt und Werftstandort. Das Gelände der inzwischen abgewickelten Werft nutzt aber längst eine Zukunftsbranche: Vestas baut hier Teile seiner Windkraftanlagen. Der Hafen daneben ist inzwischen mehr Marina denn Erwerbshafen; die professionelle Fjordfischerei hat sich nach Hvide Sande verlagert.

Im Zentrum sind zahlreiche Häuser aus der Zeit ab dem frühen 17. Jh. erhalten, das älteste – von 1600 – ist das heutige **Hotel Ringkøbing** am Marktplatz. Die kleinen Häuser entlang der malerischen Gassen Richtung Hafen stammen meist aus dem 18. und frühen 19. Jh. Sie waren die ersten Geschäftsstraßen der Stadt auf dem Weg zwischen dem Hafen, dem traditionellen Eingangstor, und dem Marktplatz mit der Kirche aus dem frühen 15. Jh. Ihr Turm ist oben breiter als unten und wirkt deshalb schief.

Im i-Büro bekommt man eine Broschüre in deutscher Sprache mit der Beschreibung eines Stadtrundgangs. Wer nicht auf eigene Faust losziehen möchte, sollten auf den Abend warten und im Gefolge des Nachtwächters die Stadt erkunden. Er kennt neben den alten Gesängen seiner Zunft auch viele Geschichten aus der Stadt (Juli/Aug. 21 Uhr ab dem Marktplatz Torvet).

Das **Ringkøbing Museum** bietet neben seiner guten archäologisch-stadtgeschichtlichen Sammlung auch Exotisches: Weil Ludvig Mylius-Erichsen (1872–1907), Schriftsteller, Polarforscher und Förderer der Inuit-Kultur, in Ringkøbing aufwuchs, besitzt es interessante Exponate von dessen Grönland-Expeditionen (Kongevejen 1, Tel. 97 32 16 15, www.levendehistorie.dk, Mo–Fr 11–17, Sa 10–15 Uhr, So, Fei außer Juli/Aug. geschl., 50 DKK/ab 18 Jahre).

Infos
Turistinfo: Vestergade 2 (S. 156) und in der Schwimmhalle, Kongevejen 52.

Übernachten, Essen & Trinken
Familienhotel mit Business-Standard ▶
Hotel Fjordgården: Vesterkær 28, Tel. 97 32 14 00, www.hotelfjordgaarden.dk (Small Danish Hotels; S. 86). In Ferien und an Wochenenden ganz auf Familien eingestellt, auch Familienzimmer für 3–5 Pers., sonst Business- und Konferenzhotel mit Hallenbad und Wellness, DZ Listenpreis ab ca. 1300 DKK; online oft günstiger, Ferien- und Wochenendpakete. **Restaurant Helten** mit frischer, in der Region verwurzelter Küche mit viel Fisch (HG oder 2-Gänge-Menü um 200 DKK); große Auswahl für Kinder; im Sommer preiswerte Familien-Buffets).

Blåvand bis Thyborøn

Traditionshotel mitten in der Stadt ▶ Hotel Ringkøbing: Torvet 18, Tel. 97 32 00 11, www.hotelringkobing.dk. In Mauern aus dem 17. Jh. direkt an Ringkøbings quirlig romantischem Marktplatz Torvet gelegen, DZ ab ca. 800 DKK. Gediegen-konservatives Restaurant mit großer Außengastronomie (Frokost HG um 100 DKK; abends HG ab ca. 160 DKK) und ›very british‹ gestyltem **The Watchmans Pub** mit großer Auswahl an Biersorten. Im Sommer Sa zur Frokostzeit vor dem Hotel Jazz live und ganzjährig oft Livemusik im Pub.

Essen, Abends & Nachts

Munteres Minibrauhaus ▶ Mylius-Erichsen Bryghus: Nygade 26, Tel. 96 74 74 70, www.me-bryghus.dk, So und Mo nur Frokost, sonst 12–22/24 Uhr. Deftiges Essen, kräftige Biere, die im eigenen Keller gebraut werden, großer Biergarten und am Wochenende regelmäßig Livemusik. Durch ›Volksaktien‹ ist das Brauhaus im Besitz der lokalen Bevölkerung.

Einkaufen

Kerzen und Kleinkram ▶ Kloster Design: Klostervej 96, Kloster (5 km nordwestl. Ringkøbing), Tel. 97 33 70 85. Die Mutter aller ›Ziehen-Sie-Ihre-Kerzen-selbst‹-Shops ist immer einen Ausflug wert.

Verkehr

Bahn: Bahnhof an der Regionalstrecke Esbjerg – Struer.
Bus: Mehrmals tgl. via Holmsland Klit nach Nørre Nebel (Anschluss Vestbahn).

Lem und Stauning ▶ C 9

Lem ist ein Name, bei dem Dänen das Klingen von Hammer und Amboss hören: Metallverarbeitung hat hier eine Tradition bis ins 19. Jh. zurück. So ging einer der weltgrößten Hersteller von Windkraftanlagen, **Vestas**, aus einer 1898 in Lem eingerichteten Schmiede hervor und ist bis heute in der Region präsent. Für kleinere Rotorblätter ist in der Region **Danmarks Flymuseum** auf dem Flugplatz Stauning zuständig: Über 60 Flugzeuge verschiedenen Alters inklusive Kampf- und Trainingsmaschinen der dänischen Luftwaffe stehen in den Hangars, darunter jeweils ein Exemplar aller elf je in Dänemark gebauten Flugzeugtypen der Firma Kramme og Zeuthen, mit dem für deutsche Besucher etwas irritierenden Typenkürzel KZ. Etwa 20 Oldtimer sind flugfähig, der älteste ist eine Hornet Moth von 1941 (Lufthavnsvej 1, Stauning Lufthavn, 6900 Skjern, Tel. 97 36 93 33, www.flymuseum.dk, Mitte März–Okt. tgl. 10–15/16/17 Uhr, 60 DKK, 20 DKK/7–14 Jahre, etwa ein halbes Dutzend ›Flugabende‹ pro Sommer, an denen die Oldtimer in die Lüfte steigen, Termine vor Ort).

Skjern Enge

Zwischen **Skjern** und **Tarm** fließt die Skjern Å träge Richtung Ringkøbing Fjord. Von 1999 bis 2003 wurden dem Fluss, der erst 1962–68 für die Bedürfnisse der Landwirtschaft begradigt worden war, mit Dänemarks größtem und teuerstem Renaturierungsprojekt – Kosten gut eine Viertelmilliarde Kronen – die alten Freiheiten zurückgegeben. Jetzt darf er sich wieder durch seine Auen winden und diese auch mal überfluten. Dieser Einsatz wurde mit der Nominierung als Nationalpark-Kandidat gekrönt, doch Widerstand betroffener Landbesitzer ließ das Projekt scheitern. Bleibt zu hoffen, dass die schon geschaffene Infrastruktur erhalten bleibt: Rad- und Wanderwege, Vogelbeobachtungstürme und zwei Naturcenter: Skjern Enge zur Vogelwelt (Gl. Botoftevej 4, Vostrup,) und Skjern Å (Ånumvej 161, Skjern) zum Leben im Fluss.

Nahe der Mündung in den Fjord erlauben zwei Seilzugfähren Radfahrern und Wanderern, die beiden Flussarme der Skjern Å trockenen Fußes zu queren und bei einer Fjordumrundung etliche Kilometer abzukürzen. Über Natur- und Vogelbeobachtungstouren sowie die reglementierten Möglichkeiten, nach Ende der Vogelbrutzeiten bis Ende September die Skjern Å mit Kanus zu befahren, informiert ein Faltblatt der Naturschutzbehörde ›Naturstyrelsen‹, das in i-Büros der Region ausliegen sollte (Dänisch, aber mit gut verständlicher Karte).

Auch das **Skjern Bymuseet** in Skjern (S. 155) widmet sich mit einer Abteilung dem Fluss und seinen Wandlungen im Verlauf der letzten Jahrzehnte: Alle tiders Å.

Infos
Skjern Turistinfo: Bredegade 44 (im Skjern Centret), 6900 Skjern (S. 156; interaktives Büro, Service via Webcam).

Aktiv
Schienenfahrräder ▶ Von Herborg nach Süden sind ca. 13 km der 1981 stillgelegten Bahnline Videbæk–Skjern für Fahrten mit **Skinnecykler,** pedalgetriebenen Draisinen, freigegeben. Verleih über Spar Astrup, Højevej 25, Astrup, 6900 Skjern, Tel. 97 36 40 10, www.vsvmj.dk, 4–6 Std. 100–140 DKK.

Stadil Fjord und Nissum Fjord

Husby Klit und Stadil ▶ B 8
Nördlich Søndervig ist die Küste einsamer, von Parkplätzen am Rande der Straße [181] gelangt man aber problemlos durch die Dünen ans Meer. Landschaftsschutz verhindert die intensive Bebauung mit Ferienhäusern wie weiter im Süden, ist aber nötig, denn **Husby Klit** gilt als eine Schwachstelle, die während harter Winter-Sturmfluten schon mehrfach kurz vor einem großen Durchbruch stand.

Der **Vest Stadil Fjord** und der weiter ins Land reichende **Stadil Fjord** gehen wie ihre Nachbarn Ringkøbing und Nissum Fjord auf ein eiszeitliches Flussdelta zurück, haben die Verbindung zur Nordsee aber schon lange verloren. Bis Mitte des 19. Jh. bildeten sie eine zusammenhängende Wasserfläche. Die sollte durch Absenken des Wasserspiegels komplett in Ackerland umgewandelt werden. Das gelang nur zum Teil und machte aber aus einem zwei Strandseen. In den 1950er-Jahren lag der Wasserspiegel noch etwa 1,5 m unter dem Meeresspiegel. Renaturierungsprojekte haben seit den 1990er-Jahren speziell die Uferzonen dieser flachen Süßwasserseen wieder tiergerechter gemacht. Rad- und Fußwege sind angelegt, Vogelbeobachtungstürme aufgestellt.

Aber auch Felder haben ihre Funktion, sie sind wichtige Rastplätze für Gänse während der Vogelzüge im Frühjahr und Herbst. Ein sensationelles Schauspiel bieten die manchmal wochenlangen Fressstopps Tausender von Kurzschnabelgänsen auf dem Weg von oder nach Spitzbergen – mit etwas Glück kann man einen Großteil der Weltpopulation dieser stattlichen Vögel hier auf kleinstem Raum beim Grasen beobachten.

Ein guter Landschaftsüberblick bietet sich von der **Husby Klit Bake,** einem Seezeichen, das seit 1884 auf Höhe des Vest Stadil Fjord unübersehbar auf einer Düne neben der Straße thront. In der Nachbarschaft kuscheln sich auch einige gut erhaltene Strandhöfe hinter die Dünen, darunter der 1875 entstandene **Museumshof Strandgaarden** (S. 155). Bis weit ins 20. Jh. hinein gingen seine Bewohner dem typischen Strandbauernleben nach: Landwirtschaft im Hinterland, etwas Fischerei vom Strand aus und Sammeln von Strandgut als Bonus.

Nördlich des Strandgaarden führt eine als Margeriten-Route (S. 70) ausgeschilderte Nebenstraße landeinwärts zur **Stadil Kirke**. Ihr Schmuckstück ist ein Goldaltar aus romanischer Zeit. Dessen aus vergoldeten Kupferplatten gehämmerten Relieftafeln gelten neben der Kalkmalerei als Höhepunkte einer eigenständigen Kirchenkunst in Dänemark.

Kaj Munk und die Vedersø Kirke ▶ B 8
Die weiter nördlich gelegene **Vedersø Kirke** besitzt Details aus der romanischen Epoche, so ein Tympanon über dem Nordportal, das sowohl eine Christusfigur als auch ein heidnisches Fruchtbarkeitssymbol zeigt. Die Kirche ist in ganz Dänemark aber eher durch Kaj Munk (1898–1944) berühmt, an den eine Ausstellung im alten Pfarrhof, **Kaj Munks Præstegård,** erinnert (Vesterhavsvej 7, 6990 Vedersø, ca. 2 km westlich der Kirche, Tel. 97 36 23 43, April–Sept. Di, Do, So, Juli/Aug. auch Mo und Mi, Woche 42 tgl. 11–16 Uhr, 50 DKK/ab 18 Jahre).

Blåvand bis Thyborøn

Der Dramatiker, Theologe, begeisterte Jäger und Naturliebhaber trat 1924 in Vedersø eine Stelle als Pfarrer an. Er sah – wie nicht wenige Intellektuelle im Norden – im Faschismus anfangs positive Ordnungselemente und zog ihn in Zeitungsartikeln als Modell für Skandinavien in Betracht – Demokratie war nicht seine Sache. Munk wandelte sich aber umgehend und wurde, lange bevor deutsche Truppen in seiner Heimat standen, zum vehementen Gegner, als die Ideologie ihr menschenverachtendes Gesicht zeigte. Durch sein dichterisches Werk ebenso wie durch unmissverständliche Predigten wurde er zum geistigen Wortführer des Widerstands gegen die deutsche Besatzung im Zweiten Weltkrieg. Immer wieder kritisierte er auch die Landsleute, die mit den Deutschen Geschäfte machten, wie beim Bau der Befestigungsanlagen an der Küste. Illegal publiziert und mehrfach illegal aufgeführt, wurde seine Dramen-Adaption über den Tyrannenmörder Niels Ebbesen, der 1340 Jütland von deutschem Joch befreite, zu einem Bestseller.

Obwohl inoffiziell in der Hauptstadt unerwünscht, predigte er zum zweiten Advent 1943 im Dom von Kopenhagen und geißelte dabei die Judenverfolgung. Offen sprach er auf der Kanzel aus, dass diese ein Anlass sei, »mit Gottes Hilfe ... das Volk zum Aufruhr zu bringen«. Zurück in Vedersø, schickte er seine eigene Gemeinde von der Neujahrsmesse ohne Gottesdienst nach Hause, wegen der Unsitte »sich dem Unrecht zur Verfügung zu stellen«. Am Abend des 4. Januar 1944 holten ihn Gestapo-Schergen aus dem Pfarramt in Vedersø, und am nächsten Tag wurde seine Leiche in einem Wald bei Silkeborg – Standort des Gestapo-Hauptquartiers für Jütland – gefunden. Man kann darüber spekulieren, ob Munk bewusst seine Ermordung provozierte, um Märtyrer zu werden – richtiger ist wohl, dass er furchtlos war und den Tod als Risiko einkalkulierte. Kaj Munk wurde unter demonstrativ großer Anteilnahme der Bevölkerung auf dem Friedhof seiner Kirche beigesetzt und noch heute liegen oft frische Blumen auf seinem Grab.

Ulfborg und Nørre Wosborg
▶ C 8

Das unscheinbare **Ulfborg** mit großem Hallenbad für Schlechtwettertage ist der wichtigste Einkaufsort für die Ferienhaussiedlungen Vedersø Klit und Vester Husby.

Etwas nördlich liegt **Nørre Wosborg**, einer der wenigen Herrensitze im Westen Jütlands. Im Laufe ihrer 700-jährigen Geschichte erlebte die Wasserburg immer wieder Um- und Anbauten und zuletzt 2005–07 eine umfangreiche Renovierung. Prunkraum ist der Rittersaal im Ostflügel aus dem 16. Jh. H. C. An-

Stadil Fjord und Nissum Fjord

Der rote Leuchtturm von Bovbjerg im Abendlicht

dersen war 1859 Gast auf Nørre Wosborg und hat in seinem Tagebuch notiert: »Die Kapelle des Gutes ist zum Gästezimmer umgebaut, dort schlafe ich. Eine weiße Dame zeigt sich gewöhnlich an dieser Stelle, aber sie hat mich nicht besucht; sie weiß sicher, dass ich Späße mag, aber keine Spukerei.« Heute kann man wieder auf dem Schloss übernachten oder in seinem romantischen Restaurant speisen (S. 166). Dazu gibt es regelmäßig stimmungsvolle Konzerte, Lesungen sowie Führungen durchs Schloss oder die umliegende Natur.

Thorsminde ▶ B 7

Der flache Nissum Fjord wird durch den 14 km langen Dünenstreifen **Bøvling Klit** von der Nordsee getrennt, deutlich schmaler als Holmsland Klit und an vielen Stellen mit Buhnen und Deichen verstärkt. Versuche, den selten mehr als 2 m tiefen Nissum Fjord im 19. Jh. trockenzulegen, scheiterten. Um die Verbindung Fjord/Meer zu stabilisieren, entstand 1868 ein erstes Sperrwerk. An seinem Kanal wurde ab 1967 ein Hafen angelegt. Erst dann entwickelte sich der Ort **Thorsminde,** in dem etwa 400 Menschen leben.

Blåvand bis Thyborøn

Am Nordufer der Hafeneinfahrt gewährt das **Strandingsmuseum St. George** erschütternde Einblicke in die Gefährlichkeit der dänischen Westküste. Der Meeresgrund vor der Küste Jütlands ist einer der größten Schiffsfriedhöfe der Welt, gepflastert mit Wracks. Von der »St. George«, einem britischen Linienschiff, das in 10 m Tiefe knapp 1 km vor Thorsminde liegt, wurden um 1985 große Mengen Material geborgen, die heute den Grundstock des Museums bilden. Das Unglück, das sich in einem Orkan an den Weihnachtstagen 1811 abspielte, war die größte Schiffskatastrophe an dieser Küste überhaupt: 1391 Seeleute von der »St. George« und der sie begleitenden »Defence« kamen ums Leben, viele fast noch Kinder, wie die Besatzungslisten im Museum zeigen. Nur 18 erreichten lebend das Ufer. Noch tagelang wurden Leichen angespült und von Einheimischen an Ort und Stelle in den Dünen begraben, die den Namen ›Dødemandsbjergene‹ bekamen, Berge der toten Männer. Die letzten Opfer, von Tauchern aus dem Wrack der »St. George« geborgen, wurden im Oktober 2000 mit allen militärischen Ehren auf einem Friedhof beigesetzt (Vesterhavsgade 1E, 6960 Thorsminde, Tel. 97 49 73 66, www.strandingsmuseet.dk, Ostern–Okt. tgl. 10–17, Jan.–Ostern tgl. 11–16, Nov. und 27.–30. Dez. tgl. 11–15 Uhr, 55 DKK/ab 18 Jahre.

Infos
Turistcenteret Vedersø Klit: Havvej 6–10, 6990 Vedersø Klit, Tel. 96 11 91 00, www.ulfborg-turist.dk.

Übernachten
Schlosshotel ▶ **Nørre Wosborg Herregård:** Vembvej 35, 7570 Vemb, Tel. 97 48 48 97, www.nrvosborg.dk. 2008 nach hohen und modernen Standards renovierte Zimmer in romantischem Ambiente, DZ ab 895 DKK, auch Familienzimmer für bis zu 4 Pers., viele Genuss-Pakete zum Schlafen und Schlemmen. Mit Restaurant (s. r.)

Camping am Fjord ▶ **Thorsminde Camping:** Klitrosevej 4, 6990 Thorsminde, Tel. 97 49 70 56, www.thorsmindecamping.dk. Bei Anglern und Surfern gleichermaßen beliebt. Hütten zum Teil mit Bad/WC.

Ferienhäuser ▶ **Feriehus Udlejning:** Kontaktadresse wie i-Büro, www.ulfborg-feriehus.dk. Zur Auswahl stehen etwa 450 Häuser, meist entlang der Küste von Vedersø Klit bis Thorsminde.

Essen & Trinken
Hochherrschaftlich ▶ **Nørre Wosborg Herregård** (s. o.): Restaurant des Schlosshotels mit moderner skandinavischer Küche unter Verwendung saisonaler lokaler Produkte. Gelegentlich Themenabende z. B. mit Wildgerichten. Saison tgl. 14–16 Uhr Café im historischen Teil (auch Führung und Kaffee/Kuchen 130 DKK), abends Restaurant, Rest des Jahres nur ausgewählte Tage (anfragen); Menüs (je nach Zahl der Gänge 300–600 DKK). So 11–15 Uhr Brunch (ca. 180 DKK).

Aktiv
Strände ▶ An der **Nordsee** breiter Strand, kleine Badestellen am flachen Nissum Fjord, z. B. bei Søndre Nissum.

Surfen ▶ Der **Nissum Fjord** hat fast überall Stehtiefe und ist weniger frequentiert als der Ringkøbing Fjord. Surfen ist erlaubt. Es gibt aus Naturschutzgründen Beschränkungen – Details erfährt man im i-Büro.

Reiten ▶ **Vedersø Ridecenter:** Vesterhavsvej 5, 6960 Vedersø Klit, Tel. 97 33 15 10, www.vedersoeridecenter.dk. Strandritte auf Islandpferden ca. 200 DKK/Std.

Termine
Store Sildedag: Herings-Wettangeln in Thorsminde an einem Samstag im April, Details erfährt man im i-Büro.

Nørre Vosborg Kammermusikfestival: Um den Monatswechsel Juni/Juli herum vier stimmungsvolle Tage mit hochkarätiger klassischer Musik unter den Fittichen des Ensemble MidtVest (S. 170).

Verkehr
Bahn: Ulfborg und Vemb sind Stationen an der Regionalbahn Esbjerg – Struer. Ab Vemb Lokalbahn nach Lemvig und Thyborøn.

Bus: Von den Küstensiedlungen bestehen regelmäßige Verbindungen über Ulfborg nach Holstebro.

Von Ferring bis Thyborøn

Bovbjerg und Ferring ▶ B 7

Einige Kilometer nördlich des flachen Landes rund um den Nissum Fjord wechselt die Szenerie und entwickelt sich zur eindrucksvollsten Küstenpartie im mittleren Abschnitt der Nordseeküste: Die knapp über 40 m hohe Lehmklippe **Bovbjerg Klint** bei Ferring ist geologisch gesehen ein Anschnitt jener Moränenkette, bis zu der Jütland während der letzten Eiszeit unter Gletschern begraben war. Das Meer fraß sich allein zwischen 1825 und 1875 gut 160 m landeinwärts, bis das Vordringen der Nordsee durch gewaltige Buhnen gebändigt wurde.

Über der höchsten Stelle der Klippen ragt der 26 m hohe Leuchtturm **Bovbjerg Fyr** auf. Der Turm und seine Nebengebäude – mit Café und Ausstellungsraum – zeigen sich in einem ungewöhnlichen Bordeauxrot: Schon lange vor seinem Bau 1877 waren südlich – Trans und Fjaltring – und nördlich – Ferring – Kirchtürme über den Klippen Seezeichen, und da die weiß gestrichen sind, musste der neue Leuchtturm eine andere Farbe bekommen, um Verwechslungen zu vermeiden (Fyrvej 27, 7620 Ferring, www.bovbjergfyr.dk, Turm tgl. ›helle Stunden‹ 20 DKK, 10 DKK/Kinder, Café/Ausstellung Febr./März, Nov./Dez. Di–So 13–16, April/Mai und Sept./Okt. 14–17, Juli/Aug. tgl. 11–17 Uhr).

Der Ort **Ferring** besteht aus kaum mehr als der Kirche, einem Laden, ein paar Häusern, einem großen Parkplatz und Treppen, die die Klippen hinunter zum Strand führen, der hier von Buhnen geschützt wird. Über den Klippen liegt mit traumhafter Aussicht das **Jens Søndergaard Museum**, ursprünglich ein Ferienhaus, das der Maler Jens Søndergaard (1895–1957) 1930 kaufte und später der Gemeinde mit einigen seiner Werke vermachte. Søndergaard gehörte damals zu einer Clique junger Künstler und Autoren, die sich jeden Sommer in der Bovbjerg Region trafen, aber kein anderer stellte die Welt der Westküste so in den Mittelpunkt seiner Arbeit wie er (Transvej 4, 7620 Ferring, Tel. 97 89 52 54, www.jenssoendergaard.dk. Ostern–Woche 42 Di–Fr 11–17, Juni–Aug. auch Mo, sonst nur Sa, So 13–16 Uhr, 25 DKK).

Thyborøn ▶ B 6

Nördlich Ferring wird das Land wieder sehr flach, der Ferring Sø ist Rest einer früheren Durchfahrt zwischen Limfjord und Nordsee, die um 1100 versandete. Ein dauerhaft schiffbarer Durchbruch entstand erst wieder 1862 während einer Sturmflut weiter nördlich: der Thyborøn Kanal – heute mit Molen und Buhnen gesichert, von denen die mächtigste am Nordufer 800 m ins Meer ragt. Am Südufer entstand ab 1915 ein Hafen und um ihn herum der Ort Thyborøn. Die meisten der 3000 Einwohner leben dort vom Meer. Über 100 Kutter sind registriert, aber auch fremde Boote landen Fänge für die Fischfabriken und eine morgendliche Auktion an.

Wer möchte aber mal lebendige Fische streicheln? Vielleicht sogar Haie? In dem schön gestalteten und für Kinder gut überschaubaren **Jyllands Akvariet** gibt es mehrere Berührungsbecken. Bisher hat jeder, der den Haien darin die Flosse reichte, alle Finger wieder aus dem Wasser ziehen können. Das Aquarium kooperiert mit dem **Kystcentret** nebenan, das Naturphänomene der jütischen Strandküste präsentiert. Hier gilt: spielen, ausprobieren und lernen. Im Kystcenter wird zudem an einen bedeutenden Rettungseinsatz erinnert. Der damalige Stolz der russischen Marine, die »Alexander Newskij«, strandete 1868 südlich Thyborøn. Bis auf fünf Mann wurde die 737-köpfige Besatzung gerettet, darunter ein Sohn des Zaren. Der 1958 geborgene Anker der »Alexander Newskij« ziert eine Verkehrsinsel an der Zufahrt zum Hafen (Aquarium: Vesterhavsgade 16, Tel. 97 83 28 08, www.jyllandsakvariet.dk, Jan.–Nov. u. 25–30. Dez.; 65 DKK, 55 DKK/3–12 Jahre; Kystcenter: Kystcentervej 3, Tel. 96 90 02 00, www.kystcentret.dk, Mitte Febr.–Ende Okt., 98/75 DKK, Kombitickets 149/119 DKK. Bei-

Blåvand bis Thyborøn

de an Öffnungstagen je nach Saison 10–16/17/18 Uhr).

Während der deutschen Besatzung wurde Thyborøn zu einer Atlantikwallfestung ausgebaut. Den Hintergrund will ein **Bunkermuseum** erhellen, das in einem der Betonkolosse westlich vom Hafen eingerichtet wurde. Von dort führt ein ›Bunkerpfad‹ zu exemplarischen der ehemals 106 Betonbauten. Einigen sieht man noch die Tarnung als Ferienhäuser an. Die nützte aber wenig, denn der von den Deutschen angeheuerte Architekt schickte von jedem Plan eine Kopie nach England.

Nach dieser Begegnung mit der wohl dunkelsten Periode der deutsch-dänischen Beziehungen wirkt es fast wie eine Erlösung, dass man den Rundgang am Klitvej enden lassen kann, am verspielten **Sneglehuset**, dem Schneckenhaus. Hier hat Alfred Pedersen, ein Thyborøner Original, aus seinem Häuschen hinter den Dünen einen kleinen Palast gezaubert, mit Türmchen und Mäuerchen und Außenwänden, die über und über mit Muscheln, Schnecken und anderen Dingen verziert sind, die die Weltmeere so hergeben (Klitvej 9, Tel. 97 83 11 67, April–Okt. tgl. 10/11–15/16, Febr.–März, 1. Hälfte Nov. Di, Mi, So, Mitte Nov.–Jan. Di 11–14.15 Uhr, 20 DKK/Erw., 5 DKK/Kinder).

Infos
Thyborøn Turistbureau: Havnegade 5, 7680 Thyborøn, Tel. 97 83 12 88, www.visitlemvig.dk; nur Mai–Sept.

Übernachten
Ferienhäuser ▶ **SJ Feriehusudlejning:** Strandvejen 86, 7673 Harboøre-Vrist, Tel. 97 83 47 60, www.nordseeurlaub.dk. Zur Auswahl stehen ca. 500 Ferienhäuser.

Einkaufen
Treibholzgemälde ▶ **Hanne Mock:** Vesterhavsgade 20, 7680 Thyborøn, 97 83 23 19, www.havmalerier.dk. Hanne ist ›Drivtømmermaler‹. Sie arbeitet in naiv-maritimem Stil auf allem, was ihr das Meer an Brettern und Planken an den Strand vor Thyborøn liefert – preiswerte, sehr individuelle Souvenirs. Vom Parkplatz des Jyske Akvarium aus ist die ›Galerie‹ nicht zu übersehen.

Aktiv
Hochseeangeln ▶ **M/S Bodil, M/S Muddi:** Tel. 97 83 27 66, www.emma-line.dk. Regelmäßige Hochseeangelfahrten ab Thyborøn Hafen, 8-stündige Tour ca. 600 DKK, Ganz- oder Mehrtagestouren ab 1400 DKK/Tag.

Verkehr
Fähre: Thyborøn – Agger Tange, Tel. 98 90 80 00, 10 Min., ca. 6/7–20 Uhr mind. 1 x stdl. ab Thyborøn zur vollen Stunde, ab Agger 20 Min. später; bei starkem Verkehr Pendelfahrt; PKW + Fahrer ca. 70 DKK, Erw. 18 DKK, Kind bis 12 Jahre 8 DKK.

Holstebro ▶ C 7/8

Holstebro hat Geschichte, zeigt sie aber nicht. Schon im 13. Jh. wird der Name der Stadt erstmals urkundlich erwähnt. Brände sorgten jedoch dafür, dass das älteste erhaltene Haus grade mal 200 Jahre alt ist. Modernes dominiert das Bild. In der Stadt, die mit Tabak- und Metallverarbeitung reich und groß wurde, leben gut 35 000 Menschen.

Skulpturen
Holstebro versteht sich als Westjütlands Kulturmetropole. Um und auf dem Komplex aus Musikteatret und Hotel Royal am Røde Plads, dem Roten Platz, stehen überall Skulpturen: Tobaksarbejderens Drøm, ›Traum des Tabakarbeiters‹, heißt das Projekt, zu dem Künstler aus aller Welt Werke beisteuerten und der Winterpalast in St. Petersburg mit seinen Skulpturen als Vorbild diente.

Aber auch was sonst auf Straßen und Plätzen steht, hat Niveau. **Frau auf Karre,** eine der dürren Damen des Schweizers Alberto Giacometti vor dem alten Rathaus, gab 1966 den Startschuss für die öffentliche Skulpturensammlung der Stadt. Erst kritisch beäugt, schlossen die gutmeinenden Jüten sie bald ins Herz und legten ihr schon mal ein Stullen-

Holstebro

paket vor die Füße. Mitleid? Kunstkritik? Als die Stadt die Skulptur 1966 kaufte, kostete sie 210 000 Kronen – damals viel Geld. Heute verschlingen Sicherung und Versicherung jedes Jahr deutlich mehr, dafür wird der aktuelle Wert der Dame auf über 100 Mio. Kronen geschätzt – einige Lokalpolitiker reden schon davon, sie zu Geld zu machen. Zu ihrer Sicherheit wird sie jeden Abend um 21 Uhr im Boden versenkt und morgens um 9 Uhr wieder ans Tageslicht hochgefahren.

Der immer etwas provokante Björn Nørgaard (S. 48) sorgte nicht nur für die eigenartigen Wasserspiele mitten im Pflaster der Fußgängerzone, sondern gestaltete 2004 auch die auffälligste Großskulptur: Zwölf ›Bürger aus Holstebro‹ saßen dafür Modell, konnten sich aber in den Bronzefiguren auf dem wuchtigen Steinsockel später nicht unbedingt wiedererkennen, so sehr hatte der Künstler ihre Körper verfremdet: »Das kann man heute mit Genmanipulation aus Menschen machen«, will er damit ausdrücken. Zu sehen sind ›Borgerne fra Holstebro‹ am Nordende der Fußgängerzone, gleich gegenüber der Nørreport Shopping Mall. Auf jeden Fall lohnt es, im i-Büro die Broschüre zu besorgen, die alle Skulpturen mit Standorten und wichtigen Details auflistet.

Museen und Bühnen

Das Holstebro Kunstmuseum, das um die alte Villa des Tabakfabrikanten und Kunstmäzens Søren Færch entstand, bietet dem Besucher eine spannende Kombination moderner Malerei und Grafik mit außereuropäischer Kunst. Das Kunstmuseum teilt sich das Dach mit dem kulturhistorischen **Holstebro Museum** (Museumsvej 2, www.holstebro kunstmuseum.dk, www.holstebro-museum. dk, Tel. 97 42 45 18, Juli–Aug. Di–So 11–17, sonst Di–Fr 12–16, Sa, So und Feiertage 11–17 Uhr, 75 DKK/ab 18 Jahre, Okt.–März Mi 19–21.30 Uhr gratis).

Bei den Bühnen bietet Holstebro Großstadtniveau. Die Ballettschule des Königlichen Theaters aus Kopenhagen betreibt hier ihre einzige Dependance und 2008 weihte die Stadt ein eigenes für die Bedürfnisse des modernen Tanztheaters gebautes Bühnenhaus direkt neben dem **Musikteatret** ein, bei dem große Musical-Produktionen oder Auftritte nationaler und internationaler Mainstream-Künstler auf dem Programm stehen. Schließlich kann es für kleine Konzerte und Aufführungen noch auf einen der schönsten Säle im ganzen Land zurückgreifen: **Knudsens.** Der gut 100 Jahre alte Theatersaal eines ehemaligen Hotels wurde 2004 grandios restauriert (Programm & Kartenbestellung für alle: Musikteatret, Den Røde Plads 16, 7500 Holstebro, Tel. 96 11 79 79, www.musikteatret.dk).

Darüber hinaus ist Holstebro Heimat des experimentellen **Odin Teatret.** Obwohl es weltweit oft auf Tour ist, hat es eine eigene Bühne in der Stadt und organisiert alle zwei bis drei Jahre die avantgardistische **Holstebro Festuge** – ein Festival mit dem Anspruch, alle kulturellen Grenzen zu sprengen (Programm: Odin Teatret – Nordisk Teaterlaboratorium, Særkærparken 144, 7500 Holstebro, www.odinteatret.dk).

Infos

Holstebro Turistbureau: Jeppe Schous Gade 14 (im Foyer des Holstebro Badeland), 7500 Holstebro, Tel. 96 11 70 80, www.visit holstebro.dk.

Übernachten

Traditionsadresse ▶ **Best Western Hotel Schaumburg:** Nørregade 26, Tel. 97 42 31 11, www.hotel-schaumburg.dk. Stilvoll modernisiertes Hotel aus dem 19. Jh. DZ Listenpreis Mo–Fr ab 1445, Sa, So ab 1245 DKK, online bis 50 % günstiger; immer inkl. Freikarte für ein benachbartes Spaßbad.

Essen & Trinken

Gourmetküche ▶ **Under Klippen:** Lille Østergade 3, 7500 Holstebro, Tel. 97 40 66 55, www.underklippen.dk. Anspruchsvolles Restaurant zu Füßen der Großskulptur Klippen, HG ab ca. 250 DKK, Menüs ab ca. 450 DKK.
Familienrestaurant ▶ **Jensen's Bøfhus:** Brotorvet 1, 7500 Holstebro, Tel. 97 41 40 88. Kindern wird hier besondere Aufmerksamkeit gezollt (S. 60).

Blåvand bis Thyborøn

Aktiv
Kanufahren ▶ **Storå Kanoudlejning:** c/o i-Büros Holstebro (S. 169) und Herning (S. 170), www.storaakanoudlejning.com. Die Storå, die durch Holstebro fließt, kann Mitte Juni–Ende Okt. befahren werden; Tagestouren oder mehrtägige Fahrten flussabwärts bis zum Nissum Fjord (S. 165), ca. 300 DKK pro Tag inkl. Transfer.

Verkehr
Bahn: Station an IC-Strecke Kopenhagen – Struer, Regionalbahn Esbjerg – Struer.
Bus: u. a. Direktverbindung ab/bis Küste (Vedersø Klit, Husby, Thorsminde).

Herning ▶ D 9

Die junge Messestadt Herning zählt gerade einmal 47 000 Einwohner, besitzt jedoch im Vorort Birk eine ›Kunstzeile‹, die jeder Metropole gut zu Gesicht stünde. Nach einem Konzept, das moderne Landschaftsgestaltung und innovative Architektur verbinden will, entstanden Museen, kreative Ausbildungsstätten sowie ein Skulpturenpark mit Arbeiten namhafter dänischer und internationaler Künstler

Das Carl-Henning Pedersen & Else Alfelts Museum würdigt das Künstlerehepaar, das der Gruppe CoBrA zugeordnet wird. Der Komplex besteht aus einem Rundbau, der an eine Wasserburg erinnert, und einer später angefügten Pyramide, beide großflächig mit Keramikarbeiten von Carl-Henning Pedersen verziert (Birk Centerpark 1, 7400 Herning, Tel. 98 28 86 50, www.chpeamuseum.dk, Di–So 10–16 Uhr, 40 DKK/ab 18 Jahre). Dieser schuf auch den 220 m langen und bis zu 5 m hohen Keramikfries »Spiel der Fantasie um das Rad des Lebens« im Innenhof des benachbarten **Angligården,** entstanden 1965/66 als Hemdenfabrik.

Heute studieren hier und im Nachbargebäude angehende Mode- und Möbeldesigner. Auf der anderen Straßenseite erhielt 2009 eine Sammlung dänischer und internationaler Kunst von den 1930er-Jahren bis heute ein neues Domizil: **HEART – Herning Museum of Contemporary Art.** Zentraler Künstler in der Sammlung ist der Italiener Piero Manzoni, ein Wegbereiter der Konzeptkunst in den 1960er-/1970er-Jahren. Vertreten sind aber auch Marcel Duchamp, Joseph Beuys, Mario Merz, Per Kirkeby und viele andere (Birk Centerpark 8, Tel. 97 12 10 33, www.heartmus.dk, tgl. Di–So 10–17 Uhr, 75 DKK/ab 18 Jahre; ausgezeichnetes Café mit viel Platz auch unter freiem Himmel; beliebt zum Frokost). Darüber hinaus ist HEART das Stammhaus des **Ensemble MidtVest,** eines weit über die Grenzen Dänemarks hinaus bekannten Kammermusik-Ensembles, dem hier ein Konzertsaal zur Verfügung steht (Programm unter www.ensemblemidtvest.dk).

Kunstwerk für das 21. Jh.
Eine Arbeit in Birk sprengt jeden Rahmen: Die in ihrer düster-martialischen Komplexität auf manchen Betrachter befremdlich wirkende Installation **ELIA** des Schweden Ingvar Cronhammer. Das ›Mega-Kunstwerk für das 21. Jh.‹ könnte auch als Opferplatz in jedem Fantasy-Movie durchgehen: Vier Säulen, zwischen denen immer wieder eine Gasflamme auflodert, streben aus einem 15 m hohen Stahlhügel in den Himmel, so angelegt, dass sie bei Gewitter Blitze anziehen. Das ultimative ELIA-Erlebnis hat man also, wenn es gerade einschlägt. Treppen führen aus allen vier Himmelsrichtungen auf die Spitze – bei Gewitter sollte man unten bleiben!

Infos
VisitHerning: Mediehuset, Østergade 21, 7400 Herning, Tel. 96 27 22 22, www.visitherning.com.

Übernachten
Herning ist eine Messestadt. Bei wichtigen Messen steigen entsprechend die Zimmerpreise, an den Wochenenden ohne Messen gibt es dafür günstige Angebote.
Traditionshotel von 1893 ▶ **Best Western Hotel Eyde:** Torvet 1, Tel. 9722 18 00, www.eyde.dk. Zentral gelegenes 4-Sterne-Hotel, DZ Sa, So ab 800 DKK, sonst ab 1400 DKK.

4-Sterne-Herberge ▶ Danhostel Herning: Holingknuden 2, Tel. 97 12 31 44, www.dan hostelherning.dk. Viele Familienzimmer mit Bad/WC, DZ ab 500 DKK, 4-Bett-Zimmer ab 700 DKK, Frühstück 75 DKK.

Essen & Trinken

Traditionelles und Innovatives ▶ Sct. Jørgen: Das Restaurant im Hotel Eyde (S. 170) hat neben anspruchsvoller Trendküche (HG ca. 200 DKK, 3-Gänge-Menü 330 DKK) auch immer einige traditionelle dänische Gerichte (ab ca. 140 DKK) auf der Karte.

Familienrestaurant ▶ Jensen's Bøfhus: Østergade 32, Tel. 97 22 52 82. Die Herning-Filiale der Kette (S. 60) liegt am Ostende der Fußgängerzone.

Abends & Nachts

Die besten Livekonzerte der Stadt ▶ Fermaten: Bethaniagade 3, 7400 Herning, Tel. 97 22 55 10, www.fermaten.dk.

Verkehr

Bahn: Knotenpunkt an der IC-Strecke Kopenhagen – Struer und Regionalbahn Aarhus – Skjern.
Bus: Wichtiger Knotenpunkt der X-Busse (S. 78) u. a. mit Linien nach Esbjerg, Frederikshavn, Aarhus und Ringkøbing.

Daugbjerg und Mønsted
▶ E 7

Je tiefer man früher von der Küste nach Mitteljütland vordrang, desto trostloser, unwirtlicher und menschenfeindlicher wirkte die Heidelandschaft. Nach dem Krieg 1864 und dem damit verbundenen Landverlust wurden jedoch fast 90 % des ursprünglich 1 Mio. ha großen Gebiets – ein Drittel Jütlands! – urbar gemacht. ›Was draußen verloren ging, muss drinnen gewonnen werden‹ lautete die patriotische Parole für das ehrgeizige Landgewinnungsprojekt.

Am Rande der Straße [186] nördlich Grønhøj ist in dem mit viel nationalem Pathos befrachteten Gedenkpark **Kongenshus Min**depark ein ursprüngliches Heidegebiet erhalten. Ein Naturcenter informiert über seine Flora und Fauna (Vestre Skivevej 142, 7850 Daugbjerg, Tel. 87 28 10 13, Mai–Mitte Sept. Sa–Do 10–17, Fr 11–18 Uhr, romantisches Hotel am Rande, Naturcafé mit Information im Park). Ein früherer Versuch, Weiden und Äcker in dieses Ödland zu zaubern, führte 1759 deutsche Emigranten aus dem Hessischen in die Region. Da sie angeblich die Kartoffel mitbrachten, gelten ihre Nachkommen bis heute als *kartoffeltysker,* ›Kartoffeldeutsche‹.

Unterwelten

Westlich von Viborg (S. 285) wird bereits seit über 1000 Jahren Kalk abgebaut. Rund 100 km Gänge, die zum Teil von Lkw befahren werden und bis auf eine Tiefe von 70 m in den Boden reichen, sind bekannt. Drinnen liegt die Temperatur konstant bei 8 °C, zusammen mit einer hohen Luftfeuchtigkeit das ideale Klima zum Reifen des dänischen Höhlenkäses, ein Verkaufsschlager auch in Deutschland.

In den kathedralenartigen Höhlengängen der **Mønsted Kalkgruber** führt halbstündlich eine Multimediashow die Entstehung der Erde und des Höhlensystems vor Augen. Am Eingang wurde ein altes Kalkwerk restauriert, das heute als Ausstellungsgebäude genutzt wird. Hier startet die 2012 wieder installierte Minenbahn, die zum Teil ober-, zum Teil unterirdisch fährt. Bei den modernen Elektrolokomotiven handelt es sich um neue Fahrzeuge; sie sind aber historischen Vorbildern nachempfunden, die bis 1956 hier im Einsatz waren (Kalkværksvej 8, 7850 Mønsted, Tel. 86 64 60 11, www.monsted-kalkgruber.dk, Ostern–Okt. tgl. 10–17 Uhr, 70 DKK, 20 DKK/ 4–12 Jahre; Minenbahn Mitte Mai–Mitte Aug. 15 DKK extra).

Deutlich niedriger und schmaler sind die Gänge der **Daugbjerg Kalkgruber,** in denen über Leben und Legenden der Fledermäuse informiert wird, die reichlich in den Höhlengängen leben, sowie über Jens Langkniv, einen dänischen Robin Hood, der hier sein Versteck hatte und die Pfarrersfrau aus dem

Blåvand bis Thyborøn

Dorf zu Schäferstündchen traf (Dybdalsvej, 7850 Daugbjerg, Tel. 97 54 83 33, www.daugbjerg-kalkgruber.dk, Ostern–Okt tgl. mindestens 11–16, Juli–Mitte Aug. 10–17 Uhr; 60 DKK, 20 DKK/5–12 Jahre).

Verkehr
Flug: Der Regionalflughafen Karup (www.krp.dk) hat mehrmals tgl. Direktverbindungen mit Kopenhagen (S. 78).

Von Skive bis Struer

Skive ▶ C/D 7
Skive ist das Tor zur Halbinsel Salling. Das Museumcenter **Krydsfelt Skive** vereint Sammlungen von der Vorgeschichte – man hütet den größten dänischen Bernsteinschatz aus der Jungsteinzeit, laut letzter Zählung 12 849 Perlen – über Kultur- und Sozialgeschichte bis zu modernen Kunst. Die Kunstsammlung MUSE®UM Kunst macht vor allem mit Wechselausstellungen auf sich aufmerksam und wartet auf eine Museumserweiterung, um die eigene Sammlung mit Schwerpunkten in der expressiven Landschaftsmalerei – dort sind Per Kirkeby und Jens Søndergaard (S. 167) gut vertreten – und dem Neorealismus besser präsentieren zu können (Havnevej 14, Tel. 99 15 69 10, www.museumsalling.dk, Di–So 11–17 Uhr, 40 DKK/ab 18 Jahre).

Auffällig bei jeder Fahrt durch Skive sind **Skives 11 Stjerner** auf den Kreisverkehren. Entworfen hat die elf Sterne das international bekannte Jacob Jensen Design-Team, das seit den 1960er-Jahren nahe Skive sein Kreativzentrum hat. Sie sollen denn auch das kreative Potential dieser kleinen Stadt im globalen Wettbewerb dokumentieren – rund 10 000 Autofahrer schauen sich die elf Kunstwerke tagtäglich im Vorüberfahren an (www.skives11stjerner.dk).

Infos
Skive Egnens Turistbureau: Østerbro 7, 7800 Skive, Tel. 96 14 76 77, www.visitskive.dk.

Übernachten
Einfach, solide, bodenständig ▶ **Højslev Kro:** Viborgvej 220, 7840 Højslev Stationsby (ca. 4 km westl. Skibe Zentrum), Tel. 97 53 57 44, www.hoejslev-kro.dk. Typischer Straßen-Kro; DZ ab ca. 600 DKK.

3-Sterne-Herberge ▶ **Danhostel Roslev:** Viumvej 8, 7870 Roslev (ca. 15 km nordöstl. Skive), Tel. 97 57 13 85, www.sallinghallen.dk. Moderne Herberge an einer Sporthalle auf Salling, günstig für Ausflüge zu den Inseln Fur (15 km) oder zur Burg Spøttrup (20 km); viele Zimmer mit Bad/WC, DZ ca. 280–400 DKK, 4-Bett-Zimmer ca. 400–495 DKK; Rabatt ab 3. Tag, Frühstück 55 DKK.

Fur ▶ D 5
Die **Insel Fur** vor der Nordspitze der Halbinsel Salling ist mit einer Fähre ab Branden rund um die Uhr in wenigen Minuten zu erreichen. Im Norden zeigt die Insel eine imposante Steilküste zum Limfjord mit großartigen Aussichten über den Fjord. Hügel und Klippen bestehen aus gefalteten Molerschichten. Molererde entstand vor rund 50–60 Mio. Jahren auf dem Grund eines Urmeeres durch Ablagerungen kleinster Algen. Die erkennbaren Ascheschichten stammen von Vulkanausbrüchen im Bereich des heutigen Skagerrak. Lange sah man die schwarzen Streifen als kohledurchsetzten Sand an, und einige Löcher in den Klippen erinnern an Versuche, die dahinter vermutete Kohle zu finden. Die markanten roten Vorsprünge bestehen aus eisenhaltiger Erde.

Über die Geologie der Insel informiert das Museum **Fur Fossiler** im Inselort **Nederby.** Dort sind auch zahlreiche Versteinerungen zu sehen, die in der Molererde gefunden wurden (Nederby 28, 7884 Fur, Tel. 97 59 34 11, www.furmuseum.dk. April–Okt tgl. 12–16, Hochsaison 10–17 Uhr, sonst nach Absprache, 50 DKK/ab 18 Jahre).

Das schmucke **Fur Bryghus** ganz im Westen unterhalb der Landspitze Knuden ist als eine der erfolgreichsten Mikrobrauereien (S. 62) Dänemarks inzwischen größter Besuchermagnet auf Fur und bietet etliche Spezialbiere vom Fass. Im Sommer gibt es an

Von Skive bis Struer

ausgewählten Tagen Brauereiführungen inkl. Probe (85 DKK; zum Restaurant s. u.).

Infos
Fursund Turistinformation: Stenøre 10, 7884 Fur, Tel. 97 59 30 53, www.fursund.dk, tgl. 9–16, Sa 9–17 Uhr, in der Nebensaison So geschlossen. Auch Vermittlung von Ferienhäusern.

Essen & Trinken
Hier wird mit Bier gekocht ▶ **Fur Bryghus:** Knudevej 3, 7884 Fur, Tel. 97 59 30 60, www.furbryghus.dk. So 11–16 Uhr großes Buffet (189 DKK), im Sommer Fr 18–21 Uhr Grillbuffet mit Musik, sonst Ostern– Okt. Di-Sa 11–15 Frokost (Deftiges ab ca. 85 DKK), an Feiertagen und Ende Juni–Mitte Aug. tgl. 11–21 Uhr.

Verkehr
Fursund Færgeri: 3–4 Min., rund um die Uhr 1–4 x stdl.; Busanschluss ab/bis Fähre nach Skive tagsüber stündlich.

Spøttrup Middelalderborg ▶ D 6
Ganz im Westen der Halbinsel Salling stößt man auf eine kompakte mittelalterliche Burg mit doppelten Wallgräben: **Spøttrup**. Sie wurde ursprünglich für den Bischof von Viborg errichtet, aber auch die Schießscharten, die er einbauen ließ, verhinderten die Reformation im Lande nicht, durch die die Burg dann in die Hände der Krone kam. Der heute nur spärlich möblierte Bau spricht in hohem Maße die Fantasie an: schummerige Gewölberäume, enge Gänge und schwindelerregende Wendeltreppen – und eine Menge Gespenster, wenn man all den Sagen Glauben schenkt, die sich um die Gemäuer ranken. In der Hochsaison bevölkern täglich ›mittelalterliche‹ Menschen die Burg, und auch in der Vor- und Nachsaison gibt es regelmäßig Veranstaltungen wie zeittypische Märkte oder Konzerte. Östlich der Wälle breitet sich zwischen hohen Bäumen ein schöner Kräuter- und Rosengarten aus, dem man bei einem Besuch unbedingt Beachtung schenken sollte (Borgen 6 A, 7860 Spøttrup, Tel. 97 56

Tipp: Limfjord Bus
Der ›Limfjord Bus‹, eine Passagier- und bei Radwanderern sehr populäre Fahrradfähre, pendelt in der Hauptsaison (ca. letzte Juniwoche bis Mitte August) mehrmals täglich auf der Strecke Sallingsund Færgekroen, Nykøbing Mors (beide S. 192), Insel Fur (S. 172) und Festlandshafen Glyngøre. Infos bei Visit-Mors, Tel. 97 72 04 88, www.visitmors.dk und anderen i-Büros der Region.

16 06, www.spottrupborg.dk, April tgl. 11–17, Mai–Sept. 10–17, Juli 10–18, Okt. 10–16 Uhr, 75 DKK/Erw.).

Sahl und Hjerl Hede ▶ D 7
Die **Sahl Kirke** hat noch deutlich romanische Züge. Aus dem frühen 13. Jh. stammt der zweiteilige Goldaltar aus vergoldetem, zu einem figurenreichen Relief gehämmerten und mit Bergkristall verzierten Kupferblech auf einer Eichenplatte (tgl. 10–16 Uhr).

Rund 3 km weiter östlich präsentiert sich das volkskundlich-vorgeschichtliche Freilichtmuseum **Hjerl Hede** in bester Tradition sogenannter ›lebender Museen‹: Wissenschaftler und interessierte Laien leben und arbeiten hier in der dörflichen Atmosphäre der Zeit vom 16. bis zum Ende des 19. Jh. sowie in einer Siedlung aus der Steinzeit. Sie tragen zeittypische Kleidung, arbeiten mit entsprechenden Geräten und versuchen sich damit in den Handwerkskünsten der jeweiligen Epoche. Außerdem bringen kleine Spielszenen im Heimatbühnenstil, für die das ganze Dorf die Kulisse bildet, in der Hauptsaison regelmäßig den Alltag der ›gelebten‹ Zeiten nahe (Hjerl Hedevej 14, 7830 Vinderup, Tel. 97 44 80 60, www.hjerlhede.dk, April, Mai und Okt. Sa, So 10–16, Juni–Sept. 10–17/18, 1.–3. Adventswochenende 10–17 Uhr. Aktivitäten in historischer Tracht in der Hochsaison und an den Adventswochenenden. Je nach Aktivität 70–150 DKK/ab 18 Jahre. Großzügige Cafeteria, Museumsshop. Gelände nach Kassenschluss bis Sonnenuntergang offen).

Blåvand bis Thyborøn

Struer ▶ C 7

Struer war ursprünglich nur Hafen der Händler von Holstebro und steht erst seit gut einem Jahrhundert auf eigenen Füßen. Es ist eine Boomtown mit vielen hochqualifizierten Arbeitsplätzen – man sieht es an den neuen Blöcken mit Edelapartments am Limfjordufer. Aus dem Städtchen kommen u. a. Produkte, die die Schönen und Reichen in San Francisco ebenso begehren wie in Sydney, London, Dubai oder St. Petersburg: HiFi-Geräte von **Bang & Olufsen.**

1925 gründeten Peter Bang (1900–57) und sein Studienfreund Svend Olufsen (1897–1949) auf Svends Familienbesitz vor den Toren von Struer eine Radiofabrik, und noch heute besitzen Nachkommen der Gründer eine qualifizierte Aktienmehrheit am Unternehmen. 1929 brachte B & O erstmals ein Gerät auf den Markt, das neben Technik auch auf Design setzte: ›Femlamperen‹, der Fünflamper. Design wurde das Markenzeichen der Produkte aus Struer, während im Hintergrund immer innovative Technik für extremen Hör- und Sehgenuss sowie eine betont einfache Bedienbarkeit sorgt. Das lokalhistorische Struer Museum widmet eine ganze Abteilung dem Unternehmen Bang & Olufsen und seinen Produkten mit dem Kultstatus (Søndergade 23, Tel. 97 85 13 11, www.struermuseum.dk, Di–Fr 11/12–16, Sa, So 12–17 Uhr, 60 DKK/ab 18 Jahre).

Die Insel **Venø**, die Struer vom Limfjord fast abschottet, sorgt für zwei Mini-Rekorde: Vom Anleger Kleppen nördlich der Stadt verbindet Dänemarks kürzeste Fährlinie in gut 2 Min. die Insel mit dem Festland (Venø Færgefart, ca. 6–24 Uhr alle 20–30 Min., 18 DKK, 8 DKK/5–12 Jahre, 10 DKK/Fahrrad), und die Inselkirche aus dem 16. Jh. gilt als kleinste im ganzen Land – begehrt für romantische Hochzeiten, solange es keine große Gesellschaft gibt, die dabei sein möchte. Zur Inselerkundung sind Fahrräder ideal, einen Verleih gibt es am Fähranleger (Tel. 97 86 81 00, ca. 50 DKK/Tag).

So lebt ein Museum: Hjerl Hede

Lemvig

Infos
Struer Turistbureau: Smedegade 7, 7600 Struer, Tel. 96 84 85 01, www.visitnordvest jylland.dk.

Essen & Trinken
Insel-Kro ▶ **Venø Kro:** Havstokken 22, 7600 Venø, Tel. 97 86 80 06, www.venoekro. dk, ca. 4 km vom Fährhafen, aber nah an der Marina. Spezialitäten sind Aal und Steaks vom Venø-Rind, HG um 200 DKK, an ausgewählten Sonntagen großes Brunch-Buffet ca. 255 DKK; Öffnungstage und -zeiten variieren stark nach Saison, am besten nachfragen.

Verkehr
Bahn: Knotenpunkt mit IC-Strecken nach Kopenhagen, Aarhus und Thisted sowie Regionalbahn nach Esbjerg.

Lemvig ▶ B/C 7

Zwischen Struer und Lemvig gibt es viele Wege, der schönste führt über Straße [565] als recht hügelige Sightseeing-Strecke direkt am Südufer des Limfjord entlang mit schönen Aussichten auf das Binnenmeer.

Die Stadt Lemvig mit der markanten Zwiebelturmkirche hat das Mittelalter praktisch verschlafen, ins Abseits geraten durch die Versandung des Limfjord. Erst als der im 19. Jh. wieder eine schiffbare Öffnung nach Westen bekam und die Stadt zudem ans Eisenbahnnetz angeschlossen wurde, kam der gute Naturhafen wieder zur Geltung, und es ging aufwärts. So ist das Lemvig von heute vor allem eine Stadt der letzten 150 Jahre.

Das **Lemvig Museum** hat diese Stadtgeschichte zum Thema und bietet Zugang zu einem steilen, knapp 2 km langen Skulpturenpfad mit großartigen Ausblicken auf Stadt und Bucht – vorbei an über 50 Werken des lokalen Bildhauers Torvald Westergaard (Vestergade 44, 7620 Lemvig, Tel. 97 82 00 25, www.lemvigmuseum.dk, Juni–Sept. Di–So 13–17, März–Mai, Okt. So sowie Ferien- und Feiertage 13–16 Uhr, 25 DKK/ab 18 Jahre; Skulpturenpfad immer zugänglich, gratis).

In den Himmel
Vom Museum in den Himmel sind es nur wenige Schritte: Der **Planetstien** folgt dem Westufer der Lem Vig. Im Maßstab 1 : 1 Mrd. stehen dort die Planeten unseres Sonnensystems als Bronzeskulpturen. 1 m an der Lem Vig entspricht 1 Mio. km im All. Von der Sonne am Vesterbjerg bis zur Erde – 150 m – oder Mars – 228 m – sind die Entfernungen noch kurz. Ein kleiner Spaziergang lässt Jupiter – knapp 800 m – oder Uranus – 2,9 km – erreichen. Wer indes Pluto sehen will, muss 12 km zurücklegen. Und bitte nicht enttäuscht sein: Bei diesem Maßstab sind die meisten Planeten kaum mehr als murmelgroße Winzlinge (www.planetstien.dk mit Lageplan zum Download).

Museet for Religiøs Kunst, das Museum für religiöse Kunst, das sich zwischen die Planeten am Westufer der Lem Vig einreiht, ist sicher keine Mainstream-Institution, findet aber ein sehr interessiertes Publikum. Im Mittelpunkt der eigenen Sammlung stehen Originalillustrationen einer modernen dänischen Bilderbibel aus den frühen 1990er-Jahren, darüber hinaus gibt es Sonderausstellungen moderner Kunst – oft, aber nicht zwingend mit religiösem Hintergrund (Strandvejen 13, 7620 Lemvig, Tel. 97 81 03 71, www.mfrk.dk, Ostern–Woche 42 Di–So 12–17, übrige Zeit 13–16 Uhr, Weihnachten–Ostern nur an ausgewählten Tage, 50 DKK/ab 18 Jahre).

Infos
Lemvig Turistbureau: Toldbodgade 4, 7620 Lemvig, Tel. 97 82 00 77, www.visitlemvig.dk.

Übernachten
Golfen am Fjord ▶ **Hotel Nørre Vinkel:** Søgårdevejen 6, Tel. 97 82 22 11, www.norre vinkel.dk (Small Danish Hotels; S. 86). Mit schönem Blick auf Stadt, Bucht und Green. Indoorpool, Sauna, Solarium. DZ ab 975 DKK; Pakete mit Aufenthalt und Greenfee.

Verkehr
Bahn: Vemb – Lemvig – Thyborøn Jernbane nach Lemvig und Vemb, dort Übergang zur Regionalbahn Esbjerg – Struer.

Boote der Strandfischer bei Nørre Vorupør
an der Küste von Thy

Kapitel 2
Nordjütland

Nordjütland ist der Teil Dänemarks, mit dem sich Mitteleuropa nach Norden reckt. Die Verwaltungseinheit ›Region Nordjylland‹ zieht die Grenzen genauer: das Land nördlich des Limfjord plus das Himmerland im Osten hinunter bis zum Mariager Fjord. Der Ost- und Nordsee verbindende Limfjord macht aus dem hohen Norden die Nørrejyske Ø, Dänemarks zweitgrößte Insel. Als solche wird sie aber kaum wahrgenommen, denn viele Brücken, Kurzfähren und ein Autobahntunnel binden sie eng ans Festland. Nordjütland wächst weiter durch Millionen Tonnen Materialablagerungen pro Jahr, vor allem Sand. So ist die Nordseeküste ein einziger langer Strand mit Dünen dahinter, in die sich viele Ferienhäuser kuscheln. Im Vergleich gelten die Küsten von Ostsee und Limfjord als kinderfreundlicher, weil flacher und mit weniger Strömungen.

Der hellste Stern unter den Ferienorten strahlt ganz oben im Norden: Skagen, von Kunst und Lifestyle geprägt, mit einem Hauch mondäner Eleganz, aber nicht abgehoben, und mit Stränden beider Meere vor der Haustüre. Nordjütlands ›Metropole‹ ist Aalborg an der schmalsten Stelle des Limfjord. Karnevalshochburg, Dänemarks längste Theke, Casinostandort – das sind einige Attribute, mit denen sich die Stadt schmückt, deren Name durch einen Schnaps weltberühmt geworden ist: Aalborg Akvavit.

Regionale Websites für die weitere Planung sind www.visitnordjylland.dk für die gesamte Region, www.visitlimfjorden.com für die Gegend rund um den Limfjord und www.toppenafdanmark.dk für den hohen Norden.

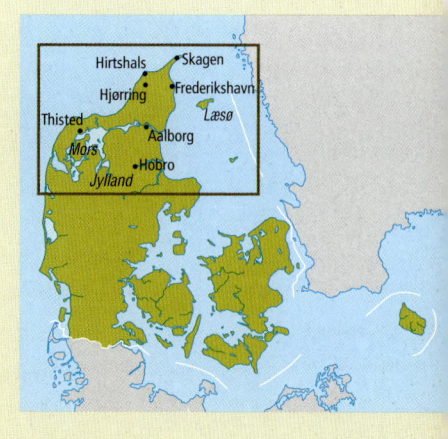

Auf einen Blick
Nordjütland

Sehenswert

3 Lønstrup Klint: Die Kirche musste schon einpacken und der Leuchtturm weiß nicht recht, ob er unter Sand verschwinden oder über die Klippen stürzen soll (S. 199).

Mondfische im Nordsøen: Das Nordseemuseum in Hirtshals zählt zu Europas imponierendsten Aquarien (S. 204).

Adlerwarte Tuen: Das Ørnereservat präsentiert die Könige der Lüfte in grandioser Natur mit spannendem Falknerprogramm (S. 205).

4 Skagen: Wo Kontinentaleuropa seinen Mittelfinger nach Norden streckt, bilden Kunst, Natur und Lifestyle eine außergewöhnliche mondäne Mischung (S. 206).

Salzinsel Læsø: : Auf Læsø wird noch wie im Mittelalter Salz gewonnen – Delikatesse für die Gourmetküche und Heilmittel bei Hautproblemen (S. 218).

Schöne Route

Küstenstrecke: Die Route für die große Dänemarkrundfahrt durch Nordjütland nutzt die Fähre von Thyborøn nach Agger Tange, folgt dann Straße [181] nach Hanstholm (S. 187) und sucht sich ab dort den Weg via Lønstrup und Hirtshals nach Skagen (S. 205) immer küstennah über Haupt- und Nebenstraßen, zwischen Blokhus und Løkken (S. 196) sogar über den Strand, der hier auf über 20 km gut befahrbar ist. Skagen ist der Wendepunkt, und von dort geht es via Frederikshavn bis Sæby (S. 222) und weiter auf den Straßen [541] und [555] bis Hobro am Mariager Fjord (S. 234): Für die 460 km sollte man mindestens vier Tage ansetzen und am besten in Skagen noch einen oder zwei Verschnauftage einplanen.

Meine Tipps

Steilküste nördlich Agger: einsam, rau, archaisch – in meinen Augen einer der schönsten Küstenabschnitte Dänemarks, ein Ort zum Abschalten und um zur Ruhe zu kommen. Der graue Granitleuchtturm Lodbjerg Fyr verschafft den ersten Überblick (S. 183).

Fährfahrten auf dem Limfjord: Neun kleine Fjordfähren sind jede für sich ein Stück Nostalgie und immer eine spannende Abwechslung für Kinder bei einer Rundfahrt (S. 192).

Svinkløv Badehotel: Das mondäne Badeleben der 1920er-Jahre wird hier in einer zeitlosen Atmosphäre lebendig (S. 194).

Postboot nach Hirsholmene: Von den zwölf Plätzen der Minifähre sind sechs für Inselbewohner, Handwerker und Offizielle reserviert. Da ist es schon ein Lotteriespiel, auf die für ihre Vogelwelt berühmte Insel zu kommen, auf der die Zeit angehalten scheint (S. 217).

aktiv unterwegs

Angelparadies Thy: Seen, Binnenmeer, Nordseeküste und das Hochseeangeln am Gelben Riff – Vielfalt macht Thy zum Angler-Eldorado (S. 182).

Kite-, Wind- und Wavesurfen auf Thy: ›Cold Hawaii‹ nennt die Surferszene Thy. Hier gibt es die besten Surfspots der alten Welt und Nichtsurfer staunen, wie Cracks über die Wellen streichen (S. 184).

Grenen – Land's End auf 57° 44' 36'' Nord: Spaziergang zum nördlichsten Flecken Kontinentaleuropas (S. 212).

Limfjordruten und Snapseruten: Radwandern zu Kultur und Genuss zwischen Nord- und Ostsee, immer auf Tuchfühlung zum Limfjord (S. 230).

Thy und Mors

Thy und Mors darf man eigentlich nicht unter einen Hut bringen, denn Thyboer und Morsingboer mögen sich etwa so, wie Fans von Schalke 04 und Borussia Dortmund. Und doch ergänzen sich Thy und Mors perfekt, verbinden raue, wilde Küsten der Nordsee mit sanften Ufern voller Geschichte und Kultur am und im Limfjord.

Thy, die Landschaft zwischen dem westlichen Teil des Limfjord und der Nordsee, ist erst in den letzten fünf bis sechs Jahrtausenden durch die Landhebung in Nordjütland aus einem Inselarchipel zu einem zusammenhängenden Stück Land geworden. Besucher finden in dieser geradezu unfertigen Landschaft muntere Ferienorte und coole Surferspots ebenso wie pittoreske Fischerdörfer und traditionelle Strandfischerei. Aber es sind die langen, oft menschenleeren Strände, die karge Dünenlandschaften und die einsamen Heiden, die diese archaische Landschaft zu Dänemarks erstem Nationalpark machten. **Mors**, die Insel mitten im Limfjord, ist dagegen dichter besiedelt und zeigt viel traditionelles Bauernland, sittsame Dörfer und eine Kleinstadt mit historischen Wurzeln, Nykøbing.

Sydthy

Agger ▶ B 6

Die Agger Tange, die Zunge, mit der sich Thy weit nach Süden streckt, ist der Rest jener Nehrung, die etwa ab 1100 den Limfjord zur Nordsee hin dicht machte – bis zum 3. Februar 1825. An diesem Tag schlug eine Sturmflut südlich Agger wieder ein Loch in den schmalen Landstreifen. Der Agger Kanal war einige Zeit sogar schiffbar, versandete aber wieder, nachdem 1862 bei Thyborøn ein größeres Loch aufgerissen war, das bald als Schifffahrtsweg **Thyborøn Kanal** befestigt wurde (S. 167). Den verbliebenen Rest der Agger Tange schützen Deiche und die längsten Buhnen der dänischen Nordsee, die bis zu 800 m ins Meer ragen. Die Straße [181], die ganz im Süden am Anleger der Fähre nach Thyborøn endet, führt über einen zweiten Deich, der die Agger Tange zum Limfjord sichert. Zwischen den Deichen entstanden lagunenähnliche Strandseen, von der Straße im Osten exzellent einzusehende, aber nicht zugängliche Vogelreservate.

Aus der Bauzeit der Küstenbefestigungen stammen in **Agger** die De Sorte Huse, die ›schwarzen Baracken‹, u. a. mit einer Ausstellung zum Küstenschutz. Die moderne Skulptur an der Einfahrt in das Dorf zeigt mit Granitkeilen eine stilisierte Welle und erinnert an eine Sturmkatastrophe: Aus heiterem Himmel überraschte im November 1893 ein Orkan die meisten Fischer aus Agger in ihren Booten vor der Küste, 48 Männer verloren dabei ihr Leben. Diese Tragödie gab den Anstoß für den Bau der Häfen an der nordjütischen Westküste.

Vestervig und Hurup ▶ C 6

Vestervig – Westbucht – war zur Wikingerzeit die Boomtown an der wichtigen Schifffahrtsroute gen England. Hier stoppten die Drachenboote, bevor sie auf die Nordsee hinausfuhren, hier legten sie an, wenn sie zurückkamen. Bald nach der Christianisierung entstand ein einflussreiches Augustinerklos-

Sydthy

ter mit dem für lange Zeit einzigen Bischofssitz Nordjütlands. Mit der Versandung der Limfjordmündung geriet Vestervig ins Abseits, der Bischof zog nach Børglum (S. 197) um. Was blieb, war die Vestervig Kirche, ursprünglich ein Teil des Klosters und heute Skandinaviens größte Dorfkirche, im Volksmund ›Thylands Dom‹. Die 52-Stimmen-Orgel zählt zu den besten im Lande und wird im Sommer für Konzerte genutzt (Termine unter www.vestervig-kirke.dk).

Auf dem Kirchhof ist **Liden Kirstens Grav**, ein Grab mit längst verwitterter Inschrift aus dem späten 12. Jh., von einer tragischen Liebessaga umwoben: Liden Kirsten, Halbschwester von König Valdemar den Store, hatte eine Liaison mit Graf Buris Henriksen, einem Bruder von Valdemars Frau. Diese Beziehung passte dem König nicht in seine Ränkespiele um die Macht und als die Liebe Folgen zeigte, reichte es ihm. Nach der Legende musste sich Liden Kirsten auf glühenden Kohlen zu Tode tanzen und Buris wurde geblendet, entmannt und so ans Kloster gekettet, dass er gerade noch zum Grab seiner Geliebten kriechen konnte. So vegetierte er noch elf Jahre dahin.

Eine Untersuchung des Grabes in den 1960er-Jahren will den Beweis erbracht haben, dass die beiden darin wieder vereint wurden. Bis heute ist es Brauch, dass Paare, die in der Vestervig Kirke heiraten, den Brautstrauß auf dieses Grab legen, in der Hoffnung auf eine glücklichere Beziehung, als sie Liden Kirsten und ihrem Buris vergönnt war.

Neben dem Parkplatz der Kirche haben Archäologen die Spuren einer noch viel älteren Epoche freigelegt, einen Siedlungsplatz aus der Steinzeit.

Längst hat das junge **Hurup** dem alten Vestervig den Rang abgelaufen und ist mit gut 2700 Einwohnern der wichtigste Ort in Sydthy, mit guten Einkaufsmöglichkeiten und mit dem i-Büro für Sydthy. Fährt man von Hurup auf Straße [11] Richtung Thisted, passiert man am Nordrand der Bauernschaft Heltborg eines der größten Steinzeit-Kammergräber Jütlands, **Lundehøj**, mit einer knapp 7 m langen Haupt- und einer kleinen Seitenkammer (Parkplatz am Hof Østergård, Oddesundvej 211, 7760 Heltborg, Tel. 97 95 19 65, dort sind der Schlüssel und Kerzen erhältlich).

Ydby und Doverodde ▶ C 6

Am Nordufer des **Skibsted Fjord,** der zur Wikingerzeit ein beliebter Sammlungsplatz für Boote war, die gemeinsam nach Westen segeln wollten, findet man Beweise dafür, welch große Bedeutung der Süden von Thy schon sehr früh gehabt haben muss: Rund um Ydby sind Hunderte bronzezeitlicher Hügelgräber lokalisiert. Ca. 50 davon liegen beieinander auf der **Ydby Hede** im Oldtidskirkegård, einer regelrechten Vorzeitnekropole.

Wenige Kilometer südwestlich erforscht und dokumentiert das **Nordisk Folkecenter for Vedvarende Energi** Möglichkeiten, Energie aus regenerativen Quellen zu gewinnen, und zeigt dazu eine Sammlung früher Windkraftanlagen (Kammersgaardsvej 16, 7700 Sønder Ydby, www.folkecenter.dk, tgl. geöffnet, aber nur werktags 8–16 Uhr mit Personal, 30 DKK/ab 12 Jahre, Hochsaison Führungen Mo, Do 11 Uhr, 50 DKK/ab 12 Jahre).

Am Ufer der nächsten Bucht im Norden ist ein 42 m hoher Silo-Turm unübersehbar, der Aussichts- und Kletterturm des Zentrums zur Kultur- und Naturvermittlung. Das **Limfjordscentre Doverodde Købmandsgård** bietet ein breites Spektrum an Veranstaltungen und Kursen von Konzerten über Naturexkursionen bis zu Aktivitäten wie Seakayaking. Zu bestimmten Zeiten darf man sich über die Außenwände des Silo-Turms beim Rapelling abseilen (Fjordstræde 1, Tel. 97 95 92 66, April–Woche 42 Di–So 11–16, Hochsaison tgl. 10–17 Uhr, Programm unter www.limfjordscenter.dk, Ausstellungen und Turm 60 DKK, 20 DKK/6–16 Jahre; Restaurant Købmandsgården mit einfachem Frokost-Café und Abendrestaurant, das beste dänische Traditionsküche serviert, Tel. 97 95 92 67; nur in der Hochsaison tgl.).

Infos

Thy Turistbureau: Jernbanegade 4, 7760 Hurup, Tel. 97 92 19 00, www.visitthy.dk.

Thy und Mors

aktiv unterwegs

Angelparadies Thy

Tour-Infos

Start: Kutter morgens ca. 3–7 Uhr ab Hanstholm, Nørre Vorupør oder Hirtshals (S. 203)
Kosten: 600–900 DKK für Tagestouren, ab 1400 DKK mit Übernachtung an Bord
Touranbieter: Info/Reservierung über alle i-Büros in Thy, u. a. Rederiet Gule Rev (Ørhagevej 171, 7700 Klitmøller, Tel. 97 97 53 94, www.gule-rev.dk). Angelausrüstung ist auf allen Kuttern zu leihen.
Unterkunft: Alle Ferienhausvermittler der Region haben Anglerhäuser im Katalog.
Angelscheine: Für Meeresgewässer – auch vom Kutter – ist der allgemeine dänische Angelschein notwendig (S. 88). Angelscheine für Binnenseen bei den umliegenden i-Büros.

Was Petrijünger aus ganz Europa nach Thy lockt, sind Angeltouren zum **Gule Rev,** dem Gelben Riff (▶ B 4). Knapp zwei Stunden nordwestlich Hanstholm ist das beste Hochseeangelrevier der Nordsee erreicht, ein unterseeisches Hochplateau, etwa 200 km lang und 20–30 km breit. Direkt daneben lockt ein Tiefseegraben, die Norwegenrinne, mit einem reichen Nahrungsangebot die Fische. Fast alle Rekordfänge von Meeresfischen in dänischen Gewässern sind hier registriert, zum Beispiel für Dorsch mit 31 kg. Dorsch wird am häufigsten gefangen, aber auch Köhler, Pollack, Leng oder Heilbutt können anbeißen.

Thy ist auch sonst Anglerhochburg. Die Mischung macht's: Put & Take-Seen garantieren selbst Anfängern Petriglück, abgerechnet wird nach Angelzeit pro Rute oder nach Gewicht der Fänge. Aber auch natürliche Seen wie der Flade Sø nördlich Agger haben großen Fischbestand von Aal bis Zander. Am Flade Sø kann man fast zeitgleich Dorsch angeln, denn nur ein Deich trennt See und Meer. Beste Plätze fürs **Küstenangeln auf Dorsch, Makrelen oder Schollen** sind die Buhnen von Agger oder die Mole von Nørre Vorupør, auf der bei passendem Wetter Angler neben Angler steht. Fast entlang der ganzen Küste ist Brandungsangeln möglich: Meerforellen, Schollen, kleine Dorsche und Makrelen gehen hier an den Haken. Am Limfjord, dem Binnenmeer, wird von Jollen, Stegen, Hafenmolen oder direkt am Ufer u. a. auf Meerforellen oder Aale geangelt.

Brandungsangler an der Nordseeküste

Übernachten

Camping ▶ **Krig-Vig Camping:** Krigvej 112, 7770 Vestervig, Tel. 97 94 14 96, www.krikvigcamping.dk. Großzügig angelegter 3-Sterne-Campingplatz; Hütten mit oder ohne Bad/WC.

Verkehr

Bahn: Thisted – Struer mit Stopps in Ydby, Hurup, Bedsted und Hørdum.
Fähre: Agger – Thyborøn (S. 168).

Nationalpark Thy
▶ B/C 4/5

Das wichtigste Kapital des Tourismus in Thy ist der breite Nordseestrand. Der und das anschließende Dünen- und Heideland bis zu 12 km weit ins Landesinnere bilden Dänemarks ersten, im Spätsommer 2008 offiziell eröffneten Nationalpark. Mit kompetenter Führung kann man ihn mit dem Sommerbus 88 erkunden, der mindestens 2 x wöchentlich ab Thisted (S. 189) via Hanstholm und Lodbjerg eine Runde macht, zahlreiche Stopps und eine längere Mittagspause in Nørre Vorupør inklusive (7 Std., 100 DKK/Erw. plus 2 Kinder gratis, Buchung in i-Büros).

Nördlich von Agger auf Höhe des Flade Sø enden die Buhnen und Deiche. Die Szenerie wechselt, wird einsam, rau, archaisch – einer der schönsten Küstenabschnitte Dänemarks, eine Landschaft zum Abschalten, in der man einfach nur zur Ruhe kommen kann. Über fast 5 km zieht sich eine Steilküste am Ufer entlang, ein Wechsel zwischen Strand und dem Dünen-Heide-Plateau dahinter ist nur an ganz wenigen Stellen möglich. Auf dem Plateau wälzt sich die **Lodbjerg Mile,** eine mächtige Wanderdüne, langsam landeinwärts. Den Überblick verschafft der Aufstieg auf den 35 m hohen, 1883 aus schwedischem Granit gebauten Leuchtturm **Lodbjerg Fyr** – vorausgesetzt der Wind bläst nicht zu stark, dann bleibt er geschlossen. Und womit kokettieren die Einheimischen gern? 300 Tage im Jahr weht der Wind in Thy, sonst stürmt es!

Am Leuchtturm informieren Schautafeln über den Nationalpark und seine unwirtliche Natur, und der Wanderweg Vestkyststien führt hier vorbei (für Radfahrer nicht geeignet). Wer ihm folgt, kann bis Stenbjerg laufen, etwa 14 km quer durch Heidelandschaft und Strandwälder.

Stenbjerg und Nørre Vorupør
▶ C 5

An **Stenbjerg Landingsplads** nutzen einige Nebenerwerbsfischer mit offenen Booten den Strand als Landungsplatz. Die weiß gekalkten Schuppen an der Zufahrt entstanden um 1900 und bilden ein pittoreskes Ensemble – einer beherbergt eine kleine Ausstellung zur Ökologie des Nationalparks Thy. Ein paar Schritte südlich ragt in den Dünen eine der markanten, dreibeinigen Baken auf, die seit 1884 das Navigieren an der dänischen Küste erleichterten.

In Thys größtem Badeort **Nørre Vorupør** – nö(rr)e worböer gesprochen – wird neben der 350 m ins Meer ragenden Mole noch Strandfischerei betrieben, in der Regel zwar nur noch von Nebenerwerbsfischern, aber mindestens ein Kutter startet auch mit Hobby-Anglern vom Strand (Informationen unter www.maagen.com). Um trotz der üblichen Brandung und gefährlichen Unterströmungen ein sicheres Baden zu ermöglichen, entsteht westlich der Mole Dänemark erstes ›Havbad‹: Das Meerbad ist eine künstliche Badebucht, die nach Osten unter der Mole auch eine Öffnung zur Nordsee hin hat, so dass ein regelmäßiger Wasseraustausch gewährleistet ist.

Der Strandfischerei und dem Schutenhandel (S. 198) widmet sich auch das **Vorupør Museum,** das in einer ehemaligen Kutterwerft eingerichtet ist (Vesterhavsgade 21, Tel. 97 93 88 50, April–Okt. Di–So 12–16, Juli und 1. Augusthälfte tgl. 10–16 Uhr, 30 DKK/Erw.). Was den Fischern draußen in die Netze gehen kann, sieht man hinter Glas im **Nordsø Akvariet** – sogar die Haie sind ›Einheimische‹ (Vesterhavsgade 131, Tel. 23 26 62 60, Ostern–Okt. tgl. 10–16, Juli/Aug. bis 18 Uhr, 60 DKK, 30 DKK/3–12 Jahre).

Thy und Mors

aktiv unterwegs

Kite-, Wind- und Wavesurfen auf Thy

Tour-Infos
Surfinfos: Surfklubben NASA, Ørhagevej 140, Klitmøller, 7700 Thisted, www.nasa.coldhawaii.eu; zum World Cup: www.coldhawaii.com, Infos zu den einzelnen Surfspots auch auf einschlägigen deutschen Surfer-Websites wie www.spot-explorer.com; aktuelle Bilder unter http://live.waves4you.de/ucam/index.html.

Ausrüstungsverleih/Kurse: Westwind Klitmøller: Ørhagevej 150, Klitmøller, Tel. 97 97 56 56, http://klitmoller.westwind.dk. Kurse für Surfriding (ab 250 DKK), Wind- (ab 375 DKK) und Kitesurfen (ab 900 DKK). 3- bis 7-tägige Wavesurfer-Camps organisiert der deutsche Veranstalter emcee Wavecamps (www.emcee-wavecamp.de, ca. 190–400 €).

Über 30 Surfspots machen Thy zum ›Cold Hawaii‹. Dabei sind nicht nur Kite- und Windsurfen angesagt, sondern auch klassisches Surfriding – Mensch, Board, Wellen.

An der Nordsee sind die bekanntesten Surfspots ganz im Süden an den Buhnen von Agger, neben der Mole von Nørre Vorupør, östlich des Hafens von Hanstholm und als Höhepunkt die Strände um Klitmøller, dem Herzen von Cold Hawaii. In der Bucht direkt nördlich des Dorfes baut sich bei West- oder

Nationalpark Thy

Westnordwest-Winden eine hohe, steile Brandungswelle auf, die für wilde Sprünge ideal ist. So treffen sich am Ørhage Landungsplatz Wind- und Kitesurfer aus ganz Europa. Erreichen die Wellen Logo- oder gar Masthöhe, trauen sich aber nur noch die Besten aufs Brett. Dann bekommen die Zuschauer spektakulären Sport und atemberaubende Luftakrobatik geboten.

Cold Hawaii hat aber auch anfängertaugliche Reviere, z. B. auf dem Limfjord und auf dem in der Szene geradezu legendären Vandet Sø an der Straße [557] knapp 4 km landeinwärts von Klitmøller im Nationalpark Thy. Über seine Nutzung als Surfspot wird seit Jahren gestritten, aktuelle Zugangsmöglichkeiten vor Ort erfragen!

Im Sommer gibt's regelmäßig Surfevents, manche eher Fest denn Wettbewerb. 2010 gelang es zum ersten Mal, einen World Cup der PWA Worldtour und damit die Weltelite des Surfsports nach Thy zu holen. Ins Leben gerufen wurde dieses Event von Dänemarks Surflegende Robert Sand, gebürtig aus Klitmøller. Er machte sein Heimatdorf auch zum Stammsitz seiner angesagten Surfmode-Marke »Plasma«. Im September 2011 dann ein Prestigeerfolg für ›Klitte‹: Beim PWA World Cup »Cold Hawaii« siegte der 17-jährige deutsche Surfstar Philip Köster und wurde damit vorzeitig uneinholbar Weltmeister. Während man in Klitmøller unter extremen, aber idealen Bedingungen spektakulären Sport sah, durfte Köster seinen Weltmeisterpokal eine Woche später auf Sylt nur abholen: Dort war wegen Flaute an Sport nicht zu denken. Auch in Zukunft soll es Mitte September jeweils den ›Cold Hawaii‹ World Cup geben.

Surfer üben den Umgang mit den Nordseewellen

Klitmøller ▶ C 4

Klitmøller – Kosename ›Klitte‹ – ist das Herz jenes ›Cold Hawaii‹, als das Thy in der Surferszene bekannt ist (S. 184). Die macht den kleinen Ort vor allem rund um Surfevents munter mit langen Nächten.

In der Vergangenheit war Klitmøller ein Zentrum des Schutenhandels mit Norwegen und von Mitte des 19. Jh. bis zur Eröffnung des Hafens von Hanstholm 1967 auch ein viel genutzter Landungsplatz für Strandfischer. Einer der typischen Kutter, T 97 Bellis, liegt auf dem Ufer und erinnert sorgfältig restauriert an die vergangene Zeit.

Nördlich von Klitmøller quert Straße [181] einen besonders ursprünglichen Teil des **Nationalpark Thy**. Dünen, Heide, Sümpfe und flache Strandseen bilden ein einzigartiges Refugium für zahlreiche Vogelarten und eine vielfältige Flora.

Infos

Thy Turistbureau: Vesterhavsgade 21, 7700 Nørre Vorupør, Tel. 97 93 83 77, www.visitthy.dk (nur in der Saison).

Übernachten

Ferienhäuser ▶ **Klitmøller Sommerhusudlejning:** Ørhagevej 117, 7700 Klitmøller, Tel. 97 97 53 50, www.klitmoeller.dk. Lokaler Anbieter mit Ferienhäusern nicht nur in Klitmøller. **Feriepartner Thy:** Vesterhavsgade 44, 7700 Nørre Vorupør, Tel 97 93 80 22, www.feriepartner.dk/thy/. Großer lokaler Anbieter mit Häusern in allen Küstenorten von Thy.

Camping ▶ **Nystrup Camping:** Trøjborgvej 22, 7700 Klitmøller, Tel. 97 97 52 49, www.nystrupcampingklitmoller.dk. Großer, gut ausgestatteter 3-Sterne-Platz mit vielen Stellplätzen für die Wohnmobile der Surfer, die sich hier gern treffen. Auch gute Freizeitangebote und Hütten verschiedener Größe.

Eine Bitte: Stellen Sie Ihr Zelt ausschließlich auf den ausgewiesenen Campingplätzen auf! Gleiches gilt für das Parken von Wohnmobilen. Weil das wilde Campen in den letzten Jahren überhand genommen hat, reagieren Einheimische rund um die Surfermetropole Klitmøller mittlerweile allergisch.

Festung Hanstholm — Thema

190 000 m³ Beton, so zeigen akribisch geführte Unterlagen der Besatzer, ließen deutsche Truppen in und um Hanstholm in die Dünen setzen, geformt zu rund 600 Einzelbunkern und Geschützstellungen.

Die Einheimischen waren etwas verwundert, dass ab Mitte der 1930er-Jahre ihr Hanstholm bei deutschen »Kunstmalern« plötzlich so angesagt war. Ständig wuselten sie durch die Dünen und machten sorgfältige Geländeskizzen. Nach der Besetzung Dänemarks 1940 tauchten diese Skizzen wieder auf, als Grundlage für die Pläne der Festung Hanstholm, Teil des sogenannten Atlantikwalls.

Kern der ab Sommer 1941 einsatzbereiten Festung waren vier 38-Zentimeter-Kanonen, jede 650 t schwer. Zusammen mit Geschützen einer Schwesteranlage in Südnorwegen nahe der Stadt Kristiansand sollten sie die 120 km breite Skagerrak-Einfahrt und damit die Passage zwischen Nord- und Ostsee kontrollieren. Bis zu 800 kg schwere Granaten verschossen die Monster-Rohre, maximale Reichweite 55 km. Die ›sichere‹ Lücke in der Mitte wurde vermint. Um die Mega-Kanonen zu sichern, wurden insgesamt 350 Waffensysteme installiert, vom Flammenwerfer am Strand bis zu Flugabwehrgeschützen. Zu Spitzenzeiten lebten rund 4000 deutsche Soldaten und Zivilangestellte in Hanstholm. Ende 1943 inspizierte Feldmarschall Rommel, Sand- und Dünenspezialist der Wehrmacht, die Festung.

Hanstholm wurde für die Besatzer praktisch neu gebaut, u. a. entstand eine mehrere tausend Menschen fassende Fest- und Turnhalle, inzwischen Teil der Hanstholm-Halle mit ähnlicher Funktion. Die etwa 800 Einheimischen, die vorher im Ort lebten, wurden indes 1943 zwangsevakuiert, nur 500 kamen nach dem Krieg zurück. Und wozu das Ganze? Die Mammutkanonen erlebten nur ein paar Übungen, nie aber einen Gefechtseinsatz. In den 1960er-Jahren wurden sie verschrottet. Lediglich ein 38-Zentimeter-Rohr des Typs, der hier montiert war, ist vor dem Bunkermuseum zu sehen, ursprünglich für eine andere Stellung bei Blåvand vorgesehen. Auch die Bunker und Abwehrgeschütze mussten nie einen Angriff überstehen, allenfalls kamen sie zum Einsatz, wenn alliierte Flugzeuge über Hanstholm zu anderen Zielen im Hinterland unterwegs waren. 1944 ist der Abschuss eines US-Bombers dokumentiert.

Viele der alten Betonbauten sowie die Munitionsbahn, mit der in der Vergangenheit die großen Granaten zu den vier Megageschützen und heute Touristen durch das Gelände gefahren werden, sind in das **MuseumsCenter Hanstholm/Bunkermuseum** eingegangen. Dessen Mittelpunkt ist ein modernes Interpretationszentrum an den Hängen über Hafen und Skagerrak mit direktem Zugang zu einer Hauptgeschützstellung (Molevej 29, Tel. 97 96 17 36; www.museumscenterhanstholm.dk, Febr.–Okt. tgl. 10–16, Juni–Aug. 10–17 Uhr, 60 DKK/Erw., 25 DKK/ 7–14 Jahre; Munitionsbahn Ende April–Aug. und Woche 42, 20 DKK/Fahrt).

Einige der Bunker bildeten die Kulisse für eine der bekanntesten Folgen der in Ostdeutschland als Kult verehrten Filme um die Gauner-Chaoten Egon, Kjeld und Benny: »Die Olsenbande fährt nach Jütland«. Einen Location-Guide (»Olsenbandens Jyllands«) zu den Filmsets gibt es im Museum (mehr für Fans: www.olsenbande.com).

Nationalpark Thy

Essen & Trinken

Mediterrane Küche ▶ Restaurant Café Conrad: Ørhagevej 147, 7700 Klitmøller, Tel. 97 97 54 30. Viele italienische Gerichte, aber auch Tapas und dänische Einfüsse wie bei der Butterscholle mit Kartoffeln und Petersiliensauce, HG ab ca. 180 DKK.

Fischräucherei ▶ Klitmøller Røgeri: Ørhagevej 152, 7700 Klitmøller. Preiswert und deftig. Ein paar Bänke zum Sofort-Essen oder man nimmt sich etwas fürs Picknick mit.

Gekühltes Hawaii-Feeling ▶ Inside Cold Hawaii: Ørhagevej 150, 7700 Klitmøller. Gaby und Andre kommen aus dem Ruhrpott und hatten mit Surfen eigentlich nichts am Hut. Kontrastreicher kann da der Platz für eine neue Selbständigkeit kaum sein. Ihr Bistro mit Super-Hamburgern und gut gemachten Kaffeespezialitäten liegt mitten in ›Klitte‹ mit Blick auf die Surferbucht und mit Surfshops als Nachbarn.

Termine

Im Juli mehrere Strandfeste in den Küstenorten mit Musik, Tanz, kollektivem Essen und Trinken am Strand und gern mal mit einer Seerettungsübung: **Hawfest** in Klitmøller (komplettes 1. Juliwochenende), **Stenbjergdagen** am Stenbjerg Landingspalds (2. So im Juli), **Strandfest** in Nørre Vorupør (Wochenende Mitte Juli).

Hanstholm ▶ C 4

Hanstholm wirkt jung, weit entfernt von jeder Fischerdorfidylle. Und irgendwie sind die hässlichsten Bauten auch noch die größte Attraktion: Bunker der Festung Hanstholm aus dem Zweiten Weltkrieg, Teil des deutschen Atlantikwalls (Thema S. 186).

Was Hanstholm attraktiv macht, ist die Lage: Der größte Teil des Ortes thront auf einem hohen Plateau, Hanstholm Knuden, das schon aus dem Steinzeitmeer als Insel herausragte. Ganz oben wurde 1842 auf britischen Druck hin **Hanstholm Fyr** als erster Leuchtturm an der dänischen Nordseeküste gebaut; zuvor hatte es einige Havarien englischer Schiffe in der Region gegeben. Der Turm als solcher ist zwar eher klein, aber die Lage auf dem Plateau hebt sein Licht auf 65 m Höhe, so hoch wie bei keinem anderen Leuchtturm in Jütland. Zudem ist er eines der hellsten Leuchtfeuer der Welt – bis zu 50 km weit reicht der Lichtkegel (Tårnvej 21, tgl. von 8 Uhr bis Sonnenuntergang).

Vom Leuchtturm und einigen anderen Stellen am Westrand des Plateaus hat man einen grandiosen Blick auf den Hafen, die Küste und das Meer. Beliebte Plätze bei Sonnenuntergang sind der Parkplatz am Ende des Helshagevej und der urige Skulpturenpark **Havhaven,** Meergarten, am Roshagevej gleich neben dem **Hanstholm Kunstbygning,** das der rührige Kunstverein von Hanstholm in den Sommermonaten für Ausstellungen nutzt (Roshagevej 20, bei Ausstellungen tgl. 14–17 Uhr).

Der **Hafen** vor den steilen Kalkklippen wurde erst 1967 fertiggestellt und ist Heimat einer großen Fischereiflotte, weiterhin residiert hier Dänemarks nationales Forschungszentrum zur Wellenenergie (DanWEC, Nordre Strandvej, Termine für Führungen kennt das i-Büro). Für ›fortgeschrittene‹ Hobby-Angler laufen Kutter zum ›Gelben Riff‹ aus (S. 182). Was die Profis anlanden, sieht man an jedem Werktag ab etwa 7 Uhr auf Dänemarks derzeit größter Fischauktion. Oft kommen hier mehr als 100 t frisch gefangenen Fischs noch im wahrsten Sinne des Wortes unter den Hammer (Auktionsgade 11, 7730 Hanstholm, www.hanstholmfiskeauktion.dk; Zuschauen möglich) und erreicht von dort – Hanstholm ist stolz auf seine Logistik – binnen 24 Std. jeden Kunden in Europa, den Matjeshändler in Holland ebenso wie den Fischmarkt in Paris oder das Gourmetrestaurant in Berlin.

Vigsø Bugt und Bulbjerg ▶ D 4

Von Hanstholm nach Osten schwingt sich eine einsame Bucht bis zum nächsten Kap, dem Bulbjerg. An der Hanstholm zugewandten Seite der Vigsø Bugt fallen wieder etliche Bunker am Ufer auf, nur liegen die im Wasser, Zeichen für die Küstenerosion. Das 100-Einwohner-Dorf **Lild Strand** im Osten der Bucht ist einer der verbliebenen Landungsplätze für die traditionelle Strandfischerei.

Thy und Mors

Die Malerin war skurril, ihr Museum ist liebenswert: Kirsten Kjærs Museum

Das Dorf liegt unterhalb des 47 m hohen **Bulbjerg**, ›Grenzstein‹ zwischen Vigsø Bugt im Westen und der weiten Jammerbugt im Osten. Er zeigt zur Nordsee die beeindruckendste Klippenpartie von Thy, ein Refugium für viele Seevogelarten und deshalb Naturschutzgebiet. Auch auf seiner Spitze stehen wieder Bunkeranlagen.

Vejlerne ▶ D 4

Vejlerne, Reste eines im 19. Jh. abgedeichten, aber nie ganz trockengelegten Limfjordarms, bilden an der Ostgrenze von Thy ein gut 60 km² großes Vogelreservat. Das ist nur am Rande zugänglich, aber von nahezu luxuriösen Beobachtungshütten aus gut einzusehen, z. B. an den Dämmen östlich der **Tømmerby Kirke**, die für ihre romanischen Bildreliefs an der Apsis bekannt ist. Am Südrand der Vejlerne, direkt an der Hauptstraße [11], ist neben einem weiteren Beobachtungsplatz eine Ausstellung zur Natur der Vejlerne eingerichtet.

Weithin sichtbar überragen Windkraftanlagen die nahe Østerild Klitplantage: In Dänemarks nationalem Testcenter für Windkraft stehen Prototypen der jeweils nächsten Generation dieser Technik, Schautafeln erklären sie. Zugelassen sind sieben Anlagen jeweils bis 250 m Höhe (Parkplatz: Plantør Kroghs Vej, im Prinzip jederzeit zugänglich, Sperrungen bei Arbeiten).

Einen deutlichen kulturellen Akzent setzt das unkonventionelle **Kirsten Kjærs Museum** mit Kunstausstellungen – vornehmlich Gegenwartskunst – und Konzerten. Zur eigenen Sammlung zählen gut 300 Gemälde und Zeichnungen der Porträtmalerin Kirsten Kjær (1893–1985), die aus der Gegend stammt, aber vor allem in Kopenhagen als ›letzte Bohémienne‹ Furore machte (Langvedvej 64, 7741 Frøstrup, Tel. 97 99 10 52, www.kkmuseum.dk, Ostern–Okt. tgl. 10–17, sonst Sa, So 10–16 Uhr; Spende erbeten, Kaffee und Kuchen gibt's gratis; Besucher dürfen gerne auf dem Gelände picknicken).

Thisted

Infos
Thy Turistbureau: Tårnvej 21 (am Leuchtturm), 7730 Hanstholm, Tel. 97 92 19 00, www.visitthy.dk.

Übernachten, Essen & Trinken
Modern und sportlich ▶ **Montra Hotel Hanstholm:** Chr. Hansens Vej 2, Tel. 97 69 10 44, www.hotelhanstholm.dk (Small Danish Hotels, S. 86). DZ ab ca. 1000 DKK. Langgezogene Zimmertrakte, gute Fitnesseinrichtungen. Ins Restaurant kommen die Einheimischen, wenn es mal was Besseres sein soll; HG ab ca. 150 DKK, auch Menüs.

Einfach, authentisch, maritim ▶ **Havnehotellet Sømandshjemmet / Færgegrillen:** Kai Lindbergsgade 71/77, Tel. 97 96 07 07, www.faergegrillen.dk. Traditionsreiches Seemannsheim am Hafen mit einfachen, aber sauberen Doppel- (ca. 700 DKK) und Familienzimmern (ca. 975 DKK), besonders beliebt bei Hobby-Anglern (Tiefkühltruhen). ›Rezeption‹ und Frühstück (ca. 85 DKK) nebenan im Færgegrillen. Der bodenständige Imbiss serviert neben Klassikern wie Pølser, Burger und Fischfrikadellen auch sättigende dänische Küche als Tagesgericht (Mo–Fr ca. 60 DKK, Fr–So ca. 70 DKK).

Thisted ▶ C/D 5

Thisted kann als Siedlungsplatz auf eine Geschichte bis zur Steinzeit zurückblicken, bekam aber erst im 16. Jh. Stadtrechte. Heute ist es mit gut 13 000 Einwohnern Thys größte Stadt und wichtigster Shopping-Ort. Die Fußgängerzone über Storegade und Vestergade verbindet den Hafen mit dem Marktplatz **Store Torv,** auf dem freitags und samstags Bauern der Umgebung Markt abhalten, und der mittelalterlichen Kirche. In **Det Gamle Rådhus** – ein Bau mit schmucker Neo-Renaissancefassade aus dem späten 19. Jh. – residiert auch das i-Büro am Store Torv.

Großen Raum nimmt die Vor- und Frühgeschichte im Regionalmuseum **Thisted Museum** ein, zudem wird an den bekanntesten Sohn der Stadt erinnert, den Schriftsteller Jens Peter Jacobsen (1847–85). Sein literarisches Werk, das aufgrund seines frühen Todes nur aus den naturalistischen Romanen »Maria Grubbe« und »Niels Lyhne« sowie einigen wenigen Novellen und Gedichten besteht, macht ihn zu einem der wichtigsten europäischen Autoren seiner Epoche (Jernbanegade 4, Tel. 97 92 05 77, www.thistedmuseum.dk, Di–Fr 10–16, So 13–16 Uhr, Hochsaison auch Mo und Sa, 40 DKK/ab 18 Jahre).

Infos
Thy Turistbureau: Store Torv 6 (im alten Rathaus), 7700 Thisted, Tel. 97 92 19 00, www.visitthy.dk.

Übernachten
Gediegenes Ambiente ▶ **Hotel Thisted:** Frederiksgade 16, Tel. 97 92 52 00, www.hotelthisted.dk (Small Danish Hotels, S. 86). Zentral gelegenes Traditionshotel (DZ ab 895 DKK) mit klassisch-konservativem, französisch inspiriertem Restaurant (HG ab ca. 200 DKK, Menüs ab 300 DKK).

3-Sterne-Herberge an der Straße zur Nordsee ▶ **Danhostel Thisted:** Kongemøllevej 8, Skinnerup, Tel. 97 92 50 42, www.danhostelthisted.dk. 4 km nördlich des Zentrums; DZ oder 4-Bett-Zimmer ohne Bad ab ca. 400 DKK, mit Bad/WC ab ca. 500 DKK. Frühstück 50 DKK, Rabatt für Familien.

Essen & Trinken
Kleines Hafenbrauhaus mit Restaurant ▶ **Bryggen:** Sydhavnsvej 9, Tel. 97 92 30 90, www.bryggen.eu, tgl. ab 17 Uhr. Hier werden Steaks zum Kultobjekt – während man zugleich alles daran gibt, vor Ort das ultimative Bier dazu zu brauen! Auf jeden Fall mundet gleichermaßen, was vom Grill und aus den Kesseln kommt, Steaks ca. 120–240 DKK.

Aktiv
Bootstouren ▶ Im Sommer kreuzt zumindest ein **Oldtimerschiff** ab Thisted Havn über den Limfjord, oft mit Kinderprogramm oder zu romantischen Abendtörns. Sämtliche i-Büros in Thy haben Fahrpläne aufliegen

Thy und Mors

Tipp: Local Drinking – Thisted Bryghus

Ich unterstütze gern die Kleinen und im Vergleich zu Dänemarks Brauerei-Giganten Carlsberg ist Thisted Bryghus ein Winzling. Über 100 Jahre im Besitz lokaler Aktionäre überstand es jedoch alle Konzentrationsphasen auf dem Biermarkt in Unabhängigkeit und ist im ›primären Verbreitungsgebiet‹ – Thy, Hanherred, Mors – mit seinen Bieren in jedem Laden und so gut wie jedem Lokal vertreten. Aber auch im Rest des Königreichs punkten die Brauer aus Thisted mit diversen Sorten Økologisk Øl, deren Rohstoffe aus kontrolliertem Ökoanbau stammen, und mit exotischen Bierspezialitäten, darunter immer starke Oster- und Weihnachtsbiere (Påske- und Juleøl). Gern nutzen die Brauer alte Methoden, wie beim Steinøl: In die Maische werden 800 °C heiße Lavasteine gelegt, auf denen die Bierwürze karamellisiert. Später werden diese Steine in die Reifetanks gelegt und geben ihren Geschmack langsam wieder ab.

Mein Favorit ist das herbe Porse Guld mit dem wild wachsenden Gagel als Biergewürz, das einen besonders herben Geschmack ergibt. Die Blätter des kleinen, als Sumpfmyrte bekannten Strauches waren im Mittelalter auch in deutschen Landen als Biergewürz der armen Leute bekannt, ehe sich reiche Brauer mit dem Reinheitsgebot von 1516 den Markt sicherten, indem sie teuren Hopfen als allein selig machende Bieringredienz vorschrieben.

Im Thisted Bryghus wird der Gagel für die Jahresproduktion traditionell von den Mitarbeitern beim herbstlichen Betriebsausflug in den Dünen der Umgebung gesammelt und weil das Bier so erfolgreich ist, gibt es inzwischen immer mehrere dieser Betriebsausflüge pro Saison. Die jungen Blätter werden mit Alkohol aufgesetzt und nach einem Monat ist der Extrakt zum Brauen fertig (www.thisted-bryghus.dk).

und verkaufen Tickets (160–190 DKK/Erw., 120–150 DKK/Kinder).

Termine
Vilsund Marked: Das größte Volksfest in Thy; 3 Tage in der 2. Julihälfte mit Vieh- und Flohmarkt sowie mit viel Musik an der Vilsund-Brücke. Termine unter www.vilsund.dk.

Verkehr
Bahn: Regionalbahn- und IC-Strecke Thisted – Struer.
Bus: Thisted ist Knotenpunkt lokaler Linien in die Küstenorte, sowie X-Bus (S. 78) u. a. nach Aalborg, Nykøbing/Mors und Viborg.

Insel Mors ▶ C/D 5/6

Mors – seltener Morsø – ist mit gut 360 km² Dänemarks siebtgrößte Insel und mit etwas mehr als 20 000 Menschen – gut 9000 davon in der Inselhauptstadt Nykøbing – deutlich dichter besiedelt als das benachbarte Thy. Inselfeeling will auf Mors aber nie so recht aufkommen, dafür ist es an vielen Stellen dem umliegenden Land zu nah. Neben zwei Kurzfähren nach Thy (S. 192) sorgen eine moderne, 1730 m lange Brücke über den Sallingsund im Süden und die 400 m lange Klappbrücke aus den 1930er-Jahren über den Vilsund im Norden für so reibungslose Verbindungen, dass viele Reisende auf dem Weg nach Thy kaum merken, dass sie eine Insel überqueren.

Klippen von Mors
Die meisten der etwa 155 Küstenkilometer sind flache Ufer, oft reichen Felder und Wälder bis an den Limfjord, es gibt aber auch die Molererde-Klippen am 60 m hohen Kap **Hanklit**. Diese geologische Formation ist so außergewöhnlich, dass ein Anerkennungsverfahren als UNESCO-Welterbe eingeleitet ist.

An Hanklit erkennt man sehr gut die durch feine Aschelagen urzeitlicher Vulkanausbrüche deutlich gemachte Schichtung der Molererde – im Fachjargon Diatomeenschlamm.

Insel Mors

Ein zweiter Küstenabschnitt mit Molererde-Klippen sind die 25 m hohen **Feggeklit-Klippen** im Norden. Ansonsten informiert das **Móler Museet** über dieses geologische Phänomen. Es zeigt zudem Fossilien, die sich in der Molererde finden, die vor rund 55–60 Mio. Jahren im älteren Tertiär aus abgestorbenen Algen auf dem Grund eines Urmeeres entstand und während der Eiszeiten an die Oberfläche gepresst wurde (Skarrehagevej 8, Hesselbjerg, Tel. 97 75 17 16, Mai–Woche 42 Mo–Fr 10–16, Sa, So 12–16, Saison tgl. bis 17 Uhr, 70 DKK/ab 18 Jahre).

Um Feggeklit rankt sich auch ein berühmtes Kapitel der Weltliteratur: Der mittelalterliche Historiker Saxo schrieb im 12. Jh. in seiner ›Dänemarks Chronik‹ vom Prinzen Amlet aus Jütland, der seinen Onkel und Stiefvater Fegge umbrachte. Der hatte zuvor Amlets Vater getötet und dann dessen Witwe Gerut (Urform von Gertrude), Amlets Mutter, geheiratet. Die Burg, Schauplatz des historisch sonst nirgendwo belegten Dramas, soll auf Feggeklit gestanden haben und Fegge soll dort begraben sein. Wie Shakespeare an diesen Stoff als Vorlage für seinen Hamlet kam, ist umstritten: Vielleicht kannte er Saxos Text, auf jeden Fall aber eines der Plagiate, die damals kursierten.

Inselhauptstadt Nykøbing

Nykøbing liegt an einer Seitenbucht des Limfjord. Das älteste Haus im Ort ist das vom Johanniterorden im 14. Jh. erbaute Dueholm Kloster, heute Stammsitz des **Morslands Historiske Museum,** eines großen Regionalmuseums mit Abteilungen zur Geschichte und Kultur der Insel (Dueholmgade 7, Tel. 97 72 34 21, www.dueholmkloster.dk, Kernzeiten Mai–Woche 42 Mo–Fr 10–16, Sa, So 12–16 Uhr, sonst Mo geschl., Jan. nur Sa, So, 70 DKK/ab 18 Jahre). Außer diesem Klosterbau ist vom mittelalterlichen Nykøbing nichts erhalten. Die Stadt erlebte nach dem Einsetzen der Industrialisierung um die Mitte des 19. Jh. eine Boomzeit, vor allem dank einer florierenden Eisenindustrie, an die das Gießereimuseum, **Støberimuseet,** erinnert (Nørregade 13, Tel. 97 72 34 21, Juli/Aug. und Woche 42 tgl. 10–16 Uhr, 70 DKK/ab 18 Jahre).

Vor den Toren von Nykøbing liegt ein populäres Ausflugsziel für den ganzen Nordwesten des Landes: **Jesperhus Blomsterpark,** eine Mischung aus Ferienresort mit Ferienhäusern und Luxuscampingplatz, Freizeitpark, Gartenshow, Terrarium, Regenwaldhaus und Spaßbad (Legindvej 13, 7900 Nykøbing, Tel. 96 70 14 00, www.jesperhus.dk, Mai–Woche 42, Eintritt und Öffnungszeiten saisonabhängig, mindestens 10–17, im Juli bis 20 Uhr, ab 150 DKK, 120 DKK/3–11 Jahre; Spaßbad extra; Rabatte für Resortgäste).

Ein paar Kilometer südlich müht sich das zum mystischen Krimischloss mit Detektivspiel fürs Publikum aufgestylte **Højris Slot og Gods,** einen Teil der Besucherströme anzulocken (Højrisvej 3, Tel. 97 76 61 65, www.hojris.dk, Juli/Aug. und Woche 42 tgl. 10/11–17/18, sonst Mai–Okt. Sa, So 11–17 Uhr, 85–120 DKK/Erw., 45–85 DKK/Kinder).

Bauernland Mors

Auf Mors spielte der Adel nie eine wichtige Rolle, die Insel hatte immer einen sehr selbstständigen Bauernstand. Das belegt auch das volkskundliche Bauernhausmuseum **Skarregaard** ganz im Norden, nicht weit vom Móler Museet (S. 190; Feggesundvej 53, 7900 Sejerslev, Mai–Woche 42 tgl. mind. 12–16, Hochsaison 10–17 Uhr, 10 DKK/ab 18 Jahre).

Die technische Seite der Landwirtschaft beleuchtet das **Morsø Traktormuseum** (Kjeldgaardsvej 49, 7900 Ovtrup, www.traktormuseum.net, Hochsommer und Woche 42 So–Fr 10–17 Uhr, ansonsten ›auf gut Glück‹, 60 DKK/ab 12 Jahre, 25 DKK/5–11 Jahre).

Infos

Morsø Turistbureau: Havnen 4, 7900 Nykøbing Mors, Tel. 97 72 04 88, www.visitmors.dk.

Übernachten, Essen & Trinken

Maritime Romantik ▶ Pakhuset: Havnen, Tel. 97 72 33 00, www.phr.dk. Kleines Hotel in einem historischen Hafenspeicher; DZ ab 950 DKK. Restaurant HG ab ca. 120 DKK.

Thy und Mors

Tipp: Nostalgische Fährfahrten

Neun Fjordfähren verkehren im Bereich des Limfjord. Sie sind Transportmittel der Gegenwart, eine spannende Abwechslung für Kinder und ein Stück Nostalgie: Bis weit ins 20. Jh. hinein war der Inselcharakter Nordjütlands viel spürbarer, ohne Fähren ging nichts.

Erst ab den 1930er-Jahren entstanden Brücken, jene über den Sallingsund, die einzige feste Verbindung von Mors nach Süden, sogar erst 1978. Dort transportierten die beiden in der Bevölkerung geradezu legendären Fähren »Pinen«, die Pein, und »Plagen«, die Plage, in den 1970er-Jahren noch ca. 1 Mio. Menschen und etwa 500 000 Fahrzeuge im Jahr. Nur eine primitive Pontonbrücke bei Aalborg querte den Limfjord schon im 19. Jh., 1933 wurde sie durch eine Klappbrücke ersetzt und 1969 durch einen Autobahntunnel ergänzt. Bis 1935 kostete es noch Maut, die damals einzige Limfjordbrücke zu benutzen: 35 Øre für ein Auto, 15 Øre für einen Reiter mit Pferd und 5 Øre für jedes Stück Vieh.

Heute zahlt man für Fährpassagen ca. 30–70 DKK für einen Pkw, 10–20 DKK für einen Drahtesel, 10–20 DKK je Erwachsenen und bis zu 10 DKK für ein Kind.

Für einige Überfahrten zu Limfjordinseln wie Fur (S. 172), Venø (S. 174) – mit zwei Minuten Überfahrt die kürzeste im Land – oder Egholm (S. 229) – dorthin tuckert die kleinste Autofähre Dänemarks – gilt nach wie vor der ›Lebensnerv‹-Charakter, andere Linien wie die zwischen Agger und Thyborøn (S. 168) ganz im Westen oder zwischen Hals und Egense im Osten (S. 223) kann man mit einigen Extrakilometern auf Straßen bequem umfahren.

Das gilt auch für die Überfahrten am Feggesund und am Næssund zwischen Thy und Mors. Für die gibt es ein Touristenticket, wenn man beide Linien in eine Rundfahrt einbaut: 105 DKK für je eine Überfahrt mit Pkw inkl. Insassen. In den Sommermonaten pendeln die Fähren der Mors-Thy Færgefart mindestens von 8 bis 22 Uhr und im Winterhalbjahr bis 18.30 Uhr alle 20 Min. über ihre Sunde (Fahrzeit jeweils 5 Min.).

Zwar nur Passagier- und Fahrradfähre, aber gut für das maritime Gefühl ist der im Hochsommer zwischen Mors, der Insel Fur und dem Festland pendelnde ›Limfjord Bus‹ (s. Tipp S. 173).

Traditions-Kro ▶ **Sallingsund Færgekro:** Sallingsundvej 104, Tel. 97 72 00 88, www.sfkro.dk (Small Danish Hotels, S. 86). Traditionsreicher Kro am alten Fährübergang. DZ ab 650 DKK, viele Pakete, auch Hütten und Campingplatz. Im Restaurant bodenständige Küche, HG ab ca. 160 DKK; im Sommer viele Themenabende mit Buffet.

4-Sterne-Herberge am Fjord ▶ **Danhostel Nykøbing Mors:** Østerstrand, Tel. 97 72 06 17, www.danhostelmors.dk, März–Nov. Alle Zimmer mit Bad/WC, DZ ab ca. 500 DKK, 4-Bett-Familienzimmer ab 550 DKK.

Aktiv

Bootstouren ▶ Mehrmals pro Woche finden **Limfjord-Exkursionen** mit einem Oldtimerschiff statt, Tickets sind beim lokalen i-Büro erhältlich.

Radfahren ▶ Die 170 km lange **Solruten** um die Insel ist gut markiert. Das **i-Büro** vermietet Räder (auch E-Bikes) und bietet Rundfahrt-Pakete für Mors und Nordjütland inkl. Infomaterial, Unterkunft und Verpflegung.

Seakayaking/Kanufahren ▶ Das **i-Büro** (S. 191) vermietet meertaugliche Kanus und Kajaks für ein- oder mehrtägige Touren um die Insel mit Routenvorschlägen; ufernahe Lagerplätze sind vorhanden.

Termine

Skaldyrsfestival: Beim Schalentierfestival Anfang Juni am Hafen von Nykøbing stehen Muscheln, Hummer, Krebse meterweise auf Buffets und Ständen. Für das große Abendbuffet sind die Karten üblicherweise Monate vorher ausverkauft, Bestellung ab Anfang April auf www.skaldyrsfestival.dk.

Jammerbugten bis Skagen

Sandige Strände, Klippen, Dünen – die Küsten an Jammerbugten und Tannis Bugt sind abwechslungsreicher, als viele erwarten. Alte Städte gibt es im Hinterland, die Orte an der Küste wirken jung und vom Tourismus geprägt. Laut und schrill Løkken und Blokhus, geschäftig die Hafenstadt Hirtshals und über allem thronend Skagen: Dänemarks größter Fischereihafen und munterster wie mondänster Badeort.

Die Küstenlandschaft wechselt immer wieder von flachen Abschnitten bis zu fast 100 m hohen Steilküsten. Der Bulbjerg (S. 187) markiert die Südgrenze der Jammerbugt, nach Norden endet sie verwaltungsmäßig südlich von Løkken, geografisch südlich Hirtshals.

Mit der Steilküste Lønstrup Klint, über der sich die Wanderdüne Rubjerg Knude aufgetürmt hat, besitzt sie ein absolutes Highlight dänischer Landschaften. Je weiter man dann nach Norden reist, desto jünger ist das Land auf dem man steht (S. 16). Vielerorts trifft man auf Zeichen des Sandflugs, der die Landschaft vor einigen Jahrhunderten noch massiv prägte, heute aber unter Kontrolle ist, abgesehen von bewusst ungebändigten Ausnahmen wie der Wanderdüne Råbjerg Mile südlich von Skagen.

Hanherred

Hanherred ist einer jener historischen Landstriche mit ausgeprägter regionaler Identität der Lokalbevölkerung, die aus mittelalterlichen Gerichtskreisen entstanden sind, auf die moderne Verwaltungsgrenzen aber keine Rücksicht nehmen. Es ist inzwischen Teil der Großkommune Jammerbugten, die weit in das ebenso historische Vendsyssel reicht. Als Tourist merkt man's, weil die i-Büros des alten Hanherred in Fjerritslev und Brovst jetzt mit dem in Blokhus vereint sind.

Dabei wirkt Hanherred östlich von Bulbjerg und Vejlerne wie die landschaftliche Fortsetzung von Thy (S. 183): rau und einsam zur Nordsee, landwirtschaftlich gut genutztes Land mit Zeugnissen alter Kulturen zum Limfjord hin.

Fjerritslev und Brovst ▶ E/F 4

In Fjerritslev entstand im Jahr 1885 ein Brauhaus, in dem heute **Den gamle Bryggergård/Fjerritslev Bryggeri- og Egnsmuseum** residiert und über Bierherstellung sowie die Region in alten Tagen informiert (Østergade 1, Tel. 98 21 31 92, Mitte Juni–Aug. Mo–Sa 10–16.30 Uhr, 25 DKK/ab 14 Jahre). Vor dem nahen i-Büro symbolisiert eine große goldene Kugel die Sonne, Startpunkt des **Planetstien** durch unser Sonnensystem im Maßstab 1 : 1 000 000 000. Merkur, Venus, Erde und Mars stehen noch auf den ersten 250 m den Brøndumvej hinunter, der ferne Pluto fast 6 km entfernt in Tuchfühlung zur Nordsee am einsamen Grønnestrand. Dort trotzt Dänemarks einzige Lyngmølle, eine Heide-Windmühle, dem harschen Küstenklima. Über ein Gerüst aus Eichenholz zieht sich eine Schicht Heidekraut. Weiter im Westen ist der Torup Strand der aktuell meistgenutzte Landungsplatz von Vollzeit-Strandfischern (S. 198), während sich weiter östlich am Slettestrand der Verein Han Herred Havbåde dem Erhalt historisch wertvoller Strandkutter und -boote sowie der Pflege der alten

Jammerbugten bis Skagen

Bootsbautechniken verschrieben hat. Das **Havbådehuset** informiert über die Strand-Landungsplätze und ihre alte Küstenkultur, im ehemaligen Rettungshaus nebenan eröffnete 2010 eine Museumswerft für Reparaturen und Nachbauten nostalgischer Kutter (Han Herred Havbåde, Slettestrandvej 158, 9690 Fjerritslev, Juli–Mitte Aug. Ausstellung und Werft tgl. 10–16 Uhr, sonst Ausstellung nur Mo–Fr 10–15, Werft nur Di 14–16 Uhr).

In **Brovst** dient Gut Bratskov aus dem 16. Jh. als Veranstaltungsort für Ausstellungen und Events. In der Hauptsaison werden alte Handwerkstechniken demonstriert, und immer donnerstags am Vormittag füllen Mägde, Knechte, Burgfrauen und Gutsbesitzer in historischen Gewändern das Hauptgebäude – man bekommt einen Eindruck vom damaligen Leben in herrschaftlichem Ambiente. In einem Seitenflügel des Guts residiert das i-Büro.

Wikingerburg Aggersborg
▶ E 5

Wo sich der Limfjord am Aggersund zum schmalen Ostteil verengt, lag schon im 10. Jh. die **Aggersborg.** Es war die größte von fünf Ringburgen aus der Epoche, in der Harald Blåtand ein gesamtdänisches Reich formte. Der Durchmesser der heute durch einen rekonstruierten Erdwall angedeuteten Burg war mit 240 m doppelt so groß wie bei den anderen vier, z. B. bei Burg Fyrkat (S. 234). In der Aggersborg, so berechneten Historiker, konnten bis zu 5000 Menschen leben. Nachgewiesen sind 48 Langhäuser von je 32,5 m Länge, präzise gebaut wie Reihenhäuser – es war unzweifelhaft eine sorgfältig geplante militärische Anlage. Eine Ausstellung in einem Nebengebäude der angrenzenden Kirche informiert über die Burg und ihre Zeit (April–Okt., gratis).

Infos
Jammerbugt Turistbureau: www.visitjammerbugten.dk. Ganzjährig geöffnet nur Blokhus (S. 195), Mitte Juni–Mitte Aug. Fjerritslev, Vestergade 16, 9690 Fjerritslev und Brovst, Fredensdal 8, 9460 Brovst.

Tipp: Zeitlos schön – das Svinkløv Badehotel

Ein Relikt aus der Epoche mit mondänem Badeleben in den 1920er-Jahren ist das Svinkløv Badehotel unterhalb des Svinkløv Plateau. Hier ergänzen sich die Lage mitten in einem Naturschutzgebiet und eine zeitlos schöne Atmosphäre. Die Zimmer in Dänemarks größtem Holzhaus sind geschmackvoll eingerichtet, aber zum Teil spartanisch.

Wer hier in der Saison wohnen will, muss lange vorausbuchen. Die meisten Gäste reservieren bei Abreise fürs nächste Jahr, neue Kunden können frühestens elf Monate vor dem gewünschten Termin buchen. Aufgrund der vielen, langen Vorausbuchungen kommt es aber immer mal wieder zu Abbestellungen, dann sind kurzfristig Zimmer frei. Auf jeden Fall sollte man das Svinkløv Badehotel einmal erlebt haben, wenigstens zum Kaffeetrinken im blauen oder zum Dinner im gelben Salon, dem Sonnenuntergangszimmer mit Fenstern nach Westen. Zum Frokost gibt es traditionelle Kleinigkeiten, abends kann man aus Menüs wählen wie 3-Gänge-›Havfrisk‹ – meerfrisch – mit Fisch für ca. 435 DKK.
Svinkløv Badehotel: Svinkløvvej 593, 9690 Fjerritslev, Tel. 98 21 70 02, www.svinkloevbadehotel.dk (▶ B 4), Mitte April–Anfang Okt., DZ nur Waschbecken ca. 1300–1600 DKK, mit Bad/WC ca. 1650–2200 DKK, Rabatt ab 3. Tag, keine Kreditkarten!

Übernachten
Komfortables Schlosshotel ▶ **Kokkedal Slot:** Kokkedalsvej 17, 9460 Brovst (ca. 5 km südwestl.), Tel. 98 23 36 22, www.slotshotel.dk. Auf einem Gut aus dem 16. Jh. DZ So–Fr ab 650 DKK, Sa, So ab 850 DKK, Frühstück optional 125 DKK/Pers.; viele Paketangebote; auch Ferienwohnungen.

Camping mit Wellnesscenter und Spaßbad ▶ **Klim Strand Camping:** Klim Strand, 9690 Klim Strand, Tel. 98 22 53 40, www.klimstrand.dk (Top Camp, S. 87). Ganzjährig geöffnet, am Meer und mit allem, was das

Camperherz begehrt, Stellplätze zum Teil mit 180 m² Fläche; verschiedenste Hütten.
3-Sterne-Camping mit Meerblick ▶ Svinkløv Camping: Svinkløvvej 541, 9690 Fjerritslev, Tel. 98 21 71 80, www.svinkloevcamping.dk. Auf dem Svinkløv-Plateau, einige Plätze offen zum Meer, viele windgeschützt im Strandwald. Hütten von ›basic‹ bis Luxus.

Essen & Trinken
Sehr, sehr dänisch ▶ Gjøl Kro: Fjordgade 18, 9440 Gjøl (12 km südöstl. Brovst), Tel. 98 27 70 14, www.gjoelkro.dk. Traditions-Kro am Limfjordhafen von Gjøl. Spezialität: Gebratener Aal mit ›flødestuvede‹ – in Sahne gekochten Kartoffeln, HG ca. 100–210 DKK.

Blokhus ▶ F 3

Blokhus ist fast das ganze Jahr über ein munterer Badeort und markiert das Südende des ›massentouristischen‹ Abschnitts der Jammerbugt. Mitten durch den Ort mit seinen Lokalen und Boutiquen quält sich der Verkehr zu jener Klamm in den Dünen, durch die man auf den Strand fährt. Pittoresk liegen südlich der Zufahrt kleine weiße Strandhütten, überragt von der großen, rostrot bemalten Bake. Die ist eine 2006 aufgestellte Rekonstruktion eines alten Seezeichens von 1864, das deutsche Truppen während der Besatzungszeit zerstört hatten.

Der meistbefahrene Strandabschnitt der dänischen Küste sind die rund 15 km zwischen Blokhus und Løkken im Norden. Der bei Niedrigwasser bis 100 m breite, durchgängig harte Strand – sogar für's Radfahren geeignet – ist zudem ein populäres Revier für Strandsegler und Kite-Buggy-Fahrer.

Hinterland

Das Hinterland der Jammerbugt ist eine Hochburg spätgotischer Kalkmalerei (S. 54) in den Landkirchen. Großflächig sind die Deckengewölbe der **Jetsmark Kirke** am Südrand von Pandrup bemalt, die **Saltum Kirke** nördlich des gleichnamigen Ortes ist für einen üppig ausgeschmückten Stammbaum Jesu bekannt, und in der **Vrå Kirke** spiegelt eine Szene im Chor etwas von Sitte und Moral der Zeit wider: Ein alter Mann liegt auf dem Sterbebett, um die Seele streiten ein Engel und der Teufel, während sich die junge Witwe schon mit ihrem Liebhaber verlustiert und beide in der geerbten Goldkiste wühlen. Gerade in besseren Kreisen waren Zweckehen zwischen sehr jungen Frauen und deutlich älteren Männern gang und gäbe, und dass die Frau einen altersgemäßen Galan hatte, war mehr oder minder akzeptiert.

Kids aller Altersstufen dürften mit einer benachbarten Sehenswürdigkeit jedoch eher zu begeistern sein als mit Kirchen: **Fårup Aquapark & Sommerland,** der älteste und meistbesuchte Freizeitpark seiner Art in Dänemark mit rund 50 Attraktionen, darunter ein großes Open-Air-Spaßbad, ein gigantischer Rafting-Fluss und ein See mit Speedbooten (Pirupvej 147, 9493 Saltum, 7 km nordöstl. Blokhus, Tel. 98 88 16 00, www.faarupsommerland.dk; wechselnde Öffnungszeiten: Ende April–Mitte Sept., aber nur Mitte Juni–Mitte Aug. tgl., Kernzeit 10–17, je nach Saison und Wochentag bis maximal 20.30 Uhr, 205–230 DKK/ 3–64 Jahre, 165–185 DKK/ab 65 Jahre, nächster Tag 150 DKK).

Infos
Jammerbugt Turistbureau Blokhus: Strandvej 5b, 9492 Blokhus, Tel. 72 57 89 70, www.visitjammerbugten.dk.

Übernachten
Feriencenter mit Wohnblockatmosphäre und Hotelstatus ▶ Feriecenter Nordsøen: Høkervej 5, Tel. 98 24 93 33, www.feriecenternord.dk, Vermietung in D vor allem durch www.danland.de. Bausünde der 1970er-Jahre in Top-Lage in den Dünen direkt am Ort mit Restaurant, Hallenbad, Fitness- und Wellness-Center. Die kleinsten Wohnungen sind für mehr als zwei Erwachsene kaum zu empfehlen. Stark variierende Tagespreise je nach Saison, Größe und Mietzeit.

4-Sterne-Herberge im Hinterland ▶ Danhostel Blokhus-Hune: Kiekvej 26, 9480 Blokhus-Hune (ca. 3 km landeinwärts), Tel.

Jammerbugten bis Skagen

98 24 91 80, www.danhostel.dk/blokhus. Modern ausgestattete Doppel- (430–530 DKK) und 4-Bett-Zimmer (480–580 DKK).
5-Sterne-Camping neben Fårup Sommerland ▶ **Jambo Vesterhav Camping:** Solvejen 60, 9493 Saltum, Tel. 98 88 16 66, www.jambo.dk. Großes Angebot für Kinder. Hütten verschiedenen Standards.
Ferienhäuser von lokalen Vermittlern ▶ **Ferienpartner Jammerbugten:** Aalborgvej 17, 9492 Blokhus, Tel. 96 18 02 00, www.feriepartner.dk/jammerbugten/. Der Jammerbugt-Vertreter des größten Zusammenschlusses lokaler Ferienhaus-Vermittler im Lande.

Essen & Trinken

Kulinarische Perle im Moor ▶ **Luneborg Kro:** Luneborgvej 310, 9382 Tylstrup, Tel. 98 26 51 00, www.luneborg.dk. Gourmet-Kro mit dänischer Spitzenküche im Store Vildmose. Im Sommer tgl. Frokost, sonst nur Sa, So, abends immer. HG ab ca. 200 DKK, Menüs ca. 400–500 DKK; im Herbst und in der Vorweihnachtszeit regelmäßig Wildbuffets. Außerdem wenige DZ ab 795 DKK.

Aktiv

Strand ▶ Scheinbar endloser Sandstand in beide Richtungen von **Blokhus.** Für Autos befahrbar nach Norden ca. 15 km, nach Süden ca. 7 km, Rettungswacht direkt vor Blokhus.

Løkken und Umland ▶ F 3

Løkken ist eine Tourismushochburg mit Campingplätzen, Ferienhäusern und Ferienparks. Viele Gäste kommen aus anderen skandinavischen Ländern, und oft merkt man, dass sie

Scheinbar unendlich: die ›Weiße Stadt‹ am Strand von Løkken

Løkken und Umland

die im Vergleich zu ihren Heimatländern in Dänemark niedrigeren Alkoholpreise zu schätzen wissen. Die Stadt ist – vorsichtig ausgedrückt – ›quirlig‹.

Aber trotz all dem Halligalli hat Løkken auch Charme und idyllische Ecken. Da zieht sich vor den Dünen die ›Weiße Stadt‹ entlang, lange Reihen weiß gestrichener Strandhäuser – 485 sind von den Behörden zugelassen und dürfen von Mai bis September auf dem Strand stehen, aber nicht für Übernachtungen genutzt werden. Da wird neben der Mole noch traditionelle Strandfischerei betrieben. Da breitet sich ein paar Schritte landeinwärts das alte Fischerviertel aus. Markant ragt der runde Wasserturm aus den Dünen heraus, ebenso eine traditionelle Bake und ein Signalmast, von dem früher den heimkehrenden Booten die Strömungsverhältnisse am Ufer signalisiert wurden. In der alten Rettungsbootstation, wenige Meter nördlich der Mole, befasst sich das **Kystfiskerimuseet** mit der Fischerei (Nørdre Strandvej). Es ist eine Abteilung des **Løkken Museum,** das selbst im Johanne Grønbechs Hus zu Hause ist, einem kulturhistorischen Stadtmuseum, in dem u. a. über den Schutenhandel informiert wird (Nørregade 12, Tel. 98 99 64 54, Juni–Aug. und Woche 42 Mo–Fr 13–16 Uhr).

Børglum und Nørre Lyngby
▶ F 3

Östlich von Løkken, an der Landstraße nach Vrå, liegt **Børglum Kloster.** Ursprünglich ein Königshof der späten Wikingerzeit, wurde es im 12. Jh. Kloster und bald auch Bischofssitz. Hier residierte als letzter Purpurträger vor der Reformation Stygge Krumpen, wohl eher Despot und Weiberheld als ein Diener Gottes – kein Nonnenkleid soll vor ihm sicher gewesen sein. Entsprechend störte es auch niemanden, als Børglum mit der Reformation in weltlichen Besitz kam. Mitte des 18. Jh. wurden die Gebäude im Stil des Barock umgebaut. Auffällig ist nach wie vor die mächtige Klosterkirche, deren älteste Teile aus der romanischen Epoche stammen. Einzelne Bereiche des Klosters und die Kirche können besichtigt werden, es gibt permanente Ausstellungen zur Klostergeschichte, regelmäßige Wechselausstellungen zu Volkskunde, Kunst oder Geschichte, und in einem Wirtschaftstrakt der Anlage ist eine Kutschensammlung untergebracht (Børglum Klostervej 255, 9760 Vraa, Tel. 98 99 40 11, www.boerglumkloster.dk, April Do–So, Mai–Woche 42 tgl. 10–17 Uhr, 85 DKK, 25 DKK/7–16 Jahre, Zuschläge bei Sonderausstellungen).

Nördlich von Løkken hebt sich das Land hinter dem Vorstrand immer höher: statt Dünen nun Steilklippen aus Ton und Sand, zerklüftet und instabil. Wenige Treppen erlauben den Wechsel zwischen Strand und Land, durch die Hänge zu klettern ist lebensgefährlich. **Nørre Lyngby** hängt über dem Steilhang, immer wieder stürzen Teile des Dorfes in die Tiefe, hier mal ein Stück Straße, dort ein Haus. Paraglider lieben indes die Thermik vor den Klippen, bei schönem Wetter bringen sie Farbtupfer in den Himmel über der Küste.

Infos
Løkken Turistbureau: Møstingsvej 3, 9480 Løkken, Tel. 98 99 10 09, www.loekken.dk.

Übernachten
Løkken ist eine Campingstadt mit einem halben Dutzend Plätzen im Ort und im Umland, außerdem gibt es viele Ferienhäuser. Ein stadtnaher Ferienpark mit 400 Wohneinheiten und großem Badeland scheiterte an der Finanzkrise 2008/09, die knapp 100 fertigen Häuser werden über lokale wie überregionale Ferienhausvermittler vermarktet. Das **i-Büro** vermittelt zudem Privatzimmer, Hotels sind Mangelware.

Camping stadt- und strandnah ▶ **Løkken By Camping:** Søndergade 69, 9480 Løkken, Tel. 98 99 17 67, www.loekkenbycamping.dk. Gute Familieneinrichtungen, viele Hütten mit/ohne Bad/WC.

3-Sterne-Naturplatz direkt hinter dem Strand ▶ **Løkken Strand Camping:** Furreby Kirkevej 97, 9480 Løkken, Tel. 98 99 18 04, www.loekkencamping.dk. Ca. 1,5 km nördlich der Stadt. Nur einfache Hütten.

Jammerbugten bis Skagen

Der Strand als Hafen — Thema

Nordjütland hat wunderbare Strände, aber Häfen sind rar. Fischer können einen der jungen Nordseehäfen wie Hanstholm oder Hirtshals als Standort wählen oder die althergebrachte Strandfischerei betreiben.

Die Kutter werden zu diesem Zweck mal von Winden an Stahlseilen, mal von kräftigen Treckern aufs Land bzw. ins Meer gezogen oder geschoben. Nørre Vorupør, wo in den 1940er-Jahren die erste motorgetriebene Winde an der Westküste zum Einsatz kam, Lild Strand mit nur wenigen Booten, Torup Strand mit den derzeit meisten aktiven Fischern und Løkken haben Landeplätze, an denen man große Kutter sehen kann. Kleine, offene Boote sind in Stenbjerg, Klitmøller und Lønstrup im Einsatz und in Slettestrand pflegt eine Museumswerft alte Boote und alte Bootsbautechniken (S. 194).

Wer Glück hat, kann bei Skippern frischen Fisch direkt vom Kutter kaufen, sobald der wieder Strand unter dem Kiel hat. In ganz alten Tagen lagen neben den Fischerbooten noch flache Lastkähne, mit denen reger Schutenhandel über das Skagerrak nach Norwegen betrieben wurde. Ab Mitte des 17. Jh. bis Anfang des 19. Jh. florierte dieser für die Dänen einträgliche Handel: Die Skipper kauften auf eigene Rechnung landwirtschaftliche Produkte in Jütland, segelten damit nach Norwegen und kamen mit Holz, Granit, Kalk oder Eisen in den Laderäumen zurück. Und die Norweger – deren Heimat damals dänische Kolonie war – mussten teuer für oft minderwertige Waren zahlen: Monopolgesetze erlaubten ausschließlich den Handel mit Dänen. In mehreren Museen entlang der Küste werden Strandfischerei und Schutenhandel dokumentiert.

Ab durch die Wellen: Strandfischer am Stenbjerg Landingsplads

Tipp: 24-Stunden-Netzkarte für Bus und Bahn

Für Nordjütland gibt es in den Sommermonaten den **NT travel pass** (24 Std. 150 DKK, 75 DKK/bis 16 und ab 65 Jahre, 72 Std. 250/125 DKK; pro Erw. 2 Kinder bis 12 Jahre gratis). Die Tickets gelten auch auf Touristen-Routen, die im Sommer befahren werden, wie der Linie 99 zwischen Blokhus und Skagen mit Stopps an allen wichtigen Stränden und Attraktionen, der Linie 89 von Blokhus nach Frederikshavn durchs Binnenland sowie Schnellbussen der Linie 200 zwischen Blokhus und Aalborg via Fårup Sommerland. Details: www.nordjyllandstrafikselskab.dk.

Ferienhäuser in der Region ▶ **Løkken Feriehusudlejning:** www.feriehus.loekken.dk, ist die Vermittlung des i-Büros (S. 197).

Essen, Abends & Nachts

In Løkken blüht mit der Sommersonne des Tages das Fieber der Nacht auf. Von Ende Juni bis August pulsiert zwischen Zentrum und Strand das Leben mit Restaurants, Kneipen, Imbiss- und Burgerbuden, Cafés und Discos – einige haben dann bis zum frühen Morgen geöffnet. Außerhalb der Saison ist es ruhiger, viele Lokale machen in den Wintermonaten ganz zu. Dabei ist die Gastro-Szene der Stadt schnelllebig, Namen und Konzepte halten oft nur eine Saison, mit Ausnahmen:
Musikkneipe mit solider Küche ▶ **Peder Baadsmand:** Sdr. Strandvej 4, Tel. 98 99 13 87, www.peterbaadsmand.dk. Musikkneipe mit Mini-Bühne für Folk bis Rock und gutem Bier ›hvor de voksne mødes‹ – wo die Erwachsenen hingehen. Vor der Tür sitzt man wunderbar am Übergang von der Innenstadt zum Strand, mittags bei preiswerten Frokost-Klassikern, abends bei Menüs ab 250 DKK mit Fisch, Filet oder Schnitzel.
Für alle Sinne ▶ **Galleri Munken:** Munkensvej 11, Ingstrup (3,5 km südl. nahe Straße [55]), Tel. 98 88 39 01, www.gallerimunken.dk, Ostern–Nov. nur Sa, So, Juli–Aug. Mi–So 11–17 Uhr. Kunstgalerie mit wechselnden Ausstellungen, Jazzclub mit regelmäßigen Konzerten, auch Lesungen und andere Kulturveranstaltungen. Kaffeespezialitäten immer zu den Öffnungszeiten, in der Saison zum Frokost auch kleine Leckereien.

Einkaufen, Aktiv

Steinmetzarbeiten/-kurse ▶ Den gelernten Steinmetz und Restaurator **Klaus Unger** zog es 1985 aus dem Westfälischen ins Vendsyssel, wo er sich als Bildhauer etablierte. In seinem Atelier in Nørre Lyngby verkauft er seine Werke, bietet aber auch regelmäßig Ferienkurse zur Kunst der Steinbearbeitung an (Lyngby Torp 84, 9480 Lyngby, Tel. 98 99 61 18, www.klaus-unger.dk).

Aktiv

Angeln ▶ Viele Angler werfen an der **Mole von Løkken** ihre Rute aus.
Baden im Meer/Strände ▶ Direkt vor **Løkken** bewachter, autofreier Sandstrand, südlich und nördlich sind Autos erlaubt.

3 Lønstrup Klint ▶ F 2

Kaum irgendwo sonst zeigt sich Dänemarks Nordseeküste so rau, so archaisch, so spektakulär wie an der Steilküste Lønstrup Klint mit ihrem Höhepunkt **Rubjerg Knude**. Hier hat sich eine Wanderdüne über den Klippen gebildet. Bläst ein kräftiger Wind aufs Land, also die meiste Zeit, ist das ganze Bild von einem Sandschleier verhangen, und man erkennt kaum, dass in dieser flüchtigen Landschaft der Leuchtturm **Rubjerg Knude Fyr** der Natur zu trotzen versucht. Als er Weihnachten 1900 erstmals auf die Nordsee strahlte, überragte er um 23 m jene Klippen, die hinter dem Strand gut 50 m aufragen.

Keine 70 Jahre später hatte sich Sand, von Regen und Wind aus den steilen Hängen herauserodiert, zwischen Meer und Leuchtturm zu einer fast 50 m hohen Düne aufgetürmt. Der Lichtstrahl erreichte die See nicht mehr. Im August 1968 wurde Rubjerg Knude Fyr für immer abgeschaltet, in das Leuchtturmwär-

Jammerbugten bis Skagen

terhaus zog ein **Flugsandmuseum**. Nach jeder Saison fragten sich seine Macher: Können wir im nächsten Frühjahr wieder öffnen? 2002 lautete die Antwort nein. Das Museum fiel seinem Thema zum Opfer und ist ins Hinterland auf den Strandfogedgården, den alten Hof des Strandvogtes von Rubjerg, ausgewichen (Langelinie 2, 9480 Rubjerg, Tel. 98 96 01 60, www.rubjergknude.dk, 2 km südlich der Zufahrt zum Leuchtturm, Juli tgl. 11–17 Uhr, 40 DKK/ab 18 Jahre).

Der Sand schob sich über alle Nebengebäude und füllte sie durch die vorher sicherheitshalber abgedeckten Dächer, ohne gefährliche Hohlräume entstehen zu lassen. Nur der Leuchtturm selbst behauptet sich. Fast scheint es, als fege der Wind so um die Mauern, dass der viereckige Klotz eher frei- als zugeweht wird. Er hat sogar wieder Sichtkontakt zum Meer, aber das ist kein gutes Zeichen: Die Klippenkante kommt durch Abbrüche näher und näher. Man darf langsam wetten: Lässt sich der Turm noch vom Sand unterkriegen oder stürzt er vorher ins Meer?

Mårup Kirke

Die Mårup Kirke etwas weiter nördlich wurde Ende 2008 Opfer der Küstenerosion. Zwar ließ man sie nicht abstürzen, baute sie jedoch zur Sicherheit schon einmal bis auf ca. 2 m Höhe ab. Jeder Stein wurde registriert für einen späteren Wiederaufbau – wo ist noch offen. Die restlichen Mauern werden im Takt der Erosion entfernt, immer so viel, dass der Abstand zur Klippenkante nie kleiner als 6 m wird – so bleibt immer weniger von der Kirche und spätestens gegen Ende dieses Jahrzehnts dürfte nichts mehr übrig sein – vor rund 200 Jahren lag die ganze Kirche noch etwa 500 m von der Abbruchkante entfernt.

Die Archäologen, die den Abbau begleiteten, datieren den Ursprung der Kirche aufgrund der neu gewonnen Erkenntnisse jetzt auf etwa das Jahr 1200. Die Kirchengemeinde bekam schon 1928 einen Neubau in Lønstrup, dort kamen auch Teile des Inventars der alten Kirche unter.

Vor dem geordneten Abbau gab es einen langen Streit zwischen der Naturschutzbehörde und interessierten Laien: Die einen wollten die Kirche einfach ihrem Schicksal überlassen, einige wollten sie sogar abreißen und in einem ›Hügelgrab‹ begraben, andere favorisierten die jetzige Lösung. Nur eines war klar: In den Erosionsprozess an den unter Naturschutz stehenden Klippen wird nicht eingegriffen. Wenn Herbststürme die Nordsee gegen die Küste peitschen, beißt diese sich immer weiter Stücke vom Land ab. Es scheint geradezu, als wolle sich das Meer die sterblichen Reste derer holen, die es schon einmal in seinen Fängen hatte: Hinter der Mårup Kirke liegt der Anker der britischen Fregatte »The Crescent«, die in den Adventstagen 1808 vor Lønstrup strandete, wobei über

Lønstrup Klint

Vom Sand begraben: der Leuchtturm von Rubjerg Knude

200 Menschen in den Tod gerissen wurden. Die meisten fanden ihre vermeintlich letzte Ruhe auf dem Friedhof, den das Meer jetzt wegknabbert. Fallen durch Abbrüche Skelettteile auf den Strand, werden sie in Lønstrup auf dem Kirchhof wieder bestattet.

Lønstrup und Skallerup

Das Dorf **Lønstrup**, das nach einer Überschwemmungskatastrophe 1877 mit Blick auf den damals beginnenden Tourismus wieder aufgebaut worden ist, hat etwas vom mondänen Charme früherer Tage bewahren können. Bleibt nur zu hoffen, dass irgendwann der Autoverkehr aus den engen Gassen mit netten Cafés und Kunsthandwerkershops verbannt wird und das Zentrum Fußgängern vorbehalten bleibt.

Weit sind die Wege nicht. Lønstrup zwängt sich zwischen hohe, alte Dünen, fast wie in eine Schlucht, und besitzt nur einen bescheidenen, von Buhnen geschützten Vorstrand. Ein kleiner Landeplatz, den noch ein paar Nebenerwerbsfischer nutzen, liegt fotogen vor einer alten Rettungsstation.

Bald nördlich von Lønstrup endet die Steilküste, der Strand wird ›badefreundlicher‹, und ein großes Ferienhausgebiet füllt das Gelände in und hinter den Dünen. Das **Skallerup Klit Feriecenter** 4 km nördlich von Lønstrup hat eine ungewöhnliche Geschichte: Schon in den 1930er-Jahren gab es Bemü-

Jammerbugten bis Skagen

hungen, hier den Tourismus anzukurbeln. Als nach dem Zweiten Weltkrieg die Alliierten von Dänemark die Bereitstellung größerer Lagerkapazitäten für deutsche Flüchtlinge forderten, witterten die Leute, die sich in der Region für den Tourismus engagierten, ihre Chance: Sie machten sich für ein Flüchtlingslager stark unter der Prämisse, die Unterkünfte anschließend für einen Ferienpark nutzen zu können. So stellte das Flüchtlingswerk 150 aus Schweden importierte Waldarbeiterhütten für etwa 2400 deutsche Flüchtlinge auf. Das Lager bestand ab Oktober 1946 nur ein Jahr, dann folgte der Umbau, 1949 kamen erste Urlauber. Eine einzige Originalhütte ist erhalten und heute Museum, zur Hälfte als Lagerhütte, zur Hälfte im Stil der ersten Ferienhäuser eingerichtet.

Infos
Lønstrup Turistbureau: Strandvejen 90, 9800 Lønstrup, Tel. 96 25 22 20, www.loenstrup.dk. Auch Vermittlung von **Ferienhäusern und Privatzimmern**.

Übernachten
Im Stil eines alten Badehotels ▶ Hotel Marinella: Strandvejen 94, 9800 Lønstrup, Tel. 98 96 07 00, www.hotel-marinella.dk. Romantisch umgebauter alter Kaufmannshof mitten in Lønstrup, im Sommer Frühstück im Innenhof. DZ ca. 675–1200 DKK.
Vom Flüchtlingslager zum Ferienpark ▶ Skallerup Klit Feriecenter: 9800 Sønderlev, Tel. 99 24 84 00, www.skallerup.dk. Frei stehende Häuser; Miete außer im Juli (Wechseltag Fr!) auch tageweise. Breit gefächertes Freizeitangebot, u. a. Spaßbad und Reiterhof.

Essen & Trinken
Grandiose Aussichten ▶ Restaurant Villa Vest: Strandvejen 138, 9800 Lønstrup, Tel. 98 96 05 66, www.villavest.dk (nur Sommer tgl., Ostern–Juni ausgewählte Tage). Die Aussicht aufs Meer und die bombastischen Sonnenuntergänge sind hinter den Fenstern der Villa Vest traumhaft, das Essen – viel Fisch – erfüllt höchste Ansprüche. Das alles hat seinen Preis: 3- bis 5-Gänge Menüs ab ca. 530 DKK, passendes Weinmenü ab 400 DKK. Preiswerter ist die Dependance **Café Havblik** gleich gegenüber mit Dänemarks spektakulärsten Open-Air-Sitzplätzen hoch über dem Meer (Tel. 98 96 07 98).

Aktiv
Strände ▶ Sandstrand zwischen und hinter Wellenbrechern direkt vor **Lønstrup,** ab Skallerup nach Norden Strand bis südlich Hirtshals, Zufahrten bei Nørlev Strand und Tornby Strand, aber nicht durchgängig befahrbar.

Verkehr
Bus: Lokalbus nach Hjørring und Touristenbus Route 99 (Skagen–Blokhus).

Hjørring ▶ G 2

Hjørring, die Hauptstadt des Vendsyssel im Hinterland, besitzt schon seit 1243 Stadtrechte. Drei Kirchen aus romanischer Zeit in unmittelbarer Nachbarschaft zueinander zeugen von früher Größe. Mehrere Gebäude in der Umgebung der Kirchen, darunter die alte Probstei, sind von **Vendsyssels Historisk Museum** belegt, einem wichtigen Regionalmuseum mit bekanntem Kräutergarten im Stil des 17. Jh. (Museumsgade 3, Tel. 98 92 06 77, www.vhm.dk, Mitte Juni–Aug. tgl., sonst Di–Fr 11–16 Uhr, 50 DKK/ab 18 Jahre).

Das moderne Hjørring zeigt sich am **P. Nørskjærs Plads,** an dem auch das **Vendsyssel Kunstmuseum** in einer ehemaligen Textilfabrik eine Heimat gefunden hat (Tel. 98 92 41 33, www.vkm.dk, Juni–Aug. tgl., sonst Di–So 11–16 Uhr, 50 DKK/ab 18 Jahre). Den Platz gestaltete Bjørn Nørgaard (geb. 1947), ein exzentrischer und lange Zeit umstrittener, inzwischen aber anerkannter Multikünstler mit der Neigung zu großen Projekten: Hier ist es ein Wasserspiel, an dem meterhohe Figuren, afrikanischer Kunst nachempfunden, auf Szenen aus der nordischen Mythologie treffen. Die ›Skulpturendichte‹ ist in Hjørrings Straßen außergewöhnlich hoch, das i-Büro hält einen Führer zu den Kunstwerken bereit.

Infos

Hjørring Turistservice: Østergade 30 (im Shoppingcenter Metropol), 9800 Hjørring, Tel. 72 33 48 78, www.visithjoerring.dk.

Übernachten

Moderne 4-Sterne-Herberge ▶ Danhostel Hjørring: Thomas Morildsvej 11, Tel. 98 92 67 00, www.danhostelhjoerring.dk. DZ ca. 470–520 DKK, 4-Bett-Zimmer ca. 660–730 DKK, funktionell eingerichtet, alle mit Bad/WC.

Termine

Vendsyssel Festival: Mitte Juli–Mitte Aug., www.vendsysselfestival.dk. Programminformationen und Tickets (ca. 50–150 DKK je Konzert) in allen i-Büros der Region. Seit 1971 hochkarätige Klassik vorrangig in Stadt- und Landkirchen der Gegend. Fans nutzen die Dauerkarte für alle Konzerte (500 DKK/Einzelperson, 900 DKK/Paar).

Verkehr

Bahn: IC-Strecke Frederikshavn – Aalborg; **Nordjyske Jernbaner** (Hirtshalsbanen) Hjørring – Hirtshals, www.njba.dk.

Hirtshals ▶ B 1

Von der monumentalen Freitreppe, die einen Wellenschlag symbolisieren soll und den ›Grønne Plads‹ im hochgelegenen Stadtzentrum mit dem Hafen verbindet, lässt sich das Treiben an den Kais gut beobachten. Nach jüngsten Sicherheitskonzepten sind aber nicht mehr alle Bereiche frei zugänglich, das gilt auch für die morgendlichen Fischauktio-

Schau mal wer da schwimmt: das Oceanarium im Nordsøen in Hirtshals

Jammerbugten bis Skagen

nen. Fragen sie im i-Büro, ob es eventuell wieder morgendliche Führungen gibt!

Hirtshals Fyr, der Leuchtturm von 1862 südlich vom Zentrum, ist 35 m oder 144 Stufen hoch und steht auf einem Grund, der 25 m über der Nordsee liegt – so hat man von fast 60 m Höhe einen Wahnsinnsblick auf Stadt, Hafen und Meer. Die knapp 70 ausgegrabenen Bunker zu Füßen des Leuchtturms nutzt das Vendsyssel Historiske Museum für sein **Bunkermuseet 10. Batteri Hirtshals** mit einer Ausstellung im ehemaligen Offiziersbunker und markiertem Rundweg zu anderen exemplarischen Betonbauten (Fyrbakken, 9850 Hirtshals, Tel. 96 24 10 50, www.vhm.dk, Mai, Juni und Sept. Di–Sa, Juli/Aug. und Woche 42 Mo–Sa 10–16 Uhr, 20 DKK/ab 18 Jahre; 1–3 x pro Woche Führungen 40 DKK; Rundweg immer offen).

Was sich alles im Meer tummelt, zeigt das meeresbiologische Zentrum **Nordsøen**. Durch das Robbarium führt ein Tunnel mit Glasdach und eröffnet neue Perspektiven bei der Robbenbeobachtung. Im Oceanarium ziehen hinter einer 6 x 12 m großen und 41 cm dicken Scheibe ganze Heringsschwärme, Dorsche, Rochen und Haie ihre Bahnen. Derzeitige Stars sind drei unförmig wirkende Mondfische, der jüngste ging 2009 versehentlich einem Fischer vor Hanstholm ins Netz. Mindestens einmal am Tag kommt ein Taucher und füttert die Tiere per Hand (Willemoesvej, Tel. 98 94 44 44, www.nordsoenoceanarium.dk, Mitte Jan.–Mitte Dez. und 26.–30. Dez. tgl. mindestens 10–16, Saison und Wochenenden 9–17/18/20 Uhr, Fütterungen: Robben Hochsaison 12 und 16, sonst 11 und 15 Uhr, Fische im Oceanarium durch Taucher Hochsaison 11 und 15, sonst 13 Uhr, 165 DKK, 90 DKK/3–11 Jahre).

Wie man den Fischen einst zu Leibe rückte und wie die Fischer um die Wende zum 20. Jh. lebten, zeigt das **Hirtshals Museum** in einem alten Fischerhaus (Sophus Thomsensgade 6, Tel. 98 94 34 24, www.vhm.dk, Juli/Aug. Mo–Fr 10–16, Sa 10–14, Mai/Juni und Sept.–Woche 41 Di–Do 11–16, Fr 11–14, Woche 43–April Di, Do 11–16 Uhr, 30 DKK/ab 18. Lebensjahr).

Infos

Hirtshals Turistbureau: Dalsagervej 1 (im Autohof neben dem Kreisverkehr der E39 am Ortseingang), 9850 Hirtshals, Tel. 98 94 22 20, www.visithirtshals.com. Filiale im Hirtshals Museum (s. l.).

Übernachten

Modern und mit großen Zimmern ▶ Montra Skaga Hotel: Willemoesvej 1, Tel. 98 94 55 00, www.skagahotel.dk (Small Danish Hotels, S. 86). Mit Indoor-Pool und Fitness-Einrichtungen; gegenüber Nordsøen (s. l.), DZ ab 1095 DKK, Juli–Mitte Aug. ab 1195 DKK; Angebote für Miniferien.

3-Sterne-Herberge mit Meerblick ▶ Danhostel Hirtshals Vandrerhjem: Kystvejen 53, Tel. 98 94 12 48, www.danhostelhirtshals.dk. Ein Lieblingsort des Autors bei Rundreisen mit Kind: nahe Strand, Leuchtturm, Hafen und Zentrum. DZ mit Bad/WC ca. 440–585 DKK, 4-Bett-Zimmer mit/ohne Bad ca. 475–675 DKK; opulentes Frühstück 60 DKK.

Essen & Trinken

Hinter Panoramascheiben ▶ Montra Skaga Hotel: (s. o.). Das Restaurant im Obergeschoss lässt das Farbenspiel beim Sonnenuntergang durch große Fenster herein. HG um 180 DKK, Sommermenü ca. 200 DKK, während der Business-Reisezeit teurer und anspruchsvoller.

Populäres Fischrestaurant ▶ Restaurant Lilleheden: Hjørringgade 2, Tel. 98 94 45 38. Im 1. Stock am zentralen Platz Grønne Torv mit Hafenblick, HG 160–290 DKK, günstigere Frokost-Gerichte, Hauptsaison So Fischbuffet Frokost ca. 170 DKK, abends 225 DKK.

Aktiv

Angeln ▶ Angler stehen gern beiderseits der Hafeneinfahrt. Hochseeangeln am ›Gelben Riff‹ (S. 182) u.a. mit www.ms-tinker.dk, www.lystfiskerture.dk; Buchungen im i-Büro.

Strände ▶ Kilometerlange Sandstrände südlich **(Tårnby Strand)** und östlich **(Kjul Strand)** von Hirtshals für Autos freigegeben. **Husmoderstranden** unterhalb des Leuchtturms dagegen autofrei und ideal für Kinder.

Hirtshals

Tipp: Peppiger Bernstein

In **Mygdal**, ein paar Kilometer landeinwärts, haben Andreas und Beate Wörner aus der Schmuckstadt Pforzheim eine traditionsreiche Bernsteinschleiferei übernommen, **Højers Ravsliberi**. Die beiden bringen Pepp in die sonst oft altbackene Branche und zeigen, dass Bernstein zu modernem, innovativem Schmuck werden kann, vor allem wenn man ihn mit anderen Materialien wie Silber oder Treibholz verarbeitet. Zudem teilen die beiden gern ihr Wissen über Bernstein und dessen Verarbeitung (Højtvedvej 7, Tel. 98 97 52 23, www.hoejersravsliberi.dk, Mo–Fr 10–17 Uhr).

Termine
Hirtshals Fiskefestival: Alles dreht sich um Fisch und den gibt's in allen Variationen an Ständen entlang der Fußgängerzone und auf dem Grønne Plads, jeweils 1. Do–Sa im Aug.

Verkehr
Bahn: Nordjyske Jernbaner (Hirtshalsbanen) nach Hjørring.
Fähren: Verbindungen u. a. via Färöer-Inseln nach Island (www.smyril-line.com) und nach Norwegen (www.colorline.de, www.fjordline.de). Schnäppchenpreise für Tagesausflüge nach Norwegen werden in Touristenzeitungen annonciert, auch das i-Büro kennt sie.

Uggerby und Mygdal ▶ G 2
10 km östlich von Hirtshals führt Straße [597] durch das Dorf **Uggerby**, beliebter Einstiegspunkt für Kanufahrten auf der Uggerby Å, ein Revier mit ca. 50 km befahrbarem Flusslauf. Besonders populär sind Fahrten die letzten 5 km stromabwärts am Rande des Strandforstes Uggerby Klitplantage entlang zum Strand, am besten bei Sonnenuntergang.

Auf Gut Odden bei **Mygdal**, 3,7 km landeinwärts der Küstenstraße [597], zeigt die **Victor Petersens Willumsen-Samling** Arbeiten von J. F. Willumsen (1863–1957; S. 428), einem Wegbereiter der Moderne in Dänemark (Oddenvej 31, Tel. 98 97 52 02, März–Okt.tgl. 10–17 Uhr, 50 DKK/ab 16 Jahre).

Adlerwarte Tuen/Ørnereservat
▶ H 2

Nahe Straße [597] – durch Hinweisschilder nicht zu übersehen – trifft man östlich **Tuen** auf das **Ørnereservat**. Der Naturfotograf Frank Wenzel hat hier mit seiner Frau Irene ein Adlerreservat mit Falknerstation aufgebaut. Im Sommer wird ein-, zweimal am Tag die hohe Kunst der Falknerei vorgeführt, und es sind Königs- und Seeadler den Flug zu beobachten (Skagensvej 107, 9881 Tuen, Tel. 98 93 20 31, www.eagleworld.dk, April–Okt. je nach Saison 2 x wöchentlich bis 2 x tgl., nie Mo; Zugang 1 Std. vor Vorführung! Genaue Termine in Broschüren und bei den i-Büros, 135 DKK, 65 DKK/4–12 Jahre).

Infos
Tversted Turistbureau: Østervej 10, 9881 Tversted, Tel. 98 93 11 26, www.tversted.dk.

Übernachten
Apartmenthotel ▶ **Tannishus:** Tannisbugtvej 123, 9881 Tversted, Tel. 98 93 13 00, www.tannishus.dk. Direkt an einer Strandzufahrt; über 100 Jahre Tradition schaffen nostalgisches Flair. Apartments verschiedener Größe ab 535–890 DKK/Tag, in der HS Mindestaufenthalt 4 Tage, Frühstücksbuffet 75 DKK.
Gigantischer 4-Sterne-Campingplatz ▶ **Skiveren Camping:** Niels Skiverensvej 5, 9982 Ålbæk, Tel. 98 93 22 00, www.skiveren.dk (Top Camp). Ca. 600 Stellplätze und Hütten bilden eine ›Stadt‹ mit allem, was Camper brauchen. Vom kilometerlangen Strand nur durch einen Dünengürtel getrennt.

Aktiv
Strand ▶ Breiter Sandstrand mit Dünen auf ganzer Länge **nach Norden** bis Skagen, Autozufahrten bei Tannisby und Skiveren. Autofreie Zonen sind ausgewiesen.
Kanuverleih ▶ **Uggerby Kanofart:** Skagen Landevej 849, 9800 Uggerby, Tel. 98 97 53 04, www.uggerby-kanofart.dk, Mai–Sept. Di–So, Mitte Juni–Aug. tgl. 10–18 Uhr; Kanu mindestens 2 Std. 110 DKK, 250 DKK/Tag plus Kanutransport; Spezialpreis flussabwärts Uggerby bis Strand inkl. Transport 150 DKK.

4 Skagen ▶ H1

Cityplan: oben

Der Name ›Skagen‹ steht geografisch für Dänemarks nördlichste Stadt und für die Halbinsel, auf der sie liegt, aber auch für Sommer, Lifestyle, Lebensfreude: Skagen ist Treff der Schönen und Reichen – ein dänisches Sylt. Am Kattegat, an der Ostseeseite der Halbinsel, besitzt das ›Große‹ Skagen Hafen, Kneipen, Clubs und Museen, 3 km entfernt am Skagerrak, auf der Nordseeseite, der kleine Edel-Vorort Gammel Skagen teure Hotels und Gourmetrestaurants.

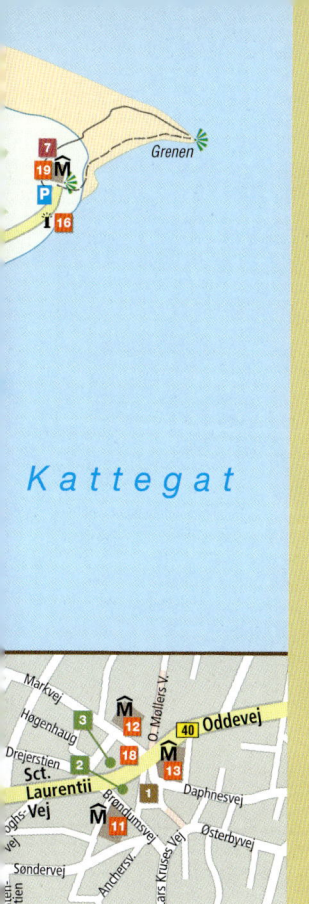

Skagen

Sehenswert
1. Den Tilsandede Kirke
2. Råbjerg Mile
3. Naturhistorisk Museum Skagen/Skagen Naturcenter
4. Solnedgangskiosken
5. Auktionshalle
6. Fiskepakhusene
7. Skagen Odde Naturcenter
8. Skagen By- og Egnsmuseum
9. Drachmanns Hus
10. Huset Tavi
11. Skagens Museum
12. Michael und Anna Anchers Hus
13. Skagens Bamsemuseum
14. Vippefyret
15. Hvide Fyr
16. Grå Fyr
17. Skagen Vest
18. Vandtårnet
19. Grenen Kunstmuseum / Galleri Rasmus

Übernachten
1. Brøndums Hotel
2. Danhostel Skagen Vandrerhjem
3. Skagen Camping
4. Ruths Hotel
5. Hjorths Hotel/Kokholms Hotel

Essen & Trinken
1. Aavangs Fiskehus
2. Pakhuset
3. Jørgens Spisehus
4. Bodilles Kro
5. Skagen Bryghus
6. Restaurant Gl. Skagen
7. De 2 Have

Einkaufen
1. Pier 1
2. Slagter Munch
3. The Skagen Denmark Shop

Abends & Nachts
1. Jacobs Café og Bar
2. Green's Pub og Café
3. Buddy Holly Skagen

Aktiv
1. Hafenmolen (Angelplätze)
2. Skagen Cykeludlejning
3. Gammel Skagen Strand
4. Skagen Sydstrand
5. Kongens Villa Strand
6. Kandestederne (Autostrand)

Die versandete Kirche 1

Nichts symbolisiert das Wechselspiel zwischen der Katastrophe für die Bewohner von gestern und dem Reiz für die Besucher von heute so eindrücklich wie Skagens Wahrzeichen **Den Tilsandede Kirke** (Turmbesteigung Juni–Aug. tgl. 11–17 Uhr, 10 DKK/Erw., 5 DKK/Kinder). Der alte Turm der versandeten Sct. Laurentii Kirke ragt malerisch in der Skagen Klitplantage auf. Die Kirche war im 15./16. Jh. die größte in weitem Umkreis, Skagen für die damalige Zeit eine Großstadt. Dann schlich die Katastrophe über das zuvor fruchtbare Land zwischen Nord- und Ostsee:

Jammerbugten bis Skagen

Ducken sich hinter die Dünen: Häuser in Gammel Skagen

Sandflug (S. 16). Erst ab 1888 wurde er durch konsequente Bepflanzung eingedämmt. Mitte des 18. Jh. erreicht eine Wanderdüne die Kirche. Einige Jahrzehnte lang kämpften die Skawboer gegen den Sand und für ihren Weg zu Gott, dann kapitulierten die wenigen Verbliebenen, machten 1795 ihr Gotteshaus dicht und rissen es wenige Jahre später ab. Nur der Turm bleib als Seezeichen. Skagen war am Ende. Öde das Land. Verarmt die Bevölkerung. Ein gottverlassenes Nest. Ein Katastrophengebiet. Aber gerade das sollte sich als Schlüssel für einen neuen Boom erweisen: Die Kunstszene stürzte sich Ende des 19. Jh. auf diese naturgegebene Armut.

Råbjerg Mile ▶ C 1

Noch heute breitet sich im Süden der Halbinsel eine gewaltige Wanderdüne aus, **Råbjerg Mile** 2, eine fast 1 km breite Sandwalze. Jedes Leben erstickend, hat sie sich von der Nordsee fast bis zur Mitte der Halbinsel vorgeschoben. 8–10 m im Jahr, bei viel Wind auch mal 20 m. Hinter sich lässt sie eine karge, von kleinen flachen Seen bedeckte Ebene zurück, **Råbjerg Stene** – für Laien unscheinbar, paradiesisch für Biologen. Durch die Ferienhaussiedlung **Kandestederne** führt eine Zufahrt zu vielen Kilometern einsamem Nordseestrand, von dem aus dieser Hinterhof der Wanderdüne am leichtesten zu erreichen ist (ca. 2 km südl. der Strandzufahrt).

Noch bevor man von Süden in die Stadt hineinfährt, kann man sich im **Naturhistorisk Museum Skagen/Skagen Naturcenter** 3 im alten Bahnhof Højen Station über die Natur der Halbinsel, ihre ungewöhnliche Flora und das reiche Vogelleben informieren, das vor allem während der Vogelzüge im Frühjahr und Herbst außergewöhnlich ist. Auf Skagen treffen die Wege aller Vögel zusammen, die den Küsten von Nord- und Ostsee folgen, sodass die Vielfalt größer ist als irgendwo sonst im Lande (Flagbakkevej 30, Tel. 98 45 07 06, www.naturmuseum-skagen.dk, Juli tgl. 12–16, sonst Mitte Juni–Mitte Sept. Di–Fr 12–16, Woche 42 tgl. 11–15 Uhr, 35 DKK, 5 DKK/bis 15 Jahre).

Skagen

Gammel Skagen/Højen

Noch vor der eigentlichen Stadt biegen Nebenstraßen zur Nordseeküste nach Gammel Skagen, Zweitname Højen, ab. Aus dem alten Fischernest ist ein Schickeriatreff mit Restaurants der abgehobenen Preisklasse, Wellnesshotels und Apartmenthäusern auf Time-Share-Basis geworden. Trotz alledem ist es aber auch ein malerisches Dorf in den Dünen mit vielen Häusern im Skagener Stil: rote Dächer mit weißen Fugen über gelb getünchten Hauswänden. Das harmoniert perfekt mit den intensiven Sonnenuntergängen an diesem Küstenabschnitt.

Und es ist geradezu ein Ritual, dass sich an jedem Abend, an dem der Himmel einen schönen Sonnenuntergang verspricht, wiederholt: Je tiefer der goldene Ball Richtung Horizont sinkt, desto mehr Urlauber und Einheimische trudeln am **Solnedgangskiosken** 4, dem ›Sonnenuntergangskiosk‹, über dem Strand von Gammel Skagen ein. Sobald man den Blick zum Meer richtet, verliert man auch die Blechlawine auf dem Parkplatz vor dem Kiosk aus den Augen. Plankenwege führen bis ans Wasser. Wer auf den romantischen Augenblick mit einem Gläschen Zickensprudel anstoßen will, muss ihn mitbringen, im Kiosk gibt es nur Bier, außerdem Süßigkeiten und gigantische Eiswaffeln (Ostern–Okt. tgl. 9 Uhr bis Sonnenuntergang).

Hafen

Skagen ist nach Menge und Umsatz Dänemarks wichtigster Fischereistandort mit großer Fangflotte, modernsten Fischverarbeitungsbetrieben sowie einer großen **Auktionshalle** 5 am Hafen, in der Frühaufsteher werktags um 7 Uhr der hektischen Auktion folgen dürfen. Hier ist einer der größten europäischen Umschlagplätze für fangfrischen Hummer und andere Schalentiere.

Ganz munter ist Skagen dort, wo sich Lifestyle und traditionelle Lebensgrundlage der Stadt begegnen: Am **Fiskehuskaj**, zwischen Jacht- und Fischereihafen. In den rostrot und weiß gestrichenen **Fiskepakhusene** 6 kann man zwar noch Fisch kaufen, aber längst haben Kneipen, Restaurants und Edelimbisse die Oberhand gewonnen. Die markanten Gebäude wurden 1907 nach Plänen des Architekten und Designers Thorvald Bindesbøll gebaut, inspiriert von Vorbildern in norwegischen Fjordstädten.

Architektur

Skagens Stararchitekt – und der wichtigste Jütlands zu seiner Zeit – war jedoch Ulrik Plesner (1861–1933). Er idealisierte den Stil der alten Fischersiedlung für Villen und öffentliche Bauten der Boomzeit Anfang des 20. Jh. und passte damit die Neubauten in das vorhandene Milieu ein: Zwischen 1891 und 1928 schuf er Hafen- und Postamt, die königliche Sommervilla Klitgården, den Bahnhof, die Skagens Bank und – als Hauptwerke – Brøndums Hotel und Skagens Museum. Zu Bindesbøll und Plesner gesellt sich 2000 Jørn Utzon (S. 49). Der Schöpfer der Oper von Sydney lieferte hier Pläne für das **Skagen Odde Naturcenter** 7. Wie ein Wüstenfort schmiegt es sich in die Landschaft nördlich der Stadt und präsentiert multimedial und interaktiv, was Dänemarks Nordspitze prägt: Wind, Wasser, Licht und Sand (Bøjlevejen 66, Tel. 96 79 06 06, Mai–Woche 42 Mo–Fr 10–16, Sa, So 11–16, Juli 10–17 Uhr, 65 DKK/Erw., 30 DKK/Kinder).

Museen

Parallel zum Hafen zieht sich eine verkehrsberuhigte Altstadt mit vielen der typischen Wohnhäuser quer durch Skagen, kaum breiter als ein oder zwei Häuserreihen, dafür aber über 2 km lang. Diese Altstadt beginnt im Süden am Freilichtmuseum **Skagen By- og Egnsmuseum** 8 mit seinen Erinnerungen an das alte Skagen und das Leben in der Fischergesellschaft von einst (P. K. Nielsenvej, Tel. 98 44 47 60, Nov.–Febr. Mo–Fr 11–15, März–Okt. Mo–Fr 10–16, Juni–Aug. auch Sa, So 11–16 Uhr, Infos auf www.kystmuseet.dk, Tipp S. 216).

In einer Stadt, deren Namen sofort mit Malerei assoziiert wird, haben die Museen zur Kunst natürlich einen besonderen Stellenwert, allein drei befassen sich mit den **Skagen-Malern** 9, 11, 12, S. 214). Die Gegenwarts-

Jammerbugten bis Skagen

kunst pflegt in der Saison das **Huset Tavi** 10, eine Kombination aus Galerie, Museum und Kulturhaus (Vestre Strandvej 20, 9990 Skagen, Tel. 96 79 40 22, www.tavi.dk, Ende Mai–Anfang Sept. tgl. 11–18 Uhr; viele Veranstaltungen).

Zwischen all die Kunst haben sich rund 1000 Teddybären, der älteste über 100 Jahre alt, gedrängt: **Skagens Bamsemuseum** 13 (Oddevej 2a, Tel. 98 44 21 08, Mai–Sept. tgl. 10–17, sonst nur Mi–So 11–15 Uhr, 30 DKK, 10 DKK/Kinder).

Leuchttürme

Manch diabolischen Fluch und manches Stoßgebet hat die See um Skagen schon gehört. Das Horn Kontinentaleuropas wird pro Jahr von weit über 100 000 größeren Schiffen umfahren. Dabei sind die Gewässer besonders vor Grenen unberechenbar, und in der Zeit vor Radar und GPS war Skagens Rev, die Untiefe, die die Halbinsel nach Nordosten verlängert, vor allem bei Nebel eine oft tödliche Falle. Nicht von ungefähr wurde hier 1560 das erste dänische Leuchtfeuer aufgestellt, eine Konstruktion aus einem Holzbalken auf einem Stativ, an dessen Ende eine mit Kohlen befeuerte Eisenschale hing – Ungarns Puszta-Brunnen sehr ähnlich. Zum Kohlenachlegen wurde die Schale auf den Boden gelassen und dann wieder in die Höhe gewippt. **Skagen Vippefyret** 14 am Rande von Østerby ist der Nachbau dieses ersten Leuchtfeuers. In Sichtweite etwas landeinwärts ragt seit 1748 Skagens erster richtiger Leuchtturm auf, das **Hvide Fyr** 15, knapp über 20 m hoch. Heute steht auf der Spitze wieder wie früher ein Eisenkorb, in dem ein Kohlefeuer entzündet werden konnte. Noch weiter draußen Richtung Grenen reckt sich der höchste dänische Leuchtturm, **Grå Fyr** 16 von 1858, fast 50 m in den Himmel. Er leuchtete 1948 zum ersten Mal mit elektrischem Strom den Schiffen den Weg. Das ›Graue Feuer‹ hat seinen Namen vom äußeren Mauerwerk. Wer sich innen die 210 Stufen hinaufquält, wird mit einer fantastischen Aussicht auf Skagen und seine Meere belohnt. Der jüngste der Skagener Leuchttürme,

Skagen Vest 17, steht als ferngesteuerter Betonspargel nahe Skagens Nordstrand.

Und als hätte Skagen nicht bereits genug Türme, die man besteigen kann, gibt es da zu guter Letzt noch den **Vandtårnet** 18, den 1934 gebauten, 34 m hohen Wasserturm inmitten des Museumsviertels. Bis 1983 war er in Betrieb und fasste 150 000 l Wasser. Von der Plattform auf seiner Spitze hat man die beste Aussicht über die schönsten Teile der Stadt – wenn man es denn auf sich nimmt, die 120 Stufen hinaufzusteigen (Markvej 1, Juni–Aug. tgl. 11–17 Uhr).

Infos

Skagen Turistbureau: Vestre Strandvej 10, 9990 Skagen, Tel. 30 21 42 00, www.skagen-tourist.dk.

Übernachten

... in Skagen-Stadt

Privatzimmer und B & B findet man in Skagen reichlich durch Schilder an der Straße, Vermittlung des i-Büros (s. o.) oder – leider meistenteils nur mit dänischen Beschreibungen – auf www.skagenguide.dk. DZ ab ca. 350 DKK.

Das Hotel der Skagenmaler ▶ Brøndums Hotel 1: Anchersvej 3, Tel. 98 44 15 55, www.broendums-hotel.dk. Wer der Kunst wegen nach Skagen kommt, der sollte hier wohnen: Schon die Skagenmaler trafen sich im Brøndums und machten es zur Institution; DZ ca. 1500 DKK (mit Waschbecken, Bad/WC auf dem Gang). Dependance im 200 m entfernten Admiralgaarden, dort auch DZ mit Bad 1050–1485 DKK.

Stadtnahe 3-Sterne-Herberge ▶ Danhostel Skagen Vandrerhjem 2: Rolighedsvej 2, Tel. 98 44 22 00, www.skagenvandrerhjem.dk. Modern, viele Zimmer mit Bad/WC. DZ 310–625 DKK, 4-Bett-Zimmer 495–800 DKK.

3-Sterne-Platz am Rande der Skagen Klitplantage ▶ Skagen Camping 3: Flagbakkevej 53, Tel. 98 44 31 23, www.skagencamping.dk. Großzügiger Platz, auf halbem Weg zwischen einem kinderfreundlichen Ostsee- und einem wilden Nordseestrand gelegen. Auch Hütten.

Skagen

... in Gammel Skagen & südliche Halbinsel
Die Nummer 1 in Skagen ▶ Ruths Hotel
[4]: Hans Ruths Vej 1, 9990 Gammel Skagen, Tel. 98 44 11 24, www.ruths-hotel.dk. Traditionsbadehotel mit perfekter Gastronomie (S. 211); DZ/Suiten ca. 1750–3950 DKK. Angebote für Wellness- und/oder Gourmetaufenthalte.

Oasen inmitten wilder Dünenwelt ▶ Hjorths Hotel/Kokholms Hotel [5]: Kandebakkevej 17, 9990 Kandestederne, Tel. 98 48 79 00, www.hjorthshotel.dk. Die mit viel Liebe zum Detail renovierten Badehotels von 1890 und 1906 stehen unter einer Leitung und sind nur von Ostern bis Sept. geöffnet, in der Saison DZ ohne Bad ab 1015 DKK, mit Bad ab 1250 DKK, sonst ab 950/1050 DKK.

Essen, Abends & Nachts
... in Skagen Stadt

Am Fiskehuskaj und im Havnevej beherbergt fast jedes Haus ein Restaurant, ein Café, eine Kneipe oder eine Disco von Gourmet bis Pommes/Pizza, von Tanzmusik für die Generationen 40+ bis zum Teenyclub mit Flatrate-Trinken. Am muntersten ist es hier von Mittsommer bis Mitte August. Dann kann man auf wenigen hundert Metern Kneipenbummel meist zwischen mehreren Liveacts wählen, Dixiland ebenso wie Blues oder Rock.

Tagsüber bieten in den **Fiskepakhusene** [6] Deli-Imbisse gehobenes Fast Food, **Aavangs Fiskehus** [1] (Fiskehuskaj 1–3, Tel. 98 44 14 33) ist gleichzeitig ein gut sortierter Fischladen. **Pakhuset** [2] (Rødspættevej 6, Tel. 98 44 20 00) serviert Fischmenüs im 1. Stock (Menüs ab 300 DKK) und im EG einfachere Küche (HG um 200 DKK), die zuletzt etwas enttäuschte. Die Trümpfe des Lokals sind der Biergarten vor der Tür mit Tuchfühlung zum Hafen und ab ca. 22 Uhr die Livemusik für ältere Semester mit Superstimmung.

Jacobs Café og Bar [1] (Havnevej 2, Programm: www.jakobs.dk) ist zu später Stunde Treff der um die 30-Jährigen, oft mit Livemusik, und bietet tagsüber aus der Küche eine ordentliche Grundlage für spätere Drinks. Ein oder zwei Jahrzehnte älter ist das Publikum schräg gegenüber im **Green's Pub og Café** [2] (Havnevej 3), in der Saison mit täglicher Livemusik von Country bis Blues. Ganz junges, an Party, Dates und schnellem Rausch interessiertes Publikum steuert die **Disco Buddy Holly Skagen** [3] an (Havnevej 16).

Aus dem Schickimickirahmen fällt **Jørgens Spisehus** [3] im Cafeteria-Stil (Sardinvej 7, Mo–Sa 9–20, So 10–20 Uhr) – dort isst der Hafen. Und Fischer, Werftarbeiter, Seeleute mögen volle Teller. Das Tagesgericht mit Hausmannskost für ca. 70 DKK lässt sie satt werden. Auch sonst bietet die Karte Deftiges vom Smørrebrød (40 DKK/Stück) bis zur gebratenen Scholle (ca. 180 DKK).

Am Rande der ›Partyzone‹ liegen **Bodilles Kro** [4], ein gutbürgerliches Fischrestaurant mit immer frischen Tagesangeboten und in der Saison großem, eher sättigendem denn kulinarisch begeisterndem Fischbuffet (Østre Strandvej 11, Tel. 98 44 33 00, reservieren!; HG ca. 180–240 DKK, Buffet um 220 DKK) und das **Skagen Bryghus** [5], das lokale Brauhaus, wo man gleich neben den Kesseln die hausgebrauten Bierspezialitäten probieren kann und dazu deftige Frokosthappen bekommt (Kirkevej 10, 9990 Skagen, Tel. 98 45 00 50, www.skagenbryghus.dk, April–Sept. tgl. je nach Saison und Wochentag 12–15/16/17 Uhr, sonst Mo und Mi geschl., mehrmals wöchentlich Brauereiführungen).

... in Gammel Skagen & südliche Halbinsel
In Gammel Skagen ist das **Ruths** (s. [4]) auch zum Speisen eine gute Wahl, ob im Restaurant **Gourmet** (Menüs ab 660 DKK) oder in der **Brasserie** (edle Kleinigkeiten ab ca. 150 DKK); immer wieder gibt es gastronomische Events. Das **Restaurant Gl. Skagen** [6] zeigt sich ganz rustikal, setzt auf gehobene dänische Küche und bietet eine originelle ›Bibliothek‹ als Bar für den Drink nach dem Dinner. Damit Eltern und Ältere mal ungestört essen können, ist das Lokal ›kinderfrei‹ (HG ca. 190–250 DKK, Højensvej 16, Tel. 98 44 21 65, www.restaurant-gl-skagen.dk). An romantischer Atmosphäre kaum zu überbieten ist der nordische Landhausstil des Restaurants in **Hjorths Hotel** [5] (HG ab ca. 200 DKK, s. Unterkunft).

Jammerbugten bis Skagen

aktiv unterwegs

Grenen – Land's End auf 57° 44' 36'' Nord

Tour-Infos
Start/Ziel: Parkplatz Grenen Kunstmuseum
Dauer: hin und zurück mit Fotostopp ca. 1 Std., mit Kindern 2 Std.
Lange Version: an der Ostküste entlang ab Skagen Vippefyr am Grå Fyr vorbei (3,5 km).
Warnung: Baden ist wegen der Strömungen überall rund um Grenen lebensgefährlich!
Einkehren: Im Obergeschoss des Skagen Kunstmuseum das Gourmetrestaurant **De 2 Have** 7 (Tel. 98 44 24 35. Mitte Juni–Mitte Aug. tgl. Frokost und Abend, Mai–Mitte Juni tgl. Frokost, Mi–Sa auch Abend) und – mehr casual – der **Gastropub/Strandbar** (Ostern–Woche 42 tgl. 11 Uhr bis Sonnenuntergang). Das Angebot reicht vom Cappuccino über dekadente bis deftige Leckereien zum Frokost – Austern mit spanischem Sekt oder hausgemachte Fischfrikadellen – bis zum gediegenen 6-Gänge-Abendmahl inkl. Wein für ca. 1500 DKK zum Sonnenuntergang.
Karte: S. 206

Diese etwa 3 km lange Strandwanderung führt auf die Landspitze Grenen. Zuletzt markierten die GPS-Daten 57° 44' 45'' N/10° 39' 18'' O diesen geografischen Eckpunkt: Dänemarks und damit ganz Mitteleuropas nördlichster Punkt mit dem Skagerrak – Teil der Nordsee – auf der einen und dem Kattegat – Teil der Ostsee – auf der anderen Seite. Das hat eine ungeheure Anziehungskraft: Viele möchten einmal zwischen zwei Meeren stehen und deren Wellen miteinander kämpfen sehen. Doch genau betrachtet ist das geschummelt: Wellen prallen zwar aufeinander, aber die Topografie des Skagens Rev, das sich knapp unter der Wasseroberfläche noch weit nach Nordosten streckt, lässt die der Nordsee bei Westwind eine Wende von 180° schaffen, sodass sie praktisch von beiden Seiten gegen die Landspitze rollen.

Trotzdem ist es einer meiner Lieblingsorte in Dänemark und ich kann nicht sagen, wie oft ich schon dort stand und das obligatorische Foto von meiner Familie geschossen habe: breitbeinig in ›beiden‹ Meeren stehend.

Einkaufen

Maritime und junge Freizeitmode ▶ Pier 1 1: Nordkajen 2, Tel. 98 44 53 01. In der Boutique am Hafen findet man viel aktuelle dänische und internationale Mode, gern maritim angehaucht wie von RedGreen, Murphy & Nye oder Henri Lloyd. Oft gibt's Schnäppchen auch aus der vorletzten Kollektion.

Edel-Schlachter ▶ Slagter Munch 2: Sct. Laurentii Vej 1, Tel. 98 44 37 33. Dänemarks Antwort auf Parma- und Serranoschinken – die übrigens oft von dänischen Schweinen stammen – ist der ›Skagenschinken‹, und Schlachter Munch hat ihn erfunden. Natürlich gibt es aber auch andere Wurst- und Schinkenspezialitäten.

Lifestyle-Accessoires ▶ The Skagen Denmark Shop 3: Sct. Laurentii Vej 6B, Tel. 98 45 02 02. www.skagendesigns.dk. ›Born in the USA‹ kam die Lifestylemarke, hinter der in den USA lebende Dänen stehen, erst 1997 nach Europa. Da war es wohl eine Sache der Ehre, einen Brand-Shop in der namensgebenden Stadt zu eröffnen mit Uhren, Schmuck und Sonnenbrillen.

Aktiv

Angeln ▶ Beliebt sind die **Hafenmolen** 1. Aktuelle Anbieter von Angelfahrten kennt das i-Büro.

Fahrradverleih ▶ Skagen Cykeludlejning 2: Banegårdspladsen, Ostern–Sept. direkt am Bahnhof und ganzjährig Fiskergangen 8–10, Tel. 98 44 12 14.

Strände ▶ Schmaler Nordseestrand vor Dünen südlich **Gammel Skagen** 3. Kinder-

Skagen

Bei schönem Wetter muss man regelrecht darum kämpfen, dass niemand mehr hinter einem steht, denn dann haben Hunderte dieselbe Idee.

Auch wenn Kinder noch so quengeln, dass sie mit dem **Sandormen**, dem von einem Trecker gezogenen Sandwurm, hinausfahren wollen, sollte man unbedingt zu Fuß an der Ostseeseite entlang zur Landzunge hinausgehen, damit man sie unterwegs vor Augen hat! Zurück kann man dann immer noch in eines der scheinbar wüstentauglichen Gespanne einsteigen: Die Sandwürmer wühlen sich weiter westlich durch die Dünen dieser geologisch gesehen blutjungen Landschaft zurück zum Ausgangspunkt (April–Woche 42, ab 9 Uhr so lange wie Nachfrage besteht, 20 DKK, 10 DKK/Kinder).

Der Gang beginnt an den großen – gebührenpflichtigen – Parkplätzen neben dem **Grenen Kunstmuseum / Galleri Rasmus** 19, das sich in die Dünen duckt. Es ist das Lebenswerk des 2011 im Alter von 104 Jahren verstorbenen Marine- und Landschaftsmalers Axel Lind. Daneben dient es als Ausstellungsraum einer bedeutenden dänischen Kunstgalerie (Fyrvey 40, Tel. 98 44 22 88, www.grenenkunstmuseum.dk, Juni–Aug. tgl. 11–17, Mi 11–21, sonst dänische Ferientage, April, Sept./Okt Fr–So und Adventwochenenden Sa, So 11–15 Uhr, gratis).

Erste Station des Weges durch die Dünen ist ein kleiner Aussichtsplatz mit einer Windrose, die deutlich macht, dass die äußerste Sandspitze mehr nach Osten denn nach Norden weist. Nach ein paar Metern liegt dann links des Weges Holger Drachmanns Grav. Das Portal des Dichtergrabes gestaltete P. S. Krøyer (S. 214). Klettert man dann noch auf einen der Bunker, die auch diesen Küstenabschnitt verschandeln, verschafft das einen noch besseren Überblick über die Szenerie, ehe es dann an dem sichelförmigen Strand zur eigentlichen Sandzunge geht, die sich, von Strömungen ständig umgeformt, mal mehr nach Osten, mal mehr nach Norden wendet, aber immer weiter ins Meer hinaus in Richtung Norwegen wächst.

freundliche, flache Ostseestrände sind **Skagen Sydstrand** 4 am Vippefyret und **Kongens Villa Strand** 5 auf Höhe der Skagen Klitplantage. Der wilde, einsame Nordseestrand bei **Kandestederne** 6 ist auch für Autos freigegeben.

Termine
Sankthansaften: Die Feuer am 23. Juni (S. 44) waren schon zur Blüte der Skagenmaler Kult, wie einige Bilder im Skagen Museum zeigen.
Skagen Festival: Anfang Juli, Tel. 98 44 40 94, www.skagenfestival.dk. Auf mehreren Bühnen und in Sälen findet eines der bedeutendsten europäischen Folkmusikfestivals statt; der Programmschwerpunkt liegt auf skandinavischer Musik.

Træf på Toppen: Viel Chrom und Leder beim größten skandinavischen Bikertreffen, das mit Musik und Show seit 1991 jedes Jahr 5 Tage Mitte Juli am Südrand von Skagen stattfindet. Infos www.skagentraef.dk (dän.).
Skagen Literaturfestival: www.litteraturfest.dk, Kontakt über i-Büro. Ambitioniertes Festival mit vornehmlich skandinavischen Bestsellerautoren Sept. oder Okt.

Verkehr
Bahn: Nordjyske Jernbaner (Skagensbanen): bis 20 x tgl. ab/bis Frederikshavn, www.njba.dk.
Bus: Touristenbus Sommerrute 99: ab/bis Grenen via Skagen, Gammel Skagen, Råbjerg Mile, Kandestederne und Skiveren weiter bis Blokhus (S. 199).

Die Skagenmaler

Die archaisch anmutende Natur und die Armut der Menschen in Skagen trifft die Sehnsüchte der Kunstszene in der zweiten Hälfte des 19. Jh. Der Reiz der Katastrophe machte Skagen zum Künstlertreff.

Die Maler wollen raus aus ihren Hauptstadtateliers, wollen unter freiem Himmel Impressionen des Augenblicks festhalten. Oft wird der Maler und Schriftsteller Holger Drachmann (1846–1908), der 1871 zum ersten Mal in Skagen arbeitet, als Entdecker des Ortes genannt. Doch schon Martinus Rørbye (1803–48) malt in den 1830er- und 1840er-Jahren Skagener Fischer, und Vilhelm Melbye (1824–82) schafft 1848 ein Bild, das die ganze Trostlosigkeit der damaligen ›Wüstenstadt‹ Skagen zeigt: Einsame Strandhaferhalme ragen aus den Sanddünen um den tief versunkenen Turm der Skt. Laurentii Kirke, im Hintergrund Sand, Sand und nochmals Sand, dazwischen versteckt ein paar Häuser. Eines aber bewirkt Holger Drachmann wirklich: Er ist Scout der Bohèmiens aus Kopenhagen. Mit ihm kommt ›Leben in die Bude‹. Bis ins frühe 20. Jh. ist Skagen künstlerischer Kontrapunkt zur dänischen Hauptstadt mit ihrer allmächtigen Kunstakademie.

Skagen ist Künstlerkolonie des ganzen Nordens – auch viele Norweger und Schweden arbeiten hier. Zum unumstrittenen Star wird Peter Severin Krøyer (1851–1909), gebürtiger Norweger, der nach einer Ausbildung in Kopenhagen und Studien in Frankreich, Spanien und Italien 1882 einen ersten Sommer nach Skagen kommt und von 1891 bis zu seinem Tod ganz in der Stadt lebt und arbeitet, dabei aber immer häufiger von Depressionen und Verfolgungswahn gebremst.

Von keinem anderen Künstler der Skagener Schule werden heute Arbeiten auf dem internationalen Kunstmarkt so hoch gehandelt wie von ihm. Viele Krøyer-Werke stehen geradezu symbolisch für die Malerei aus Skagen und sind millionenfach reproduziert, allen voran »Sommeraften på Skagen Sønderstrand«: Zwei Frauen – Krøyers Ehefrau Marie und seine Malerkollegin Anna Ancher – im blau schimmernden Licht eines Sommerabends am Strand. Dieses Bild vereint mehrere für die Skagenmaler typische Elemente: Menschen, die der Künstlergruppe angehören oder ihr nahe stehen, das Meer und jenes ungewöhnliche Licht, das es nur auf diesem entlegenen Zipfel Jütlands gibt. Fußnote zu dem Bild: Es kam 1978 in den Besitz des deutschen Pressezaren Axel Springer, der es testamentarisch dem Skagen Museum vermachte, ausdrücklich als Dank an die Dänen für die Rettung der dänischen Juden im Zweiten Weltkrieg vor der Deportation (S. 34).

Das Museum gründen Krøyer und einige seiner Kollegen zusammen mit dem Kunstmäzen Degn Brøndum 1907. Dessen Hotel ist Treff der Künstlerszene, seine Schwester Anna wird die einzige Einheimische unter den Skagenmalern. Sie heiratet den aus Bornholm stammenden Porträtmaler Michael Ancher. Trotz solider künstlerischer Ausbildung hat sie als Frau einen schweren Stand in der von Männern dominierten Künstlerwelt und spielt eher die Rolle der bescheidenen Frau und Mutter, die nebenbei malt. Viele ihrer impressionistischen Werke werden erst Jahre nach ihrem Tod entdeckt.

Inzwischen gilt Anna Ancher neben Krøyer als wichtigste Künstlerin der Skagener Schule. Krøyer und seine Kollegen lassen

Eine dänische Malerschule

Thema

manches Bild bei den Brøndums, mal als Geschenk, mal zur Begleichung einer Rechnung. Vor allem der Speisesaal des Hotels hängt schließlich voll. Bei einer Renovierung Anfang des 20. Jh. werden die Gemälde zu einem großen Ganzen arrangiert und in die Wandpaneele eingefügt, darunter auch P. S. Krøyers künstlerisch wohl bedeutendstes Werk »Ved Frokost« von 1883: Eine Gruppe Malerkollegen sitzt zusammen mit dem Hotelier Degn Brøndum beim Frokost. 1946 wird der Raum durch testamentarische Verfügung von Degn Brøndum komplett in das 1928 gleich neben dem Hotel gebaute Skagen Museum überführt. Und Skagen begnügt sich nicht mit diesem einen Museum: Zum öffentlich zugänglichen Nachlass der Skagenmaler gehören der ehemalige Besitz von Michael und Anna Ancher, mit einer großen Sammlung von Nebenwerken und Skizzen des Malerpaares, sowie die Villa Pax, das Wohnhaus von Holger Drachmann, mit vielen Gegenständen, die an ihn erinnern.

Drachmanns Hus 9: Hans Baghs Vej 21, 9990 Skagen, Tel. 98 44 51 88, www.drachmannshus.dk, Juni–Sept. und Woche 42 tgl. 11–15 Uhr, 50 DKK/ab 14 Jahre.

Skagens Museum 11: Brøndumsvej 4, Tel. 98 44 64 44, www.skagensmuseum.dk, Febr.–Dez. Di–So, Mai–Aug. tgl. 10–17, Hochsaison Mi 10–21 Uhr, 90 DKK/ab 18 Jahre.

Michael und Anna Anchers Hus 12: Markvej 2–4, Tel. 98 44 30 09, www.anchershus.dk, April und Okt. Di–So 11–15, Mai–Sept. tgl. 10–17, März nur Sa 11–15 Uhr, 80 DKK/ab 15 Jahre.

Dänemarks wichtigste Malerschule im Skagen Museum

Von Skagen zum Mariager Fjord

Schmal und kinderfreundlich die Strände. Große Wälder und archaische Moore im Hinterland – das ist Nordjütlands Osten. Dazwischen Geschichte zum Greifen wie die Nekropole der Wikingerzeit über dem Limfjord in Norresundby oder Schlösser der Renaissance um Sæby. Und Aalborg, Nordjütlands Hauptstadt: quirlig, voll moderner Kunst, voll alter Architektur und voller Nightlife und Genüsse.

Ålbæk Bugt ▶ H 2

»Die Deutschen kommen immer nur bis Ålbæk«, klagen augenzwinkernd die Hoteliers in Skagen. Da ist etwas Wahres dran: Bis **Ålbæk** findet man reichlich die von deutschen Gästen geliebten Ferienhäuser, weiter nördlich kaum noch. Am Ufer der **Ålbæk Bugt** zieht sich ein nur an wenigen Stellen unterbrochener Sandstrand entlang, gut zum Baden vor allem mit Kindern. **Strandby**, gleich unterhalb des größten Ferienhausgebietes **Bratten Strand,** ist ein quirliger Fischereistandort mit morgendlicher Fischauktion (tgl. 7 Uhr, Auktionskajen 5, 9970 Strandby).

Tipp: Museen im Sechserpack

Dänemarks Kommunalreform von 2007 bringt sogar Touristen Vorteile: Sechs zuvor eigenständige Museen von Skagen bis Sæby wurden zu Nordjyllands Kystmuseum vereint: Skagen By- & Egnsmuseum (S. 209), in Frederikshavn (S. 217) Krudttårnet, Bangsbo Museum und Bangsbo Fort sowie das Sæby Museum und Herregårdsmuseet Sæbygård (beide S. 222). Für 50 DKK darf man 1 Woche lang alle Abteilungen besuchen – bleibt zu hoffen, dass dieses Angebot nicht ›weggespart‹ wird! Infos: www.kystmuseet.dk.

Frederikshavn ▶ H 2/3

Die 23 000-Einwohner-Stadt ist Hauptort einer gleichnamigen Kommune, die bis Skagen hinaufreicht. Frederikshavn wirkt modern, hat aber eine nostalgischen Kern im alten Fischerviertel **Fiskerlyngen** nördlich des Zentrums bewahrt. In der Innenstadt lockt eine lange Fußgängerzone Shopper aus ganz Nordjütland ebenso wie Tagesbesucher aus Schweden – Frederikshavn gilt als günstige Einkaufsstadt.

Der **Hafen** ist ein wichtiger Brückenkopf des skandinavischen Fährverkehrs mit Linien nach Schweden und Norwegen sowie nach Læsø (S. 218). An den zivilen Verkehrshafen schließt im Süden Dänemarks größter Flottenstützpunkt an, Basis der Eisbrecherflotte des Landes und des **Kongeskibet »Dannebrog«,** der königlichen Jacht. Die einst bedeutende Werftindustrie ist stark geschrumpft, hat den Schiffsneubau aufgegeben und sich auf Reparaturarbeiten spezialisiert.

Mit dem Slogan »fra værftsby til værtsby« (»von der Werftstadt zur Wirtstadt«) wird der Wandel zur Tourismus- und Konferenzstadt propagiert: Bill Clinton, Kofi Annan, Michail Gorbatschow und Al Gore standen im Konferenzzentrum **Arena Nord** schon am Rednerpult. Symbol des Wandels ist auch der 55 m hohe **Kattegat Silo** am Hafen: In den 1960er-Jahren als Kornsilo gebaut, dann Lager einer Werft und seit 2006 Büro und

Frederikshavn

Dienstleistungszentrum mit dem Fisch- und Hummer-Restaurant Snerlen im 9. Stock (www.snerlen.dk). Ein anderes Symbol des neuen Frederikshavn ist der **Palm Beach** im Norden, in dessen Sand von Juni bis September Dutzende von Palmen eingebuddelt werden, um karibische Gefühle zu wecken; ein Golf Resort Palm Beach ist in Planung.

Flottenstation Fladstand

Frederikshavn – bis 1818 Fladstrand – war von 1690 bis 1864 Festungsstadt des Königreichs Dänemark-Norwegen gegen den ewigen Gegner Schweden. Nur der **Krudttårnet** am Havnepladsen, der Pulverturm, hat die Zeiten überstanden, heute ein militärhistorisches Museum. 1974–75 musste der 4500 t schwere Bau einem Werftausbau weichen und wurde komplett um 270 m verschoben (Havnepladsen 20, Tel. 98 43 19 19, nur Hochsaison tgl. 12–15 Uhr, Infos auf www.kystmuseet.dk, Tipp S. 216). Im frühen 18. Jh. hatte der Kaperkapitän Peter Tordenskjold (1690–1720) in der Festung seinen Stützpunkt.

Noch unter seinem bürgerlichen Namen Peter Wessel richtete er im Großen Nordischen Krieg (1700–20) gegen Schweden mit dreisten Husarenstückchen das arg angeschlagene Selbstbewusstsein der nicht sonderlich erfolgreichen Dänen auf, wurde zum Idol seiner Generation, zum Schwarm aller Mädchen und schließlich mit 26 Jahren als Peter Tordenskjold – Donnerschild – in den Adelsstand erhoben. Nur vier Jahre später starb er bei einem obskuren Duell in der Nähe von Hildesheim. Die zu seinen Ehren initiierten Tordenskjolddagene Ende Juni bilden den Rahmen für eines der größten jährlichen Events in Nordjütland mit einer gigantischen Freilichtaufführung am Hafen, an der Hunderte Statisten, professionelle Stuntmen und historische Schiffe beteiligt sind (www.tordenskiold.dk).

Museen

Im Zweiten Weltkrieg befestigte die deutsche Marine Frederikshavn. In den grünen Hügeln im Süden der Stadt ist der Kommandobunker des Befehlshabers für Nordjütland als

Tipp: Hirsholmene

Die flache Inselgruppe (▶ H 2) bildet ein Naturparadies mit nostalgischem Charme knapp 5 km vor der Küste. Abgesehen vom 1883 gebauten Leuchtturm ducken sich auf der 17 ha großen Hauptinsel Hirsholm ein paar Gebäude im Schutz weniger Bäume, darunter eine Kirche aus dem 17. Jh., die beliebt ist für idyllische Hochzeiten in kleinstem Kreis. Noch Mitte des 19. Jh. war Hirsholm ein Fischer-, Lotsen- und Schmugglernest mit über 200 Einwohnern. Heute leben nur wenige Menschen permanent hier, während ehemalige Bewohner oder deren Angehörige ihre alten Häuser im Sommer nutzen, einige werden vermietet. Ansonsten stehen die zehn Inseln und das umliegende Meeresgebiet als Rast- und Überwinterungsplatz für Zugvögel sowie als Brutgebiet für Seevögel unter strengem Naturschutz.

Die Personenfähre »Seadog« tuckert im Auftrag des Naturschutzamtes ›Naturstyrelse‹ an ihren Verkehrstagen 1–2 x mit maximal zwölf Personen von Frederikshavn nach Hirsholm und zurück, stets mit Zeit für 2–3 Std. Inselaufenthalt bei Tagesausflügen (ganzjährig Sa, März–Nov. Do und Sa, letzte Juniwoche–Mitte Aug. Mo, Do und Sa, 130 DKK, 105 DKK/Kinder. Fahrplandetails und Online-Tickets unter der Webadresse www.seadog.dk, sonst im i-Büro Frederikshavn).

Bangsbo Fort Bunkermuseum eingerichtet und informiert über die deutsche Besatzungszeit 1940–1945, die Befestigung Nordjütlands sowie den Alltag in einem solchen Bunker (Understedvej 21, Tel. 98 42 31 11, Juni–Sept. und Woche 42 tgl. 10/11–16 Uhr, Infos auf www.kystmuseet.dk, Tipp S. 216).

In den umliegenden Parkanlagen befindet sich auch das kulturhistorische **Bangsbomuseum,** untergebracht in einem Gutshof aus dem 18. Jh. Von den diversen Abteilungen befasst sich eine ausführlich mit dem Widerstand während der Besatzung im Zweiten Weltkrieg. Die Seefahrtsabteilung kann das besterhaltene Wikingerschiff in Jütland vor-

Von Skagen zum Mariager Fjord

weisen, das Ellingå-Schiff aus dem 12. Jh.; eine weitere Abteilung widmet sich Miniaturkunstwerken aus Menschenhaar (Dronning Margrethesvej 1, Tel. 98 42 31 11, Mo–Fr mind. 11–15, Hochsaison 10–16/17 Uhr, Infos auf www.kystmuseet.dk, Tipp S. 216).

Überhaupt liebt man in Frederikshavn die Kunst im Kleinen: Das **Frederikshavn Kunstmuseum og Exlibrissamling** im Zentrum besitzt eine der umfangreichsten Exlibris- und Kleingrafiksammlungen weltweit (Parallelvej 14, Tel. 98 43 16 63, www.frederikshavnkunstmuseum.dk, Di–Sa 10–16 Uhr, 35 DKK/ab 18 Jahre).

Infos

Turistbureau: Skandiatorv 1, 9900 Frederikshavn, Tel. 98 42 32 66, www.visitfrederikshavn.dk. Das i-Büro stellt Gästen der Stadt **kostenlose Stadtfahrräder,** *bycykler,* zur Verfügung – Prinzip: Wer zuerst kommt, mahlt zuerst! Die Schlüssel gibt's im Büro sowie in Unterkünften, dazu Vorschläge für Radtouren. Legt man den Schlüssel vor, bekommt man in städtischen Museen und Einrichtungen (u. a. Krudttårn, Aussichtsturm Cloosttårnet, Bangsbo Museum und Fort, Kunstmuseum) freien Eintritt.

Übernachten

Vermittlung von Ferienhäusern durch das i-Büro über www.visittoppen.com.

Boutiquehotel mit literarischer Note ▶
Best Western Hotel Herman Bang: Tordenskjoldsgade 3, Tel. 98 42 21 66, www.hermanbang.dk. Für den Leib das kleine Wellnesscenter ›Der Siebte Himmel‹, für den Geist Reminiszenzen an den impressionistischen Autor, Journalisten, Schauspieler und Gesellschaftsprovokateur Herman Bang und die frühen Jahre des 20. Jh. DZ je nach Saison und Standard ca. 800–1300 DKK.

4-Sterne-Herberge im Zentrum ▶ **Danhostel Frederikshavn City:** Læsøgade 18, Tel. 98 42 14 75, www.danhostel.dk/frederikshavn. Früheres Lagerhaus aus den 1850er-Jahren, alle Zimmer mit Bad/WC, je nach Saison DZ 440–600 DKK, 4-Bett-Zimmer ca. 550–725 DKK, Frühstück 65/35 DKK/Pers.

4-Sterne-Camping am ›Palmenstrand‹ ▶
Nordstrand Camping: Apholmenvej 40, Tel. 98 42 93 50, www.nordstrand-camping.dk (TopCamp). Hütten von ›basic‹ bis luxuriös.

Essen & Trinken

Romantik im Grünen ▶ **Møllehuset:** Skovalleen 45, 9900 Frederikshavn, Tel. 98 43 44 00. Aus einer alten Mühle entstand am Südrand von Frederikshavn in Tuchfühlung zum Bangsbo Museum (S. 217) ein romantisches Restaurant, das rund ums Jahr geöffnet hat (Mo, So nicht abends). Die ambitionierte Küche zeigt sich mal urdänisch, mal international – ›Fischfrikadelle meets Tapas‹. Frokost ab ca. 100 DKK, abends HG ab ca. 190 DKK, oft Menüs nach Jahreszeiten.

Aktiv

Strände ▶ **Nordstranden,** sanft abfallend und mit Dünen, denen man kaum noch anmerkt, dass sie künstlich angelegt wurden.

Verkehr

Bahn: Skagensbanen bis zu 20 x tgl. nach Skagen (www.njba.dk), IC-/Lyn-Tog nach Aalborg, Aarhus und Kopenhagen.

Bus: Regionalbusse in alle Teile Nordjütlands und X-Bus (S. 78) u. a. nach Aalborg. Touristenbus Sommerrute 77 (S. 199).

Fähre: Stena Line (www.stenaline.dk, Tel. 98 20 02 00) bis 8 x tgl. ab/bis Göteborg sowie 1 x tgl. ab/bis Oslo (8–10 Std.), Sonderangebote für Tagesausflüge.

Insel Læsø ▶ J/K 3

Læsø ist geologisch jung, stieg vor kaum mehr als 3000 Jahren aus dem Meer. Als Beleg für diese Datierung wird das Skelett eines 20 m langen Pottwals herangezogen, das mitten auf der Insel entdeckt wurde – das Tier verendete ca. 1200 v. Chr. Læsø und der umliegende Meeresboden heben sich nach wie vor. Gerade mal 100 Jahre alt ist **Stokken,** eine lang gezogene Düneninsel vor der Westspitze mit beliebtem Strand – nur zu erreichen durch einen schmalen Sund, den

Insel Læsø

Einsame Fischerkate in Læsøs karger Dünenwelt

man je nach Stand der Gezeiten mehr oder minder mühsam durchwaten muss. Insgesamt summieren sich Læsøs Badestrände auf gut 17 km Länge.

Die Insel ist per Fähre ab Frederikshavn gut auf einem Tagesausflug zu erkunden – manchmal erlaubt der Fahrplan fast 10 Stunden Inselaufenthalt zwischen der ersten und der letzten Überfahrt. Læsø hat aber auch alles für ein, zwei oder gar drei Wochen Urlaub total: Ferienhäuser, Golf- und Badehotels, Gourmetgastronomie, ein Wellness-Solebad und ein jährliches Fressfestival, bei dem die Creme der dänischen Kochgilde mit ihren besten Rezepten für die Zubereitung der rund um die Insel reichlich gefangenen Jomfruhummer wetteifern (www.jomfruhummerfestival.dk).

Höhepunkt jeder Læsø-Erkundung sind gut 4-stündige Exkursionen mit einem Leiterwagen hinter einem Trecker oder einem Pferdewagen in den Süden der Insel (S. 221). **Rønnerne** heißt das Gelände mit Marschwiesen, Sandbänken und Miniinseln, die von Prielen unterbrochen sind, in denen bei Flut das Meer weit ins Land vordringt. Es ist ein bedeutendes Brut- und Rastgebiet für See-

Von Skagen zum Mariager Fjord

und Watvögel, bekannt aber auch für wild wachsende Orchideen und fleischfressende Pflanzen. Alle Rønnerne-Touren stoppen auch an der Salzsiederei.

Die Salzsiederei

Die **Læsø Saltsyderi** zeigt die alte Technik Salz zu gewinnen und wurde genau dort rekonstruiert, wo rund 2000 Siedeplätze archäologisch nachgewiesen sind: Hier lag von der Wikingerzeit bis Mitte des 17. Jh. ein Zentrum der dänischen Salzgewinnung – Salz war als Konservierungsmittel begehrt und wertvoll. Eine Laune der Natur liefert hier ›salines‹ Grundwasser. Der Salzgehalt ist mit 15 % ca. sechsmal so hoch wie im Meerwasser. Dieses Wasser wird aus einfachen Brunnen geschöpft und in großen Pfannen gesiedet, ab einer Konzentration von 25 % kristallisiert es bei Abkühlung aus und kann an der Luft getrocknet werden. Die neue Siederei im alten Stil, eigentlich nur zur Brauchtumspflege von einigen älteren Herrn erdacht, ist sensationell erfolgreich: Læsø-Salz gilt in ganz Dänemark als kulinarische Delikatesse und ist heute wieder so begehrt wie im Mittelalter. Längst ist die Siederei nicht mehr nur Touristenattraktion, sondern produziert rund ums Jahr über 75 t hochwertiges Speisesalz mit der alten Technik (Hornfiskerønvej 3, Tel. 98 49 13 55, www.sydesalt.dk, tgl. 10–14, April–Okt 10–16/17 Uhr, in Ferienzeiten stündlich Vorträge zur Salzsiederei; Salzsouvenirs).

Die Erfolgsstory geht weiter

Mit Salz und Salzschlamm werden auf der Insel zwei Pflegeserien produziert, **Læsø Saltcare** und Hautpflege der **Morgenfruerne på Læsø.** Salz in der Hautpflege hilft bei trockener und schuppiger Haut und lindert Psoriasis (Schuppenflechte). Das Delikatess-Salz ebenso wie die Pflegemittel gibt's auch im Onlineshop der Siederei (www.butik.saltsyderiet.dk). Damit nicht genug: 2008 eröffnete auf dem Gelände der ehemaligen Kirche von

Bei Gourmetköchen begehrt: Læsø-Salz

Insel Læsø

Vesterø – der alte Kirchturm steht noch als Wahrzeichen – das Solekurbad **Læsø Kur & Helse** und nutzt ebenfalls die heilende Kraft des Salzes bei Hautproblemen. Die Kuren sind in Dänemark als Mittel zur Behandlung von Psoriasis offiziell anerkannt (Vesterø Havnegade 28, 9940 Læsø, Tel. 98 49 13 22, www.saltkur.dk).

Læsøs Orte

Die Küstenorte **Østerby** und **Vesterø Havn** sind wichtige dänische Fischereistandorte, zwar nicht nach der Fangmenge, aber nach dem Wert: Halb Europa – allen voran die Mittelmeerländer – wird von hier mit Jomfruhummer (S. 56) versorgt. In Vesterø zeigt **Søfarts- og Fiskerimuseet** die maritime Erwerbsseite Læsøs. Das Museum organisiert auch Fahrten mit dem Oldtimerkutter »Ellen«, u. a. zu Seehundbänken vor der Küste (Vesterø Havnegade 5, Vesterø Havn, Mitte Mai–Woche 42 tgl. 9.30–15 Uhr, 20 DKK, Bootstouren Anfrage Tel. 98 49 80 45 oder i-Büro).

Darüber hinaus ist Læsø für seine Fachwerkhöfe mit Dächern aus Seetang bekannt. Darauf griffen die Bewohner zurück, als ab dem 17. Jh. Sandflug die Insel heimsuchte, weil alle schützenden Wälder in den Salzsiedereien verfeuert waren und es nicht mehr genug Reet gab. Etwa ein Dutzend Tangdächer existieren noch, so auf dem **Heimatmuseum ›På Lynget‹** in der Inselhauptstadt Byrum. Die wurde im 12. Jh. von Zisterziensermönchen gegründet, die im Auftrag der Bischöfe von Børglum auf Læsø Salz gewannen (beide Museen Tel. 98 49 80 45, www.laesoe-museum.dk, Ostern–Woche 42 Di–So 11–15, Mitte Juni–Aug. tgl. 10–16.30 Uhr, Gemeinschaftsticket 60 DKK/ab 18 Jahre).

Infos

Læsø Turistbureau: Vesterø Havnegade 17, 9940 Vesterø Havn, Tel. 98 49 92 42, www.laesoe-turist.dk, Nov.–März nur telefonisch!

Übernachten

Ehemaliges Seemannsheim ▶ **Havnebakken:** Havnebakken 12, 9940 Vesterø Havn, Tel. 98 49 90 09, www.havnebakken.dk. Am Hafen, schnörkellos renoviert. DZ ab 800 DKK, mit Bad/WC 1000 DKK.

3-Sterne-Herberge gleich gegenüber der Kurklinik ▶ **Danhostel Læsø:** Lærkevej 6, 9940 Vesterø Havn, Tel. 98 49 91 95, www.laesoe-vandrerhjem.dk, nur Mai–Sept. DZ ab ca. 440 DKK, mit Bad ca. 530–585 DKK, 4-Bett-Zimmer 625/735 DKK.

Geschützt gelegener 3-Sterne-Campingplatz ▶ **Læsø Camping & Hytteby:** Agersigen 18 A, 9940 Vesterø Havn, Tel. 98 49 94 95, www.laesoe-camping.dk. Nicht unmittelbar am Wasser, dafür aber windgeschützt mit Hütten verschiedenen Standards.

Ferienhäuser ▶ **Læsø Ferieservice & Sommerhusudlejning:** Havnebakken 4, Vesterø, 9940 Vesterø Havn, Tel. 98 49 92 64, www.ferieservice.dk. Größter lokaler Vermittler, aber meist schon um Ostern für den Rest der Saison ausgebucht.

Essen & Trinken

Edel-Italiener ▶ **NemMAD.nu:** Byrum Hovedgade 62, 9940 Læsø, Tel. 31 43 20 64, www.nemmad.nu, nur Hochsaison. Warum nicht die Pizza mit Jomfruehummer-Schwänzen oder anderen edlen Zutaten belegen? Mitten auf Læsø wird Pizza zum Kultobjekt. Daneben gibt's noch andere Klassiker der italienischen Küche. Pizza ab ca. 110 DKK.

Aktiv

Fahrradverleih ▶ **Jarvis Ny Cykelservice:** Verstø Havnegade 29, Tel. 98 49 94 44, www.jarvis-laesoe.dk. Rundumverleih – Fahrräder, Tandems, Helme, Gepäck- und Kinderanhänger – gleich am Fähranleger. Räder ab 75 DKK/Tag, Rabatt ab dem 2. Tag.

Reit- und Pferdewagentouren ▶ **Krogbækgaard:** Storhavevej 8, Tel. 98 49 15 05, www.rideferie.dk. Ausritte auf Islandpferden (ab 200 DKK/Std., ab 550 DKK/Tag) oder Touren mit dem Leiterwagen (ca. 220 DKK, 160 DKK/4–14 Jahre) Richtung Rønnerne.

Exkursionen mit dem Treckerbus ▶ **Rønnerbussen:** Tel. 98 49 91 56, www.roennerbussen.dk. Die Touren werden von einem Naturführer begleitet, der auch auf Deutsch erklären kann. Ca. 160 DKK, 110 DKK/Kind.

Von Skagen zum Mariager Fjord

Verkehr
Færgeselskabet Læsø: Tel. 98 49 90 22, www.laesoe-line.dk. Bis 7 x tgl. Frederikshavn–Læsø, nur Überfahrt je nach Saison h/z 170–220 DKK, 75–110 DKK/4–15 Jahre, PKW 400–620 DKK. **Tagesausflugstickets** ab Frederikshavn tgl. außer Sa, So für Fähre plus eine Aktivität (z. B. Tour mit Rønnerbussen, Leihfahrrad, Seehundtour, Besuch im Kurbad) ca. 255–395 DKK, 125–275 DKK/4–15 Jahre. Auf der Insel pendelt ein kostenloser **Bus:** zwischen Vesterø und Østerby via Byrum u. a. in Verbindung mit allen Fährüberfahrten!

Von Sæby zum Limfjord

Für eine Fahrt entlang der Ostküste Nordjütlands bietet sich von Sæby bis Hals am Limfjord die Margeriten-Route (S. 70) an, die Sehenswürdigkeiten am Meer wie im Hinterland miteinander verbindet.

Sæby ▶ H 3
Die Ursprünge des ›Städtchens am Meer‹ liegen in der Wikingerzeit; die Mündung der Sæby Å war schon damals als exzellenter Naturhafen geschätzt. Im Zentrum ist viel Altstadtflair bewahrt, so um die gotische Skt. Marie Kirke oberhalb vom Hafen, die für ihre Kalkmalereien mit Marienmotiven bekannt ist.

Das kulturhistorische **Sæby Museum,** in einem alten Kaufmannshof aus dem 17. Jh. untergebracht, befasst sich u. a. mit den Kindertagen des Tourismus (Algade 1–3, Tel. 98 46 10 77, Juni–Aug. Mo–Fr 10–16, Sa, So 11–16, sonst Mo–Fr mindestens 11–15 Uhr, Infos auf www.kystmuseet.dk, Tipp S. 216). Das hat natürlich einen Grund: Herman Bang (1857–1912), Meister des literarischen Impressionismus, hat das Sæby dieser Tage in seinem Klassiker »Sommerfreuden« literarisch unsterblich gemacht. Auch Henrik Ibsen zählte zu den Schriftstellern und Künstlern, die Ende des 19. Jh. häufig Sæby besuchten. Nach einem in der Stadt verbrachten Sommer schrieb er 1888 das Schauspiel »Die Frau vom Meer«. Das gab die Anregung für das moderne Wahrzeichen der Stadt »Fruen fra Havet«, jene große, weiße Frauenskulptur im Stil einer Gallionsfigur, die die Hafeneinfahrt bewacht.

Schlösser im Hinterland
Schon am Westrand von Sæby liegt das von Wallgräben geschützte Renaissancegut **Sæbygård,** das im späten 16. Jh. auf dem Gelände einer Sommerresidenz der Bischöfe von Børglum entstanden ist (Sæbygårdvej 51, Juni/Aug. Di–Fr 10–16, So 12–16 Uhr, Infos auf www.kystmuseet.dk, Tipp S. 216).

Größer, reicher, ›schlossiger‹ wirkt **Voergård** nahe Frauenskjold, dessen Ende des 16. Jh. gebauter Ostflügel mit zwei Ecktürmen Jütlands schönstes Renaissanceschloss ist. Das Portal im Stil eines Triumphbogens war ein Geschenk von Frederik II. an Bauherrin Ingeborg Skeel. Die hatte, um den repräsentativen Bau zu finanzieren, ihre Bauern gnadenlos ausgebeutet und wird in alten Legenden als Frau geschildert, die mit dem Teufel paktierte, um ihren Reichtum zu mehren.

Die Pracht im Inneren kam jedoch erst viel später nach Voergård: Ejnar Overbech Clausen war durch Heirat in Frankreich zu Geld und einem Adelstitel gekommen und kaufte das Gut 1955. Zu seiner privaten Sammlung gehören Gemälde bekannter Meister, wertvolle Gobelins und Memorabilien berühmter Franzosen wie Napoleon, Ludwig XVI. oder Marie Antoinette (Voergård 6, 9330 Frauenskjold, Tel. 98 86 71 08, www.voergaardslot.dk, Ende Juni–Ende Aug. tgl. 11–16 Uhr, Vor- und Nachsaison Sa, So und Feiertage mit unregelmäßigen Öffnungszeiten, 90 DKK/Erw., 30 DKK/7–14 Jahre).

Schloss **Dronninglund** – heute Schlosshotel (S. 223) – ging aus einem Benediktinerinnenkloster des Mittelalters hervor, zeigt sich heute aber ganz barock, Folge einer umfassenden Renovierung Mitte des 18. Jh.; die Kirche ist zugänglich.

Hals ▶ H 5
Die Kattegatküste des Vendsyssel endet im Süden in einem populären Ferienhaus- und Campinggebiet zwischen Hou und Hals. Hier findet sich auch jener **Bisnap Strand,** den

Aalborg

Leser einer großen dänischen Tageszeitung zum besten Strand Dänemarks kürten. Die gut erhaltene Zitadelle Hals Skanse oberhalb der Marina des Städtchens Hals bewachte von Mitte des 17. Jh. bis 1848 die Einfahrt in den Limfjord. Im ehemaligen Zeughaus informiert das **Hals Museum** über die Geschichte an der östlichen Limfjordmündung (Mai–Aug. und Woche 42 Di–So 10–17 Uhr, 30 DKK/ab 18 Jahre). Über den an dieser Stelle gerade einmal 500 m breiten Fjord besteht seit Jahrhunderten eine Fährverbindung nach Egense auf der Himmerland-Seite (s. r.).

Infos

Sæby Turistbureau: Algade 14, 9300 Sæby, Tel. 98 46 12 44, www.visitsaeby.dk.
InfoCenter Hals: Torvet 7, 9370 Hals, Tel. 99 31 75 30, www.visitaalborg.com.

Übernachten

Barockes Schlosshotel ▶ **Dronniglund Slot:** Slotsgade 8, 9330 Dronniglund, Tel. 98 84 33 00, www.dronniglund-slot.dk. Ursprünglich ein Benediktinerinnenkloster, kam der Komplex nach der Reformation in den Besitz des dänischen Königshauses. DZ ab ca. 940 DKK, auch Familienzimmer für bis zu 4 Pers. und Verwöhnpakete mit Übernachtung und Gourmetmenü. Romantisches Restaurant mit HG ca. 175–230 DKK.

Familiencamping ▶ **Hals Strand Camping:** Lagunen 8, 9370 Hals, Tel. 98 25 30 55, www.halsstrandcamping.dk. Familienplatz ca. 5 km nördlich der Limfjordmündung direkt an der Ostsee mit kindgerechtem Strand. Einfache 4-Personen-Blockhütten.

Essen & Trinken

Dänische ›Slow Food‹-Küche ▶ **Skovsgaard's Raaling:** Syrenvej 2, 9370 Hou, Tel. 98 25 32 66, www.raalingen.dk. Kneipe, Restaurant und Ausflugslokal unter Reet in einem der ältesten Privathäuser Dänemarks. Spezialität ist ›Raalings-Brasserade‹: Gäste auf den Plätzen unter freiem Himmel bekommen einen Tischgrill und können sich verschiedene Fleischsorten, u. a. Wildschwein, selbst zubereiten (ca. 200 DKK).

Einkaufen

Bernstein ▶ **Ravsliberen Frants Kristensen:** Algade 12 A, 9300 Sæby, Tel. 98 44 55 27, www.ravsliberen.dk. Die bekannteste Bernsteinschleiferei der Region mit offener Werkstatt und Museum, Juli/Aug. tgl. 10–17, sonst Mo–Fr 10/11–17, Sa bis 13 Uhr.

Aktiv

Strände ▶ **Kinderfreundliche Sandstrände,** die flach ins Meer abfallen, von südlich Sæby bis Lyngså Strand und zwischen Hou und Bisnap Strand bei Hals.

Termine

Hjallerup Markt: Der traditionsreichste **Viehmarkt** im ganzen Land geht auf das Jahr 1744 zurück und bildet den Rahmen für ein großes, buntes Volksfest am ersten Juniwochenende mit einer Mischung aus Jahr- und Krämermarkt sowie einer Landwirtschaftsschau (www.hjallerup-marked.dk).

Verkehr

Bus: Regionalbusse Aalborg – Hjallerup – Dronniglund – Sæby, Stadt- und Regionalbusse Aalborg – Hals.
Fähre: Hals – Egense, Tel. 98 25 12 77, www.hals-egense.dk, tgl. mindestens 8–23 Uhr.

Aalborg ▶ G 4

Cityplan: S. 224
Aalborg am Südufer des Limfjord ist mit etwa 107 000 Einwohnern Dänemarks viertgrößte Stadt. Die gleichnamige Kommune zählt noch gut 95 000 Einwohner mehr und schließt die Nachbarstadt Nørresundby (22 000 Einw.) am Nordufer des hier gerade noch 400 m breiten Limfjord ein, aber auch entfernte Orte wie Hals (S. 222) am Kattegat.

Schnapsbrennerei [1]

Die bekanntesten Produkte aus der Stadt lässt man sich eisgekühlt durch die Kehle laufen: In der **Aalborg Brænderiet** werden seit 1846 Schnäpse gebrannt, heute u. a. der »Rød Aalborg« für den Alltag, der edlere »Aal-

Aalborg

Sehenswert
1. Aalborg Brænderiet
2. Skt. Budolfi Kirke
3. Gamle Rådhus
4. Jens Bangs Stenhus
5. Jørgen Olufsens Gård
6. Schloss Aalborghus
7. Utzon Center
8. Nordkraft (Kulturzentrum)
9. Musikkens Hus (Einweihung voraussichtlich 2014)
10. Vor Frue Kirke
11. Aalborg Zoo
12. Gråbrødrekloster Museet
13. Historisk Museum
14. Kunsten
15. Aalborgtårnet
16. Springeren – Maritimt Oplevelsescenter
17. Aalborg Forsvars og Garnisonsmuseum
18. Lindholm Høje

Übernachten
1. Hotel Hvide Hus
2. Radisson Blue Limfjord Hotel Aalborg
3. Hotel Prinsen
4. Danhostel Aalborg & Camping

Essen & Trinken
1. Jensen's Bøfhus
2. Søgaards Bryghus
3. Storm P. Viseværtshus
4. Provence
5. Hos Boldt
6. Elbjørn
7. Mortens Kro
8. Fisk & Skaldyr

Einkaufen
1. Bispensgade
2. Østerå
3. Aalgade–Bredegade–Nørregade
4. Friis

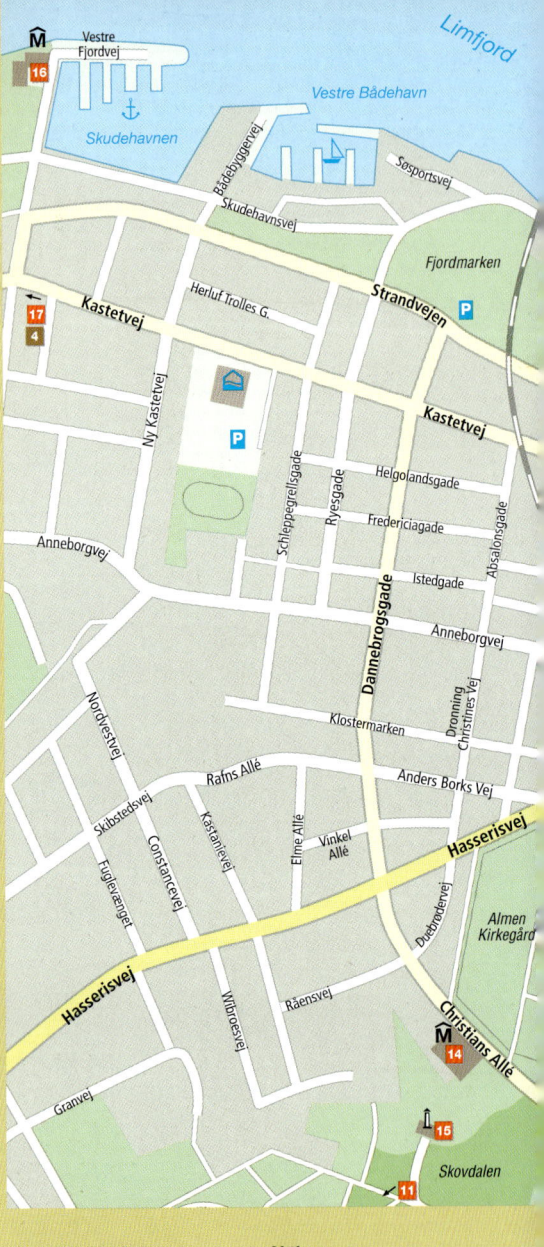

Abends & Nachts
1. C. W. Obel Plads
2. Jomfrue Ane Gade
3. Ved Stranden
4. Casino Aalborg

Aktiv
1. Limfjordsbanen
2. »M/S Kysten«
3. Havnebad

Limfjord
Strandvejen
Ved Stranden
Vesterbro
Vesterå
Jomfru Ane G.
Bispensgade
Slotspladsen
Aalborg Kloster
Klosterjordet
Adelgade
Østerågade
Algade
Nytorv
0 125 250 m
Vestergade
Vesterbrogade
Mellem Broerne
Nørresundby Lystbådehavn
Limfjordsbroen
Vestre Havnepromenade
C. W. Olesens Gade
Poul Paghs Gade
Borgergade
Korsgade
Valdemarsgade
Reberbansgade
Saxogade
siehe Detailkarte
C. W. Obel Plads
Nyhavnsgade
Glasgade
Fjordgade
Vingårdsgade
Sankelmarksgade
Bredegade
Nørregade
Søndergade
Østerbro
Prinsensgade
Boulevarden
Rantzausgade
Danmarksgade
Ågade
Christiansgade
Niels Ebbesens Gade
Toldstrupsgade
Thomas Boss Gade
Kjellerupsgade
Karolinenlundsvej
Steen Blichers Gade
J. F. Kennedys Plads
Jyllands Gade
Fyensgade
Aalborg Station
Busbahnhof
Kildeparken
Dag Hammerskjölds Gade
Østre Allé
Hjulmagervej
Hobrovej
Postmestervej
0 250 500 m

Von Skagen zum Mariager Fjord

borg Jubilæums Akvavit« mit der Dillnote, der luxuriöse »Aalborg Nordguld«, der mit Bernsteindestillat gebrannt wird, der intensiv nach Kümmel schmeckende »Brøndum Kummenaquavit« oder der populäre Bitter »Gammel Dansk«. Trotz all der urdänischen Schnäpse hat die Globalisierung auch hier nicht halt gemacht: Der Name »De Danske Spritfabrikker« taucht noch auf Etiketten auf, aber offiziell heißt die Brennerei inzwischen »Pernod Ricard Aalborg Destilleriet« und ihre Produkte gehören zur selben Familie wie »Absolut Vodka«, »Pernod«, »Ballantines« oder »Chivas Regal« (fragen Sie im i-Büro, ob es wieder Betriebsführungen gibt).

Alkoholisches wird auch reichlich konsumiert: Aalborg gilt als Dänemarks längste Theke und wird diesem Ruf besonders an der kaum 200 m langen **Jomfru Ane Gade** 2 gerecht: Dutzende von Lokalen Wand an Wand – Burger-Buden, Abschleppdiscos, Musikkneipen und ein paar Restaurants. Mit dem **Casino Aalborg** 4 liegt ein Spielkasino gleich um die Ecke, das gern auf seine legere Atmosphäre hinweist – Krawatten und Jacketts sind ausdrücklich nicht erforderlich.

Stadtbummel

Die **Skt. Budolfi Kirke** 2, Aalborgs Dom, wurde Anfang des 15. Jh. über Resten einer romanischen Kirche gebaut und bis in die Gegenwart immer wieder verändert und ergänzt, so Ende des 18 Jh. durch die barocke Turmspitze. Namenspatron ist der englische Seefahrerheilige Botulphus, Zeichen historisch guter Beziehungen der Limfjordregion mit England.

Gleich neben dem Dom am Gammel Torv war schon immer der Rat der Stadt zu Hause. Das **Gamle Rådhus** 3 im Stil des Spätbarock, das heute dort steht, stammt von 1762 und zeigt über dem Hauptportal Wappen und Wahlspruch – »Prudentia & Constantia« (Umsicht und Beständigkeit) – von Frederik V. Das Alte Rathaus wird von Dänemarks schönstem Bürgerhaus aus der Renaissance überragt, dem **Jens Bangs Stenhus** 4. Das fünfstöckige Gebäude entstand 1623/24 im Auftrag des Großkaufmanns Jens Bang. Der war nicht nur reich, sondern auch ein Grantler: Eine der Fratzen, die von der Südwand mehr als deutlich in Richtung Rathaus ihre Zunge ausstreckt, trägt seine Züge. Bang war wütend, weil er nie Ratsherr, geschweige denn Bürgermeister wurde.

Die Front des Jens Bangs Stenhus zeigt zur **Østerågade,** und das ›å‹ im Namen deutet auf einen Fluss hin. In der Tat floss hier – heute verrohrt – ein Arm der ›Östlichen Aa‹, die ein Mündungsdelta aus fünf schiffbaren Wasserläufen bildete, die Aalborg bis ins 19. Jh. in mehrere Inseln teilten. Die Handelshäuser an der Østerå hatten vor der Tür Anleger, so **Jørgen Olufsens Gård** 5 in Nr. 25, Aalborgs zweite große bürgerliche Hinterlassenschaft aus der frühen Renaissance. Der Kaufmannshof entstand zwischen 1580 und 1616 für einen Bruder von Jens Bang. Zur Østerågade zeigt das Gebäude eine Backsteinfassade mit prächtigen Sandsteinarbeiten, darunter direkt über der Tür eine Frauenfigur, ›Aalborgpigen‹, das Aalborg-Mädchen. Der benachbarte **Hamborggård** unter Nr. 25 ist nur wenige Jahre älter, aber gänzlich in Fachwerkbauweise.

Viel Fachwerk zeigt auch **Schloss Aalborghus** 6, das sich am Limfjordufer ein paar Schritte gen Osten hinter einem wuchtigen Torhaus versteckt. Die ältesten Teile entstanden kurz nach jenem blutigen Bürgerkrieg, der Dänemark letztlich die Reformation brachte. Im Vorgängerschloss hatte sich 1534 ein aufständisches Bauernheer unter dem legendären Skipper Clement verschanzt, wurde dort aber von königstreuen Truppen aufgerieben. Schlossgarten und Wälle sind immer, ein Verlies im Sommerhalbjahr zugänglich.

Gleich neben dem Schloss huldigt Aalborg einem weltberühmten Sohn: Das architektonisch extravagante **Utzon Center** 7 erinnert an Jørn Utzon (S. 49), den Architekten der Oper von Sydney. Das in seinem Todesjahr 2008 eröffnete Kulturzentrum am Ufer des Limfjord ist einer seiner letzten Entwürfe – ein Lebenszyklus schließt sich wieder mit einem symbolträchtigen Bau am Wasser, der die Silhouette einer Stadt prägt. Das Center soll

Aalborg

Prachtvolles Bürgerhaus der Renaissance: Jens Bangs Stenhus

als intimes Konferenzzentrum dienen, zeigt aber auch wechselnde Kunst- und Architekturausstellungen und besitzt ein Café-Restaurant mit Fjordblick (Slotspladsen 4, Tel. 76 90 50 00, www.utzoncenter.dk, Di–So 10–17 Uhr, 60 DKK/ab 18 Jahre).

Aalborg begann mit diesem Bau ein ›Upgrade‹ der Hafenfront zu einem Kultur- und Freizeitpark. Es entstand ein Havnebad (S. 231) und 2010 wurde das Kulturzentrum **Nordkraft** 8 in einem umgebauten Kraftwerk fertiggestellt, heute Heimat vieler Sport- und Kulturvereine sowie des Aalborgs Turistbureau (S. 229). Im Haus gibt's je eine Kletter-, Konzert- und Kunsthalle, das Theater Nordkraft, ein Programmkino und natürlich Gastronomie – statt Turbinen surrt hier jetzt das Leben. Und weil man in Dänemark von Kultur scheinbar nie genug bekommt, entsteht zwischen Nordkraft und Hafen ein funkelnagelneues **Musikkens Hus** 9, ein Konzerthaus für ganz Nordjütland – seine Eröffnung ist mit gut zwei Jahren Verspätung nun für das Frühjahr 2014 geplant.

Viertel der Lieben Frau

Die **Vor Frue Kirke** 10 – Liebfrauenkirche – ersetzte 1878 die baufällig gewordene romanische Kirche. Vom alten Gotteshaus wurden reliefverzierte Mauerteile in die neue Fassade integriert, zu sehen am Westportal zur **Peder Barkes Gade** hin. Diese Gasse ist das romantische Schmuckstück des Viertels rund

Tipp: Afrika in Aalborg

Der **Aalborg Zoo** 11 hat keinen international bekannten Namen, ist aber einer der größten in Nordeuropa, mit viel Grün angelegt und mit seiner afrikanischen Erlebniswelt auf der Höhe moderner Zookonzepte. Und er zeigt große afrikanische – nicht wie die meisten zoologischen Gärten nur die kleineren indischen – Elefanten. Top-Ziel für einen Ausflug mit Kindern (Mølleparkvej 63, Tel. 98 13 07 33, www.aalborgzoo.dk, Bus 11, tgl. ab 10 Uhr, schließt saisonabhängig zwischen 15 und 19 Uhr, 170 DKK, 100 DKK/3–11 Jahre).

Von Skagen zum Mariager Fjord

Nekropole der Vorzeit: Schiffssetzungen der Wikingerzeit auf Lindholm Høje

um die Vor Frue Kirke mit vielen Häusern aus dem 17., 18. und 19. Jh. – etwas historische Kleinstadt inmitten der modernen Großstadt.

Von der Vor Frue Kirke in westlicher Richtung zieht sich eine Fußgängerzone mit Boutiquen, Kunsthandwerksgalerien und Spezialitätenshops über **Nørregade, Bredegade** und **Algade** bis zur Østerågade. Als 1994 bei einer Baumaßnahme in der Algade Fundamente und Gräber eines Klosters aus dem 13. Jh. freigelegt wurden, stuften Archäologen sie als so bedeutend ein, dass sie mit großem Aufwand 3 m unter dem Straßenniveau im **Gråbrødrekloster Museet** 12 zugänglich gemacht worden sind (Algade 19, Di–So 10–16/17 Uhr, 40 DKK pro Aufzugfahrt in die Tiefe).

Jenseits der Østerågade setzt sich die Algade fort. Das **Historisk Museum** 13 präsentiert neben seiner bekannten Sammlung historischer Gläser auch die ›Aalborgstue‹, einen prachtvoll ausgestatteten Raum, wie er zur Blütezeit der Renaissance Anfang des 17. Jh. in einem der reichen Kaufmannshöfe der Stadt ausgesehen haben dürfte (Algade 48, Tel. 99 31 74 00, www.nordmus.dk, Di–So 10–16/17 Uhr, 30 DKK/ab 18 Jahre).

Im Süden der Stadt

Aalborgs bedeutendstes Museum liegt im Süden der Stadt: **Kunsten** 14 zeigt moderne dänische, aber auch internationale Kunst. Gut sind Strömungen dänischer Malerei im 20. Jh. repräsentiert, vom Künstler des modernen Durchbruchs J. F. Willumsen (1863–1958) über Surrealisten, Konstruktivisten und die CoBrA-Gruppe bis zur Fluxusbewegung und auch die Gegenwart ist gut vertreten. Im Skulpturenpark hinter dem Museum imponieren Eisenskulpturen von Robert Jacobsen (1912–93) sowie Bjørn Nørgaards (geb. 1947) die Fantasie anregendes Traumschloss (Kong Christians Allé 50, Tel. 98 13 80 88, 50, Tel. 98 13 80 88, www.kunsten.dk, Di–So 10–17, Febr.–April, Sept.–Nov. Di 10–21 Uhr, 75 DKK/ab 18 Jahre, Ticket gilt am Ausstellungstag auch für Utzon Center, S. 226). Das lichtdurchflutete, 1972 eingeweihte Museum ist selbst ein Kunstwerk der klassischen Moderne, im Wesentlichen geschaffen vom finnischen Altmeister Alvar Aalto (1898–1976).

Auf dem Hügel hinter dem Museum ragt der Aussichtsturm **Aalborgtårnet** 15 auf, dessen Besuchskanzel – 55 m Turmhöhe, 105 m über dem Meeresspiegel – einen fan-

Aalborg

tastischen Blick über Stadt und Limfjord bietet (Søndre Skovvej 30, Tel. 98 77 05 11, April–Sept. Kernzeit 11–17 Uhr, 30 DKK/Erw., 20 DKK/Kinder; Bistro im Turm).

Im Westen

Maritimer Technik hat sich das **Springeren – Maritimt Oplevelsescenter** 16 im Westen der Stadt am Limfjord verschrieben. Es setzt dabei auf die Faszination von Kriegsgerät und präsentiert u. a. das letzte in Dänemark gebaute U-Boot sowie ein Torpedoschnellboot (Vestre Fjordvej 81, Tel. 98 11 78 03, www.springeren-maritimt.dk, Bus 13, Mai–Aug. tgl. 10–17, sonst 10–16 Uhr, 80 DKK/Erw., 40 DKK/6–14 Jahre).

Was die Marine kann, können wir auch, dachten sich wohl Heer und Luftwaffe, und so kann man im **Aalborg Forsvars- og Garnisonsmuseum** 17 deren Kriegsgerät studieren – die Halle wurde von deutschen Truppen 1940 als Wasserflugzeughangar gebaut. Aalborg war im Zweiten Weltkrieg ein wichtiger deutscher Standort – auch dieses Thema behandelt das Museum (Skydebanevej 22, Tel. 98 12 88 21, www.forsvarsmuseum.dk, Bus 13, April–Okt. 10–16/17 Uhr, 50 DKK/Erw., 25 DKK/Kinder).

Nicht weit von der Halle pendelt Dänemarks kleinste Autofähre zur Limfjordinsel **Egholm** – ein wunderschönes Ziel für einen Radausflug, aber ungeeignet, um dabei Pfunde loszuwerden: Auf Egholm ist das Sommerlokal **Kronborg** für seinen gebratenen Kronborg-Aal mit Sahnekartoffeln, Buttersauce und Preiselbeeren berühmt (Restaurant Tel. 98 17 27 75, Mai nur Frokost, Juni–Aug. auch abends geöffnet, HG ca. 150–250 DKK, Egholmfähre, Tel. 99 31 23 69, Kernzeit 9–23 Uhr, ca. 5 Min.).

Jenseits des Limfjord

Um eine der wichtigsten historischen Sehenswürdigkeiten Dänemarks zu sehen, muss man den Limfjord nach Norden überqueren. Am Rand von **Nørresundby** liegt **Lindholm Høje** 18, der Großfriedhof einer Siedlung der Eisen- und Wikingerzeit (etwa 500–1050 n. Chr.). 682 Gräber – die meisten Brandgräber – sind hier lokalisiert, etwa 150 mit Steinsetzungen, viele davon in Schiffsform, wie es zur Wikingerzeit bis etwa 900 n. Chr. Mode war. Neben den Gräbern kamen auch Hausfundamente und ein versteinerter Acker inklusive der Fahrspur eines Wagens zu Tage. Alles ist so gut bewahrt, weil Lindholm Høje ab Mitte des 11. Jh. sein eigenes Pompeji-Erlebnis hatte: Die Vorzeitnekropole nebst Siedlung versank unter einer konservierenden, bis zu 4 m hohen Flugsanddüne und wurde erst in den 1950er-Jahren systematisch ausgegraben. Gleich neben dem Gräberfeld werden im **Lindholm Høje Museum** Funde aus der germanischen Eisenzeit und der Wikingerzeit gezeigt (Vendilavej 11, 9400 Nørresundby, Tel. 98 17 55 22, Bus 2, 27, S3, April–Okt. tgl. 10–17, sonst Di–So 10–16 Uhr, 60 DKK/ab 18 Jahre).

Infos

Turistbureau: Kjellerups Torv 5 (Nordkraft Kulturcenter; Kedelhallen), 9000 Aalborg, Tel. 99 31 75 00, www.visitaalborg.com. Die Zuständigkeit reicht von Hals (S. 222) im Osten bis Nibe (S. 232) im Westen.

Übernachten

Modernes 15-Etagen-Hotel am Kongresscenter ▶ **Hotel Hvide Hus** 1 : Vesterbro 2, Tel. 98 13 84 00, www.helnan.info. 4-Sterne-Hotel mit 200 Zimmern in grüner Umgebung. DZ ca. 1200–2600 DKK; Wochenenden und Sommer ab ca. 1000 DKK.

Businesshotel mit guten Sommerpreisen ▶ **Radisson Blue Limfjord Hotel Aalborg** 2 : Ved Stranden 14–16, Tel. 98 16 43 33, www.radissonblu.com. Am Limfjordufer, mehrere Restaurants und Casino (S. 230), sehr flexible Preise ab ca. 1050 DKK.

Altmodisch und bezahlbar ▶ **Hotel Prinsen** 3 : Prinsensgade 14–16, Tel. 98 13 37 33, www.prinsen-hotel.dk (Small Danish Hotels, S. 86). Einfach, zentral gelegen und preisgünstig – ein klassisches Stadthotel am Bahnhof, DZ ab ca. 800 DKK.

4-Sterne-Herberge und Camping am Limfjord ▶ **Danhostel Aalborg & Camping** 4 : Skydebanevej 50, Tel. 98 11 60 44, www.bbbb.dk. All-in-one für Low-Budget-Wohnen

Von Skagen zum Mariager Fjord

aktiv unterwegs

Limfjordruten und Snapseruten – Radwandern zu Kultur und Genuss

Tour-Infos
Start: variabel
Länge: 610 km auf 10 Etappen verteilt
Schwierigkeit: flaches bis hügeliges Terrain
Dauer: variabel, je nach Etappenanzahl
Service: Infos zur Limfjordroute unter www.visitlimfjorden.com. Rundfahrtvorschläge der Schnapsroute inkl. Angeboten für Paketreisen und Schnapsrezepte mit Kräutern der Region unter www.snapseruten.dk. Buchungsbüro: Tel. 97 72 04 88.
Karte: ▶ B–H 4–7

Limfjordruten, eine etwa 600 km lange Radwanderroute, quert auf 10 Etappen Jütland von der Ostsee zur Nordsee und zurück, mehr oder minder in Tuchfühlung zum Limfjord. Sie bietet abwechslungsreiche Natur, aber auch viele Kulturerlebnisse. Die Route nutzt einige der Limfjordfähren (S. 192) und bietet Optionen, die Miniinsel Egholm, Livø oder Venø (S. 174) zu erkunden. Die Limfjordroute ist als nationale Fahrradroute Nr. 12 ausgeschildert und im Radwanderführer »Auf dem Fahrrad um den Limfjord« detailliert beschrieben (S. 82).

Eigentlich ist die Limfjordroute eine Weiterentwicklung der Schnapsroute und beide sind immer wieder miteinander verzahnt. Eine Gruppe Kroer und Hotels, die **Snapseruten** kreiert haben, bieten Paketreisen für Miniferien von 3 Tagen bis zu einer Woche Dauer rund um den Limfjord für Radfahrer, aber auch für Golfer. Sie stellen dabei lokale Spezialitäten aus Küche und Keller in den Mittelpunkt und sprechen vorrangig Menschen an, die Genüsse für den Leib mit Kulturerlebnissen verbinden und geruhsames, kleinräumiges Reisen lieben. In allen Häusern gibt's ein Schnäpschen zur Begrüßung und lokale Spezialitäten zum Dinner.

in Aalborg. Auch Hütten (bis 7 Pers.) und Campingplatz. Etwas außerhalb; Stadtbus-Haltestelle ca. 5 Min. entfernt. DZ/2-Pers.-Hütte je nach Saison ca. 455–540 DKK, 4-Bett-Zimmer/Hütte ab ca. 600–700 DKK.

Essen, Abends & Nachts

In einer Stadt, die sich aufgrund der Restaurantvielfalt als Paris des Nordens bezeichnet, bummelt man auf der Suche nach einem Restaurant, einem Café oder einer Kneipe einfach über einschlägige Plätze und durch angesagte Gassen:

Umsäumt ist der **C. W. Obel Plads** 1, darunter **Jensen's Bøfhus** 1 Nr. 3, Tel. 98 16 63 33, Filiale der Familienrestaurantkette S. 60) und das Brauhaus **Søgaards Bryghus** 2 Nr. 1 A, Tel. 98 16 11 14, deftige Küche zu Frokost und abends, HG um 200 DKK). Die **Jomfru Ane Gade** 2 bietet neben Discos, Nightclubs, Cocktailbars, Bier- und Musikkneipen auch etliche Restaurants – alle mit Tischen vor der Tür. Viele Lokale sind Zwitter, tagsüber Café und Restaurant wie das urige **Storm P. Viseværtshus** 3 (Nr. 14), das jeden Tag ein Frokost-Buffet aufbaut (100 DKK) und donnerstags bis samstags zu später Stunde zur Disco mutiert.

Nach Norden setzt sich die Lifestylemeile in **Ved Stranden** 3 fort. Hier liegt das **Aalborg Casino** (4 Nr. 16, bis 3/4 Uhr, Mo–Sa 60 DKK, So gratis), wo man multikulturell speisen kann, z. B. französisch im **Provence** (4 Nr. 11, Tel. 98 13 51 33, 3 Gänge ab ca. 300 DKK). Der restaurierte Fachwerkhof **Simonisgaard** (Nr. 7) beherbergt mehrere Lokale, u. a. das **Hos Boldt** (5 Tel. 98 16 17 77, gourmet-französisch, HG ca. 300–330 DKK, Menüs ab 350 DKK). Und sogar auf dem Limfjord bekommt man etwas zu essen:

Himmerland

Ex-Eisbrecher ▶ **Elbjørn** 6 : Strandvejen 6B, Tel. 43 42 34 34, http://restaurantelbjoern.dk. Der Eisbrecher hatte 1954 seine Jungfernfahrt, es folgte ein halbes Jahrhundert ›Bereitschaft‹ für wenige Wochen alle paar Jahre, in denen die inneren dänischen Fahrwasser wie der Limfjord zufrieren. An Bord durchaus familienfreundliches Restaurant auf dem Hauptdeck und Frokostlokal in der ehemaligen Kapitänskajüte. Bei schönem Wetter gibt's auch Plätze auf Deck.
Etwas abseits des großen Trubels:
Der Gastro-Tempel in Aalborg ▶ **Restaurant & Champagnebar Mortens Kro** 7 : Mølleå 4, Tel. 98 12 48 60, www.mortenskro.dk. Das zeitlose, elegante Interieur bringt etwas Weltstädtisches nach Aalborg, die modern-dänische Küche verwendet lokale Zutaten – HG und Menüs ab ca. 300 DKK.
Das Fisch-, Hummer- und Krabbenrestaurant ▶ **Fisk & Skaldyr** 8 : Bispensgade 31 (Zugang von Vesterbro), Tel. 98 34 20 76, Mo–Sa nur abends. Menüs ab 270 DKK.

Einkaufen

Alles von Designermode bis zum Billigen Jakob bieten die Fußgängerzonen und Geschäftsstraßen: große Brand-Shops in **Bispensgade** 1 und **Østerå** 2 , kleinere Boutiquen in der Fußgängerzone **Aalgade – Bredegade – Nørregade** 3 nebst Nebengassen. Bindeglied zwischen den Fußgängerzonen und den neuen Kulturstätten am Hafen ist die 2010 eröffnete City-Mall **Friis** 4 (Nytorv 27, Mo–Fr 10–19, Sa und mind. 1 So pro Monat 10–16 Uhr) mit rund vier Dutzend Shops.

Aktiv

Oldtimerzüge ▶ **Limfjordsbanen** 1 : Mitte Juli–Aug., Woche 42 und Vorweihnachtszeit 1–2 × wöchentl. mit Dampf- oder Dielloks ab Bahnhof Aalborg; www.limfjordsbanen.dk.
Oldtimerschiff ▶ **»M/S Kysten«** 2 : Mobil-Tel. 26 24 58 95, www.mskysten.dk. Nostalgiedampfer ab Anleger unterhalb Limfjordbrücke; 50-Min.-Rundfahrten, an einigen Tagen auch Tagesfahrten u. a. bis Hals (S. 222).
Baden im Fjord ▶ **Aalborg Havnebad** 3 : Das 2011 eröffnete ›Ponton‹-Freibad im Limfjord direkt vor der Stadt mit Kinder- und Spielbecken sowie 3- und 5-Meter-Sprungturm soll ganz nebenbei auch demonstrieren, dass der Limfjord ein sauberes Gewässer ist, was täglich kontrolliert wird (Mitte Juni–Aug tgl. 10–18 Uhr, Rest des Jahres nur für den Verein der Winterbader).

Termine

Opernfestival: In der Mitte März füllt sich Aalborgs Luft mit Ariengesängen – das international angesehene Opernfestival bringt rund 30–40 Vorstellungen auf verschiedene Bühnen (www.aalborgoperafestival.dk).
Karneval im Mai: Nordeuropas größter Karneval der Kulturen immer in Woche 21 (www.karnevaliaalborg.dk).
Wikingermarkt: Auf Lindholm Høje am Rande des großen Gräberfeldes findet jedes Jahr über das ›letzte komplette Juniwochenende‹ ein Markt im Stil der Wikingerzeit statt.

Verkehr

Bahn: IC/Lyn-Tog Station an der Strecke Frederikshavn – Kopenhagen. Lokalbahn mit Stopps von Lindholm Station (Nørresundby) bis Skørping.
Bus: Zentraler Busbahnhof für Regional- und Fernbusse am John F. Kennedys Plads neben dem Bahnhof, u. a. X-Bus (S. 78) ab/bis Esbjerg und Frederikshavn sowie Abildskou (S. 78) ab/bis Kopenhagen. An Wochenenden Nachtbusnetz bis nach Blokhus an der Jammerbugt (S. 195).
Flug: Flughafen 6 km nördl., www.aal.dk. Tgl. nach Kopenhagen mit Cimber Sterling, SAS und norwegian.com (S. 78). Bus tagsüber alle 15–30 Min. vom Busbahnhof zum Airport.
Taxi: u. a. Aalborg Taxa Tel. 98 10 10 10.

Himmerland ▶ E–H 5/6

Das Himmerland ist Nordjütlands kontinentaler Teil, im Westen und Norden von sanften Limfjordwellen umspült, im Osten vom Kattegat begrenzt und im Süden schlängelt sich der schmale Mariager Fjord tief ins Binnenland und lässt gerade 30 km ›Landgrenze‹

Von Skagen zum Mariager Fjord

nach Mitteljütland. Kleine, kinderfreundliche Strände und gute Wassersportbedingungen locken an die Küsten, große Wälder und ungewöhnliche Moorbiotope ins Hinterland. Das Himmerland ist zudem altes Kulturland, in dessen Boden schon manches bedeutende Zeugnis der Vorzeit entdeckt wurde.

Westhimmerland ▶ E/F 4/5

Fährt man von Aalborg über die **Margeriten-Route** (S. 70) am Südufer des Limfjord entlang ins westliche Himmerland, passiert man zwischen den Dörfern Frejlev und Sønderholm einen sehr exponiert liegenden Langdolmen aus der Jungsteinzeit: **Troldkirken** – die ›Kirche der Trolle‹. Sechs Findlinge, umrahmt von fast 50 Randsteinen, tragen den tonnenschweren Deckstein.

Das charmante, in einigen Ecken geradezu nostalgische **Nibe** und die Brückenstadt **Løgstør** an der schmalsten Stelle des Limfjord waren immer Konkurrenten: Früher wetteiferten sie um die Privilegien, Hering fangen und damit handeln zu dürfen, heute darum, Freizeitskipper in ihre properen Marinas zu locken. Logstør kann dabei auf den im 19. Jh. angelegten **Frederik VII. Kanal** zurückgreifen. Durch ihn konnten früher Boote Untiefen im eigentlichen Fjord umfahren. Der ist heute ausgebaggert, der Kanal für die Schifffahrt nicht mehr notwendig. Das alte Kanalwächterhaus beherbergt das **Limfjordsmuseum,** Mittelpunkt eines 2009 eröffneten maritimen Erlebniszentrums mit Ausstellungen über Handel, Bootsbau, Fährverkehr und Fischerei am Fjord; die Natur im und am Fjord erklären Naturführer. Das Museum betreibt zudem seetüchtige Boote, wie sie früher auf dem Fjord genutzt wurden. Sie laufen in der Sommersaison mit Besuchern zu Touren aus (Kanalvej 40, 9670 Løgstør, Tel. 98 67 18 05, April–Okt. Sa, So, große Feiertage, Woche 42, Mitte Juni–Aug. tgl. 10–17 Uhr, 50 DKK/ab 18 Jahre).

Aus der Küstenlinie ganz im Westen springt **Ertebølle Hoved** heraus. Zwischen 5200 und 4200 v. Chr. schlugen hier immer wieder Menschen eines Jägervolkes ihr Lager am Ufer auf und warfen ihre Abfälle ins Meer. Die Landhebung drückte diese ›Küchenabfälle‹ über den Meeresspiegel, wo Archäologen sie Ende des 19. Jh. entdeckten. Der Fund gab der ältesten eigenständigen Kultur auf dänischem Boden den Namen: Ertebølle-Kultur. Wie die Menschen damals lebten, macht das **Stenaldercentret Ertebølle** für Besucher (er)lebbar (Gl. Møllevej 8, 9640 Farsø, Tel. 98 63 67 88, das Museum wird renoviert, Öffnungszeiten und Preise 2014 aktuell auf www.vesthimmerlandsmuseum.dk).

Im Binnenland ist Aars durch einen der bekanntesten dänischen Gegenwartskünstler auf die Landkarte für Kulturreisende gerückt: Per Kirkeby (S. 48) gestaltete hier mehrfach Kunst an öffentlichen Bauten und lieferte Ende der 1990er-Jahre Pläne für das **Vesthimmerlands Museum,** das sowohl Kunst und Design der Gegenwart, natürlich auch von Kirkeby, als auch Opferfunde aus den Mooren der Umgebung zeigt (Søndergade 44, Tel. 98 62 35 77, www.vesthimmerlandsmuseum.dk, Di–So Mai–Aug. 11–17, sonst 13–17 Uhr, 30 DKK/ab 18 Jahre).

Infos

VisitVesthimmerland – Løgstør: Toldbodgade 8, 9670 Løgstør, Tel. 99 66 92 00, Hauptbüro für das westliche Himmerland, Dependancen u. a. **VisitVesthimmerland – Aars,** Bymidten 5, 9600 Aars. Für beide: www.visitvesthimmerland.dk.

Übernachten, Essen & Trinken

Musik, gutes Essen und dreieinhalb Jahrhunderte Tradition ▶ **Hvalpsund Færgekro:** Sundvej 87, 9640 Hvalpsund, Tel. 98 63 86 00, www.hvalpsund-faergekro.dk (Small Danish Hotels, S. 86), Station der Snapseruten (S. 230). Seit 1669 mit königlichen Privilegien ausgestattet. Hier feiern Einheimische Familienfeste, hier kommen an lauen Abenden Hobbyskipper zu einem Bier von ihren Jachten herauf und hier gibt's häufig Livemusik. DZ ab ca. 1000 DKK, Gourmet- und Wochenendpakete. Die Küche ist dänisch und anspruchsvoll. HG ca. 170–270 DKK, Menüs ca. 250–500 DKK.

Himmerland

Aktiv

Exkursionen zur Insel Livø ▶ Miniline ab Rønbjerg nur für Personen! Tel. 96 66 81 00, www.miniline.dk, Mitte April–Woche 42, bis 8 x tgl., 20 Min., 90 DKK/Erw., 50 DKK/bis 12 Jahre; auch Seehundsafaris. Infos zu Livø unter www.livo.dk (dän.).

Verkehr

Bus: Regional- und Nachtbusse ab/bis Aalborg von allen genannten Orten.
Fähre: Hvalpsund-Sundsøre Færge, Mobil-Tel. 20 60 95 00, Kernzeit 8.15–20.15 Uhr mindestens 2 x stdl.

Rold Skov ▶ F/G 5/6

Zwischen Aalborg und Hobro führt die alte Nord-Süd-Hauptstraße [180] mitten durch den **Rold Skov**, mit fast 9000 ha das größte Waldgebiet Dänemarks. Im Norden wurde 1912 ein besonders abwechslungsreiches Gelände mit Spenden dänischer US-Auswanderer, an die ausgiebig erinnert wird, zu einem Naturschutzgebiet und ist gemeinhin als ›**Nationalpark Rebild Bakker**‹ bekannt. Das war solange kein Problem, bis Dänemark 2007/08 die ersten offiziellen Nationalparks benannte – die ›Hügel von Rebild‹ gehören nicht dazu. Sie sind jedoch nach wie vor ein naturschöner Ort mit guten Wanderwegen wie durch den geradezu mystischen Troldskoven, den ›Wald der Trolle‹, mit seinen verwachsenen Buchen. Außerdem bilden die Rebild Bakker jedes Jahr am 4. Juli den Rahmen für das größte Fest zum amerikanischen Unabhängigkeitstag in Europa, immer mit viel Prominenz aus Dänemark und den USA. Als Besucherzentrum und Tor in dieses Naturgebiet und sein eher bürgerlich-folkloristisches Ambiente dient seit Anfang 2013 das geradezu futuristische **RebildPorten.** Der moderne Bau aus Glas und Holz beweist: Mit Holz geht mehr als Blockhaus!

Im und um den Rold Skov befassen sich Museen mit Volksmusik, Forstwirtschaft und der Circuswelt, das ungewöhnlichste präsentiert Skulpturen und Skulpturentwürfe jütischer Künstler tief unter der Erde in alten Gängen der **Thingbæk Kalkmine** – beeindruckend und immer erfrischend kühl (Rødemøllevej, 9520 Skørping, Tel. 98 37 51 12, April, Sept., Okt. Sa, So, Feier- und Ferientage, Mai-Aug. tgl. 10–17, Juli 9–18 Uhr, 50–60 DKK/Erw., 25–30 DKK/6–12 Jahre).

Infos

Rebild Turistbureau: im RebildPorten, Rebildvej 25A, Rebild DK-9520 Skørping, Tel. 99 88 90 00, www.visitrebild.dk.

Übernachten, Essen & Trinken

Konservatives Ambiente ▶ Rold Gammel Kro: Hobrovej 11, Rold, 9510 Arden, Tel. 98 56 17 00, www.roldkro.dk. Kulinarisch ambitionierter Kro mit Sinn für klassische dänische Küche mit reichlich Fleischgerichten (HG ca. 150–300 DKK, deftige Menüs ab 180 DKK). Station der Snapseruten (S. 230). Moderne Zimmer in Neubau ca. 990 DKK.

4-Sterne-Herberge unterm Reetdach ▶ Danhostel Rebild Vandrerhjem: Rebildvej 23, Rebild, 9520 Skørping, Tel. 98 39 13 40, www.danhostelrebild.dk. Nah zum ›Nationalpark‹ Rebild Bakker. DZ/4-Bett-Zimmer alle mit Bad/WC 405/505 DKK.

Verkehr

Bahn: Skørping und Aden sind Stationen an der Bahnlinie Aalborg – Aarhus.

Osthimmerland ▶ G/H 5/6

Der eher einem Strom als einem Meeresarm ähnelnde Ostteil des Limfjord von Aalborg bis zur Mündung ins Kattegat bei Hals nennt sich **Langerak** und kann von Hochseeschiffen befahren werden – ein spektakuläres Bild, wenn mit etwas Abstand betrachtet plötzlich ein großer Pott mitten durch die Felder zieht.

Südlich der Limfjordmündung steht man entlang der Küste auf altem Meeresboden. Erst die allgemeine Landhebung Norddänemarks schuf hier Festland. Das **Lille Vildmose**, das ›Kleine Wildmoor‹, mag klein gewesen sein, als es diesen Namen bekam, inzwischen ist es mit etwa 5000 ha das größte verbliebene Moorgebiet Dänemarks – berühmt für seinen Wildreichtum: Hier sagen

Von Skagen zum Mariager Fjord

sich nicht nur Fuchs und Hase, sondern auch Hirsch und Wildschwein gute Nacht – und Seeadler schauen von oben zu.

Das **Lille Vildmose Centeret** mit seinem markanten Aussichtsturm informiert mit interaktivem Konzept über das Naturschutzgebiet, seine frühere Ausdehnung sowie über Flora und Fauna und dient außerdem als i-Büro der Region (Vildmosevej 16, 9280 Dokkedal, Tel. 99 31 75 50, http://lillevildmose.dk, Ostern–Woche 42 tgl. 10–16, Juni–Aug. 10–17 Uhr, 60 DKK/Erw., 30 DKK/6–12 Jahre).

Als Südgrenze des Himmerland schlängelt sich der **Mariager Fjord** 40 km von seiner Mündung bis Hobro ins Land hinein. Die Margeriten-Route (S. 70) folgt von der Brücke bei Hadsund dem landschaftlich schöneren Südufer. Romantisch, idyllisch, typisch dänisch, wie im Märchen – das sind Beschreibungen, die gern für die ›Rosenstadt‹ **Mariager** benutzt werden. In **Danmarks Saltcenter** dreht sich dort alles ums Salz, von der Gewinnung durch Sieden oder Bergbau bis zur Verwendung als Streumittel oder Gewürz, und im ›Salzpool‹ kann man das Tote-Meer-Feeling am eigenen Leib ›erschweben‹ (Ny Havnevej 6, 9550 Mariager, Tel. 98 54 18 16, www.saltcenter.com, tgl. 10–16/17/18 Uhr, 90 DKK, 70 DKK/3–11 Jahre; schöne Frokost-Cafeteria mit Fjordblick).

Hobro und Fyrkat ▶ F 6

Der Name der Stadt **Hobro** wird oft in einem Atemzug mit der Wikingerburg **Fyrkat** genannt, die 3,5 km südwestlich am Rand eines Flusstals liegt. Nach Erkenntnissen der Archäologie gehörte Fyrkat zu sechs Kasernenanlagen aus der Regierungszeit von Harald Blåtand um 980 (S. 30). Wie die Nachbauten der Häuser, die der Wirklichkeit vor über 1000 Jahren wohl sehr nahe kommen, ist auch der Burgwall nicht mehr das Original, sondern eine Rekonstruktion in Originalgröße am Originalplatz.

Nachgebaut ist auch der Wikingerhof an der Zufahrtsstraße, der im Sommer mit bun-

Zeitreise im Museumsdorf Fyrkat: So lebten die Menschen der Wikingerzeit

Himmerland

tem Leben in zeitgemäßen Kostümen gefüllt ist und Besucher zu einer Zeitreise verführt (Fyrkatvej 37b/45, Tel. 98 51 19 27, www.nordmus.dk, die Burganlage ist immer zugänglich, Besucherzentrum und Wikingerhof von Ostern, April nur Sa und So, Mai und Woche 42 tgl. 10–16, Juni–Aug. 10–17, Sept. 10–15 Uhr, 60 DKK/ab 18 Jahre).

Wer sich mehr für die Skipper der Gegenwart interessiert, als für die Wikinger, darf am Hafen von Hobro das **Lystfartøjsmuseet** nicht missen, ein mit viel Engagement geführtes Museum rund ums Freizeitsegeln (Sdr. Kajgade 14, Tel. 99 82 41 70, www.nordmus.dk, Mai–Sept. tgl. 11–16 Uhr; 30 DKK/ab 18 Jahre).

Ob die Scheichs von Dubai am Ufer des **Klejtrup Sø**, 12 km südwestlich Hobro, die Idee für ihre neuen Inselwelten im Persischen Golf bekamen, wird gern spekuliert: Auf jeden Fall schuf Søren Poulsen dort seine Weltkarte schon vor Jahrzehnten: Hier darf man über Kontinente bummeln und über den Stillen Ozean paddeln. Je ein Breitengrad, in der Realität 111 km, entspricht 27 cm auf der **Verdenskortet**. Das ist keine spektakuläre Sehenswürdigkeit, aber eine jener kleinen, die Dänemarks besonderen Charme ausmachen – ideal für einen Ausflug mit kleineren Kindern (Søren Poulsensvej 5, Klejtrup, Tel. 98 54 61 32, www.verdenskortet.dk, Mai–Sept. tgl. 10–17, Hochsaison 10–18 Uhr, 65 DKK/Erw., 45 DKK/2–12 Jahre).

Infos

Hobro Turistinformation: Søndre Kajgade 10, 9500 Hobro. **Mariager Turistbureau:** Torvet 1 (im alten Rathaus) 9550 Mariager. **Øster Hurup Turistinformation:** Kystvejen 34, 9560 Øster Hurup. Für alle: Tel. 70 27 13 77, www.visitmariagerfjord.dk

Übernachten

Gutspension über dem Mariager Fjord ▶
Hotel Bramslevgaard: Bramslev Bakker 4, Tel. 98 51 20 30, www.bramslevgaard.dk. Viel Atmosphäre, wenige Zimmer von einfach bis zur Himmelbettsuite, DZ ab ca. 900 DKK, auch Ferienwohnungen.

Moderne 5-Sterne-Herberge ▶ **Danhostel Hobro Vandrerhjem:** Amerikavej 24, 9500 Hobro, Tel. 98 52 18 47, www.danhostelhobro.dk. Modern ausgestattete DZ und 4-Bett-Zimmer (alle mit Bad/WC) 450/550 DKK.

5-Sterne-Camping am Strand ▶ **Kattegat Strand Camping:** Dokkedalvej 100, 9560 Øster Hurup, Tel. 98 58 80 32, www.kattegatstrandcamping.dk (TopCamp, S. 87). Die besten Hütten verfügen nicht nur über Bad/WC, sondern auch über Internetzugang und DVD-Player.

Überschaubarer Ferienpark mit Spaßbad ▶ **Feriecenter Øster Hurup:** Havblik 4, Øster Hurup, 9560 Hadsund, Tel. 98 58 83 00, www.vandlandsferie.dk. Anlage direkt am Meer mit kleinen Reihenhäusern im Dorfstil rund um ein tropisches Badeland (gratis für Hausgäste). Mietzeiten auch unter 1 Woche, je nach Saison und Lage ca. 875–1970 DKK, ab 3. Tag deutliche Rabatte.

Aktiv

Strände ▶ Der schönste Strand der Region mit ein paar Dünen bei **Øster Hurup.**

Bootstouren ▶ **Svanen:** Tel. 98 52 46 77, www.dssvanen.dk. Romantische Touren mit dem Nostalgieraddampfer auf dem Mariager Fjord; Mai–Sept. mindestens Sa, So, Hochsaison tgl. ab Hobro, Mariager und Hadsund, h/z 100–130 DKK/Erw., 60–90 DKK/Kinder.

Kajak- und Kanuverleih ▶ **Mariagerfjord Kajak:** Blåkildevej 26A, 9500 Hobro, Tel. 98 55 82 19, www.mariagerfjordkajak.dk. Verleih am Südufer des Mariager Fjord; Kajak/Kanu 50/100 DKK/Std., 250/250 DKK/Tag.

Oldtimerbahn ▶ **Mariager-Handest Veteranjernbane:** Tel. 98 54 18 64, www.mhvj.dk. Juni–Anfang Sept. und Woche 42 an bis zu vier Tagen in der Woche 1–2 Abfahrten, je nach Strecke h/z 70–120 DKK/Erw., 60 DKK/4–11 Jahre. Eine der schönsten Oldtimerstrecken im Lande.

Verkehr

Bahn: Hobro ist Station an der Bahnlinie Aalborg – Aarhus.
Bus: Mehrmals täglich Regionalbus Aalborg – Hobro entlang der ganzen Ostküste.

Stockrosen in den Gassen von Faaborg auf Fünen

Kapitel 3
Ostjütland und Fünen

Ostjütland und Fünen bilden eine Welt aus Fjorden, Seen und Inseln. Beide Teilregionen sind am Lillebælt, dem Kleinen Belt, zusammengewachsen und trotz aller Vielfalt der Landschaften eine touristische Einheit.

Typisch für Ostjütland sind weit ins Land reichende Fjorde, für Fünen eine langgezogene Ausgleichsküste im Norden und Øhavet, das Inselmeer im Süden, ein Paradies für Wassersportler. Es handelt sich dabei um eine im Meer versunkene Randmoräne. Ähnlich, nur angehoben, entstand ein Landstrich, der gern genannt wird, fragt man Dänen nach den schönsten Flecken ihrer Heimat: Molsbjerge auf der Halbinsel Djursland. Nicht weit entfernt bemüht sich Aarhus mit viel Kultur um sein Image als ›kleinste Großstadt der Welt‹: ARoS, das Kunstmuseum der zweitgrößten Stadt Dänemarks, ist mit der 2010 fertigstellten Dachinstallation »Your Rainbow Panorama« von Ólafur Elíasson gerade in der Weltliga moderner Museen angekommen. Nicht ganz ins Dänemark-Klischee von Strand und Dünen passt hingegen das Seenhochland um Silkeborg.

Nirgendwo in Dänemark hat man eine größere Auswahl, eine kleinere Insel zu besuchen, gern auf einem Tagesausflug, vielleicht das umweltbewusste Samsø, das pittoreske Ærø oder die Mini-Idyllen Skarø und Drejø.

Politisch gehören Ostjütlands Süden zusammen mit Fünen zur ›Region Syddanmark‹, Ostjütlands Norden von Vejle bis zur Linie Randers – Viborg zur Region ›Midtjylland‹.

Websites für die weitere Planung: für Ostjütland www.visitaarhus.com und www.visitdjursland.com sowie für Fünen www.visitfyn.com.

Auf einen Blick
Ostjütland und Fünen

Sehenswert

5 Kolding: Eine genial restaurierte Mittelalterburg und ein hochkarätiges Museum für moderne Kunst machen die Stadt zur Kulturdestination (S. 250).

6 Silkeborg und das Seenhochland: Kultur und Pathos prägen dieses eher ungewohnte Dänemark weit im Binnenland Ostjütlands (S. 261).

7 Aarhus: Kopenhagens kleine Rivalin glänzt mit großem Kulturangebot und der Nähe zur Natur (S. 264).

8 Odense: Die Geburtsstadt von H. C. Andersen würdigt ihren bekanntesten Sohn mit Museen und Events (S. 287).

9 Øhavet – südfünisches Inselmeer: Dänemarks Karibe vor Südfünen ist ein Paradies für Wassersportler und Inselliebhaber (S. 310).

Schöne Routen

Kulturküste: Knapp 320 km Bummeln durch Ostjütland von der Grenze bis Hobro (Anschluss Nordjütland-Tour S. 234) via Kolding mit seiner grandiosen Burg (S. 250), Jelling mit der steinernen Geburtsurkunde Dänemarks (S. 256), Silkeborg (S. 261) mit seiner CoBrA-Kunst und Jütlands Metropole Aarhus (S. 264) – eine abwechslungsreiche Tour für 3 bis 6 Tage Sightseeing.

Inselwelten: Ca. 200 km plus 2 Fährüberfahrten von der Grenze bis in den Norden von Fünen, durch das historische Dybbøl (S. 241), über das puppenstubenhafte Ærø (S. 311) und die Anglerhochburg Langeland (S. 317) und weiter mit Stopps an Valdemars Slot auf Tåsinge (S. 316), im maritimen Svendborg (S. 307), auf Schloss Egeskov (S. 307) und bei H. C. Andersen in Odense (S. 287) bis Kerteminde (S. 299) mit seinen Walen und dem Schiffsgrab des Wikingerhäuptlings – 4 Tage sollte man mindestens einplanen.

Meine Tipps

Umsonst und draußen: Madsby Legepark in Fredericia bietet Kindern unendlich viel zum Klettern, Krabbeln und Rutschen (S. 254).

Natur & Nightlife: Ich mag Anholt, weil die Insel so überschaubar ist und doch groß genug für lange Spaziergänge und mit viel Strand zum Baden. Und sogar Nightlife gibt's, oft bis zum Morgengrauen (S. 280).

Kreatives für Kinder: Kaum eine Attraktion spricht so konsequent die Kreativität an wie das Kinderkulturzentrum Fyrtøjet in Odense – mit zauberhaften Märchenwelten für Rollenspieler (S. 289).

Walschutz: Fjord & Bælt in Kerteminde ist eine wichtige Attraktion. Die sensibilisiert für eine Tragödie vor unserer Haustür – die Bedrohung der Schweinswale, mit denen hier gearbeitet wird (S. 299).

aktiv unterwegs

Wandern und Biken auf Hærvejen: Einst Pilgerroute für bekehrte Wikinger, Marschroute für Heerscharen und Exportroute für Frischfleisch, heute Langstreckenwanderweg und Radwanderroute (S. 246).

Radtour zum Toskana-Turm: Auf Helnæs dominieren die Naturerlebnisse, kulturfern ist die Halbinsel aber nicht und am Ende wartet ein Leuchtturm mit überraschender Architektur (S. 302).

Øhavsstien: 220 km Wanderwege in Südfünen und auf den vorgelagerten Inseln (S. 309).

Petri Heil auf dem Langelandsbælt: Nirgendwo sonst tummeln sich so viele Angler mit Booten auf dem Wasser wie auf dem Langelandsbælt (S. 319).

Jütlands Südosten

Fünf Förden vom Flensborg Fjord bis zum Vejle Fjord sowie der Lillebælt, der Kleine Belt, geben dem Südosten Jütlands ein prägendes maritimes Element. Die Städte mögen im globalen Maßstab klein sein, in Dänemark sind alle ›weltberühmt‹, zeigen viel Geschichte, traditionsreiche Architektur, aber auch moderne Kunst und munteres Leben.

In Südostjütland lag die Wiege des dänischen Königreichs, und die deutsch-dänische Geschichte prägte den Landstrich von der heutigen Grenze bis zur alten Grenzstadt Kolding nachhaltig. Hier liegen auch die Hochburgen der deutschsprachigen Minderheit (S. 40).

Was aber wäre eine dänische Landschaft ohne Küsten? Zwar verweisen selbst i-Büros bei der Frage nach dem größten und besten Strand gern auf die Nordseeinsel Rømø (S. 121) auf der anderen Seite Jütlands, aber auch entlang der Ostseeküste gibt es kindgerechte Strände mit Sandstreifen, manchmal Dünen und oft Liegewiesen dahinter.

Angler und Taucher kommen gleichermaßen gern, vor allem der Kleine Belt ist ihr Eldorado. Derweil finden Radwanderer bestens markierte Routen für längere Touren mal unter historischen Vorzeichen wie auf dem alten Pilgerweg Hærvejen (S. 246) mal mit maritimer Note wie auf der dänischen Østersøruten (nicht zu verwechseln mit dem deutsch-baltischen Ostseeradweg) – die Webseite www.bikeandsea.com bietet eine Übersicht auch auf Deutsch.

Verkehr in der Region

Busse/Regionalbahnen: Der Lokal- und Regionalverkehr in Südjütland wird von Sydtrafik (www.sydtrafik.dk) betrieben. Die Preise richten sich nach durchfahrenen Zonen, übertragbare Mehrfachkarten – Klippekort – sparen. Ein Erwachsener kann 2 Kinder bis 12 Jahre gratis mitnehmen.

Fernbusse: *X-Bus* (S. 78) entlang der Küste mit Stopps in Sønderborg, Aabenraa, Kolding und Vejle. *Abildskou* (S. 76) fährt Aarhus – Berlin mit Stopps in Vejle und Kolding.

Fernzüge: EC/ICE Hamburg – Aarhus mit Stopps in Padborg, Kolding, Fredericia und Vejle (S. 75). IC-/Lyntog-Verbindungen ab Sønderborg, Kolding und Fredericia nach Kopenhagen mit weiteren Stopps in der Region. Bahnreisen entlang der Küste machen in der Regel das Umsteigen in Kolding oder Fredericia erforderlich.

Flensborg Fjord ▶ F 14/15

Ab der Grenzstadt Kruså folgt der ›Fjordvej‹ dem Ufer des Flensborg Fjord: Schöne Aussichten auf den Meeresarm und das deutsche Ufer sind der Lohn des Umwegs von der Hauptstraße. Für Wanderer folgt der gut markierte **Gendarmstien** über 74 km dem Fjord über einen von 1920 bis 1958 benutzten Patrouillenweg der Grenzpolizei.

Auf den **Okseøer**, den Ochseninseln, nur einen Steinwurf vom Ufer, serviert das ökologisch orientierte Ausflugslokal **Øens Kro** lokale und saisonale Spezialitäten und veranstaltet regelmäßig stimmungsvolle Konzerte meist mit Künstlern aus der internationalen Folk-Szene (www.ochseninseln.de, Tel. 74 67 87 66, Überfahrten Hochsaison Di–So, Frühjahr und Herbst nur Sa, So jeweils zur vollen Stunde 11–18 Uhr, h/r 40 DKK).

Schloss **Gråsten** – dt. Gravenstein wo der gleichnamige Apfel seinen Ursprung hat – wirkt äußerlich unproportioniert, Folge eines Brandes 1757, der nur den Nordflügel mit der reich ausgestatteten Kirche verschonte. Beim Wiederaufbau bekam der barocken Symmetrie zuliebe der Südflügel wie der erhaltene Nordflügel drei Stockwerke, der verbindende Hauptflügel jedoch nur eins; erst 1842 wurde er in der Mitte aufgestockt, um die Harmonie etwas zu verbessern. Mitglieder der königlichen Familien verbringen regelmäßig im Sommer ein paar Wochen auf dem Schloss, dann ist der Zugang beschränkt. Dafür gibt es eine Wachablösung der Leibgarde mit Marsch durch die Stadt und traditionell am Freitag ein kleines Konzert vor dem Schloss, bei dem sich gern auch ›Royals‹ unter die Zuschauer mischen (Schlosskirche April–Okt. Mi, Sa und So 14–16 Uhr, Park tgl. ab 7.30 je nach Jahreszeit bis 16.30, 19 oder 20 Uhr).

Kein Name steht so sehr für das Blutvergießen zwischen Deutschen und Dänen wie **Dybbøl**. Auf die Befestigungen um die dortige Mühle, im Deutschen als ›Düppeler Schanzen‹ bekannt, hatten sich im Zweiten Schleswigschen Krieg Anfang 1864 dänische Truppen zurückgezogen. Am 18. April überrannten preußische Truppen die dänischen Stellungen mit einer 5:1-Übermacht. Gedenksteine, Gräber und Reste der alten Schanzanlagen, ein pathetisches Gedenkmuseum in der 1864 zusammengeschossenen, aber wieder aufgebauten Mühle und das multimedial eingerichtete **Historiecenter Dybbøl Banke** versuchen, an die Ereignisse zu erinnern und die Geschichte verstehbar zu machen (Dybbøl Banke 16, Tel. 74 48 90 00, www.1864.dk, April–Okt. tgl. 10–17 Uhr, je nach Saison 80–110 DKK, 45–60 DKK/5–17 Jahre; Mühle 25–45/12–30 DKK extra; geringer Rabatt bei gleichzeitigem Besuch von Center und Mühle).

Infos
Kruså Turistbureau: Flensborgvej 11, 6340 Kruså, Tel. 74 67 21 71, www.visitaabenraa.dk.

Tourismusregion Flensburger Förde/ Flensborg Fjord beiderseits der Grenze: www.fjordregion.com.

Übernachten, Essen & Trinken
Südjütische Gourmetküche ▶ Fakkelgaarden: Fjordvejen 44, 6340 Kruså-Kollund, Tel. 74 67 83 00, www.fakkelgaarden.dk. Der Traumblick auf die Flensburger Förde und das ambitionierte Nordic Cooking mit regionaler Note begeistern Gäste wie Gastro-Kritiker: Menüs abends um 650 DKK, Frokostgerichte ab 130 DKK, -menüs ab 275 DKK. Auch nachts perfekt: DZ ab ca. 1200 DKK.

Insel Als ▶ G 14/15

Als, mit deutschen Namen Alsen, wird nur durch den nirgendwo mehr als 800 m breiten Alssund vom Festland getrennt – da kommt schwerlich richtiges Inselgefühl auf. Die Küsten von Sydals und der Halbinsel Kegnæs bieten die besten Strände, dahinter liegen auch die meisten Ferienhäuser. Zwei Straßenbrücken und eine Kleinfähre zum Festland sowie Fähren nach Fünen (S. 274) und zur Insel Ærø (S. 311) machen Als zu einem zentralen Standort für längere Ferien.

Sønderborg
Fast bis Dybbøl auf dem Festland reicht heute die 28 000-Einwohner-Stadt **Sønderborg**, ihr Kern aber liegt auf Als. Dort bewacht die gleichnamige Burg seit dem 12. Jh. die südliche Einfahrt des Alssund. In der preußisch-deutschen Periode 1864–1920 unterhielt die kaiserliche Marine im damaligen Sonderburg einen Stützpunkt. Bei der Volksabstimmung 1920 stimmten die Bewohner mehrheitlich für den Verbleib bei Deutschland, als Teil der nördlichen Abstimmungszone fiel ihre Stadt jedoch an Dänemark (S. 33). Am Rande der Innenstadt zeichnet das **Deutsche Museum Nordschleswig** Geschichte und Alltag der Deutschen Minderheit ab Mitte des 19. Jh. nach (Rønhaveplads 12, Tel. 74 43 54 23, Di 14–16, Fr 10–12 Uhr oder nach Vereinbarung, gratis).

Jütlands Südosten

Am Ufer des Alssund lädt eine Promenade mit ein paar netten Lokalen zum Bummeln. Dort sollte man die Bronzeskulptur ›**Butt im Griff**‹ beachten: Sie stammt vom deutschen Literaturnobelpreisträger Günter Grass, von dem weniger bekannt ist, dass er auch ein an den Kunstakademien in Düsseldorf und Berlin ausgebildeter Bildhauer und Grafiker ist. Ist sein Name auf der Plakette an der Skulptur eigentlich immer noch Gün*ther* Grass geschrieben? Bei Briefmarken wäre das ein wertvoller Fehldruck.

Das vierflügelige Schloss Sønderborg geht auf eine mittelalterliche Burg aus dem 12. Jh. zurück. Aus der Renaissance stammt die Fürstenkapelle, der Rest wurde im 18. Jh. im barocken Stil umgebaut. Zur Zeit der deutsch-dänischen Kriege ab Mitte des 19. Jh. wurde das Schloss Kaserne und Lazarett und blieb es während der ›preußischen Periode‹ bis 1920, dann wurde darin das **Museum på Sønderborg Slot** eingerichtet, das Kultur und Geschichte der Grenzregion zeigt (Tel. 74 42 25 39, www.museum-sonderjylland.dk, Mai–Sept. tgl. 10–17, April, Okt. 10–16, Nov.–März Di–So 13–16 Uhr; 60 DKK/ab 18 Jahre; in der Kapelle im Sommer regelmäßig Orgelkonzerte, meist dienstags). Auf dem Weg vom Schloss ins Zentrum huldigt ein ungewohntes Reiterstandbild dem in der Region populären Ringreiten (S. 248).

Das Sønderborg der Zukunft liegt am Festlandsufer des Alssund: **Alsion,** gläserner Forscherpark und Campus der Syddansk Universiteit, öffnete 2007 seine Tore. Es ist auch Kulturzentrum mit einem für seine Akustik hoch gelobten Konzertsaal mit 1001 Plätzen, u. a. Spielstätte des Symfoniorkester Sønderjylland. Das Ensemble ist dafür bekannt, neben Werken der Klassik viel sinfonische Gegenwartsmusik aufzuführen (Tickets beim i-Büro, Programminfos unter www.sdjsymfoni.dk). Schaut man vom Sund auf Alsion, fällt eine Edelstahlskulptur ins Auge, die fast wie eine Krone wirkt: »Alssund Pavillion« von Ólafur Elíasson (S. 48). Der weltbekannte Däne mit isländischen Wurzeln und Berliner Wohnsitz steht für die gesamte künstlerische Gestaltung von Alsion.

Augustenborg und Nordborg

Das 1770 erbaute Barockschloss **Augustenborg,** heute eine psychiatrische Klinik, ist Stammsitz einer Seitenlinie des dänischen Königshauses. Die spekulierte im 19. Jh. auf den Thron, verspielte alles aber mit dem Eintreten für die aufständischen Schleswig-Holsteiner im ersten Schleswigschen Krieg 1848–50. Zugänglich sind die Schlosskirche, der Park und ein Minimuseum im Glockenturm, das sich den Augustenborger Herzögen widmet (Mo–Fr 10–18 Uhr, gratis, außer bei Schlossparkkonzerten). Der Nordteil des Parks bildet den Rahmen für den Skulpturenpark Augustiana, ein angrenzendes Palais für Kunstausstellungen der Galleri Nørballe (Palævej 12, 6440 Augustenborg, Tel. 73 40 49 29, www.augustiana.dk, Febr.–Dez Mi–So 11–17, Nov.–Mitte Dez. 12–16 Uhr, gratis).

Im Norden von Als ist der Heiztechnik und Hydraulikhersteller Danfoss zu Hause. Viel von seinem Knowhow ging in den Wissenschafts-Freizeitpark **Universe** ein: Technik auf spielerische Weise – ein großes Hands-on-Museum zum Ingangsetzen, Spritzen, Heben und Bewegen und mit Europas erster ›Segway‹-Bahn, auf der man sich mit jenen Zweirädern bewegt, die nicht vorn und hinten, sondern rechts und links jeweils ein Rad haben. Mittelpunkt und Blickfang ist der isländische Pavillon der Expo 2000 aus Hannover, ein gigantischer, scheinbar vor sich hin schmelzender blauer ›Eiswürfel‹ (Gl. Fabriksvej 7, Elsmark, 6430 Nordborg, Tel. 74 88 74 88, www.universe.dk, April–Woche 42 Sa, So 10–17, Juni–Aug. tgl. 10–16/17/18 Uhr, 195 DKK, 180 DKK/4–11 Jahre).

Infos

Sønderborg Turistbureau: Rådhustorvet 7, 6400 Sønderborg, Tel. 74 42 35 55, www.visitsonderborg.com.

Übernachten

Businesshotel nahe Schloss und Strand ▶
Comwell Sønderborg: Rosengade 2, Tel. 74 42 19 00, www.comwellsonderborg.dk. Modernes 4-Sterne-Hotel, DZ ab ca. 1020 DKK, günstiger im Sommer und an Wochenenden.

Insel Als

Die Königin ist da – ihr Schiff »Dannebrog« liegt vor Sønderborg

5-Sterne-Herberge mit Hotelqualitäten ▶ Danhostel Sønderborg City: Kærvej 70, Tel. 74 42 31 12, www.sonderborgdanhostel.dk. Großer Innenhof mit Grillplatz, hilfsbereiter Service. DZ ab ca. 510 DKK, 4-Bett-Zimmer ab ca. 670 DKK, Frühstück 65/35 DKK.

Urige Herberge mit Streichelzoo ▶ Danhostel Sønderborg Vollerup: Mommarkvej 22, 6400 Vollerup (5 km östl. des Zentrums), Tel. 74 42 39 90, www.visit-sonderborg.dk. Viel Platz zum Toben für Kinder. Zimmer mit oder ohne Bad/WC, teils mit Miniküche DZ ab 390–620 DKK, 4-Bett-Zimmer 780–920 DKK, Auch Familienpakete inkl. großem Frühstücksbuffet, außerdem komplett ausgestattete Hütten ab 3000 DKK/Woche.

Essen & Trinken

An der Hafenfront ▶ Mehrere Lokale locken im Sommer mit ihrer Außengastronomie an die Hafenfront, darunter **Propperiet** (Sønder Havnegade 20, Tel. 74 42 00 00, mit Schwerpunkt auf Fisch) **Orkidé** (Sønder Havnegade 22, Tel. 74 43 16 39, thailändische Küche) und **Colosseum** (Sønder Havnegade 24, Tel. 74 42 23 06, dänische Küche, familiäres Ambiente).

Brauhaus mit Kaffeespezialitäten ▶ Brøggeriet: Rådhustorvet 6, Tel. 74 43 10 12, www.broeggeriet.dk. Hier braut man Spezialbiere entsprechend den Jahreszeiten, legt aber auch Wert auf sorgfältige Zubereitung von Kaffeespezialitäten und eine solide, zeitgemäße Kost. Tgl. Brunch, So als Buffet (ca. 110 DKK), abends HG um 200 DKK, 3-Gänge-Menü 300 DKK.

Familienrestaurant ▶ Jensen's Bøfhus: Perlegade 36, Tel. 74 42 52 28. Vielbesuchte Filiale der populären Steakhauskette (S. 60) an der Fußgängerzone.

Jütlands Südosten

Der blaue Würfel war isländischer Pavillon auf der EXPO in Hannover, jetzt steht er im Danfoss Universe auf der Insel Als

Verkehr

Fähren: Ballebro – Hardeshøj (Tel. 74 45 28 00, www.faergen-bitten.dk, 10 Min., Kernzeit 8–19.30, Hochsaion bis 21.30 Uhr ca. alle 30 Min., Auto inkl. max. 9 Pers. 70 DKK, Tagesrückfahrkarte 100 DKK. Ideal bei Anreise von Norden Richtung Universe.

Flugzeug: Airport nördl. der Stadt; mehrmals tgl. Flüge ab/bis Kopenhagen.

Von der Grenze bis Christiansfeld

Frøslevlejren ▶ E 15

Kaum nördlich der Grenze, ist man mit einem der dunkelsten Kapitel deutsch-dänischer Beziehungen konfrontiert: Frøslevlejren gilt als bestbewahrtes Gefangenenlager aus der Zeit des Zweiten Weltkriegs in Europa und war für etwa 1600 Dänen, meist Mitglieder des Widerstands, Durchgangsstation auf dem Weg in deutsche Vernichtungslager. Im April 1945 konnten über 5000 Gefangene befreit werden. Anschließend saßen dort dänische Kollaborateure ein, vor allem Anhänger der DNSAP, der dänischen Nationalsozialisten. In zwei der Baracken und dem Wachturm befasst sich **Frøslevlejrens Museum** mit dem Lagerleben und den Deportationen (Febr.–Nov. Di–Fr 9–16, Sa, So 10–17, Hochsaison tgl. 10–17 Uhr, gratis). In anderen Baracken behandeln Ausstellungen u. a. das Engagement dänischer Blauhelme bei UN-Einsätzen (FN Museet), den dänischen Heimatschutz (Hjemmeværnsmuseets) und die Arbeit humanitärer Organisationen wie Amnesty International.

Aabenraa ▶ E 14

In Aabenraa – deutsch Apenrade – ist die deutsche Minderheit sehr aktiv, betreibt u. a. ein Gymnasium und eine Zentralbibliothek, außerdem erscheint hier die nördlichste deutschsprachige Tageszeitung der Welt, »Der Nordschleswiger« (S. 40).

Von der Grenze bis Christiansfeld

Im 18. und 19. Jh. wickelte die hier registrierte Handelsflotte einen Großteil des dänischen Ostasiengeschäftes ab. Zwischen Zentrum und Hafen geht das Museum **Kulturhistorie Aabenraa** ausführlich auf die Seefahrtstradition ein (H. P. Hansen Gade 33, Tel. 74 62 26 45, www.museum-sonderjylland.dk, Juni–Aug. Di–So 10–16, übrige Zeit Di–So 13–16 Uhr, 30 DKK/ab 18 Jahre).

Dänische Kunst des 20. und 21. Jh. mit Schwerpunkt Sønderjylland zeigt das **Kunstmuseet Brundlund Slot**. Aabenraas Stadtschloss mit seinen charakteristischen Türmchen hat Wurzeln im frühen 15. Jh., wurde 1810 aber im klassizistischen Stil umgebaut. Architekt war C. F. Hansen, der mit seinen Bauten Anfang des 19. Jh. auch Kopenhagen entscheidend prägte (Tel. 74 63 36 49, www.museum-sonderjylland.dk, Di–So April–Sept. 11–17, sonst 13–17 Uhr, 40 DKK/ab 18 Jahre).

Ein Gebäude fällt architektonisch aus dem Rahmen: **Toldboden** entstand 1853 auf Höhe des Sydhavn an der Straße Skibbroen mit einem Lastenaufzug im Giebel und schönem Arkadengang, eigentlich entworfen, um Zollbeamte in Dänemarks Westindischer Kolonie vor der Sonne der Karibik zu schützen. Da auch in Aabenraa der Bau eines Zollamtes anstand, gingen die Pläne versehentlich nach Südjütland – aus Kopenhagener Sicht schon mal die richtige Himmelsrichtung – und wurden ohne Abstriche ausgeführt. Nur dürften an dem Zwillingshaus auf den heutigen Virgin Islands die Markierungen für den Wasserstand bei den Sturmfluten 1872 und 1904 fehlen, die an der Nordostecke des Hauses in den Putz eingelassen sind.

Infos

Aabenraa Turistbureau: Det gamle Rådhus, Storegade 30, 6200 Aabenraa, Tel. 74 62 35 00, www.visitaabenraa.dk.

Übernachten, Essen & Trinken

Kro mit Gourmetküche und Spa ▶ **Christie's Sønder Hostrup Kro:** Østergade 21, 6200 Sønder Hostrup (6 km südl. Aabenraa), Tel. 74 61 34 46, www.christies.dk (Small Danish Hotels, S. 86). DZ 1300–1500 DKK, auch originelle Kro-Hütten im Park (für 2 Pers. ca. 1200 DKK). Die Küche gehört zur dänischen Gourmetliga (Menü ab ca. 325 DKK), ist sich aber nie zu schade, auch deftige, einfachere Gerichte für weniger als 200 DKK auf die Karte zu setzen.

4-Sterne-Herberge und Campingplatz ▶ **Fjordlyst Feriecenter (Camping & Danhostel):** Sønderskovvej 100, Tel. 74 62 26 99, www.fjordlyst.dk, März–Okt. Stadtnaher, funktioneller Platz mit Hütten verschiedenen Standards. Im Danhostel haben die meisten Zimmer Bad/WC, DZ ca. 360–550 DKK, 4-Bett-Zimmer ca. 500–650 DKK.

Ferienhäuser ▶ Das **i-Büro** (s. l.) vermittelt. Die meisten Häuser liegen auf der Halbinsel Løjt Land nördlich von Aabenraa.

Aktiv

Mit dem Nachtwächter unterwegs ▶ **Vægterture:** Altstadterkundung mit Anekdoten und Gesängen im Gefolge historisch gewandeter Nachtwächter ab Vægterpladsen in der Hochsaison Mi 21 oder 22 Uhr.

Knivsbjerg, Årøsund und Årø
▶ F 13

Folgt man der Margeriten-Route von Aabenraa über Løjt Land nach Norden, passiert man auf Höhe der Genner Bugt den 97 m hohen **Knivsbjerg**, Versammlungsort der Deutschen aus Südjütland, die hier Mitte Juni regelmäßig ein Volksfest feiern. Ab 1899 stand auf dem Hügel eines der größten Bismarckdenkmäler des deutschen Reiches mit der provokanten Aufschrift »Wir Deutschen fürchten Gott, sonst nichts auf der Welt – 1864«. Nach dem Zweiten Weltkrieg sprengten Mitglieder des dänischen Widerstands das Monument; die Bismarckstatue war schon vor 1920 nach Süden gebracht worden.

Ganz weit Richtung Fünen streckt sich Südjütland mit dem Hafenort **Årøsund**. Die Fähr- und Postschifflinie nach Fünen war jahrhundertelang eine der wichtigsten innerhalb Dänemarks und bestand bis 1972. Heute wird nur noch die vorgelagerte Insel **Årø** angelaufen, eine ruhige Naturperle und beliebt als Tagesausflugsziel.

Jütlands Südosten

aktiv unterwegs

Zubringer zum Jakobsweg – Wandern und Biken auf Hærvejen

Tour-Infos
Start/Ziel: Viborg (▶ E 7)/Padborg Grenze (▶ E 15)
Länge: ca. 250 km auf dänischem Boden.
Übernachten: Hotels, Gasthöfe, Danhostel, diverse Naturlejrpladser (S. 87) und Juni–Aug. gut ein Dutzend Pilgerherbergen (pro Bett 80 DKK), für die man einen Herbergspass der ›Foreningen Herberger langs Hærvejen‹ benötigt (70 DKK, u. a. beim i-Büro Viborg, S. 285, oder in allen Herbergen).
Praktische Infos: Karten, Unterkunftsliste und Routenbeschreibung unter www.haervej.dk; Hærvejen als Pilgerpfad und Zubringer zum Jakobsweg nach Santiago de Compostela unter www.santiagopilgrimme.dk.
Organisierte Wanderungen: Heerwegsmarsch Ende Juni: www.haervejsmarchen.dk (Anmeldepflicht!). Heerwegswanderungen im Juli: www.fodslaw.dk
Literatur: Heerweg – Ochsenweg, Fahrradführer von Viborg nach Hamburg, Esterbauerverlag (S. 82), 12,90 €

Abt Nicolaus, auf Island zu Hause, beschrieb den Haervejen in einem Reiseführer des 12. Jh. für nordische Pilger auf dem Weg nach Rom oder Santiago de Compostela, heute hat er als Wander- und Radroute seine eigene Website in drei Sprachen: www.haervej.dk.

Jene Linie, bis zu der das Eis der letzten Eiszeit vorgerückt war, prägte den Verlauf des Heerwegs: Über den Höhenrücken kam man einfach voran und hatte einen guten Überblick. Sieben Tage dauerte der 250 km lange Marsch von Viborg zur heutigen Grenze. Am Rande wurden Schlachten geschlagen, Könige ermordet, Thing gehalten. Stein- und Bronzezeitgräber zeigen, dass seine Ursprünge schon in vorgeschichtlicher Zeit liegen. Im Dreißigjährigen Krieg war er wahrlich Heerweg: Wallensteins Heerhaufen folgten ihm bis in den Norden Jütlands. Und für die Bauern war er als Ochsenweg (als solcher ist seine Fortsetzung auf deutschem Boden bekannt) vom 15. bis ins 19. Jh. Geburtshelfer des dänischen Agrarexports: Zehntausende Ochsen, Schweine, Ziegen, Schafe und Pferde wurden darüber auf Märkte in Holstein und weiter ins Deutsche Reich getrieben – lange Zeit die einzige Art, Frischfleisch zu transportieren. Die Eisenbahn beendete Mitte des 19. Jh. die große Zeit des Heerwegs.

Der gut markierte Fernwanderweg von heute sowie die davon an vielen Stellen abweichende Radwanderroute entsprechen nur in Abschnitten dem Original, über andere donnert der Verkehr der Neuzeit, nördlich Rødekro sogar die Bahnlinie Hamburg–Fredericia.

Ganz historisch zeigt sich hingegen das Stück von Hovslund (▶ E 13) nordwärts bis zur Autobahn, an dem der Hærulfssten mit einer kurzen Runeninschrift steht und auf dem seit 1776 die Immervad Bro überquert wird, eine kleine Brücke aus behauenen Granitsteinen, ein Wahrzeichen für Hærvejen. Ein anderer Abschnitt zieht sich über denkmalgeschützte Feldwege westlich um Aabenraa, passiert die Gedenkstätte an das Urnehoved Ting und quert mit der steinernen Povlsbro von 1744 die Bjerndrup Mølleå nah dem Wallfahrtsort Kliplev. Archaisch ist auch der Abschnitt durch den Bommerlunder Forst nördlich Padborg mit der Doppelbogen Steinbrücke von 1818 über das Flüsschen Gejlå. An diesem Teilstück lag früher ein Gasthof, der das Recht hatte, Schnaps zu brennen: der Bommerlunder Kro. Den Kro gibt es lange nicht mehr, aber der Schnaps, für den er berühmt war und der seinen Namen trägt, wird nach altem Rezept bis heute im nahen Flensburg gebrannt.

Von der Grenze bis Christiansfeld

Årø ist mit seiner entschleunigten Atmosphäre typisch für Dänemarks kleine Ostseeinseln und dank häufiger, kurzer Überfahrten (Aarø Færgefart, 7 Min., tagsüber mind. 1 x stdl.) und der Option, mit dem ›Raddampfer‹ Helene (s. u.) hinüberzufahren, leicht zu erkunden. Zur Insel lohnt sogar ein Shopping-Trip, wenn man Köstlichkeiten vom Lande liebt, z. B. Honig vom Aarø Bigaard oder Wein (!) vom Årø Vingård, das den Rebenschnitt dann nutzt, um Forellen zu räuchern. Ein paar Hofläden verkaufen Gemüse, Obst und sogar Fleisch von Galloway-Rindern.

Haderslev ▶ F 13

Haderslev – mit deutschen Namen Hadersleben – liegt an dem längsten der für Ostjütland typischen Tunneltäler, entstanden während der letzten Eiszeit (S. 16). Östlich der Stadt bildet es den schmalen, 16 km langen Haderslev Fjord, der eher an einen Fluss denn an einen Meeresarm erinnert und sich von Bord des Raddampfer-Nachbaus »Helene av Aarø« erkunden lässt (Mai–Mitte Sept. ab Haderslev Hafen bis zur Insel Årø und nach Årøsund; Kombinationen ein Weg Schiff, ein Weg Bus sind möglich, außerdem die Mitnahme von Fahrrädern. Infos zu den Abfahrzeiten und Tickets im i-Büro).

In Haderslevs Altstadt dominiert die gotische **Vor Frue Domkirke** das Bild. Der Glockenturm wurde im Dreißigjährigen Krieg zerstört, seitdem besitzt die Kirche nur einen Dachreiter. Um das Gotteshaus herum findet man einige der schönsten Fachwerkbauten Südjütlands, darunter in der Slotsgade jenen Hof von ca. 1580, der die **Louis Ehlers Lertøjssamling** beherbergt, eine Keramiksammlung mit Exponaten ab dem frühen Mittelalter. Der Backsteinbau nebenan stammt aus derselben Zeit. Als bei einer Restaurierung Fragmente weltlicher Kalkmalereien an seinen Wänden entdeckt wurden, machte man aus dem Gebäude das **Bymuseet i Haderslev** mit Stadtarchitektur ab dem Mittelalter als Schwerpunktthema (Slotsgade 20/22, Tel. 74 53 08 58, Juni–Aug. Di–Fr 10–17, Sa, So 13–17, sonst Di–So 13–17 Uhr, beide Museen 30 DKK/ab 18 Jahre; für alle Museen in Haderslev: www.museum-sonderjylland.dk; es gibt auch ein Gemeinschaftsticket ›Fire for to‹ (= 4 für 2) für 60 DKK/ab 18 Jahre). Am Nordrand des Zentrums zeigt das archäologisch-volkskundliche Museum **Arkæologi Haderslev** eine beachtliche Sammlung von Vorzeitfunden sowie in seiner Freiluftabteilung typische Häuser aus Südjütland. Kleinod im Garten ist ein Kaiser-Wilhelm-Denkmal, das nach 1920 auf dem städtischen Marktplatz nicht mehr wohlgelitten war (Dalgade 7, Tel. 74 52 75 66, Juni–Aug. Di–Sa 10–16, sonst Di–So 13–16 Uhr, 40 DKK/ab 18 Jahre). Das vierte kulturhistorische Regionalmuseum der Domstadt ist die **Slesvigske Vognsamling** mit rund 200 Kutschen, Pferdeschlitten und dazugehörigen Werkstätten in einer alten Textilfabrik nordwestlich des Zentrums (Simmerstedvej 1, Tel. 73 52 07 07, März–Okt. Di–So 13–16, Juni–Aug. Di–Fr ab 10 Uhr, 30 DKK/ab 18 Jahre).

Infos

Haderslev Turistbureau: Nørregade 52, 6100 Haderslev, Tel. 73 54 56 30, www.visithaderslev.dk.

Übernachten

Zentral und denkmalgeschützt ▶ Hotel Harmonien: Gåskærgade 19, Tel. 74 52 37 20, www.harmonien.dk. In historischem Gebäude mit Anbindung an das Kultur- und Kongresszentrum von Haderslev. DZ ab ca. 925 DKK, viele Kurzreisepakete mit Halb- oder Vollpension.

4-Sterne-Herberge im Grünen ▶ Danhostel Haderslev Vandrerhjem: Erlevvej 34, Tel. 74 52 13 47, www.danhostel-haderslev.dk. Am See Haderslev Dam, 10 Min. zu Fuß vom Zentrum; Familienzimmer (DZ 305–480 DKK, 4-Bett-Zimmer 495–625 DKK) und Hütten für bis zu 6 Pers. auf dem angeschlossenem Campingplatz.

Essen, Abends & Nachts

Traditionskneipe am Marktplatz ▶ Ras und Ras2ranten: Torvet 6 und 7, Tel. 74 52 28 24, www.rashaderslev.dk. Der Ras Pub serviert auch auf dem Marktplatz mitten im

Jütlands Südosten

Ringreiten – Punktejagd mit Lanze — Thema

Von Juni bis August finden fast an jedem Wochenende irgendwo in Südostjütland und auf Als Ringreiterspiele statt – für die Bevölkerung sind sie so bedeutend wie Schützenfeste in deutschen Landstrichen.

Mit einer Lanze müssen Reiter in vollem Galopp aufgehängte Ringe ›abpflücken‹, die von Runde zu Runde kleiner werden, von anfänglich 22 auf schließlich 6 mm Durchmesser. Weiter kommt nur, wer eine Mindestzahl Ringe pro Runde aufspießt. Wer die meisten Ringe einsammelt hat, wird König. Und natürlich gibt es auch bei diesem Volksfest Bierzelte für den Abend – Hauptsache am nächsten Morgen zerrt kein Kater an der Lanze.

Ein bunter Aufmarsch mit Marschkapellen, die Siegerkrönung als Abschluss, ein Jahrmarkt und bei großen Festen auch ein Tattoo umrahmen die Wettbewerbe, die auf mittelalterliche Ritterspiele zurückgehen.

Darüber, wer das größte und bedeutendste Ringreiter-Spektakel veranstaltet, streiten Aabenraa (Do–Mo 1. Juliwochenende, www.ringrider.dk) und Sønderborg (Fr–Mo um das 2. Juliwochenende, www.ringriderfesten.dk). Rund 500 Reiter nehmen jeweils teil. In Gråsten findet auf jeden Fall das drittgrößte statt (Fr–Mo um das 3. Juliwochenende, www.graastenringridning.dk).

Sønderborg würdigt den Kult um die Ringe auch museal im Ringridermuseet (Kirkegade 8, Juni–Aug. Di, Fr 10–16 Uhr) und in der Hochsaison wird dienstags um 17 Uhr vor der Kulisse des Sønderborg Slot historisches Ringreiten demonstriert.

Ist der Ring auf der Lanze?

Von der Grenze bis Christiansfeld

Leben der Stadt, bietet abends gern den Rahmen für kleine Clubkonzerte und ist für seine Bier- und Cocktailkarte bekannt. Wer eine Grundlage braucht, bekommt im Ras-2ranten Deftiges zum Mittag (ab ca. 70 DKK) und Abend (HG um 200 DKK).

Aktiv

Kanu- und Bootsverleih ▶ Verleih für den Haderlev Dam im **Danhostel Haderslev** (S. 247).

Nachtwächterrundgang ▶ **Vægtergangen:** Mit alten Geschichten und Gesängen durch die Altstadt (ca. 75 Min., Hochsaison Mi–Fr ab Dom um 21 Uhr, gratis).

Termine

Hertug Hans Festival: Farbenprächtiges Zeitreise-Event (Reformation/Renaissance) Anfang Juni zu Ehren des wichtigsten Lokalfürsten, der zur Zeit der Reformation Haderslev zum ›Wittenberg des Nordens‹ machte, Programm unter www.hertughansfest.dk.

Christiansfeld ▶ F 12

Christiansfeld ist eine Gründung der Herrnhuter Brüdergemeine (sic!) aus dem Jahr 1773. Diese pietistische Glaubensgemeinschaft, die ihren Ursprung in der Oberlausitz hat, war mit Steuerprivilegien, Garantie der freien Religionsausübung und Befreiung vom Militärdienst ins Land geholt worden. Die schlichte, aber gerade dadurch beeindruckende **Brødremenighedens Kirke** im streng geometrisch angelegten Zentrum bietet gut 1000 Gläubigen Platz. Typisch: Statt Kanzel und Altar gibt es nur einen bescheidenen Predigttisch. Zu den benachbarten Häusern aus der Gründungszeit der Herrnhuter Siedlung gehört das alte Witwenhaus, in dem das **Brødremenighedens Museum** über die Brüdergemeine und ihre Missionsarbeit im Norden informiert (Nørregade 16, Tel. 74 56 12 37, Mitte Mai–Aug. Di–So 10–16 Uhr, 30 DKK, 10 DKK/Kinder).

Ungewöhnlich auch der ›Gottesacker‹: Im Schatten alter Linden liegen fast 3000 gleiche Grabsteine Reihe um Reihe wie mit dem Lineal gezogen auf blanker Erde, die Inschriften geben nur Namen und Lebensdaten wieder und sind zur aufgehenden Sonne ausgerichtet.

Bei aller Askese kam mit den Herrnhutern auch eine süße Spezialität: Honigkuchen. Der ist mit Betonung auf Honig in den Augen der Christiansfelder viel besser als jeder Lebkuchen, in den nur Sirup kommt. Die 1783 gegründete **Brødremenighedens Honnigkagebageri** ist heute Filiale der Handwerks-Schokoladerie Xocolatl aus Haderslev, aber immer noch werden in der sorgfältig restaurierten Bäckerei frische Honigkuchen nach rund 200 Jahre alten Rezepten mit ökologischen Zutaten gebacken (Lindegade 36, Mo–Fr 10–17, Sa 10–14, So 12–16 Uhr, auch Café nicht nur mit Honigkuchen).

Gleich nördlich Christiansfeld verlief 1864 bis 1920 die Grenze zwischen Preußen und Dänemark. Gegenüber dem Gasthaus Den gamle Grænsekro an der Hauptstraße Richtung Kolding erinnert ein **Genforenings- og Grænsemuseet** an Trennung und Wiedervereinigung (Ostern und Juni–Aug. Di–So, Sept. Sa, So und Woche 42 jeweils 10–17 Uhr, 30 DKK). Dort ist natürlich der legendäre Ritt von Christian X. auf einem mit Kreide nachgeweißten Schimmel über die Grenze am 10. Juli 1920 Thema – gut 800 m nördlich zeigt an der Straße ein Gedenkstein jene Stelle, an der er in den Sattel stieg.

Skamlingsbanken

Die eigentliche Grenze des Herzogtums Schleswig verlief weiter nördlich an Kongeå und Kolding Å, jedoch war das Gebiet südlich Kolding 1864–1920 infolge eines Gebietsaustausches u. a. für Amrum sowie Teile von Föhr und Sylt bei Dänemark geblieben. Dazu gehörte **Skamlingsbanken**, ein Hügel voller Pathos und mit 113 m Südjütlands höchste Stelle – bei gutem Wetter soll man 38 Kirchtürme sehen können. Skamlingsbanken ist das Pendant der Dänen zum Knivsbjerg (S. 245). Dass die 16 m hohe Granitsäule, die hier aufragt, ramponiert aussieht, ist Folge deutsch-dänischen Zwistes: Preußische Pioniere sprengten das Denkmal 1864. Kaum war der Hügel wieder dänisch,

Jütlands Südosten

wurde es wieder aufgestellt, aber ohne die Macken auszubessern. Im Juni 1945 feierten hier fast 100 000 Menschen die Befreiung von der deutschen Besatzung und von einem Glockenturm erklingen noch immer regelmäßig jene Musiktakte, mit denen die BBC während des Weltkrieges Nachrichten für Dänemark einleitete.

Ganz anders ist die Musik, die seit 1998 jedes Jahr an einem Sonntagnachmittag Mitte August zu hören ist, wenn sich das Ensemble der Kopenhagener Oper hier auf einer Open-Air-Bühne die Ehre gibt – lassen Sie sich das nicht entgehen, falls Sie an diesem Tag in der Nähe sind! (Programm unter www.operaskamling.dk, gratis, nähere Informationen bei den i-Büros).

Infos
Christiansfeld Centret: Kongensgade 9A, 6070 Christiansfeld, Tel. 73 56 13 00, www.visitchristiansfeld.dk und www.christiansfeldcentret.dk. Außer dem i-Büro ist hier eine kleine Ausstellung zur Stadtarchitektur untergebracht, für die die Anerkennung als UNESCO-Welterbe beantragt ist.

Übernachten, Essen
Ehemaliges Gasthaus der Herrnhuter ▶
Brødremenighedens Hotel: Lindegade 25, Tel. 74 56 17 10, www.bmhotel.dk. Komfortable Zimmer, die statt einem direkten Draht zu Gott jetzt wireless Internet bieten (DZ ca. 995 DKK), und wahrlich nicht mehr spartanisches **Restaurant Kongens Kælder** im Gewölbekeller (HG ab ca. 220 DKK, 3-Gänge-Gourmetmenü ab ca. 350 DKK).

5 Kolding ▶ F 12

Im Osten Jütlands spielte bis 1864 die Kolding Å die Rolle des Grenzflusses zwischen dem Königreich Dänemark und dem Herzogtum Schleswig. Bis 1850 gab es sogar eine Zollstation an der Sønderbro, einer Brücke, die heute schon im Zentrum von Kolding liegt. Die mit knapp 57 000 Einwohnern siebtgrößte Stadt Dänemarks schmiegt sich um das Ende eines Fjords und besitzt im Zentrum am Axeltorv neben dem Rathaus sowie in der Helligkorsgade gut erhaltene Beispiele für Fachwerkarchitektur der Renaissance. Einen angenehmen Kontrast zu diesen historischen Seiten bildet das kreative Element: In Kolding ist mit der Designskolen Kolding – gern genutztes Kürzel DK – eine der wichtigsten dänischen Fachhochschulen für Design zu Hause und profitiert vom hochkarätigen Kulturangebot der Stadt.

Burg Koldinghus
Schon 1268 ließ König Erik Klipping hier eine Burg anlegen. Aus der wurde Mitte des 16. Jh. ein Königsschloss, in dem der damalige Reisehof regelmäßig Station machte und in dem Anfang des 18 Jh. König und Gefolge längere Zeit Zuflucht suchten, als in Kopenhagen die Pest wütete. Markant ist der von weitem sichtbare **Kæmpetårn**, der Heldenturm, auf dem ursprünglich vier große Helden der griechischen Mythologie als Skulpturen standen. Allein wegen der Aussicht auf Stadt und Umland lohnt ein Aufstieg auf den Turm.

In den napoleonischen Kriegen lagerte im Schloss ein Kontingent spanischer Hilfstruppen. Wohl um im kalten dänischen März heimatliche Temperaturen zu schaffen, feuerten die fröstelnden Südländer die Kamine so kräftig an, dass Feuer ausbrach und die ganze Herrlichkeit niederbrannte. Ab 1890 wurden immer wieder Teile restauriert, aber erst nach 1972 kamen die am schlimmsten betroffenen Räume dran. 20 Jahre später war eines der faszinierendsten Gebäude Europas fertig, mit internationalen Architektur- und Denkmalschutzpreisen überhäuft. Genial ist die Verknüpfung der unbehandelten Ruinengemäuer mit einem leicht wirkenden Innenausbau aus Holz und Stahl im Ruinensaal und der alten Kapelle. Die neuen Teile inklusive Dach ruhen auf mächtigen, über drei Stockwerke aufragenden Holzstützen und ließen sich problemlos entfernen, sollte ein neuer architektonischer Zeitgeist es fordern.

Nutzer des Schlosses ist das kulturhistorische **Museum på Koldinghus**. Das zeigt ei-

Kolding

Schloss Koldinghus heimste viele Preise für Denkmalschutz ein

gene Sammlungen von Kircheninventar, Gold und Silber von der Renaissance bis zur Gegenwart sowie Interieurs ab Ende des Mittelalters, aber auch immer wieder aufsehenerregende Sonderausstellungen. Eine Abteilung widmet sich den Schleswigschen Kriegen, der Teilung und der Wiedervereinigung. Originell ist das Café-Restaurant im 600 Jahre alten Burgkeller unter dem Nordflügel (Markdannersgade 11, Tel. 76 33 81 00, www.koldinghus.dk, tgl. 10–17 Uhr, 75 DKK/ ab 18 Jahre).

Gartenwelt und Kunstmuseum

Ein Ausflug in die südliche Peripherie der Stadt führt zu **Den Geografiske Have:** Auf dem 12 ha großen Parkareal sind Blumen, Büsche und Bäume aus aller Herren Länder zu kleinen, geographisch geordneten Welten zusammengepflanzt (Christian IV. Vej, Tel. 75 50 38 83, Mai–Sept. tgl. 10–18 Uhr, 60 DKK, 30 DKK/10–16 Jahre, übrige Zeit Mo–Fr 7–14.30 Uhr, gratis).

Das **Kunstmuseum Trapholt** liegt über dem Nordufer des Kolding Fjord im Osten der Stadt – ein junges Museum mit jungen Inhalten: Moderne Kunst und Kunsthandwerk aus Dänemark ab 1900. Im Skulpturenpark vor dem Museum gibt es u. a. Installationen des nicht mehr ganz so ›jungen Wilden‹ Ingvar Cronhammer, darunter der Diamond Runner, der in seiner elektronischen Anzeige eifrig Sekunden zählt – bis 10 Mrd., das soll in gut 300 Jahren erreicht sein. Trapholt ist zudem Schwerpunktmuseum für dänisches Möbeldesign – kein Wunder also, dass man im Museumscafé auf einem Stuhlklassiker von Arne Jacobsen (S. 50) sitzt. Dieser Großmeister des dänischen Designs entwarf 1970 ein Typen-Sommerhaus aus frei kombinierbaren Elementen: **Arne Jacobsens Kubeflex sommerhus.** Für seine Zeit wohl zu ra-

Jütlands Südosten

dikal ging es nie in Serie, das Musterhaus nutzte die Familie Jacobsen jedoch bis vor wenigen Jahren in Südseeland. Dort wurde es abgebaut und steht jetzt, eingerichtet mit Jacobsen-Möbeln, permanent im Park des Museum Trapholt hoch über dem Fjord und kann auf Führungen zu festliegenden Zeiten besichtigt werden (Æblehaven 23, Tel. 76 30 05 30, www.trapholt.dk, Di–So 10–17, Mi 10–20 Uhr, 75 DKK/ab 18 Jahre, Sommerhaus tgl. 13 und 15, Sa, So auch 11 Uhr).

Hotel im Kindersanatorium

Gut 1 km östlich von Trapholt fällt ein klassizistischer Klotz über dem Fjordufer ins Auge: Das luxuriöse **Hotel Koldingfjord** (s. r.) entstand 1911 als Sanatorium für tuberkulosekranke Kinder und wurde bis 1960 als solches genutzt. Finanziert hatten es Weihnachtsmarken. Diese *julemærker* erfand der Postbeamte Einar Holbøll 1903 in Kopenhagen: Neben normale Briefmarken wird zur Weihnachtszeit eine zusätzliche Marke geklebt. An deren Gestaltung beteiligen sich regelmäßig bekannte Künstler, auch Königin Margrethe II. lieferte schon einen Entwurf. Den Markenverkauf gibt es bis heute, nur haben soziale und psychische Probleme der Kinder Tuberkulose als Behandlungsgrund abgelöst. Falls auch Sie helfen wollen: *Julemærker* gibt es in der Vorweihnachtszeit in jedem Post-Shop und weil ihr Verkauf nicht mehr ausreicht, kann man auch Banner zum Einklinken in E-Mails downloaden: www.julemaerket.dk.

In zwei Nebengebäuden des ehemaligen Kindersanatoriums dokumentiert das **Dansk Sygeplejehistorisk Museum** historische Entwicklungen im Gesundheitswesen und in der Pflege (Fjordvej 152, Tel. 76 32 76 76, www.dshm.dk, Di–So 11–16 Uhr, Juli auch Mo, 40 DKK/ab 16 Jahre).

Kunst im Industriegebiet

Zum künstlerisch so aktiven Umfeld in Kolding passt es, dass in die dänische Zentrale eines großen deutschen Industrieunternehmens mitten in einem Industriegebiet im Norden der Stadt das **Kunstforum Würth Kolding** integriert ist. Das präsentiert in dem funktionalen, aber für Kunstpräsentationen gut geeigneten Verwaltungsbau regelmäßig Ausstellungen mit Werken international bekannter Künstler aus der Kunstsammlung des Großindustriellen Reinhold Würth (Montagevej 6, Industri N2, nahe Abfahrt 62 von [E20/E45], 6000 Kolding, Tel. 79 32 32 32, www.kulturforum.dk, Mo–Do 9–16, Fr 9–14, Sa, So 11–15 Uhr, gratis)

Infos

VisitKolding: Akseltorv 8, 6000 Kolding, Tel. 76 33 21 00, www.visitkolding.dk. Vermittelt Leihkanus für die Kolding Å (nur Sommer, 100 DKK/Std., 300 DKK/Tag).

Übernachten

Harmonie am Fjord ▶ **Hotel Koldingfjord:** Fjordvej 154, Tel. 75 51 00 00, www.koldingfjord.dk. Ein neoklassizistisches Gebäude im Stil der klassischen Moderne eingerichtet; mitten im Grünen am Fjord, das Kunstmuseum Trapholt in der Nähe. DZ Listenpreis ab 1735 DKK, Online-Preise ab ca. 950 DKK; viele Sommer- und Wochenendpakete, auch Familienzimmer für bis zu 4 Pers.

Originelle Apartments ▶ **Kolding Byferie:** Kedelsmedgangen 2, Tel. 75 54 18 00, www.kolding-byferie.dk. ›Ferienhausurlaub in der Stadt‹ in dreieckigen, achteckigen, quadratischen, runden oder sternförmigen Apartments für je 2–6 Pers. kann nur als Apartment ab 720 DKK/Tag, oder tageweise als Bed & Breakfast gebucht werden (ab ca. 930 DKK/ 2 Pers.), je mehr Tage, desto günstiger der Tagespreis; tgl. freier Eintritt ins benachbarte Spaßbad Slotssøbadet.

4-Sterne-Herberge ▶ **Kolding Vandrerhjem:** Ørnsborgvej 10, Tel. 75 50 91 40, www.danhostelkolding.dk. Schöne Lage oberhalb der Altstadt, etwa 10 Gehminuten vom Zentrum; die meisten Zimmer mit Bad/WC, DZ 410–575 DKK, 4-Bett-Zimmer 460–625 DKK.

Essen & Trinken

Dinner mit Fjordblick ▶ **Hotel Koldingfjord:** (s. o.) Exquisites Speisen mit Fjordblick auf den Außenterrassen, HG um 250 DKK, 3 Gänge ab ca. 470 DKK.

Fredericia

Hering trifft Nacho ▶ The Mokka Cafe: A. L. Passagen 9–13, Tel. 75 53 15 15, www.themokkacafe.dk. Der Name lässt es kaum ahnen, aber die Küche pflegt ›husmandskost‹, Hausmannskost (Di, Mi ab 18 Uhr wechselnde Tagesgerichte ca. 100 DKK), ansonsten umarmen sich dänische Klassiker und Standards der internationalen Bistroküche: Hering als ›Sonne über Gudhjem‹, Scholle, Nachos, Pastagerichte ...

Tempel für Bierenthusiasten ▶ You'll Never Walk Alone: A. L. Passagen 2, Tel. 75 50 80 44, www.denengelskepub.dk. Der urenglische Pub – sogar das Personal kommt meist von der Insel – ist ein Eldorado für Bierliebhaber: rund zwei Dutzend Sorten vom Fass und über 300 Flaschenbiere aus aller Welt.

Aktiv

Kindertraum outdoor ▶ Legeparken (im Bypark Vest): Großer kostenloser Spielplatz, fast schon ein kleiner Freizeitpark, sogar mit Gratis-Bötchen, um auf dem künstlichen See herumzuschippern (tgl. 10–16, April–Okt. 10–18, Juni–Aug. 10–20 Uhr)

Kindertraum indoor ▶ Nicolai for Børn: Skolegade 2 C, Tel. 79 79 75 75, Ferientage 10–15, sonst Di–Fr 9–16, Sa, So 10–15 Uhr, 30 DKK/ab 2 Jahre. Kulturhaus für Kinder bis 12 Jahre zum kreativen Spielen. Kreativkräfte leiten an, beaufsichtigen aber nicht! Während dänischer Schulzeiten leider viele Gruppen!

Tauchen ▶ Der nahe **Lillebælt** ist ein Eldorado für Sporttaucher. Der **Campingplatz Gammel Ålbo** ca. 15 km südöstl. Kolding (Gl. Aalbovej 30, 6092 Sdr. Stenderup, Tel. 75 57 11 16, www.gl-aalbo.dk) ist auf deren Bedürfnisse abgestimmt mit Bootsverleih, Tauchflaschenfüllung sowie Einstiegsmöglichkeiten in eine vielfältige Unterwasserflora und -fauna. Tauchtiefen bis ca. 80 m sind möglich. Tagesbesucher können gegen eine Gebühr die Einrichtungen des Campingplatzes nutzen.

Termine

Jels Vikingespil: Wikingerspiele in der ersten Julihälfte auf einer zauberhaften Naturbühne am Ufer des Nedersø in Jels (ca. 25 km südwestl. Kolding) mit vielen Darstellern und viel Action – wird gesprochen, dann aber Dänisch. Infos www.jelsvikingespil.dk, Tickets über Turistbureau Jels (Møllegade 5, 6630 Jels, Tel. 74 55 21 10), ca. 110–130 DKK/Erw., 60–70 DKK/4–12 Jahre.

Fredericia ▶ F 11

Fredericia an der nördlichen Einfahrt in den Kleinen Belt ist eine Hafen- und Industriestadt und seit der Carlsberg-Konzern seine Biermarken Carlsberg und Tuborg nur noch hier produziert auch einer der größten Brauereistandorte in Europa.

Fredericia ist recht jung, wurde erst ab 1650 als Festungsstadt angelegt und hatte bis 1909 diesen Status. Frederik III., der den Bau anordnete, wollte sie gar als neue Hauptstadt Jütlands sehen. Um das Wachstum zu fördern, wurden Bauern und Gauner zwangsangesiedelt, andere Neubürger mit Privilegien wie der uneingeschränkten Glaubensfreiheit gelockt, was Katholiken wie Calvinisten und Juden gleichermaßen nutzten.

Der nach dem Renaissancegeschmack im Schachbrettmuster angelegte Stadtkern wird bis heute von historischen Wallanlagen umschlossen. Am besten sind sie rechts und links von Danmarks Port und Prinsens Port zu erkunden, den traditionellen Haupttoren der Befestigung. Hier ist vor allem die **Prinsessens Bastion** in aufgerüstetem Zustand mit allerlei Kanonen erhalten. Hinter **Danmarks Port** erinnert Fredericias Wahrzeichen, das Denkmal »Der Tapfere Landsoldat nach dem Sieg« von Herman Vilhelm Bissen (1798–1868), an eine wichtige Episode aus dem Ersten Schleswigschen Krieg: Der Ausfall, mit dem am 6. Juli 1849 die Belagerung der Stadt durchbrochen wurde, ist noch jedes Jahr Anlass für ein großes Stadtfest zu diesem Datum.

Der weiße Turm, der die Wälle neben Prinsens Port überragt, hat indes keinen militärischen Hintergrund, sondern ist ein 1904 in historischem Stil eingefügter **Wasserturm** – die Aussicht über die Verteidigungsanlagen

Jütlands Südosten

sowie über Stadt und Belt lohnen den Aufstieg (Mai–Aug. Sa, So, in der Hochsaison tgl. 11–16.30 Uhr). Aus hoher Perspektive kann man das Fredericia von 1849 auch im Maßstab 1 : 10 in **Den Historiske Miniby** bewundern (Vestre Ringvej 98 C, Tel. 75 92 06 33, Mai und Sept. Sa, So 10–18, Juni–Aug tgl. 10–18 Uhr, 30 DKK/Erw., 20 DKK/Kinder). Die Miniaturstadt wächst Jahr für Jahr weiter im oberen Teil der großen Grünanlage Madsby Parken. Im zentrumsnahen Teil des Parks ist **Madsby Legepark,** Dänemarks größter kostenloser Spielplatz mit Freizeitparkqualitäten, ein Muss, wenn man mit Kindern unterwegs ist. Hier gibt es unendlich viele Möglichkeiten zum Klettern, Krabbeln und Rutschen, eine Verkehrsschule, ein Indianerlager, eine Weststadt und etliches mehr, außerdem Grillplätze und Sitzecken. Die Menschen aus der Stadt feiern hier Familienfeste oder auch nur einen schönen Nachmittag (Lumbyesvej 45, jederzeit zugänglich).

Infos

Fredericia Turistbureau: Vendersgade 30D, 7000 Fredericia, Tel. 72 11 35 11, www.visit fredericia.dk.

Übernachten

Fredericia weist als Messestadt auf über 5000 Hotelbetten in Stadt und Umland hin. Zu Messezeiten gibt es Aufschläge, sonst gute Angebote:

Businesshotel im Madsby Parken ▶ **Hotel Kronprinds Frederik:** Vestre Ringvej 96, Tel. 75 91 00 00, www.hkf.dk (Best Western-Hotel). Gleich neben Minibyen und einem Kurbad. Sehr flexible Raten von ca. 715 DKK an Wochenenden und in den Ferien, bis ca. 1400 DKK an ›normalen‹ Werktagen. Günstige Miniferienpakete u. a. inkl. LEGOLAND Park-Eintritt. Dazu gibt's freien Eintritt ins benachbarte Spaßbad.

5-Sterne-Luxusherberge ▶ **Danhostel Fredericia:** Vestre Ringvej 98, Tel. 75 92 12 87, www.fredericia-danhostel.dk. Im Madsby Parken mit Blick auf Minibyen. Madsby Legepark und Spaßbad in der Nachbarschaft. 30 Familienzimmer mit Bad/WC. DZ 520–570 DKK, 4-Bett-Zimmer ca. 585–650 DKK, immer inkl. freiem Eintritt in benachbartes Badeland und Fitnesscenter.

Camping mit Spaßbad ▶ **MyCamp Trelde Næs:** Trelde Næsvej 297, 7000 Trelde (ca. 7,5 km nordöstl.), Tel. 75 95 71 83, www.my camp.dk. An der Nordküste der Halbinsel Trelde Næs mit vielen Angeboten für Kinder und (nur im Sommer geöffnetem) Spaßbad, auch Hütten und preiswerte DZ in einem renovierten Bauernhaus auf dem Gelände. Während der dänischen Ferien spezielles Angebot für Alleinerziehende!

Essen & Trinken

Gourmetküche unter bajuwarischer Leitung ▶ **Restaurant Ti Trin Ned:** Norgesgade 3, Tel. 75 93 33 55, www.titrinned.dk. Romantisch das Ambiente im alten Gärkeller einer Schnapsfabrik – Ti Trin Ned heißt auf Deutsch ›Zehn Stufen Runter‹ – mitten in der Altstadt. In der Küche regiert Rainer Gassner und sorgt für nordisch-mediterrane Begegnungen. Lässt man den Meister aus der überschaubaren Abendkarte wählen, liegen 3 Gänge bei rund 500 DKK. Taucht man zu zweit ganz in Gassners Welt ein, mit einem halben Dutzend Gängen, den passenden Weinen, Champagner und kleinen Verführungen zum Kaffee, dürfte die Rechnung bei über 3000 DKK liegen ...

Tipp: »M/S Tenna II.«

Das Ausflugsboot startet von Mitte Juni bis Mitte Aug. ab Fredericia zu Rundfahrten auf dem Kleinen Belt (2 Std. 160 DKK, 100 DKK/ Kinder) und pendelt tgl. außer Di als ›Wasserbus‹ zwischen Jütland und Fünen mit Stopps u. a. in Fredericia, Middelfart (S. 301) und Kolding (S. 250). Tel. 86 55 63 38, Mobil-Tel. 20 85 03 38, www.tenna2.dk. Außerdem werden Fahrten auf die Insel Endelave und von Oktober bis März auch Angeltouren auf dem Kleinen Belt durchgeführt (ab Fredericia ca. 5 Std., 275/150 DKK).

Vejle Fjord und Ådal

Verkehr
Bahn: Fredericia ist einer der wichtigsten Bahnknotenpunkte Dänemarks mit Verbindungen in alle Landesteile.

Vejle Fjord und Vejle Ådal

Schöne Strände liegen nördlich und südlich der Mündung des Vejle Fjord mit einem großen Ferienhausgebiet an der Weißen Düne von Hvidbjerg. Zusammen mit Natur und Kultur im Vejle Ådal, dem UNESCO-Welterbe in Jelling sowie der Nähe zum LEGOLAND Park (S. 154) ergibt das einen attraktiven Mix, der Rundreisende wie Ferienhausurlauber in den Landstrich um Vejle lockt.

Vejle ▶ F 11
Vejle gehört mit über 52 000 Einwohnern noch zu den zehn größten Städten Dänemarks, gewann aber erst mit der Industrialisierung im 19. Jh. an Bedeutung. Heute sind Großschlachtereien und Maschinenbaufirmen wichtige Arbeitgeber.

In die zentrale **Skt. Nikolai Kirke** gingen bei einem großen Umbau im 18. Jh. Fragmente einer mittelalterlichen Vorgängerkirche ein, die ein Rätsel bargen: In 23 Höhlungen in der Außenmauer des nördlichen Kreuzarms verbirgt sich je eine Schädeldecke. Handelt es sich um sterbliche Überreste einer enthaupteten Räuberbande, Zeugnisse eines Aberglaubens oder eines unbekannten Bestattungsritus?

In der Kirche wurde 1835 eine Frau beigesetzt, deren Leiche man zuvor in einem nahen Moor gefunden hatte. Man glaubte Gunhild, die erste Frau des Wikingerkönigs Harald Blåtand, vor sich zu haben, und der archäologiebegeisterte Frederik VII. spendierte der vermeintlichen Ahnin einen prunkvollen Sarg. Die moderne Wissenschaft hat diese Legende entzaubert: Die Moorleiche ist eine 40- bis 50-jährige Frau aus der keltischen Eisenzeit, die anderthalb Jahrtausende vor Gunhild lebte. Frisch konserviert ist sie umgezogen und jetzt das archäologische Highlight des Anfang 2013 eröffneten **Kulturmuseet Spinderihallerne** im Westen der Stadt, in dem die Vejle Museer neben der außergewöhnlichen Vorgeschichte der Region, zu der u. a. das Welterbe Jelling (S. 256) gehört, auch die Entwicklung der Stadt zu ihrer heutigen Bedeutung dokumentieren. Dafür nutzt das Museum ein Industriedenkmal, die ehemalige Spinnereihalle einer Textilfabrik (Spindergade 11, Tel. 76 81 31 00, www.vejleegnensmuseer.dk, Di–So 10–17 Uhr, z. Zt. gratis, s. Info S. 257).

Das international für seine Grafiksammlung berühmte **Vejle Kunstmuseum** besitzt u. a. Stiche von Rembrandt und Dürer, zeigt aber auch dänische Malerei und Skulpturen ab dem Durchbruch der Moderne (Flegborg 16, Tel. 75 72 31 99, www.vejlekunstmuseum.dk, April–Okt. Di–So 11–17, sonst 11–16 Uhr, z. Zt. gratis, s. Info S. 257).

Egtved und Vejle Ådal ▶ E 11
1921 wollte ein Bauer am Rand der Ortschaft Egtved 18 km südwestlich von Vejle einen Erdhügel auf seinem Feld einebnen. Dabei stieß er auf ein gut erhaltenes Bronzezeitgrab. In einem ausgehöhlten Eichenstamm entdeckten Archäologen die sterblichen Überreste einer 16 bis 18 Jahre alten Frau, die um 1400 v. Chr. begraben worden war. Ein moorähnliches Milieu, das im Inneren des Grabhügels durch die Schichtung von Grassoden entstanden war, konservierte neben Schmuck auch Haut und Haare der Toten sowie ihre Kleidung. Gleich neben dem restaurierten Grabhügel zeigt ein Minimuseum Kopien des Fundes (Egtved Holt 12, 6040 Egtved, Ostern–Okt. tgl. 9–20 Uhr, gratis).

Nördlich Egtved haben der Bildhauer Robert Jacobsen (1912–93, S. 48) und sein französischer Schüler Jean Clareboudt (1944–97) die Kiesgrube **Tørskind Grusgrav** mit neun großen Landschaftsskulpturen aus Holz, Stahl, Steinen und Beton zu einer beeindruckenden und so in Europa einzigartigen Verschmelzung von Kunst und Natur genutzt. Von Jacobsens am Westrand der Grube stehender Skulptur »Tørskind-mand«, einem Gebilde aus Stahl und alten Eichenbohlen, hat man einen herrlichen Blick über das Vejle Ådal.

255

Jütlands Südosten

Im Tal ließ um 980 der umtriebige Harald Blåtand die 760 m lange Bohlenbrücke **Ravningbroen** über die Vejle Å und die Sümpfe an ihren Ufern bauen. Ein kleiner Abschnitt wurde im Herbst 2011 nach aktuellstem archäologischen Wissenstand rekonstruiert, und im alten Bahnhof **Ravning Station** zeigt eine Ausstellung, wie das Ganze wohl aussah (Ravningvej 25, 7182 Bredsten, Tel. 75 88 32 45, Ostern–Aug. tgl. 9–20, Sept., Okt. 9–17, Nov.–Ostern Sa, So 14–17 Uhr, gratis).

Meistbesuchte Attraktion im Ådal ist ein alter Dorfladen, **Bindeballe Købmandsgård**, der 1897 aufmachte und seitdem kaum verändert wurde – ein Mix aus Tante-Emma-Laden-Museum und noch aktivem Landhandel (Bindeballevej 100, 7183 Randbøl, Tel. 75 88 33 83, mind. Mo–Sa 10–16, So 13–16, je nach Saison und Wochentag auch bis 17 oder 17.30 Uhr, Museum 10 DKK).

Jelling – Dänemarks Wiege
▶ E 10

In Jelling belegen immer neue Ausgrabungen, dass der Ort Wiege des dänischen Königreichs war. Geschützt von einer ca. 360 x 360 m großen, rautenförmigen Palisadenanlage lag hier ein frühes Machtzentrum mit Königshof, Kirche und Kasernengebäuden – über 120 000 m² groß. Entdeckte Befestigungen und Hausgrundrisse werden jetzt nach und nach mit modernen Materialien sichtbar gemacht.

Gorm den Gamle (S. 30), auf den das heutige Königshaus zurückgeführt wird, residierte hier und ließ seiner Frau Thyra zum Gedenken einen Runenstein aufstellen mit der Inschrift »König Gorm errichtet diesen Gedenkstein für seine Frau Thyra, Dänemarks Zierde«. Das ›tanmarkaR‹ im Original gilt als älteste schriftliche Erwähnung des Landesnamens. Die Inschrift des zweiten, größeren Runensteins markiert den Beginn der dänischen Geschichtsschreibung und erwähnt die Christianisierung – Dänemarks Taufurkunde. Natürlich ließ sich der Auftraggeber nennen: König Harald Blåtand (S. 30), Gorms Sohn. Der große Jellingstein ist auf zwei Seiten verziert, u. a. sieht man eine der ältesten Christusdarstellungen im Norden. Christus streckt die Arme in Kreuzhaltung aus, scheint aber nicht an ein Kreuz geschlagen. Auf der zweiten Bildseite evozieren zwei kämpfende Fabeltiere eher den alten als den neuen Glauben. Die Runensteine stehen, geschützt unter gläsernen ›Klimaschutzschirmen‹, vor der Kirche von Jelling. Das Ensemble wird von zwei künstlichen, 8,5 und 11 m hohen Hügeln umrahmt. Im nördlichen fand man eine hölzerne, leere Grabkammer aus dem frühen 10. Jh., der südliche war reiner Gedenkhügel. Er überdeckte Teile einer 360 m langen, älteren Schiffssetzung aus Findlingen. Die meisten Steine sind verschwunden, Steinplatten markieren ihre Lage und geben so ein Bild der Dimensionen, am besten sichtbar, wenn man auf den Hügeln steht.

Unter der romanischen Kirche gibt es Fundamente älterer Holzkirchen, die älteste aus der Mitte des 10. Jh. Im Boden entdeckte menschliche Knochen sollen sterbliche Überreste von Gorm sein, die der zum Christentum bekehrte Harald Blåtand in die Kirche umbetten ließ. Im heutigen Gotteshaus fallen Fresken ins Auge, Resultate freier Restaurierungen des 19. und frühen 20. Jh. Ursprünglich dürfte nicht Jesus, sondern Johannes der Täufer Hauptperson gewesen sein.

Das historische Jelling wurde 1994 zum UNESCO-Welterbe erklärt. Ende 2000 eröffnete Gorms Nachfolgerin Margrethe II. das Geschichts-Interpretationszentrum Kongernes Jelling, eine Abteilung des Nationalmuseums, in der auch immer über den aktuellen Stand der Ausgrabungen informiert wird (Gormsgade 23, Tel. 75 87 23 50, www.natmus.dk/kongernes-jelling, Juni–Aug. Di–So 10–17, sonst 12–16 Uhr, gratis; Café).

Kinderattraktionen im Westen
Folgt man der Margeriten-Route (Tipp S. 70) weiter westwärts, bietet bald nach dem urdänischen Jelling der Safaripark **Givskud Zoo** ein Kontrastprogramm mit Giraffen und richtige Affen, Löwen und andere Exoten – der eigene Wagen wird zum Safarigefährt (Løveparkvej 3, 7323 Givskud, Tel. 75 73 02 22; Ostern–Woche 42 ab 10 Uhr, je nach Saison

Vejle Fjord und Ådal

und Wochentag bis 17/18/20 Uhr, 170 DKK, 100 DKK/3–11 Jahre, Safaribus 30 DKK). 28 km von Vejle bzw. 20 km von Jelling nach Westen liegt zudem die Kleinstadt Billund mit dem **LEGOLAND Park** (S. 154).

Infos

VisitVejle: Banegårdspladsen 6, 7100 Vejle, Tel. 76 81 19 25, www.visitvejle.com. In der Saison Filialen in Kongernes Jelling und am Givskud Zoo.

Museen in und um Vejle gratis: Zur Eröffnung des Kulturmuseet Spinderihallerne trat eine ›Versuchsregelung‹ in Kraft, nach der Besuche aller kommunalen Museen der Großkommune Vejle mindestens noch das ganze Jahr 2014 gratis sind.

Übernachten, Essen & Trinken

Luxushotel mit Casino ▶ **Hotel Munkebjerg:** Munkebjergvej 125, 7100 Vejle, Tel. 76 42 85 00, www.munkebjerg.dk. Das moderne 4-Sterne-Hotel im Grünen 100 m über dem Vejle Fjord ist eine Ikone der Gastronomie in Dänemark. DZ regulär 1695–3995 DKK, viele Paketpreise wie Gourmetaufenthalte oder Golfwochenenden. Angebote in allen Ferienzeiten ab ca. 1000 DKK. Mehrere Restaurants, u. a. das Gourmetlokal **Tree Top** mit Saisonmenüs (ca. 600 DKK) und passenden Weinmenüs (500–700 DKK).

Konservativer Kro ▶ **Skovdal Kro:** Fårupvej 23, 7300 Jelling (ca. 2 km südl.), Tel. 75 87 17 81, www.skovdalkro.dk. Klein und traditionsbewusst an einem Seeufer, zentral zu Attraktionen der Region, z.B. in Gehentfernung zu den Monumenten von Jelling. DZ ca. 900 DKK, auch Familienzimmer. Klassische dänische Küche mit gebratenem Aal als Spezialität (HG ca. 190–270 DKK).

Übernachten

Edelrestaurant mit Weinhandel ▶ **Merlot:** Skyttehusgade 42, Tel. 75 83 88 44. Die Küche dänisch-französisch und perfekt, der Wein edel und das Ambiente konservativ. HG ca. 250 DKK, Menüs ab 350 DKK, immer auch mit Weinmenüs.

Termine

Vorbasse Hestemarked: Seit 1731 einer der größten Pferdemärkte Jütlands, mit Kirmes, Flohmarkt und Viehhandel. Vorletzter Do im Juli bis Sa in Vorbasse (▶ **E 11**).

Der große Runenstein ist inzwischen als UNESCO-Welterbe unter Glas geschützt

Zwischen Seenhochland und Kattegat

Ostjütland zwischen Kattegat und Seenhochland ist ein besonders buntes Dänemark. Skurril wie in Horsens, wo ein leerer Knast ›Schloss‹ heißt und für Kultur-Events herhält, jugendlich schrill wie in Aarhus mit seiner Studentenszene, romantisch wie in den Gassen von Ebeltoft oder einfach nur landschaftsschön wie im Nationalpark Mols Bjerge – für viele Dänen einer der schönsten Flecken ihrer Heimat.

Natürlich hat dieser Teil Dänemarks auch seine Strände und Ferienhausgebiete wie um Juelsminde südlich Horsens oder um Ebeltoft im Süden und um Fjellerup im Norden der Halbinsel Djursland. Aber er besitzt Landschaften, bei denen es schlichtweg unangemessen wäre, nur auf die Küsten zu schauen. Das gilt vor allem für die Hügel und Seen rund um Silkeborg, die so gar nicht ins Klischee vom flachen Land hinter den Dünen passen. Die Popularität als Feriengebiet im eigenen Land sorgt überall zwischen Seen und Kattegat für ein großes touristisches Angebot mit Science Centern und Freizeitparks für Familien, aber auch mit außergewöhnlichen Museen wie dem Glasmuseum in Ebeltoft oder dem Museum Jorn in Silkeborg mit seiner bedeutenden CoBrA-Sammlung.

Tipp: Sparen mit öffentlichem Verkehr

Der Lokal- und Regionalverkehr in Ostjütland wird durch Midttrafik betrieben (www.midttrafik.dk). Preise berechnen sich nach Zonen, die Klippekort, übertragbare Mehrfachkarten, helfen sparen. Für Exkursionen lohnen 24-Std.-Tickets (155 DKK, 110 DKK/bis 15 Jahre), gültig für den größten Teil der Region; für 210/145 DKK sind die Fähre nach Samsø und alle Bussen auf der Insel eingeschlossen. **Kombi-Tickets** für öffentlichen Verkehr plus Eintritt sparen bei Besuchen Djurs Sommerland (S. 283), Kattegatcentret (S. 280) und Randers Regnskov (S. 284). Beim Kauf dieser Tickets für Kinder muss man aber gut rechnen: Jeder Erwachsene kann im Bus immer zwei Kinder bis 12 Jahre gratis mitnehmen, da ist es dann meist billiger, nur den Kindereintritt an der Attraktion zu zahlen!

Um den Horsens Fjord

Juelsminde und Bjerre Herred
▶ G 10/11

Der schnellste Weg von Vejle nach Norden führt über die Autobahn [E45], reizvoller bummelt man an der Küste entlang über die Halbinsel **Bjerre Herred** mit dem quirligen Bade- und Hafenort **Juelsminde**. Weiter nördlich in Glud entstand um das älteste datierte Bauernhaus Dänemarks von 1662 herum das volkskundliche Freilichtmuseum **Glud Museum** (Museumsvej 44, 8700 Glud, Tel. 75 68 30 82, www.gludmuseum.dk, April–Okt. Di–So 10–17, 40 DKK/ab 18 Jahre).

Nahe der Mündung des Horsens Fjord ist **Snaptun** Fährhafen für zwei Ausflugsinseln, das 3,2 km^2 kleine **Hjarnø** nur einen Katzensprung vor der Küste mit guten Vorgelbeobachtungsplätzen und das draußen im Kattegat gelegene **Endelave**, das berühmt für seine Heilkräuter ist.

Um den Horsens Fjord

Horsens – die Bering-Stadt
▶ G 10

Horsens hat nur wenig mehr als 55 000 Einwohnern und wird touristisch oft übersehen. Dabei besitzt es spannende Museen und präsentiert seit Jahren ein Kulturprogramm auf Weltstadtniveau – Madonna, Paul McCartney, die Stones, Robbie Williams und R.E.M., AC/DC und U2 gaben schon Konzerte vor bis zu 85 000 Zuschauern und 2012 endete hier eine Etappe des Giro d'Italia.

Die Innenstadt kann Dänemarks breiteste Fußgängerzone vorweisen, die **Søndergade**, eine gute Shoppingadresse mit durchaus interessanten Bauten, die an eine Vergangenheit als wichtige Handelsstadt erinnern, allen voran das **Lichtenbergsche Palais** von 1744, seit rund 200 Jahren ein Hotel (S. 260).

Horsens erinnert gern an seinen bekanntesten Sohn: Vitus Bering (1680–1741). Der fand im Sommer 1741 im Auftrag des Zaren Amerikas Hintereingang Alaska – unlöschbar ging sein Name im nördlichen Pazifik in die Geografie ein: Beringmeer, Beringstraße und Beringinsel. Dort starb er am 8. Dezember 1741 an Skorbut. Von dem Schiff, mit dem er auf seiner letzten Reise unterwegs war, stammen die beiden Kanonen, die im zwischen Bahnhof und Zentrum gelegenen **Vitus Bering Park** eine Gedenkplatte an seine Expeditionen einrahmen.

Am Ostrand der Innenstadt befasst sich in einem Elektrizitätswerk von 1906 nebst umliegenden Gebäuden **Dankmarks Industrimuseet** mit dem Wandel des Arbeitsalltags zur Zeit der Industrialisierung. Es zeigt Arbeitsabläufe und dokumentiert das Leben der Arbeiter. Dazu gehört ein halbes Dutzend Arbeiterwohnungen aus verschiedenen Epochen von 1880 bis zum Ende des 20. Jh. – da entdeckt mancher Dinge im Museum, die er selbst noch zu Hause in Gebrauch hat (Gasvej 17–19, Tel. 75 62 07 88, www.industrimuseet.dk, Juli/Aug. tgl. 10–16, übrige Zeit 11–16 Uhr, 60 DKK/ab 18 Jahre).

In der Parkanlage Caroline Amalie Lund setzt das **Horsens Kunstmuseum Lunden** vor allem auf jüngere Kunst. Besonders Bjørn Nørgaard (S. 48) und der 1955 in Horsens geborene Michael Kvium, zwei der bekanntesten dänischen Gegenwartskünstler, sind so präsent wie nirgendwo sonst im Lande (Carolinelundsvej 2, Tel. 75 61 13 11, Di–Fr 11–16, Sa, So 11–17, Juli/Aug. auch Mo und alle Tage ab 10 Uhr, 30 DKK/ab 18 Jahre). Von Nørgaard stammt auch eine imposante Bildhauerarbeit neben der Bibliothek an der Ecke Farvergade/Smedegade: In der Tradition alter Reiterstandbilder bringt **Apokalypsens Rytter Helhesten-Sleipnir** mit modernen Formen die Apokalyptischen Reiter der Bibel mit dem Höllenpferd Sleipnir aus der nordischen Mythologie zusammen – ein passendes Denkmal für eine Stadt, die ihren Namen vom altnordischen Wort für Pferd ableitet.

FÆNGSLET – das etwas andere Schloss

Horsens ist berühmt-berüchtigt für ein spezielles Schloss: Slottet ist der Euphemismus, den der Volksmund dem ehemaligen Staatsgefängnis verpasste. Da lästerten böse Zungen auch, die Insassen hätten Glück, diesen Klotz aus den 1850er-Jahren nicht von außen sehen zu müssen. 2006 zogen die Häftlinge in ein neues Hochsicherheitsgefängnis um. Zurück blieb eine Sammlung von Skurrilem aus dem Leben der Gefangenen: Kunst, Kunsthandwerk und Kitsch von Einsitzenden fabriziert, aber auch diverse Werkzeuge, mit denen einige ihren Aufenthalt verkürzen wollten – Fundus des Gefängnismuseums, das ansonsten einen so authentischen Knast präsentieren kann, wie man ihn ohne Zwang kaum irgendwo sonst in der Welt zu sehen bekommt. Das Museum ist aber nur Teil des neuen Lebens hinter den Mauern. Die alten Zellentrakte können für Events oder Messen gemietet werden und FÆNGSLET ist auch Kulturzentrum: Wo früher Knackis Hofgang hatten, finden mittlerweile viele Konzerte statt und der Bau gibt den Rahmen für Events wie Krimimessen und -lesungen ab – Willkommen im Knast (FÆNGSLET, Fussingsvej 8, DK-8700 Horsens, www.faengslet.dk, Museum: April–Okt. Di–So, Juli/Aug. auch Mo 10–17, übrige Zeit Di–So 10–16 Uhr, 80 DKK, 50 DKK/6–17 Jahre).

Zwischen Seenhochland und Kattegat

Ende August wird in Horsens für zwei Tage Mittelalter gelebt

Infos

VisitHorsens: Tel. 75 60 21 20, www.visithorsens.dk. Als ›physisches‹ i-Büro dient der Shop in FÆNGSLET (s. o.), dort gibt es Broschüren und die Mitarbeiter können touristische Fragen beantworten.

Juelsminde Turistbureau: Odelsgade 1, 7130 Juelsminde, Tel. 75 69 33 13, www.visitjuelsminde.dk für die Küste südlich Horsens.

Übernachten

Wohnen in einer Sehenswürdigkeit ▶ **Jørgensens Hotel:** Søndergade 17, Tel. 75 62 16 00, www.jorgensens-hotel.dk. Haus der Best Western-Kette, untergebracht im Lichtenbergschen Palais aus dem Jahr 1744 im Herzen der Stadt, DZ ab 950 DKK, Ferienzeiten ab ca. 770 DKK.

4-Sterne-Herberge am Vogelschutzgebiet ▶ **Danhostel Horsens:** Flintebakken 150, Tel. 75 61 67 77, www.danhostelhorsens.dk. Alle Zimmer mit Bad/WC, DZ 500–650 DKK, 4-Bett-Zimmer 550–700 DKK.

Camping am Strand ▶ **Husodde Strand Camping:** Husoddevej 85, Tel. 75 65 70 60, www.husodde-camping.dk. Gepflegter Platz östlich der Stadt zwischen Wald und Meer mit guter Busanbindung ins Zentrum, Hütten für 2 bis 6 Pers. mit einer Ausstattung von ›basic‹ bis komfortabel mit Bad/WC.

Ferienhäuser ▶ Die meisten Ferienhäuser in der Region liegen um Juelsminde, vermittelt u. a. vom dortigen **i-Büro** (s. l.).

Essen & Trinken

Speisen im Palais-Ambiente ▶ **Lichtenberg:** in Jørgensens Hotel (s. l.). Das stuckverzierte Restaurant setzt auf eine gehobene, aber eher konservative Küche (HG um ca. 200 DKK, Menü entsprechend den Jahreszeiten ca. 300 DKK) und serviert im Sommer im Spiegelsaal gern ein Buffet (149 DKK).

Silkeborg und das Seenhochland

Familienrestaurant ▶ Jensen's Bøfhus: Åboulevarden 129, Tel. 75 60 24 60. Filiale der populären Steakhauskette (S. 60) nahe am Hafen.

Eigene und über 100 fremde Biere ▶ Den Gyldne Hest: Thonboggade 6, Tel. 75 61 47 47. An einem Abend schafft man garantiert nicht alle Biere, die in diesem Lokal zur Auswahl stehen, das einen regelrechten Kult ums Bier treibt.

Aktiv

Radwandern mit Fährfahrt ▶ Gitte Marie: Reserv.-Tel. 40 97 21 90. Die Mini-Fahrradfähre Snaptun – Alrø über die Mündung des Horsens Fjord erlaubt Langstrecken-Radwanderungen entlang der Küste, ohne Horsens durchqueren zu müssen. Mitte Juni–Aug. Sa, So, Hochsaison 2 x tgl., 50 DKK, 25 DKK/Kinder, 5 DKK/Rad.

Termine

Europæisk Middelalder Festival: jeweils am letzten Fr und Sa im August, www.middelalderfestival.dk. Mittelalter total und sehr bemüht authentisch am FÆNGSLET. Bier und Wein werden in Tonkrügen ausgeschenkt, Würstchen auf Kohlblättern serviert und die Ritter kämpfen so oder so um die holden Maiden – bunt, spektakulär und lohnend.

Verkehr

Bahn: ICE-Direktverbindungen ab/bis Deutschland; innerdänisch an der IC-/Lyn-Tog Strecke Kopenhagen – Nordjütland.
Endelave Færgefart: Tel. 75 68 91 75, Snaptun – Endelave, 55 Min., 2–4 x tgl.
Hjarnø Færgefart: Tel. 75 68 33 45, Snaptun – Hjarnø; 5 Min., ca. 6–23 Uhr 1–3 x stdl.

6 Silkeborg und das Seenhochland

Zwischen Horsens und Aarhus kann man leicht Gipfelstürmer werden. Dort liegt nahe der Autobahnabfahrt Ejer Bavnehøj Dänemarks höchste Erhebung: Der unscheinbare **Møllehøj** hat mit amtlichen 170,86 m zwar die Nase vorn (S. 15), höher hinaus kommt man jedoch auf **Ejer Bavnehøj**, auf dem ein 13 m hoher Wiedervereinigungsturm bestiegen werden kann.

Himmelbjerg ▶ F 9

Bis weit ins 19. Jh. pilgerten die Dänen noch in himmlische Höhen, wenn sie auf ihren ›höchsten Gipfel‹ wollten. Dann nahmen pedantische Landvermesser dem **Himmelbjerg** seinen herausragenden Status. Dabei ist er mit 147 m durchaus ansehnlich, zumal er damit direkt vom Ufer des **Julsø** aufragt. Wissenschaftler ohne Sinn für wahre Größe sprechen also von einem ›falschen Hügel‹, denn genau genommen ist er nur ein Hang am Rande eines großen, an dieser Stelle angeschnittenen Moränenplateaus. Trotz alledem behielt Himmelbjerg immer seine Anziehungskraft und steckt voller Pathos: Der jütische Heimatdichter Steen Steensen Blicher (1782–1848) begründete hier 1839 eine Tradition großer Volkstreffen. An ihn und spätere Redner erinnern Gedenksteine, ebenso wie an die Einführung des Frauenwahlrechts 1915. Blichers Volksversammlungen am Himmelbjerg waren Teil der bürgerlichen Revolution in Dänemark, die zum Grundgesetz vom 5. Juni 1849 führte. Diesem Tag und dem König zu Ehren, der das Gesetz erließ, wurde 1874/75 der 25 m hohe Turm auf der Spitze des Himmelbjerg errichtet.

Am schönsten nähert man sich dem Himmelbjerg über den Julsø auf einem Ausflugsschiff ab Silkeborg oder Ry. Von einem Anleger am Fuß des Hangs führt dann ein gut präparierter Weg zum Gipfel. Star der weißen Flotte ist deren größter Stinker, das Oldtimerschiff **»Hjejlen«**, ein Raddampfer, der seit 1861 im Dienst ist (S. 264).

Gammel Rye und Øm ▶ F 9

Der Landweg nähert sich von **Gammel Rye** aus Himmelbjerg. Dort fand in der Skt. Søren Kirke, einst bedeutende katholische Wallfahrtskirche, im Juli 1534 ein Treffen der jütischen Mitglieder des Reichstags statt. Diese waren mehrheitlich katholisch, zum Teil sogar Purpurträger, wählten aber den seit einer Be-

Zwischen Seenhochland und Kattegat

Kunst im Namen der CoBrA

Thema

Am Südrand der Seenstadt Silkeborg signalisiert neben dem Eingang zum Museum Jorn das große Keramikpuzzle ›Epocké‹ nach Skizzen von Jean Dubuffet: Hier ist die Moderne zu Hause.

Das Museum besitzt einen großen Fundus zur abstrakt-spontanen Kunst von ihren Ursprüngen bis heute mit Schwerpunkt auf der dänisch-belgisch-niederländischen Künstlergruppe CoBrA, die drei skandalumtoste Jahre von 1948 bis 1951 bestand und mit ihrer fabulierenden, abstrakt-expressionistischen Ausdrucksweise auf die dänische Kunst bis heute Einfluss hat. CoBrA steht als Kürzel für die Herkunft der beteiligten Künstler: Copenhague, Bruxelles, Amsterdam.

Dass eine so bedeutende Kunstsammlung in keiner dieser Hauptstädte, sondern in der dänischen Provinz zu sehen ist, liegt an der Heimatverbundenheit des Malers, Bildhauers, Keramikers und Webkünstlers Asger Jorn (1914–73). Der erklärte Internationalist, der überall auf der Welt gearbeitet hat, stammte aus Silkeborg und erlebte in der Stadt 1933 seine erste Ausstellung.

Jorn entwickelte über sein praktisches Werk hinaus immer wieder Denkanstöße für die Kunst und war in vielen Künstlergruppen aktiv, weil für ihn der Dialog als Motor aller Dinge galt. So gehörte er neben den Niederländern Karel Appel und Constant sowie den Belgiern Corneille, Joseph Noiret und Christian Dotremont zu den Gründungsmitgliedern von CoBrA und wird als ihr künstlerischer und theoretischer Kopf angesehen. Wichtigster Beitrag der Gruppe zur Entwicklung der Nachkriegskunst war der radikale Bruch mit Konventionen und Formprinzipien, ohne den die informelle Kunst der 1950er- und 60er-Jahre – zu deren wichtigsten Vertretern Jean Dubuffet gehört – undenkbar gewesen wäre.

CoBrA bezog Ideen aus Bildern und Skulpturen von Kindern und Geisteskranken ebenso wie aus der Kunst von Naturvölkern oder aus längst vergangenen Epochen wie der Wikingerzeit. Kunst sollte experimentell, sozialistisch und revolutionär sein, zu gefallen brauchte sie nicht. Und sie musste natürlich spontan sein. Jorns Ideal: Sein Kopf sollte in dem Augenblick, in dem er den Pinsel zum ersten Mal an ein neues Werk setzte, so leer sein wie die frische Leinwand.

Jorn war auch Sammler und Ausstellungsmacher. Die letzten 20 Jahre seines Lebens arbeitete er dabei eng mit dem Museum zusammen, das heute seinen Namen trägt und seine Sammlung mit mehr als 5000 Grafiken, Malereien und Objekten von ihm selbst und rund 150 Kollegen besitzt. Jorns Anspruch lag in der Dokumentation der abstrakt-spontanen Kunst, nicht in dem Versuch, Meisterwerke zu sammeln. Trotzdem sind in Silkeborg solche zu sehen, allen voran Jorns ›Stalingrad‹, ein Monumentalgemälde, an dem er von 1957 bis 1972 immer wieder arbeitete.

Arbeiten dänischer CoBrA-Künstler – neben Jorn sind Henry Heerup, Ejler Bille, Egill Jacobsen und Carl-Henning Pedersen zu nennen – findet man in fast jedem Kunstmuseum des Landes. Nirgendwo aber werden die Wurzeln und vor allem die internationalen Zusammenhänge, in denen CoBrA steht, so deutlich wie im Museum Jorn (Gudenåvej 7–9, Tel. 86 82 53 88, www.museumjorn.dk, April–Okt. Di–So 10–17, sonst Di–Fr 12–16 und Sa, So und Feiertage 10–17 Uhr, 70 DKK/ab 18 Jahre).

Silkeborg und das Seenhochland

gegnung mit Luther in Worms überzeugten Protestanten Christian III. zum Gegenkönig gegen den katholischen, aber bürgerfreundlichen Christian II. Damit waren die Weichen für die Reformation gestellt, die für Gammel Rye den Niedergang brachte. Sogar die Kirche, in der die entscheidende Abstimmung stattfand, verfiel – deutlich sichtbar fehlt ein Stück zwischen Turm und Schiff.

Groß war in katholischer Zeit auch das Zisterzienserkloster **Øm** zwischen Gudensø und Mossø ein paar Kilometer südlich. Heute sind Grundmauern und Gräber des Klosterfriedhofs freigelegt. Die dort entdeckten und im Museum ausgestellten Skelette brachten überraschende Erkenntnisse über den Stand der Medizin im Mittelalter: Sogar Operationen am offenen Schädel wurden nachgewiesen (Munkevej 8, 8680 Emborg, Tel. 86 89 81 94, www.klostermuseet.dk, Mai bis Woche 42 Di–So 10–16 Uhr, 40 DKK/ab 18 Jahre).

Silkeborg ▶ F 8

Hauptstadt des Seenhochlandes ist Silkeborg – modern, aber durchaus mit anheimelnden Ecken vor allem an den Ufern der Gudenå. Wer sich für moderne Kunst interessiert, setzt Silkeborg auf den Reiseplan wegen der CoBrA-Sammlung im **Museum Jorn** (S. 262). Darüber hinaus besitzt die Stadt mit dem **KunstCentret Silkeborg Bad** in seinem ehemaligen Kurbad noch einen zweiten, spannenden und landschaftlich wunderschön im Grünen gelegenen Kunstkomplex und Skulpturenpark, der oft mit Ausstellungen Furore macht – da lohnt ein Blick ins aktuelle Programm (Gjessøvej 40 A–D, Tel. 86 81 63 29, www.silkeborgbad.dk, Mai–Sept. Di–So 10–17, sonst Di–Fr 12–16, Sa, So 11–17 Uhr, 60 DKK/ab 16 Jahre).

Silkeborg wurde ab Mitte des 19. Jh. groß, als hier ein Wasserkraftwerk und eine Papierfabrik entstanden. Letztere schloss 2000 und ist zum Lifestylekomplex mit Hotel und Lokalen direkt am Ufer der Gudenå umgebaut worden. An die Zeiten, als Silkeborg Dänemarks Papierstadt war, erinnert **Papirmuseet** (Papirfabrikken 78, Tel. 86 85 45 64, www.papirmuseet.dk, Mai, Sept. Sa, So, Juni–Aug. tgl. 11–16 Uhr, sonst an ausgewählten Ferien- und Feiertagen, 40 DKK/ab 18 Jahre).

Viel weiter zurück in die Geschichte entführt das **Museum Silkeborg** seine Besucher: Stars seiner Austellung sind Ellingkvinden (Frau von Elling) und Tollundmanden (Tollund-Mann): beides Moorleichen, die wenige Kilometer westlich der Stadt im Abstand von 80 m entdeckt wurden, sie 1938, er 1950. Der Mann von Tollund galt bei seinem Fund als eine der besterhaltenen Moorleichen Europas. Fasziniernd der Kopf, fast jede Pore und jeder Bartstoppel sind zu erkennen. Nichts in den Gesichtszügen, die wie die eines Schlafenden wirken, lässt ahnen, was ein kleines Lederband und Druckstellen am Hals beweisen: Er ist – wie auch die Frau von Elling – erdrosselt worden, wohl im 4. oder 5. Jh. v. Chr. als Menschenopfer. Da die Körper nach der wissenschaftlichen Untersuchung nicht konserviert wurden, ist alles was man im Museum vom Hals an abwärts sieht, lediglich eine Rekonstruktion nach alten Unterlagen (Hovedgårdsvej 7, Tel. 86 82 14 99, www.museumsilkeborg.dk, Mai–Woche 42 tgl. 10–17, sonst Sa, So 12–16 Uhr, 50 DKK/ab 18 Jahre; Tollund-Mann bei Facebook: www.facebook.com/tollund.man.9).

Am Südrand der Stadt bringt das Science Center **AQUA Ferskvands Akvarium** mit Aquarien, schönen Außenanlagen und vielen Aktivitäten Besuchern die Welt der Süßwasserseen nahe. Hauptattraktionen sind die in freier Wildbahn bedrohten Fischotter und Biber (Vejlsøvej 51, Tel. 89 21 21 21, www.visitaqua.dk, tgl. 10–16, Sa, So und Hauptsaison auch bis 17 oder 18 Uhr, saisonabhängig 125–140 DKK, 75 DKK/3–11 Jahre).

Infos

TurismeSilkeborg: Torvet 2A (Det Gamle Rådhus), 8600 Silkeborg, Tel. 86 82 19 11, www.visitsilkeborg.dk.

Übernachten, Essen & Trinken

4-Sterne-Traditionshotel von 1848 ▶ Hotel Dania: Torvet 5, 8600 Silkeborg, Tel. 86 82 01 11, www.hoteldania.dk (Small Danish Ho-

Zwischen Seenhochland und Kattegat

tels, S. 86). Sehr zentral gelegen; DZ je nach Reisetag und Saison ab 995 DKK. Mit Gourmetrestaurant & Brasserie Underhuset, HG um 250 DKK.

Saisonhotel und Ausflugslokal ▶ Hotel Himmelbjerget: Himmelbjergvej 20, 8680 Ry, Tel. 86 89 80 45, www.hotel-himmelbjerget.dk. Auf dem Himmelbjerg mit grandioser Aussicht; einfache Zimmer mit Bad/WC auf dem Gang, DZ 675, 4-Bett-Familienzimmer 750 DKK. Restaurant mit bürgerlich-dänischer Küche (HG um 225 DKK) und preiswerter Cafeteria (fast alles unter 120 DKK); Paketpreise für Minferien.

Idyllische Herberge an der Gudenå ▶ Danhostel Silkeborg Vandrerhjem: Åhavevej 55, 8600 Silkeborg, Tel. 86 82 36 42, www.danhostel-silkeborg.dk. Klassische Jugendherberge von 1938 – trotzdem hat die Mehrzahl der Zimmer heute Bad/WC, Familienzimmer bis 6 Pers.; je nach Standard und Saison DZ 350–720 DKK, 4-Bett-Zimmer 510–770 DKK.

Aktiv

Bootsfahrten auf den Seen ▶ Hjejlen ApS: Tel. 86 82 07 66, www.hjejlen.com. Mai–Sept. Sa, So, Hochsaison tgl. Linienfahrten Silkeborg – Himmelbjerg – Laven (Fahrpreise streckenabhängig z. B. Silkeborg – Himmelbjerg h/z ca. 130 DKK, 65 DKK/4–12 Jahre) sowie Ausflugsfahrten ohne Stopp ab/bis Silkeborg, Himmelbjerg oder Ry (1–2 Std. ab 90/45 DKK) u. a. mit Raddampfer »Hjejlen«.

Kanutouren ▶ 160 km **Gudenå** bilden von Tørring (**▶ F 10**) bis zur Mündung in den Randers Fjord (**▶ G 7**) Dänemarks längstes Kanurevier mit den Seen um Silkeborg als Höhepunkt. Die ganze Strecke ist in 8–10 Tagen zu schaffen, die meisten Kanuten fahren 4–5 Tage von der Quelle bis Silkeborg. Es gelten strenge Naturschutzbestimmungen, Quoten beschränken die Zahl der Boote. Infos beim i-Büro Silkeborg (S. 263), dort auch Reisepakete inkl. Leihkanus und Zeltausrüstung. Kanus werden Mai–Okt. stunden-, tage- oder wochenweise vermietet, Kurzleihe ab ca. 100 DKK/Std., 400 DKK/Tag. Direkt ab Silkeborg Stadt: **Silkeborg Kanoudlejning** (Åhave Allé 7, 8600 Silkeborg, Tel. 86 60 30 03, www.silkeborgkanoudlejning.dk) oder Sluseskioskens Kanoudlejning (Havnen, 8600 Silkeborg, Tel. 86 80 08 93, www.kano4you.dk).

Verkehr

Bahn: Station an der Regionalbahn Aarhus – Herning – Skjern.

7 Aarhus ▶ G 8/9

Cityplan: S. 266

Aarhus ist mit etwa 256 000 Einwohnern zwar deutlich kleiner als Kopenhagen, aber dennoch die Nummer 2 in Dänemark. Es profitiert davon, dass es im Lande opportun ist, die Provinz zu stärken: Ein Symphonieorchester, eine Oper, ein großes Theater, bedeutende Museen zu Geschichte, Kultur und Natur, Clubs und Konzerthallen bedienen Geschmäcker von Mainstream bis Avantgarde, von trendig bis traditionell.

Der Neigung der Stadtväter, mit großen Events und Bauprojekten die Rolle als Jütlands Metropole zu festigen, trug Aarhus den Titel ›Verdens mindste storby‹, ›Der Welt kleinste Großstadt‹ ein – immerhin ist Aarhus 2017 europäische Kulturhauptstadt (www.aarhus2017.dk). Trotz alledem ist Aarhus kompakt und überschaubar; nur selten ist der Sprung in einen Stadtbus nötig.

Alte Stadt ganz jung

Aarhus wurde lange vor Beginn der Wikingerzeit gegründet, die Berufung eines Bischofs 948 erwähnt. Mit der Industrialisierung nach dem Bau der Eisenbahn im 19. Jh. wuchs es rapide und zog an Randers und Aalborg vorbei. Wichtiger Aktivposten: der Hafen.

1928 öffnete die Universität ihre Tore, sie ist heute die zweitgrößte im Lande und mit rund 40 000 Studenten kaum kleiner als die in Kopenhagen. Weitere Studenten besuchen die einzige Journalistenhochschule Dänemarks, eine zahnärztliche Hochschule, ein Konservatorium – rund zwei Dutzend Bildungs- und Forschungseinrichtungen gibt es

Aarhus

in der Stadt insgesamt. Das prägt: Aarhus hat statistisch gesehen Dänemarks jüngste Bevölkerung.

Rund um den Dom

Dominierendes Bauwerk am Nordende der Haupteinkaufsstraße Strøget, die vom Bahnhof herunterkommt, ist die gotische **Aarhus Domkirke** 1. Ihre Kalkmalereien sind die flächenmäßig größten aller dänischen Kirchen, dokumentieren aber auch, wie diese Kunst nach der Reformation verstümmelt wurde. Kunsthistorisch bedeutend sind zudem der vergoldete Flügelaltar des Lübecker Meisters Bernt Notke von 1479 und die Renaissance-Kanzel des Flamen Michael van Groningen aus dem späten 16. Jh. (tgl. 10–15, Mai–Sept. Mo–So 9.30–16, Di immer ab 10.30 Uhr).

Die Bankfiliale dem Domportal schräg gegenüber dürfte eines der wenigen Geldinstitute der Welt sein, das Fremde gern in den Keller lässt: Fundamentreste aus der Wikingerzeit, die hier in den 1960er-Jahren freigelegt wurden, bilden zusammen mit einer Ausstellung das **Vikingemuseet** 2 (Skt. Clemens Torv 6, Mo–Fr 10.15–17 Uhr, gratis).

Mit seiner dekorativen Fassade demonstriert das im Jahr 1900 entstandene **Aarhus Teater** 3, wie gern die Stadt schon damals repräsentierte. Die Pläne lieferte Hack Kampmann (1856–1920), der in dieser Epoche viele Gebäude entwarf. Ein Prachtstück liegt wenige Schritte entfernt am Hafen, das 1897 fertiggestellte **Toldkammerbygning** 4. Mit seinen burgähnlichen Türmen signalisierte es ankommenden Schiffen gleich: Diese Stadt ist wichtig.

Als Kind der Frauenbewegung entstand 1982 **Kvindemuseet** 5. Ausstellungen zeigen Lebens- und Arbeitsbedingungen von Frauen oder zeichnen Biographien einzelner, bedeutender Frauen nach (Domkirkeplads 5, Tel. 86 18 64 70, www.kvindemuseet.dk, Juni–Aug. tgl., sonst Di–So 10–16, Mi immer bis 20 Uhr, 45 DKK/ab 18 Jahre). Das Museum nutzt das alte Rathaus, das später als Polizeistation fungierte und zum Ende des Zweiten Weltkriegs von der Gestapo belegt war. In den Kellerräumen erinnert **Besættel-**

Aarhus oder Århus?

2011 änderte ein Ratsbeschluss den Namen Århus zu Aarhus. Das Sonderzeichen »Å« verursachte im Internet nur Stress. Solche Änderungen sind nach dänischer Rechtschreibregelung zulässig und andere Städte wie Aalborg nutzten das schon früher. Der Beschluss betrifft aber nur die Stadt und ihre Institutionen, nicht hingegen geografische Namen wie beispielsweise Århus Bugt. Außerdem gibt es Einrichtungen und Firmen, die die alte Schreibweise beibehalten. Das »Aa« bringt die Stadt im Alphabet aber nicht voran: Aarhus steht formal noch hinter Århus weit an dessen Ende (S. 442).

sesmuseet an die Besatzungszeit, u. a. mit Folterzellen (Eingang Mathilde Fibigers Have 2, Juni–Aug. Di–So, sonst Di, Sa und So jeweils 11–16 Uhr, 30 DKK).

Latinerkvarter

Neben dem Frauenmuseum führt die Mejlgade ins Herz des **Latinerkvarter.** Seine Boutiquen bieten Etabliertes der dänischen Modeszene im Brand-Shop von **Samsø & Samsø** 1 (Klostergade 12) oder Originelles wie Vintageklamotten bei **Bloomers** 2 (Volden 34), wo alte Sachen ein Upgrade zu neuer Mode erleben. Dazu gibt's Trendkneipen, Multikulti-Restaurants und ›Spillesteder‹ für Livemusik; eine Institution ist **Café Jorden** 1, seit es 1985 französisch inspirierte Cafékultur nach Aarhus brachte (Badestuegade 3, tgl. 9.30–2 Uhr).

Die **Vor Frue Kirke** 6 entstand im 13. Jh. als Teil eines Dominikanerklosters über der dreischiffigen Skt. Nikolai Kryptkirke von ca. 1060, die erst 1955 unter dem heutigen Chor wiederentdeckt wurde. Der figurenreiche Flügelaltar der Hauptkirche stammt aus der Werkstatt des von Veit Stoss beeinflussten Claus Berg (ca. 1470–1532) – geradezu bizarr mutet die Kreuzigung inmitten einer Mittelalterszenerie im zentralen Feld an (Di–Fr 10–14, Sa 10–12, Mai–Aug. Mo–Fr 10–16, Sa 10–14 Uhr).

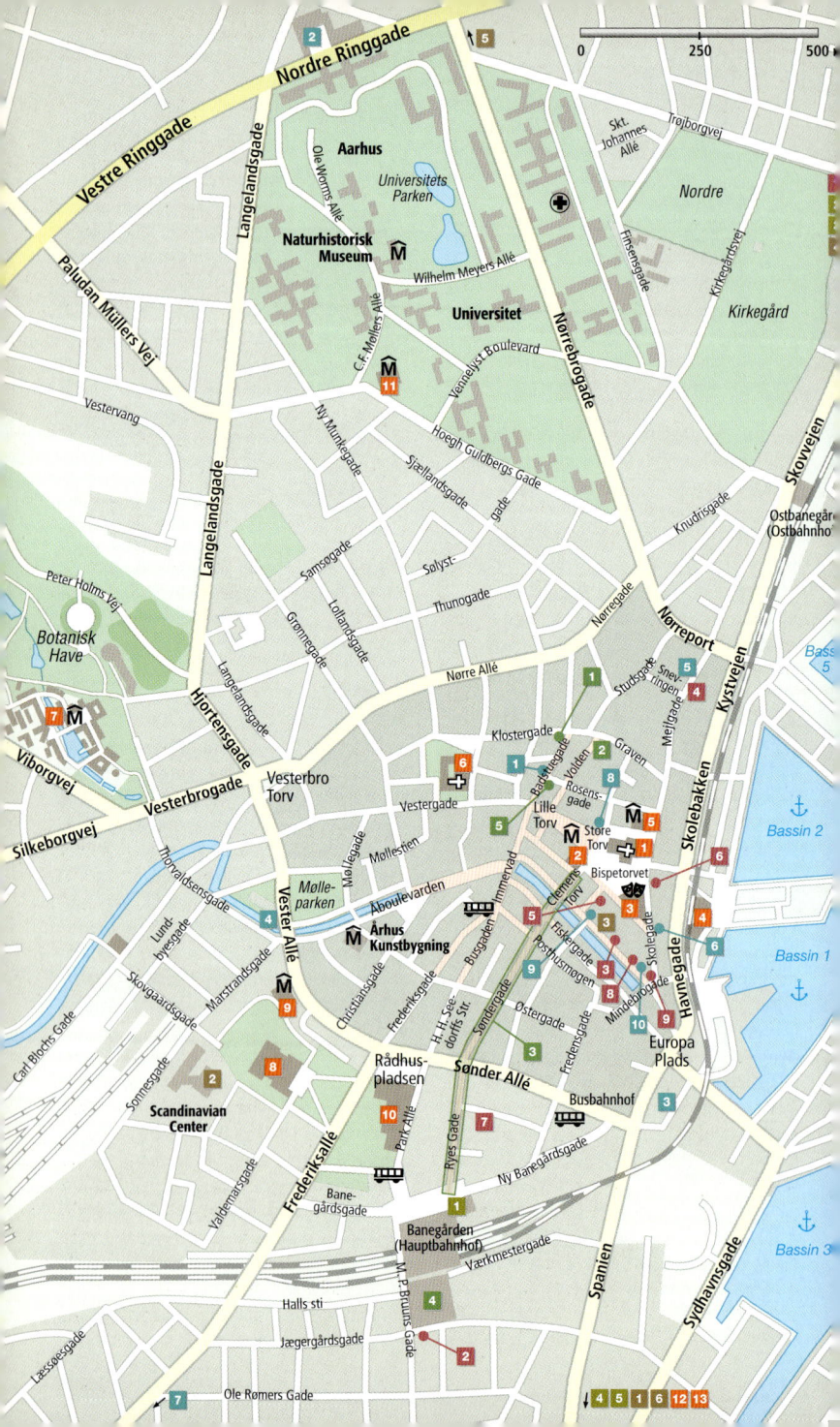

Aarhus

Aarhus

Sehenswert
1. Århus Domkirke
2. Vikingemuseet
3. Aarhus Teater
4. Toldkammerbygning
5. Kvindemuseet und Besættelsesmuseet
6. Vor Frue Kirke
7. Den Gamle By mit Dansk Plakatmuseum
8. Musikhuset Aarhus
9. ARoS
10. Rådhus (Rathaus)
11. Steno Museet
12. Marselisborg
13. Forhistorisk Museum Moesgård

Übernachten
1. Helnan Marselis Hotel
2. Radisson Blu Scandinavia Hotel
3. Hotel Cab Inn
4. Danhostel Aarhus
5. Aarhus Camping
6. Feriepartner Odder-Juelminde

Essen & Trinken
1. Kähler Villa Dining
2. Nordisk Spisehus / Kähler Spisesalon
3. Restaurant Ferdinand
4. Pihlkjær
5. Bryggeriet Skt Clemens
6. Teater Bodega
7. Jensen's Bøfhus
8. Café Svej
9. Globen Flakket

Einkaufen
1. Samsø & Samsø
2. Bloomers
3. Strøget
4. Bruun's Galleri
5. Sophie

Abends & Nachts
1. Café Jorden
2. Studenterhus / Stakladen
3. Train
4. VoxHall
5. Gyngen
6. Fatter Eskil
7. Tivoli Friheden
8. Royal Casino Århus
9. Herr Bartels
10. Bridgewater Pub

Aktiv
1. Aarhus Bycykler
2. Den Permanente
3. Bellevue Strandpark
4. Moesgård Strand
5. Ajstrup Strand

Den Gamle By und Bymuseet

Im Süden des großzügig angelegten **Botanisk Have** taucht man in Nostalgie pur: **Den Gamle By** 7, ›die Alte Stadt‹, unterscheidet sich von vielen Freilichtmuseen in einem wesentlichen Punkt: Hier steht eine kleine Stadt, nicht eine Sammlung ländlicher Bauten.

Anfang des 20. Jh. musste Museumsgründer Peter Holm massive Widerstände konservativer Kollegen überwinden, um seine Idee des damals revolutionären Museumstyps zu verwirklichen. Er wollte Epochen zeigen, wie sie waren, nicht, was von ihnen übrig war, und setzte dafür sogar Imitationen ein. Das erste Gebäude, das Holm für sein Museum rettete, war der Secher's Gård. Der Kaufmannshof von 1597 aus dem Zentrum von Aarhus war mehrfach im Besitz von Bürgermeistern und wird meist als **Borgmestergården** bezeichnet. Äußerlich in einem Zustand, wie er Ende des 18. Jh. aussah, zeigt er innen die Entwicklung bürgerlich-städtischer Wohnkultur vom 17. bis ins 19. Jh. – die Periode, die Den Gamle By mit inzwischen rund 75 Gebäude dokumentieren will: Wohnhäuser, Werkstätten, Läden, Wirtschaftsgebäude, das alte Stadttheater von Helsingør, auf dessen Bühne sogar wieder gespielt wird. Das jüngste Projekt trägt den Arbeitstitel ›Den Moderne By i Den Gamle By‹: Ein modernes Viertel zeigt ein Bild dänischer Städte aus der Zeit seit der Industrialisierung u. a. mit Häuserzeilen aus den 1920er- und 1970er-Jahren. Bei einigen Gebäude handelt es sich um Originale, andere sind zeittypisch nachgebaut und nur mit Originalinterieur ausgestattet wie eine Klempnerwerkstatt und eine Konditorei aus Aabenraa, eine Kaffeerösterei aus Esbjerg oder ein Minimarkt, wie er in jedem dänischen Kaff existiert haben dürfte. In einem der nachgebauten Häuser öffnete 2009 das angesehene **Dansk Plakatmuseum** seine Tore, das immer neue Ausstellungen aus einem Fundus von rund 300 000 Plakaten bestücken kann – eine der bedeutendsten Plakatsammlungen der Welt.

Eine ganz romantische Tradition ist ab Mitte November ein Weihnachtsmarkt, ver-

Zwischen Seenhochland und Kattegat

bunden mit einer Ausstellung über Weihnachtsriten: Jul i Den Gamle By (Viborgvej 2, Museum: Tel. 86 12 31 88, www.dengamle by.dk, ganzjährig mit variierenden Öffnungszeiten mind. 11–15, Hochsaison 10–18 Uhr, Eintritt je nach Aktivitäten von 60 DKK/Jan.–Mitte März bis 135 DKK/Hochsaison, immer ab 18 Jahre).

Aarhus' Hügel

Die Århus Å hat sich ins Gelände eingeschnitten und lässt die Umgebung wie auf einem Hügel liegend erscheinen. Das betont die Wirkung des Ensembles aus Konzerthaus, Kongresszentrum und Kunstmuseum, in dem Aarhus' Bemühungen kulminieren, weltstädtisch zu sein. Den Anfang machte 1982 **Musikhuset Aarhus** [8], das Konzerthaus. Hinter seiner Glasfassade sitzt man ganz vortrefflich in einer Brasserie mit Blick auf das Leben vor dem Haus. Das Programm auf den Bühnen erstreckt sich über alle Genres von Rock bis Ring. Mit Wagneraufführungen machte sich die dem Musikhuset eng verbundene **Jyske Opera** international einen Namen – Aarhus gilt als Bayreuth des Nordens (Thomas Jensens Allé 2, 8000 Å C, Ticket-Tel. 89 40 40 40, Foyer und Ticketverkauf tgl. 12–17 Uhr, www.musik husetaarhus.dk, www.jyske-opera.dk).

Das jüngste Prestigeobjekt auf Aarhus' Hügel öffnete 2004 auf fast 18 000 m²: das **Kunstmuseum ARoS** [9]. Der Name ist ein Designspiel aus dem historischen Aros für Aarhus und dem lateinischen Ars für Kunst. Äußerlich wirkte der verklinkerte Kubus zunächst unscheinbar, aber in Aarhus weiß man, wie man sich in Szene setzt: Einen internationalen Wettbewerb zur Gestaltung des Museumsdaches gewann der im Museum schon gut vertretene Ólafur Elíasson (S. 48) und setzte ARoS die Krone auf mit der spektakulären Installation »Your Rainbow Panorama«, einem begehbaren Panoramagang mit über 50 m Durchmesser in den Farben des Regenbogens. Mit zwei Jahren Verzögerung – es mussten zusätzliche Gebäudestützen vom Keller bis zum Dachgeschoss eingezogen werden, um die neue Last zu tragen – wurde das Megakunstwerk 2010 ›eröffnet‹ und prägt seitdem die Silhouette auf dem Hügel. Aber auch innen hat ARoS Weltstadtniveau: Quer durch das Gebäude zieht sich eine lichtdurchflutete Schlucht, Durchgang zwischen Rathaus und ›Unterstadt‹. Hinein ragt ein weißes, geschwungenes Treppenhaus – New Yorks Guggenheim-Museum lässt grüßen. Auf neun Etagen sind alle Epochen dänischer Kunst vertreten, dazu Werke der Moderne aus aller Welt. Hingucker ist der 5 m hohe, hyperrealistische »Boy« des Australiers Ron Muecks, zur Jahrtausendwende für den Londoner Millennium Dome geschaffen (Aros Allé 2, Tel. 87 30 66 00, www.aros.dk, Di–So 10–17 Uhr, Mi, Do 10–22 Uhr, 100 DKK/ab 18 Jahre, Cafeteria im Erdgeschoss, Edel-Restaurant unterm Dach).

Rathaus [10]

Das von 1938–1941 erbaute **Rådhus** ist ein Architekturklassiker, ein Hauptwerk des skandinavischen Funktionalismus, von Arne Jacobsen (S. 49) und Erik Møller entworfen. Das eigentliche Gebäude wirkt sachlich, nur der 60 m hohe Turm mit der mächtigen Uhr und einem Glockenspiel fällt aus dem strengen Rahmen: Die Architekten fügten ihn zähneknirschend an, weil wichtige Lokalpolitiker etwas mehr Repräsentatives wollten – hat Kopenhagens Rathaus nicht auch einen Turm? Im Sommer schließen Stadtführungen des i-Büros zur Architektur Rundgänge durch das Rathaus ein und zeigen die Innenausstattung im Design der 1930er- und 1940er-Jahre; zu einigen Terminen ist die Turmbesteigung möglich.

Architekturdenkmal Campus

Wie das Rathaus zählt auch **Aarhus Universitet** in der Rubrik Architektur zum dänischen Kulturkanon (S. 46). Der Campus im Norden des Zentrums entstand mit allen Instituten, Studentenwohnheimen und Verwaltungsbauten sowie der Staatsbibliothek im markanten fensterlosen ›Büchersilo‹ ab 1933 als ein Ensemble von seltener architektonischer Geschlossenheit im Stil des dänischen Backsteinfunktionalismus – gekennzeichnet durch moderne Formen und traditionelles Material.

Aarhus

»Boy«, die Figur des Australiers Ron Muecks im ARoS Kunstmuseum

Dies wird bis heute auch bei Neubauten gepflegt, so beim 1994 eröffneten **Steno Museet** 11. Es präsentiert mit vielen Experimenten aus Physik, Medizin und Astronomie Wissenschaftsgeschichte. Namenspatron ist der als Niels Steensen geborene, aber unter seinem lateinischen Namen bekanntere Nicolaus Steno (1638–1686). Als Wissenschaftler machte er wichtige Entdeckungen in der Medizin und schuf Grundlagen der modernen Geologie. Darüber hinaus war er ein Mann Gottes, konvertierte 1667 zum Katholizismus und wurde bald Weihbischof von Münster und Paderborn. 1988 sprach Johannes Paul II. ihn selig – für einen Skandinavier eine eher seltene Auszeichnung (C. F. Møllers Allé 2, Tel. 87 15 54 15, www.stenomuseet.dk, Di–Fr 9–16, Sa–So 11–16 Uhr, 30 DKK/ab 18 Jahre; Vorstellungen im Planetarium extra).

Zwischen Seenhochland und Kattegat

Rund ums Jahr populär: Freilichtmuseum Den Gamle By

Schloss Marselisborg

Wälder und Meer kommen im Süden von Aarhus auf Tuchfühlung. Ein erster Stopp lohnt bei Sommerwetter an der **Marselisborg Marina** mit ihren Cafés. Etwas landeinwärts thront **Schloss Marselisborg** 12 auf einer Anhöhe. Es war das Volksgeschenk zur Vermählung des späteren Christian X. und seiner Königin Alexandrine, für das im ganzen Land gesammelt wurde. 1902, vier Jahr nach der Hochzeit, war es bezugsfertig. Auch nach der Thronbesteigung residierte Christian X. oft in Aarhus, während sich sein Sohn Frederik kaum für Marselisborg interessierte und es seiner Tochter Margrethe vermachte, als die heiratete. Wieder gab es eine Volkssammlung, diesmal für die Renovierung. Und Margrethe verbringt bis heute gern hohe Feiertage und Teile des Sommers in Aarhus. Weht der Danebrog über dem Schloss, ist sie im Hause. Dann bleibt der sonst zugängliche Park geschlossen, dafür gibt's um 12 Uhr eine große Wachablösung am Eingangstor.

Frühgeschichte in Moesgård

Mit jedem Meter weiter nach Süden wird der Wald von Marselisborg dichter, die Stadt verschwindet aus Blick und Gedanken. Wo hohe Zäune Straße und Wald trennen, befindet sich ein Wildgehege – die Rehe sind ›handzahm‹. Inmitten eines alten Buchenwaldes liegt das **Forhistorisk Museum Moesgård** 13, das neben dem Kopenhagener Nationalmuseum wichtigste Museum zur dänischen Frühgeschichte.

Die Hauptperson des Museums ist mehr als 2000 Jahre tot: der Grauballe-Mann. Er bekam um das Jahr 50 v. Chr. einen Schlag vor die Schläfe, anschließend wurde ihm die Kehle durchschnitten. Die Leiche warf man dann unbekleidet in ein Moor bei Silkeborg, wo sie bis 1956 ungestört lag. Bei ihrem Fund war sie in einem Zustand, der zum ersten Mal in Dänemark eine Ganzkörperkonservierung und eine Obduktion erlaubte, inklusive Analyse von Mageninhalt und Fingerabdrücken: Der Mann war Mitte 30, ca. 175 cm groß,

Aarhus

dunkelhaarig – die hennarote Haarfärbung stammt vom Moor – und nicht an körperliche Arbeit gewöhnt. Die Grundmuster des Fingerabdrucks tauchen heute bei 68,3 % der dänischen Bevölkerung auf. Da frische Bestandteile in seiner letzten Mahlzeit fehlen, dürfte er im Winter oder zu Beginn des Frühjahrs getötet worden sein. Warum? Vermutlich starb der Grauballe-Mann als Menschenopfer eines Vegetationskultes (Moesgård Allé 20, 8270 Højbjerg [▶ L 12]; Tel. 89 42 11 00, www.moesmus.dk, Bus 18. Das Museum ist noch bis Herbst 2014 geschlossen, ehe es in einem architektonisch extravaganten Neubau, der sich in einen Hügel gleich neben dem alten Standort einschmiegt, wieder eröffnet).

An rekonstruierten Gräbern und Häusern aller Epochen von der Steinzeit bis zur Wikingerzeit vorbei führt der 4 km lange Lehrpfad **Oldtidsstien** vom Museum zum Strand von Moesgård hinunter. Dort findet jedes Jahr Ende Juli ein Wikingertreffen mit großem Budendorf und wüsten Kampfvorführungen im Outfit der Zeit statt.

Weiter nach Süden bis zum Hafen Hov, wo die Fähren nach Tunø (S. 276) und Samsø (S. 274) ablegen, trifft man auf schöne Strände, Wohngebiete der Besserverdiener aus Aarhus und Ferienhaussiedlungen (s. u.).

Infos

VisitAarhus: Tel. 87 31 50 10, www.visitaarhus.com. Aarhus unterhält kein klassisches i-Büro, sondern setzt auf neue Medien und bietet auf seiner Website mehrere Aarhus-Apps für iPhone und Android. Außerdem stehen in der Stadt rund 30 digitale Info-Spots, in der Hochsaison ergänzt durch bemannte, teils mobile InfoPoints. Ähnliches gilt für www.visitodder.dk – die Region südlich von Aarhus – mit seinen Turist i-Spots und dem VisitOdder-App.

Übernachten

Strandhotel in der Großstadt ▶ **Helnan Marselis Hotel** [1]: Strandvejen 25 (ca. 3 km südl. des Zentrums), Tel. 86 14 44 11. Am Rande der Wälder von Marselis, mit Pool im Haus und Treppe zum Meer. Alle Zimmer mit Meerblick, bei meinem letzten Besuch schwammen sogar Schweinswale in der Bucht! DZ Listenpreis um 1800 DKK, in den dänischen Ferien ab 800 DKK, Wochenenden ab 1200 DKK.

Businesshotel mit günstigen Sommerangeboten ▶ **Radisson Blue Scandinavia Hotel** [2]: Margrethepladsen 1, Tel. 86 12 86 65, www.radissonblu.com/hotel-aarhus. Modernes Business- und Kongresshotel neben Musikhuset und Kunstmuseum ARoS. DZ regulär ca. 1700 DKK, Sommer- und Wochenendangebote deutlich darunter, auch 4-Bett-Familienzimmer.

Discounthotel mitten im Leben ▶ **Hotel Cab Inn** [3]: Kannikegade 14, Tel. 86 75 70 00, www.cabinn.dk (Cab Inn Hotels, S. 83). Fast 200 Discount-Zimmer im Schiffskabinenstil, unmittelbar neben der freigelegten Århus Å.

3-Sterne-Herberge im Wald ▶ **Danhostel Aarhus** [4]: Marienlundsvej 10, 8240 Risskov, Tel. 86 21 21 20, www.aarhus-danhostel.dk. Mit Bus gut an die City angebunden. Die Hälfte der Zimmer mit Bad/WC, DZ 495–750 DKK, 4-Bett-Zimmer 520–780 DKK.

Camping am Stadtrand ▶ **Aarhus Camping** [5]: Randersvej 400, 8200 Aarhus N, Tel. 86 23 11 33, www.aarhusnord.dk. Ganzjährig; verkehrsgünstig Richtung Norden. Hütten von ›basic‹ bis Luxus mit Bad/WC.

Ferienhäuser ▶ **Feriepartner Odder-Juelminde** [6]: Banegaardsgade 3, 8300 Odder, Tel. 87 80 26 00, www.feriepartner.dk/odderjuelsminde. Regionaler Anbieter für den Küstenabschnitt südlich von Århus.

Tipp: Die AarhusCard

... für ein oder zwei Tage – 129/179 DKK, 69/79 DKK/bis 15 Jahre – bietet freie Fahrt im öffentlichen Verkehr, freies Parken auf einigen zentrumsnahen Parkplätzen, freien Eintritt oder Rabatte in Museen und Attraktionen, verbilligte Tickets u. a. für Musikhuset und Aarhus Teater sowie Vergünstigungen auch im Umland. Die Karte ist in vielen Unterkünften und einigen Geschäften erhältlich.

Zwischen Seenhochland und Kattegat

Essen & Trinken

Nordisch experimentell ▶ Kähler Villa Dining 1 : Grenåvej 127, 8240 Risskov, Tel. 86 17 70 88, www.villadining.dk. Mi–Sa je eine ›Sitzung‹ präzise 18.30–21.30 Uhr. Ein Potpourri von Grüßen aus der Küche, in der Thorsten Schmidt wirbelt, ein Star der Nordisk-Cooking-Szene. Die Rohwaren werden regional produziert, nach Saison zusammengestellt, mit passenden Weinen kombiniert und zu einem in dieser Klasse ungewöhnlichen Set-Preis von 599 DKK serviert. Aber einmal im Monat holt Schmidt kulinarisch voll aus beim ›Villa Supreme‹ für maximal 18 Gäste – dann wird's deutlich teurer.

Noch mehr nordische Küche ▶ Nordisk Spisehus 2 : M. P. Bruunsgade 31, Tel. 86 17 70 99, www.nordiskspisehus.dk, Mo–Sa ab 12 Uhr. Ein Team junger Köche aus Spitzenhäusern des Nordisk Cooking bringt hier Bodenständigkeit und Gourmetansprüche in Harmonie zusammen. Das darf man mit zwei oder drei Kleinigkeiten um 70 DKK beim Frokost oder abends bei Menüs ab 400 DKK erleben, gekocht wird gern unter wechselnden Themen. **Kähler Spisesalon** (M. P Bruuns Gade 33, Tel. 86 12 20 53, tgl. mindestens 10–22 Uhr) eine Tür weiter gehört zur selben ›Gastro-Gruppe‹ und steht u. a. für herzhafte Frühstücke und eine kulinarische Renaissance des Smørrebrød (3 für 200 DKK).

Stylisch, innovativ ▶ Restaurant Ferdinand 3 : Åboulevarden 28, Tel. 87 32 14 44. An der freigelegten Århus Å im Suitenhotel Ferdinand. Mittags Austern, leichte Salate usw., abends dänische Küche mit französischen Nuancen; viele kleine Gerichte (ca. 85–165 DKK), aus denen man je nach Hunger zwei, drei auswählt, Menü ca. 425 DKK.

Ein Favorit des Autors ▶ Pihlkjær 4 : Mejlgade 28 Hinterhaus, Tel. 86 18 23 30, www.pihlkjaer-restaurant.dk. Das Team am Herd fühlt sich der experimentellen Fusionsküche verpflichtet und setzt sie spannend, manchmal überraschend, aber nie abgehoben um, gern mit Fisch – das mag auch das ›normale‹ Publikum und auch die Preise für Menüs ab ca. 250 DKK sind auf dem Boden geblieben.

Brauhaus mit deftiger Küche ▶ Bryggeriet Sct. Clemens 5 : Kannikegade 10–12, 8000 Aarhus C, Tel. 86 13 80 00, www.bryggeriet.dk. Munteres Brauhaus mit dicken Kupferkesseln. Deftige Küche, die Steaks und Spareribs, aber auch Fisch und Garnelen serviert, HG ab ca. 175–275 DKK. Mittags leckere Kleinigkeiten unter 100 DKK.

Sehr dänisch ▶ Teater Bodega 6 : Skolegade 7, Tel. 86 12 19 17, www.teaterbodega.dk. Echt dänisch vom Keller bis zur Decke. Traditionslokal mit enger Bindung ans Theater. Frokost-Klassiker ab 60 DKK, abends HG ca. 130–250 DKK.

Familienrestaurant ▶ Jensen's Bøfhus 7 : Rosenkrantsgade 23, Tel. 86 12 44 88. Stammhaus der erfolgreichen Kette (S. 60).

Einkaufen

Fußgängerzone ▶ Ryesgade, Søndergade und **Skt. Clemens Torv** bilden zwischen Bahnhof und Domkirche die Fußgängerzone **Strøget** 3 . Das Angebot ist kleiner als bei der Namensschwester in Kopenhagen, aber einige Namen großer nationaler wie internationaler Mode-Brands findet man schon.

Einkaufszentrum ▶ Bruun's Galleri 4 : M. P. Bruuns Gade 25, Tel. 70 20 89 09, www.bruunsgalleri.dk. Shopping Mall mit über 90 Läden ›hinter‹ dem Bahnhof.

Vier Jahrzehnte Modeinstitution ▶ Sophie 5 : Rosensgade/Badstuegade (Pustervig), Tel. 86 12 20 33, www.sophies.dk. Wenn eine Modeboutique über 40 Jahre in einem jungen Trendviertel besteht, haben die Macher ein Gespür für Trends und richtige Marken – hier gibt's für die Sophies dieser Welt Mode von casual bis Gala, eher verspielt als sachlich.

Abends & Nachts

Trendorientiert und jung ▶ Das Nachtleben in Aarhus ist trendorientiert, schnelllebig und von den vielen Studenten geprägt. Die meisten Clubs haben nur Do–Sa, einige sogar nur Fr, Sa geöffnet. Livekonzerte kann es aber jeden Tag der Woche geben. Die Studentenszene hat in ihrem **Studenterhus** 2 gegenüber dem Campus neben einer Bar (Mo–Fr 12–2/3, Sa 20–3 Uhr) mit › Stakladen‹ auch

Aarhus

Ausgehmeile Vadestedet

Mitte der 1990er-Jahre erinnerten sich Stadtplaner eines in Rohre gezwängten Flüsschens, holten die Århus Å auf ein paar hundert Metern ans Tageslicht zurück und kreierten eine Ausgehmeile an beiden Ufern, mit Brücken verbunden: Vadestedet. Bars, Restaurants und Cafés schossen wie Pilze aus dem Boden und stellen im Sommer Tische auf die Promenade: **Herr Bartels** 9 (Åboulevarden 46, nur Do–Sa 20–3/4/5 Uhr) ist für seine Cocktails und Flirt-Chancen berühmt. Das **Café Svej** 8 (Åboulevarden 22) pflegt die Kunst, dick beladene Smørrebrød zu schmieren und am späteren Abend Drinks und Biere zu servieren. Bier fließt nebenan im **Bridgewater Pub** 10 (Åboulevarden 22) reichlich. In diesem englischen Pub werden wichtige Fußballspiele gezeigt und am Wochenende gibt's Livemusik. Ein Allroundlokal ist **Globen Flakket** 9 (Åboulevarden 18) am ruhigeren Ende des Vadestedet: Hier darf man ab 9 Uhr den kleinen Kater füttern, mittags ein Frokost- oder Brunch-Buffet für rund 110 DKK genießen, abends zwischen Edel-Burgern und 3-Gänge-Menüs wählen und am Wochenende bis 3.30 Uhr wieder für den nächsten Kater sorgen. Dass an Vadestedet das Leben brummt, hat Tradition: Zur Wikingerzeit diente die Mündung der Århus Å als Hafen und Archäologen wiesen hier eine Furt nach, an der der Fluss durchwatet werden konnte – Dänisch eben ›vadestedet‹.

eine exzellente ›Spillested‹ für Clubbing, Konzerte oder Poetry Slam (Nordre Ringgade 3, Tel. 86 18 30 21, Programm: www.studenterhusaarhus.dk). Live und laut geht es zu im **Train** 3 (Toldbodgade 6; www.train.dk) im Hafenviertel, mit Konzerten von internationalem Format und Clubbing am Wochenende (Fr, Sa 0–5 Uhr). Mit breiterem Musikspektrum arbeitet der etwas kleinere Club **VoxHall** 4 (Vester Allé 15, www.fondenvoxhall.dk). Von Unplugged-Music bis Poetry spannt sich das Programm des Vereins Kulturgyngen in seinem Restaurant, Café und Bühnensaal **Gyngen** 5 (Mejlgade 53, www.gyngen.dk; auch preiswerte Küche mittags wie abends), während sich in **Fatter Eskil** 6 (Skolegade 25, www.fattereskil.dk) – seit 1973 eine Institution in der Musikszene – auch reifere Jahrgänge wohl fühlen, vor allem wenn hier Blues, Jazz oder Retro-Rock auf dem Programm stehen, und Livemusik gibt es fast täglich. Wer einfach nur bis spät in die Nacht in Cafés, Kneipen oder Bars herumhängen möchte, mag sicher auch das **Latinerkvarter** (S. 265) oder **Vadestedet** (s. Tipp links). Und sonst gibt's noch:

Rock im Freizeitpark ▶ Fed Fredag/Tivoli Friheden 7: Der quietschbunte Freizeitpark am Rande der Wälder von Marselisborg gibt von Ende Mai bis Anfang September jeden Fr den Rahmen für ein Rock- oder Popkonzert mit dänischen Top-Acts (Programm unter www.friheden.dk; Eintritt für Freizeitpark inkl. Konzert 75–100 DKK, 55 DKK/4–11 Jahre).

Klassisches Casino ▶ Royal Casino 8: Store Torv 4, Tel. 86 19 21 22, www.royalcasino.dk. Edel-Casino mit Plüsch und Pomp, das viel Wert auf den Dresscode legt; im Hotel Royal gleich neben dem Dom; tgl. 15–2, Di–Do 15–3, Fr, Sa 15–4 Uhr.

Aktiv

Radverleih ▶ Aarhus Bycykler: Kostenlose Stadträder können von April bis Oktober an rund 55 Fahrradständern, z. B. am Hauptbahnhof 1 (weitere Standorte unter www.aarhusbycykel.dk) im Zentrum gegen eine 20-Kronen-Münze als Pfand (Prinzip Einkaufswagen) geliehen werden.

Strände ▶ Nördlich des Zentrums sind die nostalgische, aber bei schönem Wetter rappelvolle **Meerbadeanstalt ›Den Permanente‹** 2 und der **Bellevue Strandpark** 3 (ca. 4 km) vor dem Vorort Risskov leicht mit dem Rad über den Risskovstien an der Küste entlang zu erreichen. Die Strände südlich der Stadt wie **Moesgård Strand** 4 (9 km; Bus 31 dänische Sommerferien tgl. 1–2 x stdl., sonst nur Sa 1 x) und den weitläufigeren **Ajstrup Strand** 5 (15 km, Bus 302) kann man ebenfalls per Rad durch die Marselisborg-Wälder erreichen.

Zwischen Seenhochland und Kattegat

Termine

Aarhus International Jazz Festival: Mitte Juli – 2013 zum 25. Mal – finden überall in der Stadt in- wie outdoor Jazzkonzerte statt (www.jazzfest.dk).

Aarhus Festuge: Festival aller Kultursparten Anfang Sept. mit breitem Spektrum von Klassik über Pop bis Avantgarde teils unter freiem Himmel oder in Zelten, teils in Clubs und Spielstätten sowie die Highlights im Musikhuset (www.aarhusfestuge.dk).

Sculpture by the Sea Aarhus: Den ganzen Juni hindurch in ungeraden Jahren, nächster Termin 2015. Beeindruckende Skulpturenausstellung über mehrere Kilometer am Ufer des Kattegat entlang vom Südrand des Hafens bis Bellehage Strand (www.sculpturebythesea.dk).

Verkehr

Bahn: ICE-Direktverbindungen nach Aarhus ab/bis D, innerdänisch IC-/Lyn-Tog ab/bis Kopenhagen bzw. Aalborg und Frederikshavn im Norden. Regionalbahnen in alle Teile Jütlands. Lokalbahnen 1–2 x stdl. über Djursland ab/bis Grenaa (S. 280) und nach Süden ab/bis Odder.

Bus: Ab ZOB an der Ny Banegårdsgade für Regional- und Fernbusse, u. a. X-Bus (S. 78) nach Viborg, Aalborg via Randers, Hvide Sande via Herning und Ringkøbing. Abildskou via Mols-Linien nach Kopenhagen (S. 78) sowie nach Berlin (S. 76). Die **Stadtbusse** (20 DKK, 10 DKK/bis 15 Jahre) sind Teil des Verkehrsverbundes *midttrafik* (S. 258); zentrale Haltestellen Busbahnhof (Rutebilstationen), Bahnhof/Rathaus und Busgaden.

Fähre: Mols-Linien mit Schnellfähren und Kattegat-ruten.dk mit konventionellen Fähren (S. 325) auf zwei Linien nach Seeland.

Flugzeug: Aarhus Lufthavn Tirstrup ca. 45 km östl., Flüge ab/bis Kopenhagen (S. 78). Flughafenbus = X-Bus 925X ab/bis Bahnhofsvorplatz ca. 50 Min., 100 DKK, **Billund Lufthavn** (S. 156), ca. 100 km, Flughafenbusse = X-Bus 912X (via Horsens, Vejle 100 Min.)/913X (via Silkeborg 120 Min.) ab/bis Bahnhofsvorplatz, 93 DKK, 10–14 x tgl.

Taxi: u. a. Aarhus Taxa, Tel. 89 48 48 48.

Samsø ► H/J 9/10

Samsø ist 112 km^2 groß, von Isselhoved im Norden bis Lushage im Süden 28 km lang und maximal 7 km breit. Nord- und Südteil verbindet ein Isthmus, der an seiner schmalsten Stelle gerade 600 m breit ist. Zur Steinzeit schwappten hier Wellen des Kattegat, erst spät wuchs Samsø zu einer Einheit zusammen. Dies gilt – so böse Zungen – jedoch nur für das Land, nicht für die Menschen: Nord- und Südsamsinger mögen sich etwa so wie schwarz-gelbe und königsblaue Fußballfans im Ruhrgebiet – also eher kaum.

Wichtigster Erwerbszweig der nicht einmal mehr 4000 Einwohner ist die Landwirtschaft. Samsøs Kartoffeln sind dank des guten, aber sandigen Bodens als erste Frühkartoffeln nördlich der Alpen berühmt und haben in Dänemark Kultstatus. Seit 1997 ist Samsø ein international beachteter Feldversuch: Die Insel soll sich mit Energie aus erneuerbaren Quellen wie Sonnenlicht, Windkraft, Stroh, Biogas oder Rapsöl selbst versorgen. Sogar ›Kuhmilchwärmeaustauscher‹ zum Heizen wurden in Bauernhöfen eingebaut. Bei der Stromversorgung erreichte man im Jahr 2000 die 100-prozentige Selbstversorgung, bei der Fernwärme – vor allem durch Strohverfeuerung – fehlen noch wenige Prozent, nur beim Transport gibt es noch Nachholbedarf, weil nicht alle Inselbewohner Elektro- oder Wasserstoffautos wollen. Energiakademiet, die den Feldversuch betreut, bemüht sich zur Zeit, den öffentlichen Verkehr auf Elektrobusse umzustellen und Ende 2014 soll eine umweltfreundlichere Fähre mit Flüssiggasantrieb den Dienst aufnehmen. Ansonsten wird Überschuss an Windstrom zum Festland exportiert, so dass Samsø in der Endabrechnung mehr Energie produziert als verbraucht und eine CO_2-positive Gemeinschaft bildet. Mehr Infos unter www.energiakademiet.dk (dän./engl.).

Inselerkundung

Samsø zeigt sich idyllisch mit kleinen Dörfern – **Nordby**, der Hauptort des Nordens ist besonders malerisch –, vielen Fachwerkhöfen

Samsø

Tipp: Eine Insel ein Museum – Økomuseum Samsø

Leben wir von außen betrachtet nicht alle auf dem Museum Erde? So ähnlich haben die Samsinger gedacht: Wie funktioniert eigentlich eine Insel? Was ist das Inselleben? Wie war es früher? Das Økomuseum Samsø – Øko steht hier in der Bedeutung von ganzheitlich, nicht nur auf Öko = Bio reduziert – versucht die Insel aus sich heraus zu erklären. Eigentlich ist die ganze Insel das Museum, aber praktisch beschränkt es sich auf einzelne Abteilungen, die das Økomuseum überall auf der Insel unter seinen Fittichen hat: Hier eine Mühle, dort eine Schmiede, ein Kotten, ein Hof und im Dorf Nordby die alte Post, die gleichzeitig Bibliothek ist – so nutzten kleine Gemeinschaften schon lange ihre beschränkten Ressourcen. Als Start für alle Interessierten gilt das Økomuseum Samsø Velcomstcenter in der ehemaligen Inselmolkerei in Tranebjerg, gleich neben der größten Abteilung, dem Samsø Museum in einem alten Inselhof. Hier gibt es die klassischen Grundlageninformationen zur Geschichte und Volkskultur. Mehr Informationen zum Museum mit den vielen Abteilungen unter www.ecomuseum-samso.dk.

mit Reetdach, markanten Landkirchen und prähistorischen Fundstätten. Im Süden wird fast jede Hügelspitze von einem Steinzeit- oder Bronzezeitgrab gekrönt.

Die Lage mitten im Kattegat zwischen Jütland und Seeland macht jede Anhöhe zu einem Aussichtspunkt par excellence: Hoch im Norden vom Turm auf dem 64 m hohen **Ballebjerg**, dem ›Gipfel‹ der Moränenlandschaft Nordby Bakker, sieht man Jütland im Westen, Djursland im Norden und Seeland im Osten. Und das andere Ende, den Südwestzipfel der Insel, markiert **Vesborg Fyr**. Der Leuchtturm thront über einem Steilufer, in dem Mauerreste einer mittelalterlichen Burg erkennbar sind. Dänemarks Marine beobachtete hier während des Kalten Krieges den Schiffsverkehr zwischen Ostsee und Nordsee – wenn das keine Referenz für gute Aussicht ist (Ostern–Woche 24 tgl. 11–18 Uhr, 15/5 DKK) und wer das rund um die Uhr genießen will, mietet die ehemalige Leuchtturmwärterwohnung als Ferienhaus (www.vesborgfyr.dk).

Die zentrale Lage im Lande prägte aber auch die Geschichte. Eine besondere Rolle spielte dabei der **Stavns Fjord** im Nordosten. Er ähnelt mit seinen 15 unbewohnten Inselchen mehr einer Südseelagune als einem nordischen Fjord und steht als einzigartiges Refugium für Enten, Seevögel und Robben in weiten Teilen unter strengem Naturschutz.

Für jedermann zugänglich und vom Land wie von See her erreichbar ist nur der kleine Hafen **Langør,** der im Sommer von Freizeitskippern überquillt. Er war schon in der Eisen- und Wikingerzeit ein wichtiger Sammelplatz für Schiffe – der Name ›Samsø‹ dürfte sich von *samlings öen* ableiten, Insel, an der man sich sammelt. Damit bei feindlichen Angriffen der Fjord nicht zur Falle wurde, bauten sich die Nutzer dieses Naturhafens einen Hinterausgang, den mehrere hundert Meter langen und 11 m breiten **Kanhave Kanal** durch den schmalen Landstreifen zwischen Fjord und Sælvig Bugt im Westen. Er war tief genug, um die flachen Boote jener Zeit hindurchzuziehen. Überraschungen brachten neuere Ausgrabungen: Die beim Bau verwendeten Bäume sind im Jahr 726 gefällt worden, das zeigten die Jahresringe den Archäologen bei einer dendrochronologischen Untersuchung. Die Bauzeit fällt damit – ebenso wie die ersten Befestigungen an Dänemarks Südgrenze im Jahr 737 – mehrere Jahrzehnte vor die eigentliche Wikingerzeit in eine Periode, in der Karl Martell eine expansive Politik des Frankenreichs betrieb. Von der Hauptstraße zwischen Süd- und Nord-Samsø kann man wenige Meter nördlich des Abzweigs nach Langøre noch deutlich die grabenähnliche Vertiefung im Gelände erkennen, die einst den Kanal bildete.

275

Zwischen Seenhochland und Kattegat

Infos
Samsø Turistbureau: Langgade 32, 8305 Tranebjerg, Tel. 86 59 00 05, www.visitsamsoe.dk.

Übernachten
Für Rock-Fans ▶ Brundby Hotel: Tel. 86 59 00 11, www.brundby-hotel.dk. Ein Rock-Musiker verliebt sich in ein heruntergekommenes Hotel, möbelt es wieder auf und viele Kollegen kommen, machen Urlaub, spielen abends im Saal – Dänemarks einziges Rock-Hotel hat sogar eine Suite im Dachgeschoss: »Stairway to heaven«. DZ ab 650 DKK, »Stairway to heaven«-Suite ca. 1350 DKK.

Multifunktional ▶ Feriecenter Samsø – Stensbjerggård: Stensbjergvej 6, 8305 Kolby, Tel. 86 59 68 68, www.stensbjerggaard.dk. In frühere Schweineställe wurden ein großes Familienrestaurant und propere Herbergszimmer – alle mit Bad/WC (DZ 631–700 DKK, 4-Bett-Zimmer 721-800 DKK) – gebaut, aus einem alten Gülle-Silo wurde ein wunderbarer Swimmingpool mit großem Sonnendeck, aus einer alten Wiese mit ein paar Rohren und alten Trecker-Reifen ein Fußball-Golfplatz ... Außerdem gibt es eine Kletterwand, BMX-Räder nebst Off-Road-Parcours u. v. m. Aktivangebote und Pool (Juli–Aug. und Woche 42) dürfen auch von Gästen genutzt werden, die nicht in der Herberge logieren (Eintritt abhängig von Aktivitäten, mindestens jedoch 35 DKK/Pers).

Ehemalige Dorfschule ▶ Samsø Nattely: Svanevej 1, 8305 Pillemar, Tel. 86 59 66 36, www.samsonattely.dk. B & B-Unterkunft in der stillgelegten, gemütlichen Pillemark gammel skole mit einfachen, aber freundlichen Zimmern, DZ 425–475 DKK, Zuschlag bei nur 1 Übernachtung! Frühstück 55 DKK pro Person extra.

Camping in grandioser Lage ▶ Klitgård Camping: Campingvej 7, 8305 Nordby, Tel. 86 59 61 69, www.klitgaardcamping.dk. Schnörkelloser Platz ohne Hütten, aber mit einer fantastischen Aussicht auf das Kattegat und die Nordspitze der Insel. Die Plätze direkt über den Klippen sind begehrt, andere hinter Hecken und zwischen Bäumen geschützter.

Planwagen ▶ Samsø Hestevogne: Sildeballe 3, 8305 Samsø, Tel. 86 59 01 58, www.samsoe-hestevogne.dk. Leben wie das fahrende Volk in einem von Pferden gezogenen Planwagen. Die Route ist vorgegeben. Je nach Saison und Wagengröße (für bis zu 3 oder 5 Pers.) 3750–6950 DKK/Woche.

Ferienhäuser und Privatzimmer ▶ Samsø Feriehusudlejnning/Samsø Væresesudlejning: Besservej 2, 8305 Tranebjerg, 8305 Samsø, Tel. 86 59 00 80; **Ferienhäuser:** www.samsoferiehus.dk; **Privatzimmer:** www.samso-vaerelser.dk.

Essen & Trinken
Am schönsten Dorfteich Dänemarks ▶ Restauranten Ved Kæret: Smedigyden 2, 8305 Nordby, Tel. 51 94 50 62, www.vedkaeret.dk. Samsøs Gourmetküche in einer alten Schmiede von 1896 im idyllischen Nordby kocht im Sommer zum Frokost und zum Abend; im Juli auf jeden Fall Di–So, wird's ruhiger auf der Insel, werden die Öffnungstage weniger.

Tipp: Ausflugsziel Tunø

Wie praktisch veranlagt die Bewohner des weitgehend unter Naturschutz stehenden Tunø (▶ **H 9**) sind, bewiesen sie schon 1801, als ihre Insel einen Leuchtturm benötigte: Der wurde kurzerhand auf die Spitze des Turms der Dorfkirche gesetzt. Auf Besucher warten ein Gasthof in der ehemaligen Molkerei (Tel. 86 55 30 49, www.tunoe-mejeri.dk, DZ ab ca. 575 DKK) und ein kleiner Zeltplatz (Tel. 86 55 30 92). Fahrräder zur Inselerkundung können gemietet werden. Richtig voll wird es, wenn Ende Juni/Anfang Juli das dreitägige Tunø Festival mit Jazz und Folk Music stattfindet – von den 1500 heiß begehrten Tickets kommen aber nur wenige auf den freien Markt (www.tunofestival.dk).
Fähre: Thunøfærgen ab Hov, 2–3 x tgl., Fahrtdauer 55 Min., Tel. 30 68 36 27, www.tunoefaergen.dk.

Aktiv

Radverleih ▶ **Samsø Cykeludlejning:** Vesterled 2, 8305 Mårup, Tel. 86 59 62 22, www.samsoecykel.dk. Leihräder auch ab Fährhafen, ab 70 DKK/Tag, 350 DKK/Woche.

Verkehr

SamsøFærgen: Tel. 70 23 15 15, www.faergen.de; Hov (Jütland) – Sælvig 5–8 x tgl., 60 Min., PKW plus max. 5 Pers. 415 DKK; Kalundborg (Seeland) – Kolby Kås 2–4 x tgl., 110 Min., PKW plus Fahrer 335 DKK, Erw. 118 DKK, Kind 4–11 Jahre 59 DKK. Angebote für PKW plus Wohnwagen und Camper auf Tagesrandverbindungen! Ab Oktober 2014 wird der Fährverkehr neu organisiert, es kann dann Änderungen bei den Zeiten und Preisen geben!

Djursland mit Insel Anholt

Wird Dänemark in Karikaturen zum Gesicht, dann ist Djursland die Knollennase. Die Halbinsel ist durch und durch Kulturland mit Spuren menschlicher Besiedlung seit der Steinzeit, ist mit Familienattraktionen bestens ausgestattet und bietet gute Strände an der Nordküste um Fjellerup und im Süden an der Bucht Ebeltoft Vig. In der Nähe dieser Strände finden sich auch die meisten Ferienhäuser und Campingplätze.

Hornslet und Rønde ▶ H 8

Nördlich von Hornslet ist das Renaissanceschloss **Rosenholm**, Stammsitz der Familie Rosenkrantz, eines der berühmtesten dänischen Adelsgeschlechter, auf Führungen zugänglich. Highlight unter den mit Gemälden und seltenen Möbeln ausstaffierten Räumen ist der Wintersalon, dessen Wände mit Goldleder geschmückt sind. Und natürlich gehört zu einem Schloss mit Namen Rosenholm ein Garten mit rund 800 alten Rosenstöcken (Rosenholmvej 119, 8543 Hornslet, Tel. 86 99 40 10, www.rosenholm.dk, Führungen für Individualreisende nur in den dänischen Sommerferien etwa Woche 26–32, 75 DKK, 25 DKK/unter 12 Jahre, nur Park 25 DKK).

> ## Tipp: Tierisches Djursland
>
> Der **Skandinavisk Dyrepark** bei Kolind setzt auf die Tierwelt des Nordens. Stars sind Eisbären, aber auch ihre braunen Vettern sowie Elche und Wölfe tummeln sich in den Anlagen. Etwas steif wirkt das Mammut: Sein Skelett ist etwa 50 000 Jahre alt (Nørdagervej 67B, 8567 Kolind, Tel. 86 39 13 33, www.skandinaviskdyrepark.dk, Ende April–Woche 42 tgl. 10–17, Hochsaison bis 18 Uhr, 175 DKK, 95 DKK/3–11 Jahre).
>
> Exotischer sind die Arten von allen Kontinenten im **Ree Park – Ebeltoft Safari** am Ufer des Stubbe Sø nördlich von Ebeltoft (Stubbe Søvej 15, 8400 Ebeltoft, Tel. 86 33 61 50, www.reepark.dk, Mitte März–Woche 42 tgl. 10–16/17, in der Hochsaison bis 18 Uhr, 160 DKK, 90 DKK/3–11 Jahre).

In **Thorsager** hat Jütlands einzige Rundkirche mit ihren bekannteren Bornholmer Pendants (S. 434) eines gemein: Auch sie diente nach ihrer Erbauung um 1200 nicht nur als Gotteshaus, sondern zugleich als schützende Zuflucht bei Überfällen.

Nicht weit von der Kleinstadt Rønde stehen auf der über einen Damm mit dem Festland verbundenen Mini-Insel Kalø die Ruinen einer richtigen Mittelalterburg mit fast 3 m dicken Mauern: **Kalø Slot**, 1313 angelegt. Christian II. kerkerte hier Anfang des 16. Jh. den jungen schwedischen Adeligen Gustav Vasa ein, was den nicht gerade zu einem Freund der Dänen machte. Er konnte fliehen, organisierte in seiner Heimat Widerstand gegen die dänische Herrschaft, sprengte die Kalmarer Union (S. 32) und wurde König des wieder selbstständigen Schweden – das war der Beginn einer langen, oft blutigen Feindschaft zwischen beiden Ländern.

Mols Bjerge und Helgenæs ▶ H 8/9

Zu den schönsten Landschaften ihrer Heimat zählen die Dänen im Süden von Djursland die **Mols Bjerge**, eine Hinterlassenschaft der letzten Eiszeit und Anfang 2008 zum Natio-

Zwischen Seenhochland und Kattegat

nalpark ausgerufen (S. 18). **Agri Bavnehøj** ist mit 137 m der höchste Gipfel. Der Begriff Bavnehøj, Feuerhöhe, taucht häufiger in dänischen Hügelnamen auf: Dort wurden Warnfeuer entzündet, wenn Gefahr drohte.

Eines der mächtigsten dänischen Dolmengräber, **Poskær Stenhus**, liegt neben der Straße Agri – Knebel. Die gut 5000 Jahre seit der Steinzeit überstand es nur mit Glück, denn 1859 wollte ein Bauer die Steine zu Geld machen. Nur das beherzte Eingreifen eines Dorfpolizisten, der sich auf einen angeblichen königlichen Befehl berief, verhinderte eine Zerstörung. Beim begeisterten Hobbyarchäologen Frederik VII. hatte die Amtsanmaßung keine Folgen, das Megalithgrab wurde sofort unter Schutz gestellt. Der auf fünf Tragesteinen thronende Deckstein der Kammer ist 3,5 m lang und nur eine Hälfte eines gewaltigen, auseinandergemeißelten Findlings, die andere liegt auf einem zweiten Dolmengrab westlich von Agri.

Südlich an die Mols Bjerge schließt die Halbinsel **Helgenæs** an. Auf die fährt man für die Aussichten: Vom knapp 100 m hohen **Ellemandsbjerg** überblickt man die Buchten und Sunde der umliegenden Ostsee, vom Leuchtturm **Sletterhage Fyr** ganz am Südende schaut man dem Schiffsverkehr von und nach Aarhus zu. Helgenæs war mehrfach Schauplatz von Geschichtsereignissen und wenn der mittelalterliche Chronist Saxo in seiner ›Danmarks Kronike‹ korrekt berichtet, endete hier sogar das Leben eines großen Königs auf wenig rühmliche Art: Harald Blåtand (S. 30) traf ein tödlicher Pfeil, als er in einer Schlachtenpause im Gebüsch ein Geschäft erledigte.

Die Steigerungsform von ›typisch dänisch‹: Gasthof Mellem Jyder in Ebeltoft

Djursland mit Insel Anholt

Ebeltoft ▶ J 8

Bei der Frage nach den gemütlichsten und typischsten Städten Dänemarks wird Ebeltoft eigentlich immer genannt. Für das Idylle-Image sorgen Kaufmanns- und Handwerkerhöfe aus dem 17. und 18. Jh. in der durchgehend verkehrsberuhigten Innenstadt. Fachwerk dominiert das Bild, davor Wälder von Stockrosen, die sich im holperigen Kopfsteinpflaster festgesetzt haben.

Die schönste Art, das alte Ebeltoft zu erkunden, ist ein Bummel im Gefolge der Nachtwächter, die hier im Hochsommer allabendlich von 20 bis ca. 22 Uhr ihre Runden drehen. Den Abend beginnen die schwarz gekleideten Männer immer am Marktplatz Torvet vor dem Inbegriff der Ebeltoft-Idylle, dem **Gamle Rådhus**, einem kleinen Fachwerkbau von 1789 mit einem hoch aufragenden Türmchen auf dem Dach. Die Verwaltung ist längst aus dem alten Rathaus ausgezogen und hat das Gebäude dem lokal-historischen Ebeltoft Museum überlassen, nur für Trauungen wird es noch ›amtlich‹ genutzt, weil es so schön romantisch ist. Am Hafen ist das 2006 durch einen lichtdurchfluteten Neubau erweiterte **Glasmuseet** eines der führenden europäischen Museen für Glaskunst (Strandvejen 8, Tel. 86 34 17 99, www.glasmuseet.dk, Nov.–März Di–So 10–16, sonst tgl. bis 17 oder 18 Uhr; 85 DKK, 20 DKK/13–17 Jahre, bis 12 Jahre gratis).

Gleich nebenan liegt der Stolz von Ebeltoft im Trockendock: die **Fregatte »Jylland«**. 1860 lief sie als eines der letzten militärischen Holzsegelschiffe der Welt vom Stapel, das längste seiner Art, das je gebaut wurde – 71 m streckt sich der Rumpf, 55 m hoch ragt der Großmast. Voll aufgetakelt konnte die »Jylland« 1881 m² Segeltuch in den Wind bringen, war aber auch schon mit dem Vorboten einer neuen Zeit ausgerüstet, einer ca. 400 PS starken Hilfsdampfmaschine. Ein Interpretationszentrum stellt die Geschichtszusammenhänge dar, in denen die Fregatte zum Einsatz kam, vor allem die Seeschlacht bei Helgoland am 9. Mai 1864 gegen einen österreichischen Flottenverband im Zweiten Schleswigschen Krieg.

Tipp: Direkt nach Norden

Zwischen Djursland und Nordjütland lässt sich die Stadt Randers mit einer **Fährfahrt über den Randers Fjord** bequem umgehen. Zwei Routen stehen zur Wahl, die Kabelfähre Udbyhøj (▶ H 6) nahe der Fjordmündung und die Fähre Voer – Mellerup (▶ H/G 7) im Verlauf der Margeriten-Route: www.randersfjord-faerger.dk, Pendelfahrt nach Bedarf, Kernzeit tgl. 8–18 Uhr, PKW/Fahrer 50 DKK, jede weitere Pers. ab 12 Jahre 15 DKK).

Weiterer Oldtimerschiffe liegen am ›Museumskai‹, darunter ein Feuerschiff (Fregatøen, S. A. Jensensvej 2, Tel. 86 34 10 99, www.fregatten-jylland.dk, Febr.–Nov. tgl. mind. 10–15, Zwischensaison 10–16/17 und in den dänischen Schulferien 10–18 Uhr, je nach Saison 90–110 DKK, 45–80 DKK/4–12 Jahre, Familien- und Kombitickets mit Glasmuseum [s. o.] und Ree Park [Tipp S. 277]; ausgezeichnete Gastronomie). Die Schifffahrt des 21. Jh. sieht man 4 km südlich in Ebeltofts Fährhafen: Mit den Katamaranen der Mols-Linien (S. 325) ist man in 45 Min. auf Seeland.

Infos
Ebeltoft/Mols Turistbureau: S. A. Jensens Vej 3 (neben Fregatte »Jylland«), 8400 Ebeltoft, Tel. 86 34 14 00, www.visitdjursland.com, Ebeltoft: www.ebeltoftby.dk

Übernachten
Edel-Kro ▶ Molskroen: Hovedgade 16, Femmøller Strand, Tel. 86 36 22 00, www.molskroen.dk. Kro-Gastronomie und der Charme eines traditionellen Badehotels gehen eine reizvolle Verbindung mit viel dänischem Design bei der Einrichtung ein; stilvolle Zimmer, Studios und Suiten für 2 Pers. ca. 1300–3500 DKK, mit Nebenräumen für 3–4 Pers. erweitert ca. 1800–2600 DKK/Pers. **Moderne Hotelanlage am Meer ▶ Ebeltoft Strand:** Ndr. Strandvejen 3, Tel. 86 34 33 00, www.ebeltoftstrand.dk. Lichterfüllter skandinavischer Funktionalismus mit einem Hauch Luxus, direkt am Strand, Stadt vor der Tür,

Zwischen Seenhochland und Kattegat

DZ ab ca. 1150 DKK, viele Angebote für Miniferien usw.; auch kleine Apartments für bis zu 4 Pers.
Camping am Meer ▶ Ebeltoft Strand Camping: Ndr. Strandvej 23, Tel. 86 34 12 14, www.ebeltoftstrandcamping.dk. Ganzjährig geöffneter, großer Platz mit Hütten nördlich der Stadt; am Ufer entlang gut 1 km von Fregatte Jylland und Glasmuseum.
Ferienhäuser ▶ Ebeltoft Feriehusudlejning: S. A. Jensensvej 3A, Tel. 86 34 33 44, www.ebeltoft-feriehusudlejning.com. Häuser überall auf Djursland.

Essen & Trinken
Gourmetküche ▶ Molskroen (s. o.): Der Kro, der im Restaurant viel Wert auf frische lokale und regionale Zutaten legt, ist ein Paradies für Genießer mit voller Brieftasche: Menüs ab ca. 600 DKK, mit Weinen bis ca. 2000 DKK.
Durch und durch dänisch ▶ Mellem Jyder: Juulsbakke 3, Tel. 86 34 11 23, www.mellemjyder.dk. Viel Fachwerk, schöne Außengastronomie, solide dänische Küche, HG ca. 190–225 DKK.

Grenaa und der Osten ▶ J 7
Die Ostküste von Djurslands zeigt südlich von Grenaa einen gut 7 km langen, sandigen Strandabschnitt, sonst findet man einen Ufermix mit Schotterstränden, Kalk- und Lehmklippen. Djurslands größte Stadt **Grenaa** hat direkte Fährverbindungen nach Schweden und zur Insel Anholt. Für regen Verkehr am Hafen sorgt aber auch **Kattegatcentret Grenaa.** In seinen Aquarien tummeln sich viele heimische Fische, Publikumsmagneten sind aber die Exoten: Im größten Aquarium ziehen Haie aus tropischen Gewässern ihre Bahnen. In einem Panoramagang aus dickem Plexiglas kann man mit ihnen auf T(a)uchfühlung gehen. Fütterungszeit ist täglich um 14 Uhr (Færgevej 4, Tel. 86 32 52 00, www.kattegatcentret.dk, Febr.–Okt. tgl., Nov. bis Mitte Dez. Di–So mind. 10–16, Juli–1. Drittel Aug. 10–17 Uhr; 160 DKK, 90 DKK/3–11 Jahre). Einen Eindruck vom alten Grenaa bekommt man im schönsten Fachwerkbau der Stadt **Den Gule Købmandsgaard.** Der prachtvolle Kaufmannshof aus dem frühen 18. Jh. beherbergt das kulturhistorische **Museum Østjylland i Grenaa,** das regelmäßig Ausstellungen über die Region präsentiert (Søndergade 1, Tel. 86 32 48 00, www.museumoj.dk, Di–So Juni–Aug. 11–16, sonst 12–15 Uhr, gratis).

Infos
Grenaa Turistureau: Torvet 6, 8500 Grenaa, Tel. 87 58 12 00, www.visitdjursland.com.

Übernachten, Essen
Gleich hinter den Dünen ▶ Helnan Marina Hotel: Kystvej 32, Tel. 86 32 25 00, www.helnan.info. Mix aus Ferien-, Wellness und Konferenzhotel, ca. 350 m zum Strand – weitläufig mit Pool, Fitness- und Wellnesseinrichtungen, funktionale DZ ab ca. 1100 DKK, Familienzimmer ab 1200 DKK.

Verkehr
Bahn: Lokalbahn Grenaa – Hornslet – Aarhus mit häufigen Abfahrten.
Fähren: Nach Varberg in Schweden (www.stenaline.de) und zur Insel Anholt (S. 282).

Insel Anholt ▶ L 6
Die 22 km^2 große Insel Anholt liegt ca. 45 km oder knapp 3 Fährstunden nordöstlich von Grenaa im Kattegat. Bis zur schwedischen Küste ist es etwa gleich weit. Dass Anholt dänisch und nicht schwedisch ist, soll einem gut platzierten Bierhumpen zu verdanken sein: Den stellte ein dänischer Unterhändler – Anholt verdeckend – auf die Landkarte, als in den Friedensverhandlungen von Roskilde 1658 die siegreichen Schweden den unterlegenen Dänen gerade alle Gebiete östlich des Kattegat und des Øresund abnahmen. Die Provinz Halland, zu der Anholt traditionell gehörte, wurde schwedisch, die Insel nicht.

Anholt ist ein Paradies für Naturliebhaber und Aussteiger auf Zeit. Sandige Badestrände gibt es an den 26 km Küste rund um die Insel reichlich. Im Westen, wo die gut 160 Bewohner ihre Häuser haben und der Hafen zu finden ist, ragt Anholt etwa 50 m aus dem

Djursland mit Insel Anholt

Einsame Strände ohne Ende streckt Anholt den Wellen des Kattegat entgegen

Meer, nach Nordosten erstreckt sich über 10 km **Ørken**, die Wüste, ein von Wind und Wellen geschaffenes Dünenland, das ca. 80 % der Inselfläche ausmacht. Der größte Teil Anholts steht unter Naturschutz, natürlich auch die Ostspitze Tøtten mit ihrer großen Seehundkolonie. Ganz in ihrer Nähe jubeln Leuchtturmenthusiasten beim Anblick des wuchtigen **Anholt Fyr**: Es entstand schon 1788 mit einem offenen Feuer auf der Spitze und bekam 1881 seine heutige Form.

Die meisten der gut 50 000 Gäste, die pro Jahr kommen, bringen Schlafgelegenheiten gleich mit. 350 Liegeplätze für Freizeitboote gibt es offiziell im Hafen. Da Anholt aber so weit draußen im Meer liegt, hat es den Status eines Nothafens: Kein Boot darf abgewiesen werden – im Sommer ist da Überfüllung vorprogrammiert. Lässt das Wetter dann kein Weitersegeln zu, zieht sich das charmante Chaos bei den Yachties im Hafen über Tage hin, und die Kneipiers rundherum freuen sich. Szenige Lokale am Hafen wie das »Casablanca« bieten neben Essen – Spezialität Jomfruhummer (S. 56) in verschiedenen Zubereitungen – den Hochsommer hindurch fast jeden Abend Livemusik und DJ-Sound bis zum Morgen: Ibiza im Kattegat!

Infos
Turistkontor: Bygaden 11, 8592 Anholt, Tel. 86 31 91 33, www.anholt.dk.
Achtung: Auf Anholt gibt es weder Banken, noch Geldautomaten! Die größeren Lokale und der Dorfladen akzeptieren Kreditkarten, sonst hilft nur Bargeld.

Übernachten
Zimmer auf Anholt sind exklusiver als in Dubais Burj al Arab, aber erschwinglicher: Das i-Büro vermittelt die meisten der zur Vermietung stehenden Ferienhäuser der Insel. Die Nachfrage übersteigt das Angebot für die Sommerwochen um ein Vielfaches, deshalb kann nur ab einem bestimmten Stichtag (Ende Febr./Anfang März) gebucht werden.

Zwischen Seenhochland und Kattegat

Bei der Vergabe der Häuser wird nach dem Prinzip ›Wer zuerst kommt, mahlt zuerst‹ verfahren; Details zum Buchungsprozedere erfährt man auf der Internetseite www.anholt sommerhuse.dk.

Auch die wenigen Zimmer im **Anholt Kro** (Tel. 86 31 90 80, www.anholtkro.dk, DZ ca. 640–920 DKK) und im **Anholt B & B** (Tel. 86 31 91 11, www.anholt-bed-breakfast.dk, DZ 750–800 DKK) sind immer früh ausgebucht. Bleibt für Spontanbesuche meist nur **Anholt Camping** (Nordstrandvej 150, Tel. 86 31 91 00, www.anholtcamping.dk, Mitte Mai–Mitte Sept.), ein großer Naturcampingplatz hinter den Dünen mit windanfälligen Flächen und einigen 4-Personen-Basic-Hütten.

Verkehr

Grenaa-Anholt Færgefart: Tel. 86 32 36 00, www.anholtfergen.dk. Ab Grenaa ca. 3 Std.; Mitte Juni–Mitte Aug. 1–2 x tgl., sonst 4–5 x pro Woche, 360 DKK, 180 DKK/4–12 Jahre, 170 DKK/Fahrrad, Freigepäck 40 kg, alle Preise h/z. Pkw-Transport ist extrem teuer, Reservierung ausschließlich für Fahrzeuge von Behinderten, Inselbewohnern und Handwerkern! Langzeitparkplätze in Grenaa am Anleger gratis (Garagenplätze Tel. 86 33 23 04). Auf der Insel Verleih von Rädern (ab 60 DKK/Tag, ab 300 DKK/Woche) und Gepäckwägelchen, Tel. 86 31 92 00.

Nord Djursland ▶ H/J 7

Djurslands Norden bietet entlang der Küste von Gjerrild Nordstrand bis Lystrup Strand lange Abschnitte breiter, kinderfreundlicher Sandstrände mit kleinen Dünen und schattigen Wäldern im Hinterland.

Das zu Beginn des 17. Jh. errichtete **Sostrup Slot** zählte zu jenen Schlössern, die im 17. und 18. Jh. einer der reichsten Familiendynastien Jütlands gehörten, den Grafen Skeel, deren Güter vom Kattegat bis Viborg reichten, und die auch auf Seeland und Fünen Besitzungen hatten. Sostrup wechselte ab 1807 mehrfach die Besitzer, diente nach 1945 als Flüchtlingslager und wurde 1960 Zisterzienserkloster. Der Park ist der Öffentlichkeit zugänglich.

Herausragend unter den vielen Vorzeitfunden im Norden Djurslands ist der **Tustrup stenaldergravplads**, eine kleine Nekropole aus der jüngeren Steinzeit westlich von Tustrup mit Resten zweier Dolmengräber, eines relativ großen Kammergrabes sowie eines hufeisenförmigen Hauses, wahrscheinlich eine Art Kulthaus oder Friedhofshalle.

Gammel Estrup und Clausholm
▶ G/H 7

Fast alle Türen stehen auf Schloss **Gammel Estrup** am Ortsrand von Auning Besuchern offen. Um 1500 als Burg angelegt und später dem Stil der Renaissance angepasst, wurde es 1930 durch Schenkung zum Gutshofmuseum **Jyllands Herregårdsmuseum**. Etwa 20 Räume können besichtigt werden und geben auch oft den Rahmen für Konzerte. Im Rittersaal zeigen große Gobelins andere Güter der Grafen Skeel, die von 1662 bis 1926 auch Besitzer von Gammel Estrup waren.

Im Wirtschaftshof ist **Dansk Landbrugsmuseet**, das dänische Landwirtschaftsmuseum, untergebracht. Im Sommer werden regelmäßig unter Einbeziehung der Besucher alte Techniken wie Korn dreschen und mahlen vorgeführt (Randersvej 2–4, 8963 Auning, Tel. 86 48 30 01, Schloss: www.gammel estrup.dk, Landwirtschaft: www.gl-estrup.dk, April–Woche 42 tgl. 10–17, sonst Di–So 10–15 Uhr, 85 DKK/ab 18 Jahre).

Clausholm, 13 km südlich von Randers, ist ein weiteres Prachtschloss der Region, genau genommen schon außerhalb des eigentlichen Djursland, aber gut in eine Rundfahrt über die Halbinsel einzubauen. Das Barockschloss ist durch das Schicksal Anna Sophia Reventlows berühmt geworden, Hauptfigur eines Gesellschaftsskandals im frühen 18. Jh.: König Frederik IV. verliebte sich bei einem Ball in die gerade 18-jährige Adelstochter, ließ sie 1712 vom elterlichen Clausholm entführen und nahm sie als Frau ›zur linken Hand‹. 1721, Frederiks erste Frau Louise war gerade einen Tag unter der Erde, heiratete er Anna Sophie offiziell und machte sie zur Königin. Nach Frederiks Tod 1730 lebte Anna Sophie – von Frederiks Sohn aus erster

Ehe, Christian VI., vom Hofe vertrieben – wieder in ihrem Elternhaus, wenn auch mit höfischem Pomp. Schloss, Kapelle und Barockgarten sind zugänglich (Clausholmvej 316, 8370 Voldum, Tel. 86 49 17 34, www.claus holm.dk, Schloss und Park Juli–Mitte Aug. tgl. 11–16 Uhr, 95 DKK/ab 14 Jahre, nur Park Mai–Sept. tgl. 11–17 Uhr, 50 DKK).

Infos, Aktiv

Fjellerup Turistinformation: Møllebækvej 2, 8585 Glesborg, nur Hochsaison Sa–Mo 11–17 Uhr.

Rougsø Turistbureau: Hovedgaden 4, 8961 Allingåbro, Tel. 86 48 04 77, www.visitdjurs land.com, Mai–Woche 42. Das i-Büro im ehemaligen Bahnhof ist auch Hauptquartier von D. F. F. D. (www.dffd.dk) und vermietet für die stillgelegte Bahnstrecke nach Randers (ca. 17 km lang) Fahrrad-Draisinen (70 DKK/Std., 200 DKK/Tag) und für die nahe gelegene Alling Å Kanus, dort sind Halb- oder Ganztagestouren möglich (70 DKK/Std., 250 DKK/Tag, eventuell Kanutransport 100 DKK).

Übernachten

Campingplätze am Meer ▶ **FDM Camping Hegedal Strand:** Ravnsvej 3, 8585 Hegedal Strand, Tel. 86 31 77 50, www.fdm.dk/camping. Naturcamping direkt am kindgerechten Strand; die Hütten liegen in der ›letzten‹ Reihe. **Fjellerup Strands Camping:** Møllebækvej 6, 8585 Fjellerup, Tel. 86 31 71 16, www.fjellerup-strand.dk. Bei Familien beliebter Platz mit rustikalen Hütten.

Randers ▶ G 7

Randers, heute mit gut 60 000 Einwohnern Dänemarks sechstgrößte Stadt, entstand gegen Ende der Wikingerzeit an einem Übergang über die Gudenå. Auch nach dem Bau der ersten Brücken ist es ein wichtiger Verkehrsknotenpunkt geblieben.

Mittelpunkt der Altstadt ist der Platz Torvet mit dem barocken **Rådhuset**, ein Rathaus, das bewegte Zeiten hinter sich hat: 1930 wurde es um 3 m verschoben, weil es

Tipp: Kinderattraktion

Wer mit Kindern auf Djursland Ferien macht, kommt an **Djurs Sommerland** kaum vorbei. Achterbahnen, schnelle Karussells, etwas Wildwest, etwas Afrika und etwas Piratenland, dazu Gokarts und Tretboote sowie ein Open-Air-Spaßbad mit langen Rutschen und ein Liliputland für die Kleinsten. Selbst wer als Erwachsener noch etwas Kind ist, liebt den Park, und auch abgebrühte Teens finden noch ein paar Dinge unterirdisch cool. Randersvej 17, 8581 Nimtofte, Tel. 86 39 84 00, www.djurssommerland.dk, Mai–Mitte Sept. und Woche 42, aber nur im Juli und Aug. tgl., mindestens 10–17, Hochsaison bis 20/21 Uhr; je nach Saison 225–245 DKK/3–64 Jahre, 185–205 DKK/ab 65 Jahre.

dem wachsenden Verkehr im Wege stand. Granitplatten markieren die alte Position auf dem Pflaster des längst verkehrsberuhigten Torvet. Auf dem steht auch der Tyrannenmörder Niels Ebbesen in Bronze gegossen. Er tötete 1340 in Randers Graf Gert den Kahlen von Rendsburg, der jahrelang als Pfandherr Jütland geschröpft hatte.

Natürlich pflegt Randers seine Geschichte in einem kulturhistorischen Museum, **Museum Østjylland-Randers,** das sich ein Dach mit dem angesehenen **Randers Kunstmuseum** teilt, das Werke vom ›Guldalderen‹ des 19. Jh. bis zur Gegenwart präsentiert (beide: Stemannsgade 2, Tel. 86 42 29 22, www.randerskunstmuseum.dk, Di–So 10–16 Uhr, gratis außer bei Sonderausstellungen). Der Kunst, die entwicklungsgehemmte Menschen schaffen, widmet sich das **Gaia Museum for Outsider Art** ein paar hundert Meter östlich (Lene Bredahls Gade 10, Tel. 86 40 33 23, www.gaiamuseum.dk, Di–Do 10–16, Fr 10–14, Sa 11–16 Uhr, gratis).

Altes Handwerk bekommt man in Dänemark oft demonstriert, nirgendwo jedoch so komprimiert wie in **Håndværksmuseet Kejsergaarden**. In einem historischen Kornspeicher sind 25 komplett eingerichtete Werkstätten teilweise ›ausgestorbener‹ Be-

Zwischen Seenhochland und Kattegat

Tipp: Graceland in Kopie

Henrik Knudsen, leidenschaftlicher Sammler von Elvis-Devotionalien, baute dem King in einem tristen Gewerbegebiet im Süden von Randers einen Zweitwohnsitz im Maßstab von fast 1:1 zum Original in Memphis. Dort zeigt er seine Sammlung von rund 6000 Erinnerungsstücken an die Rock & Roll-Legende – viel Kitsch und Nippes, aber auch Kleinodien wie eine Gitarre, mit der Elvis 1975/76 mehrere Konzerte spielte. Angeschlossen sind ein Elvis-Souvenirshop und das Restaurant »Highway 51 Diner«, mit amerikanischer Küche, ganz wie der King sie liebte (Graceland Randers Vej 3, 8960 Randers SØ, Tel. 86 42 96 96, www.gracelandranders.dk, tgl. 10–18 Uhr, 95 DKK, 65 DKK/ab 12 Jahre; Restaurant tgl. 11–21 Uhr).

rufe aufgebaut. An Öffnungstagen zeigen Senioren mit viel Enthusiasmus ihre alten Tätigkeiten (Lille Rosengård 16, Tel. 86 42 86 55, Di, Do, Sa 12–16 Uhr, gratis).

Während alle bisher genannten Museen in Randers gratis sind, streben die meisten Besucher dorthin, wo es richtig etwas kostet: **Randers Regnskov**. In schwül-warmem Regenwaldklima unter großen Glaskuppeln am Nordufer der Gudenå trifft man tropische Schmetterlinge und Kolibris ebenso wie Affen, Krokodile und Schlangen (Tørvebryggen 11, Tel. 87 10 99 99, www.regnskoven.dk, tgl. mind. 10–16, je nach Saison und Wochentag auch bis 17 oder 18 Uhr; 190 DKK, 120 DKK/3–11 Jahre).

Randers Fjord und Gudenå
▶ H–F 6–8

Würde nicht neben der Randersbro, die von Süden in die Stadt hineinführt, der Übergang zwischen der **Gudenå**, Dänemarks längstem Fluss, und dem **Randers Fjord** von einer 6 m hohen goldenen Amphore und einer kleinen Bronzefrau markiert, die auf einem Inselchen mitten im Fluss stehen, nähme man als Laie diese ›Mündung‹ kaum wahr. Der Fjord windet sich seine ersten 10 km nach Osten wie ein Fluss durch die Landschaft, selten mehr als 100 m breit. Da ergeben sich für Fotografen schöne Motive, wenn Hochseeschiffe durch die Felder ziehen.

Hautnahen Kontakt zu dem Meeresarm verschafft beim Wasserwaten, Kanufahren, Pontondriften, Fischen oder anderen Aktivitäten das Naturerlebniszentrum **Fjordcentret – Voer Færgested** neben dem Ost-Anleger der Autofähre Ragna (Voer Færgevej 123, 8950 Voer, Tel. 86 48 96 85, www.fjordcentret.dk, Mai–Aug., tgl. mind. 10–16, Wochenenden und Juli/Aug. 10–17 Uhr, Preise mit Aktivitäten 85 DKK, 60 DKK/3–16 Jahre).

Von Randers nach Westen folgt Straße [525] dem Tal der Gudenå. Fast schon historisch ist Dänemarks größtes Wasserkraftwerk, **Gudenåcentralen** am Tange Sø, zu dem die Gudenå aufgestaut wurde. Seit 1921 laufen die Generatoren ununterbrochen in dem alten Kraftwerksbau aus rotem Backstein, ca. 11 GWh Strom liefert es noch pro Jahr, genug für 3000 dänische Haushalte – bei der Eröffnung 1921 deckte Gudenåcentralen ein Viertel des Strombedarfs in ganz Jütland. Man darf die Maschinenhalle besichtigen, wenn man **Energimuseet** einen Besuch abstattet. Neben dem Museum rund um den Strom erklärt ein Science Center – auch für Kinder verständlich – Elektrizität und ihr Wirken. Dazu gibt's Experimente für alle, bis ihnen die Haare zu Berge stehen (Bjerringbrovej 44, 8850 Bjerringbro, Tel. 86 68 45 55, www.elmus.dk, Mitte März–Okt. 10–16/17 Uhr, 80 DKK/ab 18 Jahre).

Infos
VisitRanders: Rådhustorvet 4, 8900 Randers, Tel. 86 42 44 77, www.visitranders.com.

Übernachten
4-Sterne-Traditionshotel im Zentrum ▶
Hotel Randers: Torvegade 11, Tel. 86 42 34 22, www.hotel-randers.dk (Small Danish Hotels, S. 86). Behagliches Quartier in der Nähe des alten Rathauses, mit dem Charme vergangener Zeiten, DZ ab ca. 995 DKK (Wochenenden, Ferien), sonst ab ca. 1200 DKK, auch Familienzimmer für bis zu 4 Pers.

Viborg

Essen & Trinken
Geschichtsträchtig ▶ Niels Ebbesen's Spisehus: Storegade 13, Tel. 86 43 32 26, www.nielsebbesens.dk. Der 1643 gebaute Fachwerkhof soll genau dort stehen, wo Niels Ebbesen dem verhassten Grafen Gert seinen kahlen Kopf abschlug. Die Küche ist deftig-dänisch, zum Frokost HG um 120 DKK, abends ab 200 DKK – dazu gibt es immer ein Salatbuffet.

Aktiv
Kanoutouren auf der Gudenå ▶ Bamsebo Kanoudlejning: c/o Bamsebo Camping, Hagenstrupvej 28, 8860 Ulstrup (22 km westl. Randers), Tel. 86 46 34 27, www.bamsebokanoudlejning.dk. Verschiedene Optionen ab 350 DKK/Tagestour inkl. Boottransfer.

Viborg ▶ E 7

Viborg war bis ins 17. Jh. Jütlands größte Stadt. Hier tagte über sechs Jahrhunderte Jütlands Landsting, eine gesetzgebende und rechtsprechende Versammlung freier Männer. Aus der Rechtsprechung in Viborg entstand 1241 das erste Gesetzbuch Dänemarks, die Jyske Lov. Die Tradition als Gerichtsstandort besteht bis heute: Viborg ist Sitz des höchsten Berufungsgerichts für Jütland.

Das Landsting sorgte dafür, dass Viborg regelmäßig königlichen Besuch hatte: Vom frühen 11. Jh. bis zur Einführung des Absolutismus im 17. Jh. huldigte dort Jütlands Adel allen neuen Königen. Daran erinnert gleich neben dem Dom das Denkmal, das Margrete I. mit ihrem Neffen Erik von Pommern zeigt, den sie formal zum König wählen ließ (S. 32), während sie tatsächlich selbst die Macht in den Händen behielt.

Ab 1065 war Viborg auch Bischofssitz. Der **Dom** mit seinen charakteristischen Zwillingstürmen zeigt reinsten romanischen Baustil, ist aber nur ein Nachbau, der 1864–79 einen baufällig gewordenen Vorgänger aus dem 12. Jh. ersetzte. Spötter meinen, der neue Dom sei romanischer als die Romanik je war, nur die Krypta ist original (Mai–Aug. Mo–Sa 11–17, So 12–17, sonst jeweils bis 15 Uhr, 10 DKK). Die Fresken im Inneren sind ein Monumentalwerk des Malers Joakim Skovgaard (1856–1933). Er stammte aus einer örtlichen Malerdynastie, der sich das **Skovgaard Museum** im alten Rathaus gleich neben dem Dom widmet (Domkirkestræde 2–4, Tel. 86 62 39 75, Juni–Aug. Di–So 10–17, sonst 11–16 Uhr, 50 DKK/ab 18 Jahre).

Viborgs Bedeutung im Mittelalter resultierte auch daraus, dass die Stadt nördlichster Punkt des Netzes europäischer Pilger- und Handelsstraßen war. Ein Stein im Belag der Sct. Mikkelsgade markiert den alten Standort des Stadttors Sct. Mikkels Port, an dem je nach Reiserichtung der Hærvej (S. 246) begann oder endete.

Infos
VisitViborg: Nytorv 9, 8800 Viborg, Tel. 87 87 88 88, www.visitviborg.dk.

Übernachten
4-Sterne-Aktivhotel am Søndersø ▶ Golf Hotel Viborg: Randersvej 2, Tel. 86 61 02 22, www.golf-hotel-viborg.dk (Best Western-Hotels). DZ ab ca. 950 DKK (früh online, Ferienzeiten), an Wochenenden und in den Ferien oft Angebote für Paare und Familien.

4-Sterne-Herberge am Søndersø ▶ Danhostel Viborg: Vinkelvej 36, Tel. 86 67 17 81, www.danhostelviborg.dk. 2,5 km vom Zentrum, die meisten Zimmer mit Bad/WC, DZ 460–510 DKK, 4-Bett-Zimmer 620–685 DKK.

Essen & Trinken
In historischen Gewölben ▶ Brygger Bauers Grotter: Sct. Mathias Gade 61, Tel. 86 61 33 00, Di–Do nur abends, Fr–So ab 11 Uhr Frokost und abends. Lokal in uraltem Keller mit traditioneller dänischer Küche; hier gibt's noch ein paniertes Kotelett oder Hacksteak mit Zwiebeln und Rote Beete zum Frokost (um 100 DKK), abends wird es etwas gediegener, HG um 225 DKK.

Familienrestaurant ▶ Jensen's Bøfhus: Hjultorvet 3, Tel. 86 60 19 11. Filiale der beliebten Steakhauskette (S. 60) am schönsten Platz der Stadt.

Fünen und Inseln

Fünen und das südfünische Inselmeer sind Inbegriff des maritimen Dänemark und doch auch reiches, altes Kulturland, übersät von Hinterlassenschaften der Geschichte aus allen Epochen. Mittendrin Odense, die kleine Großstadt voller Erinnerungen an ihren bekanntesten Sohn, den Märchendichter H. C. Andersen.

»Draussen in diesem wogenden Blau, fern im Osten und Süden, schwimmen die dänischen Inseln, über hundert an der Zahl, einige gross, andre klein, aber alle gleich üppig und grün, ein Archipelagus von schwimmenden Gärten, strotzend von Getreide und den prächtigsten Wäldern«, so schrieb 1890 der dänische Erzähler Henrik Pontoppidan in seinen »Reisebildern aus Dänemark« über Fünen.

Menschen haben hier in der Steinzeit die größten dänischen Dolmen- und Kammergräber gebaut. Bei Gudme und Lundeborg im Osten der Insel zeugen Goldfunde von einem bedeutenden Handelsplatz der germanischen Eisenzeit und die Epoche der Wikinger ist mit Dänemarks einzigem Schiffsgrab in Ladby bei Kerteminde eindrucksvoll präsent.

Heute leben knapp eine halbe Million Menschen auf Fünen und gut zwei Dutzend der etwa 90 Inseln rundherum, von denen die meisten Øhavet, dem Südfünischen Inselmeer, zuzurechnen sind. 3500 km^2 Landfläche und 1100 km Küste kommen zusammen. Landwirtschaft und Lebensmittelindustrie sind wichtige Erwerbszweige, in Svendborg auch die Seefahrt. Die zentrale Lage im Land lässt zudem die Konferenzbranche boomen: Nyborg und Middelfart haben für Kleinstädte von rund 15 000 Einwohnern ungewöhnlich hohe und luxuriöse Hotelkapazitäten. Das Aus erlebte derweil der bislang größte Industriebetrieb, die Lindøværft in Munkebo, im Nordosten. Sie wurde 2012 ›abgewickelt‹ und zum Industriepark (S. 299).

Insel der Schlösser

Unübertroffen sind Fünens 123 Schlösser und Herrensitze, die in dieser Vielfalt und Vielzahl kein anderer Landesteil bietet: Alle Stilarten sind vertreten, vom romanischen Nyborg bis Gut Holstenshus bei Faaborg, 1910 als einer der letzten Herrensitze im Lande entstanden. Einige stehen fast bis zur letzten Besenkammer Besuchern offen wie Egeskov, andere öffnen nur ihre Parks oder sind als romantische Schlosshotels zahlenden Gästen vorbehalten wie Steensgård bei Faaborg. Wieder andere werden für Hochzeiten oder Firmenfeste komplett vermietet, so etwa Lykkesholm im Südosten. Ein paar ›kleinere‹ wie Hønnerup Hovgård bei Gelsted im Südwesten mit seinen neun Schlafzimmern kann man sogar als Ferienhaus für Großfamilien mieten.

Aktiv zu Wasser und zu Lande

Die große Insel und ihre kleinen Ableger bilden natürlich ein Paradies für maritime Aktivitäten jeglicher Ausprägung. Kaum ein Hafen, aus dem nicht Kutter mit Petrijüngern zu Angeltörns auslaufen – als bestes Revier gilt der Langelandsbælt.

Da es nur ein kurzer Schlag von der deutschen Ostseeküste ins Südfünische Inselmeer ist, werden die Gewässer um Fünen von deutschen Hobbyskippern so häufig angesteuert wie kein anderes dänisches Revier. Alle Orte und kleineren Inseln bieten Liegemöglichkeiten vom Minihafen, den sich die Yachties mit Fischkuttern teilen müssen, bis zu großzügig angelegten Marinas mit Platz für Hunderte von Booten. Die beste Hafenübersicht auf Deutsch: www.sejlerens.com.

Das größte maritime Event ist die Oldtimerregatta **Fyn Rundt for Bevaringsværdige Skibe,** Dänemarks Antwort auf die Tall Ships' Races. Mehrere Dutzend historische Segler umrunden in der zweiten Julihälfte in einer Woche die Insel, jeden Abend ist ein anderer Hafen Etappen- und ›Hygge‹-Ziel mit Fest und Feier. Das Programm steht jeweils ab Jahresanfang auf der Webseite www.fynrundt.dk. Man kann auf einigen Schiffen mitsegeln, das **Maritimt Center** in Svendborg (s. u.) vermittelt Plätze.

Wer mit kleinen Booten vorliebnimmt, findet im Øhavet Dänemarks bestes Revier für Seakayaking. Tourenvorschläge auch für Mehrtagesfahrten findet man unter www.sydfynskeoehav.dk. Diese Webside hilft zudem, die Inselwelt auf festem Boden zu erkunden, auf dem 220 km langen Øhavsstien (S. 309). Und schließlich bietet kaum ein anderer Landstrich Dänemarks so gut organisierte Fahrradferien wie Fünen (Paketreisen unter www.oplevfyn.nu).

Infos

Regionale Hinweise für ganz Fünen:
VisitFyn/Syddansk Turisme: Teglgårdsparken 101, 5500 Middelfart, Tel. 66 13 13 37, www.visitfyn.com.

Übernachten

Ferienhäuser ▶ **Feriepartner Fyn,** Hasselvænget 1, DK 5500 Middelfart, Tel. 64 41 23 22, www.mob.dk, regionaler Anbieter mit Häusern überall auf Fünen und den Inseln.

Aktiv

Touren auf Oldtimerseglern ▶ **Maritimt Center Danmark:** Havnepladsen 2, 5700 Svendborg, Tel. 62 23 30 23, www.maritimtcenter.dk. Organisiert 3- bis 4-stündige Kurztripps im Øhavet ab verschiedenen Häfen (ca. 270 DKK, 170 DKK/Kinder), vermittelt Mitsegeln auf längeren Törns sowie Bootcharter.

Spartipp

FynBus (Tel. 63 11 22 33, www.fynbus.dk) betreibt Regional- und Lokalbusse mit einheitlichem Tarifsystem nach Zonen auf Fünen, Langeland, Tåsinge und Ærø. Knotenpunkte sind Busbahnhöfe Odense, Svendborg und Rudkøbing auf Langeland.

Basispreis 24 DKK, 12 DKK/bis 16 Jahre. Bei jedem Erwachsenem fahren 2 Kinder unter 12 Jahren gratis mit. Tagestickets für den gesamten Tarifverbund Fünen gibt es als regionale Variante für das ›Festland Fünen‹ (170 DKK, 85 DKK/bis 15 Jahre) oder als lokale Variante für Odense (40/20 DKK).

Verkehr

Bahn: An der Strecke Jütland–Kopenhagen liegen die IC-Bahnhöfe Middelfart, Odense und Nyborg. Odense ist zudem Stopp eines Nachtzuges ab/bis D/CH (S. 76). Ab Odense Regionalbahn nach Svendborg bis 3 x stdl.
Fähre: AlsFærgen, Tel. 70 23 15 15, www.faergen.de, Fynshav (▶ **G 14**) – Bojden (▶ **G 13**), Fahrtdauer 50 Min, tagsüber alle 1–2 Std., PKW plus alle Insassen Juni–Aug. 310 DKK, sonst 225 DKK, Rad plus Fahrer 90 DKK, 45 DKK/Kind 4–11 Jahre. Spart ca. 100–120 km zwischen Deutschland und Südfünen. **LangelandsFærgen,** Tel. 70 23 15 15, www.faergen.de, Tårs (▶ **K 14**) auf Lolland (S. 330) – Spodsbjerg (▶ **J 14**) auf Langeland, Fahrtdauer 45. Min., 5.15–22.15 Uhr stdl., PKW plus Insassen 290 DKK, Rad plus Fahrer 90 DKK, 45 DKK/4–15 Jahre. Spart in Kombination mit der Fähre Rostock–Gedser (S. 75) zwischen Ostdeutschland und Langeland/Fünen ca. 300–400 km. Auf beiden Linien gibt es günstige Tagesrückfahrkarten für Ausflüge.

8 Odense ▶ H 12

Cityplan: S. 288
In Odense leben etwa 170 000 Einwohner, damit ist es Dänemarks drittgrößte Stadt, als Kommune mit Umland aber nur die Nummer

vier hinter Aalborg. Odense ist auf Fünen das Zentrum für Bildung – seit 1966 gibt es eine Universität – und Kultur, ist Sitz der Zentrale des Fernsehkanals TV2 und kann fürs Shopping eine kompakte, verwinkelte, aber sehr schöne Innenstadt in die Waagschale werfen. 4 km **Fußgängerzone** 1 mit den Hauptachsen Vestergade und Kongensgade liegen wie ein Netz über die Innenstadt, mal modern modisch, mal romantisch kulinarisch. Bummeln lohnt hier immer – und ist ehrlich gesagt deutlich relaxter als in Kopenhagen.

1988 feierte Odense ein 1000-jähriges Stadtjubiläum. Der Name wird in einem Brief des deutschen Kaisers Otto III. vom 18. März 988 zum ersten Mal erwähnt. Stadtrechte gab's aber erst 1335, andererseits reichen die Wurzeln weiter in die Vergangenheit. Odense war schon in der Eisenzeit Kultstätte für den nordischen Gott Odin und als Otto seinen Brief siegelte, bestand längst eine – heute wieder verschwundene – Wikinger-Ringburg. 1060 wurde Odense Bischofssitz und durch den Mord an dem anschließend schnell heilig gesprochenen König Knud 1086 vor dem Altar der Skt. Albani Kirche ein vielbesuchter Wallfahrtsort.

Hafen 1

Obwohl nicht weit von Wasser entfernt, fehlte Odense lange ein Zugang zum Meer. Zwischen 1796 und 1804 entstand dann ein 7 km langer Kanal vom Odense Fjord fast bis ins Zentrum. Damit begann ein Wirtschaftsboom

Odense

Sehenswert
1. Indre Havn
2. H. C. Andersen Hus
3. Fyrtøjet
4. Carl Nielsen Museum im Odense Koncerthus
5. Bymuseet Møntergården
6. Skt. Knuds Kirke
7. H. C. Andersens Barndomshjem
8. Fyns Kunstmuseum
9. DSB Jernbanemuseum
10. Kunsthallen Brandts / Museet for Fotokunst / Danmarks Mediemuseum
11. Tidens Samling
12. Filosofgangen
13. Odense Zoo
14. Den Fynske Landsby

Übernachten
1. Clarion Collection Hotel Plaza
2. Hotel Domir
3. Ydes Hotel
4. Hotel Cabinn Odense
5. Danhostel Odense City
6. Danhostel Odense Kragsbjerggaard
7. DCU-Camping Odense

Essen & Trinken
1. Under Lindetræet
2. Bryggeriet Flakhaven
3. Eydes Gastro Pub
4. Jensen's Bøfhus
5. Kong Volmer
6. Cuckoo's Nest

Einkaufen
1. Fußgängerzone
2. Kramboden
3. Brandts Klædefabrik
4. Bazar Fyn
5. Torvedag

Abends & Nachts
1. Jazz Dexter
2. Posten
3. Brandt's Passage / Kulturmaskinen
4. Australian Bar

Aktiv
1. Rundgang auf H. C. Andersens Spuren
2. Odense Aafart
3. Fjordbåden Svanen

und der Hafen am Ende des Kanals wuchs bis in die 1960er-Jahre, dann wurde er für die Hochseeschifffahrt zu klein. Die nutzt inzwischen Terminals bei Munkebro, während Odenses **Indre Havn** zum Wohn- und Geschäftsareal mit hohem Freizeitwert aufgestylt wird, häufig Schauplatz von Konzerten, Ausstellungen und Trödelmärkten.

H. C. Andersen Hus 2

Nach der offiziellen Biographie stand H.C. Andersens Geburtshaus an der Hans Jensen Stræde mitten im damaligen Armenviertel, das heute aber alles andere als arm wirkt. Der kleine Fachwerkbau ist seit 1908 Teil des Gedenkzentrums **H. C. Andersen Hus**. Buchausgaben von Andersens Märchen aus aller Welt sowie eine große Sammlung von Dokumenten und Relikten haben hier einen Platz gefunden (Bangs Boder 29, Eingang vom Park Lotzes Have, Infos s. Tipp S. 291, Di–So 10–16, Juli/Aug. tgl. 10–17 Uhr, 85 DKK/ab 18 Jahre).

Im angrenzenden **Park Lotzes Have** zappt sich im Sommer die H. C. Andersen-Parade mit ›**20 Märchen in 20 Minuten**‹, einer Show im Musical-Stil, durch Andersens Märchenwelt – Kinder staunen und sind begeistert (ca. letzte Juni- bis 1. Augustwoche Mo–Sa 11, 13 und 15 Uhr, gratis).

Kreatives für Kinder

Es gibt selbst im kinderfreundlichen Dänemark wohl keine andere Attraktion, die so konsequent die Kreativität von Kindern anspricht, wie das Kinderkulturzentrum **Fyrtøjet** 3. Das fängt bei der Fülle an Kostümen und Schminkutensilien an, um mit Haut und Haaren in die Märchenwelten einzutauchen und Geschichten weiterzuspielen, für die Andersen die Vorlagen lieferte, und endet bei liebevollen, raumgreifenden Kulissen. Der Name »Fyrtøjet« stammt übrigens vom Andersen-Märchen »Das Feuerzeug«.

Für Kinder, die Spaß an Rollenspielen haben, ist das Haus ein gigantisches Spielzimmer und ein für Stunden fesselndes Erlebnis, aber – so beobachtet das pädagogische Personal immer wieder – nichts für Nintendo-Kids. Das Personal leitet übrigens an, betreut aber nicht! (Hans Jensens Stræde 21, Infos s. Tipp S. 291, Fr, Sa, So 10–16 Uhr, dän. Ferien tgl. 10–17 Uhr; Jan. geschl. Zu Ferienzeiten 95 DKK, sonst 80 DKK/ab 3 Jahre.

Fünen und Inseln

H. C. Andersen in Odense neben der Skt. Knuds Kirke

Carl Nielsen Museum 4

Odenses zweiter großer Sohn ist der Komponist Carl Nielsen (1865–1931). Wie kein anderer prägte er die klassische Musik in Dänemark, weltbekannte Orchester spielten seine Symphonien ein und seine Opern »Saul und David« sowie »Maskerade« stehen bis heute regelmäßig auf Spielplänen nicht nur dänischer Bühnen. In das **Odense Koncerthus** ist das **Carl Nielsen Museum** integriert, das sein Leben und Werk würdigt, aber auch das seiner Frau, der Bildhauerin Anne Marie Carl-Nielsen (Claus Bergs Gade 11, 5000 O C, Infos s. Tipp S. 291, Mai–Aug. Mi–So 11–15, sonst Do, Fr 15–19, Sa, So 11–15 Uhr sowie vor Konzerten, gratis). Ein zweites Gedenkmuseum dem Musiker zu Ehren finden seine Fans 15 km südlich Odense mit dem **Carl Nielsens Barndomshjem** bei Nørre Lyndelse (▶ **H 13**), eingerichtet in einem Häuschen, in dem er einen Teil seiner Kindheit verbrachte (Odensevej 2A, 5792 Nr. Lyndelse, Infos s. Tipp S. 291, Mai–Sept. Di–So 11–15 Uhr, 30 DKK/ab 18 Jahre).

Das alte Odense

Vom modernen Koncerthus ist es nicht weit zur Overgade, einer der ältesten Straßen der Stadt. Schmuckstück ist **Møntergården** von 1646, Odenses prächtigster Fachwerkbau aus der Renaissance. Entlang der kleinen Møntergade, die daneben abzweigt, stehen weitere Fachwerkhäuser aus der Epoche und bilden zusammen das kulturhistorische Stadtmuseum **Bymuseet Møntergården** 5, das u. a. prähistorische Funde aus der Region ausstellt (Overgade 48, Infos s. Tipp S. 291, Di–So 10–16 Uhr, 50 DKK/ab 18 Jahre).

In der Nedergade hat der Laden **Kramboden** 2 Wurzeln schon im 16. Jh. Die Einrichtung ist zwar ein paar hundert Jahre jünger, aber man fühlt sich trotzdem wie im Museum, obwohl hier noch alles verkauft wird, was nicht niet- und nagelfest ist.

Gleich neben dem Eck Nedergade/Overgade passiert der **H. C. Andersen-Rundgang** 1 jenes Haus in der Påskestræde, das einst die Armenschule war, in die der kleine Hans Christian Andersen ging. Anschließend

Odense

führt er zur Odense Å, wo seine Mutter als Wäscherin arbeitete. Ein Stück westlich teilt sich der Fluss und bildet eine Insel mit dem geradezu verzauberten Park **H. C. Andersen Haven**. Zur Stadt hin sieht man H. C. Andersen ganz klassisch in Bronze gegossen – das Hauptdenkmal für den Märchendichter, an dem zu Gedenk- und Ehrentagen Blumen und Kränze abgelegt werden. Ansonsten gibt es in den Auen der Odense Å, ebenso auf vielen Plätzen in der Innenstadt klassische wie hochmoderne Skulpturen, die sich an Andersens Märchen anlehnen.

Dom und Rathaus

Die **Skt. Knuds Kirke** 6, die Domkirche von Odense, ist eines der bedeutendsten gotischen Bauwerke Dänemarks. Ihr vergoldeter Flügelaltar ist eine Arbeit des Lübecker Meisters Claus Berg aus dem frühen 16. Jh. In der Krypta liegen die sterblichen Überreste von König Knud dem Heiligen in einem Glassarg, eine der wenigen Reliquien in dänischen Kirchen überhaupt. Obwohl Anthropologen lange die Echtheit des Skeletts anzweifelten, ergaben jüngere Untersuchungen, dass Schädel und Knochen von ein und derselben Person stammen – die kann (so eine C-14-Messung) im Mordjahr 1086 gestorben sein und zeigt Spuren eines Schlags mit einem stumpfen Gegenstand im Nacken.

Für Historiker war Knud, der 1080–86 regierte, ein machtbesessener Despot, begierig darauf, die Herrschaft der Dänen in Ostengland zu restaurieren. Der mittelalterliche Geschichtsschreiber Saxo Grammaticus und der namenlose Verfasser der Knytlingasaga, der Saga von den Dänenkönigen, beschreiben Knud hingegen als gottestreuen Herrscher. Bei beiden fällt er einem Bauernaufstand zum Opfer. Der Schauplatz des Mordes, die historische – nicht die heutige, katholische – Skt. Albani Kirke wurde bald Wallfahrtsort, und 15 Jahre später sprach der Papst den Ermordeten heilig. Ein Denkmal markiert den vermeintlichen Tatort zwischen Skt. Knuds Kirke und dem **Rathaus**. Das zeigt eine nahezu perfekt gotische Fassade – ein Werk des Historismus, für das die Architektur von Siena Pate stand.

Von Dom und Rathausplatz sind es kaum mehr als 100 m zum **H. C. Andersens Barndomshjem** 7, wo der Märchendichter seine ärmliche Jugend verbrachte – Schautafeln und engagierte Mitarbeiter erzählen über Andersens Kindheit und das Leben der Armen in dieser Epoche (Munkemøllestræde 3–5, Infos s. Tipp unten, Di–So 11–15, Juli–Aug. tgl. 10–16 Uhr, 30 DKK/ab 18 Jahre).

Im Norden des Zentrums

Am Nordrand der Innenstadt zeigt **Fyns Kunstmuseum** 8 aus dem eigenen Fundus Werke der wichtigsten Strömungen der dänischen Kunst ab dem 18. Jh. Schwerpunkte sind die Fünen-Maler aus der ersten Hälfte des 20. Jh. sowie ›konkrete und konstruktive Kunst‹ der Gegenwart (Jernbanegade 13, Tel. 65 51 46 01, www.museum.odense.dk, Di–So 10–16 Uhr, 60 DKK/ab 18 Jahre).

Das barocke **Odense Slot** wenige Schritte entfernt ist ein nüchterner Bau, den die Kommunalverwaltung nutzt. Da zeigen die königlichen Salonwagen im **DSB Jernbanemuseum** 9 schon mehr Pracht und Pomp. Das Eisenbahnmuseum in einem alten Lokschuppen präsentiert zudem Originale und Modelle von Lokomotiven und Wagons und zeichnet die Entwicklung der dänischen Eisenbahn nach (Dannebrogsgade 24, 5000 O C, Tel. 66 13 66 30, www.jernbanemuseum.dk, tgl. 10–16 Uhr, Eintritt je nach Aktivitäten 60–120/30–60 DKK/5–13 Jahre, Familienrabatt).

Tipp: Odenses zehn Museen

Zehn Museen und Ausstellungen firmieren als Odense Bys Museer, darunter die Museen über H. C. Andersen und Carl Nielsen, Fyrtøjet, Kunstmuseum, Fyns Landsby und Møntergården. Infos zu allen: Tel. 65 51 46 01, www.museum.odense.dk. Gegen Vorlage eines voll bezahlten Eintrittstickets bekommt man bei *einem* weiteren Museum 30 % Rabatt, auch wenn man zuerst in das billigste und dann in das teuerste geht.

Fünen und Inseln

Der Märchenmann

Odenses bekanntester Sohn Hans Christian Andersen (1805–75) bevorzugte selbst die Kürzelform seines Namen: H. C. Andersen. Der Märchenmann ist ein Popstar seiner Epoche und bis heute gern genutzter Imageträger eines idyllischen, märchenhaften Dänemark.

Andersen beschrieb seinen Antritt auf Erden in »Das Märchen meines Lebens«: »Auf einer dieser grünen Inseln, Fünen, erhebt sich mein Geburtsort Odense, nach dem heidnischen Gotte Odin benannt, [...]. Im Jahre 1805 lebte hier in einem kleinen ärmlichen Zimmer ein junges Ehepaar, das sich unendlich liebte: Er, ein Schuhmacher, war kaum 22 Jahre alt, ein sehr begabter Mensch, eine echt poetische Natur; die Frau einige Jahre älter, unbekannt mit dem Leben, mit einem Herzen voll Liebe. Der junge Mann hatte selbst seine Werkstätte und sein Ehebett zusammengezimmert und zu diesem letzteren das Holzgestell verwendet, das kurz zuvor den Sarg eines verstorbenen Grafen Trampe, als dieser auf dem Paradebette lag, getragen hatte; die schwarzen Tuchreste an den Brettern erinnerten noch daran. Anstatt der gräflichen Leiche, umgeben von Flor und Kandelabern, lag hier am 2. April 1805 ein lebendes, weinendes Kind; das war ich, Hans Christian Andersen.«

Ob das denn alles so stimmt, darüber wird seit Langem spekuliert, weil im frühen 19. Jh. eine Karriere vom Unterschichtkind zum hofierten Literaten eigentlich nicht möglich war. Gern wird Andersen als ein unehelicher Spross des jungen Christian VIII. und der Gräfin Elise Ahlefeldt-Laurvig gehandelt, der nach der Geburt an ›gute Menschen‹ abgegeben wurde. Gut ist dabei relativ: Der Ziehvater erfolglos und früh verstorben, die Mutter dem Schnaps verfallen, eine Tante Puffmutter und die Halbschwester ebenfalls im horizontalen Gewerbe aktiv.

Den Spekulationen geben sogar seine Märchen Nahrung, z. B. das vom hässlichen Entlein, das auf dem Entenhof unglücklich aufwächst, aber eigentlich ein schöner Schwan ist und erst aufblüht, als er seinesgleichen trifft – hat das autobiografische Züge? Zusätzlich nähren Zitate aus Briefen und von Zeitzeugen den Tratsch, ebenso ansonsten unerklärbare Begegnungen mit Mitgliedern der königlichen Familie: So spielen der kleine Hans Christian und der spätere König Frederik VII. häufig zusammen, als dessen Vater – Andersens vermeintlicher Erzeuger Christian – als Kronprinz auf Schloss Odense residiert.

Offiziell aber gilt: Andersen wird am 2. April 1805 in Odense geboren, wächst in ärmlichen Verhältnissen auf, reist mit 14 Jahren nach Kopenhagen, versucht sich am Königlichen Theater ohne Erfolg als Schauspieler, Tänzer und sogar als Sänger. Er ist ehrgeizig, sucht nach Niederlagen immer neue Wege. Gönner fördern ihn durch alle Tiefen. Er verfasst Romane und Schauspiele, zeichnet und pflegt die Kunst des Scherenschnitts, den Durchbruch zum Ruhm verschaffen ihm seine Märchen. Über 160 schreibt Andersen, mehr für Erwachsene als für Kinder. Die bekanntesten werden »Die Kleine Meerjungfrau«, »Des Kaisers neue Kleider«, »Die Schneekönigin«, »Die Prinzessin auf der Erbse« oder »Der standhafte Zinnsoldat«. Und sie machen ihn weltberühmt: Kaum ein anderer Autor wurde je in so viele Sprachen übersetzt – 144, von Abchasisch bis Zulu, sind registriert.

H. C. Anderson

Thema

Aber selbst als Autor wird Andersen in der Heimat lange nicht für voll genommen, die Literaturkritik lästert mehr, als dass sie lobt. Erste Erfolge feiert er in Deutschland, dort wird er zeitweilig nicht einmal mehr als ausländischer Autor wahrgenommen. Fast 30 Mal besucht er das Nachbarland im Süden, auch noch nach dem Krieg um Schleswig 1864. Überhaupt reist Andersen viel, Reiseberichte sind ein weiterer Schwerpunkt seines Werks. Versatzstücke daraus werden gern benutzt, um Orte oder Schlösser nach dem Motto aufzuwerten: »H. C. Andersen wohnte hier im Jahr 18 …«. Anlass dafür gab er reichlich, in Dänemark gibt es kaum einen Herrensitz, der nicht auf Andersen als Gast verweisen kann. Glorup und Lykkesholm in Ostfünen und Borreby, Holsteinborg und Basnæs in Südwestseeland waren seine Favoriten.

Sonst drängte es Andersen in die Nähe des Königlichen Theaters in Kopenhagen, gern wohnte er dort am Nyhavn. In der Hauptstadt liegt er auch seit 1875 auf dem Assistens Kirkegaard begraben (S. 389). Die wichtigsten und greifbarsten Erinnerungen an den berühmtesten Dänen aller Zeiten besitzt aber Odense mit dem **H. C. Andersen Hus** 2, dem vermeintlichen Geburtshaus, und dem **H. C. Andersen Barndomshjem** 7, in dem er seine Jugend verbracht. Ein **Stadtrundgang** 1 auf seinen Spuren ist mit Plaketten markiert, und am Ostrand der Stadt ist der H. C. Andersen Skoven in Form seines bekanntesten Scherenschnittes »Sonne als Gesicht« mit Eichen gepflanzt, am besten aus der Weltraumperspektive mit Google Earth zu erkennen (55°24'52" N/10°27'43" O; Svandsagervej, 5240 Odense NØ).

Seine Märchenwelt lebt: H. C. Andersen Parade in Lotzes Have

Fünen und Inseln

Brandts Klædefabrik

Im Westen des Fußgängerviertels lohnt das bis spät in die Nacht lebendige Kunst- und Kulturzentrum **Brandts Klædefabrik** immer einen Besuch: In den Gebäuden einer ehemaligen Textilfabrik haben Boutiquen 3 mit Kunsthandwerk und Mode, eine bestens sortierte Kunstbuchhandlung, Cafés, Restaurants, Kneipen, ein Arthouse-Kino, ein Theatersaal und mehrere Museen eine Heimat gefunden, zudem gibt's im Außengelände eine oft genutzte Freilichtbühne.

Im Hauptgebäude drei **Museen** 10: **Kunsthallen Brandts** in der 1. und 2. Etage erregt regelmäßig durch große Wechselausstellungen moderner Kunst Aufsehen und zieht die meisten Besucher an. **Museet for Fotokunst** zeigt in der 2. Etage die künstlerischen Seiten der Fotografie, auch hier gibt es immer wieder Ausstellungen auf internationalem Niveau. **Danmarks Mediemuseum** befasst sich in der 3. Etage mit Druckkunst sowie der dänischen Presse von Print bis Funk und Fernsehen (Brandts Torv 1, 5000 O C, Tel. 65 20 70 10, www.brandts.dk, Di–So 10–17, Do 10–21 Uhr, 70 DKK/ab 18 Jahre; alle Museen 80 DKK, einzelne 40/50 DKK/ab 18 Jahre, Do ab 17 Uhr gratis).

Tidens Samling 11, untergebracht im 3. Stock von Kulturmaskinen, einem Studenten- und Kulturhaus in direkter Nachbarschaft zur Brandts Passage, versteht sich als Bewahrerin der Kleider- und Wohnmoden des 20. Jh. – Jugendstilzimmer treffen Petticoat und Hippiejeans (Farvergården 7, Tel. 65 91 19 42, www.tidenssamling.dk, Mo–Sa 10–16, 1. So im Monat 11–15 Uhr, 50 DKK, 30 DKK/6–14 Jahre).

Entlang der Odense Å

Neben dem städtischen Kultur- und Ausstellungszentrum **Filosoffen** 12 (Filosofgangen 30) starten im Sommer Ausflugsboote der **Odense Aafart** 2 die Odense Å hinauf (S. 297). Ein Halt ist am **Odense Zoo** 13, der mit Erlebniswelten wie der ›Reise durch Südamerika‹ modernen Erlebnis-Zoo-Konzepten folgt (Søndre Boulevard 306, Tel. 66 11 13 60, www.odensezoo.dk, tgl. mind. 10–16, je nach Saison und Tag auch bis 17, 18 oder 19 Uhr, je nach Saison 150/175 DKK, 85/95 DKK/3–11 Jahre; Familienrabatt).

Die Boote wenden am Anleger Fruens Bøge nicht weit von **Den Fynske Landsby** 14. Mehr als zwei Dutzend Häuser aus allen Teilen Fünens und von den Inseln bilden in diesem Freilichtmuseum ›Das Fünische Dorf‹, das sich bemüht, die Zeit um die Mitte des 19. Jh. lebendig zu halten. Da wird gesät und geerntet, da gibt es einen Bauernhof mit echtem Vieh, im Pastorenhof werden im Herbst die Äpfel gelagert, die auf dem Gelände wachsen, und auf dem Spielplatz der alten Schule von Eskær können jüngere Besucher Spielzeug aus dem 19. Jh. testen – eine Nintendo-freie Zone.

Im gut 200 Jahre alten **Sortebro Kro**, der früher an der Straße zwischen Svendborg und Nyborg stand, werden Gäste immer noch bewirtet, auch wenn die neue skandinavische Küche inzwischen Einzug gehalten hat, die ganz auf heimische Produkte setzt. Etliche Zutaten kommen aus dem Museum nebenan (Sejerskovvej 20, 5260 Odense S, Infos s. Tipp S. 291, April–Woche 42 Di–So 10–17, Juli, 1. Augusthälfte tgl. 10–18 Uhr, 60 DKK, Hochsaison 85 DKK/ab 18 Jahre; Sortebro Kro, Tel. 66 13 28 26, www.sortebro.dk, ganzjährig Mo–Sa Frokost und abends, So Brunch; ohne Eintritt zugänglich). Auf der Freilichtbühne des Museumsdorfs wird jedes Jahr Ende Juli–Mitte Aug. im Rahmen der H. C. Andersen-Festspiele ein Andersen-Märchen inszeniert – bunt, aber dänisch (Programm: www.hcandersenfestspil.dk).

Infos
VisitOdense: Vestergade 2 (im Rathaus), 5000 Odense C, Tel. 63 75 75 20, www.visitodense.com.

Übernachten
Konservatives Hotel mit Stil ▶ **Clarion Collection Hotel Plaza** 1: Østre Stationsvej 24, Tel. 66 11 77 45, www.millinghotels.dk. Traditionshotel mit gutem Restaurant nahe Bahnhof, Schloss und Kunsthalle. Freunde alter Technik sollten schon wegen des Auf-

Odense

zugs hier Quartier nehmen. Nachfrage-orientierte Preise DZ ab ca. 820 DKK; günstige Wochenend- und Ferienpakete mit Übernachtung und 3-Gänge-Menü am Abend.

Zwei kleine Stadthotels ▶ Hotel Domir 2: Hans Tausengade 19, Tel. 66 12 14 27, www.domir.dk, und **Ydes Hotel 3**: Hans Tausensgade 11, Tel. 66 12 11 31, www.ydes.dk. Zwei eng zusammenarbeitende, überschaubare Innenstadthotels mit DZ ab ca. 650 DKK, beide auch mit günstigen 3-Bett-Zimmern und vielen kostenlosen Extras wie WiFi und Filmkanal; Frühstück im Ydes 75 DKK extra.

Großes Discounthotel ▶ Hotel Cabinn Odense 4: Østre Stationsvej 7, Tel. 63 14 57 00, www.cabinn.com (S. 83). Kabinen wie Schiffskajüten, die besten in der Captains Class, dabei liegt das Hotel nicht am Hafen, sondern am Bahnhof. DZ 625–805 DKK (Frühstück zusätzlich 70 DKK/Pers.), Sonderangebote in allen Ferienzeiten, an Wochenenden und für Familien.

5-Sterne-Herberge ganz zentral ▶ Danhostel Odense City 5: Østre Stationsvej 31, Tel. 63 11 04 25, www.cityhostel.dk. Gleich neben dem Bahnhof. DZ/4-Bett-Zimmer auf Hotelniveau ab ca. 515/620 DKK, exzellentes Frühstücksbuffet 69 DKK.

3-Sterne-Herberge am Stadtrand ▶ Danhostel Odense Kragsbjerggaard 6: Kragsbjergvej 121, 5230 Odense M, Tel. 66 13 04 25, www.odense-danhostel.dk. Alter Fachwerkgutshof mit gut 30 Doppel- und Familienzimmern (alle ohne Bad/WC; ab ca. 445/495 DKK, Frühstück 65 DKK); ca. 2,5 km vom Zentrum.

Ganzjahrescamping im Süden der Stadt ▶ DCU-Camping Odense 7: Odensevej 102, 5260 Odense S, Tel. 66 11 47 02, www.camping-odense.dk. Hütten mit oder ohne Bad/WC.

Essen & Trinken

Romantik im Fachwerkhäuschen ▶ Under Lindetræet 1: Ramsherred 2, Tel. 66 12 92 86, www.underlindetraet.dk, nur Di–Sa. Im ehemaligen Armenviertel gleich gegenüber Andersens Geburtshaus, aber nichts für arme Leute: gehobene französisch bzw. italienisch inspirierte Küche mit Frokostgerichten um 100 DKK und wechselnden Menüs am Abend ab 550 DKK.

Brauerei im Rathaus ▶ Bryggeriet Flakhaven 2: Flakhaven 2, Tel. 66 12 02 99, www.bryggeriet.dk. Im Lokal dominieren Braukessel. Zum Bier gibt's eine deftige Küche mit Nürnberger Würstchen ebenso wie ein komplettes Roastbeef, von dem problemlos 4–5 Männer satt werden; HG ab ca. 170 DKK.

Ordentliche Portionen ▶ Eydes Gastro Pub 3: Kongensgade 31A, Tel. 66 19 19 50, www.eydes.dk. Hier wird gern gegrillt und frittiert, ohne Gourmetambitionen und mit einem guten Bier dazu; HG ca. 120–250 DKK, 3-Gänge-Menü ca. 255 DKK, für weitere 39 DKK kann man sich am großen Salatbuffet dazu bedienen.

Familienrestaurant als Ausflugslokal ▶ Jensen's Bøfhus 4: Læssøegade 215, 5230 O M, Tel. 66 11 20 22; von den drei Filialen der Kette (S. 60) in Odense ist diese nahe Fyns Landsby am schönsten gelegen – man kann sogar mit den Booten der Odense Aafart hingelangen (Anleger Fruens Bøge).

Vielfalt im kulturellen Hotspot ▶ In **Brandt's Passage** darf man aus einer breiten Palette vom Kinocafé mit kleinen Leckereien über Multikulti-Restaurants bis zur anspruchsvollen Gourmetküche auswählen. Ganz dänisch mit einem langen Smørrebrødseddel kommt **Kong Volmer 5** daher (Brandts Passage 13, Tel. 66 14 11 28, Mo–Fr 9.30–16, Sa 10–16 Uhr). Das Café **Cuckoo's Nest 6** gleich am Eingang in die Passage von der Vestergade aus (Vestergade 73, Tel. 65 91 57 87) lockt ein buntes Publikum aller Altersstufen mit einer internationalen Karte: Da findet man Sandwiches, Nachos und Salate zum Mittag (ca. 70–135 DKK) und am Abend HG für rund 170 DKK. Sa, So Brunch-Buffet für 128 DKK.

Einkaufen

Einkaufsstraße mit breitem Angebot ▶ Die **Fußgängerzone 1** (S. 288).

Museum oder Laden? ▶ Kramboden 2: Nedergade 24, www.kramboden.net, Mo–Fr 10–17.30, Sa 9–13 Uhr (S. 290).

Fünen und Inseln

Design und Accessoires ▶ Brandt's Passage Shops 3 (S. 291) u. a. mit **Vivaldi Odense,** wo Mädchen und Frauen gern stöbern, und **Dina Vejling Dansk Kunsthåndværk,** wo man schöne Dinge fürs Zuhause findet.

Multikulti-Markthalle im Hafenviertel ▶ **Bazar Fyn** 4: Thriges Plads 3–7, www.bazarfyn.dk, Di–So 10–18 Uhr, Gastronomie 10–21 Uhr. Bunte Markthalle mit ca. 60 Shops und Essbuden im Hafenviertel mit heimischem Obst und Gemüse, Schnäppchen-Klamotten und exotischen Spezialitäten.

Großer Wochenmarkt ▶ **Torvedag** 5: Sortebrødre Torv 1. Mi und Sa 7–13 Uhr. Mit Ständen der Bauern der Umgebung und Spezialitäten.

Abends & Nachts

Die besten Livebühnen ▶ **Dexter** 1 (Vindegade 65, www.dexter.dk, Mo gratis Jam-Session), der traditionsreiche Jazzclub, der sein Musikspektrum auf Blues, Singer-Songwriter und Folk ausgedehnt hat, und **Posten** 2 (Østre Stationsvej 35, www.postenlive.dk), die fetzige Live-Location in der alten Post am Bahnhof, arbeiten als ›Spillesteder‹ mit mehreren Konzertterminen pro Woche eng zusammen – leider beide mit Pause im Hochsommer.

Etwas für jeden ▶ Der Komplex aus **Brandt's Passage** 3 mit einem Programmkino und der offenen Bühne **Amfiscenen** sowie **Kulturmaskinen** mit Theater- und Konzertbühne im **Magasinet** und der Open-Air-Bühne **Farvergården** spielen auch bei Odenses Nachtleben eine wichtige Rolle mit häufigen Konzerten. In diesem kulturell orientierten Umfeld fällt die bei jungen Partyinteressierten populäre **Australian Bar** 4 auf, in der man Bier gern kisten- und harte Drinks flaschenweise kauft und DJs für Stimmung sorgen (Brandt's Passage 10, Do–Sa bis in die frühen Morgenstunden).

Der Kramboden, ein Laden aus einer anderen Zeit in Odenses Nedergade

Fünens Nordwesten

Aktiv
Stadtwanderung mit literarischer Note ▶
Rundgang auf H. C. Andersens Fußspuren
1: Broschüre im i-Büro.
Bootstouren ▶ Odense Aafart 2: Filosofgangen 26, Tel. 66 10 70 80, www.aafart.dk. Schippern auf der Odense Å, Mai–Aug. tgl. 10–17/18, 1. Hälfte Sept. Sa, So 11–16 Uhr jede Std., je nach Saison einfach 55–60 DKK, h/r 75–80 DKK/Erw., 40–45/55–60 DKK/bis 12 Jahre. **Fjordbåden Svanen 3**: Østerkajen (Indre Havn), Mobil-Tel. 21 43 59 50, www.nord-line.dk. Ende Juni–Anfang Sept. Mi–So auf verschiedenen Routen über den Odense Fjord, u. a. Stopps an beiden Ufern von Gabet (S. 298). Alle Abschnitte lassen sich auch als einfache Fahrt machen, Fahrradtransport möglich!

Termine
Havnekulturfestival: Maritimes Kulturfest am **Indre Havn 1** am letzten Maiwochenende (www.odense.dk/havnekulturfestival).
Carl Nielsen International Music Competition & Festival: Wettbewerbsfestival jährlich wechselnd für Violine, Klarinette, Orgel und Flöte. Anfang Juni im **Konzerthaus 4**, Details unter http://nielsen.odensesymfoni.dk.
Sommer i Odense: Juni–Aug. Lose Reihe von Rock-, Pop- und Jazzkonzerten im Kongens Have und auf der Bühne vor **Brandt's Klædefabrik 10**, viele kostenlos: www.oplev.odense.dk. Dazu gehört Odense Sommerjazz mit Jazz-Bootstouren auf der Odense Å.

Verkehr
Bus: Stadtbusse von **FynBus** (S. 287). ZOB Odense Rutebilstation am Bahnhof (Dannebrogsgade). Kostenloser Citybus (Linie 10) alle 10 Min. rund ums Stadtzentrum Mo–Fr 11–16.30, Sa 11–15.30 Uhr.

Fünens Nordwesten

Fünens Nordwesten hat die besten Strände und die meisten Sommerhäuser der Insel. Odense Fjord und Odense Kanal trennen den Nordwesten vom Nordosten, nur Radfahrer können den Kanal zwischen Stige und Bågø mit einer Minifähre überqueren, um Odense zu umfahren (Stige Færge, Mo–Fr 5.25–18.15, Ende April–Mitte Sept. auch Sa, So 10.15–17.15 Uhr).

Strib und Bogense   ▶ F/G 11
Strib Fyr, der kantige Leuchtturm auf der Landzunge Strib Odde, der die nördliche Einfahrt in den Kleinen Belt markiert, die eindrucksvollen Ausblicke von den Klippen **Røjle Klint** auf den Sund und das gegenüberliegende Fredericia (S. 253) sowie die guten Strände an der Båring Vig locken in den äußersten Nordwesten von Fünen.

3 km südlich Bogense darf man im Renaissanceschloss **Harridslevgaard** private Gemächer ebenso wie Kellergewölbe mit einem obligatorischen Verlies und die voll ausgestattete Schlossküche sowie den beachtlichen Rittersaal besichtigen (Assensvej 3, Tel. 64 81 15 00, www.harridslevgaard.dk. Mitte Juni–Aug. und Woche 42, Mo–Fr 11–17, So 13–17 Uhr, sonst ausgewählte Feiertage 13–17 Uhr, 60 DKK, 30 DKK/3–12 Jahre).

Das 3500-Einwohner-Städtchen **Bogense** bekam Stadtrechte schon ein halbes Jahrhundert vor Odense. Noch nutzen ein paar Fischer den Hafen, aber Jachten dominieren zunehmend das Bild; die Marina ist die größte an Fünens Küsten und bekam sogar einen künstlich angelegten Sandstrand. Im Zentrum sind zahlreiche Fachwerkhäuser vergangener Jahrhunderte bewahrt.

Ein beliebtes Fotomotiv steht seit 1934 in einer kleinen Grünanlage an der Adelgade, ein Manneken Pis, eine Kopie des bekannten Brüsseler Originals. Die Story dahinter könnte gut aus Hollywood stammen: Auf einer Fähre, die um die Wende zum 20. Jh. Bogense mit Jütland verband, wurde ein Findelkind entdeckt. Der Junge, von einem Metzgerpaar aus Bogense großgezogen, wurde später ein Großkaufmann und Konsul und stiftete das Manneken Pis für die Stadt, in der er aufgewachsen war.

Weite Teile der Küste im Norden wären ohne Eindeichungsmaßnahmen wohl so in Sandbänke und Inselchen zergliedert, wie es

Fünen und Inseln

um **Æbelø** noch erkennbar ist. Die geologisch wie ornithologisch interessante ›Apfelinsel‹, die ihren Namen wilden Äpfelbäumen verdankt, ist ein beliebtes Ausflugsziel. Bei jeder Wanderung sollte man aber Zeit und Gezeiten im Auge behalten: Die ersten 1,5 der 7 km Fußweg bis zu dem grauen Leuchtturm an der Nordwestspitze führen durch das flache Meer – und sind am sichersten bei Niedrigwasser zu begehen.

Flyvesandet bis Enebærodde
▶ H 11

Auf der Landspitze **Flyvesandet** liegt Fünens bester Strand vor Dünen und einem Strandwald – die Landschaft erinnert etwas an Dänemarks wilde Westküste. Überhaupt sind die gut 20 Küstenkilometer zwischen Flyvesandet und Enebærodde im Osten ein populärer Strandstreifen, dahinter viele, traditionelle Ferienhäuser, meist individuell gestaltet und nur privat genutzt. Naturliebhaber sollten auf **Enebærodde** hinausgehen, auf die von kargem Heideland überzogene ›Wacholder-Landzunge‹, die sich von Westen vor den Odense Fjord legt. Dessen nur 400 m breite, aber fast 20 m tiefe Mündung **Gabet** markiert ein 14 m hoher, schneeweißer Leuchtturm. Die Kraft des Wassers, das im Rhythmus von Ebbe und Flut durch Gabet strömt, verhindert, dass die Nehrung die Fjordmündung verschließt.

Glavendruplunden ▶ H 12

Den Mittelpunkt des Gedenkhains **Glavendruplunden** nordöstlich von Søndersø bildet eine Steinsetzung in Schiffsform, die **Glavendrup skibssætning,** mit einem Runenstein aus der Wikingerzeit als Highlight. Er besitzt mit 210 Zeichen die längste im Lande bekannte Inschrift, gemeißelt zu Beginn des 10. Jh. »Ragnhild stellte diesen Stein für Alle auf, den Priester und Häupling von Sølvernes, den ehrwürdigen Anführer der Uiaskaren. Alles Söhne fertigten diesen Gedenkstein für ihren Vater, seine Frau für ihren Mann, während Sote diese Runen für seinen Herren meißelte. Thor weihte diese Runen. Zur Ratte wird, wer diesen Stein zerstört oder ihn einem anderen widmet.« Daneben fallen kleinere Vertiefungen auf, wahrscheinlich Fruchtbarkeitssymbole aus der Bronzezeit – also deutlich älter als die Runen.

Der Runenstein wurde 1794 entdeckt, 1808 sollte er an einen Steinmetz verkauft werden. Ein beherzter Hobbyarchäologe rettete ihn. Andere Steine der Schiffssetzung gingen aber auf diese Weise verloren. Die Anlage wurde im Zuge der Nationalromantik dann mit Zugeständnissen an den Zeitgeist restauriert, wobei der Runenstein von der Spitze der Schiffssetzung ins Zentrum rutschte.

Infos
Nordfyns Turistbureau: Østre Havnevej 4, 5400 Bogense, Tel. 64 81 20 44, www.nordfynsturist.dk.

Übernachten
5-Sterne-Camping ▶ **Bogense Strand Camping:** Vester Engvej 11, 5400 Bogense, Tel. 64 81 35 08, www.bogensecamp.dk. Mit Frei- und Hallenbad. Einige Stellplätze haben Kabel-TV-Anschluss. Hütten von Standard (ohne Bad/WC) bis Luxus.
Camping naturnah ▶ **Fyvesandet Camping:** Flyvesandetvej, 5450 Agernæs, Tel. 64 87 13 20, www.camping-flyvesandet.dk. 2-Sterne-Naturplatz mit vielen Angeboten für Kinder. Keine Hütten, aber fest aufgebaute Campingwagen mit Vorzelt.

Essen & Trinken
Hier geht's um den Fisch ▶ **Fiskehuset Bogense:** Vestre Havnevej 19, 5400 Bogense, Tel. 64 81 10 72, www.fiskehusetbogense.dk. Populäres Lokal eines Fischhandels (nebenan) direkt am Hafen – die Kutter liegen vor der Tür. Wochenenden und dän. Sommerferien tgl. ein günstiges Fischbuffet.

Aktiv
Bootsexkursionen ▶ **Fjordbåden Svanen:** (S. 297), Rundfahrten auf dem Odense Fjord, u. a. Stopps an beiden Ufern von Gabet. **»M/S Castor«:** Oldtimerkutter mit breitem Programm; Juni und Aug. ab Bogense mit wechselndem Fahrplan u. a. nach Samsø (S. 274),

Fünens Nordosten

Tunø (S. 276) jeweils mit längerem Landgang, außerdem Seehundexkursionen, Touren zur Insel Æbelø und Piratenfahrten für Kinder. Tickets (ca. 150–350 DKK, 130–225 DKK/Kinder) beim i-Büro Bogense. Nach Samsø auch One-way-Tickets und Fahrradtransport!

Fünens Nordosten

Die spektakuläre Küstenlandschaft auf der Halbinsel Hindsholm, die Wale und das begrabene Wikingerschiff von Kerteminde machen den Nordosten von Fünen zum spannenden Urlaubsziel. Hier schlägt aber auch das industrielle Herz der Insel. Oder besser: es schlug: Die **Lindoværft** in Munkebo (▶ **H/J 12**), ein Jahrhundert lang dank der gigantischen Kräne ein weithin sichtbares Juwel der dänischen Industrie, lieferte Anfang 2012 das letzte Schiff aus. Die Werft gehörte zum A. P. Møller – Mærsk Konzern, dessen weltweit operierende Reederei Mærsk der beste Kunde war: Zwischen 2006 und 2008 lieferte ›Lindø‹, wie die Werft bei der Bevölkerung hieß, noch einige der größten Containerschiffe der Welt, die Mærsk-E-Klasse, fast 400 m lange Giganten für knapp 15 000 Container, gebaut für ungebremstes globales Wirtschaftswachstum, das mit der Krise 2008/09 aber zum Erliegen kam. Mit der Schließung verlor die Region rund 2500 Arbeitsplätze auf der Werft, einige tausend mehr bei Zulieferern. Ein Industriepark auf dem alten Werftgelände hat schon reichlich Ersatz geschaffen, führende Hersteller von Windkraftanlagen und Logistikunternehmen haben sich angesiedelt.

Kerteminde ▶ J 12

Das Städtchen am Durchfluss zwischen dem eher einem See als einem Meeresarm ähnelnden Kertinge Nor und dem Storebælt war bis ins 17. Jh. Handelshafen für Odense. Im Zentrum sind stattliche Bauten aus alter Zeit bewahrt, darunter **Farvergården**, der Färberhof von 1630, mit dem kulturhistorischen **Stadtmuseum** (Langegade 8, Tel. 65 32 37 27, www.ostfynsmuseer.dk, März–Okt. Di–So 10–16 Uhr, weitere Öffnungstage in der Vorweihnachtszeit, gratis). Kertemindes Fischerei- und Industriehafen nutzen noch ein paar Fischer, weitaus mehr Boote liegen in der Marina, die sich über viele hundert Meter am Ufer vor dem Ort entlang zieht und im Sommer für viel Leben sorgt.

Meeresgetier aus Dänemarks Fjorden und Sunden sieht man in den Aquarien des Meeresforschungszentrums **Fjord & Bælt**. Ein Tunnel erlaubt durch dicke Glasscheiben Einblicke ins Unterwasserleben, er führt in ein abgetrenntes Areal des Hafens. Dort leben neben Robben auch delfingroße Schweinswale (S. 18). Am 8. September 2007 erlebte das Center eine Weltsensation, als die Schweinswaldame Freja ein Baby zur Welt brachte: Es war weltweit die erste Geburt eines Wals dieser Art in Gefangenschaft und eines der ersten Male überhaupt, dass Wissenschaftler dies aus solcher Nähe beobachten und dokumentieren konnten. Nirgendwo sonst werden diese in unseren Breiten häufigsten Wale so erforscht, nirgendwo sonst wird mit ihnen gearbeitet. Bei vielen Meeresbiologen galten sie lange als nicht intelligent genug für Trainingsaufgaben.

Fjord & Bælt bewies das Gegenteil und hat einen beträchtlichen Anteil am Umdenken in Dänemark zugunsten eines aktiven Schutzes dieser Tiere. Neben der hier geborenen Frigg-Amanda leben im Zentrum nur ›Fast‹-Opfer der Fischerei, die zwar noch aus Netzen befreit werden konnten, aber pflegebedürftig waren. Eine andere Wal-Dimension vermittelt das Skelett eines Pottwals, das in der Cafeteria unter der Decke hängt (Margrethes Plads, Tel. 65 32 42 00, www.fjord-baelt.dk, Febr.–Nov. tgl. 10–17/18 Uhr, je nach Saison 110–140 DKK, 50–60 DKK/0–17 Jahre).

Am Møllebakke, dem Mühlenhügel am Nordrand der Stadt, zeigt das **Johannes Larsen Museet** vorrangig Bilder des namengebenden Landschaftsmalers und seiner Kollegen aus dem Kreis der Fünen-Maler. Sie waren in der ersten Hälfte des 20. Jh. als freie Schule bekannt geworden, Johannes Larsen (1867–1961) gilt als ihr bedeutendster Vertreter. In Kerteminde geboren, schuf er sich am

Fünen und Inseln

Die Reste des Wikingergrabschiffs Ladbyskibet sind heute von einer Glasvitrine geschützt an seinem Fundort, nur 100 m von der Küste enfernt, zu sehen

Møllebakken einen Wohn- und Arbeitsplatz, der nach seinem Tod Museum wurde (Møllebakken, Tel. 65 32 11 77, www.johanneslarsen museet.dk, Juni-Aug. tgl. 10–17, März-Mai und Sept., Okt. Di–So 10–16, sonst Di–So 11–16 Uhr, 80 DKK/ab 18 Jahre).

Hindsholm mit Fyns Hoved
▶ J 11

Die Halbinsel Hindsholm ganz im Nordosten ist in erster Linie ein Naturparadies. Die äußerste Spitze **Fyns Hoved** bildet zusammen mit benachbarten Buchten und Landzungen eine der vielseitigsten Küstenbiotope Dänemarks. Klippen und Sumpfgebiete, kleine Hügel und flache Sandbänke wechseln sich ab, das Klima ist signifikant trockener als im Landesdurchschnitt und so leben hier seltene Insekten, Schlangen und Kröten. Hindsholm hat aber auch kulturhistorische Tupfer, darunter **Mårhøj**, Dänemarks größtes Ein-Kammer-Grab aus der Jungsteinzeit. 10 m lang ist die mannshohe Grabkammer, in der sich nach der Entdeckung des Zugangs 1868 die sterblichen Überreste mehrerer Menschen fanden.

Nachts müsste Mårhøj leicht zu entdecken sein, dann steht der Grabhügel auf glühenden Pfählen – so schildert es zumindest eine Sage. Für eine Erkundung des Inneren sollten Sie trotzdem Licht mitbringen.

Ladbyskibet ▶ J 12

Südwestlich Kerteminde über dem Ufer des Kertinge Nor verbirgt ein anderer Typ von Grabhügel Dänemarks einziges Grabschiff der Wikingerzeit, Ladbyskibet. Größe und Beigaben lassen den Schluss zu, dass hier ein Häuptling auf seine letzte Reise ging. Das Schiff war ein 22 m langes, flaches Boot für 32 Ruderer zur militärischen Nutzung in Binnengewässern. Erhalten ist jedoch nicht das eigentliche Schiff, sondern nur ein Erdabdruck, alles Holz ist verwittert.

Die Ausgrabung und anschließende Konservierung hat ein für Laien ungewöhnliches, aber eindrucksvolles Bild bewahrt, wie es Archäologen häufiger zu sehen bekommen: Die Formen sind erkennbar, Metallstücke wie Nägel und der Anker nebst Kette sind an ihrem ursprünglichen Platz erhalten, ebenso

Skelettreste von elf Pferden und vier Hunden, die dem Toten mitgegeben wurden. Präsentiert wird das ganze an der Originalfundstelle unter der Rekonstruktion des Grabhügels. Der Zugang erfolgt durch ein Museum, das sich ausführlich mit der Wikingerzeit, ihrer Kultur sowie den Eroberungs- und Entdeckungsfahrten der Epoche befasst (Vikingevej 123, 5300 Ladby, Tel. 65 32 16 67, www.vikingemuseetladby.dk, Juni–Aug. tgl. 10–17, sonst Di–So 10–16, 60 DKK/ab 18 Jahre).

Infos
Kerteminde Turistbureau: Hans Schacksvej 5, 5300 Kerteminde, Tel. 65 32 11 21, www.visitkerteminde.dk.

Übernachten
Hier gibt's sogar Himmelbetten ▶ **Tornøes Hotel:** Strandgade 2, Tel. 65 32 16 05, www.tornoeshotel.dk (Small Danish Hotels, S. 86). Uriges Traditionshotel nahe Hafen, DZ ab 975 DKK, Angebote für Miniferien und Wochenendaufenthalte.

5-Sterne-Herberge mit romantischem Touch ▶ **Danhostel Kerteminde:** Skovvej 46, Tel. 65 32 39 29, www.dkhostel.dk. In grüner Umgebung am Südrand von Kerteminde gelegen mit 30 Doppel- und Familienzimmern, alle mit Bad/WC, DZ ca. 535–595 DKK, 4-Bett-Zimmer ca. 575–640 DKK, Frühstück 65 DKK.

Camping nahe Stadt und Strand ▶ **Kerteminde Camping:** Hindsholmvej 80, Tel. 65 32 19 71, www.kertemindecamping.dk. Nur Schritte vom Nordstrand und der Marina von Kerteminde. Rustikale Hütten sowie praktische Apartments mit Hotelstandard.

Essen & Trinken
Eine gastronomische Institution ▶ **Rudolf Mathis:** Dosseringen 13, Tel. 65 32 32 33, www.rudolfmathis.dk. Feinste Küche, maritimes Ambiente, Traumlage am Hafen mit Blick auf die Stadt – da wird niemand Schnäppchenpreise erwarten. Fisch ist Schwerpunkt und die Spezialität eine gebratene Scholle nach Art des Chefs: HG um 400 DKK, Menüs ca. 575–800 DKK.

Treff der Skipper ▶ **Marinaen Cafeteria og Restaurant:** Marinavejen 12, Tel. 65 32 38 63. Großes, in der Saison gut besuchtes Lokal direkt an der Marina mit preiswerter Cafeteria sowie mehr Ambiente und Service im Restaurant. HG ca. 160–250 DKK.

Aktiv
Strände ▶ Schöner Sandstrand nördlich der **Marina** und südlich der Hafenmündung in **Kerteminde**. Viele Kilometer lang, aber schmal und steinig ist der Strand an der Ostküste von **Hindsholm**.

Fünens Südwesten von Middelfart bis Faaborg

Middelfart ▶ F 12
Der traditionsreiche Brückenkopf zwischen Jütland und Fünen entstand um die ›mittlere Überfahrt‹ über den Kleinen Belt. 1935 wurde die erste ›Lillebæltsbro‹ im Westen der Stadt fertig, eine Stahlbrücke mit Eisenbahnlinie und Straße, 1970 kam eine Hängebrücke mit der Autobahn hinzu, deren 120 m hohe Pylone von weitem zu sehen sind. Das Fährzeitalter war mit der ersten Brücke für Middelfart zu Ende und nur noch Thema für das **Middelfart Museum**. Das belegt mehrere Gebäude nahe dem alten Hafen, darunter einer der schönsten dänischen Fachwerkbauten, das 1570 entstandene **Henner Friisers Hus** (Brogade 8, Tel. 64 41 47 41, www.middelfart-museum.dk, Ende Juni–Aug. Sa–Do 11–16 Uhr; weitere Abteilungen Algade 4; 25 DKK). Ein weiteres Thema ist Walfang. Der wurde bis ins 19. Jh. intensiv im Kleinen Belt betrieben, Opfer waren in der Regel Schweinswale (S. 18). Dass auch größere Arten hier den Tod fanden, zeigen gewaltige Kieferknochen eines 1603 gefangenen Großwals in der **Sct. Nicolai Kirke**.

Und die kleinen Schweinswale gibt es immer noch. In der Saison macht die Galeasse »Aventura« Whalewatchingtouren ab dem alten Hafen von Middelfart (250 DKK, 125 DKK/bis 11 Jahre, Anmeldung notwendig über i-Büro: Tel. 88 32 59 59). Unabhän-

Fünen und Inseln

aktiv unterwegs

Radtour zum Toskana-Turm

Tour-Infos
Start/Karten: Assens i-Büro (S. 303)
Länge/Dauer: ca. 53 km, Tagestour
Schwierigkeit: Meist flach, kleinere Hügel. Teils offen zum Meer, also windanfällig.
Fahrradverleih: Fri BikeShop Assens, Vagtelvænget 1, 5610 Assens, Tel. 64 71 45 10
Übernachten: Assens Vandrerhjem, Adelgade 26, 5610 Assens, Kontakt via Marcussens Hotel, S. 303 (z. Zt. kein Danhostel).
Einkehren: Campingplatzkioske am Wege

Bei einer Radtour über die Halbinsel Helnæs kommen Naturerlebnisse, ein typisches Dorfmilieu und Zeugnisse einer Besiedlung seit der Steinzeit zusammen.

Die Tour beginnt am i-Büro Assens und verlässt die Kleinstadt über den Søndre Ringvej, biegt aber bald auf die wenig befahrene Nebenstraße Torø Huse Vej ab. Dort trifft sie bei Nyhuse erstmals ans Meer. Zum Baden sind aber Saltofte Strand und Å Strand besser geeignet. Nach dem Å Camping (Kiosk!) schlängelt sich die Route landeinwärts. Hier gab es im 13. Jh. eine Königsburg, von der nur ein Verlies erhalten geblieben ist. Nachfolgerin der Burg ist Gut Hagenskov, ein paar hundert Meter nördlich, ein neoklassizistischer Bau aus dem 18. Jh.

Dem Helnæsvej folgt die Route nach Süden. Nach insgesamt 17 km fährt man auf einer 1,5 km langen Dammstraße praktisch durchs Meer, dahinter klettert die Straße auf die Bobakker hinauf, die Aussicht lohnt den kleinen Anstieg. Im Ort Helnæs By kann man Fotostopps an der alten Mühle, der Kirche, oder an der ehemaligen Helnæs Andelsmejeri machen, heute ein Handel mit mehr oder minder alten ›Antiquitäten‹. Im äußersten Südwesten der Halbinsel ragt seit 1900 der viereckige Leuchtturm **Lindehoved Fyr** auf, eine kleine Kopie des Torre del Mangia von Siena, dem Turm der Türme der Toskana. In nördlicher Richtung steht mitten im Feld ein Dolmengrab wie aus dem Bilderbuch: Der wuchtige Deckstein scheint geradezu über den Tragesteinen zu schweben.

Man sollte anschließend den Weg auf die andere Seite der Insel zum Helnæs Oststrand nicht scheuen. Dort haben Gelegenheitsfischer ihre Boote am Ufer liegen und man kann gut die Helnæs Bugt und ihre Insel Illumø überblicken. Ab hier geht die Fahrt zurück. An der Einmündung der Slotsallee auf den Helnæsvej muss man sich entscheiden, ob man den selben Weg wie bei der Hinfahrt über Sønderby und Saltofte nimmt oder den kürzeren an Gut Hagenskov vorbei und dann an der Hauptstraße entlang.

Fünens Südwesten von Middelfart bis Faaborg

gig von den Walen ist eine Bootstour mit dem fast 100 Jahre alten Zweimastsegler über den Kleinen Belt immer ein Erlebnis für sich.

Einen herausragenden Blick auf den Kleinen Belt und seine Brücken ist Bonus bei einem Besuch in der Villa Grimmerhus, die inmitten eines Parks oberhalb des Meeresarms am Westrand der Stadt liegt. Allein das Gebäude, das Mitte des 19. Jh. Formen der Renaissance aufgriff, lohnt den Weg. Innen zeigt **Danmarks Keramikmuseum** Arbeiten moderner dänischer und internationaler Keramikkünstler und präsentiert in Sonderausstellungen einzelne Meister. Daran, dass sich deren gestalterisches Wirken in Skandinavien mehr und mehr vom Image der Gebrauchskeramik löst, hat dieses Museum einen gewichtigen Anteil (Kongebrovej 42, Tel. 64 41 47 98, www.grimmerhus.dk, wegen Umbau voraussichtlich bis Herbst 2014 geschl.).

Infos
Middelfart Turistbureau: Havnegade 8A, 5500 Middelfart, Tel. 88 32 59 59, www.visit middelfart.dk. Das i-Büro befindet sich im Kulturzentrum KulturØen an der Marina, dort gibt's in der Bibliothek kostenlosen Internetzugang und einen Hot Spot.

Übernachten, Essen & Trinken
5-Sterne-Luxus am Kleinen Belt ▶ Comwell Kongebrogaarden: Kongebrovj 63, Tel. 63 41 63 41, www.comwellkongebrogaarden.dk. Hotel von überschaubarer Größe am Wasser, eingerichtet mit Klassikern des Danish Design. DZ im Sommer ab ca. 1000 DKK. Viele Angebote für Wochenenden oder den Sommer, u. a. Gourmetwochenenden. Zwei Restaurants verwöhnen die Gäste, so das Gourmetrestaurant **Dannebroen** mit Blick auf den Belt. Es setzt auf heimische Zutaten der Saison (Frokostplatten um 200 DKK, abends HG um 250 DKK).

Zimmer oder Apartment? ▶ Hotel Borgmestergaarden/Middelfart Byferie: Havnegade 69, Tel. 70 23 02 04, www.borgmester gaarden.dk. DZ ab ca. 800 DKK (ohne Frühstück!), auch Apartments, zentral zwischen altem Hafen und moderner Marina.

Verkehr
Im Sommer reger ›**Wasserbus**‹-Verkehr mit dem Ausflugsboot »M/S Tenna II.« (S. 254), das auch in Middelfart stoppt. Infos und Buchungen über i-Büro oder www.lillebaeltwaters.dk.

Assens ▶ G 13
Assens an der südlichen Einfahrt zum Kleinen Belt würdigt mit einem großen Denkmal am Hafen seinen bekanntesten Sohn, den Marineleutnant Peter Willemoes. In seinem kurzen Leben – Willemoes fiel als 25-Jähriger in einer Seeschlacht vor Sjællands Odde (S. 367) – erkämpfte er sich einen legendären Ruf als Draufgänger und war dank seines blendenden Aussehens ein umjubelter Frauenschwarm. In einem der ältesten Häuser von Assens, dem Fachwerkhof **Willemoesgaarden** an der Østergade, wo er 1783 geboren wurde, ist das Stadtmuseum zu Hause und erinnert natürlich auch an ihn (Østergade 36–38, Tel. 64 71 31 90, www.museernevestfyn.dk, Mai–Sept. Di–So, sonst Mi, Sa 10–16 Uhr, 35 DKK/ab 18 Jahre).

Infos
VisitAssens: Tel. 63 75 94 20 ganzjährig, www.visitassens.dk. i-Büro mit persönlicher Bedienung nur in den Kalenderwochen 24 bis 36: Willemoesgade 15A (Rathaus/nahe Hafen), 5610 Assens.

Übernachten, Essen & Trinken
Kleinstadthotel ▶ Marcussens Hotel og Ferieby: Strandgade 22, Tel. 64 71 10 89, www.marcussens.dk (Small Danish Hotels, S. 86). Zentral zu Hafen und Stadt, DZ ab ca. 1095 DKK, Hafenblick 100 DKK extra, online viele günstigere Angebote auch mit Halbpension; Restaurant mit bürgerlich-dänischer Küche, HG zum Frokost um 100 DKK, abends um 150 DKK.

Maritimes Campen ▶ City Camp Assens Strand / Camping Willemoes: Næsvej 15, 5610 Assens, Tel. 64 74 73 63, http://camping-willemoes.dk-camp.dk. Zwischen Assens großer Marina und dem Strand gelegen, mit einfachen Hütten.

Fünen und Inseln

Aktiv

Schienenfahrrad ▶ Die ca. 30 km lange, stillgelegte Bahnstrecke Tommerup–Assens kann man mit **Draisinen** befahren. Verleih April–Woche 42 u. a. über Superbrugsen Tommerup St., Tallerupvej 15, 5690 Tommerup, Tel. 64 76 14 18 oder CityCamp Assens Strand (S. 303). 150 DKK/4 Std., 250 DKK/Tag.

Helnæs, Horne und Faldsled
▶ G 13

Während man sich im Hinterland mit mehreren volkskundlichen Museen, dem Vogelpark Frydenlund bei Tommerup, einem Terrarium in Vissenberg oder einer Sammlung von Škoda-Fahrzeugen auf Gut Krengerup die Zeit vertreiben kann – Škoda war auch in Zeiten, als es noch eine reine Ostblockmarke war, aufgrund des unschlagbar günstigen Preises immer populär in Dänemark – locken zwei spannende Halbinseln an die Küste. Wer Leuchttürme liebt, steuert **Lindehoved Fyr** auf der Halbinsel Helnæs an (s. Aktiv unterwegs S. 302). Auf Horne, der nächsten Halbinsel weiter südlich, zählt die **Horne Kirke** zu Dänemarks ungewöhnlichsten Gotteshäusern: Sie ist eine der sieben Rundkirchen des Landes, aber der Rundbau aus dem 12. Jh. ist später um einen lang gestreckten Chor, einen kurzen Verbindungsbau und einen wuchtigen Westturm ergänzt worden. Im 16. Jh. kamen noch Renaissancegiebel hinzu – ein eigenwilliges, stilwirres Bauwerk (Mai–Sept. tgl. 8–20, sonst Di–Fr 8–14 Uhr). Von Hornes Westspitze pendeln Fähren der AlsFærgen nach Fynshav, eine gute Abkürzung zwischen Fünen und Deutschland (S. 287).

Helnæs und Horne nehmen die flache Helnæs Bugt in die Zange, ein Vogelparadies. Am Ufer liegt Faldsled. Wie viele Dörfer hatte es einen Kro, aber nur wenige sind so bekannt wie dieser, zumindest in kulinarisch interessierten Kreisen: **Falsled Kro** gilt als Geburtsstube der dänisch-französischen Gourmetküche. Die Menüs passen sich den Jahreszeiten an und die elf Doppelzimmer und acht Suiten sind sehr individuell, aber immer perfekt eingerichtet. Wer hier ›einkehrt‹, weiß, dass er reichlich Kleingeld in der Reisekasse braucht. Nach Nachmittagskaffee, 8-Gänge-Menü am Abend, einer lauen Sommernacht mit der oder dem Liebsten in einer der besseren Suiten und dem wohl besten Frühstück landesweit dürfte sich die Rechnung auf 7000 bis 8000 Kronen belaufen – und für die Getränke kann bei dem bekannt guten Weinkeller des Hauses schnell noch ein Tausender oder mehr dazu kommen (Assensvej 513, Faldsled, 5642 Millinge ▶ **G 13**, Tel. 62 68 11 11, www.falsledkro.dk).

Faaborg   ▶ H 13

Faaborg hat im Zentrum ein idyllisches Kleinstadtbild bewahrt. Dazu gehören die Vestergade mit einem der wenigen in Dänemark erhaltenen Stadttore und die Holkegade mit

Tipp: Südfünen für Filmfans

Für Set Jetter ist die Horne Kirke (s. o.) ein Muss: An und in der Kirche entstand der dänische Arthouse Kino-Erfolg »Adams Äpfel« mit ›Superstar‹ Mads Mikkelsen. Der Süden von Fynen entwickelt sich mehr und mehr zu einem Klein-Hollywood. Die Produktionsgesellschaft Film Fyn (www.filmfyn.dk und www.filmturist.dk mit den Filmsets, beide nur dän.), an der sechs Kommunen der Region teilhaben, beteiligt sich immer wieder an Spielfilmen, die dann wenigsten zum Teil hier gedreht werden. International bekannt sind neben »Adams Äpfel« auch die tief schwarze Komödie »Dänische Delikatessen«, die zum Teil in Faaborg entstand, der Thriller ›Bedingungslos‹ sowie die Jugendfilme »Alien Teacher« und »Island Of Lost Souls«. Ein Grund für die Beliebtheit der Region bei Filmemachern ist ein mit allen professionellen Notwendigkeiten ausgestattetes Filmstudio in einem kleinen Kaff zwischen Faaborg und Svendborg am Meer: **Fjellebroen.**

Fünens Südwesten von Middelfart bis Faaborg

dem kulturhistorischen Øhavsmuseet Faaborg **Øhavsmuseet Faaborg – Den gamle Gaard** (Holkegade 3, Tel. 63 61 20 00, www.ohavsmuseet.dk, Mitte Juni–Mitte Sept. Di–So 11–15 Uhr, 40 DKK/ab 18 Jahre). Am Stadtplatz Torvet liegt das Knastmuseum **Ret-og Strafmuseet** (Torvet 19, Öffnungszeiten wie Stadtmuseum). Einen Überblick bekommt man von dem Ende des 15. Jh. gebauten **Klokketårnet**, dem Glockenturm der ansonsten verschwundenen **Skt. Nicolai Kirke** (Tårnstræde, Mitte Juni–Mitte Aug. tgl. 11–16 Uhr, 20 DKK/ab 14 Jahre). Der Turm ist Faaborgs Wahrzeichen. Im Hochsommer starten dort um 21 Uhr Nachtwächterrundgänge durch die Altstadt.

Unter den Museen ragt das schon durch seine neoklassizistische Architektur auffällige **Faaborg Museum** in der Grønnegade hervor. Mads Rasmussen, Unternehmer und Mäzen, schuf hier einen imposanten Rahmen für seine Sammlung mit Werken der Fünen-Maler aus der Zeit der Wende zum 20. Jh. (Grønnegade 75, Tel. 62 61 06 45, www.faaborgmuseum.dk, April–Okt. tgl. 10–16, Nov.–März Di–So 11–15 Uhr, 60 DKK/ab 18 Jahre). Auch Kai Nielsen (1882–1924), einer der profiliertesten dänischen Bildhauer des frühen 20. Jh., profitierte von Rasmussens Mäzenatentum. Für Faaborg schuf er den Ymer-Brunnen auf dem Marktplatz, eine Studie ist im Museum zu sehen. Ymer, in der nordischen Mythologie der Stammvater aller Riesen, wurde von der Ur-Kuh Audumla großgezogen – Nielsens Straßenskulptur zeigt diese Szene in drastischer Nacktheit.

Die **Svanninge Bakker** nördlich Faaborg werden euphemistisch gern zu den ›Fünischen Alpen‹ hochgeredet, mehr als eine maximale Höhe von 128 m schaffen sie aber nicht. Das reicht jedoch für grandiose Aussichten auf das Inselmeer und so lohnt es immer, Straße [43] ein Stück in die ›Berge‹ hinaufzufahren. Mit bewegungshungrigen Kindern ist **Naturlegepladsen Troldeland** das ideale Ziel. Dänemarks größter Naturspielplatz in einer alten Kiesgrube ist ein Tobe- und Kletterparadies unter Obhut des Forst- und Naturamtes (Besuch kostenlos).

Infos

Faaborg Turistbureau: Torvet 19, 5600 Faaborg, Tel. 63 75 94 44, www.visitfaaborg-midtfyn.dk.

Übernachten, Essen & Trinken

Plüsch und Pomp ▶ **Hvedholm Slot:** Hvedholm Slot 1, 5600 Faaborg, Tel. 63 60 10 20, www.slotshotel.dk. Das gern für Hochzeiten genutzte Schloss am Rande von Faaborg bietet von seinem markanten Turm eine Traumsicht auf das südfünische Inselmeer (S. 310). Auf den ersten Blick fühlt man sich im Barock, aber der Bau wie er sich heute zeigt ist ein Kind des Historismus aus den 1880er-Jahren, gebaut für einen Nachfahren aus der Familie des großen Astronomen Tycho Brahe (S. 418). Die meisten Zimmer haben Himmelbetten, DZ je nach Standard und Wochentag 1100–2100 DKK, viele Paketangebote.

Klein, romantisch, zentral ▶ **Hotel Færgegaarden:** Chr. IX's Vej 31, Tel. 62 61 11 15, www.hotelfg.dk. 25-Betten-Hotel am Hafen, DZ ca. 950–1300 DKK. Das Restaurant fühlt sich der dänischen Traditionsküche verpflichtet, interpretiert sie aber durchaus modern (HG 150–250 DKK, Menüs ab 345 DKK).

3-Sterne-Herberge im historischen Zentrum ▶ **Danhostel Fåborg Vandrerhjem:** Grønnegade 71, Tel. 62 61 12 03, www.danhostel.dk/faaborg. Ein Teil des Gebäudes entstand Ende des 19. Jh. als Obdachlosenunterkunft; die Zimmer sind seit damals zwar mehrfach renoviert worden, aber immer noch einfach: DZ ca. 350–385 DKK, 4-Bett-Zimmer ca. 440–485 DKK.

Aktiv

Oldtimerbahn ▶ **Syd Fynske Veteranjernbane** verkehrt auf der stillgelegten Bahnlinie Korinth–Faaborg im Hochsommer fast jeden Do und So mit Dampf- oder historischen Dieselzügen; Fahrplan unter www.sfvj.dk oder beim i-Büro.

Verkehr

Fähre: Regelmäßige Verbindungen nach **Ærø** (S. 315), zu den Inseln **Avernakø, Lyø** und **Bjørnø** (S. 311).

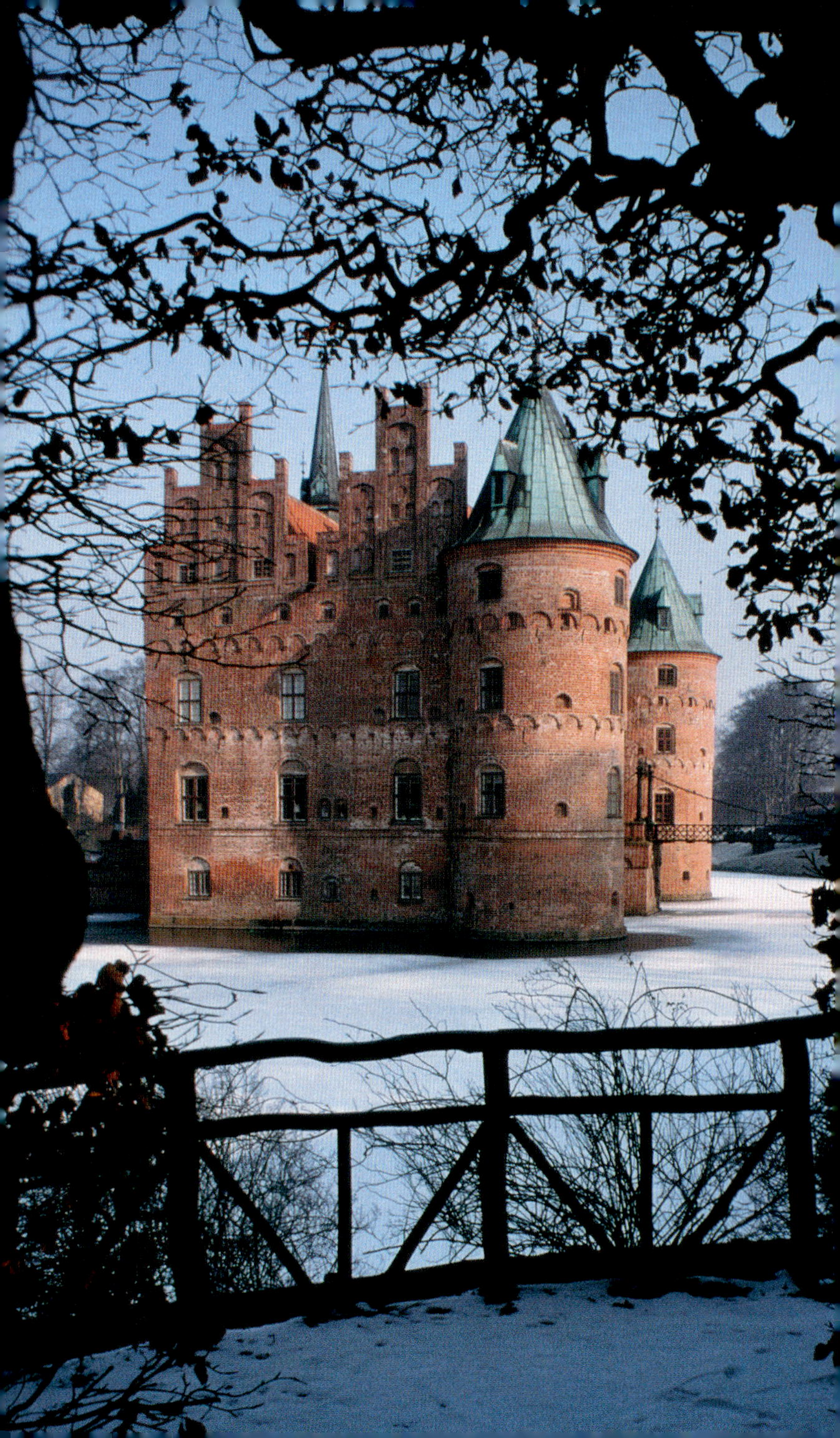

Egeskov ▶ H 13

Schloss Egeskov bei Kværndrup zählt zu den schönsten europäischen Wasserschlössern aus der Renaissance. Beim Bau Mitte des 16. Jh. verschwand für das Fundament fast ein ganzer Eichenwald – Egeskov – im sumpfigen Boden. So steht Egeskov als Symbol für jene Ökokatastrophe, die der Bauboom der Renaissance Dänemark brachte: Er fraß die Wälder und machte das Land schutzlos gegen den Sandflug (S. 17).

Graf und Gräfin Ahlefeldt-Laurvig-Bille haben die Tore ihres Anwesen weit dem Tourismus geöffnet, nicht ohne Kassenhäuschen aufzustellen: Im Schloss sind der **Rittersaal** und viele der 66 Räume zugänglich. Dazu gehört **Rigborgstuen**, benannt nach Rigborg, der Tochter von Laurids Brockenhuus, der Egeskov Ende des 16. Jh. führte. Die flotte Rigborg war dem jungen Rittersmann Frederik Rosenkrantz so nahe gekommen, ›dass sie mit einem Sohn niederkam‹. Das gab fünf Jahre Stubenarrest für sie, während Frederik außer Landes flüchtete. Dort soll er Shakespeare begegnet sein, der ihn als eine Nebenfigur in Hamlet unsterblich machte.

In Riborgs Stube steht derweil das Schloss im Schloss: **Titanias Palads**, prunkvolle Residenz einer Elfenkönigin. Das überdimensionale Puppenhaus ist mit Tausenden edler Miniaturen ausgestattet, vom millimetergroßen Schmuck der Elfenkönigin über Waschgeschirr aus französischem Porzellan und einer funktionierenden Orgel in der Schlosskapelle bis zum filigranen Pfauenthron, der mit Diamanten, Rubinen und Smaragden besetzt ist. Ein britischer – woher sollte er sonst stammen? – Exzentriker schuf den Palast Anfang des 20. Jh. in 15-jähriger Kleinarbeit für seine Tochter. 1978 bei Christies in London für rund 350 000 € ersteigert, stand Titanias Palast lange im LEGOLAND Park Billund, ehe er 2007 nach Egeskov kam.

In den Wirtschaftsgebäuden dominiert Technik: landwirtschaftliche Geräte, Kutschen, Autos, Motorräder und Flugzeuge verschiedener Epochen – zuletzt kam eine Sammlung alter Rettungsfahrzeuge. Doch auch die Außenanlagen sind reizvoll: Eine Augenweide sind die Parks zur Fuchsienblüte, sonst lohnen ein Renaissancegarten mit zu Tierfiguren geschorenen Buchsbaumbüschen, mehrere Irrgärten, von denen der älteste fast 300 Jahre auf den Hecken hat, und **Tree Top Walking**, ein grüner Bummel in 15 m Höhe durch die Baumkronen. 3–5 Stunden, mit Kindern auch einen ganzen Tag sollte man für einen Besuch auf Egeskov einkalkulieren. Damit man dabei nicht darben muss, findet man ein Restaurant und Imbisse, aber auch Platz für ein Picknick mit Mitgebrachtem (Egeskovgade 18, 5772 Kværndrup, Tel. 62 27 10 16, www.egeskov.dk, Ende April–Woche 42 tgl. 10–17/18, Juli–Mitte Aug. tgl. 10–19 Uhr und dann mit besonderen Aktivitäten, Shows und Konzerten bis 23 Uhr, das Ganze je nach Saison 180–210 DKK, 95–130 DKK/4–12 Jahre, Hochsaison auch Option ohne Schloss 180/110 DKK; Saisonkarte nur unwesentlich teurer als Tageskarte).

Svendborg ▶ J 14

Svendborg ist mit etwa 27 000 Einwohnern in der Stadt und fast 60 000 in der Kommune unbestritten die Nr. 2 auf Fünen. Seefahrt hat Tradition, kaum ein dänischer Seemann, der nicht eine der maritimen Ausbildungsstätten der Stadt besucht hat. Auch die größte Privatreederei der Welt, Mærsk, hat hier ihre Wurzeln, gegründet vom 1876 in Svendborg geborenen Arnold Peter Møller.

Florierend ist das Geschäft mit Holzschiffneubauten und -reparaturen. Repliken wie echte Oldtimer haben ihren Kaiplatz vor **Det Gule Pakhus**, einem restaurierten Speicher. In der Nachbarschaft starten Fähren ins Inselmeer, und die urige »**M/S Helge**«, ein Motorschiff von 1924, tuckert im Sommer regelmäßig von Svendborg via Thurø nach Tåsinge und kann wie ein Linienbus benutzt werden (s. S. 310). An und um Havnepladsen findet man zudem ein maritim geprägtes

Renaissancegut Egeskov, eines der schönsten Wasserschlösser Europas

Fünen und Inseln

Restaurant- und Kneipenviertel. Das eigentliche Zentrum liegt oberhalb des Hafens, ein Auto sollte man angesichts der vielen Einbahnstraßen und Fußgängerzonen aber am Stadtrand stehen lassen.

Museen

Das kulturhistorische **Svendborg Museum** nutzt den Viebæltegård, das ehemalige Armenhaus am Rande der Innenstadt. Es bestand noch bis 1974, zuletzt unter dem Namen ›Fürsorgeheim‹. Hier werden die frühere Funktion des Hauses und andere Formen sozialer Arbeit im **Forsorgsmuseet,** dem Fürsorgemuseum, dokumentiert (Grubbemøllevej 13, Tel. 62 21 02 61, www.svendborgmuseum.dk, Mitte Febr.–April Di–So 10–14, Mai–Dez. 10–16 Uhr, 40 DKK/ab 18 Jahre).

Das Museum verfügt zudem über den **Anne Hvides Gård** mitten in der Altstadt. Dieses älteste weltliche Gebäude Svendborgs stammt aus dem Jahr 1560, war Stadthaus adliger Gutsbesitzer, an die Kalkmalereien aus dem 16. Jh. erinnern, erlebte aber auch Perioden als Pension und Theater und wurde Anfang des 20. Jh. Teil des Museums. Hier sind prähistorische Funde aus Gudme und Lundeborg (S. 323) untergebracht, aber nur dann zugänglich, wenn eine Sonderausstellung gezeigt wird (Fruestræde 3, Programm unter www.svendborgmuseum.dk).

Am Hafen ist ein maritimes Wissens- und Erlebniszentrum in Planung, das u. a. Exponate der 2007 geschlossenen Seefahrtssammlung aus Troense mit Tausenden von Schiffsmodellen und -porträts, eine Kollektion historischer Freizeitboote und ein umfangreiches Archiv über Seefahrt und Schiffbau in Südfünen aufnehmen soll. Im Museumshafen werden Oldtimerschiffe wie die Zolljacht »Viking« und das Postboot »Hjortø« aus dem südfünischen Inselmeer festmachen, die dem Svendborg Museum schon gehören.

Am Nordrand des Zentrums hat das zoologische Museum die Runderneuerung zu einem Science Center der neuesten Generation schon hinter sich: **Naturama** zeigt auf drei Ebenen – Luft, Land, Wasser – mit geschicktem Einsatz von Ton und Licht den Tagesablauf von Tierwelten Dänemarks und Nordeuropas: Oben eine modern und spannend in Szene gesetzte Vogelsammlung, in der Mitte ausgestopfte Bären, Elche, Bisons und viele andere Landtiere, im Untergeschoss imposante Walskelette, das größte 16 m lang. Interaktive Stationen liefern Background-Infos auch auf Deutsch (Dronningemaen 30, Tel. 62 21 06 50, www.naturama.dk, Di–So 10–16, Ferien und Feiertage tgl. 10–17 Uhr, Mitte Dez.–Mitte Jan. geschl., je nach Saison 110–140 DKK/ab 18 Jahre).

Svendborgs Garteninsel Thurø

Das Gartenidyll Thurø ist über einen Damm zu erreichen und bietet an seiner Ostküste die besten Strände von Svendborg. Dort müssen Minigolf-Fans auf dem **Thurø Minigolf** eine Runde spielen – urig bis skurril, mehr sei nicht verraten (www.thuroe-minigolf.dk, Mai–Aug. tgl. mindestens 14–21, Hochsaison 10–22, 1. Hälfte Sept. nur Sa, So 12–18 Uhr, 33 DKK pro Runde).

Thurø war während der ersten Jahre des Dritten Reiches ein Ziel für viele Emigranten aus der deutschen Literaturszene. So fand Bertolt Brecht im Juni 1933 zusammen mit seiner Frau Helene Weigel und seinen Kindern auf Thurø Unterschlupf bei der dänischen Autorin Karin Michaëlis (1872–1950), die zwischen den Weltkriegen mit Mädchenbüchern und Frauenromanen auch in Deutschland Bestseller lieferte.

Mit Brecht am Svendborg Sund

Brecht kaufte sich bald ein Haus am Skovsbostrand im Westen von Svendborg und hatte dort bis 1939 seinen ›Stützpunkt‹. Ein literarisches Denkmal setzte er der Stadt mit der 1939 erstmals in Kopenhagen erschienenen Sammlung »Svendborger Gedichte«, zu denen das »Einheitsfrontlied«, »Fragen eines lesenden Arbeiters« oder »Der Pflaumenbaum« gehören. »Geflüchtet unter das dänische Strohdach, Freunde, verfolge ich euren Kampf …« schrieb er einleitend. Brechts Fachwerkhaus mit dem Strohdach am **Skovsbostrand** dient heute als Künstler- und Autorenrefugium. Die Exiljahre Brechts sind

Svendborg

aktiv unterwegs

Øhavsstien – Wandern im Inselmeer

Tour-Infos
Start: Zahlreiche Etappen auf Inseln und dem fünischen ›Festland‹
Länge/Karte: 220 km, 7 Hauptetappen, die kürzeste 26, die längste 39 km, ▶ **G–J 13–15**
Schwierigkeit: alle Terrainformen von flach bis hügelig
Pause machen: Kroer, Kioske an den Häfen und Campingplätzen
Übernachten: Kroer, Hotels, Campingplätze, einfache Zelt- und Lagerplätze; interaktive Karte mit Hinweisen auf zahlreiche Unterkünfte unter www.detsydfynskeoehav.dk
Informationen: i-Büros in Faaborg (S. 305), Svendborg (s. u.), auf Langeland (S. 320) und Ærø (S. 314). Auf www.detsydfynskeoehav.dk ausführliche Beschreibungen sämtlicher Teiletappen als PDF-Dateien zum Downloaden auch auf Deutsch!

Die Etappen
1: Faldsled–Faaborg–Fjællebroen 39 km
2: Fjællebroen–Egebjerg Bakker–Svendborg 30 km
3: Svendborg–Broholm–Lundeborg 35 km
4: Svendborg–Siø–Rudkøbing 35 km
5: Lohals–Tranekær–Stengade Strand 29 km
6: Stengade Strand–Rudkøbing–Henninge Nor 26 km
7: Marstal–Ærøkøbing–Søby 36 km

220 km markierter Wanderwege über Südfünen von Faaborg via Svendborg bis Lundeborg, sowie über die Inseln Langeland, Tåsinge und Ærø (Fähren S. 315) bilden eine der längsten Wanderrouten Dänemarks. Es handelt sich dabei eher um ein Wegenetz als um einen Rundweg.

Nähere Beschreibungen findet man auch auf Infotafeln vor allem an Parkplätzen mit Zugang zum Øhavsstien.

---

damit nur noch Teil der Geschichte des Gebäudes, an einer Gedenktafel ablesbar. Vielleicht visualisiert sich, wenn man unterhalb des Hauses am Wasser steht, aber noch die Zeile aus dem Gedicht »Zufluchtsstätte«: »Den Sund herunter kommen die Fähren«.

Infos
VisitSvendborg: Centrumspladsen 4, 5700 Svendborg, Tel. 63 75 94 80, www.visitsvendborg.dk.

Übernachten
Businesshotel mit Dependance ▶ **Hotel Svendborg:** Centrumspladsen, Tel. 62 21 17 00, www.hotel-svendborg.dk. Zentral gelegenes 4-Sterne-Business-Stadthotel, alle Zimmer mit Internetzugang, DZ ab 1225 DKK, Wochenend- sowie Sommerangebote. Unter gleicher Leitung das preiswertere **Hotel Garni,** Toldbodvej 5, www.hotel-garni.dk, DZ 650 DKK; Frühstück (100 DKK) und Rezeption im Hotel Svendborg.

Hier ging Brecht ein und aus ▶ **Stella Maris – Hotel de Luxe:** Kogvedvænget 3, www.stellamaris.dk. Hier muss übernachten, wer wegen Brecht nach Svendborg kommt: Margarete Steffin wohnte hier, und Brecht arbeitete oft bei ihr. Das Haus soll komplett saniert werden und um einen Zimmerflügel erweitert im März 2014 wieder eröffnen, dann mit 36 Zimmern und Suiten der Luxusklasse sowie einem Gourmet-Bistro.

5-Sterne-Herberge im Zentrum ▶ **Svendborg Danhostel:** Vestergade 45, 5700 Svendborg, Tel. 62 21 66 99, www.danhostel-svendborg.dk. Die familienfreundliche Unterkunft hat annähernd Hotelstandard, sämtliche Zimmer mit Bad/WC, DZ ca. 570–630 DKK, 4-Bett-Zimmer ca. 590–680 DKK, günstige ›Hotel‹-Pakete mit Bettwäsche und Frühstück ca. 720/920 DKK.

Fünen und Inseln

Camping am besten Strand der Region ▶
Thurø Camping FDM: Smørmosevej 7, Thurø, 5700 Svendborg, Tel. 62 20 52 54, www.thuroe.fdmcamping.dk. Ideal für Kinder zum Spielen und Herumtoben; Top-Minigolfanlage (S. 308); diverse Hüttentypen.

Essen & Trinken

Maritime Atmosphäre am Hafen ▶ Svendborgsund: Havnepladsen 5, Tel. 62 21 07 19, www.restaurantsvendborgsund.dk. Urdänische Küche mit viel Fleisch, aber auch gute Fischgerichte (HG ca. 140–230 DKK) und zum Frokost dänische Klassiker wie Smørrebrød, Hering oder Fischfrikadellen (ab ca. 60 DKK).

Drei Konzepte unter einem Dach ▶ Børsenbar/»SS Martha«/Face Inn: Gerritsgade 31, Tel. 62 22 41 41, www.borsenbar.dk. Gastropub für (Erlebnis-)Hungrige; zum Frokost Kleinigkeiten ab ca. 75 DKK, abends HG ab ca. 115 DKK und das urdänische Martha-Menü ca. 300 DKK. Fr/Sa Feiern und Trinken bis in die frühen Morgenstunden.

Familienrestaurant ▶ Jensen's Bøfhus: Gerritsgade 25, Tel. 62 80 08 84. Filiale der Kette (S. 60) an der Fußgängerzone.

Aktiv

Touren mit dem Oldtimerdampfer ▶ »M/S Helge«: Ab Jessens Mole auf Route Svendborg – Troense – Valdemars Slot (ohne Stopp h/r 2 Std.; Tel. 62 50 25 00, www.mshelge.dk, Mitte Mai–Mitte Sept. 3–4 x tgl., große Rundtour 120 DKK, 60 DKK 4–11 Jahre).

Seakayaking ▶ Nicus Nature: Tel. 40 41 89 82, www.nicusnature.com; Shop mit Kanuausrüstung: Kullinggade 29, Kurse ab Vindebyøre Camping (auf Tåsinge!), Vindebyørevej 52, 5700 Svendborg. Kajakfahren im südfünischen Inselmeer vom 4-stündigen Anfängerkurs bis zum 5-tägigen geführten Törn durch die Inselwelt.

Verkehr

Bus und Bahn: Regionalbahn und -bus nach Odense. In Svendborg Stadtbusnetz im Rahmen von FynBus (S. 287).
Fähren: Nach Skarø, Drejø und Hjortø (S. 311), nach Ærø (S. 315).

9 Øhavet – südfünisches Inselmeer ▶ G–J 14

Øhavet, das Inselmeer vor Südfünen, ist geologisch eine versunkene Moränenlandschaft, eine Welt, die sich im Meer verliert, geschaffen von Landsenkungen in den letzten zwei bis drei Jahrtausenden. Unter Seglern gilt das Seegebiet zwischen Fünen, Langeland und Ærø auch als ›dänische Südsee‹, ein Wassersportrevier mit zahlreichen Marinas und Ankerplätzen. Zwischen den Inseln ist an schönen Tagen das Meer von weißen Dreiecken übersät, manchmal treiben Schweinswale im Kielwasser von Segelbooten oder Fähren ihr Spiel mit den Wellen.

Alle größeren Hafenorte haben Oldtimerkais eingerichtet, um etwas von der Atmosphäre einzufangen, die von alten Holzseglern ausgeht, die jeden Sommer in diesem Revier unterwegs sind. Und damit es nicht nur beim Schauen und Staunen bleibt, starten ab vielen Häfen nostalgische Segler oder Kutter zu kurzen Törns, auf denen Gäste mitfahren können, koordiniert vom Maritimt Center in Svendborg. Für Ausflüge auf die einzelnen Inseln sind Fahrräder ideal, die man preiswert auf den meisten Fähren mitnehmen kann. Infos zum Øhavet: www.detsydfynskeohav.dk.

Zwei wichtige Ausgangshäfen für Besuche von sieben kleinen Inseln (s. u.) sind Faaborg und Svendborg, das größte Eiland ohne feste Anbindung an Fünen ist Ærø (ab S. 311), während Tåsinge (S. 316) und Langeland (ab S. 317) über Dämme und Brücken ab Svendborg zu erreichen sind.

Die sieben Zwerge

Sieben kleine Inseln – drei vor Faaborg, vier südwestlich von Svendborg – sind bewohnt und als Ausflugsziele beliebt. Die Natur, allem voran das Vogelleben sowie die Atmosphäre der kleinen Inselgemeinschaften mit ihren pittoresken Höfen und Siedlungen machen Besuche reizvoll. Schon die Überfahrten sind ein Erlebnis, das vor allem Kinder lieben.

Bjørnø, der Hauptinsel am nächsten, ist mit etwa 30 Bewohnern auf 1,5 km² die kleinste des Inseltrios vor Faaborg. **Avernakø**

(114 Einw./6 km²) besteht aus zwei Teilen, zusammengewachsen durch Meeresablagerungen und seit 1937 durch einen Damm solide verbunden.

Lyø ist mit etwa 620 ha einen Hauch größer als Avernakø und besonders beliebt bei Freizeitskippern. Das Inseldorf bietet pure Idylle, wie man sie in so geschlossener Form auf dem Festland kaum noch findet. Für die 101 Bewohner bringt das Probleme, denn Behörden wollen diesen Idealzustand konservieren, bis hin zu Auflagen, was als typisch angebaut und gepflanzt werden darf. Ungewöhnlich sind die fünf Dorfteiche, ehemalige Lehmgruben, aus denen Material für den Hausbau entnommen wurde. Ein Spaziergang führt durch das Dorf nach Westen zum Langdolmen **Klokkestenen**, der Glockenstein, aus der Jungsteinzeit. Der mächtige Deckstein, von fünf anderen Findlingen getragen, lässt sich durch einen Schlag mit einem Stein zum Klingen bringen.

Von den Inseln südwestlich Svendborg ist **Drejø** mit 64 Einwohnern und 426 ha Fläche die größte unter den kleinen, gefolgt von **Skarø** mit rund 33 Einwohnern auf 2 km², **Hjortø** mit 8 Bewohnern auf 90 ha und dem geringfügig größeren, nur via Ærø erreichbaren **Birkholm** mit 11 Einwohnern.

Infos
Zuständig sind jeweils die i-Büros der Abfahrthäfen Faaborg und Svendborg. Dort sollte man sich auch nach aktuellen Einkaufs-, Einkehr- und Übernachtungsmöglichkeiten erkundigen! Nehmen Sie genug Bargeld mit, Banken und Geldautomaten gibt es nicht, Kreditkarten werden selten akzeptiert.

Verkehr
Fähren: Faaborg – Bjørnø: Lillebjørn, Mobil-Tel. 20 29 80 50, www.bjoernoe-faergen.dk, 17 Min., Mo–Fr bis 12 x, Sa, So 4–5 x tgl.
Faaborg – Avernakø – Lyø: Ø-Færgen, Tel. 62 61 23 07, www.oefaergen.com; je nach Fahrtroute 40 bzw. 70 Min, 6–8 x tgl.; Besuch beider Inseln an einem Tag möglich!
Svendborg – Skarø – Drejø: Højestene, Tel. 62 23 30 85, www.drejo.dk/fartplan.html, bis Skarø 30 Min., bis Drejø 75 Min., bis 5 x tgl.; Besuch beider Inseln an einem Tag möglich!
Svendborg – Hjortø: Hjortøboen, Tel. 40 97 95 18, 60 Min., 2 x tgl.; nur Personen.
Marstal – Birkholm: Birkholmruten, Tel. 62 53 37 47 oder Mobil-Tel. 60 67 36 30, www.birkholm-beboerforening.dk, 25 Min. 1–2 x tgl.; nur Personen (max. 9).

Ærø ▶ H 14/15

Gut 30 km lang, maximal 8 km breit, 88 km² groß und von etwas mehr als 6500 Menschen bewohnt, bildet Ærø den südwestlichen Abschluss des Øhavet. ›Märchenhaft‹ und ›idyllisch‹ sind die Attribute, die bei der Beschreibung der Insel meist fallen.

Ærøskøbing
Keine Stadt prägt das puppenstubenhafte Bild Dänemarks so wie das von nicht einmal 1000 Menschen bewohnte Ærøskøbing mit seinen verwinkelten Gassen und den meterhohen Stockrosen vor gepflegten Fachwerkhäusern aus dem 17. und 18. Jh. Bei einem Rundgang im Gefolge eines Nachwächters kann man dies ganz stilvoll erkunden (21 Uhr ab Torvet in Hochsaison und Woche 42, aber nicht tgl.; Termine beim i-Büro. Geht der Nachtwächter nicht, gibt es Stadtführungen gleiche Zeit, gleicher Ort, 30 DKK).

Kein Tourist versäumt den Schnappschuss vom Puppenhaus, **Dukkehuset**, dem schnuckeligsten Häuschen in der Smedegade. Die Stadt ist aber kein Freilichtmuseum – hinter allen Fenstern leben Menschen, manche Häuser werden auch als Ferienwohnungen vermietet.

Nur wenige Schritte vom Puppenhaus entfernt darf man aber ausgiebig durch Glas schauen, in **Flaske Peters Samling**. Im bekanntesten der drei Museen von Ærøskøbing segelt und dampft auf wenigen Quadratmetern eine der größten Buddelschiffflotten der Welt, das Lebenswerk des ›Flaschen Peter‹, mit bürgerlichem Namen Peter Jacobsen (1873–1960). Er kreuzte als Seemann selbst noch auf Segelschiffen über die Weltmeere

Fünen und Inseln

und hat dann in späteren Jahren diese Welt im Kleinstmaßstab erschaffen.

Sogar in das für sein eigenes Grab vorgesehene Zementkreuz – das aber im Museum steht – ließ er sieben Buddelschiffe ein, für jedes Weltmeer eines. Stellt sich noch die Frage: Wie kommen die Miniaturen durch den Flaschenhals? Keine Sorge, es wird im Museum erklärt. Zu sehen ist weiterhin eine kleine maritime Sammlung u. a. zum Fährverkehr zwischen Ærø und dem Rest der Welt (Smedegade 22, 5970 Ærøskøbing, Tel. 62 52 29 51, www.arremus.dk, April–Woche 42 tgl. 10–16, Hochsaison 10–17, sonst Mo–Fr 13–15 Uhr, 40 DKK ab 18 Jahre; Kombiticket mit den beiden kulturhistorischen Abteilungen des Ærø Museum in der Brogade 85 DKK).

Marstal

Der Name von Ærøs größter Stadt (ca. 2300 Einw.) war in Zeiten der Segelschifffahrt Mitte des 19. Jh. auf allen Weltmeeren ein Begriff. Ein bis heute unter Oldtimerfans beliebter, weil robuster und äußerst seetüchtiger Bootstyp von den Werften der Stadt heißt auf allen Ozeanen nur ›Marstal-Schoner‹.

Die »Fulton« ist wohl der berühmteste dieser Dreimast-Gaffelschoner und im Sommer

Auf dem Marktplatz von Ærøskøbing

gern in Marstal zu Gast: 36 m lang, mit 102 BRT vermessen wurde sie 1915 für Neufundlandfahrten gebaut, dient seit den 1970er-Jahren aber als Schulschiff in enger Zusammenarbeit mit dem Nationalmuseum und hat Tausenden dänischer Schüler die maritimen Traditionen ihrer Heimat nahegebracht.

Das **Marstal Søfartsmuseum** ist eines der größten maritimen Museen Skandinaviens und zeigt neben technischen Exponaten und vielen Schiffsmodellen auch marine Kunst. Es besitzt weiterhin über 100 Buddelschiffe (Prinsensgade 1, 5960 Marstal, Tel. 62 53 23 31, www.marstal-maritime-museum. dk, Mai und Sept./Okt. tgl. 10–16, Juni–Aug. 9–17, sonst Mo–Sa 11–15 Uhr, 55 DKK/ab 18 Jahre).

Fast wie ein Museum wirkt der **Hafen** von Marstal an manchen Tagen. Oldtimerschiffe machen hier gern fest und noch immer werden Schiffe gebaut oder repariert. Einem Oldtimer, der unter den Fittichen des Søfartsmuseum steht und meist an seinem festen Kaiplatz liegt, sieht man die historische Bedeutung nicht sofort an: Der Küstenfrachter »**M/S SAMKA**« stammt aus einer Reihe baugleicher Schiffe, von denen in den 1940er- und 1950er-Jahren allein 20 auf der Werft in Marstal mit Geldern aus dem amerikanischen Marshallplan gebaut wurden – der Beginn der Neuzeit für die dänische Handelsschifffahrt nach dem Zweiten Weltkrieg.

Südlich des Hafens liegt der beste Strand von Ærø an der Landzunge **Eriks Hale**. Die kleinen Badehütten, die dort ohne Baugenehmigung entstanden, sollten schon abgerissen werden, aber inzwischen sind sie wie ihre Pendants auf **Urehoved** bei Æroskøbing Markenzeichen dänischer Freizeitkultur und Wahrzeichen der Insel geworden.

Ærøs Nordwesten

Ærø darf man nicht auf die beiden Städte reduzieren: So besitzt die ursprünglich romanische **Bregninge Kirke** einen reich verzierten Flügelaltar von ca. 1530 aus der Werkstatt des Meisters Claus Berg sowie spätgotische Fresken (tgl. 8–16 Uhr). **Søby Voldanlæg** sind Reste einer Wallanlage aus dem 12. Jh., als die Dänen noch im Dauerstreit mit den Wenden lagen. Damals reichte von der Westküste her die längst trockengelegte Bucht Vitsø Nor bis vor die Wälle. Neben die alte Burg setzte Ende des 16. Jh. ein Provinzfürst ein bescheidenes Schlösschen, **Søbygaard**, das heute als Ausstellungshaus für Kunst und Kulturgeschichte dient und in einem Raum an den Wänden Reste von Kalkmalereien aus dem späten 16. Jh. besitzt, die ältesten Dänemarks in einem weltlichen Bau.

Ganz im Nordwesten auf der Spitze von Skjoldnæs, der Landzunge mit der sich Ærø zum Kleinen Belt hin streckt, ragt der Leucht-

Fünen und Inseln

turm **Skjoldnæs Fyr**, 1881 aus Bornholmer Granit gebaut, 22 m hoch auf. 57 Stufen sind es bis auf seine Außenplattform, die grandiose Ausblicke auf die umliegenden Küsten Dänemarks und Deutschlands bietet. Das ehemalige Leuchtturmwärterhaus zu Füßen des Turms ist Klubhaus des **Ærø Golf Klub** (www.aeroegolf.dk), der stolz darauf verweist, dass sein 18-Loch-Platz zu 300° vom Meer umgeben ist – ein Weltrekord?

Infos

Ærø Turistbureau: Havnen 4, 5970 Ærøskøbing, Tel. 62 52 13 00, www.ærø.dk (diese offizielle Webseite ist mit deutscher Tastatur schwer einzugeben, es sollte die Weiterleitung von www.aeroe.dk noch funktionieren, sonst ›aerö‹ oder ›ärö‹ googeln und die o. a. Seite anklicken. Sommerbüros in Marstal (Skolegade 26) und Søby (am Hafen).

Übernachten

Romantik in der Altstadt ▶ Hotel Ærøhus: Vestergade 38, 5970 Ærøskøbing, Tel. 62 52 10 03, www.aeroehus.dk. Mit viel Atmosphäre. Kleine Basic-Zimmer mit Bad/WC auf dem Gang für 800 DKK, komfortable DZ im Haupthaus oder in niedlichen Nebengebäuden mit separatem Eingang und Terrasse ab 1250 DKK. Auch Reisepakete inkl. Fähre und Halbpension.

Funktional und sachlich ▶ Ærø Hotel – Skipperbyen Marstal: Egehovedvej 4, 5960 Marstal, Tel. 62 53 24 06, www.aeroehotel.dk. Moderner, funktionaler Hotelkomfort, der außerhalb des Sommersaison gern für Tagungen genutzt wird – entsprechend die Ausstattung mit Bar, Pool und Restaurant. DZ ab 850 DKK, auch Familienzimmer für bis zu 4 Pers.; diverse Ferienpakete, u. a. Unterkunft und Fähre.

Zimmer mit Frühstück, optional mit Kino ▶ Das i-Büro (s. o.) vermittelt inselweit über drei Dutzend **B & B-Unterkünfte** (Liste auf www.ærø.dk, ›Turist‹, ›Hvor kann jeg overnatte‹, ›Bed & Breakfast‹, viele nur mit ein oder zwei Zimmern, einige durch und durch ökologisch; DZ ab 450 DKK. Originell darunter: **Andelen Guesthouse** (Søndergade 28A, 5970 Ærøskøbing, Tel. 61 26 75 11, www.andelenguesthouse.com), in dem auch das Inselkino untergebracht ist (außer Juli Di–So ca. 19.30 Uhr je eine Vorstellung; immer Freikarten für die Gäste), DZ 600 DKK, Frühstück 75 DKK extra.

Herberge als soziales Projekt ▶ Villa Blombjerg Vandrerhjem: Smedevejen 15, 5970 Ærøskøbing, Tel. 62 52 10 44, www.villablomberg.dk. Die gemütliche, zur Saison 2010 renovierte Villa liegt im Grünen am Rande der Stadt mit Blick aufs Meer und wird von einem Ausbildungsprojekt für Jugendliche mit Förderbedarf als Herberge betrieben. DZ 500 DKK, Frühstück 75 DKK.

Camping zwischen Stadt und Meer ▶ Ærøskøbing Camping: Sygehusvejen, 5970 Ærøskøbing, Tel. 62 52 18 54, www.aeroecamp.dk. Von den drei Campingplätzen der Insel liegt dieser am schönsten: nicht weit vom Zentrum und keine 100 m vom Weststrand. Insgesamt ein ruhiger Platz; verschiedene Typen von Hütten.

Essen & Trinken

Für glühende Herzen ▶ Hotel Ærøhus: (s. l.). Romantisches Ambiente für Verliebte; die Küche setzt auf frische, heimische Rohwaren bei opulenten Frokostplatten und abendlichen Menüs (HG um 250 DKK).

Mitten in Marstal ▶ Edith – Ø-Smageriet: Kongensgade 34, 5960 Marstal. Tel. 62 53 37 34. Café mit Frokostküche am Tage, Restaurant am Abend, manchmal gibt's Livemusik und ein kleines Delikatessgeschäft findet man auch noch; klassischer dänischer Frokostteller ca. 140 DKK, abends HG – viel Fisch – ca. 130–200 DKK.

Fastfood von der Küste ▶ Ærøskøbing Røgeri: Havnen 15, 5970 Ærøskøbing. Schnell, billig, sättigend und total populär: allerlei Räucherfisch mit Brot oder Kartoffelsalat ca. 35–80 DKK (tgl. Ostern–Sept.).

Aktiv

Radverleih ▶ Pilebækkens Cykler: Pilebækken 11, 5970 Ærøskøbing, Tel. 62 52 11 10; **Nørremark Cykeludlejning:** Møllevejen 77, 5960 Marstal, Tel. 62 53 14 77; **Søby**

Ærø

Cykeludlejning: Havnevejen 2, 5985 Søby Tel. 62 58 14 60.

Heiraten ▶ Danish Island Weddings: Torvet 5, 5970 Ærøskøbing, Tel. 20 24 30 07. Weil Ærø so romantisch ist, agiert auf der Insel auch ein Heiratsservice. Das Basispaket gibt's für 590 € zzgl. Spesen wie Fähre und Unterkunft. Auf Wunsch kann man den großen Augenblick sogar per Skype mit Freunden teilen.

Seakayaking ▶ Havkajak Center Marstal: Vesterskovvej 16, 5960 Marstal, Tel. 62 53 21 50, Mobil-Tel. 24 44 14 50, www.havkajakcenter-marstal.dk. In geschütztem Revier kann man hier erste Kajakerfahrungen sammeln (150 DKK/2 Std.) oder am 5-Tage-Grundkurs inkl. Inter-Island-Tour teilnehmen.

Termine

Søbygaard Festival: (S. 313). Hochkarätige Konzertreihe, über die Saison verteilt im akustisch perfekten Rahmen eines neuen Konzertsaals in den frisch restaurierten Wirtschaftsgebäuden des historischen Herrensitzes Søbygaard. Ca. 140 DKK/Konzert; Programm unter www.arremus.dk.

Ærø Jazzfestival: Immer in Woche 31 Anfang Aug. in Ærøskøbing. Jazz der swingenden Art in einer Halle am Hafen und in einigen anderen Sälen, viele Konzerte gratis. Grandiose Stimmung, eher Fest als Festival.

Verkehr

Bus: Bei Redaktionsschluss waren alle öffentlichen Busse auf Ærø gratis – hoffentlich wird der Versuch zur Dauereinrichtung!

Fähren: Ærøfærgerne 3 ganzjährige Routen Svendborg – Ærøskøbing (75 Min., bis 12 x tgl.), Faaborg – Søby (60 Min., 2 x. tgl.) und für die Anreise aus Deutschland die wichtigste Fynshav – Søby (70 Min., 2–3 x tgl.) Reservieren: Tel. 62 52 40 00 oder online unter www.aeroe-ferry.dk. Passagen: 199 DKK/Erw., 115 DKK/4–11 Jahre, 41 DKK/Rad, 437 DKK/Pkw ohne Fahrer, 1159 DKK/Pkw inkl. max. 5 Pers. jeweils für Hin- und Rückfahrt auf beliebigen Linien. Zur Reservierung ist nur das Kfz-Kennzeichen anzugeben. Wird ein anderes Fahrzeug benutzt, bis 30 Min. vor Abfahrt bei der Reederei telefonisch melden oder Personal am Anleger darauf hinweisen, sonst verfällt Reservierung!

Der Teepavillon von Valdemars Slot kann für private Feste gemietet werden

Fünen und Inseln

Tåsinge ▶ J 14

Von Svendborg nach Süden erreicht man über die 1220 m lange Svendborgsund-Brücke, die fantastische Aussichten bietet, die mit 70 km² und gut 6000 Einwohnern drittgrößte Insel des Øhavet, Tåsinge.

Hauptattraktion ist **Valdemars Slot.** Christian IV. hatte es in den 1640er-Jahren für seinen ältesten Sohn Valdemar bauen lassen, Christian V. musste es 1677 dann aber seinem Admiral Niels Juel als Teil des Prisengeldes abtreten, das der in einer Seeschlacht gegen die Schweden in der Køge Bugt gewann. 1754–56 entstand unter Juels Enkel die barocke Schlossanlage, und heute ist das Anwesen in elfter Generation im Familienbesitz. Caroline Elizabeth Ada Nielsdatter Baronesse Juel-Brockdorff, bürgerlich verheiratet als Frau Fleming, hat es weitgehend fürs gemeine Volk geöffnet. Anders als in Egeskov (S. 307) ist hier aber das Gelände rund ums Schloss frei zugänglich, nur für das Innere und die Museen in den Wirtschaftgebäuden zahlt man Eintritt. Das **Herregårdsmuseet Valdemars Slot** empfängt Besucher in einer pompösen Halle mit auffälligem schwarz-weißem Fliesenboden. In anderen Sälen und Gemächern sieht man Möbel, Gobelins, Gemälde und unter dem Dach Jagdtrophäen, auch die Küche kann besichtigt werden. In den Wirtschaftsgebäuden gibt's zudem eine Spielzeugsammlung und im **Danmarks Museum for Lystsejlads** alles

Wohin geht die Reise? Leuchtturm von Hov auf Langeland

rund ums Hobbysegeln zu sehen. Ein Gourmetrestaurant unter der Schlosskirche und das preiswertere Café Æbelhaven versorgen Besucher. Zeitreisen in historische Epochen, ein Weihnachtsmarkt oder auch mal ein Horrorevent zu Halloween bieten Höhepunkte im Programm (Slotsalleen 100, 5700 Troense, Tel. 62 22 61 06, www.valdemarsslot.dk, April Sa, So, Mai und Sept. Di–So, Juni–Aug. und Woche 42 tgl. 10–17 Uhr; Seglermuseum nur Juni–Aug., Sammelticket für alles 85 DKK, 45 DKK/4–12 Jahre, Juni–Aug. 100/55 DKK).

Überquert man Tåsinge auf der Hauptstraße [9], bietet der Turm der **Bregninge Kirke** eine sensationelle Aussicht auf Fünen und das Inselmeer. Im benbachbarten **Tåsinge Skipperhjem og Folkemindesamling** pflegt man u. a. Erinnerungen an ein vielbesungenes Liebesdrama. Von ihren Familien verstoßen, ohne Geld, schwanger und von Reportern der Klatschpresse gehetzt, machten die gefeierte Kopenhagener Seiltänzerin Elvira Madigan, mit bürgerlichem Namen Hedvig Jensen, und der schwedische Offizier Sixten Sparre, in den besten Kreisen verheirateter Familienvater, an einem lauen Sommertag 1889 ein letztes romantisches Picknick zu zweit im Nørreskov, einem Wäldchen im Osten von Tåsinge. Dort wurden sie vier Tage später gefunden. Offensichtlich hatte Sparre zuerst seine Geliebte und darauf sich selbst erschossen. Auf dem Friedhof von **Landet** liegen sie in einem gemeinsamen Grab, auf das Brautleute, die in der Kirche hier heiraten, ihre Brautsträuße zu legen pflegen.

Langeland ▶ J 13–15

Ein Damm verbindet Tåsinge im Süden mit der Transitinsel Siø und von dort hebt die Langelandsbro den Verkehr geradezu über den Sund nach Langeland, die mit etwa 284 km² und nicht ganz 13 000 Einwohnern größte und bevölkerungsreichste Insel des Øhavet. Von Dovnsklint im Süden bis Hov Nordstand bei Lohals streckt sich Langeland über 50 km und macht damit seinem Namen alle Ehre – in der Breite erreicht das lange Land nirgendwo mehr als 10 km.

Inselhauptstadt Rudkøbing

Rudkøbing ist die einzige Stadt, wichtigster Verkehrsknotenpunkt, bedeutendster Einkaufsort und mit einem Montagewerk für Windkraftanlagen auch Industriestandort. An der Haupteinkaufsstraße, der Østergade, wirkt **Tingstedet**, ein Fachwerk-Kaufmannshof, dessen älteste Teile aus dem späten 17. Jh. stammen, fast wie ein Museum, ist aber ein ganz ›normales‹ Geschäft, in dem man Antiquitäten und Kuriositäten sowie alle Arten von Emailleschildern – alt, neu oder nach individuellen Wünschen gefertigt – erstehen kann (Østergade 16, Tel. 62 51 22 44, www.danskemaljedesign.dk).

Fünen und Inseln

In der Altstadt auf dem Gaasetorvet zeigt ein Denkmal den Physiker Hans Christian Ørsted (1777–1851), der Weltruhm erlangte, als er den Elektromagnetismus entdeckte – ein Ereignis, das Physiker mit der Erfindung des Rades gleichsetzen. Ørsted kam 1777 als Apothekersohn in jenem Haus zur Welt, in dem heute noch die Rudkøbing Apotek Kunden versorgt und in dem das Langelandmuseum eine einzigartige historische Apothekenausstattung besitzt, die zwischen dem 17. und dem 19 Jh. in Gebrauch war: **Den Gamle Apotek** kann man auf Führungen zusammen mit dem historischen Apothekergarten besichtigen (Termine beim Øhavsmuseet Langeland, www.ohavsmuseet.dk, Tel. 63 51 63 00).

Bagenkop und der Süden

Archäologen haben auf Langeland zahlreiche prähistorische Fundstätten lokalisiert, darunter der 55 x 9 m große Langdolmen **Kong Humbles Grav** nahe der Kirche von Humble. Die Größe lässt auf einen Mächtigen schließen, und so entschied man sich kurzerhand für jenen vorzeitlichen König Humble, von dem der mittelalterliche Chronist Saxo berichtet – archäologisch belegt ist das nicht. Knapp 2 km südlich Bagenkop am Søgårdvej, einem der Wege zur Steilküste Dovnsklint, lässt sich mit dem rund 5000 Jahre alten Ganggrab **Hulbjergjættestuen** ein weiterer Grabtyp der Steinzeit studieren.

Augen auf – auf den Wiesen an der Küste um Dovns Klint und um das Klise Nor nördlich von Bagenkop leben seit 2003 Wildpferde! Die robusten, aus England stammenden Exmoor Ponies wurden als ökologische Landschaftspfleger ausgewildert, und sind nicht nur in diesem Job überraschend gut, sondern haben sich auch zu einer populären – weil kostenlosen – Attraktion entwickelt. Eine Infobude der Naturschutzbehörde informiert am Gulstavvej über das Projekt.

Einen Blick in eine völlig andere, martialische Welt erlaubt die Küstenbatterie **Langelandsfort**. Von 1953 bis 1993 überwachten hier rund um die Uhr dänische Marinesoldaten mit vier 150-Millimeter-Geschützen im Anschlag den Langelandsbælt, eine der wichtigsten Wasserstraßen zwischen der Ostsee und dem Atlantik. So konnte die NATO jede Schiffsbewegung des Warschauer Pakts zwischen den beiden Meeren kontrollieren. Thema der Ausstellung im Munitionsbunker und einigen Hangars auf dem Gelände ist folglich der Kalte Krieg. Gezeigt wird westliches wie östliches Kriegsgerät dieser Epoche, darunter ein U-Boot, ein Mienensucher, ein sowjetischer Jagdbomber MIG 23 und eine von der dänischen Luftwaffe geflogene SAAB Draken J 35 (Vognsbjergvej 4B, 5935 Bagenkop, Tel. 62 56 27 00, www.langelandsfortet.dk, April–Okt. tgl. 10–16/17 Uhr, 85 DKK/ab 18 Jahre).

Das bäuerliche Langeland ist Thema in den Ausstellungen von Gut **Skovsgård**. Das Schlösschen aus dem späten 19. Jh. im Stil der Neorenaissance kam durch Erbschaft an den Dänischen Naturschutzbund, der es als Modell-Ökohof betreibt und zusammen mit dem Langelands Museum als Ausstellungszentrum nutzt: Zu sehen sind historische Pferdewagen, eine Ausstellung zur Forstwirtschaft und im Hauptgebäude informiert das Gesindemuseum über das Leben der Bediensteten auf einem Gutshof (Kågårdsvej 12, 5900 Hennetved, Tel. 63 51 10 10, Mitte Mai-Woche 42 So–Fr, Hochsaison auch Sa 10/11–16/17 Uhr, 60 DKK/ab 18 Jahre).

Tranekær und der Norden

Langeland gilt auch als Mühleninsel, zehn im alten Stil sind erhalten, neun davon aus dem 19. Jh. Die 1845 gebaute **Slotsmølle** von Tranekær ist heute ein Mühlenmuseum – reicht der Wind, gibt's Mehl (Lejbøllevej 1, 5953 Tranekær, Mai–Sept. nur Di, Do, Juli/1. Drittel Aug. tgl. 11–16 Uhr, 30 DKK/ab 18 Jahre).

Beim Blick von dort nach Süden thront unübersehbar das rot leuchtende **Tranekær Slot** auf einer Anhöhe. Seine Geschichte geht ins frühe Mittelalter zurück und macht es zu einem der ältesten bewohnten weltlichen Bauten in Europa. Tranekær ist seit 1659 Stammsitz der Familie Ahlefeldt-Laurvig – feinster Dänenadel. Das Schloss ist nicht zugänglich, wohl aber der große Park mit dem

Langeland

aktiv unterwegs

Petri Heil auf dem Langelandsbælt

Tour-Infos
Abfahrthäfen: Bagenkop (▶ **J 15**), Spodsbjerg (▶ **J 14**) und Lohals (▶ **J 13**)
Anglerhäuser, Leihboote, Anglerbedarf: Fish & Trips und Haus & Boot, Østerskovvej 32, 5932 Humble, Tel. 62 56 15 19, www.hausundboot.dk; Torben Hansen Ferie, Tryggelev 74, 5932 Humble, Tel. 62 56 19 53, www.thf.dk; Angelcentrum Langeland, Spodsbjergvej 299-301, 5900 Spodsbjerg, Tel. 62 50 14 13, www.angelcentrum.dk

---

Kaum anderswo in Dänemark fahren so viele Kutter auf Angeltour (ab 320 DKK) und werden so viele Boote zum Selbststeuern (ab 500 DKK/Tag, 1700 DKK/Woche; kein Bootsführerschein erforderlich) vermietet wie auf Langeland. Die Boote zum Selbstfahren sind dabei perfekt ausgestattet, ein Echolot gehört meist dazu.

Das Objekt aller Anglerbegierden sind die Dorsche, die die tiefen, nährstoffreichen Gewässer östlich von Langeland lieben und das ganze Jahr anbeißen. Der Langelandsbælt ist praktisch ein großer Gezeitenstrom zwischen der Kieler Bucht und dem Kattegat. Der ständige Wasseraustausch ist ideal für Fische, aber auch für jene Kleinlebewesen, von denen sie sich ernähren. Die Struktur des Meeresbodens sorgt zudem dafür, dass die begehrten Dorsche das ganze Jahr hindurch für sie günstige Bedingungen finden.

Neben Dorschen werden beim Brandungsangeln vom Ufer aus oder mit kleinen Jollen in Ufernähe auch Plattfische und Meerforellen geangelt. Mehrere Läden verkaufen alles rund ums Angeln von Ruten, Haken und Ködern bis zur passenden Outdoorkleidung, vermieten Jollen und vermitteln Zimmer in Hafennähe. Und natürlich haben sie auch die ultimativen Komplettlösungen für Petrijünger im Programm: Ferienhäuser mit Waschplatz zum Fische ausnehmen, Gefriertruhe und eigenem Motorboot. Bei allen Angelaktivitäten zu bedenken: Der nationale dänische Angelschein ist Pflicht – das gilt auch für die Kuttertouren (S. 88).

Der Angler freut sich, der Dorsch staunt mit offenem Mund

Fünen und Inseln

Land-Art-Projekt **TICKON**: Skulpturen aus natürlichen, vergänglichen Werkstoffen entwickeln sich im Spannungsfeld mit der Natur: Schöner kann man Natur und Kultur nicht verbinden. Zwei Stunden sollte man für den Spaziergang mindestens einplanen (tgl. Sonnenauf- bis Sonnenuntergang, 25 DKK).

Sie lieben Souvenirs? Dann ist **Souvenariet** im alten Schlosstheater ein Muss: Tausende Mitbringsel aus aller Welt sind hier ausgestellt und wer etwas Originelles aus der eigenen Sammlung abgeben will, darf es gern vorlegen. Eine Abteilung zeigt Gegenstände, die der dänische Zoll leihweise zur Verfügung stellt, der damit auch aufklären will: verbotene Souvenirs, die an der Grenze beschlagnahmt wurden, weil sie z. B. aus geschützten Tieren hergestellt sind (Slotsgade 84 B, 5953 Tranekær, Tel. 62 55 12 45, www.souvenariet.dk, Ostern, Pfingsten, Juni–Woche 42 tgl. 10–17 Uhr, 30 DKK/Erw., 5 DKK/5–11 Jahre). In den Stallungen nebenan kann man sich stärken: Dort serviert das anspruchsvolle Restaurant **Generalen** zum Frokost wie abends mehr als nur Wasser und Hafer (Tel. 62 53 33 03, Juni–Mitte Sept. sowie DK-Ferienzeiten).

In einer Zeit, in der Rauchen geradezu ungehörig ist, wirkt **Tobaksladen** an der Nebenstraße nach Stengade wie ein Relikt. Die Tabakscheune, mit Mitteln eines dänischen Tabakkonzerns restauriert, diente in den 1940er-Jahren zum Trocknen von Tabak. Der wird in Dänemark zwar schon seit dem 18. Jh. gepflanzt, wirtschaftliche Bedeutung hatte der Anbau aber nur während der Weltkriege (Stengadevej 24, 5953 Tranekær, April–Woche 42, tgl 10–17 Uhr, gratis).

Insel Strynø ▶ J 14

Das rund 500 ha große Strynø hat noch 200 Bewohner und ein ansehnliches Inseldorf. Populäres Ausflugsziel ist der **Strynø Kro** mit deftig-dänischem Essen (Stjernegade 4, Insel Strynø, Tel. 62 51 53 00). Im **Øhavets Smakkecenter** erfährt man alles Wissenswerte über Smacken, die für das Inselmeer typischen kleinen Segelschiffe. Wer sich traut, nimmt an einer Segeleinführung teil und sticht dann mit einem geliehenen Boot in See (Strynø Brovej 12, Tel. 50 98 13 06, www.smakkecenter.dk, Mai–Sept. tgl. 10–16 Uhr, 20 DKK, 10 DKK/ab 7 Jahre, Segeleinführung 450 DKK/Std., Bootsverleih 225 DKK/Std, 825 DKK/Tag).

Infos
Langeland Turistbureau: Torvet 5, 5900 Rudkøbing, Tel. 62 51 35 05, www.langeland.dk.

Übernachten, Essen & Trinken
Hotel- und Apartmentanlage ▶ **Skudehavn:** Havnegade 21, 5900 Rudkøbing, Tel. 62 51 46 00, www.rudkobingskudehavn.dk. Am Wasser mit Marina vor der Tür, DZ ab ca. 800 DKK auch Apartments für bis zu 6 Pers. (mind. 2 Übernachtungen). Das Restaurant mit Blick auf Marina und Langeland-Brücke lockt nicht nur Gäste der Ferienanlage.

Klassiker treffen Edel-Burger ▶ **Thummelumsen:** Østergade 15, 5900 Rudkøbing, Tel. 63 51 00 43. Mitten in der Fußgängerzone von Rudkøbing, ordentliche Kaffees, Frokost-Klassiker ab ca. 100 DKK, Hamburger, die was hermachen, um 125 DKK und abends dänische Standards wie Scholle oder Stjerneskud, HG ab ca. 180 DKK.

Ökologisch vom Frühstück bis zur Bettwäsche ▶ **Damgården Økologisk Bed & Breakfast:** Emmerbøllevej 5, 5953 Tranekær, Tel. 62 59 16 45, www.damgaarden.dk. Ehemaliger Bauernhof im schönsten Dorf von Langeland. Umweltbewusst geführt, wenige Zimmer, DZ 600 DKK, ab 1. Nacht billiger.

Camping mit großem Pool ▶ **Camping- og Feriecenter Ristinge:** Ristingevej 104, 5932 Ristinge, Tel. 62 57 13 29, www.ristinge.dk. Hervorragend ausgestattet mit Pool, Minigolfanlage, Shop und reichlich viel Spielplatz, unweit von Langelands bestem Strand; auch Hütten und Apartments.

Aktiv
Strände ▶ Die besten Strände von Langeland finden sich im Süden der Halbinsel **Ristinge. Spodsbjerg Drej** an der Ostküste ist bei Familien beliebt, weil der Strand sehr flach ins Wasser abfällt.

Termine

Stoense Kirkekoncerter: Klassikkonzertreihe mit Spitzenbesetzung in der Stoense Kirke (Nord-Langeland) Mai–Aug. Karten (ca. 250–300 DKK) im i-Büro.

Langelandsfestival: www.langelandsfestival.dk. Das Rockfestival für alle Generationen hat zu Recht den Ruf, Dänemarks größte Gartenparty zu sein – rund 15 000 feiern jedes Jahr Ende Juli/Anfang Aug. mit (S. 43).

Verkehr

Fähren: Rudkøbing – Strynø, Tel. 62 51 51 00, www.strynoe.dk/faergeplan: bis 9 x tgl., 29 Min. sagt der Fahrplan! H/z 80 DKK, 40 DKK/6–11 Jahre. **Spodsbjerg – Tårs** (S. 287).

Nyborg und der Osten
▶ J 12/13

Nyborg wurde mit dem Fährverkehr zwischen den dänischen Landesteilen groß und musste sich nach der Eröffnung der festen Verbindung über den Großen Belt (S. 324) neu definieren. In der Stadt, wo früher im Minutentakt Eisenbahnfähren be- und entladen wurden, entstand edles Wohnen in Tuchfühlung zum Meer. Und auf der Landspitze Knudshoved, 4 km östlich der Stadt, wo die Terminals der Autofähren lagen, rauscht man heute ohne Halt auf die Brücke Richtung Seeland.

Fotofans sollten an der Ausfahrt Nr. 44, Knudshoved, die Autobahn kurz verlassen: Hier kann man das Rekordbauwerk in Gänze ablichten, sonst gibt es vor Halsskov auf Seeland, wo die Maut kassiert wird, keine Haltemöglichkeit mehr. Von der Raststätte auf dem Gelände der früheren Autoverladeanlagen kann man auch auf die alten Hafenmolen hinausgehen. Bessere Gesamtansichten bieten sich von der Küste etwas weiter nördlich, z. B. auf Höhe des Hotels Nyborg Strand.

Nyborg Slot

Nyborgs Zentrum kontrastiert den modernen Brückenbau: Dort erhebt sich das mittelalterliche Königsschloss **Nyborg Slot**. Vom frühen 13. Jh. bis 1413, als Kopenhagen feste Königsresidenz wurde, war hier ein Zentrum des dänischen Reichs, das damals noch große Teile Südschwedens umfasste. Nirgendwo sonst fanden so häufig die jährlichen Treffen des Königs mit Adel und gehobener Geistlichkeit statt, ›Danehof‹ genannt. Was man heute vom Schloss sieht, ist der Königsflügel mit ältesten Teilen aus dem 13. Jh. Das Innere ist nur spärlich möbliert, das lässt die auf den Kalk der Wände gemalten Würfelmuster in einigen Räumen gut zur Geltung kommen (www.nyborgslot.dk, April–Okt. Di-Sa 10–15, Juni–Aug. tgl. 10–16 Uhr, 55 DKK/ab 18 Jahre, Gemeinschaftsticket mit Museum Mads Lerches Gård, s. u., 70 DKK).

Rund um Nyborg Slot folgte die **Nyborg Fæstning** der militärischen Entwicklung, bis die Stadt schließlich von einem mächtigen Wall gesichert und bis 1871 nur durch **Landporten**, das mit 40 m längste Festungstor Dänemarks, zu betreten war. Die restaurierten Wälle aus dem 17. Jh. sind zugänglich, zu besonderen Anlässen kommen darauf historische Kanonen zum Einsatz – Termine unter www.nyborgfaestning.dk und beim i-Büro.

Auf den Festungswällen neben Landporten findet man eine der schönsten Freilichtbühnen Dänemarks, Ende Juli/Anfang August für rund drei Wochen Schauplatz des **Nyborg Voldspil**. Mit vielen Freiwilligen und einigen Profis wird hier jedes Jahr mal eine Operette oder ein Musical von internationalem Kaliber wie »Cabaret« oder »Evita«, mal ein dänischer Komödienklassiker wie »Sommer i Tyrol« (2012) auf die Bühne gebracht – meist hat man auch ohne Dänischkenntnisse Spaß (Infos: www.nyborgvoldspil.dk, Tickets u. a. bei den i-Büros).

Nahe dem Schloss besitzt die Stadt ansehnliche Fachwerkhäuser, mit dem absoluten Schmuckstück an der Slotsgade: Der Bürgermeisterhof **Mads Lerches Gård** von 1601 ist Heimat des Regionalmuseums Nyborg Museum (Slotsgade 11, Tel. 65 31 02 07, www.ostfynsmuseer.dk, Di–So April–Okt. 10–15, Juni–Aug. 10–16 Uhr, Einzeltickets 35 DKK/ab 18 Jahre, Kombiticket Nyborg Slot und Museum 70 DKK).

Fünen und Inseln

Infos
Nyborg Turistbureau: Adelgade 3, 5800 Nyborg, Tel. 63 75 94 60, www.visitnyborg.dk.

Übernachten, Essen & Trinken
350 Zimmer am Großen Belt ▶ **Nyborg Strand:** Østersøvej 2, Tel. 65 31 31 31, www.nyborgstrand.dk (Best Western Hotels). Strand vor der Tür, Blick auf die Brücke. DZ regulär ab ca. 1220 DKK, an Wochenenden und im Sommer ab ca. 750 DKK, auch Familienzimmer. Das **Restaurant Panorama** bietet neben toller Aussicht auf Meer und Brücke eine französisch inspirierte Küche. Das preiswertere Familienrestaurant **Bistroen** setzt auf Gegrilltes, große Portionen und ein Salatbuffet – für 180 DKK bekommt man schon ein ordentliches HG.

Campen zwischen Autobahn und Meer ▶ **Nyborg Strandcamping:** Hjejlevej 99, Tel. 65 31 02 56, www.strandcamping.dk. Neben der Zufahrt zur Großen Belt-Brücke und direkt am Strand gelegen, daher ideal für Rundreisende. Auch Hütten.

Schlösser und Gräber ▶ J 13

Zu den Sehenswürdigkeiten im Hinterland zwischen der neuen Autobahn Odense–Svendborg und der Küste bildet die Margeriten-Route (S. 70) einen roten Faden. Unter den diversen Schlössern sei **Gut Lykkesholm** besonders erwähnt. Das Hauptgebäude entstand um 1600, zeigt aber deutliche Spuren späterer Umbauten. Hier ließ es sich H. C. Andersen gern gutgehen: »Mein Bauch sagt mir: was für eine Verpflegung erhältst Du hier auf Lykkesholm! Warmes Mittagessen, herrlichen Wein und gute Betten.« Wer das heute möchte, kann das Schloss z. B. für romantische Hochzeiten ›komplett‹ mieten (www.lykkesholm.dk). Lykkesholm geht auf die mittelalterliche Burg Magelund aus der Zeit von Margrete I. zurück, Reste der Wallanlagen sind in einem Wäldchen ca. 1 km nordöstlich des heutigen Guts erkennbar. Nur ein paar Schritte weiter nördlich um die Bauernschaft **Lindeskov** an der Straße [323] Ørbæk – Ringe taucht man tief in die Vorzeit ein: Sieben Dolmengräber verschiedener Typs sowie ein Kammergrab dokumentieren Grabriten der Bauernsteinzeit zwischen 3500 und 3000 v. Chr. Dazu gehört Dänemarks mit 168 m längster Dolmen. Eine Grabkammer ist am Nordende sichtbar, an zwei Stellen Reste weiterer Kammern. Außerdem sind 126 der ursprünglichen Randsteine erhalten. Da sich einige der Dolmen im Wald verstecken, ist das Faltblatt »Die vorgeschichtlichen Denkmäler bei Lykkesholm« hilfreich, das die i-Büros der Region bereithalten.

Vom Renaissancebau des **Guts Ørebæklunde** aus dem späten 16. Jh., erhascht man nur einen Blick über die Felder. **Glorup** – eines der von H. C. Andersen am häufigsten besuchten Schlösser – war ursprünglich ebenfalls ein Renaissancebau, wurde aber Mitte des 18. Jh. dem Barock angepasst und später noch mit klassizistischen Akzenten versehen. Hier sind die Parkanlagen mit Skulpturen, Vasen und Gedenksteinen zugänglich. **Rygård** gleich südlich präsentiert sich als kleine kompakte Burg aus der ersten Hälfte des 16. Jh. mit deutlichen Anzeichen von Verteidigungsanlagen.

Bei Hesselager kreuzt die Margeriten-Route die Küstenstraße [163]. In den Wiesen und Feldern nordöstlich des Dorfes kann man weit in die Entstehungsgeschichte Dänemarks zurückgehen: Als Relikt der letzten Eiszeit bringt **Dammestenen**, Dänemarks größter Findling, geschätzt etwa 1000 t Granit auf die Waage, bei 46 m Umfang und etwa 370 m³ Volumen.

Der **Kirche von Hesselager** merkt man innen wie außen an, dass sie reiche Gönner hatte: Die Wappen zwischen den Kalkmalereien zeigen, woher das Geld floss: Kirchenförderer waren die Grafen Friis, die im 16. Jh. zu Dänemarks mächtigsten Familien gehörten, allen voran Johan Friis (1494–1570), Reichskanzler unter Frederik I. sowie dessen Nachfolgern Christian III. und Frederik II. und damit in einer extrem Periode – Reformation, Zerschlagung der Kirchen- und Etablierung der Adelsmacht – fast ein halbes Jahrhundert Dänemarks führender politischer Kopf. Johann Friis ließ in den 1530er-Jahren auch **Hesselagergård** bauen. Dessen mar-

Nyborg und der Osten

kante Rundgiebel gelten als Anlehnung an die venezianische Architektur des späten 15. und frühen 16. Jh. und sind in Dänemark einzigartig – Friis war kurz vor Baubeginn in Italien. Als Hesselagergård entstand, waren die Erinnerungen an Dänemarks heftigsten Bürgerkrieg, die Grafen-Fehde, noch wach, und so ist der Burgcharakter des Schlosses nur zu verständlich.

Gudme und Lundeborg ▶ J 13

Broholm mit seiner Sammlung frühzeitlicher Feuersteine, **Tiselholt** und **Vejstrupgård** sind weitere Güter der Region und sprechen für deren Bedeutung. Und die gibt es nicht erst seit der Blütezeit des Adels, sondern schon ab etwa 100 n. Chr., wie Ausgrabungen beweisen. Lokalpatrioten fordern längst, die dänische Geschichte müsse neu geschrieben werden, denn **Gudme** sei schon zur Völkerwanderungszeit Mittelpunkt eines Königreichs gewesen, lange vor dem Reich Gorms des Alten in Jelling (S. 30).

Was wurde entdeckt, was ist bewiesen? In Gudme stand zur Eisenzeit eine Halle von 47 x 9 m, das größte bisher nachgewiesene Gebäude dieser Zeit in Nordeuropa. Der Grundriss ist neben der neuen Mehrzweckhalle der Stadt freigelegt und auch für den Laien kenntlich gemacht. Andere Funde belegen gute Kontakte zum römischen Reich: Der Schwerpunkt liegt auf Münzen, Gläsern und Bronzegefäßen. Schließlich fanden die Archäologen zwischen Gudme und der Küste ein Feld mit weit über 2000 Gräbern aus der Zeit von 100–400 n. Chr.

Handelsplatz für Gudme war von etwa 200 n. Chr. bis zur Wikingerzeit **Lundeborg**, heute ein Minihafen mit einer für Freizeitskipper aufgemotzten Marina inklusive einigen Lokalen. Das Bild prägt ein großer Fachwerkspeicher, ein ehemaliger Land-See-Handelsposten. Im ersten Stock gibt's jeden Sommer eine kleine Ausstellung über Lundeborg und die Bedeutung dieses heute eher verträumten Ortes (Mitte Juni–Mitte Sept. tgl. 12–18 Uhr, gratis). Nicht weit von hier wurde 1833 ein mehr als 4 kg schwerer Goldschatz gefunden – ein weiterer Beweis für die Bedeutung der Region. Die meisten der Funde aus Gudme und Lundeborg sind im Svendborg Museum (S. 308) zu sehen.

Übernachten

5-Sterne-Camping ▶ **Bøsøre Strand Feriepark:** Bøsørevej 16, 5874 Hesselager, Tel. 62 25 11 45, www.bosore.dk. Familienplatz mit Freizeitparkqualitäten und Spaßbad nördlich Hesselager am Meer. Hütten verschiedenen Standards.

Aktiv

Baden und Wassersport ▶ Kleiner, aber beliebter Strand bei **Lundeborg** mit guten Surf- und Kajakbedingungen. Bester Sandstrand an der Landspitze **Elsehoved** gut 4 km südlich von Lundeborg.

Termine

Ørbæk Marked: Größtes Volksfest auf Fünen mit Vieh- und Flohmarkt und Kirmes, am 2. Juliwochenende in Ørbæk, www.orbekmarked.dk

Eisenzeitmarkt: Historischer Markt an einem Wochenende Mitte Juli in Lundeborg. Programm: www.lundeborgjernaldermarked.dk.

Tipp: Isle of Fionia Single Malt Whisky

… lagert schon seit 2009 in Eichenfässern und wird seit 2012 für horrende Summen – die nummerierten, handsignierten Flaschen der ersten Fässer kosten ca. 2000–5000 DKK/ 0,5 l – verkauft: Whisky aus Bio-Rohwaren der Region – Fionia ist der historische Name von Fünen. Neben Whisky brennt die **Ørbæk Destilleri** noch anderes Hochprozentiges wie Rum und Kräuterschnäpse. Die Brennerei ist Ableger der Brauerei **Ørbæk Bryggeri,** die mit ihren Bio-Spezialbieren – darunter Holunderblüten-Ale – schon lange hübsche Verkaufserfolge erzielt. Eine Auswahl aktueller Biere und Spirituosen gibt's im Brauerei-Shop (Assensvej 38, 5853 Ørbæk, Tel. 65 33 21 11, www.oerbaek-bryggeri.nu; ▶ **J 13**).

Fünen und Inseln

Reisen zwischen West- und Ostdänemark

Über 100 Jahre diskutierten die Dänen Ideen für eine feste Verbindung über den Großen Belt, dann bauten sie zehn Jahre lang. 1997 rollten die ersten Züge und ab den 14. Juni 1998 auch Autos über die Storebæltsforbindelse zwischen Fünen und Seeland.

Hätten nicht kurz zuvor die Engländer ihren Kanaltunnel, die Japaner ihre Akashi Kaikyo-Brücke und die Portugiesen die Vasco Da Gama-Brücke über den Tejo eröffnet, Storebæltsforbindelse hätte etliche Welt- und Europarekorde gehalten. So blieben zweite und dritte Plätze: Insgesamt wurden 18 km Seeweg zwischen Korsør und Nyborg überspannt. Hilfreich ist die kleine Insel Sprogø mitten im Storebælt: Von Seeland bis dorthin wird der Autoverkehr über eine 6,8 km lange Hängebrücke geführt, während die Bahn Tunnel unter dem Meeresgrund nutzt. Wahrzeichen sind die beiden Pylone, an denen die Ostbrücke aufgehängt ist – mit 254 m höher als jeder Berg Dänemarks. Die Spannweite zwischen den Riesen aus Stahlbeton beträgt 1624 m, die Durchfahrthöhe für Schiffe 65 m. Die 6,6 km lange Flachbrücke mit nur 18 m Durchfahrhöhe im Westen zwischen Sprogø und Fünen vereint dann Straße und Schiene.

Zwar stiegen die Baukosten von 2,4 auf fast 4 Mrd. Euro, aber günstige Zinsen und hohe Verkehrszahlen lassen erwarten, dass durch die erhobene Maut die Baukosten lange vor den veranschlagten 40 Jahren abbezahlt sind. Obwohl die Bahn bewusst ein Jahr Vorsprung bekam, um den Kollektivverkehr zu stärken, schoss die Zahl der Fahrzeuge, die den Großen Belt querten, schon im ersten Brückenjahr auf knapp 7 Mio. nach 3,1 Mio. im letzten Fährjahr – 2007 waren es fast 11 Mio. Die Folge: Das Autobahnnetz stößt an seine Grenzen. Staus – früher in Dänemark fast unbekannt – sind dort an der Tagesordnung, wo die in Ost-West-Richtung verlaufende [E20] auf die Nord-Süd-Tangente [E45] trifft. So trotzt die Reederei Mols-Linien (S. 325) der Brücken-Konkurrenz und transportiert mit ihren drei Hochgeschwindigkeits-Katamaran Fähren – sie gehören zu den größten und jüngsten in Europa – über 1 Mio. Fahrzeuge im Jahr um die Nadelöhre herum. Dänemarks Wirtschaft fordert längst eine zweite feste Verbindung zwischen Nordseeland und dem Ballungsraum Aarhus, doch Fähren dürften hier vorerst die einzige Alternative bleiben. Mols-Linien verspricht sogar dank moderner Schiffsmotoren bei Pendelverkehr mit Schnellfähren weniger CO_2 in die Luft zu blasen als der Individualverkehr auf einer möglichen Kattegat-Brücke.

Praktisches
Brücke: Mautstelle der **Storebæltforbindelse** ist für beide Fahrtrichtungen bei Korsør (▶ K 12). Fahrzeuge werden elektronisch vermessen. Fahrspuren rechts (gelbes Schild [Manuel]) für Barzahler auch mit Schweizer Franken oder mit Euro, mittig (blaues Schild [Kort – Credit Card]) mit Automaten für Kreditkarten, links (grünes Schild [Bro Bizz]) für Fahrzeuge mit Identifikationssender, die beim Durchfahren registriert und per Kontoeinzug abgerechnet werden: Pkw inkl. Insassen 235 DKK; weitere Preise unter www.storebaelt.dk. Es gibt Sonderangebote u. a. für Wochenend-, Tages-, Abend- oder Ausflugsrückfahrkarten, außerdem bieten etliche Unterkünfte, Attraktionen und Sehenswür-

Die Storebælt-Brücke

Thema

digkeiten Rabatte bei Vorlage eines Tickets der Storebæltsforbindelse.
Fähre: Mols-Linien (Tel. 70 10 14 18, www.mols-linien.dk), Katamaranfähren Sjællands Odde (▶ **K 9**) – Aarhus (▶ **G 8/9**) bzw. Ebeltoft (▶ **J 8**); bis 12 x tgl., 65 bzw. 45 Min.; PKW plus Insassen 700 DKK, online ab 220 DKK, Einzelpersonen ca. 140–350 DKK, Räder gratis. **Kattegat Ruten** (Tel. 38 11 12 22, www.kattegat-ruten.dk), konventionelle Fähren Kalundborg (▶ **K 11**) – Aarhus; bis zu 3 x tgl., 2 Std. 40 Min.; Pkw plus Insassen 375 DKK, Einzelpersonen 180 DKK, 90 DKK/4-15 Jahre, Räder gratis; meist günstigere Online-Tickets für Fahrzeuge.

Radfahrer können Storebæltsforbindelse nur in bestimmten IC-Zug-Typen überqueren; der Preis für die 12 Min. dauernde Fahrt zwischen Korsør und Nyborg setzt sich zusammen aus Personenticket (96 DKK), Fahrradticket (24 DKK) und in der Saison von Mai–Aug. vorgeschriebener Fahrradplatzkarte (30 DKK). Alternativen sind Fährverbindungen mit Mols-Linien und Kattegat-Ruten (s. l.), LangelandsFærgen (S. 287) für Reisen über die südlichen Inseln oder – Tipp des Autors! – SamsøFærgen fürs Inselhopping Jütland – Samsø – Seeland (S. 276). Zum Reisen zwischen den Landesteilen mit Bahn, Bus und Flugzeug S. 78.

Erfolgreicher Brückenschlag zwischen Fünen und Seeland

Wandern unter Møns Klint ist immer ein Abenteuer. Einschüchternd erheben sich die weißen Klippen oberhalb des Strandes

Kapitel 4
Lolland, Falster, Møn und Seeland

Vom flachen Nakskov Fjord ganz im Westen bis zu den spektakulären Kreidefelsen Møns Klint vermarkten sich Lolland, Falster und Møn gern als ›Dänemarks Südseeinseln‹. Gute Wassersportmöglichkeiten, günstigere Preise als an der Nordseeküste und Fährverbindungen ab Rostock und Puttgarden machen sie für deutsche Urlauber populär.

Das größere Seeland ist ein Rückzugs- und Naherholungsgebiet für die Menschen aus dem Ballungsraum Kopenhagen. Auswärtige Urlauber haben die ebenso kulturträchtige wie naturschöne Landschaft noch nicht richtig wahrgenommen und lassen sie allzu oft nur am Autofenster vorbeifliegen auf dem Weg nach Kopenhagen.

Von den Fährhäfen im Süden oder der Brücke über den Großen Belt sind es nur eineinhalb Stunden bis in die Hauptstadt. Warum aber nicht unterwegs Highlights wie die Kreideklippen von Møn, die Wikingerburg Trelleborg oder die Domstadt Roskilde besuchen? Zwei oder drei Tage geben schon einen guten Eindruck und die Entfernungen sind überschaubar. Da kann man auch gut für ein oder zwei Wochen ein Ferienhaus mieten und die Attraktionen der Region sowie Kopenhagen auf Ausflügen besuchen, am besten mit dem vorbildlich funktionierenden öffentlichen Nah- und Regionalverkehr.

Politisch bilden Lolland, Falster und Møn mit allen Teilen Seelands außerhalb Kopenhagens die ›Region Sjælland‹ mit ca. 820 000 Einwohnern. Verwaltungshauptstadt ist das kleine Sorø, größte Städte, wenn auch unterhalb der 50 000-Einwohner-Marke, sind Roskilde in Ost- und Næstved in Südseeland.

Die regionale Webseite für die weitere Reiseplanung (auch in deutscher Sprache) ist www.visiteastdenmark.com.

Auf einen Blick
Lolland, Falster, Møn und Seeland

Sehenswert

Kalkmalereien: Die wandfüllenden ›Bibel-Comics‹ faszinieren nicht nur Kunstkenner (in Møn, S. 342, und Nordwestseeland, S. 364).

10 Møns Klint: Bis zu 128 m hohe Kreideklippen bilden das imposanteste Naturdenkmal im Lande (S. 342).

Kalkgruben von Faxe: Die gigantischen weißen Löcher in der Erde sind ein Eldorado für Fossiliensammler (S. 351).

11 Wikingerburg Trelleborg: Das Gelände der Ringburg zählt zu den wichtigsten Fundstätten der Wikingerzeit (S. 357).

12 Roskilde: Der Dom ist UNESCO-Welterbe und Grabkirche der dänischen Könige und das Wikingerschiffsmuseum besitzt weltweit einzigartige Schiffsfunde (S. 370).

Schöne Route

Von den Fähren zu den Wikingerschiffen: Nach Ankunft in Rødbyhavn oder Gedser genießt man in Marielyst (S. 337) auf Falster das Strandleben. Anschließend nimmt man ab Stubbekøbing die Bogø-Fähre (S. 338), Ziel ist Møn (S. 340) mit Kirchen voller Kalkmalereien und grandiosen Kreideklippen. Über Præstø und Faxe geht es später auf die Halbinsel Stevns (S. 352). Die Kalkklippen dort sind nicht so hoch wie auf Møn, aber durch die abstürzende Højerup Gamle Kirke ebenfalls spektakulär. Via Køge (S. 353) mit schmucker Altstadt endet die Tour in Roskilde (S. 370) an Dom und Wikingerschiffshalle. Ca. 310 km, mit Sightseeing 2–3 Tage.

Meine Tipps

Darf's mal kitschig sein? Ein Sonnenuntergang über dem Nakskov Fjord kann so schön kitschig werden. Ich setze mich dazu auf die Bank neben dem Ausflugslokal »Fjorden« auf Hestehoved und schaue einfach zu (S. 335).

Für alle Kids: BonBon-Land hat eine wunderbare Mischung von langsamen Fahrgeschäften für die Kleinsten bis hin zu wilden Achterbahnen, auf denen sich die Wagen auch noch um die eigene Achse drehen, Grrrrrrrrr … (S. 348).

Eintauchen in alte Zeiten: Sagnlandet Lejre bietet Geschichte zum Anfassen auch für Kinder inklusive Pfeil- und Bogenschießen, Einbaumfahren und Platz zum Rumtoben. Und das archaische Opfermoor, wo aufgepfählte Tierköpfe und -häute langsam vergehen, wirft viele Fragen auf (S. 371).

aktiv unterwegs

Mit dem Postboot zur Albuen-Wandertour: Urig, bodenständig und naturnah – so sind Postbootfahrten durch die Inselwelt des Nakskov Fjord (S. 334).

Wege und Risiken an Møns Klint: Eine Kurzwanderung mit langem Treppensteigen erschließt die imposantesten Kreideklippen der Ostsee – ganz ungefährlich ist das aber nicht (S. 344)!

Paddeln auf der Suså: Auf Seelands beliebtestem Kanufluss gelten strenge Quoten für die Zahl der Boote, die pro Tag unterwegs sein dürfen (S. 349).

Inselbesuche im Großen Belt: Vier bewohnte Inseln warten vor der Storebælt-Küste auf Besucher (S. 354).

Lolland, Falster, Møn

Von den Inseln im Südosten Dänemarks ist Møn mit seinen Kreideklippen touristisch die bekannteste. Falster rollt im Osten um Marielyst die längsten Strände aus. Lolland kommt mit seinen maximal 30 m Höhe dem Klischee vom flachen Dänemark am nächsten und besitzt im Westen mit dem lagunenähnlichen Nakskov Fjord ein Naturparadies.

Die Inseln positionieren sich im Lande als preiswerte Alternative beim Wohnen und Wirtschaften zum Großraum Kopenhagen. Dafür stellen sie ihre Natur – auf Lolland brüten sogar Seeadler – und gute Wassersportbedingungen sowie die schnellen Wege in die Hauptstadt heraus. Sollte der auf Regierungsebene längst beschlossene Bau einer festen Verbindung am Fehmarnbelt (S. 35) fertig werden, erwarten Optimisten ein Aufblühen der Region mit Beginn der Bauperiode ab ca. 2015 und nach der Fertigstellung ca. 2021 als Transport- und Logistikstandort. Kritiker befürchten, dass die Inseln zu einer Transitregion verkommen, während die Ballungszentren Hamburg und Kopenhagen Profiteure des Baus werden – auf der Straße wird man etwa drei Stunden zwischen beiden Städten unterwegs sein. Nachdem zu Beginn der Planung eine Brücke favorisiert war, hat man sich jetzt für einen Senktunnel entschieden. Dafür sprechen neben mehr Schutz für die fragile Natur auch Sicherheitsaspekte: Man erwartete auf einer in Nord-Süd-Richtung verlaufenden Brücke häufige Sperrungen bei den hier üblichen starken Westwinden.

Lolland ▶ K–M 14/15

Mit knapp über 1200 km² ist Lolland die größte Insel im Südosten und die viertgrößte in ganz Dänemark. Die gut 62 000 Einwohner leben von Landwirtschaft, vom wachsenden Tourismus sowie von einer mit Förderprogrammen gelockten Industrie. Der Niedergang der Werften von Nakskov und Sakskøbing in den 1980er-Jahren und Rationalisierungen in der immer noch wichtigen Zuckerindustrie brachten eine Depression. Für den Neuanfang stehen Windenergieparks: Vindeby Havmøllepark ganz im Nordwesten ist die älteste Offshore-Anlage der Welt. Inzwischen testet man hier erfolgreich Energiegewinnung aus Wellenkraft und experimentiert hinter den Deichen im Onsevig Klimapark nahe dem kleinen Hafen von Onsevig mit der Produktion von erneuerbarem Brennstoff aus Algen.

Rødby und Nysted im Süden

Rødbyhavn, 5 km südlich der Kleinstadt Rødby gelegen, ist Fährhafen der Vogelfluglinie (S. 75). In diesem wichtigen Gateway nach Skandinavien spuckt alle halbe Stunde eine Fähre Pkw, Lkw, Eisenbahnwagons und sogar komplette ICE-Züge aus. Vom Anleger aus führt die Autobahn [E 47] direkt nach Kopenhagen – etwa 90 Minuten ist die Hauptstadt entfernt.

Das malerische **Nysted** wird von Schloss Aalholm überragt, angeblich das älteste bewohnbare Schloss der Welt – Teile stammen aus dem späten 13. Jh. Das Schloss, zu dem eine der besten europäischen Autosammlungen gehörte, war lange für Besucher bis in den letzten Winkel hinein zugänglich. Dann

Lolland

kam es in den Besitz eines exzentrischen und öffentlichkeitsscheuen Finanzmagnaten mit einem Faible für das Sammeln von Land und Gütern. Seit dessen Tod im Jahr 2008 ist die Zukunft des Schlosses ungewiss, ein Großteil der Oldtimer wurde inzwischen über Auktionen versteigert.

So nostalgisch Nysted auf den ersten Blick wirkt, es ist doch im 21. Jh. angekommen. Im Meer südlich des Ortes stehen 72 Hightech-Windmühlen auf einer Fläche von ca. 24 km² im Meer. Recken sie ihre Flügelspitzen in den Himmel, erreicht jede eine Höhe von 110 m. Der **Nysted Havmøllepark/Rødsand I** kann etwa 145 000 Haushalte CO_2-frei mit Strom versorgen und war damit lange der leistungsstärkste Offshore-Windenergiepark der Welt. Diese Position übernahm 2009 Horns Rev II (S. 148), später die Thanet Offshore Wind Farm vor Südengland. Inzwischen hat Nysted wieder die Nase vorn: Dort ging im Oktober 2010 die Erweiterung Rødsand II ans Netz mit 90 zusätzlichen Windkraftanlagen. Die liefern Strom für weitere 200 000 Haushalte – beide Rødsand-Windparks kommen zusammen auf eine Nennleistung von 380 Megawatt. **Vindens Verden,** die Welt des Windes, informiert im gleichen Gebäude wie die Hafenmeisterei von Nysted über die Hintergründe der Offshore-Stromproduktion (Strandvejen 18, 4880 Nysted, Mitte Mai–Mitte Sept. tgl. 9–19 Uhr, gratis).

Am Guldborg Sund im Osten

Am Ufer des Guldborg Sund, der Lolland von Falster trennt, kann man im **Frejlev Skov** weit in die Vorzeit eindringen: vier Rund-, fünf Langdolmen und drei Kammergräber aus der Stein- sowie rund 100 Grabhügel aus der Bronzezeit. Das eindrucksvollste Grab ist der von etwa 30 Randsteinen umgebene Langdolmen ›Kong Grøns Høj‹.

Dort, wo der Gulborg Sund am breitesten ist, wirkt der Herrensitz **Fuglsang** auf den ersten Blick wie ein Renaissanceschloss, ist aber aus dem späten 19. Jh. Klassikkonzerte gibt es auf dem Gut schon lange, Anfang 2008 bezog dann die angesehene Sammlung des Storstrøms Kunstmuseum das neu gebaute **Fuglsang Kunstmuseum.** Es präsentiert alle Epochen der dänischen Kunst ab dem späten 18. Jh. Der Schwerpunkt liegt auf dem frühen 20. Jh., vor allem auf dem Kubismus, dessen bedeutendster dänischer Vertreter Olaf Rude (1886–1957) ganz in der Nähe aufwuchs (Nystedvej 71, 4891 Toreby, Tel. 54 78 14 14, www.fuglsangkunstmuseum.dk, Mi–So, April–Okt. auch Di 11–16, Mai–Aug. tgl. 10–17 Uhr, 70 DKK/ab 18 Jahre).

Lebendige Geschichte mit Pulverdampf und Schwerterklirren inszeniert das **Middelaldercenter** nördlich von **Sundby.** Auf dem Freigelände ist eine Mittelaltersiedlung inklusive eigenem Hafen mit zeitgemäßen Baumethoden entstanden – hier werden Theorien von Archäologen und Historikern einem Feldversuch unterworfen. Höhepunkte im Programm des Mittelalterzentrums sind Ritterkämpfe und Schießübungen mit einer der rekonstruierten, bis 12 t schweren Steinschleudern, wie sie etwa von 1100 bis 1500 bei Belagerungen zum Einsatz kamen. Ein Netz mit 2 t Feldsteinen dient als Gewicht und reißt den kürzeren Arm einer langen Stange herunter. So wird eine 15 kg schwere Kugel durch die Luft katapultiert. Im Mittelalter kam schon mal ein Brandgeschoss oder – Vorläufer biologischer Waffen – ein Tierkadaver auf die Schleuder, um Feuer oder Seuchen in die belagerten Städte zu bringen. Gut, dass Nykøbing Falster am anderen Ufer des Sunds außer Reichweite liegt (Ved Hamborgskoven 2, 4800 Sundby, Tel. 54 86 19 34, www.middelaldercentret.dk, Mai, Sept. Di–So, Juni–Aug., Woche 42 tgl. 10–16/17 Uhr, je nach Saison 110–125 DKK, 55–65 DKK/3–11 Jahre, Familienrabatt ab 2 Erw. und 2 Kinder; Termine: Steinschleuderabschuss tgl. 12 Uhr, Ritterturnier in den dänischen Ferien tgl. 14, sonst Di–Do, Sa, So 13.30 Uhr).

Sakskøbing

Der Ort kam durch die clevere Idee eines Stadtwerbers auf die touristische Landkarte: Er ließ dem Wasserturm ein lächelndes Gesicht aufmalen – heute Markenzeichen der Stadt. Blickfang auf dem Marktplatz ist ein

Lolland, Falster, Møn

Denkmal für die polnischen Rübenmädchen, die als Erntehelferinnen nach Lolland kamen, viele wurden auch sesshaft.

Sakskøbing besaß lange eine Zuckerfabrik, die jedoch Ende des 20. Jh. dichtmachte und zu einer edlen Wohn- und Büroanlage umgestaltet wurde. Damit unterstreicht Sakskøbing sein Bemühen, das Image eines heruntergekommenen Provinzkaffs abzuschütteln. Nur noch wenig mehr als eine Autostunde von Kopenhagens Zentrum entfernt, dient sich die Kleinstadt den Großstädtern als Refugium an: Im Hafen dümpeln Luxushausboote, die auch als Ferienhäuser gemietet werden können, und am Marktplatz peilt das Restaurant im **Hotel Saxkjøbing** (S. 335) die kulinarische Oberklasse an: Die ›Stadt mit dem Lächeln‹ will hip werden.

Maribo

Zentraler liegt Maribo, eingebettet in eine Seenlandschaft. Die dreischiffige, innen sehr schlichte **Domkirke** von 1470 am Ufer des Søndersø geht auf ein Kloster des Birgittenordens zurück. Nach der Reformation verfiel das Kloster, aber die Kirche blieb, wurde Ende des 16. Jh. Gemeindekirche, später Stiftskirche des Bistums Lolland-Falster und 1924 Dom. In den postreformatorischen Wirren verhökerte die Gemeinde sogar den prächtigen vergoldeten Altaraufsatz. Er steht bis heute in der Kirche von **Gut Engestofte** ein paar Kilometer weiter östlich am Seeufer.

Im Dom neben dem Chor sind in einer Gruft Leonora Christine (1621–98), Lieblingstochter von Christian IV., und drei ihrer Söhne beigesetzt. Sie hielt ihrem Mann Corfitz Ulfeldt (1606–64) auch die Treue, nachdem er sich mit Christians Nachfolger Frederik III. angelegt hatte und wegen Hochverrats zum Tode verurteilt worden war. Das brachte Leonora 22 Jahre Festungshaft im Kopenhagener Schloss Christiansborg und später die Verbannung nach Maribo ein. Ihr herzergreifendes Schicksal schrieb sie in »Jammers Minde, Denkwürdigkeiten der Gräfin Leonora Christine Ulfeld« nieder – das erste bedeutende Werk dänischer Literatur nach dem Mittelalter (S. 46).

Beim **Frilandsmuseet** am Ufer des Søndersø handelt es sich um die Open-Air-Abteilung des Lolland-Falster Stiftsmuseum. Es widmet sich in mehreren ländlichen Gebäuden der bäuerlichen Kultur (Meinckesvej 5, Tel. 54 84 44 00, www.museumlollandfalster.dk, Mai–Woche 42, Di–So 10–16 Uhr, 30 DKK/ab 18 Jahre). Was in alten Tagen an Getier auf Bauernhöfen lebte, bewahrt **Elisabethsminde** ca. 5 km westlich von Maribo nahe der Bauernschaft Erikstrup. Das ›Bewahrungszentrum für alte dänische Haustierrassen‹ versteht sich als genetische ›Sicherheitskopie‹ für Kühe, Schweine, Pferde und Federvieh aus Epochen, in denen Tiere noch nicht marktgerecht gezüchtet wurden (Kirkevejen 241, 4930 Erikstrup, Tel. 54 78 92 11, www.gamle-danske-husdyr.dk, März–Dez. tgl. 11–17 Uhr, 50 DKK/ab 12 Jahre).

Nordküste

Nicht sehr dänisch sind die Tiere auf dem rund 660 ha großen Gelände des **Knuthenborg Safaripark:** Um das ehrwürdige Gut Knuthenborg streifen Nashörner, Giraffen und Tiger. Sogar Kängurus hoppeln durch die Parklandschaft (Zufahrt: Maglemerporten, Knuthenborg Allé, ca. 8 km nördl. Maribo, Tel. 54 78 80 89, www.knuthenborg.dk, Ende April–Mitte Sept. und Woche 42 tgl., Mitte Sept.–1. Woche Okt. Sa, So Einlass 10–17, offen bis 18, in der Hochsaison bis 19 Uhr, 190 DKK, 105 DKK/3–11 Jahre).

Der Park von Knuthenborg reicht bis zur Nordküste bei Bandholm, dem Fährhafen mit Verbindung nach Askø. Auf einem 8 km langen Schienenstrang zwischen Maribo und der zum Museumsbahnhof herausgeputzten **Bandholm Station** verkehren im Sommer Dampf- oder nostalgische Triebwagenzüge der **Museumsbanen Maribo–Bandholm** (Mitte Juni–Aug., Buchung unter Tel. 54 78 85 45, Fahrpläne und Verkehrstage auf www.museumsbanen.dk sowie bei den i-Büros; h/z 75 DKK, 40 DKK/4–12 Jahre).

Vom Fährhafen **Kragenæs** bestehen Verbindungen auf die vorgelagerten Inseln **Fejø** und **Femø** im Smålandshavet. Beide sind Ziele für Tagesausflüge oder ganz ruhige Ur-

Lolland

Hallo, bist Du auch ein dänisches Tier? Ungewohnte Begegnung im Knuthenborg Safaripark

laubstage – außer vielleicht am ersten Augustwochenende, wenn auf Femø das traditionelle Jazzfestival Femø Jazz stattfindet (www.femoejazz.dk).

Dort, wo die Margeriten-Route von Straße [289] nach Süden abbiegt, beginnt der **Museumsvej**: Auf der Länge einer alten dänischen Meile (ca. 7,5 km) säumen historische Straßenmarkierungen und Straßenschilder den Weg. Am Rande kann man **Kong Svends Høj**, ein 12,5 m langes Kammergrab, erkriechen. Das **Reventlow Museet** auf **Gut Pederstrup** erinnert an Dänemarks Bauernbefreier Christian Ditlev Graf von Reventlow. Als Kanzler unter Frederik VI. setzte der Sozialreformer 1788 die Abschaffung der Leibeigenschaft durch (Pedestrupvej 124, 4913 Horslunde, Tel. 54 93 51 54, www.aabnesamlinger.dk/lollandfalster/reventlow, Mai, Sept. Sa, So, Juni–Aug. Di–So 11–16 Uhr, 30 DKK/ab 18 Jahre).

Nakskov und der Westen

Nakskov liegt im Inneren des flachen Nakskov Fjord im Westen von Lolland. Der natürliche Hafen brachte früh Wachstum und schon 1266 Stadtrechte. An vergangene große Tage erinnern Kaufmannshöfe wie Theisens Gård im Fachwerkstil zwischen dem zentralen Axeltorv mit dem i-Büro und dem Hafen. Was Sie schon immer über Zucker und seine Herstellung wissen wollten, erklärt **Danmarks Sukkermuseum** (Løjtoftevej 22, Tel. 54 92 36 44, www.sukkermuseet.dk, Juni–Sept. und Woche 42 Di–So, sonst nur Sa 13–16 Uhr, 40 DKK, 20 DKK/Kinder).

In Nakskov arbeitet noch eine der größten Zuckerfabriken Nordeuropas, ein Unternehmen der deutschen Nordzucker AG. Ansonsten erleidet Nakskov seit den 1980er-Jahren einen Niedergang. Erst schlossen die Werften, dann machte 2011 auch der Hoffnungsschimmer dicht, der das alte Werftgelände

Lolland, Falster, Møn

aktiv unterwegs

Mit dem Postboot zur Albuen-Wandertour

Tour-Infos
Start/Ziel: Anleger Postboot/Busbahnhof Nakskov
Länge/Dauer: 6–11 km Wanderstrecke, ca. 2 Std. Seefahrt, 1,5–2,5 Std. Wanderung
Schwierigkeit: Strand, sandige Fahrspuren, Deich – alles flach
Transport: Ein Weg Postboot Vesta (S. 335) ab Naksov Juni-Aug. Mo-Sa 9 Uhr, an/ab Albuen ca. 11–11.30/12–12.30 Uhr; ein Weg Bus 718 Nakskov–Langø/Vesternæs Strand Mo-Fr stdl. Die Bootstour muss reserviert werden, vor allem bei Zustiegen außerhalb Nakskov. Zeiten bestätigen lassen!
Buchungen: i-Büro Nakskov (S. 335) oder Reederei Danpirk Tel. 54 93 12 36

Das zur Saison 2010 mit viel Respekt vor seinem Alter renovierte **Postboot Vesta** bringt seit Jahren Post und Passagiere zu Mini-Inseln im Nakskov Fjord, nach **Slotø** (mit Ruinen einer Befestigung aus dem 16. Jh.), **Vejlø** und **Enehøje** sowie zu der Siedlung auf der Spitze von **Albuen**, wo jahrhundertelang Leuchtturmwärter und Lotsen lebten und heute im Sommer noch ein paar Menschen die wenigen Häuser bewohnen. Das alte Lotsenhaus kann besichtigt werden und auch ›Kystudkiggen‹, das im kalten Krieg gebaute Beobachtungshäuschen mit Panoramablick auf die Schiffsverkehr im Langelandsbælt, steht Besuchern offen.

Albuen, der Elbogen, ist auch eine oft nur wenige Meter breite, lang gezogene Nehrung mit Stränden zum offenen Meer hin. Sie schirmt den Fjord gegen den Langelandsbælt ab. Wind und Strömungen verändern den schmalen Streifen ständig und manchmal bricht er bei Sturmfluten, dann hat Dänemark für kurze Zeit eine Insel mehr.

Vom Lotsenhaus führt die empfohlene Strandwanderung knapp 6 km am ›Elbogen‹ entlang bis Vesternæs Strand, wo das ›Festland‹ wieder beginnt. An der nahen Ecke Skarntydevej/Ydøvej fährt dann ein Bus zurück nach Nakskov. Alternativ führt ein Wander- und Radweg über den Deich am Nakskov Fjord entlang in den kleinen Hafen Langø, dort halten sowohl Bus als auch Postboot. Alternativ zur großen Runde ab/bis Nakskov mit Postboot, Wanderung und Bus ist ab Langø auch eine kleine Runde nur mit Postboot und Wanderung möglich. Und ganz Fitte gehen den ganzen Fjordsti zurück nach Nakskov, ab Langø ca. 12 km/2 Std. extra.

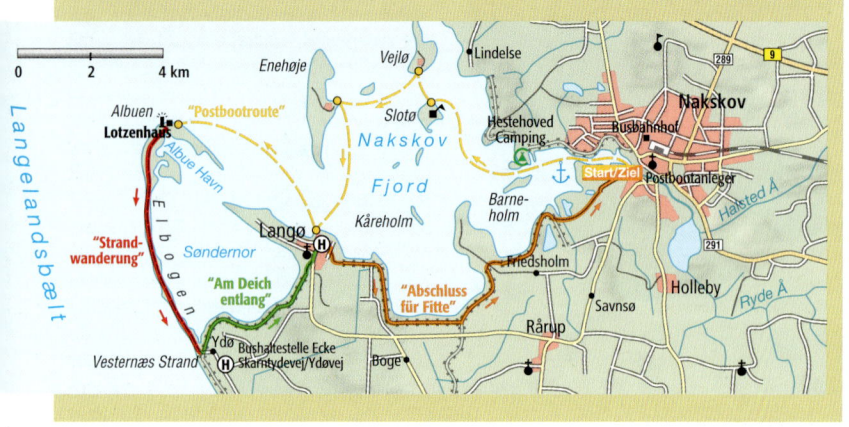

Lolland

zwischenzeitlich mit Leben füllte: Windkraftanlagenhersteller Vestas schloss sein erst Ende der 1990er-Jahre gebautes Flügel-Werk wieder. Naksov ist die Nummer 3 unter den dänischen Städten, die im letzten Jahrzehnt den höchsten Bevölkerungsrückgang erlebten. In der alten Hafenmeisterei auf der Stadtseite des Hafens erfährt man mehr über die Seefahrtstraditionen von Nakskov im **Skibs- og Søfartsmuseum** (Havnegade 2, Tel. 54 95 39 09, www.skibsmuseum-nakskov.dk, April–Okt Di–Fr 13–16 Uhr, sonst nach Vereinbarung, 25 DKK/ab 12 Jahre).

Infos

Maribo Turistbureau: Torvet 1, 4930 Maribo, Tel. 54 78 04 96.
Nakskov Turistbureau: Axeltorv 3, 4900 Nakskov., Tel. 54 92 21 72.
InfoHuset: Sakskøbing Torv 4, 4990 Sakskøbing, Tel. 54 70 56 30; nur im Sommer.
Alle drei: www.visitlolland-falster.com.

Übernachten

Für Seeblick 100 Kronen Zuschlag ▶
Hotel Maribo Søpark: Vestergade 29, 4930 Maribo, Tel. 54 78 10 11, www.maribo-soepark.dk. 4-Sterne-Hotel direkt an den Seen von Maribo; DZ regulär ab 1045 DKK, online dasselbe Zimmer ab 795 DKK; auch Familienzimmer.

›Forsthaus‹ im Grünen ▶ Skovridergaarden: Svingelen 4, 4900 Nakskov, Tel. 54 92 03 55, www.skovridergaarden.dk. Überschaubares Hotel am Rand von Nakskov, DZ ab ca. 895 DKK, Rabatt schon ab der 2. Nacht.

Ferienpark für Familien ▶ Lalandia: Lalandia Centre 1, 4970 Rødby, Tel. 54 61 06 00, www.lalandia.dk. Fast 750 Wohneinheiten für rund 4000 Gäste westlich Rødbyhavn, nur Schritte vom Strand. Dazu gehören ein tropisches Badeland, ein Open-Air-Spaßbad, eine Eissporthalle, ein 9-Loch Pay & Play-Golfplatz und ein Kino mit zwei Sälen. Mindestmietdauer 2 Tage. Häuser für 3–8 Pers. je nach Wochentag und Standard 1420–2700 DKK/Tag. Die teuersten Tage sind Fr–So, sonst unzählige Rabatte.

4-Sterne-Herberge in grüner Umgebung ▶
Danhostel Sakskøbing Vandrehjem: Saxes Allé 10, 4990 Sakskøbing, Tel. 54 70 60 45, www.sakskoebing-vandrerhjem.dk. Moderner Bau am Ortsrand, alle Zimmer verfügen über Bad/WC, DZ 315–450 DKK, 4-Bett-Zimmer 380–535 DKK.

Camping mit Strandzugang ▶ Hestehovedet Camping: Hestehovedet 2, 4900 Nakskov, Tel. 54 59 17 47, www.hestehovedet.dk. In Tuchfühlung zum Nakskov Fjord schön gelegen, kinderfreundlicher Sandstrand (S. 336) vor der Tür und Schwimmbad nebenan.

Essen & Trinken

Gourmetküche rustikal, dänisch, bezahlbar ▶ Hotel Saxkjøbing: Torvet 9, 4990 Sakskøbing, Tel. 54 70 40 39, www.hotel-saxkjobing.dk. Eine Frontfigur des New Scandinavian Cooking, Claus Meyer, steht hinter dem Projekt. Er übernahm 2006 das völlig heruntergekommene Hotel und machte es zu einer Perle, die er als Schaufenster für die hohe Qualität der lokal produzierten Lebensmittel versteht. 3-Gänge-Menü ›Der Geschmack von Lolland‹ 375 DKK, auch Zimmer ab ca. 900 DKK.

Traumhaft bei Sonnenuntergang ▶ Restaurant Fjorden: Hestehovedet 5, 4900 Nakskov, Tel. 54 92 23 48, www.restaurantfjorden.dk. Ausflugslokal mit dänisch-bürgerlicher Küche (HG ca. 110–210 DKK) und Kleinigkeiten zum Frokost (unter 100 DKK). Hier wird kulinarisch nicht nach den Sternen gegriffen; einen gibt es aber für die Lage mit Blick auf den Nakskov Fjord.

Aktiv

Angeln ▶ Angelkutter fahren von Nakskov zum Hochseeangeln in den **Langelands Belt** (S. 319), Buchungen über das i-Büro.

Bootstouren im Nakskov Fjord ▶ Reederei Danpirk (Postbåden): Tel. 54 93 12 36, www.postbåden.dk. Postbåden Vesta (s. Aktiv unterwegs S. 334) und Anglerkutter »Gaia«. Neben den Postschifftouren Juni–Aug. Mo–Sa ab Naksov 9 Uhr (150 DKK/Erw., 70 DKK/bis 11 Jahre) auch kleine Inselrundfahrt und Sonnenuntergangstouren. Auch Fahrradtransport

Lolland, Falster, Møn

(50 DKK) für Fjordrundfahrten ist möglich, z. B. Boot Nakskov – Langø und zurück über Fjordsti (s. Karte S. 334).

Strände auf Lolland ▶ Gute zur **Ostsee** hin vor Hyldtofte im Südwesten, westlich des Fährhafens Rødbyhavn, vor Kramnitse, Hummingen, Maglehøj und Næsby sowie am **Albuen**. Ideal für Kinder ist der **Nakskov Fjord** bei Hestehoved. Dort kann man über 100 m weit ins Wasser hineingehen und immer noch problemlos stehen. Wer dort schnell ins Tiefere will, geht zum Ende des mit gut 170 m längsten dänischen Badestegs.

Verkehr

Bahn: ICE-Züge Hamburg – Kopenhagen halten in Rødbyhavn und Nykøbing Falster. Lollandsbanen Nakskov – Maribo – Nykøbing Falster (www.regionstog.dk) 1–2 x stdl.
Bus: Regionalverkehr von Movia S. 346.
Fähren: Lolland Færgefart (Tel. 59 50 50 75, www.lollandfaergefart.dk) mit Kragenæs – Fejø (15 Min., ca. 1 x stdl.), Kragenæs – Femø (50 Min., ca. alle 2 Std.); Bandholm – Askø (25 Min., 6–10 x tgl.). Zu/ab vielen Überfahrten Bus ab Maribo oder Nakskov.
Scandlines: Rødby – Puttgarden (S. 75).
LangelandsFærgen: Tårs – Spodsbjerg (S. 287).

Falster ▶ M/N 14/15

Viele Reisende erleben Falster nur durch das Autofenster, wenn sie auf der [E47] zwischen Guldborgsund-Tunnel und Farø-Brücken den kleinen Nordwestzipfel der Insel überqueren. Langen Urlaub macht man hingegen an den kilometerlangen Stränden um Marielyst.

Nykøbing Falster

Falsters Hauptort Nykøbing benutzt immer den Inselnamen als Zusatz, das vermeidet Verwechslungen mit gleichnamigen Orten auf

Über Dänemarks südlichsten Flecken erhebt sich Gedser Fyr

Falster

Seeland und Mors. Die 16 000-Einwohner-Stadt mit der unübersehbaren Zuckerfabrik besitzt im Zentrum mehrere Häuser aus dem 16.–18. Jh. und eine spätgotische Kirche, die als Teil eines Franziskanerklosters entstand. Familien mit Kindern steuern den **Guldborgsund Zoo** an, dessen Star ein Sibirischer Tiger ist, der aber sonst einen Schwerpunkt in der Tierwelt Lateinamerikas hat (Øster Allé 97, Tel. 54 85 20 76, www.guldborgsundzoo.dk, Mai–Woche 42 tgl. 9–17, sonst 10–16 Uhr, 80 DKK, 40 DKK/3–15 Jahre).

Zu den schönsten Fachwerkhäusern zählt **Czarens Hus,** teils als kulturhistorisches Museum **Falsters Minder,** teils als nostalgisches Restaurant genutzt. Es bekam seinen Namen durch einen unerwarteten Besuch: Am 15. Juli 1716 platzte Zar Peter der Große von Russland in die damalige Gaststube. Er war mit einem Flottenverband auf dem Weg zu einem Staatsbesuch nach Kopenhagen, hatte aber von der Seefahrt die Nase voll und ließ sich bei Gedser absetzen, um über Land weiterzureisen (Museum inkl. i-Büro: Færgestræde 1 A, Tel. 54 85 13 03, www.museumlollandfalster.dk, Di–Fr 10–16, Sa 10–14 Uhr, 30 DKK/ab 18 Jahre; Restaurant S. 339). Einen Überblick über Nyköbing verschafft Vandtårnet, der 43 m hohe Wasserturm. Dieses Wahrzeichen, 1908 als erster dänischer Stahlbetonbau entstanden, besitzt auf 32 m – oder 147 Stufen – Höhe eine Aussichtsplattform und auf den Etagen darunter Ateliers und Ausstellungsräume sowie im Erdgeschoss ein populäres Café (Hollandsgård 20, Mo–Fr 10–16/17, Juni–Aug. zusätzlich Sa 10–15 Uhr, 20 DKK, 10 DKK/8–15 Jahre).

Gedser ganz im Süden

Gedser ist seit 1886 Fährhafen der Königsstrecke zwischen Berlin und Kopenhagen. Erst Postschifflinie, ab 1903 Eisenbahn-, ab 1926 auch Autofähre. Selbst die DDR hielt trotz niedriger Passagier- und Frachtzahlen an der Linie Warnemünde – Gedser fest. In den 1980er-Jahren machte sie Schlagzeilen, als Tausende von Flüchtlingen aus dem nahen und mittleren Osten via DDR anreisten und in Gedser ohne Papiere in den Händen um Asyl baten – die Pässe waren unterwegs über Bord gegangen.

Den südlichsten Flecken Falsters, Dänemarks und ganz Skandinaviens bildet die Landspitze Gedser Odde. Fast am Ende kann der kantige Leuchtturm **Gedser Fyr** im Sommer – mit eher spontanen Öffnungszeiten – bestiegen werden, von oben sieht man an klaren Tagen bis zur deutschen Küste. Auf dem letzten Zipfel Land markiert Sydstenen, der Südstein, das wirkliche Land's End. Den 4 t schweren Findling schleppte die letzte Eiszeit aus Schweden hier an.

Marielyst und der Osten

Nördlich von Gedser entstand 1906 nach Deichbauten **Marielyst,** 1909 waren die ersten drei Sommerhäuser bezugsfertig. Geplant als Refugium für Besserverdiener und Künstlerkolonie im Stil von Skagen, gewann der Badeort dank der guten Verkehrsverbindung nach Berlin auch in Deutschland schnell

Lolland, Falster, Møn

Freunde. Das Elitäre ist Vergangenheit, heute stehen, für alle Brieftaschen kompatibel, 5000 Ferienhäuser zwischen hohen Bäumen hinter den Deichen, ein Querschnitt durch 100 Jahre Freizeitarchitektur. Davor zieht sich ein mehr als 25 km langer Sandstrand an der Küste entlang.

Marielyst zeigt sich im Sommer munter und lebendig, in der Nach- und Wintersaison ist es ideal für Menschen, die Ruhe suchen. Vor seinen Toren staunen Autofans über fast 70 Oldtimer – der älteste von 1913 – in der Sammlung **Marielyst Sportscar** (Stovby Tværvej 11, Boesminde, Tel. 54 17 75 89, tgl. 10–17 Uhr, 40 DKK/Erw., 20 DKK/Kinder), während zukünftige Vettels, Hamiltons oder Rosbergs auf der **Marielyst Gokart-Bahn** Runden drehen (Godthåbs Allé 3B, Tel. 54 17 44 04, www.gokart.dk).

Weiter nördlich lassen sich im Wald **Halskov Vænge** Dolmengräber aus der Stein-, mehrere Grabhügel aus der Bronze- sowie Bautasteine, unbeschriftete Gedenksteine, aus der Eisenzeit entdecken. Ein kleines Museum informiert über die Funde und das Bemühen der Forstbehörde, im Wald eine Vegetationsgemeinschaft zu rekonstruieren, wie sie in der Vorzeit bestand.

Stubbekøbing und der Norden

In Stubbekøbing an der Nordküste zeigt das **Stubbekøbing Motorcykel- og Radiomuseum** über 150 alte Motorräder, Mopeds und Gespanne. Eine zweite Sammlung mit Radios, Lautsprechern und Plattenspielern würdigt einen Sohn der Stadt: Peter L. Jensen wanderte Anfang des 20. Jh. in die USA aus, baute dort eine Radiofabrik auf und erfand 1915 den dynamischen Lautsprecher, den bis heute meistverwendeten Typ, wenn Töne elektronisch wiedergegeben werden (Nykøbingvej 54, Tel. 54 44 22 22, www. motorcykelogradiomuseum.dk, Ostern–Sept. Sa, So, Juni–Aug., Woche 42 tgl. 10–17 Uhr, 35 DKK, 10 DKK/12–16 Jahre).

Bis 1985 war Stubbekøbing Fährhafen für die Anreise von Süden zur Insel Møn. Mit der Fertigstellung der Farø-Brücken, die im Westen unübersehbar sind, hatte die Linie eigentlich ausgedient, aber die seit 1959 hier eingesetzte Holzfähre »Ida« tuckert weiterhin in 12 Min. zum Anleger nach Bogø hinüber, eher aus Nostalgie denn aus Wirtschaftlichkeit – für Radwanderer, die die Autobahnbrücke nicht benutzen dürfen, jedoch ein Glücksfall (**Bogø–Stubbekøbing Overfarten,** Tel. 55 36 25 60, 12 Min., Mitte Mai–Mitte Sept. und Woche 42 tgl. 9–18 Uhr 1 x stdl., 25 DKK, 15 DKK/4–14 Jahre, 20 DKK/Fahrrad).

Mit der Fährroute ist der Name **Marie Grubbe** untrennbar verbunden, eine der schillerndsten Frauenfiguren Dänemarks. Vier Autoren des 18. und 19. Jh. haben ihr Schicksal literarisch aufgearbeitet, darunter H. C. Andersen in »Hühnergrethes Familie« und vor allem Jens Peter Jacobsen in seinem psychologischen Roman »Frau Marie Grubbe. Interieurs aus dem 17. Jahrhundert«, der zum dänischen Kulturkanon (S. 46) gehört und auch auf Deutsch in Weltliteratur-Editionen immer wieder aufgelegt wird. Marie Grubbe, Tochter aus jütischem Adel, erlebte auf der Schwelle vom Mädchen zur Frau eine erste desillusionierende Liebe. Nach kurzer Flucht in die Religiosität scheiterte anschließend eine Ehe mit Dänemarks General-Gouverneur in Norwegen, einem Sohn von Frederik III. Marie erlebte mehrere Affären, dann eine zweite Ehe, die zu einem 16-jährigen Martyrium wurde. In dritter Ehe – historische Quellen beschreiben sie inzwischen als »verrohte Nymphomanin, die gern Teer und Pferdeschweiß riechen mochte« – heiratete sie Søren Ladefoged, Ex-Knecht vom Gut ihrer Eltern und Fährmann in Stubbekøbing. Dort arbeitete Marie dann viele Jahre als Fährfrau und Pensionswirtin.

Bodenständiges und Exotisches bringt **Eskilstrup** nahe der [E47] auf die touristische Landkarte: **Danmarks Traktormuseum** in einer alten Fabrikanlage besitzt Oldtimer-Traktoren aus aller Welt, dazu Motoren und landwirtschaftliche Geräte (Nørregade 17 B, 4863 Eskilstrup, Tel. 54 43 70 07, www.traktor museum.dk, Mitte Mai–Sept. Di–Fr 10–16, So 10–15 Uhr, Juli/Aug. und Woche 42 tgl. 10–16 Uhr, 50 DKK, 10 DKK/ 4–14 Jahre). Ein paar Kilometer östlich behauptet **Krokodille Zoo**, die größte Artenvielfalt an Krokodilen

Falster

und Alligatoren in Europa zu halten: Rund 70 Tiere aus 21 Arten sind eindrucksvoll, manche gar furchteinflößend. Da Krokodile dämmerungsaktiv sind, gibt es im Juli spannende ›Dunkelführungen‹ (Ovstrupvej 9, 4863 Eskilstrup, Tel. 54 45 42 42, www.krokodillezoo.dk, Mitte Juni–Aug. und Ferien tgl. 10–17, Juli auch 22–24 Uhr, sonst Di–So 12–16 Uhr, Eintritt nach Saison 80/90 DKK, 45/50 DKK/ 3–11 Jahre, Dunkelführungen 90/50 DKK).

Infos

Nykøbing Falster Turistbureau: Færgestræde 1A (im Museum Falsters Minder), 4800 Nykøbing Falster, Tel. 54 85 13 03.

Velcomstcenter Marielyst: Strandpark 3, 4873 Marielyst, Tel. 54 13 62 98, beide: www.visitlolland-falster.com.

Übernachten

Romantischer Fachwerk-Kro ▶ Hotel Nørrevang: Marielyst Strandvej 32, 4873 Marielyst, Tel. 54 13 62 62, www.norrevang.dk. Kinderfreundliches, reetgedecktes Badehotel, DZ und Familienzimmer ab 1195 DKK; auch Ferienwohnungen für bis zu 6 Pers., Pakete für Miniferien inkl. Aktivitäten.

Modern und verkehrsgünstig ▶ Hotel Falster: Stubbekøbingvej 150, 4800 Nykøbing Falster, Tel. 54 85 93 93, www.hotel-falster.dk (Small Danish Hotels, S. 86). Modernes Hotel an der Straße nach Norden – solide, familiär, günstig; DZ ab ca. 955 DKK.

4-Sterne-Herberge am grünen Stadtrand ▶ Danhostel Nykøbing Falster: Østre Allé 110, 4800 Nykøbing Falster, Tel. 54 85 66 99, www.danhostel.dk/nykoebingfalster. Fast zwei Dutzend Zimmer, alle mit Bad/WC. DZ je nach Saison DZ 475–590 DKK, 4-Bett-Familienzimmer immer 630 DKK.

Camping gleich hinterm Deich ▶ Østersøparken FDM Camping: Bøtøvej 243, 4873 Marielyst, Tel. 54 13 67 86, www.fdm.dk/fdmydelser/fdm-camping-daenemark. Platz mit altem Baumbestand; Hütten mit/ohne Bad.

Ferienhäuser ▶ Feriehusudlejning Sydsol: Marielyst Strandpark 3, 4873 Marielyst, Tel. 54 13 29 30, www.sydsol.dk. Lokal verwurzelter Ferienhausvermittler.

Essen & Trinken

Dänische Küche ▶ Hotel Nørrevang (s. l.): Die Küche bürgerlich dänisch, Menüs ab ca. 270 DKK. Außerhalb der Hochsaison samstags Dinner mit Tanz für ›Best Ager‹.

Nostalgie mit neuen Konzepten ▶ Czarens Hus: Langgade 2, 4800 Nykøbing F., Tel. 41 90 43 00, www.czarenshus.com. Hier ab 1716 schon Peter der Große (S. 337), das populäre Konzept von heute ist aber jünger: mittags typische Frokostgerichte, Burger oder Sandwiches, abends wählt man sein Fleisch in den Auslagen (ca. 45–120 DKK), das wird dann nach Wunsch zubereitet, während man sich vom Buffet (80 DKK) die Beilagen holt.

Aktiv

Kinderfreundlicher Strand ▶ 25 km langer Sandstrand, in der Regel flach abfallend, mit **Marielyst** als Mittelpunkt, bewachten Abschnitten sowie einem FKK-Abschnitt.

Sport auf und unter Wasser ▶ Aquasyd Dykker- & Vandsportscenter: Marielyst Strandvej 21, 4873 Marielyst, Tel. 54 13 13 60, www.aquasyd.dk. Tauchsportcenter sowie Ausrüstung und Kurse für Seakayaking. Getaucht wird nach untergegangenen Steinzeitsiedlungen nördlich Lollands oder nach Wracks vor Gedser – dort scheiterten viele Schiffe an den gefährlichen Sandbänken um Dänemarks Südspitze.

Radfahren ▶ Falster Rundt ist eine 132 km lange, markierte Radwanderroute immer in Küstennähe. Die i-Büros haben Kartenmaterial vorrätig, sonst: www.falster-rundt.dk. Kürzer ist die Route um den **Guldborg Sund:** www.sundruten.dk.

Verkehr

Bahn: Nykøbing Falster ist ICE-Haltepunkt und regionaler Verkehrsknoten mit Busverbindungen (s. u.) sowie Regional-/Lokalbahn nach Kopenhagen oder über Lolland nach Nakskov.

Bus: Guter Regionalverkehr durch Movia (www.movia.dk) in alle Inselteile im Tarifverbund mit Lolland, Møn und Südseeland.

Fähre: Scandlines verkehrt auf der Strecke Rostock – Gedser (S. 75).

Lolland, Falster, Møn

Møn ▶ N/O 14

Eingeklemmt zwischen Seeland und Falster, ist Møn eine der populärsten dänischen Ferieninseln. Literaturnobelpreisträger Günter Grass ist seit Jahrzehnten Stammgast und widmete den berühmten Kreideklippen **Møns Klint** ein Gedicht: »Wir sind Sommer für Sommer Touristen, / legen den Kopf in den Nacken / und sehen hoch zu den Kuppen der Kreidefelsen, / die Klinten heißen und dänische Namen tragen.«

Møns Südwesten

Erreicht man Møn über das Inselchen Bogø und den 1943 angelegten Damm im Südwesten, liegt die **Fanefjord Kirke** nicht weit von der Hauptstraße: An ihren Wänden hat der Elmelunde-Meister (S. 54) seine flächenmäßig größten Kalkmalereien hinterlassen. Kennzeichen seiner Arbeiten ist die Vermischung biblischer Motive mit Szenen aus der Alltagswelt und die Darstellung biblischer Figuren in der einfachen Kleidung der Kirchgänger, für die diese Bilder Ende des 15. Jh. gemalt wurden. In Fanefjord ist ein profanes Detail bis heute aktuell: Zwei Frauen sitzen auf einer Bank beim Klatsch, belauscht vom Teufel, der eifrig mitschreibt. Die für einen so kleinen Ort erstaunlich reiche Ausstattung der Kirche geht auf eine längst vergangene Blütezeit Fanefjords als Heringsfängerstützpunkt zurück (Mo–So 8–18 Uhr).

Aber schon viel früher war der Südwesten von Møn wichtiges Siedlungsgebiet: Das rund 5500 Jahre alte Dolmengrab **Grønsalen** südlich der Fanefjord Kirke gilt mit drei Grabkammern, 134 mächtigen Randsteinen und einer Länge von ca. 100 m als eines der größten seiner Art im Lande. Jünger sind **Kong Asgers Høj** nahe der Siedlung Sprove mit ca. 10 m langer Grabkammer und südlich davon das Doppel-Kammergrab Klekkendehøj.

Inselhauptstadt Stege

Die Inselhauptstadt schmiegt sich um den Hafen und den Durchfluss zwischen der **Stege Bugt** und dem weiten Bodden **Stege Nor**. Die Umwandlung des Betriebsgeländes einer ehemaligen Zuckerfabrik am Hafen zum Wohnpark mit Luxusdomizilen – einige davon können als Ferienwohnungen gemietet werden – hat den Ort merklich aufgewertet. An die vergangenen süßen Zeiten erinnert heute allenfalls noch Møn Bolcher, eine Bonbonmacherei, in der man bei der Produktion zusehen, probieren und kaufen kann (Kostervej 2, www.moenbolcher.dk, Mo–Fr 10–16, Sa 10–14 Uhr).

Da kann man nur staunen: Kalkmalerei in der Keldby Kirke

Die Innenstadt wird von der verkehrsberuhigten Storegade als Einkaufsstraße durchzogen. Beim Bummel darf man den Durchgang an Haus Nummer 18 nicht übersehen: Er führt zum **Luffe's Gård,** einem romantisch restaurierten Hinterhofgelände mit Kunsthandwerker- und Feinkostläden sowie dem **Bryghuset Møn,** einer Mikrobrauerei in einem alten Lagerhaus, die mit einladender Außengastronomie den Hof belebt.

Am Ostrand des Zentrums ist **Mølleporten,** das Mühlentor, der erhaltene Rest einer Burgmauer aus dem frühen 16. Jh., die die ganze Stadt umschloss. Nebenan im Empiregården präsentiert **Møns Museum** in Wechselausstellungen naturkundliche und kulturhistorische Exponate aus dem bäuerlichen und städtischen Milieu der Insel (Storegade 75, Tel. 70 70 12 36, www.empiregaarden.dk, Di–So 10–16 Uhr, 30 DKK/ab 18 Jahre).

Lolland, Falster, Møn

Ulvshale und Nyord

Nach Nordwesten schiebt sich die Landzunge **Ulvshale** – Wolfsschwanz – mit Møns schönstem Strand Richtung Südseeland, aufgeschüttet durch Material, das im Laufe von Jahrtausenden an Møns Klint abgebrochen und durch Meeresströmungen hier angespült wurde. Im Schutz der Halbinsel bildete sich um einen eiszeitlichen Moränenhügel eine Insel mit weiten Marschwiesen: **Nyord**. Erst seit 1968 über Dämme und eine Brücke mit der Hauptinsel verbunden, ist es für sein Vogelschutzgebiet (zur Brutzeit gesperrt, Beobachtungsturm zugänglich) und für das Inseldorf bekannt, das den Eindruck erweckt, das 21. Jh. sei noch Lichtjahre entfernt. Mit Landwirtschaft, Fischerei sowie dem einträglichen Lotsenprivileg für die schwierigen Gewässer nördlich und westlich der Insel konnte die Inselgemeinschaft trotz der Abgeschiedenheit recht gut leben.

Am Rand des Dorfes fängt ein Pflichtparkplatz den Besucherverkehr ab, mit dem Auto dürfen nur Bewohner in den Ort. Beim Bummeln erlebt man dann Idylle pur, kann die kulturhistorische **Nyord Udstilling** (Ostern–Nov.) und die achteckige Inselkirche erkunden oder in Boutiquen Kunsthandwerk, Naturkosmetik (s. S. 345), kulinarische Spezialitäten wie den vor Ort aus hier gewachsenen Zutaten produzierten Senf »Nyord Sennep« oder edelste Whisky-Sorten suchen. Und wenn der Hunger kommt, steuert man Restaurant Lollesgaard an, das Ausflugslokal, in dem es aussieht wie in Omas Wohnzimmer und das die Traditionen dänischer Küche pflegt (Tel. 55 81 86 81, www.lolles.dk, Ostern–Woche 42, Hauptsaison tgl., sonst nur Fr–So; zum Frokost Smørrebrød ab 45 DKK, abends HG ab 125 DKK).

Keldby und Elmelunde

Die Hauptstraße in den Osten von Møn passiert bald nach Stege zwei im ganzen Land bekannte Kirchen mit Kalkmalerein des Elmelunde-Meisters. In der **Keldby Kirke** sind zudem ältere Fresken im Chor und an den Seitenwänden erhalten, zum Teil deutlich von der Gewölbekonstruktion beschnitten, die in der Spätgotik die ursprünglich romanische Balkendecke der Kirche ersetzte. Seinen Namen bekam der Meister von seinem Werk in der **Elmelunde Kirke**. Hier wurden Ende des 19. Jh. seine nach der Reformation übertünchten Fresken erstmals wiederentdeckt und von Restauratoren freigelegt (beide Kirchen April–Sept. tgl. 8–16.45, Rest des Jahres tgl. 8–15.45 Uhr).

10 Møns Klint

Ganz im Osten liegt das ultimative Ziel aller Møn-Besucher: Møns Klint. Um die Kreideklippen zu erreichen, taucht man in einen der schönsten Buchenwälder des Landes ein, **Klinteskoven**. Den Wald durchzieht ein Netz von schattigen Forst- und Wanderwegen, aber nur eine unasphaltierte Straße führt zum GeoCenter Møns Klint. Der einzige Parkplatz dort ist gebührenpflichtig (25 DKK) und im Hochsommer oft rappelvoll, dadurch kann es bei der Ausfahrt zu langen Staus kommen – wenn möglich verzichtet man auf das Auto.

Die an **Dronningestolen,** dem sagenumwobenen ›Thron der Königin‹, fast 130 m hohen Kreidefelsen ziehen sich vom Leuchtturm Møns Fyr im Süden bis Brunhoved im Norden über 12 km an Møns Ostküste entlang – imposanter als das etwa 60 km südöstlich gelegene Pendant auf Rügen. Die feine Kreide ist rund 75 Mio. Jahre alt, voller Fossilien – Schnecken, Muscheln, Seeigel, Fischfragmente – eines Urmeeres, auf dessen Grund sie sich bildete.

Von gewaltigen Gletschermassen der letzten Eiszeit an die Oberfläche gedrückt, formte die Ostsee in den letzten 4000–5000 Jahren die Steilküste von heute: Frost, Trockenheit, Regen, Stürme, Brandung – alles setzt Møns Klint zu. Immer wieder brechen Teile ab und rutschen ins Meer, wie im Winter 1987/88 das langjährige Wahrzeichen Sommerspiret oder im Februar 2007 eine Ikone unter den Klippenformationen, der ›Store Taler‹. Mit dem ›großen Prediger‹ platschten beim spektakulärsten Erdrutsch seit über 50 Jahren rund eine halbe Million Tonnen Kreide, Lehm und Kies inklusive Vegetation ins Meer.

Møn

Nicht weit von Dronningestolen entfernt befasst sich ein modernes Science Center mit der geologischen Entstehung Møns im Besonderen und der Dänemarks im Allgemeinen: **Geo Center Møns Klint**. Besonders in der Ausstellung zur Geburtsstunde Dänemarks bricht ein Schwall visueller und akustischer Effekte über die Besucher herein – ein Museum für die Generation Nintendo. Geradezu als Ausgleich bieten Naturführer im Sommer Wanderungen an Møns Klint entlang oder Radtouren im Hinterland an (Stengårdsvej 8, 4791 Borre, Tel. 55 86 36 00, www.moensklint.dk, Ostern–31. Okt. tgl. 10/11–17, Hochsaison bis 18 Uhr, 115 DKK, 75 DKK/ 3–11 Jahre, jedes Ticket kann kostenlos in ein Saisonticket für einen weiteren Besuch einschließlich Teilnahme an Aktivitäten getauscht werden).

Liselund

Über dem Nordteil der Klippen bilden das reetgedeckte Minischloss Liselund von 1792 den Mittelpunkt eines sinnlichen Parks, angelegt von einem adeligen Pärchen im Geiste der Naturphilosophie des Schweizers Jean-Jacques Rousseau, die Ende des 18. Jh. in Schickeriakreisen angesagt war. Den Salongesellschaften des 19. Jh. – auf Liselund vergnügten sich Kulturgrößen wie Bertel Thorvaldsen, Adam Oehlenschläger und H. C. Andersen – standen noch ein Norwegisches Haus, eine Schweizer Hütte und eine Chinesische Lustlaube für Tête-à-têtes zur Verfügung. Hier hier zu wohnen, ist nur noch eine Frage der Urlaubskasse: Die Villa Liselund, 1887 gebaut, dient als Schlosshotel mit Restaurant und Café.

Charles Louise de la Calmette, Bruder des Liselundgründers, war Ende des 18. Jh. Oberfalkoniermeister des Königs zu einer Zeit, als Dänemark aus seiner Kolonie Island den gesamten Hochadel Europas mit Jagdfalken versorgte. So steht **Falkoneriet Møns Klint**, die im Sommer auf der freiliegenden Kuppe des nahen Grevensbjerg die Kunst der Jagd mit Vögeln demonstriert, in alter Tradition. Neben Jagdfalken kommen auch Adler zum Flug (Parkplätze an Liselund, Zugang zum Gelände von Langebjergvej etwas weiter südlich, Tel. 55 81 26 14, Juli–Mitte Aug. mindestens 3 x wöchentl., genaue Termine beim i-Büro, 75 DKK/ab 7 Jahre).

Etwas weiter im Hinterland kann man mit dem exponiert liegenden Runddolmen **Sømarkdyssen** einen Prototypen der Megalithgräber aus der Jungsteinzeit erkunden – 5000 Jahre alt ist das Grab.

Infos
Turistbureau Møn: Storegade 2, 4780 Stege, Tel. 55 86 04 00, www.visitmoen.dk.

Übernachten
Schlosshotel nahe den Kreideklippen ▶ **Liselund ny Slot:** Langebjergvej 6, 4791 Borre, Tel. 55 81 20 81, www.liselundslot.dk. 17 Zimmer nahe dem Liselund-Schloss. DZ ab ca. 1200 DKK. Auch Paketangebot mit Bio-Gourmet-Vollpension inklusive Getränke-Flatrate ab 1800 DKK/Pers.

Unbezahlbarer Ausblick ▶ **Bakkegården Gæstgiveri:** Busenevej 64, 4791 Busene, Tel. 55 81 93 01, www.bakkegaarden64.dk. Familiäre Pension nah zu Møns Klint mit Blick über die Felder im Südosten von Møn aufs Meer hinaus. Die Zimmer sind künstlerisch-originell, aber funktional (ab 695 DKK, inkl. Meerblick ab 795 DKK), immer mit Bio-Frühstück; Bettwäsche/Handtücher bringt man mit oder leiht sie (60 DKK/Pers.). Frokost und Abendessen optional.

Modern und funktional ▶ **Danhostel Møns Klint:** Klintholm Havnevej 17a, 4791 Borre-Magleby, Tel. 55 81 24 34, www.danhostel moensklint.dk. 3-Sterne-Herberge in einem Dorf ca. 6 km vor den Kreideklippen; nur Zimmer ohne Bad/WC, DZ 335–460 DKK, 4-Bett-Zimmer 470–700 DKK, für Individualreisende Ostern–Aug.

Camping ▶ **Camping Møns Klint:** Klintevej 544, DK-4791 Borre, Tel. 55 81 20 25, www.campingmoensklint.dk. Der nächstliegende Campingplatz zu Møns Klint (3 km). Großzügig auf mehreren Ebenen in der kupierten Landschaft angelegt, knapp ein Dutzend Luxushütten mit Dusche/ WC, TV und Internetanschluss.

Lolland, Falster, Møn

aktiv unterwegs

Wege und Risiken an Møns Klint

Tour-Infos
Start: GeoCenter Møn
Länge: 2,3 km
Dauer: 1–2 Std. je nach Sightseeing und Zeit fürs Steinesuchen
Schwierigkeit: über 100 m Höhenunterschied über Treppen, Boden am Ufer in Abschnitten steinig, in anderen schlüpfrig
Infos: Eine Infobroschüre des Forst- und Naturamtes ist im i-Büro oder am GeoCenter erhältlich. Darin finden Interessierte weitere Tourenvorschläge.

Ein Muss an Møns Klint ist der etwa 15-minütige, ebene und sogar mit Kinderwagen leicht zu bewältigende Weg vom **GeoCenter** oberhalb der Klippen nordwärts bis zum Aussichtspunkt **Forchhammers Pynt.** Unterwegs passiert man den mit 128 m höchsten Punkt **Dronningestolen,** den Stuhl der Königin. Auf dem saß nach uralter Überlieferung gern die Frau des Kreideklippenkönigs und genoss die bis heute an dieser Stelle imposante Aussicht auf die Ostsee.

Falls keine Sperrungen bestehen, sollten fitte Besucher – knapp 500 Treppenstufen ab- und 470 aufwärts sind zu bewältigen – den Rundweg in südliche Richtung laufen, der die Klippen von oben wie von unten zeigt: Hierzu steigt man die Treppe am **Maglevands Fald** hinunter, geht unterhalb der Klippen in Richtung Süden bis zur Treppe am **Gråryg Fald,** dort wieder hinauf und abschließend oberhalb der Steilküste durch den Wald zurück. Etwa auf halber Strecke ragen die noch immer ansehnlichen Reste von **Sommerspiret** auf: Das einstige Wahrzeichen von Møns Klint stürzte 1988 ab.

In diesem Abschnitt der Klippen stehen die Chancen gut, die in Dänemark erst 2001 wieder eingewanderten Wanderfalken zu beobachten: Das schnellste Tier der Welt, das bei seinen Sturzflügen einen Formel-1-Rennwagen abhängen könnte, brütet in den Klippen und jagt vor dieser spektakulären Kulisse am liebsten Tauben.

Warnungen und Sperrungen sind jedoch unbedingt zu beachten! Jede Nutzung der Wege über und vor den Klippen sowie der Treppen erfolgt auf eigenes Risiko. Die meisten Gesteinsabbrüche und Erdrutsche erfolgen außerhalb der Touristensaison im Winter durch Frost oder zu viel Nässe. Aber auch extreme Trockenheit kann dem Gestein so zusetzen, dass es rutscht – auf tragische Weise im Sommer 1994 deutlich geworden, als mehrere Urlauber in den Tod gerissen wurden. Den besten Blick auf das Naturwunder von sicherer Warte bieten Bootstouren ab **Klintholm Havn** (S. 345).

Møn

Ferienhäuser ▶ Feriepartner Møn: www.feriepartner.de/moen, s. i-Büro; größter lokaler Ferienhausanbieter auch mit Häusern in Südseeland um Vordingborg und Præstø. Es gibt praktisch überall auf Møn Häuser, nicht jedoch im Umfeld von Møns Klint (Naturschutzgebiet). Größere Ferienhaussiedlungen auf Ulfshale im Nordosten und bei Råbylille im Südwesten, jeweils nahe guter Strände.

Essen & Trinken

Schlachter mit urigem Konzept ▶ Slagter Stig & Co./Støberiet: Storegade 59, 4780 Stege, Tel. 55 81 42 67. Fisch und Fleisch, darunter Exotisches wie Känguru oder Krokodil ebenso wie Würstchen für die Kinder (bis 20 DKK), sucht man in der Theke von Stig's Schlachterei aus, zahlt nach Größe oder Gewicht und lässt es sich nach Geschmack grillen. Dazu gibt's Salat und Beilagen vom Buffet und Getränke von der Selbstbedienungstheke. Ein Durchgang führt nebenan in Støberiet, die wie ein Antiquitätenladen eingerichtete Brasserie, oder in den Garten, wo man dann isst. Das Konzept kommt gut an, daher unbedingt reservieren und auf jeden Fall erst Sitzplatz sichern, dann für's Essen anstellen. Alternativ kann man alles zum Picknick im Grünen mitnehmen.

Institution für Fleischliebhaber ▶ Restaurant Kaj Kok: Klintevej 151 (6 km östlich Stege an der Inselhauptstraße), 4780 Landsled, Tel. 55 81 35 85, www.kaj-kok.dk. Sehr gemütlich, sehr dänisch, sehr große Portionen – auch Fisch und sogar etwas für Vegetarier – dazu ein großer Garten mit Spielplatz; im Sommer tgl. HG 100–200 DKK.

Einkaufen

Hausgemachte Naturkosmetik ▶ Nyord Naturprodukter: Nyord Bygade 3, 4780 Nyord. Tel. 55 81 87 47. Shampoos, Cremes und andere Kosmetik aus Kräutern und Pflanzen der Region – und immer viel ergiebiger als das, was man im normalen Handel kauft. Der Verkauf läuft per ›Selbstbedienung‹ nach Treu und Glauben, also Kleingeld mitbringen.

Kunsthandwerk ▶ Auf der Insel gibt es eine Vielzahl von Künstlern und Kunsthandwerkern mit offenen Ateliers, das i-Büro hat aktuelle Listen. Dabei geht die Bandbreite der Kunst weit über landläufige Kategorien hinaus, wie die **Korbflechtkünstlerin** Tenja Skotte in ihrem Atelier im Flettehuset zeigt (Fiskerstræde 18, Tel. 40 77 86 03); dort bietet sie auch Flechtkurse an.

Aktiv

Bootstouren ▶ Discovery: Mobil-Tel. 21 40 41 81, www.sejlkutteren-discovery.dk. Der Segelkutter fährt im Sommer ab Klintholm Havn entlang Møns Klint. Bis zu 5 x tgl., ca. 2 Std., 175 DKK, 90 DKK/3–11 Jahre. Reservierung erforderlich!

Strände ▶ An der Landzunge **Ulvshale** im Norden und zwischen Råbylille Strand und Klintholm Havn im Südosten sind die besten Strände, alle kinderfreundlich flach abfallend und mit Sand.

Radfahren ▶ Møn ist ein Radfahrerparadies mit vielen Radwegen, das im hügeligen Osten auch Kraft und Kondition in den Schenkeln erfordert. Infomaterial zu Radtouren beim **i-Büro.**

Termine

Tirsdagsmarked i Stege: An 5 bis 6 Dienstagen von der letzten Juni- bis zur ersten Augustwoche wird die Stadt für Autos gesperrt, Musik gibt's von verschiedenen Bühnen, Buden mit Krimskrams und mit lokalen Spezialitäten säumen die Storegade und für Kinderbelustigung sorgen Hüpfburgen.

Verdenslitteratur på Møn: Literatur-Event an einem Wochenende im August auf dem Gelände der Teaterhøjskole Rødkilde. Neben Newcomern wird jedes Jahr auch ein hochkarätiger Autor eingeladen. U. a. waren schon Günter Grass, Henning Mankell und Amos Oz zu Gast, aktuelle Details unter www.verdenslitteratur.dk.

Verkehr

Bus: Knotenpunkt aller Buslinien von und nach Møn sowie über die Insel ist der Busbahnhof Stege. Busverkehr durch Movia im Tarifverbund mit Lolland, Falster und Südseeland (www.movia.dk).

Seeland abseits der Metropole

Süd-, West- und Ostseeland bilden eine typisch dänische Landschaft, gerade so hügelig, dass Radfahrer es in den Waden merken, ohne wirklich stöhnen zu müssen. Es ist eine uralte Kulturlandschaft mit Schlössern und Herrensitzen, einzigartigen Kalkmalereien in mittelalterlichen Kirchen sowie vielen Museen zu Kultur, Geschichte und Natur.

Touristisch sind alle Teile Seelands gut erschlossen, von den Stränden der Køge Bugt direkt vor den Toren Kopenhagens über die Kreideklippen von Stevns bis zu den Küsten von Storebælt und Kattegat. Das größte der vielen Ferienhausgebiete liegt auf der Halbinsel Odsherred ganz oben im Nordwesten. Und wo Ferienhäuser stehen, sind kinderfreundlich flache Strände nie weit.

Vordingborg ▶ M 14

Von Deutschland kommend, darf man südlich von Vordingborg wählen: Die beiden Querungen der Meerenge Storstrømmen zwischen Falster und Südseeland waren zu ihrer Bauzeit jeweils technische Meisterleistungen, die dänischen Brückenbauern weltweit Anerkennung verschafften. Die Landstraße [153] nutzt zusammen mit der ICE-Strecke Hamburg – Kopenhagen die alte, 3200 m lange **Storstrømsbro** im Westen. Bei der Einweihung 1937 war sie Europas längste Brücke und musste bis 1985 den gesamten Verkehr der Vogelfluglinien aufnehmen. Sie ruht auf 49 Pfeilern und spannt sich über der Hauptfahrrinne fast 140 m frei in einer Höhe von 26 m.

1980–85 entstanden für eine neue Autobahn die beiden **Farøbroerne,** die es zusammen auf 3322 m Länge bringen, zwischendurch aber auf der Insel Farø ›Bodenkontakt‹ haben. Die Kombination einer Flach- und einer imposanten Schrägseilbrücke, die an zwei 95 m hohen Pylonen hängt, war faktisch eine Probe für die ähnlich konzipierte Verbindung über den Großen Belt (S. 324).

Burg

Die Geschichte der Stadt Vordingborg an der Südspitze Seelands ist eng mit drei der vier Valdemars unter den dänischen Königen verknüpft: Valdemar I. den Store (1157–82) benutzte den Ort als Stützpunkt für seine Auseinandersetzungen mit den Wenden und starb auch auf der damaligen Burg Vordingborg. Valdemar II. Sejr (1202–41) verkündete in der Stadt das Jyske Lov, das jütische Landrecht, ein für das Mittelalter sehr fortschrittliches Gesetzbuch, und Valdemar IV. Atterdag (1340–75) ließ die alte Burg zu einer zeitgemäßen Befestigungsanlage aufrüsten,

Tipp: Nahverkehr

Für den öffentlichen Nahverkehr in der gesamten Region sorgt der **Verkehrsverbund Movia.** Die Fahrpreise richten sich nach der Anzahl der durchfahrenen Zonen. Überall gilt: Kinder bis 15 Jahren zahlen den halben Preis, aber jeder zahlende Erwachsene kann zwei Kinder bis zwölf Jahren gratis mitnehmen! Aktuelle Preise (priser), Fahrpläne (køreplaner) und Streckennetzt (kort) auf www.moviatrafik.dk (dän.).

fit für den Kampf mit der Hanse um die Vormacht im Ostseeraum.

Erhalten sind von dieser Burg nur Mauer- und Fundamentreste sowie Vordingborgs Wahrzeichen **Gåsetårnet**, der Gänseturm. Der hat seinen Namen von einer goldenen Gans, die in 36 m Höhe auf seiner Spitze die Flügel schwingt. Angeblich ließ Valdemar Atterdag das erste Exemplar schon 1368 auf der Turmspitze anbringen, um die Hansestädte, die Dänemark den Krieg erklärt hatten, als schnatternde Gänse zu verspotten.

Die Gemäuerreste, der Gänseturm sowie ein historisch-botanischer Heilkräutergarten sind inzwischen Teile von **Danmarks Borgcenter & Gåsetårnet,** einem mittelalterlichen Erlebniscenter mit vielen Aktivitäten und Events auch für Kinder (Slotsruinen 1, Tel. 55 37 25 54, www.danmarksborgcenter.dk, Juni–Aug. tgl. 10–17, sonst Di–So 10–16 Uhr, 45 DKK ab 18 Jahre).

Vordingborgs Umland

Im Westen bildet die kaum 1000 m breite, aber fast 15 km ins Smålandsfarvandet hinausspringende Landzunge **Knudshoved Odde** eine einzigartige Naturlandschaft mit seltenen Pflanzen und Amphibien, beliebt für lange Spaziergänge. Die Zufahrt ist gegen eine geringe ›Maut‹ möglich, aber mit dem Auto nur bis zu Parkplätzen ca. 7–9 km vor der Spitze. Mit dem Rad kommt man noch etwas weiter bis zur schmalsten Stelle Draget, ca. 4 km vor dem ›Land's End‹.

Im reetgedeckten Pfarrhof der Dorfkirche von **Udby** nördlich Vordingborg erinnert ein Gedenkmuseum an den Theologen und Pädagogen Nicolai Frederik Severin Grundtvig (1783–1872), den Vater der dänischen Volkshochschulbewegung (S. 45), der hier als Pfarrerssohn geboren wurde und später als Kaplan tätig war (Pasmergårdsvej 13, 4750 Udby, kurze Öffnungszeiten an wechselnden Tagen Juni–Mitte Sept., 30 DKK).

Infos

Tourism & Culture Spot: Danmarks Borgcenter, Slotsruinen 1, 4760 Vordingborg, Tel. 55 34 11 11, www.visitvordingborg.dk.

Næstved

Übernachten

B & B und Ferienhäuser vermittelt das i-Büro (s. l.).
4-Sterne-Herberge ▶ **Danhostel Vordingborg Vandrerhjem:** Præstegårdsvej 16, Tel. 55 36 08 00, www.danhostel.dk/vordingborg. Auf großem Naturareal am Nordrand der Stadt, die meisten Zimmer mit Bad/WC: DZ 495–550 DKK, 4-Bett-Zimmer 550–600 DKK.

Termine

Für eine Kleinstadt mit knapp 9000 Einwohnern stellt Vordingborg viel Kulturprogramm auf die Beine, u. a. auch Dänemarks größtes Rock-, Pop- und Spielfestival für Kinder und ganz junge Teens (**Vilde Vulkaner,** www.vildevulkanerfestival.dk, 3 Tage Ende Juni/Anfang Juli) und eine Kulturwoche (**Vordingborg Festuge,** www.vordingborgfestuge.dk, Mitte Juli) – Infos gibt's natürlich auch beim i-Büro.

Verkehr

EC-/ICE-/Regionalbahn-Station an der Linie Hamburg – Kopenhagen. **Busknotenpunkt** für den Verkehr nach Møn.

Næstved ▶ M 13

Næstved wartet mit einigen ›Das-Älteste-in-Dänemark‹-Superlativen auf: Im Stadtzentrum sind **Kompagnihuset**, das älteste Gildehaus (Kompagnistræde), **Stenboderne,** die ältesten Reihenhäuser – heute eine Abteilung des **Næstved Museum** (Sct. Peders Kirkeplads 8, Tel. 55 77 08 11, Di–Sa 10–14, So 13–16 Uhr, gratis) – sowie das älteste Rathaus Dänemarks (Sct. Peders Kirkeplads 5) zu finden, alle aus dem 15. Jh. Etwas jünger ist das **Apostelhaus** (Riddergade 5) mit Darstellungen von Jesus und seinen Jüngern im Fachwerk. Von den beiden mittelalterlichen Kirchen des Ortes ist die **Skt. Peders Kirke** für ihre Kalkmalereien bekannt, während in der **Skt. Mortens Kirke** eine Altartafel von Abel Schrøder d. Jüngeren aus dem frühen Barock sowie die Renaissancekanzel seines nicht minder berühmten Vaters die Schmuckstücke sind.

Seeland abseits der Metropole

Gut Herlufsholm im Norden der Stadt beherbergt ein Edel-Internat mit langer Tradition und geht auf eine Stiftung des Admirals Herluf Trolle von 1560 zurück. Vom ursprünglichen Benediktinerkloster ist die Kirche von ca. 1200 erhalten, in dem Trolle und seine Frau in einem Sarkophag aus Alabaster beigesetzt sind. Kleinod des Inventars ist ein Kruzifix, das im frühen 13. Jh. aus grönländischem Walrosselfenbein geschnitzt wurde.

Gavnø und Karrebæksminde

Südwestlich der Stadt liegt **Schloss Gavnø** mit seinem Park auf der gleichnamigen Insel im Mündungsdelta der Suså. Seit dem 13. Jh. lag an dieser Stelle eine Burg, die von 1402 bis zur Reformation als Nonnenkloster genutzt – aus dieser Zeit stammt die Schlosskirche – und dann Mitte des 18. Jh. zum heutigen Rokokoschloss umgebaut wurde. Eine Brücke sorgt für reibungslosen Verkehr mit dem Festland. **Gavnø Slot & Park** ist fast bis in die letzten Winkel zugänglich und lockt das Publikum mit vielen Events. Im Schloss selbst ist neben edlem Mobiliar eine der größten privaten Gemäldesammlungen Nordeuropas zu sehen. Der Park ist für seine Tulpenblüte im Mai berühmt, ein Gewächshaus wurde zum Schmetterlingshaus umfunktioniert, und wilde Kerle toben auf dem Seeräuberspielplatz (Gavnø, Tel. 55 70 02 00, www.gavnoe.dk, Ostern–Woche 42 Park je nach Saison tgl. 10–16/17/18 Uhr, Schloss/Kirche 10–16 Uhr, 95 DKK, 55 DKK/Kinder 90–150 cm; 20 % Rabatt bei Vorlage gültiger Tickets/Belege von Storebæltsforbindelse oder Scandlines; Gartenlokal im Park, Schlossbrauerei mit Ausschank und kleiner Auswahl an Gerichten noch außerhalb des eintrittspflichtigen Geländes nahe dem Parkeingang).

Von Mai bis Woche 42 erreicht man Gavnø von Næstved aus mit dem Ausflugsboot Friheden (S. 351), das anschließend weiter nach **Karrebæksminde** tuckert. Westseelands größter Badeort mischt beschauliches Fischermilieu – inklusive gut sortierten Fischläden und Räucherei – mit viel Sommerfrische und den besten Stränden im Südwesten Seelands. Hier findet man auch die meisten Ferienhäuser und Unterkünfte. Wahrzeichen ist die Klappbrücke, die die beiden Ufer des Suså-Kanals verbindet.

BonBon-Land

Ist man mit Kindern in der Region unterwegs, kommt man um das **BonBon-Land** kaum herum. Zwar gehört der schrill-bunte Vergnügungspark heute einem spanischen Freizeitkonzern, entstand aber in Anlehnung an die Produkte einer dänischen Bonbonfabrik im nahen Holme-Olstrup, die mit großem Erfolg ihre Zahnkiller als Hundekacke, Kuhfladen, Möwenschiss, Dicke Titten oder Müllhalde – so die beliebte Mischung des ganzen Unrats – verkaufte. Einige dieser Namen wurden als Motto für die rund 60 Fahr- und Spaßattraktionen umgesetzt und zartbesaitete Gemüter ordnen die eine oder andere Attraktion auf einer nach unten offenen Niveauskala recht tief ein. Kinder merken das aber nicht und stören tut es sie erst recht nicht.

BonBon-Land kommt mit ruhigen Bähnchen und Bötchen bei kleinen Kids ebenso gut an wie bei Teens, Twens und Eltern, die auf den wilden Achterbahnen abfahren, für die der Park bekannt ist. Dazu gehört noch das 10 000 m² große Indoor-Spielland **Fantasy World,** hervorgegangen aus dem Show-Room einer Firma aus dem nahen Ringsted, die bewegliche Schaufensterpuppen vor allem für Weihnachtsdekorationen produzierte – deshalb nimmt das Thema Weihnachten auch einen so großen Raum ein, ganz gleich zu welcher Jahreszeit (Gartnervej 2, 4684 Holme-Olstrup, Tel. 55 53 07 00, www.bonbonland.dk. Juni–Aug. und Woche 42 tgl., April, Mai, Sept. und 1. Oktoberhälfte Sa, So, Feiertage 10–17/19/20 Uhr. Preis je nach Saison und Tag ca. 200–220 DKK/ab 90 cm; billiger online; Saisonkarte lohnt schon ab dem 2. Tag; viele Unterkünfte der Umgebung bieten günstige Pakete inkl. Eintritt).

Gisselfeld und Bregentved

Verlässt man Autobahn [E47/55] an Abfahrt [37] Richtung Næstved, finden aktive und abenteuerlustige Urlauber knapp 1 km nach der Abfahrt ein Eldorado: Der Kletterpark

Næstved

aktiv unterwegs

Paddeln auf der Suså

Tour-Infos

Start: mehrere Einsatzstellen für die Kanus
Infos: i-Büros in Næstved (S. 351) und Sorø (S. 362)
Fahrgenehmigungen Privatboote: Kongekildes Friluftsgård, Skælskørvej 34, 4160 Sorø, Tel. 57 84 92 00, ca. 100 DKK/4 Tage
Kanuverleih: ca. 380–430 DKK/1 Tag, ca. 845–995 DKK/3 Tage; Landtransport der Kanus vor bzw. nach der Tour meist inkl. Suså Kanoudlejning, Tel. 57 64 61 44, www.kanoudlejning.dk; Broby Kanoudlejning, Næstvedvej 79, 4180 Broby (▶ **L 12**), Tel. 57 64 81 50, www.brobykanoudlejning.dk; KanoPaaSusaa, Gunderslevvej 13, 4160 Herlufmagle (▶ **M 12**), Tel. 55 45 00 88, www.KanoPaaSusaa.dk

Seelands beliebtestes Kanurevier im Dreieck zwischen Næstved, Sorø und Ringsted führt durch eine Kulturlandschaft mit Schlössern und Vorzeitdenkmälern, vorbei an Wäldern, offenen Feldern, durch von der Suså geformte Talschluchten und über die beiden nebeneinander liegenden Seen Tystrup Sø und Bavelse Sø. Maximal sind etwa 50 km Wasserlauf zwischen Vetterslev südlich Ringsted (▶ **M 12**) und Næstved befahrbar. Das ist in drei Tagen zu schaffen, aber auch 2- (ab Næsby Bro) oder 1-Tage-Optionen (an Skelby) sind populär. Freies Campen ist verboten, auf den ausgewiesenen Übernachtungsplätzen kostet Zelten ca. 40–50 DKK/Pers., wenige ›Basic‹-Plätze sind gratis. Um Natur wie Anwohner zu schützen, ist die Zahl der Kanus, die unterwegs sein dürfen, beschränkt, jedes benötigt eine Fahrgenehmigung in Form eines kleinen Nummernschildes, das sichtbar angebracht sein muss, egal ob man eine Stunde oder drei Tage auf dem Fluss unterwegs ist. Eine Broschüre wird zusammen mit jeder Fahrgenehmigung ausgehändigt und nennt alle Rast- und Übernachtungsplätze sowie Stellen, an denen Boote ins Wasser gelassen werden dürfen.

Rund 25 000 Kanuten sind jedes Jahr auf der Suså unterwegs

Seeland abseits der Metropole

Rasende Karussells und sanfte Gondelbahnen: BonBon-Land

Camp Adventure im Gutsforst des Gisselfeld Kloster besitzt u. a. zwei der längsten Seilrutschbahnen Nordeuropas – 475 bzw. 415 m rauscht man zwischen den Bäumen hindurch über das Gelände. Es gibt aber auch einen Parcours, den Kinder ab 3 Jahre unter Elternaufsicht klettern können (Denderupvej 19, 4690 Haslev, Tel. 38 15 00 30, www.campadventure.dk, 325 DKK, 240 DKK/ 7–14 Jahre, 115 DKK/3–6 Jahre, online billiger, ca. Ostern–Woche 42 tgl. ab 9 Uhr).

Wer es ruhiger mag, steuert eines der Schlösser der Umgebung an: Das Renaissanceschloss **Gisselfeld Kloster** gibt immer wieder den Rahmen für Kulturevents ab und kann innen auf bisher noch seltenen Führungen besichtigt werden. Schmuckstück ist jedoch der Park, um 1870 im englischen Stil angelegt inklusive einer Orangerie – Paradehuset – inspiriert vom Londoner Crystal Palace, wie so viele herrschaftliche Gewächshäuser im Europa jener Zeit. Gisselfeld Kloster gehört einer gemeinnützigen Stiftung, die laut Statuten auch ›unverheiratete Töchter dänischer Adelsfamilien‹ unterstützt – da zahlt man doch gern den Eintritt (Gisselfeldvej 12A, 4690 Haslev, Tel. 56 32 60 32, Park: April, Sept. und 1. Hälfte Okt. Sa, So und Fei, Mai Do–So, Juni–Aug. Di–So 10–17 Uhr, 30 DKK/ab 12 Jahre; Schlossführungen 1 x monatlich 160 DKK; »Klostercaféen« am Parkeingang).

Gratis ist der Park von **Schloss Bregentved** zugänglich. Das repräsentative Gebäude entstand zwar erst Ende des 19. Jh., aber im Stil des Rokoko, da man auf ältere Pläne von Nicolai Eigtved (S. 47) zurückgriff. Der Architekt zeichnete auch für den Entwurf von Schloss Amalienborg in Kopenhagen verantwortlich (Koldinghus Allé 1, 4690 Haslev, Mi, Sa, So und Feiertage 9–18 Uhr, im Winter bis Sonnenuntergang).

Infos

Næstved-Egnens Turistbureau: Sct. Peders Kirkeplads 14, 4700 Næstved, Tel. 55 72 11 22, www.visitnaestved.com.

Übernachten, Essen & Trinken

200 Jahre Tradition ▶ **Menstrup Kro/Resort Hotel:** Manstrup Bygade 29, 4700 Menstrup, Tel. 55 44 30 03, www.menstrupkro.dk. Kro an der Straße Richtung Skælskør ca. 11,5 km westl. Næstved; DZ ab 975 DKK. Restaurant mit bester dänischer Küche, HG ca. 175–265 DKK.

Romantik in der Altstadt ▶ **Hotel Kirstine:** Købmagergade 20, Tel. 55 77 47 00, www.hotelkirstine.dk. Pittoreskes Fachwerkhaus von ca. 1750, die Zimmer im Antikstil eingerichtet, aber alle mit Highspeed-Internetzugang, DZ ab 1095 DKK. Auch das Restaurant und der Salon für den Kaffee zum Abschluss spielen mit den Traditionen des Hauses, die Küche erfüllt hohe Ansprüche, 3 Gänge aber schon ab ca. 350 DKK.

4 Sterne für ein umgebautes Nonnenkloster ▶ **Danhostel Næstved Vandrerhjem:** Præstøvej 65, Tel. 55 72 20 91, www.danhostelnaestved.dk. Zentral gelegenes Quartier mit modernen Zimmern, die meisten mit Bad, DZ ca. 300–620 DKK, 4-Bett-Zimmer ca. 610–740 DKK; auch ›Hotelpakete‹ inkl. Bettwäsche und Frühstück 700/995 DKK.

Aktiv

Bootsexkursionen ▶ **Friheden:** Mobil-Tel. 20 23 11 88, www.hammershipping.dk. Das Ausflugsschiff macht von Mai bis Woche 42 Sa und So, Juli und Aug. tgl. jeweils zwei bis drei Rundtouren ab/bis Næstved mit optionalen Stopps u. a. am Schloss Gavnø und in Karrebæksminde, 130 DKK, 100 DKK/bis 12 Jahre.

Termine

Fiskernes Kapsejlads: Das feucht-fröhlichste Volksfest der Region ist die Fischer-Regatta, die jeweils am zweiten Sonntag im Juli vor Karrebæksminde abgehalten wird. Die Kutter mit munter gestimmten Besatzungen müssen einen festgelegten Kurs zweimal in derselben Zeit bewältigen, je näher sich beide Läufe zeitlich kommen, desto besser – je nach Wetterlage wird das ›Rennen‹ im Karrebæk Fjord oder auf dem Meer in der Karrebæksminde Bugt gefahren – gefeiert wird immer am Hafen.

Verkehr

EC-/ICE-/Regionalbahnstation an der Linie Hamburg – Kopenhagen.

Von Præstø bis Køge

Præstø ▶ N 13

Præstø ist ein romantischer Ort mit vielen pittoresken Details, vor allem entlang Grønnegade und Torvet in der zweiter Reihe hinter dem Hafen. Im Hafen selbst kann es im Sommer recht munter werden, wenn sich die Marina mit Freizeitskippern füllt.

Auf Schloss **Nysø** nördlich des Ortes hatte sich in der ersten Hälfte des 19. Jh. unter den Fittichen des Gutsherrn Stampe und seiner Frau Christine ein künstlerischer Salon etabliert, der Kultur- und Geistesgrößen des Goldenen Zeitalters anzog. H. C. Andersen war mehrfach Gast, und der Bildhauer Bertel Thorvaldsen schuf hier wichtige Alterswerke, **Thorvaldsen Samlingen på Nysø** in seinem Atelier zeigt einige davon (Nysøvej, 4720 Præstø, Tel. 55 37 25 54, www.thorvaldsensamlingen.dk, Mai–Aug. Sa, So 12–16 Uhr, Hochsaison auch Do, Fr, 30 DKK).

Faxe und Faxe Ladeplads ▶ N 13

Faxe Ladeplads verdankt seinen ungewöhnlichen Namen dem Hafen, in dem seit Jahrhunderten Kalk aus den Brüchen von **Faxe**, 5 km landeinwärts, verladen wird. Dort breitet sich direkt neben dem Stadtzentrum ein gewaltiges weißes Loch mit türkisfarbenen Seen aus. Seit dem Mittelalter wird der Kalk abgebaut. Rund 90 m dick ist die Schicht, Überbleibsel eines vor etwa 63 Mio. Jahren versteinerten Korallenriffs. Teile der Steinbrüche sind zugänglich und ein Eldorado für Fossiliensammler. Die ungewöhn-

Seeland abseits der Metropole

Faxe – Fakse?

Jene Rechtschreibreform, die auch das ›Aa‹ zum ›Å‹ wandelte, sollte 1956 das ›x‹ aus der dänischen Sprache verbannen und machte aus Faxe offiziell Fakse. Nicht alle wollten diese Faxen mitmachen, und so braute man in Fakse z. B. weiterhin das renommierte Bier Faxe. Da heute wieder jede Stadt selbst entscheidet, wie sie geschrieben werden will, ließ sich Faxe das ›ks‹ nicht mehr für ein ›x‹ vormachen und nutzte die Kommunalreform 2007 zur Rückbenennung – vermutlich wird aber auch die ›ks‹-Version noch lange Zeit gebräuchlich bleiben.

lichsten Funde sind im **Geomuseum Faxe** zu sehen, das im neuen Kulturzentrum Kanten eine Heimat hat. Das liegt, Nomen est Omen, an der Kante hoch über dem Kalksteinbruch mit spektakulärer Aussicht (Østervej 2, 4640 Faxe, Tel. 56 50 28 06, www.geomuseum faxe.dk, Nov.–März Sa, So, April–Okt. Di–So 13–16.30, Juni Di–So, Juli/Aug. u. Woche 42 tgl. 11–16.30 Uhr, 45 DKK/ab 18 Jahre, inkl. Fossiliensuche [im Sommer tgl.] 70 DKK).

Halbinsel Stevns ▶ N/O 12

Rødvig, an der Südküste der Halbinsel, ist Zentrum des Tourismus auf Stevns. Ein eigenwilliges Bauwerk am Hafen, ein sogenannter **Flintoven,** ist Wahrzeichen. Er diente zum Brennen von Feuersteinen als Glasurrohstoff für Steingutherstellung.

Von Rødvig um den Osten von Stevns ziehen sich über 15 km die bis zu 41 m hohen Kreideklippen **Stevns Klint.** Deren unterste Schicht aus weicher Schreibkreide ist über 65 Mio. Jahre alt. Über ihr liegt eine nur 10–15 cm dicke Schicht ›fiskeleret‹, Fischton oder Fischlehm, ein Objekt intensiver Forschung, von der sich Wissenschaftler neue Erkenntnisse über das Ende der Dinosaurier und zahlreicher anderer Tierarten an der Schwelle von der Kreidezeit zum Tertiär erhoffen. Die Klippen sind reich an Versteinerungen, die sich mit geübtem Auge finden lassen: Versteinerte Stacheln und Körper von Seeigeln sowie Muscheln sind die Trostpreise, Fische, Amphibien oder gar Reptilien die Hauptgewinne.

Von Rødvig führt ein geologischer Lehrpfad an der Küste entlang zum aufgegebenen Kalkbruch **Boesdal** nordöstlich des Ortes. Während hier Kalk im Tagebau gewonnen wurde, gruben sich ein paar hundert Meter weiter Militärs tief in die Klippen. Die Raketen- und Kanonenstellung **Stevnsfortet** wurde in den 1950er-Jahren angelegt, um Flottenverbänden des Warschauer Paktes im Krisenfall die Fahrt durch den Øresund unmöglich zu machen. Der Fall des Eisernen Vorhangs brachte das Ende, im September 2000 verließen die letzten Soldaten die Anlage.

Das **Koldkrigsmuseum Stevnsfort** dokumentiert Technik und strategische Bedeutung der Klippenfestung. Die rund 1,6 km langen Gänge und Räume im Untergrund können nur im Rahmen von Führungen besichtigt werden. Diese dauern etwa 1,5 Std. und man läuft ca. 5 km unter- und überirdisch; unten herrschen Temperaturen von nur 10° C – also warm anziehen (Korsnæbsvej 34, 4673 Rødvig, Tel. 56 50 28 06, www.stevnsfortet.dk, April–Okt. tgl. 10–17 Uhr, nur überirdisch 20 DKK, inkl. Untergrundführung 110 DKK, 60 DKK/6–17 Jahre).

Bei **Højerup** thront die sagenumwobene **Højerup Gamle Kirke** über den Klippen: Ein Schiffer soll sie Mitte des 13. Jh. als Dank für Rettung aus Seenot gebaut haben. Seitdem rückte sie in jeder Weihnachtsnacht einen Hahnentritt weit landeinwärts. Einige Jahrhunderte reichte das Tempo, dann obsiegten Fakten über Fiction: Unter der Kirche fraß sich das Meer in die Klippen, 1928 stürzte der Chor ab. Der Rest ist inzwischen sorgfältig untermauert, eine Treppe zum Ufer hinab verschafft den besten Blick. Neben dem Parkplatz der Kirche zeigt **Stevns Museum** ein Sammelsurium von Historischem und Volkskundlichem aus der Region (Højerup Bygade 38, 4660 Højerup, Tel. 56 50 28 06. Mai–Sept. Di–So, Ostern, Juli und Woche 42 tgl. 11–17 Uhr, 25 DKK/ab 18 Jahre, im Eintritt ist die Parkgebühr auf dem einzigen Parkplatz für Kirche und Museum eingeschlossen).

Von Præstø bis Køge

Infos

Præstø Turistinformation: c/o Sweet & Coffie, Adelgade 48, 4720 Præstø, Mo–Do/Fr/Sa 9.30–17.30/19/15 Uhr (Servicepoint für Broschüren), sonst sind die i-Büros in Møn (S. 343) oder Vordingborg (S. 347) zuständig.

Faxe Kystens Turistbureau: Postvej 3, 4654 Faxe Ladeplads, Tel. 56 71 60 34, www.visit faxe.dk.

Stevns Turistbureau: Havnevej 21, 4673 Rødvig, Tel. 56 50 64 64, www.visitstevns.de.

Übernachten

Old-fashioned ▶ Rødvig Kro og Badehotel: Østersøvej 8, 4673 Rødvig, Tel. 56 50 60 98, www.roedvigkro.dk. Kro im muntersten Badeort der Halbinsel Stevns. Einige Zimmer haben Bad/WC auf dem Gang, ca. 725–1125 DKK.

3-Sterne-Herberge ▶ Danhostel Store Heddinge Vandrerhjem: Ved Munkevænget 1, 4660 Store Heddinge, Tel. 56 50 20 22, www.danhostel.dk/store-heddinge. Zentral gelegene, klassische Herberge. Die meisten Zimmer mit Bad/WC, DZ 300–400 DKK, 4-Bett-Zimmer 400–550 DKK.

Ganzjährig 4-Sterne-Öko-Camping ▶ Feddet Camping: Feddet 12, 4640 Faxe, Tel. 56 72 52 06, www.feddetcamping.dk. Naturnaher Platz auf der Halbinsel Feddet, nah zum besten Strand weit und breit. Streichelzoo, Hofladen mit Bioprodukten, Minigolf und überdachter Pool. Hütten, zum Teil luxuriös ausgestattet.

Ferienhäuser ▶ Feriepartner Sjælland Syd: Havnevej 21, 4673 Rødvig, Tel. 70 10 33 01, www.feriepartner.dk/sydsjaelland. Lokaler Anbieter.

Essen & Trinken

Deftig dänische Kro-Kost ▶ Rødvig Kro: (s. Übernachten). HG um 200 DKK, 3 Gänge 325 DKK. So ab 12 Uhr üppiges Frokost-Buffet für 178 DKK.

Aktiv

Kutterfahrten ab Rødvig Havn ▶ »M/S Freia«: Mobil-Tel. 20 22 11 22. Halbtägige Angel- (ca. 220 DKK) und abendliche Sightseeingtouren (ca. 110 DKK) entlang der Kreideklippen. Buchung auch über i-Büro.

Strände ▶ Rødvig und **Faxe Ladeplads** sind gut, werden aber vom Strand auf der **Halbinsel Feddet** übertroffen.

Verkehr

Bahn: Østbanen Køge – Rødvig bzw. Faxe-Ladeplatz, www.regionstog.dk, 1–2 x stdl., Sa, So teilweise nur alle 2 Std. In Køge Übergang auf Kopenhagener S-Bahn.

Køge ▶ N 12

Køge, an der gleichnamigen Bucht gelegen, markiert die südlichste Ausdehnung des Kopenhagener S-Bahn-Netzes. Seit dem Mittelalter – Stadtrechte ab 1288 – lebt es von seinem guten Hafen. Zur Orientierung von See her diente lange der Turm der wuchtigen, mit reichem Inventar ausgestatteten **Skt. Nikolaj Kirke.** Um den Marktplatz – der größte in der dänischen Provinz, mittwochs und samstags mit einem Bauernmarkt – lockt eine Altstadt zum Bummeln zwischen reichlich Fachwerkarchitektur, Schmuckstück darunter ist Dänemarks angeblich ältestes Stadthaus von 1527 in der Kirkegade 20, heute Teil der Bibliothek. Ein Kaufmannshof aus der Renaissance gleich am Anfang der Fußgängerzone Nørregade beherbergt seit 1909 das Stadtmuseum **Køge Museum** (Nørregade 4, Tel. 56 63 42 42, z. Zt. wegen Restaurierung des Gebäudes und Neuorganisation der Ausstellung geschlossen, Wiedereröffnung Herbst 2014).

Das wichtigste Museum liegt ebenfalls an der Fußgängerzone: **Køs – museum for kunst i det offentlige rum,** ein Museum der Entwürfe von Kunstwerken, Denkmälern und Ausschmückungen öffentlicher Bauten. Hier sieht man das Gipsmodell der Kleinen Meerjungfrau (S. 397) und Vorarbeiten von Bjørn Nørgaard Gobelins für die Königin, deren Originale in Schloss Christiansborg (S. 391) in Kopenhagen hängen (Nørregade 29, Tel. 56 67 60 20, www.koes.dk, Di–So 10–17 Uhr, 50 DKK, 20 DKK/18–24 Jahre).

Gefällt Ihnen Køge und wollen Sie auf die Schnelle mehr davon sehen? Dann steuern

Seeland abseits der Metropole

aktiv unterwegs

Inselbesuche im Großen Belt

Tour-Infos
Länge: Wanderungen von 3–11 km Länge
Dauer: mit Überfahrt ½ bis (besser) 1 Tag
Schwierigkeit: flach, zum Teil über Strände
Transport: (Preise inkl. Rückfahrt): Agersø Omø færgerne (Tel. 58 19 53 11, www.aofaerger.dk), Stigsnæs – Agersø, Fahrtdauer 15 Min., 11–16 x tgl., 48 DKK, 25 DKK/7–13 Jahre, 26 DKK/Fahrrad; Stigsnæs – Omø (Kirkehavn), Fahrtdauer 45 Min., 7–9 x tgl., 87/43/39 DKK; Sejerøbugtens færger (Tel. 59 59 00 18, www.kalundborg.dk/faergerne), Havnsø – Sejerø, Fahrtdauer 60 Min.; 3–6 x tgl., 135/65/40 DKK; Havnsø – Nekselø, Fahrtdauer 20 Min., 2–7 x tgl., 75/35/30 DKK

Die vier bewohnten Inseln im Storebælt, je zwei im Norden und im Süden, sind beliebte Tagesausflugsziele für Rad- und Fußwanderer und für Ornithologen sowieso:

Ab Stigsnæs (▶ K 13): **Agersø** (684 ha, gut 200 Einwohner) ist die lebendigste der vier Inseln mit dem Hafen als pulsierendem Herz. Wanderrouten von 3 bis 11 km Länge stellt die Webseite www.agersoe.nu auch in deutscher Sprache vor. Auf Agersø gibt es einen extrem populären Kro mit einer pfiffig interpretierten dänischen Küche, für die Einheimische schon mal vom Festland herüberkommen, niemals aber, ohne vorher zu reservieren, selbst für die Grillabende auf der Terrasse: **Agersø Kro,** Egholmvej 4, 4230 Agersø, Tel. 58 19 80 03 (Ostern–Wochen 42; HG ca. 120–220 DKK).

Omø (452 ha, knapp 170 Einwohner) trumpft mit dem schönsten Inseldorf in Westseeland und einem lebendigen Jachthafen. Beschreibungen für Wanderungen von 4 bis 10 km Länge findet man auf der Webseite www.omoe-net.dk und in den jährlich neu herausgegebenen Inselbroschüren.

Sie am südlichen Stadtrand **Kjøge Minibyen** an. Sie zeigt das Køge von 1865 im Maßstab 1:10. An der 1994 begonnenen Ministadt werkeln hunderte Freiwillige, darunter viele pensionierte Handwerker. Mitte 2013 standen ca. 400 der geplanten 640 Gebäude (Strandvejen 101, Tel. 56 63 62 18, www.koegeminiby.dk. Mai–Sept. tgl., April und Okt. an ausgewählten Feier- und Ferientagen 10–16 Uhr, 50 DKK, 10 DKK/5–15 Jahre).

An Minibyen vorbei nach Süden ist es nicht mehr weit bis zum Renaissanceschloss **Vallø Stift,** etwa 7 km vor der Stadt. Park und Schlossgarten sind zugänglich, nicht aber das Schloss selbst. Es dient seit über 250 Jahren als adeliges Damenstift – Alterswohnsitz für unverheiratete Frauen blauen Blutes. Und obwohl sich nach fast drei Jahrzehnten Pause seit 2004 wieder Stiftsdamen registrieren lassen können, ist ihre Zahl nicht mehr sehr groß. So darf die Stiftung Vallø Slot anderweitig Gutes tun, und dafür gibt es reichlich Mittel: Vallø ist eines der größten Güter Dänemarks, ein florierendes Land- und Forstunternehmen mit über 4000 ha Land.

Infos
Køge Turistbureau: Vestergade 1, 4600 Køge, Tel. 56 67 60 01, www.visitkoege.com.

Übernachten
Über 200 Jahre alter Kro ▶ Hotel Vallø Slotskro: Slotsgade 1 (ca. 7,5 km südl. des Zentrums), Tel. 56 26 70 20, www.valloeslotskro.dk. Komfortabel und erst 2012 von Grund auf renoviert, DZ z. B. beim Gourmetpaket inkl. Dinner ca. 2000 DKK.

4-Sterne-Hotel im Stil eines Packhauses am Hafen ▶ Niels Juel: Toldbodvej 20, Tel. 56 63 18 00, www.hotelnielsjuel.dk (Small Danish Hotels, S. 86). DZ ca. 1400 DKK; Sommer und Wochenenden ab 975 DKK.

Ab Havnsø (▶ **K 10**) werden zwei Inseln in der Sejerø Bugt angelaufen, die statistisch zu den sonnenreichsten und niederschlagsärmsten Flecken Dänemarks zählen.

Sejerø (ca. 1250 ha, gut 350 Einwohner, www.sejero.dk, Kro, Herberge, regelmäßiger Busdienst) besitzt sogar mehrere Siedlungen, ist von kleinen Stränden umsäumt und ein begehrtes Ziel für Ornithologen. Bei der Inselerkundung leistet ein Rad gute Dienste. Fahrradverleih: Søren Mortensen, Tinggårdsvej 2 (ca. 10 Min. Fußweg vom Fähranleger). Tel. 59 59 02 91, 50 DKK/Tag.

Nekselø (223 ha, ca. 20 Einwohner, www.nekseloe.net, keine Übernachtungsmöglichkeit) ist die einzige autofreie der vier Inseln und steht gänzlich unter Naturschutz. Inselwanderwege sind markiert. Der Aufenthalt abseits der Wege während der Vogelbrutzeiten April–Mitte Juli ist verboten; Verstöße werden mit Geldbußen geahndet.

Camping vor den Toren von Køge ▶ **Vallø Camping:** Strandvejen 102, Tel. 56 65 28 51, www.valloecamping.dk. Großer Platz unter alten Bäumen auf den Ländereien des Vallø Stift, leider durch eine Straße vom Meer getrennt. Hütten verschiedener Größe, aber bisher alle ohne eigenes Bad/WC.

Essen & Trinken

Aristokratisches Flair ▶ **Hotel Vallø Slotskro:** (s. Übernachten) Restaurant mit Landhausatmosphäre und dänischer Edel-Küche, Menüs nach Jahreszeit wie Wild im Herbst ab 400 DKK, mit passendem Weinmenü ab 800 DKK, Verwöhnabend für zwei ›En aften på Vallø Slotskro‹ inkl. Champagner zum Start und 7 Gängen für ca. 3100 DKK – lassen Sie es sich schmecken!

Zebrafleisch oder Würstchen von der Schlachttheke ▶ **slagter stig & co/brasserie bassin:** Carlsensvej 8, Tel. 56 65 48 09, www.brasseriebassin.dk. Ob Zebrafleisch oder Würstchen – man wählt sein Essen an der Schlachttheke, zahlt nach Gewicht und lässt es sich so grillen, wie man's gern hätte, dazu Salat und Beilagen vom Buffet (abends 99 DKK). Und an Wochenenden gibt's von 10–13.30 Uhr ein ordentliches Brunch-Buffet (ca. 155 DKK).

Termine

Sjælland Rundt på cykel: Tel. 56 66 22 40, www.kcrv.dk/sjaelland-rundt. Dänemarks größtes Volksradrennen an einem Sa Ende Juni/Anfang Juli mit vielen Teilnehmern aus Deutschland über ca. 300 km durch Süd- und Westseeland mit Start und Ziel in Køge. Startgebühr bei früher Anmeldung ca. 500 DKK.

Verkehr

Bahn: S-Bahn ab/bis Kopenhagen 3–6 x stdl., ca. 40 Min. Regionalbahn Roskilde – Køge – Næstved 1–2 x stdl. Østbanen Køge – Faxe-Ladeplatz/Rødvig auf Stevns 1–2 x stdl., Sa, So seltener.

Von Skælskør bis Kalundborg

Skælskør und Umland ▶ K 13

Die äußerste Südwestecke Seelands vermarktet sich gern als H. C. Andersen-Land, weil der Märchenmann sich oft auf Schlössern um **Skælskør** aufhielt. Die Kleinstadt am Durchfluss zwischen einem lang gezogenen Fjord und dem Bodden Noret präsentiert sich selbst mit maritimem Charme, am besten zu erleben vom Ausflugsdampfer »Skjelskør V«, der im Sommer zu Fjordtouren startet (Tickets beim i-Büro). Ca. 2 km südlich der Stadt ist der Park der wehrhaften Renaissanceburg **Borreby** für jeden zugänglich, das Innere jedoch nur im Rahmen von Gruppenführungen. Der hoch aufragende Bau wurde 1556 für Reichskanzler Johan Friis (S. 322) errichtet. Die Burg gibt jedes Jahr den stimmungsvollen Rahmen für einen Weihnachtsmarkt ab und 2012 wurde mit dem Musical »Jekyll & Hyde« ein Burgtheater eröffnet. Das

Seeland abseits der Metropole

macht die lange bestehende Tradition regelmäßiger Freilufttheater-Events auf Borreby zur permanenten Einrichtung (Borrebyvej 47, Tel. 58 19 40 68. Burg: www.borrebygods.dk, Theater: www.borrebyteater.dk).

Die frühmittelalterliche Wallfahrts- und spätere Grabkirche der Grafen von Holsteinborg, **Ørslev Kirke,** ist für die Kalkmalereien in ihrer Südkapelle berühmt. Einzigartig in Dänemarks Kirchen ist der 30 cm hohe und nur wenig mehr als 1 m lange Tanzfries auf der Ostwand, der einen weltlichen, altnordischen Kettentanz zeigt, wie er heute nur noch auf den zu Dänemark gehörenden Färöer-Inseln gepflegt wird. Die Musik spielt ein Fabeltier, oft als Kaninchen gedeutet.

Das vierflügelige Renaissanceschloss **Holsteinborg** verweist stolz auf 37 Besuche von H. C. Andersen – für ihn stand hier immer ein Zimmer bereit (Holsteinborgvej 130A, 4243 Rude, Tel. 58 19 53 74, im Sommer Führungen, Termine und Details beim i-Büro).

An der Küste südlich der Güter zieht sich ein haffähnliches Flachwassergebiet entlang, das aus Basnæs Nor und Holsteinborg Nor besteht und komplett Vogelschutzreservat ist. Es beheimatet u. a. eine der größten europäischen Kolonien von Krähenscharben.

Die östliche Verbindung dieses Haffs zum Meer verläuft direkt vor dem pittoresken Hafen von **Bisserup**. Dort hat **Bisserup Fiskebar,** so einfach das Fischlokal auch sein mag, weithin einen Kultstatus (Bisserup Havnevej 66, 4243 Bisserup, Tel. 55 45 91 78, Mitte Mai–Sept. Mi–So 12–22 Uhr).

Infos

Skælskør Turistbureau: Købmandsgården, Algade 11, 4230 Skælskør, Tel. 70 25 22 06, www.visitsydvestsjaelland.dk.

Übernachten

5-Sterne-Herberge auf Hotelniveau ▶
Danhostel Skælskør Lystskov Vandrerhjem: Slagelsevej 48, 4230 Skælskør, Tel. 58 16 09 80, www.lystskoven.dk. Alle 25 Zimmer mit Bad und WC. Im Grünen am Ufer von Noret nördlich des Zentrums. DZ 380–425 DKK, 4-Bett-Zimmer 470–525 DKK.

Aktiv

Strände ▶ **Kobæk Strand** bei Skælskør hat die besten Bademöglichkeiten an der Südwestecke Seelands.

Korsør ▶ K 12

In Korsør lebten die Menschen bis zum 14. Juni 1998 im Takt des Fährverkehrs. Jeder Eisenbahnwagon zwischen Kopenhagen und dem Westen des Landes, jeder Lkw, jeder Pkw wurde in der Stadt oder am nördlich gelegenen Autobahn-Fährterminal verladen – dann war von einem Tag auf den anderen Schluss. Aus Seelands Tor zwischen den Landesteilen wurde eine Stadt wie viele andere – ein Bahnhof, zwei Autobahnabfahrten, und schon ist man vorbei. Allenfalls bremst die Mautstation für die Storebæltsforbindelse die Autofahrer noch einen Augenblick und erinnert sie daran, dass sie in kaum mehr als einer Viertelstunde eine Wasserstraße queren, die das Land Jahrhunderte teilte und das Leben der Dänen nachhaltig prägte (S. 324).

An die härtesten Zeiten für die Überfahrten erinnert das **Isbådsmuseet,** das Eisbootmuseum, gleich neben der Rampe auf die Hochbrücke: Bis in die 1920er-Jahre wurden Passagiere und Waren im Winter mit speziellen Booten teils über das Eis geschoben, solange freies Wasser da war, jedoch gerudert oder gesegelt. Ein gefährlicher Job, denn in Frostwintern schiebt und presst sich das Eis an dieser schmalsten Stelle des Großen Belt oft bizarr zusammen, ebenso schnell können die Schollen auseinanderbrechen (Storebæltsvej 122, Halsskov Odde, Tel. 58 37 47 55; Zufahrt über Autobahnabfahrt 43 direkt östl. der Mautstelle, Mai–Mitte Sept. tgl. 11–16, Juli–Mitte Aug. bis 18 Uhr).

Doch oft unterbrachen Wetter und Wellen die Überfahrten gänzlich. Dann strandeten Knappen wie Könige gleichermaßen in der Stadt, manchmal für Tage. Als beste Adresse, um auf Wetterbesserung zu warten, galt ab 1761 Store Værtshusgården in der Algade. Als dort auch Mitglieder der Königsfamilie regelmäßig Quartier nahmen, bekam der den Namen **Kongegården,** heute ein Kunst- und Kulturzentrum mit Konzerten und Aus-

Von Skælskør bis Kalundborg

stellungen. Permanent werden hier Porträtbüsten, Reliefs und Zeichnungen des jüdischen Bildhauers Kurt Harald Isenstein (1898–1980) gezeigt. In Hannover geboren, in Berlin an der Kunstakademie ausgebildet und jung vor allem durch seine Einstein-Büste von 1924 berühmt geworden, floh er 1934 vor den Nazis. In Dänemark fand er seine neue Heimat und nahm 1947 die dänische Staatsbürgerschaft an. Die Stadt Korsør kam durch ein Vermächtnis seiner Witwe in den Besitz der Isenstein-Sammlung mit rund 7000 Arbeiten – vor allem Zeichnungen (Algade 25, Tel. 58 37 78 90, www.konge gaarden.dk, tgl. 11–16, Mi bis 20 Uhr, gratis).

Dänemarks Herrscher griffen auf Kongsgården als Unterkunft zurück, nachdem ihre mittelalterliche Burg im Hafen Ende des 18. Jh. abgerissen werden musste. Von der alten **Festung** sind nur der Burgturm mit Fundamenten aus dem 13. Jh. sowie etwas jüngere Wirtschaftsgebäude, Wälle und ein paar historische Kanonen erhalten. In einem Kornspeicher aus dem 17. Jh. arbeitet **Korsør Byog Overfartsmuseet** die Geschichte von Stadt und Überfahrten auf (Søbatteriet 7, Tel. 58 37 47 55, www.byogoverfartsmuseet.dk. April–Mitte Dez. Di–So 11–16 Uhr, gratis).

Auch wenn die Festung verschwand, das Militär blieb: Den Westteil des Hafens belegt einer der beiden letzten großen Flottenstützpunkte der dänischen Marine.

Infos
Korsør Turistbureau: Nygade 7, 4220 Korsør, Tel. 70 25 22 06, Fax 58 35 02 66, www.visitsydvestsjaelland.dk

Übernachten
4-Sterne-Konferenz- und Golfhotel ▶ **Comwell Grand Park:** Ørnumvej 6, Tel. 58 35 01 10, www.comwellgrandpark.dk. Das Hotel mit Wellness- und Sporteinrichtungen wirkt zusammen mit seinem historischen Hauptgebäude fast wie ein barockes Ensemble. Die komfortablen DZ sind an Wochenenden und in Ferienzeiten schon ab ca. 900 DKK zu buchen, ansonsten viele Golf-, Wellness-, Spa- oder Gourmetpreise.

Liebevoll renoviertes Stadthotel ▶ **Best Western Hotel Jens Baggesen:** Batterivej 3–5, Tel. 58 35 10 00, www.hotel-jens-baggesen.dk. Am inneren Hafen, nur einen Katzensprung von der alten Festung, DZ 995 DKK, Ferien und Wochenende ab 770 DKK.

Camping mit Rekordbrücke-Blick ▶ **Storebælt Camping- og Feriecenter:** Storebæltsvej 85, Tel. 58 38 38 05, www.store baeltferiecenter.dk. Die Sicht auf die Brücke bei Sonnenuntergang und nachts ist grandios, die Lage nahe der Autobahn weniger, aber ideal für Rundreisende; gute Hütten und Strandzugang. Das Lokal »Madhus Bælt'stedet« auf dem Platz ist für alle zugänglich, die Aussicht super und das sehr dänische Essen preisgünstig.

Essen & Trinken
Hutzelig mit romantischer Atmosphäre ▶ **Restaurant Madam Bagger:** Havnegade 17B, Tel. 58 37 01 49. Dänische Küche, viele Fischgerichte nach ›Fanglage‹, aber auch klassische Fleischgerichte. HG um 175 DKK, So–Do jeweils ein ›Dagens Ret‹ (Tagesgericht) für ca. 100 DKK.

Einkaufen
Fisch frisch oder geräuchert ▶ **Gittes Fiskeudsalg:** Bådehavnsvej 7 (Fischereihafen), Tel. 58 37 18 52, Mi–Fr 9–16, Sa 9–12 Uhr. Der beste Laden für Fisch an der Storebælt-Küste – ein Muss für Selbstversorger.

11 Wikingerburg Trelleborg
▶ K 12

Gut 3 km von der Küste entfernt liegt in einem sumpfigen, von den Flüssen Vårby Å und Tudeå gebildeten Dreieck die Ringburg **Trelleborg,** eine der bedeutendsten Fundstätten der Wikingerzeit. Die Bauzeit lässt sich auf die Jahre 980/81 festlegen, fällt also in die Regentschaft von König Harald Blåtand, ›der ganz Dänemark vereinte‹. Dieser ließ wohl sechs solcher Burgen anlegen (S. 30), um seine Macht in dem jungen Reich zu festigen. Rein militärischer Natur waren sie jedoch nicht, denn nachweislich lebten auch Frauen und Kinder in der Trelleborg.

Seeland abseits der Metropole

Ein 6 m hoher und wie mit dem Zirkel gezogener Wall von 137 m Durchmesser sorgte mit einer Palisadenwand obendrauf für Schutz. Nach Osten sicherte ein Graben die Anlage, davor eine Vorburg und ein Gräberfeld. 16 Langhäuser in der Haupt- und 15 in der Vorburg wurden nachgewiesen, alle mit überraschender Präzision gebaut wie aus einem Fertighauskatalog. Die Wikinger bauten aber vergänglich, und so sieht man hier Rekonstruktionen und die im Boden kenntlich gemachten Umrisse der Häuser. Das Gebäude am Eingang ist ein Nachbau aus den 1940er-Jahren, den aktuellen Wissensstand präsentiert ein Museum. Auf dem Gelände finden zudem in jedem Sommer Zeitreise-Events statt, Höhepunkt ist der Trelleborg-Markt im Juli (Trelleborg, Trelleborg Allé 4, 4200 Hejninge, Tel. 58 54 95 06, www.vikingeborgen-trelleborg.dk, Di–So April–Okt. 10–16, Juni–Aug. 10–17 Uhr, 70 DKK/ab 18 Jahre; erhöhter Eintritt zum Trelleborg-Markt).

Slagelse ▶ L 12

Gute Einkaufs- und Ausgehmöglichkeiten sowie ein munteres Kulturleben machen die mit gut 32 000 Einwohnern größte Stadt in Westseeland zu einem Oberzentrum für ein weites Umland. 1822–26 ging dort ein junger Mann in die Lateinschule, von dem damals kaum jemand Notiz nahm, der sich inzwischen aber als Glücksfall für die Stadtwerber herausstellte: H. C. Andersen. Das kulturhistorische **Slagelse Museum** kaufte zu seinem 200. Geburtstag im Jahr 2005 Kulissen aus einem Film über Andersens Jugend auf und würdigt darin diese Lebensphase des Märchendichters. Der war von Slagelse wenig begeistert und schmähte es ›nicht nur des Reimes wegen als Plagelse‹ (Bredegade 11, Tel. 58 52 83 27, Mi, So, 13–16, Sa 10–13, Juli–Aug. auch Di, Do 13–16 Uhr, gratis).

Seit 2003 ist das Gardehusarenregiment der Königin in der Stadt zu Hause. Zu den Gepflogenheiten der Traditionstruppe gehört jeden Mittwoch zur Mittagszeit der Ritt einer Eskadron in der vollen Pracht ihrer Paradeuniformen und mit großem militärischem Tamtam durch die Straßen ihrer Garnisonsstadt, vorausgesetzt, sie müssen nicht ihrer Hauptaufgabe nachgehen, die Königin bei offiziellen Besuchen zu eskortieren (etwa 12.30–14 Uhr ab/bis Antvorskov-Kaserne, genaue Route beim i-Büro).

Infos
Slagelse Turistbureau: Løvegade 7, 4200 Slagelse, Tel. 70 25 22 06, www.visitsydvestsjaelland.dk.

Übernachten
Funktional ▶ **Hotel Antvorskov:** Trafikcenter Allé 4, Tel. 58 50 33 60, www.hotelantvorskov.dk. Großzügige Zimmer, verkehrsgünstig gelegen am Autohof neben der Abfahrt 39 von der [E20] (stadtauswärts); DZ ca. 725 DKK, Frühstück 79 DKK extra.

Reersø, Gørlev und Tissø
▶ K 11

Die Halbinsel **Reersø** ist dem Namen nach Insel und wird von Einheimischen auch so betrachtet, ist jedoch auf halber Strecke zwischen Korsør und Kalundborg über einen dünnen Landstreifen inklusive Straße mit Seeland verbunden. Am Nordstrand zur Jammerland Bugt liegt ein Ferienhausgebiet, ansonsten ist das ›Inseldorf‹ eines der schönsten Dänemarks, seit dem 18. Jh. kaum verändert mit engen Gassen und Reetdächern.

Im Waffenhaus der romanischen, mit Kalkmalereien verzierten Kirche von **Gørlev** stehen zwei Runensteine aus der Wikingerzeit. Der größere von ca. 900 zählt zu den bedeutendsten im Land (Kirkevangen 14, 4281 Gørlev, April–Okt. Mo–Sa 8–16 Uhr). Archäologen glauben, dass die Steine von jenem Häuptlingshof stammen, der am Westufer des Sees **Tissø** ein paar Kilometer nördlich ausgegraben wurde. Dort informiert das **Besøgscenter Fugledegård** über die Funde, die Umrisse des fast 50 m langen Hauptgebäudes sind im Boden mit Eichenpfählen markiert.

Essen & Trinken
Urdänische Idylle mit Aal als Spezialität ▶
Reersø Kro: Strandvejen 46, 4281 Reersø, Tel. 58 85 90 22, www.reersoekro.dk. Drei

Von Skælskør bis Kalundborg

Jahrhunderte hat das Gebäude auf dem Reetdach – romantisch, gemütlich. Die Küche ist für Fischgerichte bekannt, der Aal, ganz traditionell gebraten und mit Kartoffeln und Petersiliensauce serviert, ist berühmt. Persönlich ziehe ich die gefüllte Scholle vor (HG um 190–340 DKK, 3-Gänge-Menü ca. 450 DKK). Für Übernachtungsgäste auch wenige Zimmer.

Kalundborg ▶ K 11
Die 16 000-Einwohner-Stadt im Norden der Storebælt-Küste ist einer der wichtigsten Industriestandorte Seelands u. a. mit einer Raffinerie und einem großen Kohlekraftwerk südlich der Stadt. Die **Vor Frue Kirke** aus dem 12. Jh. prägt mit ihren fünf Türmen die Silhouette des alten Kalundborg. Die Backsteinkirche über dem Grundriss eines gleichschenkligen griechischen Kreuzes steht in der Architektur Skandinaviens einzigartig da. Etwa zur selben Zeit wie die Kirche entstand ein paar Schritte östlich, dort wo heute der Marktplatz Torvet liegt, eine Burg, die später zum Königsschloss ausgebaut wurde und von Mitte des 14. bis ins 16. Jh. einer der Versammlungsorte des Hofes im Reich war. Während der Schwedenkriege im 17. Jh. wurde das Schloss jedoch so schwer beschädigt, dass es aufgegeben und abgerissen wurde, nur Wall- und Fundamentreste sind erhalten.

Bei so geschichtlichem Boden verwundern die vielen archäologischen Funde im **Kalundborg og Omegns Museum** kaum. Das kulturhistorische Museum in einem Fachwerkhof aus dem 16. Jh. gleich neben der Vor Frue Kirke ist zudem für seine Trachtensammlung und einen Garten mit seltenen, alten Kräuter- und Heilpflanzen bekannt (Adelgade 23, Tel. 59 51 21 41, www.kalmus.dk, Mai–Aug. tgl. 11–17, sonst Sa, So und in Ferienzeiten tgl. 11–16 Uhr; 40 DKK/ab 18 Jahre). Vielleicht entdecken Sie im Museum auch eine der Darstellungen der Vor Frue Kirke aus der Mitte des 19. Jh.: Sie taucht dort mit nur vier Türmen auf – der Mittelturm war 1827 eingestürzt und wurde erst 1871 rekonstruiert. Mit vier Türmen stellte sie u. a. Johan Thomas Lundbye (1818–48) dar, das romantische Genie des ›Gulalderen‹ (S. 48). Lundbye stammte aus Kalundborg und malte viel in Stadt und Umland.

In den Straßen und Gassen rund um die Kirche stehen die meisten der ansehnlichen Fachwerk- und vereinzelten Backsteinhäuser aus dem späten Mittelalter unter Denkmalschutz, Höhepunkt ist das Ensemble schräg gegenüber der Vor Frue Kirke: Bis zur Reformation nutzte der Bischof von Roskilde **Bispegården**, wenn er in Kalundborg weilte, anschließend diente jener Teil, der mit dem Giebel zur Straße weist, drei Jahrhunderte lang als Rathaus und noch bis zur Kommunalreform 2007 tagte zwischen den historischen Mauern der Rat der Stadt. Inzwischen nutzt ein Restaurant Teile des Komplexes und der angesehene Kunstverein der Stadt zeigt hier regelmäßig Ausstellungen (Adelgade 6, Tel. 59 51 62 76, www.bispegaarden.dk, Di–So 11–16 Uhr, gratis).

Infos
VisitKalundborg: Skibbrogade 40, 4400 Kalundborg, Tel. 59 51 09 15, www.visitvestsjaelland.dk.

Übernachten
Romantik-Hotel an der Fußgängerzone ▶ Ole Lunds Gård: Krokodilgade 1–3, Tel. 59 51 01 65, www.hotel-ole-lunds-gaard.dk. In einem fast 300 Jahre alten Fachwerkbau. DZ ab ca. 910 DKK, ab ca. 1120 DKK mit Bad; Restaurant mit dänischer Küche.

Moderne 5-Sterne-Herberge ▶ Danhostel Kalundborg: Stadion Allé 5, Tel. 59 56 13 66, www.kalundborg-vandrerhjem.dk. 28 bestens ausgestattete Zimmer. DZ oder 4-Bett Zimmer ab 540 DKK, Hotelpakete inkl. Frühstück und Bettwäsche teuer für Singles und Paare (625/750 DKK), günstiger für Familien (4–6 Pers. 900 DKK).

Essen & Trinken
Pavillon direkt am Meer ▶ Restaurant Gisseløre: Radiovej 2, Tel. 59 51 07 45, www.restaurant-gisseloere.dk, März–Dez Mi–So. Edel aufgemacht, an der Zufahrt zur Marina.

Seeland abseits der Metropole

Die Kirche von Kalundborg vor modernen Industrieanlagen

Die Küche setzt auf frische heimische Zutaten. Immer steht ›Fisch des Tages‹ auf der Karte. HG um 250 DKK, Gourmetmenüs.

Aktiv
Strand mit Wandergebiet ▶ **Eskebjerg Vesterlyng,** der Strand mit seinen Dünen südlich Havnsø, ist einer der besten Sandstrände entlang der Storebælt-Küste und in ca. 20 Min. mit dem Auto ab Kalundborg zu erreichen. Das über 3 km² große Heidegebiet hinter dem Strand lockt zu kleinen Wanderungen, dort teilt man sich das Gelände dann mit vielen halbwilden Pferden.

Verkehr
Bahn: 1–2 x stdl. Regionalbahn Kalundborg – Kopenhagen (90 Min.).

Fähren: Ab Kalundborg nach Samsø (S. 277) und Kattegat-Ruten nach Aarhus (S. 325).

›Seelands Herz‹ um Sorø und Ringsted ▶ L/M 12

Sorø und Ringsted haben als einzige Kommunen der Region Sjælland keinen direkten Zugang zum Meer. Große Wälder und einige Seen prägen die Umgebung. Im frühen Mittelalter residierte hier eine der mächtigsten Familien des Landes, das Geschlecht Hvide. Eng befreundet mit dem dänischen und durch Heirat verbunden mit dem schwedischen Königshaus, brachten sie selbst mehrere bedeutende Erzbischöfe hervor, allen voran den streitbaren Gründer Kopenhagens

›Seelands Herz‹ um Sorø und Ringsted

hinzu. Dazu passt das 8 m hohe Kruzifix über dem Mittelschiff, ein Werk der Spätgotik aus der Werkstatt des Meisters Claus Berg.

Die grandiose Orgel und ihre Akustik machen die Sorø Klosterkirke zu einem der besten Konzertsäle Europas, wenn Barockmusik zu intonieren ist: der Nachhall ist für diese Musik geradezu optimal. Zahlreiche Orgelwerke, vor allem von J. S. Bach, wurden hier für Veröffentlichungen eingespielt, auch von Knud Vad, 1964–2006 Organist von Sorø, der auf seinem Instrument als einer der besten Bachinterpreten weltweit gilt. In jedem Sommer wird die Kirche Mittelpunkt des von Vad 1969 ins Leben gerufenen **Sorø Internationale Musik Festival** (S. 362).

Das Kloster verlor nach der Reformation an Bedeutung, wurde 1586 Internatsschule, 1623 ritterliche Akademie und stand ab 1849 auch Bürgerlichen offen. Die meisten der heutigen Bauten stammen aus der Zeit nach einem Großbrand 1813 – imposant das klassizistische Hauptgebäude am Seeufer von 1826. Die Akademie von Sorø verdankt ihre Größe vor allem einer Erbschaft: Der Komödiendichter Ludvig Holberg (1648–1754) vermachte ihr seinen Besitz. Holberg hatte seinen Lebensabend nur wenige Kilometer nördlich auf Gut **Tersløsegård** – heute ein kleines Holberg-Museum (Holbergsvej 101, 4293 Tersløse, Pfingsten–Sept. Sa, So 12–16 Uhr, 45 DKK/ab 16 Jahre) – verbracht. Er ist ebenfalls in der Sorø Klosterkirke beigesetzt.

Vor Klosterporten gibt sich Sorøs Zentrum um den Marktplatz Torvet ganz romantisch. Hier zeigt das Ende 2011 neu gestaltete und deutlich erweiterte wiedereröffnete **Sorø Kunstmuseum** neben russischen Ikonen und mittelalterlichen Skulpturen eine großartige Sammlung dänischer Kunst seit dem 18. Jh. Bestens vertreten ist Malerei des ›Goldenen Zeitalters‹ aus der ersten Hälfte des 19. Jh., als Sorø ein Mittelpunkt des dänischen Geistes- und Kulturlebens war, aber auch die Moderne von ihrem Durchbruch bis zu aktueller Gegenwartskunst kommt zu ihrem Recht (Storgade 9, Tel. 57 83 22 29, www.sorokustmuseum.dk, Di–So 11–17 Uhr, 70 DKK/ab 18 Jahre).

Absalon. Kein Wunder also, dass im Herzen Seelands einige bedeutende Kirchen des Landes stehen.

Sorø

Auf Betreiben der Familie Hvide bauten Zisterziensermönche ab Ende des 12. Jh. in Sorø ein Kloster. Erhalten von den frühen Bauten sind nur das Torhaus **Klosterporten** und die **Sorø Klosterkirke**, in der Absalon ebenso wie einige dänische Könige, darunter Valdemar Atterdag (S. 32), bestattet wurde. Äußerlich wirkt die Kreuzkirche bescheiden, zumal sie nur einen Dachreiter statt eines Turms besitzt. Trotzdem zählt sie zu den wichtigsten mittelalterlichen Bauten des Landes. Die erste Bauphase war noch romanisch geprägt, später kamen gotische Elemente

Seeland abseits der Metropole

Von Sorø nach Osten

Zwischen Ringsted und Sorø stößt man auf zwei außergewöhnliche Kirchen, beide gehen auf Mitglieder der Familie Hvide zurück: Die **Bjernede Kirke** ist Seelands einzige Rundkirche, ein mittelalterlicher Bautyp, für den die Insel Bornholm berühmt ist (S. 434). Die **Fjenneslev Kirke** zählt zu den ältesten dänischen Landkirchen – etwa 1125–50 entstanden – und hat weitgehend ihren romanischen Stil bewahrt. Ungewöhnlich ist der Doppelturm, der Ende des 12. Jh. aus den inzwischen bekannt gewordenen Backsteinen angefügt wurde. Der Sage nach bat Ritter Asser Rig, als er ins Feld musste, seine schwangere Frau, eine Kirche zu bauen und einen Turm anzufügen, wenn sie einen Sohn gebären würde, oder einen Dachreiter bei einem Mädchen – es wurden Zwillinge, beides Jungen, einer davon Absalon.

Infos
Sorøegnens Turistkontor: Torvet 2, 4180 Sorø, Tel. 57 82 10 12, www.soroeturistbureau.dk.

Übernachten, Essen & Trinken
Zentral und gemütlich mit über 300 Jahren Tradition ▶ Postgaarden: Storgade 27, Tel. 57 83 22 22, www.hotelpostgaarden.dk. Alle Zimmer sind individuell eingerichtet, DZ ab ca. 925 DKK. Die Küche ist traditionell dänisch, bemüht sich aber auch um die Kinder unter den Gästen. HG um 150 DKK.

Unabhängige Herberge am Wasser ▶ Kongskilde Friluftsgård: Skælskørvej 34, Tel. 32 82 00 70, www.d-fk.dk. Mitten in alter, grüner Kulturlandschaft ca. 7 km südl. des Zentrums gelegen bietet die Herberge Familienzimmer für bis zu 4 Pers. ohne (350 DKK) oder Doppel- und Dreibettzimmer mit eigenem Bad/WC (450 DKK).

Aktiv
Bootstouren ▶ Sorø Bådfart: Infos und Tickets beim i-Büro. Das Tourboot »Lille Claus« fährt Mitte Mai–Aug. Sa, So, ab Mitte Juni auch Mi 4–5 x mit mehreren Stopps über den Sorø Sø, während der dänischen Sommerferien auch Mo, Di, Do, Fr 1–2 Touren; 65 DKK, 35 DKK/4–14 Jahre.

Kanutouren ▶ Die Seen südlich Sorø gehören schon zum **Suså-Kanurevier** (S. 349).

Termine
Sorø Internationale Musikfestival: Hochkarätig besetzte Konzertreihe von Ende Juni bis Anfang Sept. in der Sorø Kirke oder im Festsaal der Sorø Akademie. Infos über www.soroemusik.dk oder beim i-Büro (s. l.), dort auch Tickets. Inzwischen gibt es auch einige Winterkonzerte (Jan.– März).

Ringsted und Umland

Ringsted ist heute eine Kleinstadt mit gut 21 000 Einwohnern. Valdemar den Store, der 1157–82 als einer der großen Herrscher der dänischen Geschichte das Reich führte, wuchs nach dem frühen Tod seines Vaters als Ziehbruder des späteren Bischofs Absalon nahe der Stadt auf und förderte sie kräftig, als er König war – sie dankt es ihm heute mit einer großen Statue. Vom Mittelalter bis ins frühe 19. Jh. war Ringsted Schauplatz der seeländischen Thingversammlungen, der Gerichtstage, an die drei große Thingsteine auf dem Marktplatz Torvet erinnern. Sie dienten Rechtssprechern und Klägern als eine Art Podest, um sich über die Menge zu erheben.

Gleich neben den Steinen ragt die im Kern romanische **Skt. Bendts Kirke** auf. Um 1170 als Teil eines Benediktinerklosters errichtet, gilt sie als die älteste erhaltene Backsteinbau in Nordeuropa. Valdemar den Store war der erste in einer Reihe von sechs dänischen und einem schwedischen Regenten, die zwischen 1182 und 1321 in der Skt. Bendts Kirke ihre letzte Ruhe fanden. Kalkmalereien mit geistlichem wie weltlichem Inhalt stammen teils noch aus dem 13. Jh., teils aus dem 20. Jh. – zuletzt malte Joakim Skovgaard 1916 ein Bild der legendären Königin Dagmar, die neben ihrem Mann, König Valdemar Sejr, ebenfalls in der Kirche zur letzten Ruhe gebettet wurde (Mai–Mitte Sept. und Woche 42 tgl. 10–17 Uhr, sonst Mo–Fr 11–13, Sa, So 13–15 Uhr).

Holbæk

Nördlich Ringsted breiten sich rund um Seelands höchste Erhebung, dem 126 m hohen Gyldenløveshøj, die Wälder von **Gut Skjoldenæsholm** aus, dessen neoklassizistisches Hauptgebäude als Konferenzhotel genutzt wird. Das benachbarte, von Enthusiasten betriebene Straßenbahnmuseum **Sporvejsmuseet Skjoldenæsholm** lockt von alter Technik begeisterte Väter ebenso wie ihre Kinder, wenn sie auf der annähernd 2 km langen Strecke mit einer der quietschenden und ratternden Oldtimerbahnen durchs Grüne fahren können (Skjoldenæsvej 107, 4174 Jystrup, www.sporvejsmuseet.dk. Ende April–Woche 42 Sa, So 10–17, Hochsaison auch Di–Do 10–17 Uhr, 90 DKK, 45 DKK/3–12 Jahre).

Infos
Ringsted Turistinformation: Tvær Allé 1–3 (in der Bibliothek), 4100 Ringsted, Tel. 57 62 66 00, www.visitringsted.dk.

Übernachten
Konferenzhotel mit super Sommerpreisen ▶ **Sørup Herregaard:** Sørupvej 26, Tel. 57 64 30 02, www.sorup.dk. Zum Hotel mit moderner Ausstattung umgestalteter Herrensitz im Grünen, ca. 7 km südlich vom Zentrum. DZ 1350 DKK, viele Wochenend- und Feriensonderangebote. Schönes Restaurant im Wintergartenstil.

Essen & Trinken
Bürgerlich dänische Kro–Küche ▶ **Raadhuskroen:** Sct. Bendtsgade 8, Tel. 57 61 68 97, www.raadhuskroen.dk. Hier orientiert man sich eher an Omas Kochkunst als am Geschmack ihrer Enkel: Traditionsreiches Haus mit wenigen Plätzen vor der Tür gleich gegenüber der Skt. Bendts Kirke, HG ca. 160–225 DKK, mächtige Smørrebrød zur Frokostzeit ca. 55–100 DKK.

Einkaufen
Outlet-Dorf mit großen Marken ▶ **Ringsted Outlet:** Klosterparks Allé 1 (nahe Abfahrt [36] von [E 20]), 4100 Ringsted, www.ringstedoutlet.dk, Mo–Do 10–18, Fr 19, Sa 10–17, So 10–16 Uhr. Ein ganzer Straßenzug mit über 30 Läden, in denen internationale Marken wie Nike, Helly Hansen oder Hugo Boss zu Hause sind, aber auch viele dänische wie Noa Noa, RedGreen, Samsø & Samsø, Ticket to Heaven oder Jackpot. Parkplätze gibt es ohne Ende!

Aktiv
Mit den Nachtwächtern auf Tour ▶ **Vægter-Rundgänge:** Die Nachtwächter von Ringsted machen Ende Juni–Anfang Aug. Do und Fr 19–21 Uhr Rundgänge mit alten Liedern und Geschichten zu historischen Häusern. Treffpunkt an den Thingsteinen (gratis; dän./engl.).

Holbæk ▶ L/M 11

Die 27 000-Einwohner-Stadt **Holbæk** am inneren Isefjord bildet das Tor zwischen Westseeland und der Hauptstadtregion – in einer Stunde ist man in Kopenhagen. Das kunsthistorisch-volkskundliche **Holbæk Museum** verteilt sich in der Altstadt auf einen Komplex von 13 Gebäuden aus dem 17.–19. Jh., vom Handwerkerhaus bis zum alten Rathaus – Stadtleben vergangener Zeiten ist eines der Themen (Klosterstræde 18, Tel. 59 43 23 53, www.holbmus.dk, Di–Fr 10–16, So, Juli–Aug. auch Mo 12–16 Uhr, 40 DKK/ab 18 Jahre).

Am Südrand hält das Freilichtmuseum **Andelslandsbyen Nyvang** Erinnerungen an die Genossenschaftsbewegung wach, die von 1880 bis in die 1960er-Jahre das ländliche Dänemark nachhaltig prägte. Natürlich gibt es im ›Dorf‹ auch einen ›brugs‹ – die in Dänemark allgegenwärtige Ladenkette Brugsen hat ihre Wurzeln in der Genossenschaftsbewegung (Oldvejen 25, Tel. 59 43 40 30, www.andelslandsbyen.dk, Mitte April–Woche 42 Mo–Do 10–16, Sa, So 10–17 Uhr, 110 DKK, 50 DKK/4–12 Jahre).

Zwei Fährlinien sorgen für die Anbindung der vorgelagerten Insel **Orø** an Seeland, eine direkt ab Holbæk Hafen und eine Seilzugfähre ab Hammer Bakke im Osten: Radwanderer wählen bei Touren rund um den Isefjord gern diesen kurzen Weg über die Insel.

Seeland abseits der Metropole

Viele Kirchen und ein Kro

Die Region um Holbæk ist Hochburg mittelalterlicher Kalkmalerei in den Kirchen. Alle Epochen von der Romanik bis zur Reformation sind vertreten, als Höhepunkte gelten die Arbeiten der Isefjordmeister, eine Malerschule des 15. Jh.

Die **Tveje Merløse Kirke** dürfte eine der ältesten dänischen Landkirchen überhaupt sein, und keine andere zeigt sich so romanisch bis hinauf in die Spitzen des Zwillingsturms aus Tuffstein, entstanden um 1100 als Miniausgabe des damaligen Doms von Roskilde. Die ältesten Fresken (aus dem 12. Jh.) sind in der Apsis zu sehen und gehen auf Vorbilder in der byzantinischen Kunst zurück.

Die **Tuse Kirke** westlich Holbæk erschlägt ihre Besucher geradezu mit ihrer hochgotischen Bilderflut. Überall wird der ›horror vacui‹ des Mittelalters deutlich, die Angst vor dem freien Raum: Ein Ornament oder wenigstens ein Sternchen passt immer noch hin. Einige Szenen könnten fast als Vorlagen für einen Splatterfilm dienen, so die vom Kindermord in Bethlehem. Der größte Teil der Malereien wird den Isefjordmeistern zugeschrieben, die Fresken wurden aber Ende des 19. Jh. nicht gerade zimperlich restauriert, sprich kräftig nachgemalt.

Weitere grandiose Kalkmalereien findet man beiderseits der Straße [23] von Holbæk bis vor Kalundborg (S. 360) – hier von Ost nach West – u. a. in den Kirchen von **Søndre Asmindrup** (Isefjordmeister), **Søndre Jernløse** (romanisch, von ca. 1125), **Undløse** (frühes 15. Jh.), **Skamstrup** (14./15. Jh.), **Mørkøv** (Isefjordmeister), **Bregninge** (von romanisch bis hochgotisch) und **Rørby** (frühes 15. Jh.; spät entdeckt und praktisch ohne Ergänzungen restauriert).

Älter als die meisten Kalkmalereien sind die Schankrechte, die der **Bromølle Kro** südlich von Jyderup 1198 vom König bekam – die ältesten im Lande (S. 86).

Infos

VisitHolbæk: Klosterstræde 18 (im Holbæk Museum), 4300 Holbæk, Tel. 59 43 11 31, www.visitholbaek.dk.

Übernachten

Ganzjahrescamping mit Wellness ▶ **Holbæk Fjord Camping:** Sofiesminde Allé 1, 4300 Holbæk, Tel. 59 43 50 64, www.holbaek.fdmcamping.dk. Am Ostrand der Stadt, nur einen Katzensprung von Marina und Golfplatz. Hütten mit oder ohne Bad.

Essen & Trinken

Uriges Brauhaus mit viel Livemusik ▶ **Bryghuset No5:** Nygade 5, 4300 Holbæk, Tel. 45 34 55 55, www.bryghusetno5.dk. Die Küche bringt Deftiges vom Grill oder aus dem Backofen auf den Teller (HG um 200 DKK).

Odsherred

Zum Frokost treffen dänische Klassiker wie Stjerneskud – kleines Schollenfilet mit Krabben auf Brot – auf Edel-Burger – alles um 100 DKK; fast jeden Fr und Sa ab 23 Uhr Livemusik.

Verkehr

Bahn: Station an Regionalbahn Kalundborg – Kopenhagen.
Fähre: Færgefarten Orø – Holbæk, Tel. 40 19 84 03, www.oroe.dk, 30 Min., bis 11 x tgl.; **Østre Færge,** Tel. 59 47 00 15, www.oestrefaerge.dk, Hammer Bakke – Orø, 6 Min., ca. 6–24 Uhr 3 x stdl.

Odsherred ▶ L 9/10

Die Halbinsel Odsherred, eingerahmt von Kattegat, Isefjord und Storebælt, war bis weit ins Mittelalter nur durch eine schmale Landbrücke mit dem Rest Seelands verbunden. Der Lammefjord reichte von Osten weit ins Land, inzwischen ist er eingedeicht, trocken gelegt und sorgt mit vermessenen 7,5 m unter Normalnull für dänischen Tiefenrekord.

Die ›Côte d'Azur‹ Dänemarks profitiert von der Nähe zu Kopenhagen. Hauptstädter haben hier Sommerhäuser oder legen mit ihren Jachten in den kleinen Häfen an. Im Sommer

Wo Land und Meer kuscheln: Eher lieblich denn spektakulär sind Seelands Fjorde

Seeland abseits der Metropole

schnellt die Einwohnerzahl von winterlichen 10 000 auf weit über 100 000. Die gute Ferienhausauswahl und die herrlichen Strände machen Odsherred zur beliebtesten Destination deutscher Urlauber auf Seeland.

Schloss Dragsholm und Høve

Folgt man vom Fährhafen Havnsø der Margeriten-Route (S. 70) nach Norden, kann man **Schloss Dragsholm** nicht verpassen. Die ältesten Gemäuer sind fast 800 Jahre alt, bekamen 1694 aber durch einen Umbau ein barockes Aussehen. Früher kamen nicht alle Gäste freiwillig in den imponierenden Bau, der heute als Hotel genutzt wird: Ab 1500 Staatsgefängnis, saßen im Keller von Dragsholm vor allem schwarze Schafe der besseren Gesellschaft, manch einer unschuldig oder aus politischen Gründen ›aus dem Verkehr gezogen‹. Bekanntester Insasse war in den Jahren nach 1573 Lord Bothwell, Mary Stuarts dritter und letzter Gatte. Seeräuberei und Bruch eines Eheversprechens gegenüber einer jungen Norwegerin hatten ihn hinter Gitter und den verantwortlichen Dänenkönig Frederik II. in eine außenpolitische Zwickmühle gebracht: Frankreich wollte ihn frei, England wollte ihn hängen sehen. Noch vor Lösung des diffizilen Problems war der Graf nach fünf Kerkerjahren wahnsinnig geworden und verstorben. Bothwell sowie eine weiße und eine graue Dame konnten sich vom Schloss aber nie richtig trennen (Führungen im Juli So–Fr je 3 x, sonst Fr–So je 1 x tgl., 75 DKK, 35 DKK/4–14 Jahre, Hotel und Restaurant S. 367).

Knapp 10 km weiter nördlich führt aus dem Dorf **Høve** eine lange Treppe auf den Bronzezeitgrabhügel **Esterhøj**, von Weitem erkennbar an dem 25 t schweren Findling auf seiner Spitze, ein Gedenkstein zur Wiedervereinigung Dänemarks mit Südjütland. Rund 300 Männern schleppten ihn im Jahr 1920 in vier Tagen vom Strand herauf, an langen Tauen und mit elf vorgespannten Pferden. Der Aufstieg lohnt wegen der guten Aussicht auf Odsherred und Sejerø Bugt – die Spitze von Esterhøj liegt 89 m über dem Meeresspiegel.

Den Nachbarhügel ließ in den 1930er-Jahren Ole Olsen (1863–1943), ein Vater des europäischen Films, als Grabkammer für sich und seine Familie herrichten. Die Urne mit der Asche des Gründers der Nordisk Film wurde mit einigen Stücken seiner Kunstsammlung als Grabbeigaben 1943 beigesetzt. Sein Vermächtnis: Zu seinem 200. Todestag am 5. Oktober 2143 dürfen das Grab geöffnet und die Schätze entnommen werden. Da sage noch einer, nur Briten könnten exzentrisch sein … 2010 wurde Olsens Grabruhe von einem unbekannten Einbrecher gestört.

Nykøbing Sjælland

Nykøbing Sjælland ist Hauptstadt von Odsherred. Am Südrand zeigt das **Hempel Glasmuseum** eine bedeutende Sammlung mit Gläsern, Glaskunst und Porzellan von der Antike bis zur Gegenwart. Gründer des Museums war der Schiffsfarbenfabrikant J. C. Hempel, der seinen weltumspannenden Konzern schon 1948 in eine Stiftung umwandelte, die hinter dem Museum steht. Das Ausstellungshaus gibt häufig den Rahmen für Klassikkonzerte, und im Untergeschoss mit einer Terrasse zum Isefjord hin befindet sich ein Café-Restaurant, das längst nicht nur Museumsgäste ansteuern. Vor allem samstags und sonntags zum traditionellen Frokost-Buffet kommen auch viele Einheimische (Annebjerg Stræde 2, Tel. 59 91 38 00, www.hempelglasmuseum.dk, Sept. und Woche 42 Di–So 10–17 Uhr, 50 DKK/ab 18 Jahre, Restaurant Tel. 59 91 35 17, www.restaurant-anneberg.dk, Sa, So großes Frokost-Buffet 150 DKK).

Das benachbarte **Odsherreds Kulturhistoriske Museum** vereint Sammlungen mit volkskundlichen, kulturhistorischen und archäologischen Exponaten. Das Highlight unter den Odsherred-Funden war 2007 als Leihgabe des Nationalmuseums mal wieder im Original zu bewundern, wird auf absehbare Zeit aber nur als Kopie zu sehen sein: der **Trundholm Solvogn**, der Sonnenwagen von Trundholm. 1902 südlich von Højby gefunden, gilt er als bedeutendstes in Dänemark erhaltenes bronzezeitliches Kunstwerk

Odsherred

(S. 46). Auf sechs Rädern zieht ein Pferd eine vergoldete Sonnenscheibe. 1998 brachte ein Archäologe an der alten Fundstelle mit einem Metalldetektor sage und schreibe 21 weitere Bruchstücke des Artefakts ans Tageslicht, die inzwischen eingearbeitet wurden (Annebjerg Stræde 1, Tel. 59 91 33 25, www.odsmus.dk, April–Okt. Di–Fr 10–16, Sa, So 11–16, übrige Zeit Di–Fr 10–15, So 11–15 Uhr, im Sommer 50 DKK, im Winter 40 DKK/ab 18 Jahre).

Højby

Der kleine Ort wird von seiner frühromanischen, innen mit Kalkmalereien verzierten Kirche überragt. Um die rankt sich eine blutige Legende: Anfang des 13. Jh. vergewaltigten zwei junge Adelsmänner aus Højby die beiden Töchter des Ritters Ebbe von der Nachbarburg Burø, während dieser sich auf Pilgerfahrt im Heiligen Land befand. Die Frauen regelten die Angelegenheit bei der nächsten Weihnachtsmesse selbst und richten die Vergewaltiger mit Messer und Schwert, den einen vor dem Marienaltar, den anderen neben der Kirchentür. Die Kirche wurde daraufhin mit einem päpstlichen Bann belegt, bis feine nach sieben Jahren mit Ablassbriefen Gottes Statthalter in Rom erwerichen und die Angelegenheit ins Reine bringen konnte – nur die Blutflecken blieben, so die Legende, unvergänglich.

Am Südrand von Højby spricht der Vergnügungspark **Sommerland Sjælland** vor allem Familien mit kleineren Kindern an, das Spaßbad mit seinen unendlichen Wasserrutschen und einige der rund 60 Attraktionen auch ältere (Gl. Nykøbingvej 169, 4572 Nørre Asmindrup, Tel. 59 31 21 00, www.sommerlandsj.dk, Mitte Mai–Woche 25 und 2. Augusthälfte nur Mi, Sa und So, in der Hochsaison tgl. 10–17/18/19 Uhr, je nach Saison 200–220 DKK/ab 4 Jahre).

Sjællands Odde

Die mit unzähligen Ferienhäusern bebaute Landzunge **Sjællands Odde** ragt über 20 km ins Kattegat hinaus. In der rot getünchten **Odden Kirke** aus dem 13. Jh. hängt ein Modell des dänischen Linienschiffs »Prinds Kristian Frederik«, gefertigt aus Planken des Originals. Das wurde im März 1808 in der Seeschlacht vor Sjællands Odde von den Engländern versenkt und liegt vor **Havnebyen** auf dem Meeresboden. An Bord starb der nicht einmal 25-jährige Leutnant Peter Willemoes (S. 303), Volksheld und Liebling der Frauen seiner Zeit, an den auf dem Kirchhof erinnert wird. Der pittoreske Hafen von Havnebyen wird nicht nur von Freizeitskippern, sondern auch noch von Fischern genutzt. Die bringen u. a. Nachschub für die **Fischräucherei** auf dem Hügel gleich westlich des Hafens (S. 368). Dort sollte man nicht nur aus kulinarischen Gründen vorbeischauen: Die Räucherei ist ein Stück Architekturgeschichte. Der Bau wurde von Arne Jacobsen, dem Meister des dänischen Funktionalismus, entworfen.

Wenige Kilometer westlich Havnebyen bringt der Fährterminal für die Highspeed-Katamarane der Mols-Linien (S. 325) viel Durchgangsverkehr auf die Halbinsel. Von anderen Möglichkeiten, nach Jütland zu kommen, zeugen die Schwimmersteine auf der äußersten Landspitze **Gniben**. Sie erinnern an Männer und Frauen, die den Weg von hier durchs Kattegat schwimmend bewältigten. Einen wahren Boom löste 1937 die ungekrönte Königin der Extremschwimmerszene Jenny Kammersgaard aus. Die mehr als 60 km lange Strecke von Gniben nach Sangstrup Klint nördlich Grenå schwamm sie in 29,5 Stunden.

Infos

VisitOdsherred: Holtets Plads 1, 4500 Nyköbing Sjælland, Tel. 59 91 08 88, www.visitodsherred.dk.

Übernachten

Mit 800 Jahren Nummer 1 im Lande ▶
Dragsholm Slot: Dragsholmallé, 4534 Hørve, Tel. 59 65 33 00, www.dragsholmslot.dk. Mehrfach zu Dänemarks bestem Hotel & Restaurant gekürt! Da passt alles: romantische Atmosphäre, Top-Zimmer (DZ ab ca. 2000 DKK, auch Gourmetpakete und Sommerangebote), bestens sortierter Weinkeller,

Seeland abseits der Metropole

zwei Restaurants – einmal Gourmet, einmal deftig und leger – mit zauberhaften Open-Air-Plätzen auf der ›Bastionen‹ für laue Sommerabende, ein paar Gespenster und trotz dicker Mauern WLAN in allen Gemächern. Und der wuchtige Bau aus dem 13. ist längst fit fürs 21. Jh.: Dragsholm bewirtet seine Gäste CO_2-neutral mit Erdwärme und Windenergie. Und dann ist da noch Küchenchef Claus Henriksen. Er kam aus dem berühmten NOMA hier auf's Land, hat jetzt Kräuter und Gemüsegarten vor der Schlosstür, sucht aber auch in den Schlosswäldern, auf den Wiesen und an den Stränden der Umgebung nach Essbarem – Odsherred hat da überraschende Seiten. So treffen sich Seekohl, Taubnessel oder Queller auf dem Teller und blaue Backkartoffeln kuscheln zum Dessert am Erdbeersorbet. Dabei ist Henriksens Leibgericht eher bodenständig und so serviert er es auch im **Lammefjordens Spisehuset:** Gebratene Schlosswurst mit Kartoffelsalat, körnigem Senf und Kräuterketchup. Da jubeln Gastrokritiker und stünde Dragsholm in Kopenhagen, leuchtete mindestens ein Stern von den Burgzinnen – 700–900 DKK kostet das Menü, die passende Weine noch einmal so viel, das Leibgericht des Kochs aber nur knapp über 100 DKK.

3-Sterne-Herberge in altem Gutshaus ▶ Danhostel Nykøbing Sjælland ›Anneberg‹: Egebjergvej 162, 4500 Nykøbing S, Tel. 59 93 00 62, www.annebergvandrerhjem.dk, nur Febr.–Nov. Gut ein Dutzend Familienzimmer, alle ohne Bad/WC. Nicht weit von Strand und Stadt entfernt. DZ ca. 495–550 DKK, 4-Bett-Zimmer 570–630 DKK.

Camping ▶ DCU-Camping Sanddobberne: Kalundborgvej 28, 4534 Hørve, Tel. 59 65 35 35, www.camping-sanddobberne.dk. Naturplatz nahe Schloss Dragsholm direkt an einem extrem flachen Strand – da hätten alle gern die wenigen Stellplätze in der ersten Reihe am Wasser. Einfachste Hütten für bis zu 6 Personen.

Ferienhäuser ▶ Feriepartner Odsherred: s. i-Büro, www.feriepartner-odsherred.dk. Größter regionaler Anbieter; vermittelt auch Luxushausboote im Hafen von Nykøbing.

Essen & Trinken/Einkaufen

Gourmet-Kro am Hafen ▶ Rørvig Kro: Toldbodvej 55, 4581 Rørvig, Tel. 59 91 80 43, www.roervigkro.dk, Ostern–Neujahr Do–So, Juli/Aug. tgl. Mit seinem markanten Türmchen unübersehbar, setzt der Kro auf Zutaten aus der Region. Zum Frokost gibt's leichte Kost – abgesehen wohl vom ›stor frokosttallerken‹ (160 DKK) – in Gourmetqualität zu annehmbaren Preisen (ab ca. 85 DKK) und abends ambitionierte Kochkunst immer mit einem Saison- sowie einem Fischmenü ab ca. 415 DKK, HG sonst um 250 DKK.

Räucherfisch-Imbiss ▶ Rørvig Fisk & Røgeri: Toldbodvej 81, 4581 Rørvig, Tel. 59 91 81 33, April–Woche 42. Populär – im Sommer Wartezeit einkalkulieren – mit Fisch aus der eigenen Räucherei. Auch Takeaway; vieles unter 100 DKK.

Dänemarks bester Kaviar ▶ Fiskerøgeriet Sj. Odde/SOF-Odden Caviar: Røgerivej 4, 4583 Havnebyen, Tel. 59 32 60 03. In der Design-Räucherei (S. 367) gibt es neben Räucherfisch auch exzellenten Kaviar von Lachs und Meerforellen aus eigener Produktion.

Aktiv

Strände ▶ Odsherred zeigt Küsten in alle Himmelsrichtungen, entsprechend findet sich immer eine windab- und eine windzugewandte Seite. Die besten Strände liegen im Norden – **Rørvig Strand, Nykøbing Nordstrand, Særby Strand** – und entlang der Sejerø Bugt im Westen zwischen Lumsås und Ordrup Næs.

Verkehr

Bahn: Odsherredsbanen, www.regionstog.dk, Nykøbing S. – Holbæk, Mo–Fr 1–2 x stdl., Sa, So seltener; in Holbæk Anschluss ab/bis Kopenhagen (Fahrzeit Nykøbing – Kopenhagen keine 2 Std.).

Fähre: Mols-Linien ab Sjællands Odde (S. 325), **Hundested-Rørvig Færgefart** (S. 428).

Von der UNESCO zum Welterbe geadelt: der Dom von Roskilde

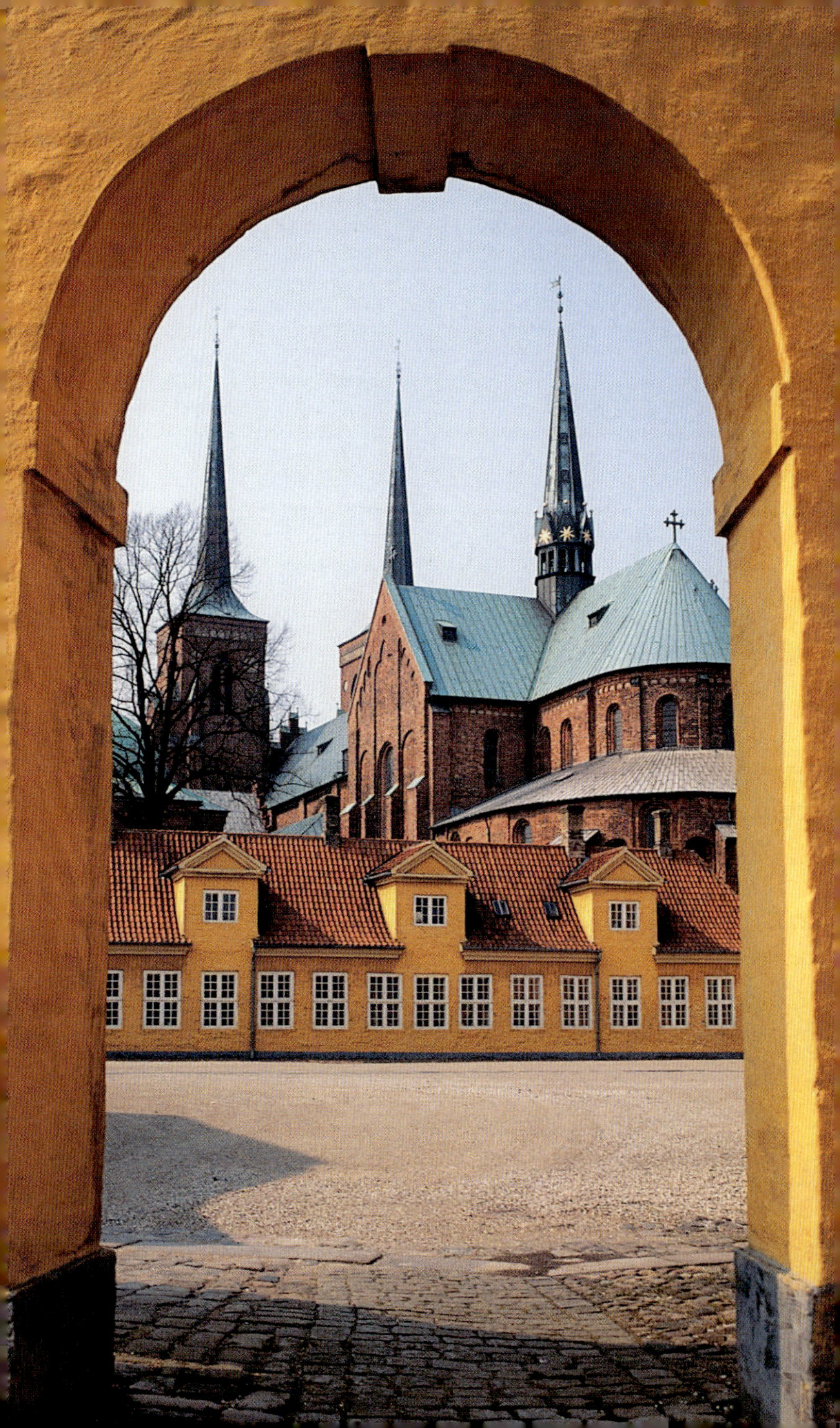

Seeland abseits der Metropole

12 Roskilde ▶ M/N 11

Um den südlichsten Zipfel des Roskilde Fjord schmiegt sich die Stadt Roskilde mit fast 50 000 Einwohnern. Die Region steckt so voller Traditionen, dass seit 2012 ein Verfahren läuft, hier einen historisch-landschaftlichen Nationalpark einzurichten, ›Skjoldungelandet‹, benannt nach einem Sagenkönig Skjold und seinem Geschlecht. Dabei weiß niemand genau, wann die Stadt gründete wurde – 1998 feierte man sicherheitshalber ›1000 Jahre Roskilde‹. Als bedeutender Bischofssitz und Zentrum des Katholizismus, königliche Residenzstadt bis ins 15. Jh. und lange Zeit größte Stadt Nordeuropas besaß Roskilde alle Chancen, Dänemarks Metropole zu werden. Dann erhielt das 30 km entfernte Kopenhagen wegen des besseren Hafens den Vorzug. Später stritten König und Kirche um die Stadt, und die Reformation brachte einen Niedergang.

Für das moderne Roskilde stehen das Roskilde Universitetcenter (www.ruc.dk), eine angesehene Reformuniversität und Europas innovativstes wie traditionsreichstes Mehrtages-Rockfestival (S. 373).

Welterbe Dom

Die spitzen Türme der **Roskilde Domkirke**, die zum UNESCO-Welterbe gehört, sind von weit her zu sehen. Eine lange Bauzeit vom 12. Jh. bis Ende des 13. Jh. sorgte schon beim Kern des Gotteshauses für eine Mischung romanischer und gotischer Elemente. Zehn spätere Anbauten führten zu weiterer Stilvielfalt, die sich auch im Inneren zeigt. Die immer neuen Kapellen wurden notwendig, weil 19 Regenten und 17 ihrer Königinnen im Dom beigesetzt sind, von Margrete I. (gest. 1412), deren Sarkophag hinter dem Hochaltar steht, bis Frederik IX. (gest. 1972) und seiner Frau Ingrid (gest. 2000), den Eltern der jetzigen Königin, die wenige Schritte nördlich des Hauptportals eine Grabstätte außerhalb der eigentlichen Kirche bekamen. Da mit Harald Blåtand und seinem Sohn noch zwei Könige der Wikingerzeit an dieser Stelle in einer Vorgängerkirche begraben waren und die Gebeine eines weiteren Königs der Zeit in einen Pfeiler des heutigen Chores umgebettet wurden, kommt man auf 39 Königsgräber im Dom, daneben fanden noch wichtige Bischöfe und Adlige hier ihre letzte Ruhe. Wer wo liegt, sagt die Broschüre, die es beim Eintritt dazu gibt (Domkirkepladsen 1, Tel. 46 35 16 24, April–Sept. Mo–Sa 9–17, So 12.30–17, sonst Di–Sa 9–16, So 12.30–16 Uhr; Zugangsbeschränkungen wegen sakraler Handlungen möglich, tagesaktuell unter www.roskildedomkirke.dk, Kirchenschiff gratis, Grabkapellen 60 DKK/ab 18 Jahre).

Das **Domkirkemuseet** vertieft die Entstehungsgeschichte des Gotteshauses und beleuchtet kulturhistorische Aspekte um seine Grabstätten und seine Toten. Kleinod der Ausstellung im Dachgeschoss über der Dreikönigskapelle ist die Kopie eines goldenen Kleides von Margrete I. Das Original, heute in Uppsala aufbewahrt, raubten schwedische Truppen 1659 aus dem Dom. Das Museum ist über die Galerie im 1. Stock des Kirchenschiffs zu festen Zeiten zugänglich, Infos an der Domkasse (s. o.).

Zentrum

Dort, wo bis zur Reformation die Bischofsresidenz lag, schließt im Osten an den Dom das 1733 vom Hofarchitekten Lauridz de Thurau geschaffene **Roskilde Palæ** an. Es beherbergt u. a. ein Museum für zeitgenössische Kunst, **Museet for Samtidskunst** (Stændertorv 3D, Tel. 46 31 65 70, www.samtidskunst.dk, Di–Fr 11–17, Sa, So 12–16 Uhr, 40 DKK/ab 18 Jahre) und das Ausstellungslokal **Palæfløjen** der Roskilde Kunstforening mit häufig wechselnden Ausstellungen (Stændertorv 3 C, Di–So 12–16 Uhr, gratis).

Am Westrand des Platzes Torvet liegt das neogotische Rathaus aus dem späten 19. Jh., zu einer baulichen Einheit verschmolzen mit dem wirklich gotischen Kirchturm der **Skt. Laurentii Kirke** aus dem 15. Jh. Das Kirchenschiff ging in den Wirren der Reformationszeit unter, nur Fundamentreste und Teile des Kirchenbodens liegen im Untergrund und sind sogar zugänglich (aktuelle Regeln im i-Büro erfragen).

Roskilde

Am Stændertorv entlang streckt sich die Skomagergade als Fußgängerzone durchs Zentrum. Von ihrem westlichen Ende sind es wenige Meter zu drei volkskundlichen Abteilungen des Roskilde-Museums: **Lützhøfts Købmandsgård,** ein alter Kaufmannshof, wird im Stil der 1920er-Jahre betrieben und verkauft zeittypische Waren. Nebenan zeigt sich die Schlachterei **O. Lunds Eftf. Slagterbutik** ebenfalls im Stil der 1920er-Jahre, und das **Håndværksmuseet** präsentiert ein Sammelsurium alter Handwerksgeräte (Ringstedgade 6–8, Tel. 46 35 00 61, Mo–Fr 11–17, Sa 10–14 Uhr, Schlachterei nur Sa, alle gratis).

Fjord und Wikingerschiffe

Vom Hauptportal des Domes nach Norden führt ein wunderschöner Spaziergang an der Sankt Hans Kilde, einer der vielen Quellen der Stadt, vorbei durch den Stadtpark Byparken zum Fjord hinunter. Dort liegt am Ufer **Vikingeskibshallen,** die Halle der Wikingerschiffe. Anfang der 1960er-Jahre wurden nahe Skuldelev, 20 km nördlich der Stadt, fünf Boote der Wikingerzeit auf dem Grund des Fjords gefunden, geborgen und weitgehend rekonstruiert. Sie waren um das Jahr 1000 versenkt worden, um die Zufahrt nach Roskilde für feindliche Schiffe zu blockieren.

Zu sehen sind im Museum Reste eines hochseetüchtigen, 16,5 m langen Knarr, ein kleineres, 13 m langes Lastschiff für den küstennahen Handel, zwei Langschiffe von 18 bzw. 28 m Länge für kriegerische Einsätze und ein kleines, 12 m langes Schiff, wahrscheinlich eine Fähre oder ein Fischerboot. Über die Schiffe hinweg blickt man durch eine große Scheibenfront auf den Roskilde Fjord, wo oft ihre Nachbauten kreuzen. Gebaut werden die Repliken mit Mitteln der Wikingerzeit gleich neben der Schiffshalle auf der Werft der Museumsinsel. Als dieses Forschungszentrum 1997 gebaut wurde, fand man die Reste von neun weiteren Schiffen, zwei davon aus der Wikingerzeit. An dem kleinen munteren Platz mitten auf der Museumsinsel serviert das Café Knarr ›zeitgemäße‹ Stärkungen – es hat sich der ›Neuen Nordischen Wikingerküche‹ verschrieben: Kochen mit dem, was die Wikinger kannten (Vindeboder 12, Tel. 46 30 02 00, www.vikingeskibsmuseet.dk, tgl. 10–16, Hochsaison bis 17 Uhr, je nach Saison 80–115 DKK/ab 18 Jahre; Café auf der Museumsinsel; ca. 50-minütige Bootstouren, Mai–Sept. Sa, So, Hochsaison tgl. 2–5 x, 80 DKK extra).

Lejre und Schloss Ledreborg

10 km südwestlich Roskilde kann man eine Zeitreise von den Jäger und Sammlern der Steinzeit bis zu den Kleinbauern des 19. Jh. antreten. **Sagnlandet Lejre,** das Land der Legenden, Sagenland, machte sich bei seiner Gründung 1964 als ›Lejre Forsøgscenter‹ Schlagzeilen als Vorreiter eines neuen Museumstyps: Der verknüpfte archäologisch-experimentelle Forschungen mit einer lebenden Ausstellung. Wissenschaftler und interessierte Laien leben und arbeiten hier wie Menschen in Vorzeitepochen, ursprünglich wie in der Eisenzeit, dann kamen Eis-, Stein- und Wikingerzeit, später jüngere Epochen hinzu.

Archäologen unterzogen ihre Theorien einer praktischen Prüfung: Kann man mit Geräten, die den Ausgrabungsfunden entsprechen, wirklich das bauen, was wir glauben? So entstand einzig mit Werkzeug der Eisenzeit ein ganzes Dorf, das regelmäßig bewohnt ist. Verpassen Sie bei einem Rundgang nicht das unheimliche wie beeindruckende **Opfermoor** im hintersten Winkel des Geländes, wo Tierköpfe und Häute auf langen Pfählen über einem Waldtümpel dahinwelken (Slangealleen 2, 4320 Lejre, Tel. 46 48 08 78, www.sagnlandet.dk; Bus 233 an allen Öffnungstagen 1 x stdl. ab Lejre Bahnhof via Schloss; Mai–Sept. Kernzeit Di–Fr 10–16, Feiertage, Hochsaison und Woche 42 tgl. 10–17/18 Uhr, 130 DKK, 85 DKK/3–11 Jahre).

1,5 km südlich des Versuchszentrums thront das **Rokokoschloss Ledreborg** über einem grandios angelegten, terrassenförmigen Barockpark. Den Park darf das gemeine Volk durchstreifen, während die reich ausgestatteten Innenräume nur Gruppen auf Führungen zugänglich sind (Ledreborg Allé 2, 4320 Lejre, Tel. 46 48 00 38, www.ledreborgslot.dk, Park tgl. 11–16 Uhr, 25 DKK).

Seeland abseits der Metropole

Steinzeit im Original erlebt man in der **Øm Jættestue** an der Nebenstraße zwischen Lejre und der Siedlung Øm kostenlos: Das rund 5000 Jahre alte Kammergrab gilt als eines der am besten bewahrten im Land. Wer Licht mitbringt, darf in die 7 m lange und fast 2 m breite Kammer hineinkrabbeln – nach dem flachen Zu›gang‹ kann man sich auch aufrichten (ca. 1,7 km westlich der Hauptstraße [14]).

Infos
VisitRoskilde: Stændertorvet 1, 4000 Roskilde, Tel. 46 31 65 65, www.visitroskilde.com.

Übernachten
Elegantes Hotel im Rokoko-Outfit ▶ Hotel Prindsen: Algade 13, Tel. 46 30 91 00, www.prindsen.dk. Rund 300 Jahre Gastro-Tradition – schon H. C. Andersen wohnte hier gern, die Zimmer nostalgisch, aber stilsicher. DZ ab ca. 1500 DKK, günstiger an Wochenenden und in Ferien.

5-Sterne-Herberge neben Marina und Wikingermuseum ▶ Danhostel Roskilde Vandrerhjem: Vindeboder 7, Tel. 46 35 21 84, www.rova.dk. In dieser Lage am Fjord würde wohl jede internationale Hotelkette gern ein Haus eröffnen, in diesem Fall war es der Herbergsverband. 40 Doppel- und Familienzimmer, alle mit Bad/WC. DZ je nach Saison ca. 450–650 DKK, 4-Bett-Zimmer 500–750 DKK.

Camping am Ostufer des Fjords ▶ Roskilde Camping: Baunehøjvej 7, Veddelev, Tel. 46 75 79 96, www.roskildecamping.dk. In einem Strandpark ca. 4 km nördl. des Zentrums; Wassersportangebote; Hütten.

Essen & Trinken
Speisen beim Schippern ▶ Sagafjord: Anleger nahe Wikingerschiffshalle, Tel. 46 75 64 60, www.sagafjord.dk. Das Restaurantschiff im Nostalgie-Look kreuzt auf dem Roskilde Fjord. Saison ist von April bis Okt. Im Juni, Juli und Aug. tgl. bis zu 3 Touren, sonst nicht an allen Tagen. Fahrt 100 DKK, 59 DKK/3–12 Jahre, hinzu kommt verbindlich ein Buffet oder ein 3-Gänge-Menü zum Frokost ab ca. 185 DKK, abends ca. 375 DKK.

Toplage am Hafen mit traumhafter Aussichtsterrasse ▶ Snekken: Vindeboder 16, Tel. 46 35 98 16, www.snekken.dk. Das Ambiente ist modern, doch steht hier die Wiege des ›Ny Nordisk Viking Mad‹, der neuen Wikingerküche: Kochen und würzen mit dem, was die Wikinger kannten, also vieles aus der Region und dem umliegenden Meer, und ein paar Gewürze, die damals schon durch Handel in den Norden kamen. Frokost um 150 DKK, abends HG um 235 DKK. Snekken betreibt auch Café Knarr nebenan im Wikingerschiffsmuseum (S. 371).

Rustikales unterm alten Rathaus ▶ Rådhuskælderen: Fondens Bro 3/Stændertorvet, Tel. 46 36 01 00, www.raadhuskaelderen.dk. Kneipe im Gewölbekeller, im Sommer mit Biergarten im Innenhof gleich neben dem Dom. Große Bierauswahl, modern-deftige Küche mit Fleischgerichten vom Lavastein-Grill mittags wie abends, HG ab ca. 170 DKK.

Abends & Nachts
Clubkonzerte und Nightclubbing ▶ Gimle: Helligkorsvej 2, Tel. 46 37 19 82, www.gimle.dk. In einem Wasserwerk am Westrand des Zentrums entstand das beste Musikhaus der Stadt mit Café (Di–Sa ab 12, So ab 10 Uhr), Bar und Öko-Burger-Restaurant (HG um 80 DKK), Konzerte von Folk bis Rock und Nightclubbing (Fr, Sa bis ca. 5 Uhr).

Orgelkonzerte ▶ Roskilde Domkirke (Do von Juni bis Aug., gratis).

Termine
Freiluftoper: Anfang Aug. wenige Aufführungen einer groß inszenierten Oper im **Amfiteater Hedeland** ca. 7 km südöstl. vom Zentrum. Die Anlage fasst gut 4000 Zuschauer und die Aufführungen sind ein großes Familienausflugsziel mit einmaliger Stimmung. Infos unter www.operahedeland.dk.

Verkehr
Bus & Bahn: Roskilde und Lejre liegen im Tarifverbund Hauptstadtbereich (S. 415). Roskilde–Kopenhagen bis 8 x stdl. 20–30 Min. Dichtes Stadtbusnetz.

Taxi: u. a. Roskilde Taxa 46 75 75 75.

Roskilde – das Festival — Thema

Jedes Jahr Ende Juni oder Anfang Juli verändert sich Roskilde. Die Besucher werden jünger, die Stimmen vielsprachiger und die Einwohnerzahl wächst auf das Dreifache: Am Rande der historischen Stadt steigt eines der größten, atmosphärisch schönsten und mit rund 40 Jahren Erfahrung traditionsreichsten Rockfestivals der Welt.

Lautsprecher schweben wie UFOs auf langen Stelzen über dem picke-packe vollen Platz vor der Hauptbühne, 60 000 passen auf das Feld. Großleinwände und optimierter Sound garantieren bis zu den hintersten Plätzen ein totales Konzerterlebnis. Unter dem charakteristischen, orangefarbenen Zeltdach, das längst Symbol des Festivals ist, geben Björk, die Beastie Boys, Queens of the Stone Age, The Who, Red Hot Chili Peppers, Arctic Monkeys und The Muse ihr Bestes – um nur einmal einen Teil eines Drei-Tage-Programms auf dieser größten von sieben Festivalbühnen als Beispiel zu nennen.

Über den Massen wehen im Nebel aus Körperdampf, Marihuanarauch und aufgewirbeltem Staub Nationalflaggen neben selbstgemalten Fantasiebannern und Fahnen mit Emblemen von Brauereien und Eiscremefirmen, die Kiosken in Amsterdam, Hamburg oder Göteborg abhanden gekommen sind. Dazwischen zappelt eine Alien-Puppe aufgeregt beim Akt mit einer Gummikuh. Die Menschen im Gewühl sind so bunt und schrill wie ihre Erkennungszeichen: Youngster kopieren den Hippie-Look ihrer Großeltern und drängen eingehakt durch die Menge. Ein blasser 17-Jähriger mit gegelter Brit-Pop-Frisur und Stacheln in den Lippen knutscht mit einer erwachsen gewordenen Pipi Langstrumpf. Die trägt ihre Zöpfe heute neongrün und ist bis zur letzten Hautfalte gepierced. Ein Drei-Zentner-Rocker mit tätowiertem Dornenkranz auf dem rasierten Schädel und einem gewaltigen Ring an der Nase, an dem man jeden Bullen von der Weide ziehen könnte, streckt gutmütig grinsend die Hand nach dem Papphalter mit den fünf großen Bieren aus, die sein nicht minder vertrauenswürdig aussehender Kumpel gerade vom Bierstand geholt hat. Und etwas am Rand steht ein angegrauter Bärtiger mit Sohn auf den Schultern. Der stemmt eine Stange aus 30, vielleicht 40 ineinander geschobenen Bierbechern in den glutroten Abendhimmel – jeder der Plastikbecher bringt wenigstens eine Krone an den Recycling-Stationen, und er hat heute schon Hunderte gesammelt.

Diese Szenerie wiederholt sich, von Modetrends abgewandelt, seit 1971 jeden Sommer, und trotzdem gilt das Roskilde Festival als das ›innovativste Festival Europas‹, so die »taz«. Und nachdem im Jahr 2000 auf einem der damals anerkannt sichersten Festivals trotz aller Sorgfalt bei einem Pearl-Jam-Auftritt neun junge Männer in einem tödlichen Gedränge vor der Hauptbühne erstickten, entwickelten die Macher mit Millionenaufwand ein Sicherheitskonzept, das inzwischen weltweit als vorbildlich gilt.

Nach der Devise ›Viele Leute von heute und morgen und ein paar von gestern‹ wird das Programm zusammengestellt. Roskilde steht für vier Jahrzehnte Rockgeschichte. Neben unendlich vielen großen Namen sah

Seeland abseits der Metropole

man hier aber auch grönländische Liedermacher, deutsche Hip-Hopper, finnische Neopunker, rumänische Dance Music, afrikanische und lateinamerikanische World Music oder das Ensemble der Königlichen Oper aus Kopenhagen – 15 000 Rockfans bejubelten ihre Arien. Für Nischenmusiker und Newcomer ist Roskilde die Chance, ein großes Publikum zu erreichen, und sei es nur auf der Arena-Bühne im Stil eines großen Nachtclubs oder im Cosmopol, wo der urbanen Musik des 21. Jh. gehuldigt wird.

Rund 180 Acts geben sich an den Festivaltagen die Mikrofone in die Hand. Dabei eilt Roskilde der Ruf voraus, immer gutes Programm zu bieten: Oft ist es nicht einmal halbwegs veröffentlicht, ehe das Festival ›sold out‹ meldet. Und Insider wissen: Irgendwo in einem Kopenhagener Hotel lungert noch ein Top-Act herum und muss nur auf die Bühne, wenn ein anderer großer Name ausfällt.

Allen Erfolgen zum Trotz bleiben die Festival-Macher auf dem Boden, wollen das ›positive Erlebnis der Besucher‹ und nicht maximalen Gewinn. Es gab nie private Kommerzinteressen: Ein gemeinnütziger Verein ist Veranstalter und jede Krone Überschuss fließt in Jugendarbeit oder humanitäre Hilfe. Nach dänischem Recht darf nicht einmal eine Reserve fürs nächste Jahr behalten werden.

Das Einzigartige für ein Festival dieser Größenordnung sind über 20 000 freiwillige Helfer aus allen Altersgruppen und Bevölkerungsschichten. Viele kommen aus der Region und sind Garanten für die Verbundenheit zwischen Festival und Stadt. Sie machen die Eingangskontrolle, holen ohnmächtige Fans aus der Menge, reinigen nachts den Platz und putzen Duschen und Toiletten. Ärzte- und Sozialarbeiterteams betreuen die wenigen Ausgeflippten, und sogar der Pastor der schwedischen Gemeinde in Kopenhagen macht Dienst, wohl wissend, das viele seiner Landsleute da sind – vielleicht braucht da einer Beistand, wenn der Kater zu teuflisch wird.

Und für die Verpflegung der Besucher sorgen zu Gunsten ihrer Vereinskassen Sportclubs, Pfadfindereltern, Bürgerinitiativen oder multikulturelle Freundschaftsgesellschaften. Sie brutzeln und backen in den Budengassen zwischen den Bühnen und bilden Marktplätze einer rund um die Uhr von Menschen wimmelnden Stadt, die nur für ein langes Wochenende existiert – bewachter Badesee, Programmkino, Festival-Bahnhof und Zelt-Kathedrale inklusive. Auf dem weit über 100 ha großen Gelände leben, feiern und wohnen für eine knappe Woche rund 110 000 Menschen, zahlende Gäste wie Freiwillige,

Roskilde-Festival

Thema

Musiker, Roadies, VIPs und weniger Wichtige aus Musik- und Medienbranche.

Und auch wenn der Altersdurchschnitt der Besucher in den unteren 20ern liegt, lieben silberne Jahrgänge das Festival. Nachdem 2005 mehr als 6000 angegraute Rockfans die Regelung nutzten, die sonntags allen ab 50 Jahren freier Eintritt gewährte, wurde die Grenze sogar auf 60 Jahre angehoben. Vor allem Senioren aus Roskilde nutzen das Angebot gern zum Sonntagsspaziergang – das ein oder andere Konzert nehmen sie dankend mit. Im Gegenzug treiben junge Rockfans die Besucherstatistik der Museen von Roskilde in die Höhe, viele gewähren sogar freien Eintritt, wenn man das obligatorische Festivalband am Arm hat.

Information
Roskilde Festival: Havsteensvej 11, 4000 Roskilde, Tel. 46 36 66 13, www.roskilde-festival.dk. Tickets für die Gesamtdauer europaweit ca. 255 € plus Gebühr. Tageskarten soweit nicht ausverkauft online 650–950 DKK, Tageskasse 1100 DKK. Kinder 10–14 Jahre für die Gesamtdauer 950 DKK, Tageskarte 365 DKK, unter 10 Jahre gratis, So ab 60 Jahre gratis (alle Preise 2013).

Das eigentliche Festival findet Do–So am ersten Juliwochenende statt. Ab So zuvor kann gezeltet werden, dazu gibt es ein Musikprogramm mit Newcomer-Bands auf einer Bühne in der Zeltstadt (dorthin verkehren während der Festivaltage Shuttle-Busse und Züge ab Roskilde Bahnhof).

Das orangefarbene Zeltdach ist das Markenzeichen des Roskilde Festivals

Am romantischen Nyhavn, einem Stichkanal zwischen Hafen und City, hat sich Kopenhagens längste Theke etabliert

Kapitel 5

Kopenhagen, Nordseeland und Bornholm

Kopenhagen ist Dänemarks Metropole. Eine Stadt mit Grachten und Parks, schrillen Trend-, edlen Shopping- und ehrwürdigen Regierungsvierteln, Schlössern und Schwulentreffs, Bistros und Clubs, Kneipen, Kirchen und einer weltberühmten Jazzszene. Touristenmagnet Nr. 1 ist das Tivoli, der Vergnügungspark voller Nostalgie und Traditionen, aber auch mit rasenden Attraktionen, auf denen man sich die Seele aus dem Leib kreischen kann. Und in Sachen Genuss hat die Stadt nach Michelin-Sternen längst größere Metropolen wie Rom, Madrid, Berlin oder Brüssel abgehängt.

Kopenhagen ist aber auch Badeort. Die Wasserqualität erlaubt sogar Badeanstalten im inneren Hafen, gerade 1000 m von der berühmten Fußgängerzone Strøget entfernt. Und erst recht in Nordseeland. Der Vorgarten der Hauptstadt lockt mit Schlössern, weiten Wäldern und langen Stränden und ist vom öffentlichen Nahverkehr bis in den letzten Winkel mit der Metropole vernetzt.

Dänemarks einzige Felseninsel Bornholm ist ein von der Sonne verwöhntes Mini-Skandinavien. Es liegt abseits, ist aber nirgendwo so gut an Dänemark angebunden wie an Kopenhagen: 35 Min. mit dem Flugzeug oder 3 Std. mit Bus oder Bahn plus Fähre. Seit 2007 bilden Kopenhagen, Nordseeland und Bornholm politisch eine Einheit: Region Hovedstaden, den Regierungsbezirk Hauptstadt.

Kopenhagen und Nordseeland sind Ganzjahresziele, aber von Juni bis September am schönsten und lebhaftesten. Für Kopenhagen gilt: Hochsaison ist, solange das Tivoli geöffnet hat. Bornholm hält zwar einige Attraktionen den Winter hindurch geöffnet, aber im Prinzip reicht die Saison nur von Mai bis September. Dafür lässt sich die Insel heute problemlos als Tagestour ab Kopenhagen in eine Rundreise einbauen.

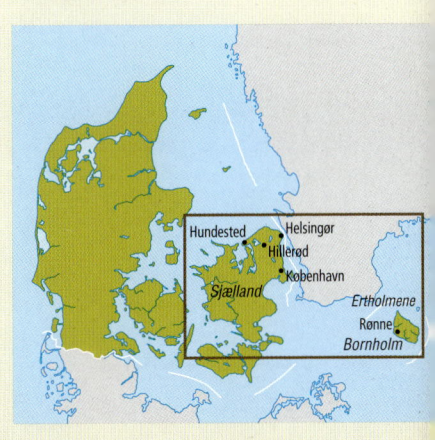

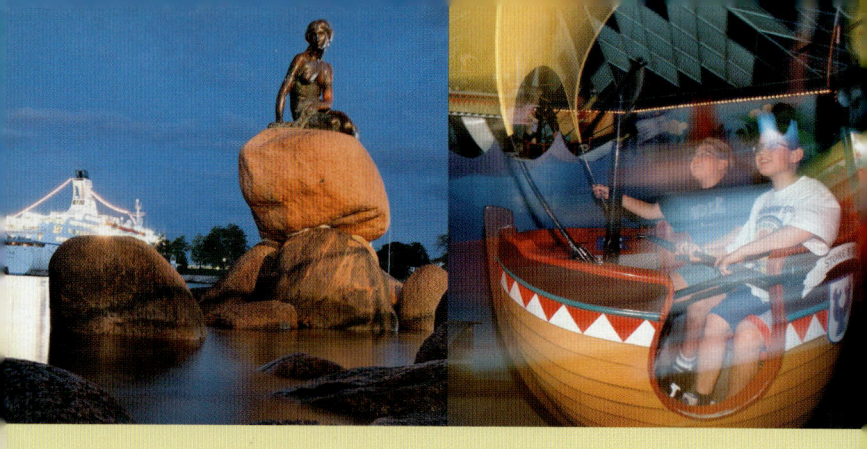

Auf einen Blick
Kopenhagen, Nordseeland und Bornholm

Sehenswert

13 Kopenhagen: Besonders schön: Der Vergnügungspark Tivoli bietet neben Romantik, Spaß und Nervenkitzel auch kulinarische und kulturelle Höhepunkte (S. 390). Rund um den Hafen reihen sich moderne Kulturtempel, romantische Restaurants, historische Befestigungsanlagen und mittendrin die kleine Meerjungfrau (S. 397).

14 Louisiana Museum für moderne Kunst: Die Ikone der dänischen Museumslandschaft präsentiert moderne Kunst in traumhafter Lage und ist zudem eine Top-Adresse, wenn man ordentlich und in ungewöhnlichem Ambiente speisen will (S. 420).

15 Ertholmene: Dänemarks östlichster Landflecken ist Seefestung seit dem 17. Jh. und heute eine Fusion martialischer Geschichtserinnerungen mit viel Fischerdorfidylle (S. 437).

Schöne Routen

Bummel zur Meerjungfrau: Ein Bummel vom Zentrum Kopenhagens zur kleinen Meerjungfrau und ihrer genmanipulierten Schwester zeigt die neue Silhouette der dänischen Hauptstadt und führt zu mehreren Attraktionen, darunter das Schloss der königlichen Familie – man kann hier gut einen ganzen Tag verbringen (ab S. 395).

Dänemarks Riviera – die Küstenstraße: Von Kopenhagens Zentrum bis Helsingør sind es entlang der Küste 45 km gespickt mit Sehenswürdigkeiten. Am Weg liegen der Tierpark Dyrehave mit Dänemarks ältestem Vergnügungspark Bakken (S. 403), das Karen-Blixen-Museum (S. 415), Nivaagaards Malerisamling (S. 415) und das Highlight Louisiana (S. 420). Da kann man leicht zwei Tage verbringen – oder ohne Stopp eine gute Stunde.

Meine Tipps

Öffentliche Achterbahn: Für Familien sind in Kopenhagen Metrofahrten Pflicht. Kinder stürmen in den führerlosen Wagen sofort auf die Plätze hinter der großen Frontscheibe. Die rasante Fahrt durch die beleuchteten Tunnelröhren ist am besten zwischen den Stationen Kongens Nytorv und Christianshavn (S. 413).

Nahverkehr nutzen: Für Kopenhagen sollte man sich 2–3 Tage Zeit nehmen, ebenso für Nordseeland. Am besten beides kombinieren: Eine Woche Quartier in Nordseeland und Kopenhagen mit dem Nahverkehr erkunden (S. 415).

Volksfest statt Ascot: Wie auf einem Volksfest geht es auf Bornholms Travbane im Wald von Almindingen zu und bei Wetteinsätzen ab 10 Kronen kann man mal was riskieren, selbst wenn man die Pferde nicht kennt (S. 440).

aktiv unterwegs

Im Flying Fox über den Opalsø: Viele Springer zögern, die Älteren eher als Kinder und Teenager, die sich vor ihrer Clique keine Blöße geben wollen. Alle haben vor ihren Füßen eine fast 50 m tiefe Felswand, zum Glück sind sie aber an zwei Stahlseilen fest eingeklinkt, wenn es dann in einem schnellen Rutsch in die Tiefe geht. Den meisten entfährt nur noch ein Schrei – ob aus Freude oder Panik ist kaum auszumachen. Nach rund 300 m kommt das jähe Ende mit einem mehr oder minder eleganten Platsch im Opalsø. Bornholm positioniert sich mit dieser Action-Aktivität auf der Weltkarte für Adrenalin-Junkies (S. 441)!

13 Kopenhagen ▸ N/O 10/11

Kopenhagen ist eine der ältesten Hauptstädte der Welt – und eine der modernsten zugleich. Traditionen treffen Trends. Im Zentrum residiert eine 1000-jährige Monarchie, am Rande entsteht eine Zukunftsstadt. Kopenhagen ist Weltstadt. Überschaubar – kein Moloch, doch bei Kunst, Kultur und Lifestyle mit großen Metropolen auf Augenhöhe.

Kopenhagen, dänisch København, wurde nach offizieller Geschichte 1167 von Bischof Absalon durch den Bau einer Burg gegründet und ist Dänemarks wichtigste Stadt – mehr als ein Viertel aller Dänen lebt direkt im Hauptstadtbereich. Hier residiert seit 1417 das Königshaus, hier tagt das Parlament, hier findet man die größte Universität und die wichtigste Bibliothek des Landes, hier erscheinen fast alle Zeitungen von nationaler Bedeutung, hier sind der einzige landesweite Radio- und der größte Fernsehsender zu Hause, ebenso die bedeutendsten Museen und Theater sowie das Königliche Ballett – eine Institution von Weltruf.

Millionenstadt mit 500 000 Einwohnern

Cityplan: S. 384

Wie groß ist Kopenhagen – wie groß Dänemarks Hauptstadt? ›Københavns kommune‹ hat 562 000 Einwohner auf 74,4 km² Fläche. Es umschließt gänzlich die 8,1 km² der ›Frederiksberg Kommune‹, die 2011 die Schallmauer von 100 000 Einwohnern durchbrach – Dänemarks fünftgrößte Stadt beginnt gleich hinter dem Kopenhagener Hauptbahnhof. Zusammen mit 16 anderen Städten bilden beide ›Hovedstadsområdet‹, das urbane Hauptstadtgebiet, eine statistische Größe mit 1,2 Mio. Einwohnern. Die Gebietsreform 2007 kreierte zudem die 2561 km² große Verwaltungseinheit ›Region Hovedstaden‹, Hauptstadtregion, mit 1,74 Mio. Einw., die Nordseeland (ab S. 414) und sogar die Ostseeinsel Bornholm (ab S. 432) einschließt.

Die Bewohner von *Københavns kommune* galten lange als arm und links – die Stadt wird seit 1938 von Sozialdemokraten regiert. Aber es ist ein Wandel zu beobachten: Gut verdienende Singles und kinderlose Paare zieht es ins Zentrum, Wohnanlagen schießen aus dem Boden, vor allem in Wassernähe. Eine Enklave der Reichen und Hochburg der Konservativen war immer schon das selbstständige Frederiksberg. Die am besten verdienenden Dänen findet man aber im ›whiskybælte‹, dem Whisky-Gürtel im Norden. Dort wohnen Leute, die nach Ansicht der einfachen Kopenhagener ständig Whisky statt Bier trinken und die man nie nach dem nächsten Schwimmbad zu fragen braucht, da sie doch nur in ihren Garten zeigen würden. Der Süden und Südwesten ist das eher proletarische Kopenhagen. Hier leben auch die meisten Menschen mit Migrationshintergrund.

Kopenhagen – von der Mitte zum Rand und zurück?

Die Hauptstadt liegt am Rand Dänemarks. Ein Blick in die Geschichte erklärt das: Weite Teile Südschwedens waren bis ins 17. Jh. dänisches Kernland, Kopenhagen lag damals zentral. Trotz vieler Kriege mit dem Nachbarn blieben die Verbindungen eng. Jetzt ist die Vision einer grenzüberschreitenden Metropole

Millionenstadt mit 500 000 Einwohnern

mit rund 4 Mio. Einwohnern auf beiden Seiten des Øresund etwa 2030 greifbar, heute zählen Statistiker in der Øresundregion schon 3,8 Mio. Menschen.

Lebensnerv ist seit Sommer 2000 die 16 km lange Øresundsforbindelsen (S. 79), eine Brücken-Tunnel-Kombination mit Autobahn und Bahnstrecke zwischen Kopenhagen und dem schwedischen Malmö. 2012 nutzten im Durchschnitt pro Tag etwa 18 500 Fahrzeuge und noch einmal fast 30 000 Bahnreisende in bis zu sechs Zügen pro Stunde diesen Weg, darunter viele Pendler. In den ersten Jahren nach der Eröffnung zogen fast 30 000 Dänen nach Skåne, weil Leben und Wohnen östlich des Øresund billiger waren, arbeiteten aber weiter in der alten Heimat. Zudem pendelten über 10 000 Schweden jeden Tag zu ihrem Job ins Nachbarland. Die globale Wirtschaftskrise ab 2008 ließ die Zahlen etwas zurückgehen, aber die Brücke schweißt doch zwei kulturell, wissenschaftlich und wirtschaftlich potente Regionen zu einem der größten europäischen Ballungs- und Wirtschaftsräume zusammen mit rund zwei Dutzend Hochschulen und gewaltiger Kaufkraft aufgrund hohen Lohnniveaus.

Alte Fesseln gesprengt

Bis weit ins 19. Jh. igelte Kopenhagen sich hinter einem Ring von Befestigungsanlagen ein. Der zog sich vom **Kastellet** (S. 396) um das Zentrum, heute nur an Straßennamen wie Øster-, Nørre- und Vester Voldgade – deutsch Wallstraße – zu erkennen. Lediglich im Stadtteil Christianshavn sind die Wälle und Bastionen noch gut erkennbar.

Im Westen sind die grünen Lungen wie Botanisk Have, Ørsteds Parken und das Tivoli Reste der historischen Schutzanlagen. Als Bauen außerhalb der Wälle erlaubt wurde, schossen die Brückenviertel Vesterbro, Nørrebro und zuletzt Østerbro aus dem Boden, gerade rechtzeitig, um das nach Kopenhagen strömende Proletariat der frühen Industrialisierung aufzufangen. Heute sind diese Brückenviertel längst einmal durchsaniert und äußerst munter, jedes mit einer speziellen Szene und eigenem Zentrum.

Kopenhagen heute

Wenn man Kopenhagen die südlichste Hauptstadt Skandinaviens nennt, bezieht sich dies nicht nur auf die geografische Lage, sondern auch auf das Lebensgefühl. An schönen Sommertagen und in lauen Nächten widerspricht Dänemarks Hauptstadt allen Klischees vom kühlen, zurückhaltenden Norden: Straßencafés füllen sich vom späten Frühstück bis zum nächtlichen Absacker. Durch den Hafen paddeln die Kajakfahrer, und am Rande toben coole Jungs beim Wasserpolo, bewundernd beäugt von Bikini-Girls, die sich mit ihren Cocktails lasziv auf Strandliegen räkeln.

Überhaupt ist der Hafen ein Schmuckstück: Gammelige Lager und Kais verschwanden und die Marine gab ihren Stützpunkt Holmen auf. War Baussubstanz solide, wurde edel saniert, sonst kam die Abrissbirne. Neubauten entstanden, darunter spektakuläre wie die neue Oper, das neue Schauspielhaus und der Schwarze Diamant. Hotels, Restaurants, Cafés und Strandbars suchten die Nähe zum Wasser. Firmensitze gesellten sich dazu. Und wo früher Lastschiffe entladen wurden, drängen sich jetzt im Sommer schwimmende Luxushotels an die Kais: Kopenhagen ist größter Anlaufhafen für Kreuzfahrtschiffe in Nordeuropa, oft nicht nur als Stopp, sondern als Ein- und Ausschiffungshafen der Gäste für Fahrten ins Nordmeer, in die norwegischen Fjorde und in die Ostsee.

Tipp: Alles auf Karte

Die cOPENhagen CARD (erhältlich u. a. im i-Büro) gewährt freie Fahrt in Bussen und Bahnen sowie freien oder ermäßigten Eintritt in rund 60 Museen. Sie ist 24, 48, 72 oder 120 Std. gültig und kostet für einen Erwachsenen, der 2 Kinder unter 10 Jahre gratis mitnehmen kann, 299, 449, 529 oder 749 DKK, für 10–15-Jährige 159/199/239/349 DKK. Sie lohnt aber nur für Vielnutzer, denn etliche Museen sind wenigstens an einem Tag gratis (s. Tipp S. 390).

Kopenhagen

Rund ums Jahr ein beliebter Treff: Der Storchenbrunnen auf dem Amagertorv

Zwischen Rathausplatz und Kongens Nytorv

Rådhuspladsen, Kopenhagens Rathausplatz, ist ein Mittelpunkt des modernen Kopenhagen. Nirgendwo sonst im Königreich leuchtet so viel Neon in die Nacht – hier reckt sich Kopenhagen, um mit London oder New York auf Augenhöhe zu kommen. Als der Platz Anfang des 20. Jh. angelegt wurde, hatten Planer eher den Campo von Siena als Vorbild und auch das **Rådhus** 1 – 1892 bis 1905 gebaut – greift die gotische Architektur des dortigen Palazzo Pubblico auf, allerdings überragt der Kopenhagener Rathausturm mit 105,6 m sein Vorbild um gut 3 m. Die vergoldete Skulptur über dem Hauptportal zeigt den streitbaren Stadtgründer Absalon mit Schwert und Bischofsstab.

Strøget

Strøget, deutsch der Strich, ist der Rufname der wichtigsten Einkaufsstraße Kopenhagens. Genau genommen bestehen die 1,1 km zwischen dem billigen Ende am Rathausplatz und dem hochpreisigen am Kongens Nytorv aus einer Kette von vier Straßen und zwei Plätzen: Frederiksberggade, Gammeltorv, Nygade, Vimmelskaftet, Amagertorv und Østergade reihen sich aneinander.

Strøget besitzt alteingesessene Läden, Kaufhäuser, Boutiquen, internationale Brand-Shops und Souvenirbuden voller Meerjungfrau-Kitsch, dazwischen ein paar trendige Cafés und Irish Pubs, aber auch laute Trinkerkneipen und Burger-Brätereien. Gleich nach Geschäftsschluss füllt sich das Pflaster mit Gauklern, Straßenmusikern, Pantomimen, Jongleuren und fliegenden Händlern.

Zwischen Rathausplatz und Kongens Nytorv

Auf dem **Gammeltorv** zeigt Caritasbrønden, der älteste Springbrunnen der Stadt, die ganze Verspieltheit der Renaissance. 1608 wurde er für die Wasserversorgung der Innenstadt angelegt und hat seitdem einiges ertragen: Puritanismus verlötete jahrzehntelang die Wasserdüsen an den Brüsten der Caritas, und der Junge an ihrer Hand musste sich das Pinkeln verkneifen. Kopenhagens Wasserwerke demonstrieren hier gern Königstreue: Zu royalen Festtagen wie dem Geburtstag der Königin am 16. April lassen sie goldene Äpfel auf den Fontänen tanzen.

Amagertorv

Als gute Stube der Nation gilt der Amagertorv, auf dem früher die Bauern von Amager Markt hielten. 1828 wurde hier der erste Droschkenhalteplatz der Stadt eingerichtet und heute warten Rikschas, das neustes Innenstadtverkehrsmittel, auf Fahrgäste. Der 1894 aufgestellte Storchenbrunnen zeigt dem Namen zum Trotz Reiher statt Störche, ist aber ein immer umlagerter Meeting Point. Und schauen Sie mal in den Untergrund: Die öffentliche Toilette unter dem Platz dient bereits seit 1902 der Erleichterung des Passanten und ist eine Perle des Jugendstils.

Auf der Westseite des Amagertorv liegen Seite an Seite drei Shop-Ikonen des dänischen Design: Das **Design-Warenhaus Illums Bolighus** 1, das Hauptgeschäft der Porzellanmanufaktur **Royal Copenhagen** 2 in einem prächtigen Renaissancebürgerhaus von 1616 und mit einem beliebten Café, in dem auf Produkten des Hauses serviert wird, sowie der Shop der Silberschmiede **Georg Jensen** 3. Für alle gilt: Hier darf man gern nur schauen und muss nicht gleich kaufen (Details S. 407).

Nach Osten schaut man zwischen Norden und Europa – so heißen die beiden populärsten Strøget-Cafés – hindurch auf den **Højbro Plads** mit seinen Straßencafés zu Füßen des axtschwingenden Kopenhagengründers Absalon. An seinem wuchtigen Denkmal treffen sich an Wochenenden historisch interessierte Touristen zu geführten Stadtrundgängen (März–Okt. Sa 10 Uhr auf

> **Tipp: Unannehmlichkeiten durch Metrobau 2011–18**
>
> Kopenhagens Verkehrsnetz wird für das Ziel, 2025 erste CO_2-neutrale Metropole der Welt zu sein, fit gemacht. Das bringt vorerst leider reichlich Unannehmlichkeiten mit sich: Bis 2018 entsteht unter der Innenstadt eine neue Metro-Ringlinie mit 17 Stationen. Von den Baumaßnahmen sind im touristisch interessanten Teil der Stadt Rådhuspladsen (S. 382), Kongens Nytorv (S. 386), Gammel Strand (S. 387), Südwestseite des Hauptbahnhofs (S. 394) und der Vorplatz der Marmorkirken (S. 396) betroffen.

Englisch, www.historytours.dk). Gehen Sie ruhig ein Stück weiter bis zur Brücke, die den **Holmens Kanal** überspannt. Links unten sitzt Kopenhagens einzige Unterwasserskulptur: Suste Bonnéns »Agnete und der Wassergeist« sieht man nachts am besten, wenn sie von Unterwasserstrahlern angeleuchtet wird. Die Dame im Kanal ist seit Jahren Streitapfel diverser Behörden, denn kein anderes Denkmal Kopenhagens muss so oft sauber gemacht werden.

In zweiter Reihe ragt hinter den Häusern des Højbro Plads der Turm der ehemaligen Nikolaj Kirke über alle Dächer. Er überstand den verheerenden Stadtbrand von 1795. Das wieder aufgebaute Kirchenschiff dient heute als **Nikolaj Kunsthal** 2 (Nikolaj Plads 10, www.nikolajkunsthal.dk, Di–So 12–17, Do 12–21 Uhr, 20 DKK/ab 16 Jahre, Mi gratis) für oft aufsehenerregende Ausstellungen.

Østergade

An der Kreuzung von Købmagergade, Amagertorv und Østergade bietet das zum ›Shop-in-Shop Center‹ aufgestylte Traditionskaufhaus **Illum** 4 (S. 407) vielen Markenartiklern ein gemeinsames Dach. Das gehobene Einkaufsambiente passt zur Østergade, die zwischen Amagertorv und Kongens Nytorv den exklusiven Abschnitt des Strøget ausmacht. Die Namen an den Läden lesen sich wie ein »Who's Who« der dänischen Modewelt, er-

Kopenhagen

Sehenswert
1. Rådhus (Rathaus)
2. Nikolaj Kunsthal
3. Charlottenborg Slot
4. Det Kongelige Teater
5. Post & Tele Museum
6. Rundetårn
7. Vor Frue Kirke (Dom)
8. Skt. Petri Kirke
9. Torvehallerne KBH
10. Arbejdermuseet
11. Botanisk Have
12. Rosenborg Slot
13. Statens Museum for Kunst/Nationalgalerie
14. Assistens Kirkegård
15. Hirschsprung
16. Tivoli
17. Ny Carlsberg Glyptotek
18. Nationalmuseet
19. Christiansborg
20. Thorvaldsen Museum
21. Kongelige Bibliotek
22. Dansk Jødisk Museum
23. Tøjhusmuseet
24. Børsen
25. Holmens Kirke
26. Københavns Museum
27. Carlsberg Besøgscenter
28. Frederiksberg Haven/Zoo

Übernachten
1. Radisson Blue Royal Hotel
2. DGI-byens Hotel
4. Ibsens Hotel
5. Zleep Hotel Centrum
6. Hotel Cabinn City
7. Hotel Cabinn Scandinavia
8. DanHostel Copenhagen City

Essen & Trinken
5. Slotskælderen Hos Gitte Kik
6. Peder Oxe
7. Jensens Bøfhus Gråbrødretorv
8. Konditori LaGlace

Fortsetzung S. 386

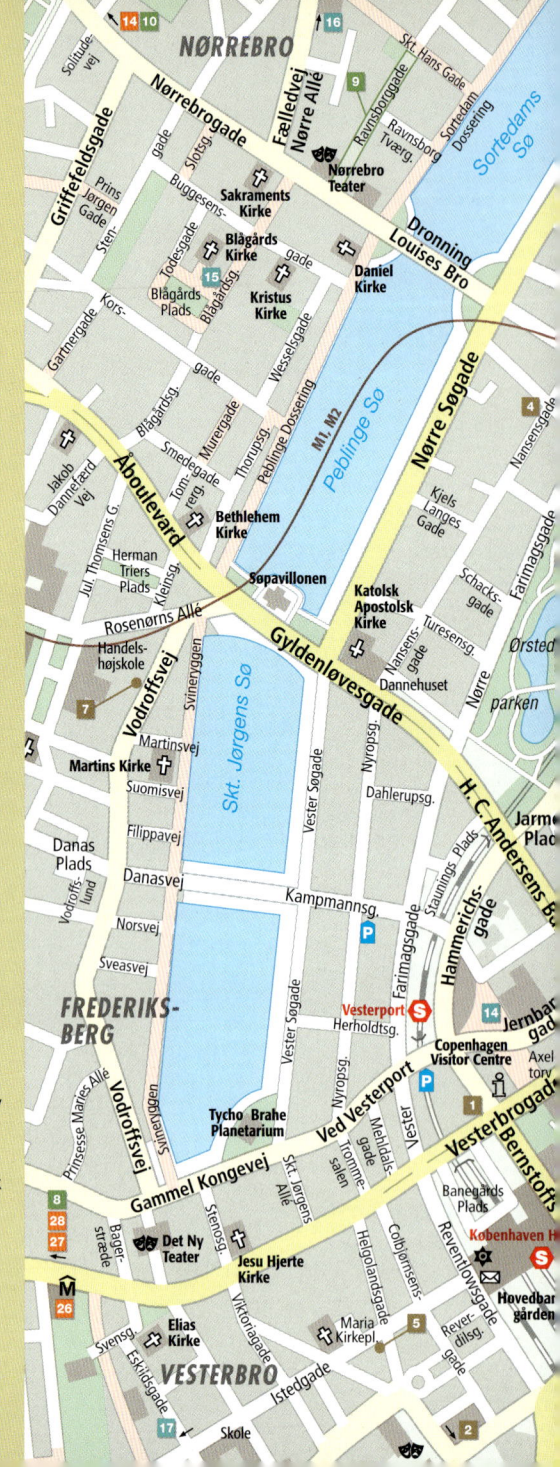

ØSTERBRO
NYBODER
Øster Søgade
Rørholmsgade
Ole Suhs Gade
Gammeltoftsgade
Sølvtorvet
Sølvgade
Danmarks Tekniske Højskole
Jerusalems Kirke
Timiansg.
Gerners-
Haregade
Stokhusg.
Skt. Pauls Plads
Tigerg.
Sankt Pauls Kirke
Universitet
Øster Farimagsgade
Palmehus
Geologisk Museum
Observatoriet
Botanisk Have
Sankt Andreas Kirke
Botanisk Laboratium
Gothersgade
Øster Voldgade
Rosenborg Have
(Kongens Have)
Kronprinsessegade
Marionetteatret i Kongens Have
Davids Samling
Dronningens Tvær-gade
Frederiksborg-gade
Israels Plads
Nørreport
Nørre Voldgade
Reformerte Kirke
Musikhist. Museum
Det danske filmmuseum
Rømersgade
Vendersgade
Linnésgade
Skolen for Brugskunst
Rosengade
Kultorvet
Pustervig
Landemærket
Gothersgade
Store Kongensgade
Bredgade
Sankt Annæ Pass.
Palægade
Trinitatis Kirke
Købmagerg.
Regensen
Krystalgade
Hovedbibliotek
Universitet
Frue Plads
Nørregade
INDRE BY
Kongens Nytorv
CTC Nyhavn
Kronprinsensg.
Silkegade
Østergade
Lille Kongensgade
Kongens Nytorv
Tordenskjoldsgade
Heibergsg.
Peder Skrams G.
Studiegården
Bispetorvet
Skt. Peder's Str.
Larsbjørnsstr.
Studiestr.
Teglgårdstr.
Larslejsstr.
Amagertorv
(Strøget)
Helligåndsk.
Vimmelskaftet
Højbro Plads
LATINERKVARTER
SNARENS KVARTER
Gammeltorv
Ny-Gade
Nytorv
Domhuset
Frederiksberggade
Vester Voldgade
Rådhuspladsen
Gammel Strand
Gl. Strand
Slotskirke
Holmenskanal
Nationalbanken
Havneg.
Niels Juels G.
Christiansborg Slotsplads
Børsgade
SLOTSHOLMEN
Knippelsbro
Ridebane
Teatermuseet
Rigsdagsgården
Biblioteks-haven
Stormbro
Marmorbroen
Frederiksholms Kanal
Brandstation
Tøjhusgade
Christian IV's Bryghus
Den Sorte Diamant
Prinsensbro
Ny Vestergade
Ny Kongensgade
Dantes Plads
Søren Kirkegaards Plads
Kgl. Bibliotek
Bryghusbro
Christians Brygge
Nicolai Eigtveds G.
Christians Kirke
Applebys Plads
H. C. Andersens Boulevard
Tivoli
Koncertsal
Music-konserv.
Vester Voldgade
Tietgensgade
R. Berghs Hospitalet
Centralpostbyg.
Politigården
Postgiro
Langebro
0
150
300 m

Kopenhagen Cityplan

Einkaufen
1. Illums Bolighus
2. Royal Copenhagen
3. Georg Jensen
4. Illum
5. Kunst i Byen
6. Gammel Strand Antique Market (z.Zt. Thorvaldsens Plads Antique Market)
8. Royal Copenhagen Factory Outlet
9. Ravnsborggade
10. Nørrebro Loppemarket
11. Jazzcup

Abends & Nachts
4. Cinemateket
5. Grand
6. Copenhagen Jazzhouse
7. La Fontaine
8. Jazzhus Montmartre
9. Mojo Bluesbar
10. Drop Inn
11. BoBi Bar
12. Hvide Lam
13. Galathea Kroen
14. Wallmans Cirkusbygningen
15. Blågårds Apotek
16. Rust
17. Vega

Aktiv
1. Havnebadet Islands Brygge
2. Copencabana – Havnebad ved Fisketorvet
4. Bike Copenhagen with Mike

Alle übrigen Ziffern
s. Hafenplan S. 397

gänzt durch einige internationale Brands wie Cerruti oder Louis Vuitton. Wer Bekleidung sucht, schaut sich hier um, ebenso in umliegenden Straßen und Gassen wie Ny Østergade, Grønnegade, Ny Adelgade und in der Kronprinzensgade.

Kongens Nytorv

Kongens Nytorv, der Königliche Neumarkt, ist der dicke Punkt am Nordostende von Strøget, im 17. Jh. als neuer Stadtmittelpunkt angelegt. Die Grünanlage Krinsen in seiner Mitte erlebt jedes Jahr in den letzten Junitagen wilde Jubelfeiern, wenn Kopenhagens Abiturklassen um das barocke Reiterstandbild tanzen, das Christian V. als römischen Kaiser zeigt. Zudem wird der Platz im Winter als Eisbahn und im Sommer für Open-Air-Ausstellungen sowie freitags bis sonntags für einen **Kunsthandwerkermarkt** 5 (S. 407) genutzt. Dass über dieser Montmartre-Szenerie auch noch die Trikolore weht, ist der französichen Botschaft geschuldet, die eines der Palais am Nordrand des Platzes nutzt. Andere bekannte Anlieger mit Prachtfassaden zum Platz hin sind Kopenhagens größtes Kaufhaus, **Magazin**, und das **Hotel d'Angleterre**, die edelste Unterkunft der Stadt. Sie blickt auf eine lange Liste prominenter Gäste von Helmut Kohl bis Cameron Diaz. Auch Theodor Fontane wohnte hier, fand die Zimmer ›sehr hübsch‹, aber ohne ›aparte Züge‹ und ließ später seine Effi Briest im d'Angleterre nächtigen.

Auch zwei bedeutende Kulturinstitutionen sind Anlieger am Kongens Nytorv: Die Akademie der Schönen Künste nutzt **Charlottenborg Slot** 3, ein 1683 gebautes Schloss im Stil des holländischen Barock, als Ausstellungsgebäude u. a. für die in der dänischen Kunstszene immer mit Spannung erwarteten Frühjahrs- und Herbstausstellungen junger Künstler. Auf der Südseite des Kongens Nytorv flankieren der Komödiendichter Ludvig Holberg (1684–1754) und Adam Gottlob Oehlenschläger (1779–1850), Texter der Nationalhymne »Der er et yndigt Land« (»Dort ist ein lieblich Land«), das Portal des Königlichen Theaters, **Det Kongelige Teater** 4. Weil die alte Bühnentechnik am Stammsitz dieser wichtigsten dänischen Bühneninstitution den Bedürfnissen eines modernen 4-Sparten-Hauses nicht mehr gerecht wurde, entstanden am Hafen mit der neuen Oper und einem Schauspielhaus Dependancen. Die *Gamle Scene* mit ihrem prachtvollen Theaterraum aus den 1870er-Jahren wird aber für spezielle Aufführungen weiter genutzt.

Snarens Kvarter

Zwischen Strøget und dem Holmens Kanal, der das ›Festland‹ von der Schlossinsel trennt, liegt Snarens Kvarter, die Wiege Ko-

Zwischen Rathausplatz und Kongens Nytorv

penhagens, mit viel alter Bausubstanz, aber auch viel munterem, zum Teil recht schwulem Nightlife. In den Clubs wird fast jeden Abend Blues, Rock oder Jazz live gespielt (S. 408). Ein kleiner, pulsierender Mittelpunkt des Quartiers ist der Platz **Vandkunsten** an der Einmündung der Løngangsstræde in die Rådhusstræde.

Gleich um die Ecke ist die **Magstræde** eine der schönsten Gassen Kopenhagens mit malerischen Fachwerkfassaden. Die ältesten Häuser (Nr. 17–19) stammen aus dem 16. Jh. und haben wie durch ein Wunder alle Stadtbrände überstanden. Vor 1520 plätscherten hier Meereswellen, dann erst rückte die Stadt durch Aufschüttungen weiter vor. Ganz krass ausgedrückt, stehen die Häuser der östlichen Straßenseite auf der Scheiße des Mittelalters. Namen wie Magstræde oder auch Hyskenstræde gehen auf Bedürfnisanstalten im späten Mittelalter zurück: ›mag‹ oder Umgangssprachlich ›hüsken‹, Häuschen, genannt. Sie waren auf Holzbrücken in den damals recht breiten Sund zwischen Festland und Slotsholmen hineingebaut.

Wie ein Bypass zu Strøget durchzieht die kleinere **Strædet** zwischen Rådhusstræde und Amagertorv als Fußgängerzone das Snarens Kvarter. Kompagnistræde und Læderstræde heißen beide Straßen offiziell. Die Shops, Boutiquen, Cafés und Kneipen – viele mit Tischen und Stühlen im Freien – wirken insgesamt origineller, innovativer und pfiffiger als an Strøget.

Schokoladenseite des Viertels ist die Häuserfront am **Gammel Strand,** der Platz davor ist derzeit leider eine Metro-Großbaustelle, was das Erscheinungsbild erheblich trübt.

Købmagergade

Vom Amagertorv zweigt mit der Købmagergade eine weitere große Fußgängerzone von Strøget ab. Die bietet mehr als Shopping: Das **Posthuset i Købmagergade,** das älteste Postamt der Stadt, wird seit 1780 genutzt. Ein Teil des Gebäudes dient als **Post & Tele Museum** 5: Kommunikation von der Kutschenzeit bis zur E-Mail sind die Themen, dokumentiert mit zarten Briefmarken ebenso wie mit der 15 m langen Handvermittlungsanlage eines Telefonamtes. Besucher können kostenlos ins Internet, und das Café Hovedtelegraphen im Dachgeschoss bietet eine exzellente Aussicht (Købmagergade 37, 1150 Køb K, Tel. 33 41 09 00, www.ptt-museum.dk, tgl. 10–16 Uhr, gratis).

Irgendwann zieht der **Rundetårn** 6, der die Købmagergade überragt, alle Blicke auf sich. Diese Hinterlassenschaften des Renaissancekönigs Christian IV. entstand 1637–42 als Turm der angrenzenden **Trinitatis Kirke,** der Studentenkirche. Ein 200 m langer stufenloser Gang windet sich siebeneinhalbmal um den hohlen Kern zur Turmspitze. Die Aussichtsplattform liegt knapp 35 m über dem Straßenniveau. Das Observatorium auf der Spitze besteht seit 1642 und ist damit das älteste betriebsbereite in Europa (Købmagergade 52A, 1150 Køb K, Tel. 33 73 03 73, www.rundetaarn.dk, ganzjährig tgl. mind. 10–18, Mitte Mai–Mitte Sept. 10–20, Mitte Okt.–Mitte März Di, Mi 10–21 Uhr, dann nach Einbruch der Dunkelheit mit Observatorium, 25 DKK, 5 DKK/5–15 Jahre).

Der vergoldete Rebus an der Außenwand über der Købmagergade wurde von Christian IV. eigenhändig skizziert und bildet mit lateinischen Brocken, hebräischen Zeichen, einem Schwert, einem leuchtend roten Herz und dem Königsmonogramm sowie einer Jahreszahl den Spruch: »Herr, lenke Glauben und Gerechtigkeit im Herzen des gekrönten Christian IV. 1642«.

Gråbrødretorv

Im Dreieck Købmagergade-Amagertorv-Skindergade liegt der schönste Platz der Innenstadt, der Gråbrødretorv. Die Grauen Brüder, auf die der Name Bezug nimmt, waren Franziskaner, die vom 13. bis ins 16. Jh. ein Kloster betrieben. Von dem sind nur noch Fundamentreste in Peder Oxes Vinkælder, der Kellerbar unter der Ess-Institution **Peder Oxe** 6 (S. 407), erhalten geblieben. Ansonsten umringen Bürgerhäuser aus dem 18. und 19. Jh. den Platz, in viele davon sind Restaurants eingezogen. An schönen Sonnentagen bekommt man kaum einen Sitzplatz auf dem

Kopenhagen

Pflaster, geschweige denn auf der Bank um den meterdicken Stamm der alten Platane, die den Platz überragt.

Latinerkvarter – das Univiertel

Die Grenzen des Latinerkvarter zwischen Strøget und Nørre Voldgade um die im Zentrum verbliebenen Reste der ehrwürdigen, 1479 gegründeten **Københavns Universitet** sind nirgendwo exakt definiert. Pisserende, Pissrinne, ist die gängige Bezeichnung für jenen Teil, der dem Rathaus am nächsten liegt. Das früher verruchte Viertel ist längst nicht mehr so wild wie in den 1970er-Jahren. Aber immer noch wechseln Kneipen und Clubs häufig Namen und Stil – einfach mal reinschauen, ob's gefällt.

Ansonsten bietet das Univiertel exzentrische Mode, Secondhandshops, Plattenparadiese, Schwulenclubs, Multikulti-Restaurants und viele Antiquariate. Modebewusste sehen sich in der Larsbjørnsstræde um, Gays in der Studiestræde, Bücherwürmer in der Fiolstræde und Kinder wie andere Schleckermäuler finden ihr Paradies in der Nørregade 24/36 B bei Sømods Bolcher. Hier werden bis heute Bonbons handgemacht.

Das Latinerkvarter litt besonders unter dem Beschuss Kopenhagens durch die Engländer 1807. Rund 14 000 Geschosse jagten die Briten in die Stadt, darunter 300 Brandraketen. Die Wirkung war verheerend: 1600 Menschen starben, und etwa ein Drittel der Bebauung ging in Flammen auf, darunter die alte Universität und der alte Dom.

Dom und Deutsche Kirche

Die **Vor Frue Kirke** 7, Kopenhagens Domkirche, hatte beim Wiederaufbau höchste Priorität. 1829 war sie fertig, mit klaren geometrischen Formen und dorischen Säulen nach Plänen des damaligen Staatsarchitekten Christian Frederik Hansen, des bedeutendsten Klassizisten seiner Zunft im Norden. Im Inneren dominieren Werke des Bildhauers Bertel Thorvaldsen (S. 48). Der segnende Christus über dem Altar gilt als eines seiner Hauptwerke (tgl. 8–17 Uhr außer bei kirchlichen Handlungen).

Die **Skt. Petri Kirke** 8, Kopenhagens älteste Kirche von 1304, am Westrand des Latinerkvarter, litt auch unter Bränden, wurde aber nie gänzlich zerstört. Nach einem Intermezzo als Kanonengießerei ist sie seit 1585 Kirche der deutschen Gemeinde. Der gehörten bis ins 19. Jh. viele Adelige und Höflinge an, die hinter der Kirche in Grabkapellen, wie sie im Norden einmalig sind, beigesetzt wurden, darunter wohl auch – aber nicht zweifelsfrei bewiesen – der 1772 auf bestialische Weise hingerichtete Johann Friedrich Struensee (S. 33) (April–Sept. Mi–Sa 11–15 Uhr, Grabkapellen 25 DKK/ab 16 Jahre).

Nördlich vom Zentrum

Hat man sich durch die Fußgängerzonen zur Nørreport Station geshoppt, liegt jenseits des neu gestalteten Verkehrsknotens von Stadtbussen, Metro, S- und Fernbahn die neue gläserne Speisekammer der Stadt: **Torvehallerne KBH** 9 (www.torvehallernekbh.dk). Die beiden Markthallen sind Perlen urbanen Lebens. Unter den Glasdächern und rundherum unter freiem Himmel präsentieren rund 70 Stände heimisches Gemüse, exotisches Obst, glutfrischen Fisch und Qualitätsfleisch, Bio-Eis, Edel-Pralinen oder feinste Käse, die sonst ausschließlich für Dänemarks Sterne-Restaurants produziert werden – ganz ehrlich: Dänen können Käse! Vertreten sind zudem viele regionale Produzenten aus allen Teilen des Landes, so am Bornholmer Stand mit Spezialitäten der Gourmetinsel (S. 433). Dazu gibt's Essstände von Sushi bis Pasta und ein Café, in dem »The Coffee Collective« die Kaffeezubereitung zum Kult macht und dabei den Filterkaffee wiederentdeckt hat. Mit dem Besuch einiger spannender Stände der Torvehallerne KBH starten auch die kulinarischen Spaziergänge von Copenhagen Food Tours – die schönste Art, Genuss und Aktivsein zu verbinden (3–5 x wöchentl., ca. 4 Std. inkl. Snacks, Smørrebrød, Bierproben und vielen Geschichten, 600 DKK, Tel. 50 12 36 45, www.foodtours.eu). Nur wenige Meter entfernt befasst sich **Arbejdermuseet** 10,

Nördlich vom Zentrum

das Arbeitermuseum der Gewerkschaftsbewegung, mit Kultur und Leben der Arbeiterklasse von der Industrialisierung bis zur Gegenwart (Rømersgade 22, 1362 Køb K, Tel. 33 93 33 88, www.arbejdermuseet.dk, tgl. 10–16 Uhr, 65 DKK/ab 18 Jahre).

Ein paar Schritte nördlich wird es grün: **Botanisk Have** 11, der Botanische Garten, wurde bereits 1874 auf den ehemaligen Stadtwällen angelegt. Im Nordwestteil ist das alte Palmenhaus aus Glas und Gusseisen ein architektonisches Schmuckstück (Mai–Sept. tgl. 8.30–18 Uhr, sonst Di–So 8.30–16, Palmenhaus tgl. 10–15 Uhr).

Rosenborg Slot 12 war eine kleine Villa im Grünen, die Christian IV. ab 1607 mit immer neuen Anbauten zu einem soliden Renaissanceschloss ausbauen ließ. Das diente bis ins 18. Jh. als königliche Sommerresidenz und beherbergt heute die Kronjuwelen und Gedenkräume für alle Regenten von Frederik II., der 1559 den Thron bestieg, bis Frederik VII., dem letzten Oldenburger auf dem Dänenthron, der 1863 starb – die Fortsetzung findet man auf Schloss Amalienborg (Østervoldgade 4, 1350 Køb K, Tel. 33 15 32 86, www.rosenborgslot.dk, Mai, Sept., Okt. tgl. 10–16, Juni–Aug. 10–17, sonst Di–So 11–14 Uhr, 80 DKK/ab 18 Jahre, Kombiticket mit Amalienborgmuseet [S. 395] 110 DKK).

Der im Osten anschließende **Kongens Have,** unter Christian IV. noch königlicher Gemüsegarten, ist der beliebteste öffentliche Park der Innenstadt und an schönen Tagen beliebter Pausenplatz der City-Angestellten.

Nationalgalerie

5-Sterne-Attraktion und größtes Kunstmuseum im Lande ist das 1896 eröffnete und 1998 durch einen Flügel erweiterte **Statens Museum for Kunst** 13. Die ältesten Gemälde und Skulpturen der Nationalgalerie, darunter Nebenwerke großer Klassiker wie Tizian, Tintoretto oder Rubens, stammen aus dem 15. und 16. Jh. Von einem geradezu avantgardistisch wirkenden Genie des 17. Jh., dem Trompe-l'œil-Maler Cornelius Norbertus Gijsbrecht, besitzt sie sogar die beste Sammlung weltweit: Der Meister war in seiner aktivsten Periode (1668–72) Hofmaler in Kopenhagen. Ab Ende des 18. Jh., als die dänische Kunst mit Nicolai Abraham Abildgaard (1743–1809) ihre Eigenständigkeit entwickelte, wurde systematischer gesammelt. Gut vertreten ist die klassische Moderne, u. a. der nordische Expressionismus mit Werken von Edvard Munch und Emil Nolde. Gegenwartskunst und das Kindermuseum füllen die lichten, hohen Räume des 1998er-Anbaus an die Rückseite des alten Museums (Sølvgade 48–50, 1307 Køb K, Tel. 33 74 84 94, www.smk.dk, Di–So 10–17, Mi bis 20 Uhr, gratis außer bei Sonderausstellungen. Empfehlenswert: das **Museum Café** hinter Panoramascheiben mit Blick ins Grüne).

Im Schatten der Nationalgalerie steht das Museum **Hirschsprung** 15 mit einer Sammlung dänischer Malerei des 19. Jh. vom ›Goldenen Zeitalter‹ bis zu den Skagen- und Fünen-Malern, deren Grundstock der Tabakfabrikant Heinrich Hirschsprung (1836–1908) legte (Stockholmsgade 20, 2100 Køb Ø, Tel. 35 42 03 36, www.hirschsprung.dk, Di–So 11–16 Uhr, 75 DKK/ab 18 Jahre, Mi gratis, abweichende Zeiten und Preise bei Sonderausstellungen).

Tipp: Kopenhagens Promi-Friedhof

Etwa 1,3 km von Nørreport Station stadtauswärts liegen auf Kopenhagens schönstem Friedhof, dem **Assistens Kirkegård** 14, Größen aus Kultur und Wissenschaft unter der Erde – und im Sommer die Bewohner aus dem umliegenden Viertel Nørrebro beim Sonnenbad obendrauf. Im Besucherzentrum am Haupteingang (Kapelvej) bekommt man einen Lageplan, der u. a. zu den Gräbern des Märchendichters H. C. Andersen (S. 292), des Arbeiterdichters Martin Andersen Nexø (S. 438), des Philosophen Søren Kierkegaard, des Malers C. W. Eckersberg, des Atomphysikers Niels Bohr sowie des 1993 verstorbenen Krimiautors Dan Turèll führt (je nach Jahreszeit 8–16, 18 oder 20 Uhr; Bus ab Nørreport).

Kopenhagen

Tipp: Museen umsonst

Alle staatlichen Museen sind kostenlos:
u. a. Post & Tele Museum (S. 387), Statens Museum for Kunst (Nationalgalerie; S. 389), Nationalmuseet (S. 391), Den Kongelige Afstøbningssamling (Königliche Abgusssammlung; S. 396), Industrimuseet Brede Værk und Frilandmuseet Sorgenfri (Industrialisierungs-/Freilichtmuseum; S. 404).

Andere Museen haben Gratistage:
Mittwoch: Nikolaj Kunsthal (S. 383), Thorvaldsen Museum (S. 392), Tøjhusmuseet (Zeughausmuseum; S. 392), Orlogsmuseet (Marinemuseum; S. 399).

Freitag: Københavns Museum (Stadtmuseum; S. 394).
Sonntag: Ny Carlsberg Glyptotek (S. 391).

Museen und Sammlungen, die in diesem Buch nicht näher beschrieben sind:
Musikmuseet/Musikhistorisk Museum & Carl Claudius' Samling (Neueröffnung Frühjahr 2014 im EX Radiohuset, Rosenørnsalle 22, 2000 Frederiksberg, www.natmus.dk/musik museet, gratis). Davids Samling u. a. mit Islamischer Kunst des 8.–19.Jh. (Kronprinsessegade 30, 1306 Køb K, Di, Fr 13–17, Mi 10–21, Do 10–17, Sa, So 11–17 Uhr, gratis).

Vom Rathausplatz zum Nationalmuseum

Auf der Südseite des Rådhuspladsen glitzert die protzige Glasfassade des Hauses der Industrie. Das H. C. Andersen Slottet nebenan, Relikt des Historismus aus dem späten 19.Jh. im Stil der Renaissance, wird derweil für Konferenzen und Gesellschaften genutzt. Hinter den beiden architektonisch so kontrastreichen Bauten breitet sich das Tivoli aus, Mutter aller Vergnügungsparks und Dänemarks meistbesuchte Attraktion.

Tivoli 16

Was ist das **Tivoli** eigentlich? Tivoli ist ein Stück Kopenhagen, mit urdänischer Stimmung, und doch ein historisch kosmopolitischer Stilmix: Etwas Nordafrika erinnert an den in Algerien geborenen Diplomatensohn Georg Carstensen, der den Park 1843 gründete. Später kamen viel Orient und Ferner Osten hinzu. Wenige Schritte sind es vom maurischen Basargebäude zum chinesischen Pfauentheater, auf dessen Bühne die 400 Jahre alte italienische Kunst der Commedia dell'Arte gepflegt wird, und ein japanischer Turm ragt am selben See auf, an dem auch der dänische Færgekro steht. Beide gehören zu den rund drei Dutzend Restaurants im Park, zu denen sich auch immer gern Dependancen bekannter Gourmet- und Szenelokale aus der Stadt gesellen.

Romantik, gastronomische Qualitäten, Kinderkarussells und Wurfbuden reichen aber kaum, in jeder Saison über 4 Mio. Besucher zu locken. Auch das Tivoli kann sich der Höher-Schneller-Schriller-Spirale der Unterhaltungsindustrie nicht entziehen und setzt dezent, aber erfolgreich auf Tempo und Loopings wie im 80 km/h schnellen Dæmonen, einer der modernsten und schrillsten Achterbahnen Europas, oder auf dem Kettenkarussell Himmelsschiff, das seine Gäste 80 m über dem Park im Kreis herumschleudert, mit einer Geschwindigkeit von bis zu 70 km/h – ohne eine attraktive Neuheit beginnt keine Saison. Aber auch an die Kleinsten wird gedacht: **Rasmus Klumps Verden** (Rasmus Klumps Welt) ist ein Themenspielplatz rund um die beliebteste Comicfigur, die Dänemark je hervorbrachte. Sie hat auch in Deutschland Millionen Fans, nur kennt man Rasmus Klump dort als Petzi, der mit seinen Freunden Pelle, Pingo und Seebär auf dem Schiff »Mary« überall Abenteuer erlebt. Natürlich gibt's auch Petzis Lieblingsspeise Pfannkuchen und so unterstreicht das Tivoli, ein Park für alle Generationen zu sein.

Für Kopenhagener ist das Tivoli aber mehr als ein Vergnügungspark, es ist auch eine bedeutende **Kulturstätte**: Von Traditionen geprägt sind die Konzerte des ›Tivoli-Festival‹, die es seit der Eröffnung des Parks 1843 im 1800 Besucher fassenden Konzertsaal gibt, während der ›Fredagsrock‹, der jeden Freitag Tausende vornehmlich junger Besucher vor die Open-Air-Bühne im Zentrum des Parks lockt, ein Kind unserer Tage ist – die meisten Konzerte erlebt man zum normalen Eintrittspreis. Und die ganze Stadt genießt die Feuerwerke, die mehrmals pro Saison vom Dach des Konzertsaales abgefeuert werden (Eingänge u. a. Vesterbrogade 3, 1630 Køb V, Tel. 33 15 10 01, www.tivoli.dk, Mitte April–Ende Sept. So–Do je nach Saison 11–23, Fr bis 0.30, Sa bis 24 Uhr, Halloween (42. und 43. Kalenderwoche) tgl. 11–22/23 Uhr, Mitte Nov.–30. Dez. tgl. 11–22/23 Uhr, 24./25. Dez. geschl., Eintritt ab 8 Jahre: 95 DKK (Fr ab 20 Uhr 135 DKK), pro Erw. max. 4 Kinder bis 7 Jahren gratis. Fahrgeschäfte 25–75 DKK oder Turpas (= Flatrate) 199 DKK. Jahreskarten lohnen ab dem 3. Tag!).

Ny Carlsberg Glyptotek und Nationalmuseum

Die **Ny Carlsberg Glyptotek** [17], der östliche Nachbar des Tivoli, wäre ohne die Unterstützung der Bierbrauerdynastie Jacobsen undenkbar. Sie besitzt die größte Sammlung antiker Skulpturen nördlich der Alpen, eine Abteilung französischer Malerei des 19. Jh. und zahlreiche bedeutende Skulpturen und Malereien des dänischen Goldenen Zeitalters (Dantes Plads 7, 1556 Køb V, Tel. 33 41 81 41, www.glyptoteket.dk, Di–So 11–17 Uhr, 75 DKK/ab 18 Jahre, So gratis).

Nationalmuseet [18] ist das bedeutendste kulturhistorische Museum des Landes und nach modernsten Museumskonzepten konzipiert. Es leitet Besucher durch die dänische Geschichte – hervorragend die Wikingerzeit, beeindruckend die Runensteinsammlung – und ihre Kulturepochen, bietet mit einer völkerkundlichen Abteilung aber auch Einblicke in fremde Kulturen: Grönland und die Welt der Inuit bilden einen Schwerpunkt. Eine Abteilung wendet sich speziell an Kinder (Ny Vestergade 10, 1220 Køb K, Tel. 33 13 44 11, Di–So 10–17 Uhr, gratis).

Slotsholmen

Wenige Schritte vom Nationalmuseum trennt Frederiksholmskanal das ›Festland‹ von **Slotsholmen,** der Schlossinsel. Als Bischof Absalon 1167 das Dorf Havn befestigen wollte, wählte er als Standort für seine Burg eine kleine Insel vor der Küste – die heutigen Kanäle sind die Reste alter Sunde. Die Fundamente von Absalons Borg sind zugänglich, direkt unter dem Turm des heutigen **Christiansborg** [19], der fünfte hochherrschaftliche Bau an gleicher Stelle: Der dritte, ein repräsentatives Barockschloss von 1732, trug erstmals den Namen Christiansborg, brannte aber nach 60 Jahren nieder. Die Gebäude rechts und links der Reitbahn überstanden das Feuer, darin heute die Sammlung königlicher Kutschen und ein Theatermuseum im alten Hoftheater, auf dessen Bühne einst ein ehrgeiziger Ballettschüler so erfolglos war, dass er sich lieber aufs Schreiben verlegte: H. C. Andersen.

Das nächste Christiansborg war 1828 fertig und 1884 wieder Asche, nur die klassizistische Schlosskirche blieb unversehrt. Die erwischte es Pfingsten 1992 beim Kopenhagener Karneval durch eine illegal abgefeuerte Rakete – inzwischen ist sie aber komplett restauriert. Das aktuelle Christiansborg, ein neobarocker Granitklotz, entstand 1907–28. Im Ostflügel tagt das Parlament Folketing und im Westflügel liegen die Königlichen Empfangsräume. In deren Rittersaal hängen 17 fast comicartige Gobelins von Bjørn Nørgaard (S. 48). Sie zeigen auf rund 200 m² kunstvoll gewebter Fasern die Geschichte Dänemarks und der Welt von der Wikingerzeit bis in die nahe Zukunft – ein Geschenk der dänischen Wirtschaft für Königin Margrethe II. zum 60. Geburtstag im Jahr 2000 (1218 Køb K, www.ses.dk/christiansborg. **Absalons Burg:** Mai–Sept. tgl. 10–17 Uhr, 40 DKK, 20 DKK/7–14 Jahre; **Ställe:** Di–So, Mai–Okt. auch Mo 13.30–16 Uhr, 40/20 DKK; **Theatermuseum:** Tel. 33 11 51 76, Di–Do 11–15, Sa, So 13–16 Uhr, 40 DKK/ab 18 Jahre; **Folketing:** Tel. 33 37 55 00; Juli–Mitte Aug. und Woche 42 tgl., sonst nur So 10, 11,

Kopenhagen

13, 14 (engl.) und 15 Uhr, gratis; **Empfangsräume:** Tel. 33 92 64 92, Führungen Mai–Sept. tgl., sonst Di–So 10–17 Uhr, 80 DKK, 40 DKK/7–14 Jahre, Kombiticket für alles 100 DKK, 50 DKK/7–14 Jahre).

Thorvaldsens Museum [20]

Christiansborg dominiert Slotsholmen, aber das Schloss ist nicht allein auf der Insel. Der Stadt zugewandt liegt wie ein großer, ockerfarbener Klotz **Thorvaldsens Museum**. Bertel Thorvaldsen (S. 48), der 1844 verstorbene Meister des Klassizismus, dessen Werke in ganz Europa Straßen und Plätze beherrschen, ist im Innenhof seines Museums in einem schlichten Grab beigesetzt. Nach fast 40 Jahren in Rom, wo er seine größten Erfolge feierte, kehrte er 1838 in seine Geburtsstadt zurück und vermachte viele seiner Arbeiten – Originale wie Modelle – und seine private Sammlung antiker wie zeitgenössischer Kunst dem Museum, das aber erst vier Jahre nach seinem Tod fertig wurde (Bertel Thorvaldsens Plads 2, 1213 Køb K, Tel. 33 32 15 32, www.thorvaldsensmuseum.dk, Di–So 10–17 Uhr, 40 DKK/ab 18 Jahre).

Königliche Bibliothek, Zeughaus und Jüdisches Museum

Auf der anderen Seite von Christiansborg ließ Christian IV. einen Kriegshafen anlegen. Der wurde ab 1868 nicht mehr benutzt und zugeschüttet. Über der Einfahrt entstand von 1898 bis 1906 **Det Kongelige Bibliotek** [21], und dort, wo früher Kriegsschiffe Proviant und Munition bunkerten, liegt heute Bibliothekshaven, der Bibliotheksgarten, eine ruhige Oase. Die Bibliothek, die größte Skandinaviens, ist schon seit 1793 für jeden Bürger offen. 1999 bekam sie eine dringend notwendige Erweiterung zum Hafen hin: **Den Sorte Diamant,** der schwarze Diamant, ist ein tiefschwarzer Kasten aus Glas und Granit.

Mit außergewöhnlicher Architektur beeindruckt auch das vom Bibliotheksgarten aus zugängliche **Dansk Jødisk Museum** [22], das Dänisch-Jüdische Museum. Daniel Libeskind, der auch die Pläne für das Jüdische Museum Berlin lieferte, integrierte hier in alte Gemäuer der Bibliothek einen modernen, verwinkelten und aus jeder erwarteten Gradlinigkeit ausbrechenden Museumsraum (Proviantpassagen 6, 1218 Køb K, Tel. 33 11 22 18, www.jewmus.dk, Juni–Aug. Di–So 10–17, sonst Di–Fr 13–16, Sa, So 12–17 Uhr, geschlossen an wichtigen jüdischen Feiertagen, 50 DKK/ab 18 Jahre).

Zu den Gebäuden aus der Zeit von Christian IV. um den zugeschütteten Kriegshafen gehört noch das ehemalige Zeughaus, ein Waffen- und Munitionslager, in dem **Tøjhusmuseet** [23] Kriegsgerät von Ritterrüstungen bis zu modernen Artilleriewaffen sowie Uniformen und Erinnerungen an Dänemarks Kriege zeigt (Tøjhusgade 3, 1214 Køb K, Tel. 33 11 60 37, www.thm.dk, Di–So 12–16 Uhr, 60 DKK/ab 18 Jahre, Mi gratis).

Børsen und Holmens Kirke

Eines der schönsten Renaissancegebäude Kopenhagens aus der Epoche Christians IV. ist **Børsen** [24], die 1640 fertiggestellte alte Börse – damals eine Art überdachter Warenmarkt, aber kein Umschlagplatz für Aktien – mit den vier Drachen, die auf dem Dach eine charakteristische Spitze mit ihren Schwänzen bilden.

Äußerlich ebenfalls von der Renaissance geprägt ist die **Holmens Kirke** [25] jenseits des Holmenskanal. In der Krypta der Kirche kann man immer noch beigesetzt werden – eine Ehre, die sich Kopenhagens Geldadel einiges kosten lässt (Mo–Fr 10–15, Sommer 10–16, Sa 9–12 Uhr).

Vesterbro, Valby und Frederiksberg

Vom Rådhus Pladsen (S. 382) führen die rund um die Uhr lebendigen Straßen Vesterbrogade und Istedgade weit nach Vesterbro und in die selbstständige Stadt Frederiksberg (S. 380) hinein.

Relaxen vor dem ›Schwarzen Diamanten‹ der Königlichen Bibliothek

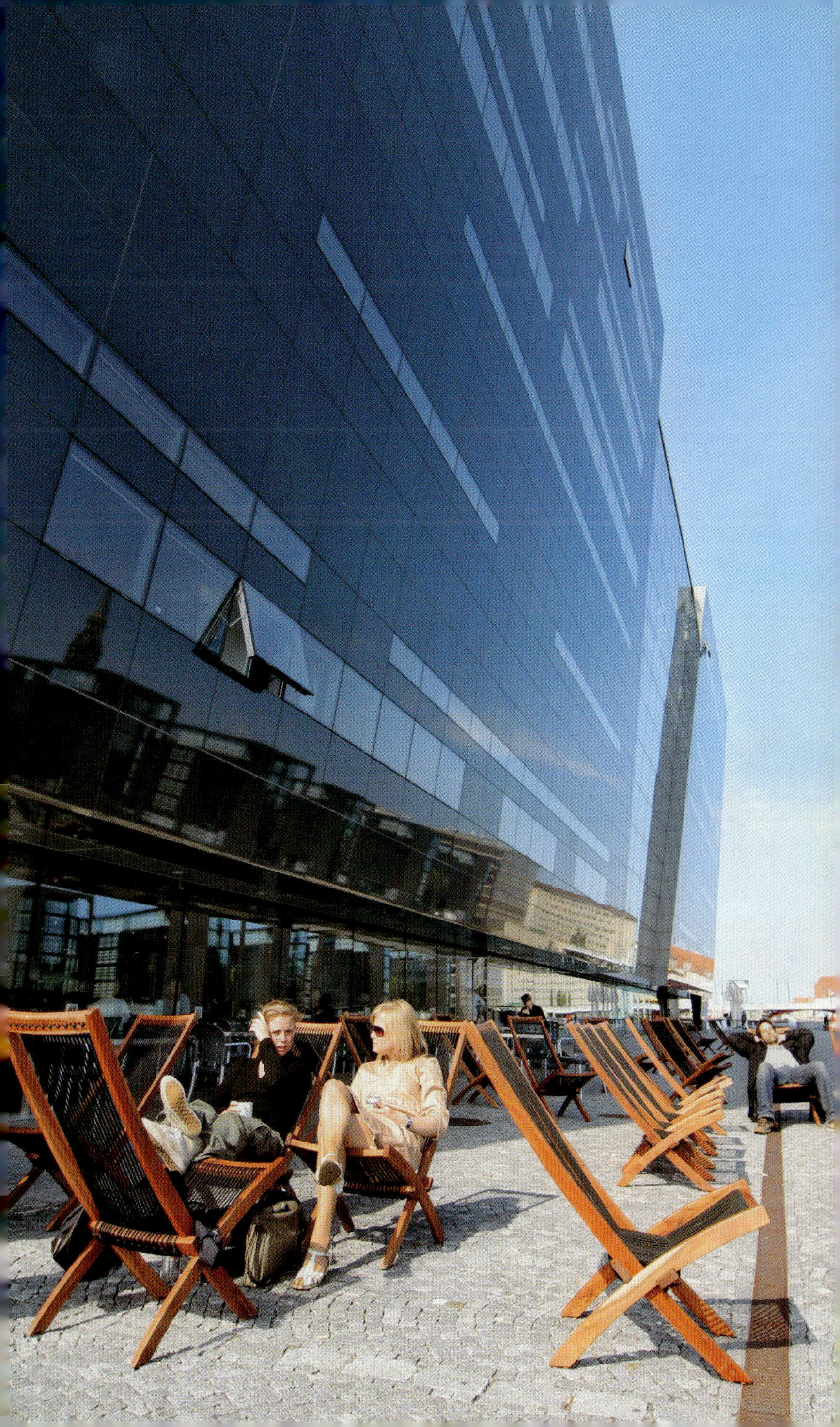

Kopenhagen

Vom Rotlicht- zum Szeneviertel

Die Istedgade ist das letzte, bescheidene Refugium der einst weltweit die Gemüter erregenden Kopenhagener Pornoindustrie. Je weiter man aber vom Bahnhof in das Viertel vordringt, desto szeniger werden die Shops und Lokale. Das Rotlicht verschwindet.

Vesterbro war bis in die 1990er-Jahre Kopenhagens Problemviertel Nummer eins, eine Mischung aus St. Pauli und Kreuzberg mit Drogen, Prostitution und hohem Ausländeranteil. Längst haben junge Reiche den Kiez entdeckt und in Besitz genommen. Wechselsprechanlagen an alten Türen und Toren sind die Symbole für ihre Eroberungen und Sanierungen. Aus Kneipen, die früher allenfalls Kampftrinker begeisterten, wurden schmucke Bistro-Cafés. Gleichzeitig änderte sich die Bevölkerungsstruktur: War Vesterbro 1985 noch der Stadtteil mit dem zweithöchsten Immigrantenanteil in Kopenhagen, kam er 20 Jahre später nicht einmal mehr unter die ersten zehn – Szene frisst Multikulti.

Einen Überblick über die Stadtgeschichte vermittelt **Kobenhavns Museum** [26]. Zum Stadtmuseum gehört eine permanente Ausstellung über den bekanntesten Philosophen des Landes, Søren Kierkegaard (1813–55). Im Vorhof ist die mittelalterliche Stadt im Modell aufgebaut (Vesterbrogade 59, 1620 Køb V, Tel. 31 21 07 72, www.copenhagen.dk, tgl. 10–17 Uhr, 40 DKK/ab 18 Jahre, Fr gratis).

Carlsberg Brauerei [27]

Vesterbro geht bald in den Vorort **Valby** über. 1847 gründet hier Jacob Christian Jacobsen eine Brauerei, benannte sie nach seinem Sohn Carl und weil das Gelände auf einer Anhöhe lag, hängte er ein ›berg‹ an: Carlsberg, heute einer der größten Bierproduzenten der Welt. Zwar beendete Carlsberg 2008 am Stammsitz die Massenproduktion von Bier und verlagert sie nach Jütland, aber trotzdem sieht man noch, wie Gerstensaft gemacht wird, und man darf probieren: Das Brauhaus Jacobsen, das im Konzern für Designer-Biere steht, ist Teil des **Carlsberg Besøgscenter** am Traditionsstandort. Wahrzeichen der Brauerei ist das Tor über dem Ny Carlsbergvej mit vier mächtigen Granitelefanten. An denen fällt das alte Carlsberg-Markenzeichen ins Auge: das Hakenkreuz. Carlsberg gab es schon 1930 auf, um nicht mit der Hitler-Bewegung in Verbindung gebracht zu werden (Besucherzentrum: Gammel Carlsbergvej 11, 2500 Valby, Tel. 33 27 13 14, www.visitcarlsberg.dk, tgl. 10–17 Uhr, 70 DKK, 50 DKK/12–17 Jahre, jeweils inkl. 2 Getränke).

Frederiksberg Have und Zoo

Frederiksberg schiebt sich am Westufer des Skt. Jørgens Sø bis auf 800 m an Kopenhagens Rathaus heran – mit ganz praktischen Folgen: In Frederiksberg sind Parkregeln humaner und -gebühren niedriger. Der Værnedamsvej, eine ursprüngliche Einkaufsstraße mit spannender Mischung aus Mode, Feinkost und Trash liegt so auf der Grenze, dass gerade Hausnummern zu Kopenhagen und ungerade zu Frederiksberg gehören.

Auf Höhe des Værndamsvej zweigt von der Vesterbrogade die **Frederiksberg Allé** ab, beidseits von Linden und ansehnlichen Bürgerhäusern gesäumt. Sie führt an Boulevardtheatern vorbei zum **Frederiksberg Have** [28], einem vielbesuchten Stadtpark, im Sommer zum Bötchenfahren auf künstlichen Kanälen und im Winter zum Schlittschuhlaufen und Rodeln. Eine urdänische Einrichtung mit Wurzeln im frühen 19. Jh. sind die **Små Haver i Pille Allé,** drei volkstümlichen Gartenlokale – M. G. Petersens Familiehave, Krøgers Have und Hansens Gamle Familiehave – am Rande des Parks, in denen die Küche urdänisch ist, die Musik zum Schunkeln animiert und die meist gut gelaunten Gäste in der Regel über 50 sind (April–Sept.).

An den Park grenzt der **Zoologisk Have,** Kopenhagens Zoo. Der gönnte sich 2009 zum 150. Geburtstag eine neue Elefanten-Landschaft, für deren Elefantenhaus kein geringerer als Sir Norman Foster, der Architekt des Berliner Reichstagsumbaus, die Pläne lieferte (Roskildevej 32, 2000 Frederiksberg, Tel. 72 20 02 00, www.zoo.dk, Bus 6A; je nach Jahreszeit tgl. 10–16/17/18, in den dänischen Sommerferien bis 20 Uhr, 150 DKK, 90 DKK/3–11 Jahre).

Spaziergang zur Meerjungfrau

Cityplan: S. 397

Ausgangspunkt für die Tour durch das maritime Kopenhagen ist **Kongens Nytorv** (S. 386). Von überall auf dem Platz sieht man die bunten Fassaden und die Masten der Oldtimerschiffe am Nyhavn – nur die dürfen hier festmachen. Wo sich der 1671-73 ausgehobene Stichkanal und der große, repräsentative Stadtplatz begegnen, befindet sich ein Anleger für Hafenrundfahrten (s. Tipp S. 410).

Nyhavn [29]

Am Nyhavn hat sich das sonnenbeschienene Nordufer zur längsten Theke Kopenhagens entwickelt: fast in jedem der Häuser ein Lokal von der Bierkneipe bis zum Gourmetrestaurant und davor in den warmen Monaten Straßencafé neben Straßencafé. Das alte Milieu der Trinkkneipen, Oben-ohne-Bars und Tätowierer hat sich nur wenige Schlupflöcher bewahrt. Ein Fan des alten Nyhavn war H. C. Andersen, der hier in den Häusern Nr. 18, 20 und 67 wohnte. Wo der Nyhavn in den Haupthafen mündet, haben die Movia-Hafenbusse eine Haltestelle, mit denen man den Fußweg zur Meerjungfrau abkürzen könnte.

Oper und Schauspielhaus

Nördlich des Nyhavn passiert man **Skuespilhuset** [1], das Schauspielhaus an Kvæsthusbroen, in dem sich Anfang 2008 erstmals der Vorhang öffnete. Drei Bühnen stehen dem Ensemble des Königlichen Theaters in dem Neubau, der zum Teil in den Hafen hineingebaut wurde, zur Verfügung. Das Schauspielhaus ist mit Steuergeldern finanziert, anders als die 2005 eröffnete **Operaen København** [2], die Oper, mit ihrem ausladenden Dach am gegenüber liegenden Hafenufer. Die spendierte der 2012 verstorbene Arnold Mærsk Mc-Kinney Møller, Eigner der größten privaten Reederei der Welt und zu Lebzeiten als reichster Mensch im Lande angesehen. Aber nicht alle Dänen waren dankbar, denn Herr Møller betraute ohne den bei Projekten dieser Größenordnung üblichen Wettbewerb ganz im Stil eines Patriarchen seinen Lieblingsarchitekten Henning Larsen mit dem Bau und die Creme der dänischen Kunstszene – darunter Per Kirkeby, Ólafur Elíasson und Per Arnoldi – mit der Ausschmückung. Henning Larsen ist zwar auch global gesehen einer der ganz großen seiner Zunft, aber Kritiker bemäkeln, dass das markante Gebäude genau auf einer Achse mit der Marmorkirche und Schloss Amalienborg liege und die historische Harmonie des königlichen Viertels störe.

Amalienborg Slot [30]

Schloss Amalienborg, die Kopenhagener Residenz der königlichen Familie, war ursprünglich eine Notlösung: Die vier vom Grundplan baugleichen, im Detail jedoch sehr unterschiedlichen Rokokopalais entstanden zwischen 1749 und 1760 für Familien des Hochadels. Hofbaumeister Nicolai Eigtved (1701–54) ordnete die Palais um einen achteckigen Schlossplatz, Mittelpunkt seines neu konzipierten Stadtviertels Frederiksstaden, zu einem großen Ensemble mit dem Hafen auf der einen und der Frederikskirke (S. 396) auf der anderen Seite. Nachdem Christiansborg 1794 abgebrannt war, übernahm die obdachlose Königsfamilie die gesamte Anlage. Heute stehen Königin Margrethe II. und Prinz Henrik sowie Kronprinz Frederik und Familie jeweils eines der Palais' als Residenz zur Verfügung. Ist der Regent anwesend, zeigt das eine Königsflagge über seinem Palais an, und um 12 Uhr findet auf dem Schlossplatz eine große, sonst nur eine kleine Wachablösung statt. In jedem Fall marschiert die Garde ab 11.30 Uhr von ihrer Kaserne durch die Innenstadt zum Schloss.

Das **Christian VIII's Palæ** dient als Amalienborgmuseet oder Glücksburger-Museum der Fortsetzung der Sammlung von Schloss Rosenborg (S. 389). Es zeigt Memorabilien verschiedener Könige, angefangen mit Christian IX. (1863–1906), dem ersten Regenten aus der Glücksburger Linie (Tel. 33 12 21 86, Mai–Okt. tgl. 10–16, sonst Di–So 11–16 Uhr, 65 DKK/ab 18 Jahre, Kombiticket mit Rosenborg [S. 389] 110 DKK). Übrigens: Klop-

Kopenhagen

fen Sie einmal an eine der mächtigen Säulen der Kolonnade, die Margrethes Wohnsitz in Christian IX's Palæ mit dem für Repräsentationszwecke genutzten Christian VII's Palæ verbindet – sie sind aus Holz.

Marmorkirche 31
Nach Eigtveds Masterplan sollte Amalienborg im Westen vom höchsten Kuppelbau Europas überragt werden, der Frederikskirke, bekannter als **Marmorkirken**. Weil der König Marmor statt des ursprünglich geplanten Sandsteins für die Fassade wollte, brach die Finanzierung zusammen, und der Bau wurde stillgelegt – Jahrzehnte als pittoreske Bauruine folgten. 1894, genau 145 Jahre nach der Grundsteinlegung, wurde die Kirche fertig, mit fast 46 m Deckenhöhe noch immer gewaltig, aber gegenüber der geplanten Größe um mehr als ein Drittel geschrumpft und weitgehend aus Kalkstein statt aus edlem Marmor gebaut.

An der Bredegade wenige Schritte stadtauswärts nutzt das **Designmuseum Danmark** 32 ein ehemaliges Krankenhaus aus dem 18. Jh., um dänisches Industrie- und Möbeldesign von Wegners Stuhlklassikern (S. 50) bis zu den HiFi-Geräten von Bang & Olufsen zu zeigen. Darüber hinaus gilt die Sammlung japanischen Kunsthandwerks als die beste außerhalb Asiens (Bredgade 68, 1260 Køb K, Tel. 33 18 56 56, www.designmuseum.dk, Di–So 11–17, Mi 11–21 Uhr, sonst 75 DKK/ab 18 Jahre; der Park im Innenhof und das Café sind frei zugänglich).

Königliche Abgusssammlung
Nimmt man von Amalienborg den Weg über die Hafenpromenade, trifft man auf einen wohlgeformten Nackten: die 6 m hohe Bronzekopie von Michelangelos David vor dem Westindischen Packhaus von 1781. Das wird von **Den Kongelige Afstøbningssamling** 33 genutzt, eine einzigartige Sammlung von Gipskopien bekannter Skulpturen und Reliefs aus 4000 Jahren Kunstgeschichte, darunter die Venus von Milo und der Pergamonaltar (Toldbodgade 40, 1253 Køb K, Tel. 33 74 84 94, Di 10–16, So 14–17 Uhr, gratis).

Hat man dann den modernen Verwaltungsbau der Mærsk Reederei passiert, kommt man auf den Platz vor der Hafenverwaltung. Am Ufer haben die Movia-Havnebusse ihre nördlichste Haltestelle. Der Weg am Hafen entlang schwenkt jetzt ein paar Schritte vom Ufer weg. Gleich hinter der Hafenverwaltung sollte das **Frihedsmuseet** 34 an den Widerstand gegen die deutschen Besatzer im Zweiten Weltkrieg erinnern, im April 2013 verheerte aber ein Brand das Gebäude. Die meisten Exponate und das bedeutende Archiv konnten gerettet werden. Über die Zukunft des Museums war bei Redaktionsschluss dieser Ausgabe noch nicht entschieden.

Die Blicke zieht indes **Gefionspringvandet** auf sich, der Gefionbrunnen von Anders Bundgaard, das größte Einzeldenkmal der Stadt. Gefion, eine Asenjungfrau der nordischen Mythologie, pflügte nach einer Wette mit Schwedenkönig Gylfi die Insel Seeland aus dessen Reich heraus. Vor ihren Pflug spannte sie vier Söhne, die sie zu diesem Zweck in Stiere verwandelt hatte.

Kastellet und Nyboder
Hinter dem Gefionbrunnen sieht man bereits die Wälle der barocken Festungsanlage **Kastellet** mit ihren fünf imposanten Bastionen (tgl. 6–22 Uhr, gratis). König Frederik III. ließ sie 1662–63 anlegen, als Schutzraum für die Elite der Stadt bei längeren Belagerungen. Auffälligstes Bauwerk neben der holländischen Mühle ist die Kirche von 1704 mit einem direkt angebauten Gefängnis – Gefangene konnten durch Löcher in den Wänden Gottes Wort lauschen.

Einen militärischen Background haben auch die Reihenhäuser von **Nyboder** jenseits der Wälle des Kastellet, das malerischste Wohnviertel Kopenhagens. Es entstand jedoch nicht mit Mitteln des Marschallplans, wie eine US-Zeitung einmal konstatierte, sondern gut 300 Jahre zuvor mit Geldern aus dem Verteidigungsetat von Christian IV. Der ließ 1632 erste Häuser in der Skt. Paulsgade – es handelt sich um die Hausnummern 20–40 – bauen, um Seeleuten Heimstätten für den Winter zu schaffen.

Kopenhagen Hafen

Sehenswert

29 Nyhavn
30 Amalienborg Slot (Kgl. Residenz)
31 Marmorkirken
32 Designmuseum Danmark
33 Den Kongelige Afstøbningssamling
34 Friheedsmuseet
35 Den Lille Havfrue (Kleine Meerjungfrau)
36 Den Genmodificerede Havfrue
37 Dansk Arkitektur Center
38 Orlogsmuseet
39 Vor Frelsers Kirke
40 Christiania

Übernachten

3 Hotel 71 Nyhavn

Essen & Trinken

1 Noma
2 Restaurant Kanalen
3 Nyhavns Færgekro
4 Christianias Spiseloppen

Einkaufen

7 Langelinie Outlets

Abends & Nachts

1 Skuespilhuset
2 Operaen
3 Halvandet

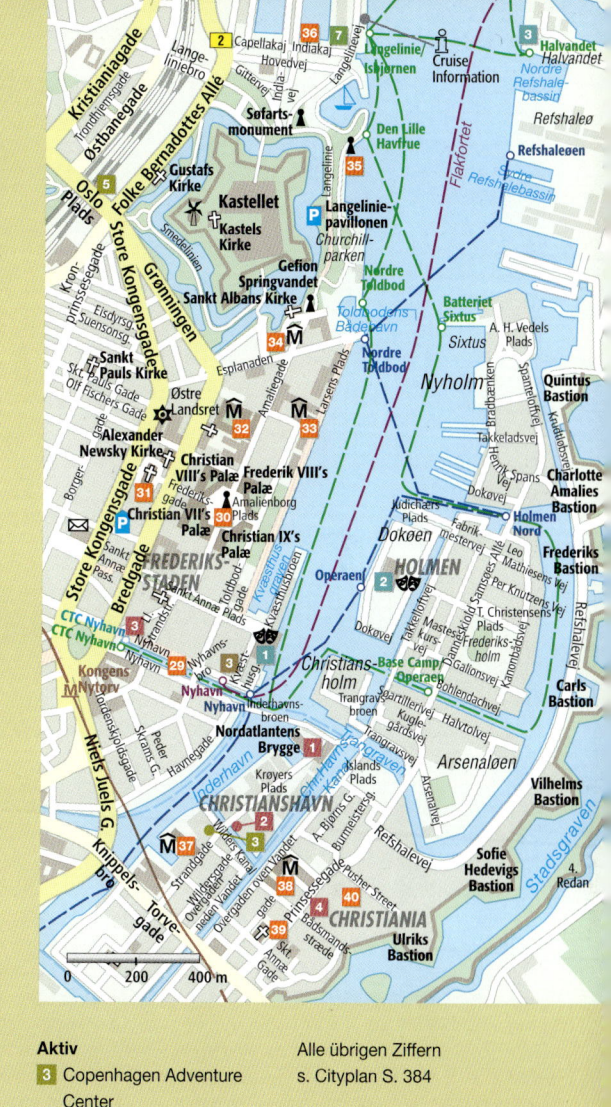

Aktiv

3 Copenhagen Adventure Center
5 Pedal Atleten Østerport

Alle übrigen Ziffern s. Cityplan S. 384

Kleine Meerjungfrau 35

Am Hafen entlang sind es nur wenige Minuten vom gewaltigen Gefionbrunnen zur zarten Kleinen Meerjungfrau. **Den Lille Havfrue**, eine Figur aus einem Märchen H. C. Andersens, erwarten die meisten Besucher größer:

»So klein hab ich sie mir nicht vorgestellt« hört die Frau mit dem Fischschwanz in allen Sprachen der Welt. Gerade einmal 125 cm ist die Skulptur hoch, die Edvard Eriksen (1876–1959), Anfang des 20. Jh ein begehrter Bildhauer, schuf. Den Auftrag dazu er-

Kopenhagen

Kopenhagens Wahrzeichen: die Kleine Meerjungfrau

teilte Carl Jacobsen, Erbe der Carlsberg-Brauerei. Er hatte die Primaballerina des Königlichen Balletts Ellen Price in der Rolle der Kleinen Meerjungfrau gesehen und war – milde ausgedrückt – hingerissen. Sie dann aber so nackt darzustellen, war 1913 ein Skandal. Fältchen hat sie längst, besser gesagt Schweißnähte. Zweimal wurde der Meerjungfrau der Kopf abgesägt, einmal ein Stück vom Arm und am 11. September (!) 2003 sprengten Unbekannte sie von ihrem Stein herunter: Dank erhaltener Original-Gussformen können Schäden jedoch leicht behoben werden. Die Dame ist auch reisefreudig: Im Sommer 2010 saß sie im dänischen Pavillon der EXPO in Shanghai. Besucher konnten sie trotzdem in Kopenhagen sehen, in einer Installation des chinesischen Konzeptkünstlers Ai Weiwei: Der Kunststar brachte sie per Livestream aus Shanghai auf eine Videowand an die Langelinie.

Kreuzfahrerkai Langelinie

Eine abstrakte Alternative zu Eriksens Meerjungfrau lieferte der Multikünstler Bjørn Nørgaard (S. 48) mit **Den Genmodificerede Havfrue** 36, der genmodifizierten Meerjungfrau. Sie sitzt in einem Seitenbecken des Søndre Frihavn nahe dem renovierten Dahlerups Pakhus, dem Schmuckstück der aufgestylten Langelinie Allé. Dort steht auf einem kleinen Platz auch der Rest jener geradezu skurril wirkenden Skulpturengruppe »Det Genmodificerede Paradis«, die Nørgaard für den dänischen Pavillon der Expo 2000 in Hannover schuf. Angesichts der Begründung, warum das Original der Meerjungfrau zur Expo in Shanghai reisen musste – »nur mit dem Original kann man dem Chinesischen Volk die nötige Wertschätzung zeigen« – kommen deutsche Besucher beim Anblick der genmodifizierten Schwester, die bei ihnen zu Besuch war, natürlich ins Grübeln!

Christianshavn

Insgesamt ist der Langelinie Kai seit den 1990er-Jahren vom Schmuddel-Anleger zum schmucken Fenster Kopenhagens herausgeputzt worden. Immerhin bekommen hier viele Besucher ihren ersten Eindruck von der Stadt, denn Jahr zu Jahr machen hier mehr Kreuzfahrtschiffe fest. In den Fundamenten der hoch über dem Kai verlaufenden Promenade bieten die **Langelinie Outlets** 7 (S. 407) dänische und internationale Mode und Souvenirs zu Schnäppchenpreisen.

Am gegenüberliegenden Ufer lockt ein fetter Schriftzug in ein Lokal der besonderen Art: **Halvandet** 3 (S. 408). Die grünen Hop-on-hop-off-Wasserbusse fahren ab Meerjungfrau oder Langelinie hinüber und steuern dabei noch ein Ziel weiter draußen an: Die Festung **Trekroner** von 1787 mitten in der Hafeneinfahrt sicherte bis weit ins 20. Jh. den Hafen und verhinderte Anfang des 19. Jh. zweimal, dass englische Flotten gleich ins Stadtzentrum segelten. Die Katakomben der Festung werden für avantgardistische Ausstellungen genutzt und die Kommandantur ist ein beliebtes Ausflugscafé.

Christianshavn

Bei oberflächlicher Betrachtung merkt man es kaum: Der Hafen ist ein Sund, der die große Insel Seeland mit dem Stadtzentrum von der Nachbarinsel Amager mit dem malerischen Viertel Christianshavn trennt. Das entstand zwar erst im 17. Jh., hat aber mehr Altes zu bieten als das eigentlich ältere Zentrum: Der Hafen schützte es bei den großen Stadtbränden.

Zuerst fallen historische **Hafenspeicher** ins Auge. Seite an Seite mit den Originalen stehen Nachbauten, die nur typische Formen aufgreifen wie das Außenministerium neben Knippelsbro. Wirklich alte Speicher belegen das angesehene **Dansk Arkitektur Center** 37, ein Ausstellungszentrum rund um die Architektur (Strandgade 27 B, 1401 Køb K, Tel. 31 57 19 30, www.dac.dk, tgl. 10–17, Mi bis 21 Uhr, 40 DKK/ab 15 Jahre), und **Nordatlantens Brygge**, das Kulturzentrum, mit dem sich Dänemarks Kolonien Färöer-Inseln und Grönland sowie das seit 1944 unabhängige Island mit Veranstaltungen und Kunstausstellungen präsentieren (Strandgade 91, www.bryggen.dk, Mo–Fr 10–17, Sa, So 12–17 Uhr, 40 DKK, 20 DKK/12–17 Jahre). Bekannter ist die Nordatlantische Brücke für das Restaurant **Noma** 1 (S. 406), 2010 und 2011 zum besten Restaurant der Welt gewählt.

Hinter der Hafenfront verbirgt sich ein Klein-Amsterdam – die Ähnlichkeit kommt nicht von ungefähr: Christian IV. ließ das Viertel mit den Kanälen von holländischen Baumeistern anlegen. Am zentralen Christianshavns Kanal ist **Orlogsmuseet** 38, das Marinemuseum, in einem ehemaligen Marinelazarett aus dem 18. Jh. untergebracht. 500 Jahre Entwicklung der dänischen Seestreitkräfte sind vor allem mit Schiffs- und Maschinenmodellen dokumentiert (Overgaden oven Vandet 58A, 1415 Køb K, Tel. 33 11 60 37, www.orlogsmuseet.dk, Di–So 12–16 Uhr, 60 DKK/ab 18 Jahre, Mi gratis).

Den ultimativen Überblick über Christianshavn und ganz Kopenhagen verschafft der 90 m hohe Turm der **Vor Frelsers Kirke** 39: Außen um die Turmspitze der 1696 gebauten Erlöserkirche wendelt sich eine Treppe bis zur vergoldeten Weltkugel auf der Spitze, auf der ein Christus mit einer Wetterfahne steht (Skt. Annæ Gade 29, 1419 Køb K, Tel. 32 54 68 83, www.vorfrelserskirke.dk, April–Anfang Dez. Kernzeit 11–16, Hochsaison an einigen Tagen 10–19.30 Uhr, 40 DKK, 10 DKK/Kinder).

Christiania 40 – anders Leben

Vom Turm der Vor Frelsers Kirke hat man auch einen exzellenten Blick auf ein Stück Kopenhagen, das gar nicht dazugehören will, das Hippie-Refugium **Christiania** – nach inoffiziellen Angaben die Nummer Drei unter den Touristenattraktionen in Dänemark. Und solange man eines der wenigen Verbote der ›Freistadt‹ akzeptiert, weder Drogenhandel noch -konsum zu fotografieren, ist es auch eine ungefährliche Attraktion und keine ›No-Go-Area‹, wie manchmal behauptet wird.

Von Hausbesetzern 1971 auf einem verlassenen Kasernengelände gegründet, ist

Kopenhagen

Christiania eine rund 40 ha große alternative Kleinstadt, bewohnt von ca. 800 festen Einwohnern. Mit der Stadt wurden auch die Bewohner älter, das Durchschnittsalter liegt heute knapp unter 50, trotz einer nicht unerheblichen Zahl junger Familien mit Kindern.

Die Gründer wollten eine selbstverwaltete Gesellschaft aufbauen, mit größtmöglicher Freiheit für jedes Individuum, aber auch mit großer Verantwortung des Einzelnen für die Gemeinschaft. Neben Idealisten kamen viele, die in der normalen Gesellschaft gescheitert waren. Der Staat realisierte diese für ihn kostensparende Integrationskraft und legalisierte Christiania als soziales Experiment. Man arrangierte sich: Läden und Unternehmen aus Christiania treiben mit der Außenwelt Handel und zahlen normale Steuern, manche so erfolgreich, dass sie ihre Produktion nach draußen verlagerten, wie **Christiania Smedie.** Die lässt ihre dreirädrigen Lasten-Fahrräder, die als Kindertransporter zum dänischen Alltagsbild gehören, auf dem strukturschwachen Bornholm bauen und betreibt in der Freistadt nur noch ein Sales & Service Centre (www.christianiabikes.com, inkl. Händlerliste in Deutschland).

Mit geschickter Öffentlichkeitsarbeit schafften es die Christianitter immer wieder, die Mehrheit der dänischen Bevölkerung hinter sich zu bringen und so Zeiten bürgerlich-konservativer Regierungen ohne Räumung zu überstehen. Dabei gab es immer Reizthemen, vor allem in Sachen Drogen: Während Heroin und andere harte Stoffe ab 1979 aus dem Gelände verbannt waren, akzeptierte die Freistadt Handel und Konsum von Haschisch und Marihuana. In der ›Pusher Street‹ – inzwischen unter diesem Namen in vielen Stadtplänen zu finden – wechselten in Hochzeiten rund 15 kg weiche Drogen pro Tag die Besitzer und drumherum entstand ein florierender Handel mit Kiffer-Utensilien und Devotionalien der Love-and-Peace-Generation.

Die 2001–2011 in Dänemark regierende rechts-bürgerliche Koalition bezog in der Christiania-Frage sofort eine unnachgiebige Haltung und beendete lange tolerierte Ge-

Vor Frelsers Kirke über roten Rosen

Amager

setzlosigkeiten. Nach Jahrzehnten, in denen sich kein Uniformierter in die Freistadt traute, setzte massive Polizeipräsenz dem offenen Drogenhandel ein Ende – das Nationalmuseum konnte sich gerade noch eine der bunten Dealer-Buden für die Nachwelt sichern. Das Konzept scheiterte, weil sich der Drogenhandel nun schier unkontrollierbar in der Stadt ausbreitete und – was in Christiania nie akzeptiert wurde – weiche Drogen zusammen mit Heroin und Designerdrogen gehandelt wurden. Inzwischen gab man Christiania stillschweigend alte Freiräume zurück. Und selbst als sich während des Weltklimagipfels Ende 2009 in und um Christiania heftige Schlachten zwischen Polizei und Autonomen abspielten, hatte die Freistadt eher die Sympathien auf ihrer Seite, denn generell bekam die Polizei in diesen Tagen schlechte Noten.

Im Laufe der vier Jahrzehnte währenden Existenz Christianias sind viele Utopien den Realitäten des Alltags gewichen. Ihr unbestrittenes Verdienst ist, dass überall in Dänemark selbstverwaltete Projekte zu finden sind, die hier ihre Wurzeln haben, und über die Grenzen Dänemarks hinaus spielte Christiania eine Vorreiterrolle für alternative Lebensformen in weiten Teilen Nord- und Mitteleuropas. Die fairste, weil für die Christianitter erträglichste Art, die ›Freistadt‹ als Tourist zu besuchen, ist die Teilnahme an Führungen, die Christianias ›Rundvisergruppen‹ – wirkliche Insider – anbietet (im Sommer tgl., sonst Sa, So 15 Uhr ab Eingang Prinsessegade, Anmeldung ist nicht erforderlich, 40 DKK. Christiania im Web: www.christiania.org, Rundvisergruppen: www.rundvisergruppen.dk).

Holmen

Dass das Gelände von Christiania Begehrlichkeiten des Immobilienmarktes weckt, kommt nicht von ungefähr: Lange lag die Freistadt am Ende aller Wege, dahinter nur die geschlossene Welt eines Marinestützpunktes. Den räumten die ›Blauen Jungs‹ in den 1990er-Jahren und machten 50 ha attraktives Gelände mit 40 denkmalgeschützten Bauten aus drei Jahrhunderten für die Stadtentwicklung frei. **Holmen** hat sich zu einem hippen Viertel mit künstlerischen Ausbildungsstätten und edlen Wohnungen am Wasser entwickelt. Auch die Oper (S. 395) ist hier zu Hause. Über die Prinzessegade an Christiania vorbei erreicht man Holmen auf dem Landweg – keine Durchfahrt für Autos! –, sonst bestehen Verbindungen nur per Boot über den Hafen (s. Tipp S. 410).

Amager ▶ O 11

Die **Insel Amager** ist aber weit mehr als das pittoreske Christianshavn. Die Universität ist mit vielen modernen Instituten auf Amager zu Hause, ebenso Kopenhagens Messe- und Kongresszentrum sowie der internationale Flughafen Kastrup. An dem vorbei verläuft die Trasse der Øresundsbro, der Tunnel-Brücken-Verbindung nach Schweden.

Den besten Blick auf die Brücke hat man von der Hafenmole von **Dragør**. Die alte Hafenstadt mit der traditionsreichen Lotsenstation besitzt im Zentrum die romantischsten Gassen rund um Kopenhagen. Gut ein Viertel aller Häuser – die meisten stammen aus der ersten Hälfte des 19. Jh. – stehen heute unter Denkmalschutz.

Wer nicht ganz so weit hinaus fahren will, kann die Brücke auch vom **Amager Strandpark** aus sehen. Das ist eine für 40 000 Besucher ausgelegte Strandwelt mit künstlicher Insel, Promenaden, Parks, Dünen und sogar einer Lagune als Wassersportrevier für jedermann (Bus 12, Metro bis Amager Strand). An diesem Küstenabschnitt eröffnete im März 2013 Kopenhagens jüngste Attraktion: **Danmarks Akvarium – Den Blå Planet.** Die etwas erhöhte Lage direkt am Øresund ist perfekt für den architektonisch spektakulären Bau, der an einen Wirbelwind erinnert. Das neue Aquarium zeigt, immer im Kontext modernen Umweltbewusstseins, das Leben im und über dem Wasser, von den artenreichen Seen Afrikas und dem Amazonas über ein Korallenriff bis zu den Vogelklippen der Färöer-Inseln im Nordatlantik – letztere ›oben offen‹, damit sie den realen Jahreszeiten fol-

Kopenhagen

gen können. Höhepunkt ist ein Ozeanarium mit gläsernem Unterwassertunnel und 8 x 16 m großer Panoramascheibe (Kajakvej 15, Kastrup Havn, 2770 Kastrup, www.denblaaplanet.dk, Bus 5A oder Metro Kastrup Station, tgl. mindestens 10–18, Mo 10–21 Uhr, 160 DKK, 95 DKK/3–11 Jahre, Rabatt bei Online-Buchung).

Das alles sind aber nur Beigaben für das Große, das mitten auf Amager wächst: Ørestad, eines der ambitioniertesten städtebaulichen Projekte im alten Europa.

Ørestad

Wo bis in die 1990er-Jahre mehr oder minder Brache war, entsteht in rasendem Tempo eine Retortenstadt für rund 20 000 Menschen und mit etwa dreimal so vielen Arbeits- und Studienplätzen: Ørestad, der neue Mittelpunkt der Region Kopenhagen/Malmö, ist ein gut 5 km langer und etwa 600 m breiter urbaner Keil vom Univiertel weit in den Süden Amagers hinein.

Dänemarks größte Mega-Mall, das Shoppingcenter **Field's** mit rund 150 Läden unter einem Dach öffnete seine Tore 2004 und wurde bereits erweitert; **DR Byen**, das Multimediacenter mit einem Konzertsaal für 1800 Zuschauer startete 2006 den Betrieb, und die Metro, Schlagader des öffentlichen Verkehrs, war sowieso zuerst fertig.

Und es wird noch bis etwa 2030 gebaut: u. a. lieferte Daniel Libeskind den Masterplan für **Down Town Ørestad** und Kim Utzon, Sohn und ehemaliger Partner des Architekten der Oper von Sydney, zeichnete Pläne für den voraussichtlich größten Einzelkomplex: Das **Copenhagen World Trade Centre** – hier mit drei Türmen.

Køge Bugt und Arken
▶ N 11

Amagers Süden stößt an die **Køge Bugt,** 1677 Schauplatz einer legendären Seeschlacht, in der Niels Juel eine unterlegene dänische Flotte mit genialer Strategie zu einem Sieg über eine schwedische lenkte. Inzwischen ist Køge Bugt ein friedliches Naherholungsgebiet, für das 7 km Strandpark mit Lagunen, Dünen und weißen Stränden künstlich angelegt wurden.

Nur einen Steinwurf vom Meer bekam Kopenhagens proletarischer Süden 1996 sein Kunstmuseum **Arken – Museum for Modern Kunst.** Robert Lund war 25 Jahre alt und noch Student, als er gegen etablierte Konkurrenz den Architekenwettbewerb zum Bau der Arche gewann. Nach seiner Definition ist das Gebäude aus Beton und verzinktem Stahl eine dekonstruktivistische Skulptur. Schiff, gestrandeter Wal, havarierter Raumkreuzer – bei einem Gang um das exzentrische Museum wechselt es mit jeder neuen Perspektive das Gesicht. Wahrzeichen ist der 12 m hohe Bug, der die Kunstachse, den 150 m langen Hauptraum, nahe dem Eingang abschließt. Rechts und links quellen Nebenräume aus dem Rumpf hervor: Kleinere Galerien – schon 2008 wurde Arken auf die doppelte Ausstellungsfläche zu einem der größten Museen Dänemarks erweitert – zur Landseite, ein Multifunktionssaal für Theater und Ballett, ein Kino und das rundum verglaste Restaurant mit Blick auf Dünen und Meer zur Seeseite (Skovvej 42, 2635 Ishøj, Tel. 43 54 02 22, www.arken.dk, Di–So 10–17, Mi 10–21 Uhr, 95 DKK/ab 18 Jahre, Bus 128 ab S-Bahn Ishøj; im Café – auch ohne Eintritt zugänglich – immer mittwochs zum langen Abend ordentliches 2-Gänge-Menü für ca. 200 DKK).

Charlottenlund bis Klampenborg ▶ O 10

Im Norden schließt an das Kopenhagener Viertel Østerbro der Vorort **Hellerup** an. Eine alte Abfüllhalle der früher hier ansässigen Tuborg-Brauerei wird von der Kinderattraktion Experimentarium (S. 411) genutzt. Ein paar hundert Meter landeinwärts gleich hinter der S-Bahn-Strecke erinnert **Mindelunden i Ryvangen** an die Opfer nationalsozialistischer Gewaltherrschaft in Dänemark. In dem kleinen Wäldchen am Südende des Geländes ist der Erschießungsplatz noch zu sehen, den die Gestapo für Hinrichtungen nutzte (Tuborgvej, 2900 Hellerup, Tel. 39 62 14 67; tgl. 10 Uhr bis Einbruch der Dunkelheit).

Charlottenlund Strandpark ist an heißen Sommertagen ein familiäres Strandbad. Überragt wird es vom alten **Charlottenlund Fort,** das nur 1886–1932 militärisch genutzt wurde und hinter dessen schützenden Wällen Kopenhagens schönster Campingplatz liegt (S. 406).

Nördlich von Charlottenlund verbreitet **Skovshoved** dörfliche Atmosphäre. In dem Küstenort verbirgt sich eine gastronomische Perle: das Skovshoved Hotel im Stil eines luxuriösen Badehotels aus dem 19. Jh. (Strandvejen 267, 2920 Charlottenlund, Tel. 39 64 00 28, www.skovshovedhotel.dk, DZ ab ca. 1500 DKK).

Der Hauptverkehr nach Norden wird um das Dorf geführt: Straße [152] wird zur Uferpromenade mit Blick auf den viel befahrenen Øresund. Die kleine Tankstelle am Nordrand des Jachthafens von Skovshoved sieht auffällig anders aus als sonst übliche Tankstellen: Die Arbeit von Arne Jacobsen (S. 50) aus dem Jahr 1937 steht als besonderes Beispiel funktionalistischer Architektur unter Denkmalschutz.

Klampenborg und Dyrehave

In **Klampenborg** sieht man mehr von Jacobsen: Den Wohnkomplex Bellavista aus den frühen 1930er-Jahren, das Bellevue Teater und das Bellevue Strandbad. Jenseits der Klampenborg Station – Bahnhof der S- und Kystbanen – breitet sich ein rund 1000 ha großer Wildpark, **Dyrehave,** aus. Seine Anfänge lassen sich bis 1669 zurückverfolgen, in die Zeit von Frederik III. 1763 entstand auf einem Hügel mitten im Park das Rokoko-Jagdschloss Eremitage, das bis heute bei besonderen Empfängen der Königin genutzt wird. Seit Mitte des 18. Jh. ist Dyrehave für das ›gemeine‹ Volk zugänglich. Wander-, Rad- und Reitwege erschließen den Park mit seinem jahrhundertealten Baumbestand und etwa 2000 freilebenden Edelhirschen.

Etwa 15 Minuten zu Fuß von Strand und S-Bahn belegt **Dyrehavsbakken,** der meist nur **Bakken** genannte Vergnügungspark, eine Ecke des Waldes. Bakken ist ein Spaß für alle Generationen, gut ein Drittel der knapp 40 Fahrgeschäfte sind auch für kleine Kinder geeignet, die zudem mehrmals am Tag vom Pjerrot mit kleinen Tricks und Kunststücken verzaubert werden.

Im Vergleich zum Tivoli ist Bakken volkstümlicher, etwas billiger und vor allem älter, nach der Eigenwerbung der älteste Vergnügungspark der Welt überhaupt. Seine Ursprünge lassen sich bis ins 18. Jh. zurückverfolgen, als um die Kirsten Pils Kilde, eine angeblich heilende Quelle, ein Jahrmarkt entstand (2930 Klampenborg, Tel. 39 63 73 00, Mitte März–Aug. mindestens 14–22 Uhr, Sa, So immer ab 12, Hochsaison sowie alle Samstage bis 24 Uhr, Eintritt frei, Tageskarte für alle Fahrgeschäfte ca. 220–250 DKK, 160–180 DKK für kleinere Kinder ohne die wilden Fahrgeschäfte).

Ordrupgaard

Ordrupgaard, das noch etwas weiter landeinwärts mitten im Grünen gelegene Kunstmuseum, besitzt neben dänischer Malerei des 19. und frühen 20. Jh. eine außergewöhnliche Sammlung französischer Impressionisten, Symbolisten und Postimpressionisten. Eine besondere Rolle spielt Paul Gauguin, der, mit einer Dänin verheiratet, einige Jahre in Kopenhagen lebte. In einem architektonisch extravaganten Erweiterungsbau zeigt Ordrupgaard Sonderausstellungen von hoher Qualität (Vilvordevej 110, 2920 Charlottenlund, Tel. 39 64 11 83, www.ordrupgaard.dk, Bus 388 ab S-Bahn-Stationen Klampenborg oder Lyngby, Di–Fr 13–17, Mi 13–19, Sa, So 11–17 Uhr, 95 DKK/ab 18 Jahre; ausgezeichnetes Café).

Seen und Museen um Kongens Lyngby ▶ N/O 10

Entweder quält man sich durch die Autobahnkreuze im Norden Kopenhagens oder man entsteigt der S-Bahn auf Lyngby Station inmitten einer Beton-City. In beiden Fällen

Kopenhagen

wird man kaum glauben, wie schnell man dann im Grünen steht: Nahe der Kirche von Kongens Lyngby legen zum Teil über 110 Jahre alte Ausflugsboote ab, die zwischen Mai und September auf der Seenwelt im Westen herumschippern (Infos und Fahrplan: Tel. 45 87 01 52, www.baadfarten.dk).

Ein Ziel ist **Villa Sophienholm,** die 1802 das heutige Aussehen im italienischen Landhausstil bekam. Bauherr war der in Wismar geborene Großkaufmann Constantin Brun. Seine Frau Frederikke schrieb Lyrik und Reisebeschreibungen und gehörte zur Crème der europäischen Bohème, eng befreundet mit Germaine Staël und bekannt mit Schlegel, Goethe, Schiller, Herder sowie der gesamten dänischen Künstler- und Literaten-Szene des ›Guldalder‹ (S. 48). Sophienholm wurde Inbegriff des Salonlebens im Dänemark des frühen 19. Jh. Heute ist die Villa ein attraktives Ausstellungszentrum, umgeben von traumhaften Parkanlagen mit Blick auf den Bagsværd Sø.

Zu den wenigen permanenten Kunstwerken zählt die bemalte Decke einer ansonsten verfallenen Wochenendhütte: ›**CoBrA loftet**‹ ist das Resultat eines wilden Wochenendes 1949 und das einzige ›Kollektivwerk‹ von CoBrA-Künstlern (S. 262), unter ihnen Asger Jorn und Carl-Henning Pedersen (Nybrovej 401, 2800 Lyngby, Tel. 45 88 40 07, www.sophienholm.dk, Bus 191 ab Lyngby oder Baadfarten, Di–So 11–17, Do 11–19 Uhr, 65 DKK/ab 16 Jahre).

Brede Værk und Sorgenfri

Von der Lyngby Mølle, der alten Mühle am Nordrand von Lyngby, windet sich das Mølleådal als grünes Band bis zum Øresund. Das Tal der Mølleå ist Wiege der dänischen Industrie. Viele frühindustrielle Bauten stehen unter Denkmalschutz und sind über Wander- und Radwege zu erreichen.

Dazu gehört die ehemalige **Textilfabrik Brede Værk.** Sie entwickelte sich ab 1887 unter einem sozial verantwortungsbewussten Fabrikanten zum Paradebeispiel für die Gemeinschaft, in der Lebens- und Arbeitsraum eine Einheit bildeten.

In den 1930er-Jahren zählte die Siedlung an der Brede Fabrik gut 1000 Bewohner, dann begann der langsame Niedergang, und 1956, als die Produktion aufgegeben wurde, kam der Komplex als Industriedenkmal in den Besitz des Nationalmuseums und zeigt permanent eine Ausstellungen zur Industrialisierung der Region sowie die Trachten und Kleidersammlung des Nationalmuseums zur Entwicklung textiler Mode vom 18. Jh. bis heute, außerdem gibt es hier oft publikumswirksame Sonderausstellungen (I. C.Modevegsvej, 2800 Kongens Lyngby, www.natmus.dk, ab S-Bahn-Station Jægersborg mit Nærum Banen, Mai–Sept. Di–So 10–16/17 Uhr, gratis).

Vom Brede Værk ist man sofort am Seiteneingang des **Frilandmuseet Sorgenfri,** einer weiteren Abteilung des Nationalmuseums. Das Freilichtmuseum zeigt Gebäude ländlicher Regionen im 18., 19. und frühen 20. Jh., darunter ein komplettes Dorf. Daneben gibt es auf dem 36 ha großen Gelände mehr als 70 Bauernhöfe aus allen Teilen Dänemarks, von den Färöer-Inseln sowie aus ehemals dänischen Provinzen in Südschweden und Norddeutschland, was u. a. den mächtigen Eiderstedter Haubarg erklärt. Auf einigen Höfen werden alte Haustierrassen gehalten, und im Sommer wird traditionelles Handwerk gezeigt (Kongevejen 100, 2800 Lyngby, Tel. 45 85 02 92, www.natmus.dk, Ostern–Woche 42 Di–So 10–17, gratis).

Infos

Copenhagen Visitor Centre: Vesterbrogade 4A (gegenüber Haupteingang Tivoli), Tel. 70 22 24 42, www.visitcopenhagen.de (mit Online-Buchung für Zimmer, Wohnungen, Ferienhäuser); Juli–Aug. Mo–So 9–19, Mai, Juni, Sept. Mo–Sa 9–18, So 9–14, sonst Mo–Fr 9–16, Sa 9–14 Uhr.

Turistinformation Lyngby: Ulrikkenborg Plads 1, 2800 Lyngby (S. 403), Tel. 45 88 66 16, www.lyngbyturistinformation.dk, Mo–Fr 9–17.30 Uhr. Vermittelt günstige B & B-Zimmer in der grünen Peripherie mit guter S-Bahn- und Busanbindung an die Innenstadt.

Strömma: Unter diesem Dach wurden in jüngster Zeit alle wichtigen Sightseeing-Op-

Adressen

tionen fusioniert – billiger ist es nicht geworden: **Copenhagen Excursions** macht die klassischen Bustouren in Stadt und Umland auch mit deutschem Kommentar wie Copenhagen Panorama Sightseeing (1,5 Std.) oder Hamlet-Tour nach Helsingør (6,5 Std.). **Hop on-Hop off** (grüne Busse; Mai–Sept., 1 Linie, 12 Stopps, abgestimmt auf grüne Hop-on-Hop-off-Boote) und **City Sightseeing** (rote Busse, im Sommer 2 Linien, im Winter 1 Linie, rund 2 Dutzend Stopps) touren tgl. ca. 9.30–16.30 Uhr mit ›Cabrio‹-Doppeldeckerbussen im 30- oder 60 Min.-Takt durch die Stadt, der Kommentar kommt mehrsprachig vom Band über Kopfhörer und an allen Stopps kann man nach Belieben ein- und aussteigen. Tickets (175–195 DKK) gibt's in Hotels, beim i-Büro, an Stömma-Schaltern z. B. am Anleger Nyhavn oder online auf www.sightseeing.dk, sie sind meist 24 Std. gültig und es gibt Kombitickets mit anderen Produkten des Konzerns, z. B. Hop-on-hop-off Bus & Boot 245 DKK (Kinder 6–11 ca. 50 %).

Übernachten

Kopenhagen hat sich zu einer der bedeutendsten europäischen Kongressstädte entwickelt. Fast 20 000 Hotelbetten stehen in allen Preissegmenten zur Verfügung. In messe- und kongresslosen Zeiten locken Hotels gern mit Sonderangeboten bzw. Tagespreisen bei Online-Buchung.
Design-Legende ▶ Radisson Blu Royal Hotel 1 : Hammerichsgade 1, 1611 Køb. V, Tel. 33 14 14 12, www.radissonblu.com/royalhotel-copenhagen. 5-Sterne-Hotel unter Denkmalschutz: Es ist ein Hauptwerk des Architekten und Designers Arne Jacobsen, der 1960 nicht nur das Gebäude, sondern auch die Inneneinrichtung bis hin zum Besteck entwarf. Das SAS Royal war schon Designhotel, als es diesen Begriff noch gar nicht gab. DZ ab ca. 2275 DKK, günstiger an Wochenenden und in den Ferien.
Mit Zugang zu großem Sport- und Spaßbad ▶ DGI-byens Hotel 2 : Tietgensgade 65, 1704 Køb V, Tel. 33 29 80 50, www.dgi-byen.com/hotel. Gleich neben dem Kultur- und Ausstellungszentrum Øksnehallen mit

> **Tipp: Wochenzeitung »The Copenhagen Post«**
>
> Die wöchentlich auf Englisch erscheinende Zeitung bietet Nachrichten und Veranstaltungstipps und ist für 25 DKK an Kiosken oder gratis in vielen Lokalen erhältlich (www.cphpost.dk).

Zugang zum Vandkulturhuset (für Hotelgäste gratis). Zimmer im Stil des skandinavischen Funktionalismus – nüchtern, aber elegant. DZ regulär ab 1895 DKK, in der Regel online-Angebote deutlich darunter.
4-Sterne-Hotel in altem Hafenspeicher ▶ Hotel 71 Nyhavn 3 : Nyhavn 71, 1051 Køb K, Tel. 33 43 62 00, www.71nyhavnhotel.dk. Romantikhotel in einem Speicher aus dem frühen 19. Jh. Liegt direkt am Nyhavn mit alten Balken in Lobby, Restaurant und Zimmern. Das Schauspielhaus nebenan, Boote zur Oper fahren vor der Tür ab. Die Standardzimmer sind eher kuschelig als geräumig, mehr Platz und bessere Aussichten bieten Suiten in den oberen Stockwerken. Flexible Preise DZ inkl. Frühstück ab ca. 1200 DKK, realistischer sind Preise ab ca. 1600 DKK.
Ruhige Lage, lokal verwurzelt ▶ Ibsens Hotel 4 : Vendersgade 23–25, DK-1363 Køb K, Tel. 33 13 19 13, www.brochner-hotels.dk. Das 2011 liebevoll renovierte Traditionshotel zeigt viel Lokalkolorit zwischen authentischen Cafés, Restaurants und Läden, nah zu Botanischem Garten, den neuen Markthallen und dem multikulturellen Nørrebro, aber auch zu den Fußgängerzonen der Innenstadt.
Kette mit originellem Preiskonzept ▶ Zleep Hotel Centrum 5 : Helgolandsgade 14, 1653 Køb. V, Tel. 33 31 31 11, www.zleephotels.com. In dem Teil des Hotelviertels hinter dem Bahnhof, in dem man den Wandel zum Szenequartier schon spürt. Preise je nach Vorbuchungsfrist ca. 300–1000 DKK, Frühstück 79 DKK/Pers.
Discount-Kette mit Dumpingpreisen ▶ Hotel Cabinn City 6 : Mitchellsgade 14, 1568 Køb V, Tel. 35 39 84 00. **Hotel Cabinn**

Kopenhagen

Scandinavia 7: Vodroffsvej 57, 1900 Frederiksberg, Tel. 35 36 11 11 und **Hotel Cabinn Metro:** Arne Jakobsens Allé 2, 2300 Køb (Ørestadt ▶ O 11). Für alle drei: www.cabinn.com. Die Kopenhagener Cabinn Hotels haben zusammen gut 1300 Zimmer, bei denen Funktionalität über alles geht (S. 83). Am besten liegt das Cabinn City gleich hinter dem Tivoli. Standardpreise bei allen ab 625 DKK zzgl. Frühstück 70 DKK/Pers., gelegentlich gibt's noch günstigere Online-Preise.

5-Sterne-Designer-Herberge am Hafen ▶ **DanHostel Copenhagen City** 8: H. C. Andersens Boulevard 50, 1553 Køb V, Tel. 33 18 83 32, www.danhostel.dk/copenhagencity. 1020 Betten auf 15 Stockwerken direkt am Hafen. Alle Zimmer mit Dusche/WC. DZ ca. 425–610 DKK, 4-Bett-Zi. ca. 645–775 DKK. Das Frühstück ist besser als in vielen Hotels. Größte von drei Danhostel-Herbergen in der Stadt, drei weitere in der grünen Peripherie (Übersicht unter www.danhostel.dk).

Camping hinter hohen Wällen ▶ **Camping Charlottenlund Fort:** Strandvejen 144, 2920 Charlottenlund (▶ O 10), Tel. 39 62 36 88, www.campingcopenhagen.dk. Geschützt zwischen Wällen und Gräben des alten Forts am Øresund mit kleinem Strand vor der Tür. 10 Campingplätze gibt es insgesamt in Stadt und Umland.

Essen & Trinken

Kopenhagens Gastronomie besitzt europäisches Spitzenniveau. Im Guide Michelin 2013 bekamen 11 Restaurants je einen Stern, »Noma« und »Geranium« sogar zwei.

New-Scandinavian-Cooking in Vollendung ▶ **Noma** 1: Strandgade 93, 1401 Køb K, Tel. 32 96 32 97, www.noma.dk. Seit 2007 mit zwei Michelin-Sternen geadelt und von Gourmetkritikern 2010–2012 drei Jahre in Folge zum besten, 2013 zum zweitbesten Restaurant der Welt gewählt: Lokales statt Exotisches, das aber avantgardistisch zubereitet im alten Speicher auf Christianshavn mit Blick auf die City. Hier denkt man nicht an den Preis, eher daran, überhaupt einen Tisch zu bekommen (ca. 3 Monate im Voraus sollte man bestellen).

Bib-Gourmand-Restaurant in Christianshavn ▶ **Restaurant Kanalen** 2: Wilders Plads 2, 1403 Køb K, Tel. 32 95 13 30, www.restaurant-kanalen.dk, So geschl. Gourmet-Klasse zu bezahlbaren Preisen an einem der Kanäle in Christianshavn. Dänisches Frokost (ab ca. 85 DKK, Menü ab 325 DKK), abends mehr französische Einflüsse (Menüs ab ca. 350 DKK).

Das beste Heringsbuffet der Stadt ▶ **Nyhavns Færgekro** 3: Nyhavn 5, 1051 Køb K, Tel. 33 15 15 88, www.nyhavnsfaergekro.dk. Exzellentes Frokost-Restaurant am stadtnahen Ende des Nyhavn. Gutes Preis-Leistungs-Verhältnis bei den Smørrebrød (ab ca. 70 DKK) ebenso wie beim Heringsbuffet (129 DKK). Zum Runterspülen gibt's einen Kräuterschnaps, der am Tisch aus neutralem ›Öko‹-Klaren und Kräuterbrand gemixt wird.

Nicht artig, aber einzig ▶ **Christianias Spiseloppen** 4: Bådmandsstræde 43, 1407 Køb K, Tel. 32 57 95 58, www.spiseloppen.dk, Di–So abends. Die innovative Küche, für die ein Kollektiv der Köche jeden Tag die Menükarte neu zusammenstellt, wird vom Hausbesetzermilieu des Freistaates Christiania kontrastiert. Dort versteckt sich das Lokal in einem alten Depotgebäude – seit fast 30 Jahren ein Renner. Unbedingt reservieren! HG ab ca. 150 DKK.

Klassisches Frokost-Restaurant ▶ **Slotskælderen Hos Gitte Kik** 5: Fortunstræde 4, 1065 Køb K, Tel. 33 11 15 37, nur Di–Sa

Tipp: Dine with the Danes

Was es zu essen gibt, sieht man erst, wenn es auf dem Tisch steht, denn die Nielsens oder Jensens haben keine Speisekarte, doch versprechen sie, dänisch zu kochen. ›Dine with the Danes‹ vermittelt Besuche bei dänischen Familien zum Mittag- oder Abendessen. Man sollte mindestens zwei Tage, besser zwei Wochen vorab buchen (mit deutschem Online-Formular: www.dinewiththedanes.dk, inkl. Getränken ca. 400 DKK/Erw., 200 DKK/8–15 Jahre).

10–17 Uhr, Juli geschl. Grandiose Smørrebrød zum Selbstaussuchen an der Theke – ein Muss, will man Dänemark richtig kennenlernen. Drei Smørrebrød um 200 DKK.

Institution mit dänischer Küche ▶ Peder Oxe 6: Gråbrødretorv 11, 1154 Køb K, Tel. 33 11 00 77, www.pederoxe.dk. Am gemütlichsten Platz des Zentrums. Fisch und Fleisch je nach Marktlage, HG ab ca. 140 DKK und dazu ein großes Salatbuffet ca. 60 DKK.

Familienrestaurant ▶ Jensen's Bøfhus 7: Gråbrødretorv 15, 1154 Køb K, Tel. 33 32 78 00. Eine von insgesamt sechs Kopenhagener Filialen der Kette (S. 60).

Edle Konditorei der traditionellen Art ▶ Konditori LaGlace 8: Skoubogade 3–5, 1158 Køb K, Tel. 33 14 46 46, www.laglace.dk. Tortenklassiker und grandiose Eigenkreationen – nichts für Kalorienbewusste; Tortenstücke ca. 50 DKK.

Essen in den Vergnügungsparks ▶ Die Kopenhagener gehen zum Essen gern in ihre Vergnügungsparks. Insgesamt stehen dort über 15 000 Restaurantplätze zur Verfügung, etwa die Hälfte unter freiem Himmel. **Tivoli** 16 (S. 390) bietet rund drei Dutzend Restaurants, von denen einige zur kulinarischen Oberklasse gehören. **Nimb Brasserie** (Tel. 88 70 00 10) liegt mit moderner dänischer Küche im mittleren Tivoli-Preissegment (HG Frokost um 150, abends um 200 DKK, 3 Gänge ca. 325 DKK). **Færgekroen Bryghus** (Tel. 33 75 06 80) liegt romantisch an einem See, ist ganz volkstümlich hinsichtlich Atmosphäre und Küche und eine von zwei Mikro-Brauereien im Park. **Pirateriet** (Tel. 33 75 07 20) auf dem Nachbau einer historischen Fregatte versteht sich als Themenrestaurant rund um die Piraten der Karibik und spricht vor allem Familien mit Kindern an (Kindergerichte um 125 DKK, HG um 200 DKK).

Die gut zwei Dutzend Lokale auf **Bakken** (▶ O 10; S. 403) sind volkstümlicher, in der Regel preiswerter und dänischer als im Tivoli.

Einkaufen

Haupteinkaufszone mit vielen Mainstream-Shops sind **Strøget, Købmagergade, Strædet** und umliegende Gassen (S. 383). Populäre Modegasse ist die Kronprinsensgade, eine Querstraße zur Købmagergade. Interessante Ecken mit ausgefalleneren Läden bietet die **Istedgade** ab den 50er-Hausnummern (näher zum Bahnhof viel Rotlicht!). Aufstrebend ist die **Nansensgade** nahe den Seen im Westen und im Viertel Nørrebro die **Elmegade.** Die Kerneinkaufszeiten in Kopenhagen sind Mo–Fr ca. 10–17.30/18/19, Fr bis 19/20, Sa bis 14, im Zentrum bis 17 Uhr. Zahlreiche Läden haben So geöffnet.

Danish Design am Amagertorv ▶ Illums Bolighus 1 (Amagertorv 10, 1160 Køb K, www.illumsbolighus.dk; Kernzeiten Mo–Fr 10–17, Sa 10–18, 2 bis 4 Sonntage im Monat 11–16 Uhr) ist ein Designkaufhaus mit breitem Querschnitt durch das Edelste des Danish Design. Der Flagshipstore der Königlich Kopenhagener Porzellanmanufaktur **Royal Copenhagen** 2 (Amagertorv 6, www.royalcopenhagen.com, Kernzeiten Mo–Fr 10–18, Sa 10–17, So 11–16 Uhr). Die traditionsreiche Silberschmiede **Georg Jensen** 3 (Amagertorv 4, www.georgjensen.com) bietet neben Schmuck und einer ganzen Etage Silberantiquitäten aus seinen Anfangsjahren im frühen 20. Jh. viel zeitlos modernes Design in Silber oder Edelstahl, u. a. die futuristischen Bestecke von Arne Jacobsen, die zu den Requisiten im Film »2001 – Odyssee im Weltraum« gehörten, oder jene klassisch-moderne Dreier-Serie mit Uhr, Barometer und Hygrometer von Henning Koppel, die designbewusst gestylte Wohnzimmer weltweit ziert (alle drei S. 383).

Shop-in-Shop-Kaufhaus der starken Marken ▶ Illum 4: S. 386, Østergade 52, 1001 Køb K. Was für Berlin das KaDeWe und für London Harrods, ist für Kopenhagen das Illum. Verpassen Sie nicht das »Café på 4.« im Dachgeschoss mit Außenterrasse und tollem Blick über die Stadt!

Antik- und Künstlermärkte ▶ Bei **Kunst i Byen** 5 (S. 386, Kongens Nytorv, Mai–Okt. Sa 10–16 Uhr) präsentieren Künstler und Kunsthandwerker ihre Werke, während auf dem **Gammel Strand Antique Market** 6 (z. Zt. wegen Metrobaustelle immer dorthin verschoben, wo gerade Platz ist, zuletzt vor das Thorvaldsen-Museum (momentan auch

Kopenhagen

zum Thorvaldsens Plads Antique Market umbenannt), Fr, Sa 8–18 Uhr) der bessere Trödel auf die Tische kommt.

Factory Outlets ▶ Langelinie Outlets 7: S. 399, Langeliniekaj, 2100 København Ø, www.langelinie-outlet.dk, tgl. (auch So!) 11–18 Uhr. Mode von ›casual‹ bis edel oder sportlich, aber auch Schmuck mit Rabatten bis 70 % auf die nicht mehr ganz aktuellen Kollektionen in Factory-Outlets u. a. von Noa Noa, In-Wear, Matinique, Helly Hansen, Kappa, Quiksilver, Cottonfield u. v. m. **Royal Copenhagen Factory Outlet 8**: Søndre Fasanvej 9, 2000 Frederiksberg, Mo–Fr 10–18, Sa bis 14 Uhr. Edles der Porzellanmanufaktur aus zweiter Wahl und auslaufenden Serien mit Rabatten von 20–60 %.

Antiquitätenstraße ▶ In der **Ravnsborggade 9** (www.ravnsborggade.dk) im Stadtteil Nørrebro reihen sich rund 40 Antiquitäten- bzw. Secondhandshops.

Kopenhagens längster Flohmarkt ▶ Nørrebro Loppemarket 10: Nørrebrogade, April–Okt. Sa 8–14 Uhr. Entlang der Friedhofsmauer des Assistens Kirkegård (S. 389).

Jazz auf Tonträgern ▶ Jazzcup 11: Gothersgade 107, 1123 København K, www.jazzklubben.dk/jazzcup.asp. Wer in Europas Jazzhauptstadt Tonträger zum Thema sucht, muss diesen Laden ansteuern, in dem es neben den CD- und Vinyl-Regalen auch ein Café und gelegentlich Konzerte gibt.

Abends & Nachts

Die klassischen Bühnen ▶ Det Kongelige Teater – Gamle Scene 4 (Die Alte Bühne; Kongens Nytorv, 1017 København K, S. 387), **Skuespilhuset 1** (Schauspielhaus; Sankt Annæ Plads 36, 1250 København K), **Operaen 2** (Ekvipagemestervej 10, 1438 København K). Für alle: www.kglteater.dk. Für alle drei Tickets: **Det Kongelige Teaters Billetcenter,** August Bournonvilles Passage 1 (Mo–Sa 14–18 Uhr, links neben Den Gamle Scene), 1055 København K, Tel. 33 69 69 69 oder ca. 2 Std. vor Aufführung in den einzelnen Häusern. Programm und Übersicht, ob noch Tickets erhältlich sind, für alle Sparten auf www.kglteater.dk.

Karibische Gefühle ▶ Halvandet 3: Refshalevej 325, Tel. 70 27 02 96; www.halvandet.dk; Mitte April–Ende Sept. tgl. 10–22, Hochsaison bis 24 Uhr. Café, Strandbar, Barbecue-Restaurant, DJs, Sonntagsbrunch, coole Cocktails, Wasserpolo, Beach-Volleyball und vieles mehr. Am besten kommt man mit dem grünen Hop on Hop off båd (S. 410) oder den Movia Havnebusser 991/992 Anleger Refshaleøen (S. 413) hin.

Kino ▶ Kopenhagen war zu Stummfilmzeiten ein europäisches Hollywood (S. 52). Prächtige Kinos haben hier Tradition. Fast alle Filme laufen im Original mit dänischen Untertiteln. **Cinemateket 4**, das Kino des Dänischen Filminstituts (Gothersgade 55, 1123 København K, Tel. 33 74 34 12, www.cinemateket.dk), zeigt mit Retrospektiven und Themenreihen das am wenigsten vom Kommerz geprägte Programm. Das **Grand 5** (Mikkel Bryggersgade 8, 1460 København K, Tel. 33 15 16 11, www.grandteatret.dk) ist ein Arthouse-Kino mit 6 Sälen; der Schwerpunkt liegt auf europäischen Filmen.

Jazzmetropole Kopenhagen ▶ Copenhagen Jazzhouse 6 (Niels Hemmingsgade 10, www.jazzhouse.dk) am Rande des Latinerkvarter und das **La Fontaine 7** (Kompagnistræde 11, www.lafontaine.dk) sind nur zwei von mehreren Clubs, die Kopenhagens Ruf als europäische Jazzhochburg pflegen, begründet hat ihn das **Jazzhus Montmartre 8** (Store Regnegade 19A, www.jazzhusmontmartre.dk) von der Gründung 1961 bis weit in die 1980er-Jahre hinein. Die Liste der Künstler, die dort auf der Bühne standen und auch viele legendäre Liveplatten aufnahmen, liest sich wie die einer ›Hall of Fame‹ des Jazz, legendäre Auftritte hattten u. a. Ben Webster, Stan Getz, Miles Davis, Abdullah Ibrahim, David Sanborn, Herbie Hancock und Chick Corea. Der zwischenzeitlich geschlossene Club öffnete im Mai 2010 am ursprünglichen Standort wieder seine Tore. Für die gastronomische Seite des ambitionierten ›Wine, Dine & Jazz‹-Konzeptes steht das Team des schon seit Langem mit einem Michelin-Stern dekorierten, italienischen Restaurants »Era Ora«.

Adressen

Blues und Rock um ›Vandkunsten‹ ▶ Rund um den Platz Vandkunsten ist ein kleines Szeneviertel entstanden für lange Abende mit Kneipen und ›Spillesteder‹ mit täglicher Livemusik. Wer glaubt, Blues sei Musik für alte Männer, sollte sich in der **Mojo Bluesbar** 9 (Løngangstræde 21 C, 33 11 64 53, www.mojo.dk, tgl. 20–5 Uhr) eines Besseren belehren lassen: Bei der traditionellen Blues Jam am Do, bei der jeder auftreten darf, stehen schon mal begnadete Musiker auf der Bühne, die dem Alter nach nicht einmal in die Kneipe hineindürften ... In der Rock-Kneipe **Drop Inn** 10 (Kompagnistræde 34, Tel. 33 11 24 04, www.drop-inn.dk) laufen immer die spätesten Konzerte der Nacht, am Wochenende starten sie oft erst um Mitternacht.

Wirtshäuser im alten Stil ▶ aber auch häufig mit Livemusik, sind die **BoBi Bar** 11 (Klæreboderne 14), die Kellerkneipe **Hvide Lam** 12 (Kultorvet 5), die älteste Kneipe der Stadt, und **Galathea Kroen** 13 (Rådhusstræde 9) mit ihrer düster-mystischen Souvenirs-aus-aller-Welt-Deko, grandiosen Whiskys und einer seit 1953 auf der Speisekarte stehenden Reistafel (185 DKK).

Dinner Show im Las-Vegas-Stil ▶ **Wallmans Cirkusbygningen** 14 (Jernbanegade 8, Tel. 33 16 37 00, www.wallmans.dk) lockt lebenslustige ›Empty-Nester‹, weniger deren Brut. Nach der Show wird das Rund zum Nachtclub (Mindestalter 25, Dresscode); Show inkl. 4-Gänge-Dinner je nach Termin und Platz 500–1475 DKK/Pers.).

Szene in den Brückenvierteln ▶ Seit den 1990er-Jahren haben die Brückenviertel eigene Nightlife-Spots entwickelt, origineller, ursprünglicher, szeniger als in der Innenstadt. In **Nørrebro** konzentriert sich das Szeneleben entlang der Blågårdsgade und dem Skt. Hans Torv. In **Blågårds Apotek** 15 (Blågårdsgade 20, www.kroteket.dk) hört vornehmlich 40+-Publikum die Livemusik von Jazz bis Folk und probiert dabei die hervorragende Bierkarte durch. Ikone der Kopenhagener Clubszene ist seit fast 20 Jahren das **Rust** 16 (Guldbergsgade 8, Tel. 35 24 52 00, www.rust.dk). **Vesterbro** (S. 392) erlebte den Wandel später, aber heftig. Das **Vega – House of Music** 17 (Enghavevej 40, www.vega.dk) zieht Publikum aus der ganzen Stadt an mit einem ambitionierten Konzert-

Kultur total: Jazzfestival-Konzert im Schauspielhaus mit Blick auf die Oper

Kopenhagen

programm – hier standen schon Björk und Robbie Williams auf der Bühne – und der **Ideal Bar** (Mi–Sa 21–4/5 Uhr) mit kleineren Konzerten und Nightclubbing an den Wochenenden.

Aktiv

Baden im Hafen ▶ Kopenhagen kann auch Badeort sein, selbst das Hafenwasser ist dafür sauber genug. Das **Havnebadet Islands Brygge** 1 gleich südlich der Langebro vor dem Strandpark von Islandsbrygge ist eine schwimmende Badeanstalt im Hafenwasser und das **Copencabana-Havnebad ved Fisketorvet** 2 dümpelt im Gasværkshavnen nahe dem Einkaufszentrum Fisketorvet (beide Mitte Juni–Aug. tgl. 11–19 Uhr, gratis).

Strände ▶ Im Norden **Charlottenlund Strandpark** (▶ O 10; S. 402) und **Bellevue Strandpark** nahe der S-Bahn-Station Klampenborg (▶ O 10; S. 403), im Osten **Amager Strandpark** (▶ O 11; S. 401) mit Meerbadeanstalt **Amager Helgoland** (Amager Strandvej; Ende Juni–Aug. tgl. 10–18 Uhr), im Süden **Køge Bugt Strandpark** (▶ N 11; S. 402).

Kajak- und Kanufahren ▶ **Copenhagen Adventure Centre/Kajak Ole** 3: Christianshavn Kanal, Strandgade 50, Mobil-Tel. 40 50 40 06, www.kajakole.dk. Touren u.a. durch die Kanäle von Christianshavn oder zur Meerjungfrau (90–180 Min., ca. 300–400 DKK).

Fahrradtouren ▶ **Bike Copenhagen with Mike** 4: Sankt Peders Stræde 47, 1453 Kop K, Mobil-Tel. 26 39 56 88, www.bikecopenhagenwithmike.dk, ab 290 DKK. Tgl. thematische Radtouren mit Guide (engl.) für Ungeübte ebenso wie für Bike-Enthusiasten.

Fahrradverleih ▶ **Pedal Atleten Østerport** 5: Oslo Plads 9, Tel. 33 33 85 13, www.pedalatleten.dk, Mo–Fr 10–18, Sa 10–15 Uhr, ab ca. 85 DKK/Tag, Rabatte bei mehrtägiger Miete.

Tipp: Kopenhagen per Boot – Hafenrundfahrten und Øresundtouren

Von den Anlegern am Nyhavn und Holmens Kanal starten Kanal- und Hafenrundfahrten. Individualisten mögen die grünen Hop-on-Hop-off-Boote mit Stopps an vielen Haltestellen, u. a. Meerjungfrau, Oper, Strandbar Halvandet und Trekroner (S. 399).

Weiter draußen im Øresund liegen zwei Seefestungen, die bis zum Ende des Kalten Krieges militärisch genutzt wurden: **Middelgrundsfortet,** 1894 angelegt und lange die größte künstliche Insel der Welt, wurde zwar sorgfältig restauriert, ist aber nach einem Konkurs derzeit ›bis auf Weiteres geschlossen‹. **Flakfortet,** fast auf halber Strecke nach Schweden, ist kleiner, jünger – 1910 fertiggestellt – und munterer. Es ist die einzige der Seefestungen, die man mit dem eigenen Boot ansteuern darf. Yachties von beiden Seiten des Øresund lieben die relaxte Stimmung und sind im Hafen Stammgäste. Für Besucher ohne Boot gibt's in der alten Kaserne ›Mannschafts-‹Zimmer für 2–8 Pers.

(Tel. 32 96 08 00, www.flakfortet.dk) und am Anleger ein Lokal mit schönem Panoramablick auf den Øresund.

Canal Tours Copenhagen: Tel. 33 11 31 05, www.canaltours.dk, Rundfahrten mit Guide mind. 5 x tgl., Saison bis 10 x stdl. ca. 60 Min. 75 DKK, 35 DKK/3–11 Jahre. Grüne **Hop on Hop off båd** (ohne Guide): Mitte Mai–Anfang Sept. bis 10 x tgl., zwei Routen; Tagesticket 95/45 DKK, Kombiticket mit Hop-on-hop-off-Bus für 24 Std. 245/120 DKK (S. 405).

Movia-Havnebus: ›Hafenbus‹ der Movia-Verkehrsbetriebe auf zwei Linien, Tarifbund-Tickets (S. 413) sind gültig.

Netto-Både: Tel. 32 54 41 02, www.havnerundfart.dk, mind. 4 x tgl., Hochsaison bis 5 x stdl., 60 Min. mit Guide, 40/15 DKK.

Spar Shipping: Kvæsthusgade 6, 1251 Køb K, Tel. 33 33 93 55, www.sparshipping.dk, Anleger vor Hotel Nyhavn 71 nach Flakfortet Ende April–Sept. Di–So, 45 Min., 130/75 DKK, 4–12 Jahre. Auch Angelfahrten.

Adressen

Tipp: Mit Kids und Teens in Kopenhagen

Das **Marionetteatret i Kongens Have** begeistert die Kleinsten und dank globaler Kindersprache gibt es eigentlich keine Sprachbarrieren (Kronprinsessegade 21, Juni–Aug., Di–So 14 und 15 Uhr, je ca. 30 Min., gratis).

Die Vergnügungsparks **Tivoli** (S. 390) und **Bakken** (S. 403) sind für alle Altersstufen attraktiv. Tivoli belastet mit pauschalem Eintritt plus Extrakosten für Fahrgeschäfte und höheren Kosten bei Essen und Trinken die Reisekasse mehr als Bakken, für den kein Eintritt anfällt. Besucht man den, liegen zwei weitere kinderkompatible Attraktionen nah: **Dyrehave** und **Bellevue Strandpark**.

Das **Experimentarium** in Hellerup bringt Kindern auf unterhaltsame Weise Naturwissenschaften nahe (Tuborg Havnevej 7, 2900 Hellerup, www.experimentarium.dk, Bus 166, Mo–Fr 9.30–17, Di 9.30–21, Sa, So 11–17 Uhr, 170 DKK/ab 12 Jahre, 108 DKK/3–11 Jahre).

Als ›De 4 Topattraktioner‹ für Familien vermarkten sich **Guinness World of Records Museum** und **The Mystic Exploratorium an Strøget** sowie **Ripley's Believe it or not** und **H. C. Andersen Eventyrhuset** am Rathausplatz (für alle: www.topattractions.dk. tgl. je nach Saison und Wochentag 10–18, 20 oder 22 Uhr). Alle setzen auf viel Fun und null Bildung: Trash-Wissen mit reichlich Plastik in Szene gesetzt – kleinere Kinder erschrecken leicht durch die effekthascherische Art der Präsentation.

Von den Kinderabteilungen ›normaler‹ Museen sind die in der **Nationalgalerie** (S. 389), im **Nationalmuseum** (S. 391) und im außerhalb gelegenen **Louisiana** (S. 420) museumspädagogisch vorbildlich. Und dann sind da noch zwei Klassiker, die mit Kindern immer gehen: der **Zoo** (S. 394) und **Danmarks Akvarium** (S. 401).

Immer ein Volltreffer bei Kindern: Kopenhagens Tivoli

Kopenhagen

Morgendliche Rushhour auf dem Radweg vor der Renaissanceperle Børsen

Fahrrad am Hotel ▶ **Hotel Bikes:** Viele Hotels (Liste unter www.copenhagen-tours.dk/hotels), halten auch 3-Gang-Räder parat, Tagesmiete 100–150 DKK, 500 DKK Kaution.
Stadträder ▶ **CykelDK/GoBike:** www.byogpendlercyklen.dk Mit seinen Bycykler, Stadträdern, die gegen ein Münzpfand überall bereit standen, war Kopenhagen 1995 Trendsetter. 2014 soll das unkomplizierte System durch ein neues, kostenpflichtiges mit ›intelligenten‹ Hybridrädern‹ ersetzt werden, die man gegen Aufpreis als E-Bike nutzen kann. Jedes Rad ist mit einem 7-Zoll-Tablet ausgestattet, über das man die Ausleihe an 65 Stationen vornimmt und das gleichzeitig Internetzugang und Navi-Funktion bietet – Hauptzielgruppe ›Pendler‹. Einzelmiete 20 DKK/Std., mit E-Antrieb 25 DKK.

Termine

Kopenhagen bietet jedes Jahr im Sommer Events aller Art, oft wird der Hafen einbezogen. Das etablierteste Festival in der Hauptreisezeit ist das **Copenhagen Jazz Festival** in der 1. Julihälfte mit unzähligen Konzerten auf Weltniveau in Clubs oder open air, etliche davon gratis. Aktuelles Programm: www.jazzfestival.dk.
Ticket-shops: BilletNet: Tel. 70 15 65 65, www.billetnet.dk (Online-Bestellungen), oder direkt in allen Post-Shops, z. B. im alten Postamt Købmagergade 33.

Verkehr

Bahn: Züge in alle Teile Dänemarks sowie nach Deutschland und in die skandinavischen Länder ab Hauptbahnhof.
Fernbusse: (S. 76) ab verschiedenen Haltestellen rund um den Hauptbahnhof u. a. nach Deutschland und Bornholm.
Flug: Københavns Lufthavn Kastrup, ca. 10 km südöstlich des Zentrums (Flughafeninfo http://cph.dk). Zubringer: Metro ab Innenstadt tagsüber alle 4–6 Min., nachts alle 15 Min., ca. 15 Min. Fahrzeit. Kystbanen ab Hbf. bis 6 x stdl. (ca. 10 Min.). Bahnstation di-

Adressen

rekt am internationalen Terminal. Taxi City – Airport 200–270 DKK.
Öffentlicher Nahverkehr: Alle öffentlichen Verkehrsmittel gehören dem Tarifverbund Movia an. **Stadtbusse** auf wichtigen Linien 4.30–0.30 Uhr mit wenigen Minuten Abstand, S-Bahn alle 10–20 Min. **Nachtbusse** 0.30–4.30 Uhr. **Metro** tagsüber alle 4–6, nachts alle 15 Min. **Havnebus** (Hafenfähre) von Sluseholmen im Süden bis Refshaleøen noch hinter der Kleinen Meerjungfrau im Norden mit Stopps auf beiden Seiten des Hafens Mo–Fr ca. 7–20 Uhr alle 30 Min., Sa, So ca. 10–20 Uhr alle 45 Min. **Kystbanen:** Helsingør – Kopenhagen – Flughafen – Malmö tagsüber alle 20 Min., nachts stdl. Fahrpreise je nach Anzahl der durchfahrenen Zonen von 24 DKK z. B. für alle Stadtfahrten bis 108 DKK quer durch das Tarifsystem. Ermäßigungen: Mehrfachkarten (Klippekort, z. B. 10 Stadtfahrten 150 DKK), ›24-timers billet‹ für das ganze Netz 130 DKK und City Pass für die 4 Stadtzonen inkl. Flughafen für 75 DKK/24 Std. und 190 DKK/72 Std. Kinder bis 15 Jahre 50 %, pro Erw. 2 Kinder unter 12 Jahre gratis. Von 1 bis 5 Uhr doppeltes Fahrgeld. Schwarzfahren wird mit einer Geldstrafe von 750 DKK geahndet.
Taxi: Mehrere Zentralen, u. a. København Taxa Tel. 35 35 35 35.
Rikscha: Zentrale Halteplätze in der Innenstadt u. a. Amagertorv, Rådhus Pladsen und Kongens Nytorv/Nyhavn. Berechnet wird nach Grund- und Minutenpreis. Eine 30-minütige Fahrt im Innenstadtbereich kostet ca. 160–200 DKK.
Parken: Die Stadt besitzt ein einfaches, aber teures Parksystem mit Parkscheinen für drei Zonen: Mo–Fr 8–18, Sa 8–17 Uhr Zone rot 30, Zone grün 18 und Zone blau 11 DKK/Std. Mo–Fr 18–23 Uhr alle Zonen 11 DKK, und 23–8 Uhr alle Zonen 3 DKK, Sa ab 17 Uhr und So gratis. Parken ohne gültigen Parkschein 510 DKK. Parkhäuser je nach Lage ähnliche Preise. Andere Regeln und Preise gelten für das Parken in Frederiksberg (S. 394).

Nordseeland

Nordseeland ist Kopenhagens schmucker Vorgarten. Von Skandinaviern geliebt, von deutschen Urlauber bisher kaum entdeckt – trotz Dünen und Sandstränden, viel Grün in großen Wäldern, Weltklassemuseen, königlichen Schlössern und reichlich Lifestyle. Dazu Kopenhagen zum Greifen nah und Schweden nur 20 Minuten Fährfahrt entfernt.

Seine Bedeutung als außergewöhnliche Natur- und Kulturlandschaft unterstreicht, dass die Regierung *Kongernes Nordsjælland,* das Nordseeland der Könige rund um Esrum Sø und die Gribskov-Wälder, 2008 auserkor, einer der ersten dänischen Nationalparks zu werden, ausdrücklich mit Hinweis auf die vielen königlichen Bauten der Region. Die genauen Grenzen dieses Nationalparks sind noch in der Planung, inzwischen schließen sie die Region um den Arresø ein und zwischen Tisvildeleje und Liseleje sogar die Strandwälder bis ans Ufer des Kattegat.

Drei unterschiedliche Küsten säumen Nordseeland. Mondän mit den Villen der Reichen im Osten, eher Ferienland mit vielen Sommerhäusern im Norden und ländlich strukturiert im Westen. Tolle Strände mit Sandabschnitten zeigt die Nordküste bei Hornbæk, Dronningmølle, Gilleleje sowie zwischen Tisvildeleje und Liseleje. An der Ostküste und an den Fjorden im Westen sind die Badeplätze kleiner, mancherorts bieten nur lange Stege echte Bademöglichkeiten.

Stege und Molen sind auch beliebte Angelplätze, zudem gibt es von den meisten Häfen an Øresund und Kattegat Angeltouren mit Kuttern. Wer lieber an Land aktiv ist, findet markierte Wege wie den Nordkyststien, Radweg [47], über knapp 70 km entlang der Nordküste zwischen Helsingør und Hundested, und den Fjordstien, ein Wegenetz rund um Isefjord und Roskilde Fjord. Infos und Karten z. B. auf www.fjordstien.dk.

Die Lebensqualität durch den attraktiven Mix aus Natur und Kultur sowie der hohe Ausbildungsstand der Bewohner hat sich international herumgesprochen. Immer mehr Unternehmen aus Zukunftsbranchen siedeln sich in Nordseeland an. Es ist Teil des Medicon Valley beiderseits des Øresund, einer der zur Zeit boomendsten Pharmastandorte weltweit. Bonus zur Attraktivität ist die Einbindung in den Verkehrsverbund der Hauptstadtregion. S- und Lokalbahnen bilden mit hoher Frequenz bis zu später Stunde Schlagadern eines effizienten Nahverkehrsnetzes.

Ostküste

Von Klampenborg (S. 403) die Küste entlang nach Norden wird die Bebauung immer lichter. Man sieht, dass hier Reichtum zu Hause ist. Viele Villen liegen an der Straße, und immer wieder passiert man Jachthäfen, durch deren Mastenwald man im Sommer kaum das Blau des Himmels sieht. Das Kultur- und Lifestyleangebot ist überdurchschnittlich.

Skodsborg bis Rungsted
▶ O 10

In **Skodsborg** 1, wo der Anteil von Millionären an der Bevölkerung so hoch wie nirgendwo sonst in Dänemark ist, wurde ein neoklassizistisches Kurbad aus dem 19. Jh. zu einem edlen Wellness-&-Spa-Resort modernisiert – ein dänisches Heiligendamm.

Ostküste

Wie ein kleines Schlösschen wirkt knapp 4 km landeinwärts **Gammel Holtegaard** 2 mit seinem Barockgarten. Während Hauptgebäude und Park für Kunstausstellungen genutzt werden, präsentiert das Rudersdal Museum in einem Nebengebäude die rund 7000 Jahre alten Vedbæk-Funde so, wie sie in der Erde lagen. Anrührend: die junge Frau mit ihrem Kind, das auf einem Schwanenflügel bestattet wurde (Attemosevej 170, 2840 Holte Tel. 45 80 63 63, Di–Fr 12–16, Sa, So 12–17 Uhr, 20 DKK/ab 18 Jahre).

Rungsted war die Heimat der bekanntesten Autorin Dänemarks im 20. Jh., Karen Blixen, die im deutschsprachigen Raum als Tanja Blixen veröffentlichte. Auf dem Landsitz Rungstedlund, heute **Karen Blixen Museet** 3, wurde sie am 17. April 1885 geboren, dort starb sie am 17. September 1962, und hinter dem Haus fand sie unter einer Buche ihre letzte Ruhe. Sydney Pollack brachte die hagere Dänin mit der rauchigen Stimme Mitte der 1980er-Jahre wieder ins Bewusstsein der Massen, als er ihren autobiographischen Roman »Afrika, dunkel lockende Welt« mit Meryl Streep in der Hauptrolle verfilmte (S. 69). Eine Ausstellung dokumentiert ihr Leben, ihre tragischen Beziehungen und ihr Werk, andere Räume zeigen, wie sie in Rungstedlund lebte (Rungsted Strandvej 111, DK-2960 Rungsted Kyst, Tel. 45 57 10 57, www.karen-blixen.dk, Mai–Sept. Di–So 10–17, sonst Mi–Fr 13–16, Sa, So 11–16 Uhr, 60 DKK/ab 15 Jahre).

Übernachten, Essen & Trinken

Wellness in Neoklassizismus ▶ **Skodsborg Kurhotel & Spa**: Skodsborg Strandvej 139, 2942 Skodsborg, Tel. 45 58 58 00, www.skodsborg.dk. DZ ab 1700 DKK, Wellnesspakete für Miniferien. Mit Gourmetrestaurant **Frederik & Louise**.

Mit Michelin-Stern ▶ **Søllerød Kro** 4 Søllerødvej 35, 2840 Holte, Tel. 45 80 25 05, www.soelleroed-kro.dk, Mo geschl. Der traditionsreiche Gourmettempel liegt idyllisch im Kopenhagener Whisky-Gürtel. Die Preise, sind für eine durchschnittliche Urlaubskasse recht hoch: Vorspeisen ab ca. 250 DKK, HG um 400 DKK, 4-Gänge-Menü ca. 775 DKK.

Nivå ▶ O 9

Nirgendwo wirkt Nordseelands Ostküste so grün und naturbelassen wie entlang der Nivå Bugt. Die private **Nivaagaards Malerisamling** 5 zeigt Malerei der italienischen und holländischen Renaissance sowie des dänischen ›Goldenen Zeitalters‹. 1999 war das Museum Schauplatz für Dänemarks berühmtesten Kunstraub neuerer Zeit, der sich bald als Lachnummer entpuppte und 2003 sogar als Gaunerkomödie verfilmt wurde (dt. auf DVD: »Steeling Rembrandt – Klauen für Anfänger‹): Kleinganoven hatten sich in der dilettantisch gesicherten Ausstellung Dänemarks einzigen Rembrandt, ein ›Damenporträt‹, und ein weiteres Bild unter den Arm geklemmt und waren fast unbehelligt aus dem Museum marschiert. Anschließend hatten sie jedoch große Probleme, die Gemälde

Tipp: Nordseeland mit Bus und Bahn

Fragen mich Bekannte nach Tipps für Dänemark, empfehle ich Kulturfreunden immer Nordseeland ›und passt auf, dass ihr einen Bahnhof in der Nähe habt!‹ Nordseeland ist nämlich auch ideal für Kopenhagen-Besuche. Man rechne nur praktisch: Für 24 Stunden Parken in der Kopenhagener Innenstadt zahlt man werktags ca. 250–370 DKK (Knöllchen 510 DKK). Die 24-Std.-Netzkarte für das ganze öffentliche Verkehrsnetz von den Küsten Nordseelands bis südlich der Hauptstadt kostet dagegen nur 130 DKK.

Und das sind die Hauptverbindungen: Kystbanen Helsingør–Kopenhagen rund um die Uhr 1–6 x Std. S-Bahn ab Frederikssund, Hillerød und Farum nach Kopenhagen ca. 5–0.30 Uhr 3–6 x stdl. Hillerød ist Knotenpunkt von S-Bahn und Gribskovbanen (nach Gilleleje und Tisvildeleje; 1–2 x stdl.), Frederiksværkbanen (Frederiksværk und Hundested; 1–2 x stdl.) und Lille Nord (Fredensborg und Helsingør; 1 x stdl.). Die Hornbækbanen pendelt entlang der Nordküste zwischen Gilleleje und Helsingør (1–3 x stdl.).

Nordseeland

11 Gilleleje
10 Nakkehoved
9 Villa Munkeruphus
Munkerup
Dronningmølle
Villingebæk
7 Hornbæk
Rudolf Tegner Museum 8
Pårup
Søborg
Holt
Græsted
Saltrup
Esbønderup
Dragstrup
Villingerød
Horneby
Havreholm
Saunte
Stenstrup
Ellekilde
Ålsgårde
Apperup
Hellebæk
Skibstrup
Borsholm
Bøgeholm Sø
Lokalbanen
Nygård
Bistrup
Esrum
Plejelt
Langesø
Haregab
Harreshøj
Gurre Sø
Helsingør
Danmarks Techniske Museum
Tikøb
Gurre
Rørtang
siehe Cityplan S. 240
Snekkersten
Mårum
Lokalbanen
Esrum Sø
Jonstrup
Nyrup
Mørdrup
Margeriten-Route
Multebjerg 89 m
Gribskov
Endrup
Danstrup
Kvistgård
Kystbanen
Espergærde
Store Gribsø
Fredensborg Slot 22
Veksebo
Tibberup
Nødebo
Toelt
Fredensborg
Asminderød
Sørup
Søholm
14 Museum for Moderne Kunst Louisiana
Humlebæk
Gadevang
Dageløkke
Lokalbanen
Langstrup
6 Restaurant Sletten
Sletten
Lønholt
Grønholt
Niverød
21 Frederiksborg Slot
Hillerød
Vejenbrød
Nivå
Hesselrød
5 Nivaagaards Malerisamling
Nivå Bugt
Avderød
Strandhuse
Karlebo
85 m
Kokkedal
Gunderød
Mikkelborg
Hammersholt
Kirkelte
Usserød
Rungsted
Hørsholm
Hammersholt
3 Karen Blixen Museum
Nørre Herlev
Jagt- & Skovbrugmuseeum
Sjælsmark
Isterød
Allerød
Lillerød
Blovstrød
Smidstrup
Kollerød
Sjælsø
Brådebæk
Allerød
Ravnsnæs
Øresund
Vedbæk
Høsterkøb
Margeriten-Route
S-Tog
Kajerød
Trørød
Lynge
Birkerød
Birkerød
Gammel Holte
Gammel Holtegaard
Nymølle
2
Skodsborg
1
Øverød
Bistrup
Søllerød Kro 4
Nærum
Farum
Bastrup
Bastrup Sø
Stavnsholt
Søllerød
Sophienholm
Farum
Holte
Holte
Raadvad
Brede Værk
Furesø
Virum
Virum
Brede
Taarbæk
Dyrehave
Frilandsmuseum
Ganløse
Kirke Værløse
Værløse
Kystbane
Sophienholm
Mølleå
Dyrehavskakken
Klampenborg
Klampenborg
Værløse
Toppevad
Knardrup
Sønderso
Bagsværd Sø
Ørdrup
Odrupgaard Museum
Nällåkra
Domsten
Allerum
Annelund
Hittarp
Gyhult
Pålsjö
Berga
Helsingborg
20 min
Helsingør - Ven (Kyrkbacken) 60 min
Ven/Hven
Tuna
Kyrkbacken
Tycho Brahe Museum

Nordseeland

Wo der Himmel Form annahm – Insel Hven

Die Fahnen über Ven sind blau-gelb: Hven (▶ O 9), knapp 9 km vor Nivå mitten im Øresund gelegen, gehört seit 1658 zu Schweden, aber kein anderer Flecken im Nachbarland ist so dänisch geblieben.

Ven oder Hven – ein Schreibfehler? Nein: Ven ist die amtliche schwedische Schreibweise, Hven die dänische und die des stillen Protestes. Der richtet sich gegen »... die in Stockholm, die uns dauernd bevormunden und uns bei jedem Bier ein schlechtes Gewissen einreden wollen«, wie ein Ven-Fischer im Hafen von Kyrkbacken vor sich hin brummelt. Das dänische ›Hven‹ steht auf das Heck seines Kutters gepinselt, direkt unter der blau-gelben Heckflagge.

Dieser skurrile Protest hätte wohl nicht ausgereicht, der kleinen schwedischen Insel Raum in diesem Buch zu verschaffen. Dafür sorgt jedoch Tycho Brahe (1546–1601), der als Denkmal, den Blick in den Himmel gerichtet, mitten auf Hven steht: Wer seinen Namen kennt, bringt ihn vielleicht eher mit Prag in Verbindung, dort hat er seine letzten beiden Lebensjahre gearbeitet, hat dort Johannes Kepler zu seinen Assistenten gezählt, ist dort gestorben und liegt dort begraben.

Um die Abwanderung seines Hofastronomen nach Basel zu verhindern, gab Dänenkönig Frederik II. Brahe 1576 die Insel zum Lehen. Zuerst entstand Uraniborg im Stil der Renaissance. Das Hauptgebäude war Villa und Observatorium zugleich, mit Beobachtungstürmen und Außengängen konsequent für astronomische Studien geplant. Brahes Ansprüche stiegen, und schon bald musste ein reines Observatorium gebaut werden, Stjerneborg, Sternenburg. Damit die Instrumente auf solidem Grund standen – daran hatte es in den Türmen von Uraniborg gehapert – baute man die neue Anlage in die Erde.

Brahe machte Hven zu einem Zentrum der europäischen Astronomie. Er war der Handwerker und Systematiker der Szene, aber ihm fehlte das innovatorische Denken für den großen Wurf, das Kopernikus – der vor ihm lebte – Galilei, Kepler oder Newton auszeichnete. Er ließ die Erde im Mittelpunkt, aber ohne seine Instrumente und präzisen Beobachtungen des Sternenhimmels wäre der Sprung zum heliozentrischen Weltbild wohl so schnell nicht geschafft worden.

Frederiks Nachfolger Christian IV. hatte an Brahes Arbeit kein Interesse und drehte den Geldhahn zu. So verließ der Astronom seine Insel und kam über Rostock nach Prag; Uraniborg und Stjerneborg verfielen.

Wer heute mit einem der rund 1200 Leihräder die Insel erkundet, entgeht den Erinnerungen an Brahe kaum. In einer alten Kirche an der Inselhauptstraße dokumentiert das modern konzipierte Tycho-Brahe-Museum sein astronomisches Werk sowie sein Wirken auf Hven und präsentiert einige der von ihm erfundenen Geräte (Mai–Sept. tgl. mindestens 10–16, Hochsaison 10–18 Uhr, 60 SEK/ ab 15 Jahre). Direkt daneben erkennt man im restaurierten Renaissancegarten die Grundrisse von Uraniborg und vor der Kulisse des Øresund mit der schwedischen Küste im Hintergrund steht das besagte Brahe-Denkmal. Auf der anderen Straßenseite wurde Stjerneborg über ausgegrabenen Fundamenten rekonstruiert. Unten läuft in regelmäßigen Abständen eine Multivisionsshow, die mit ganz spärlichen Lichteffekten inmitten der Funde über Brahes Leben informiert.

Insel Hven

Thema

Abgesehen von Tycho-Brahe-Erinnerungen besitzt Hven die pittoresk hoch über der Küste gelegene mittelalterliche Skt. Ibbs Kirke, kleine Sandstrände, die edle Bio-Spirituosen Brennerei »Spirit of Hven« und viel ländlichen Charme, den man zwar von einer Insel dieser Größe mit knapp 360 Einwohnern erwartet, aber nicht vom Mittelpunkt des größten Ballungsgebietes Nordeuropas: Im Umkreis von unter 50 km leben über 3 Mio. Menschen auf beiden Seiten des Øresund.

Info: www.visithven.dk; Sommer-i-Büro im Tycho-Brahe-Museum.
Geld: Auf Ven/Hven sind Schwedische Kronen Zahlungsmittel, offizieller Kurs 1 SEK = ca. 0,85 DKK = 0,11 €; vor Ort 1 DKK = 1 SEK; Geldautomaten gibt es nicht.
Anreise: Kopenhagen–Bäckviken mit **Hven Trafikken,** Nyhavn 40, Tel. 31 31 91 03, www.hventrafikken.dk. Anleger Kopenhagen Havnegade 39, Mai–Sept., Dauer der Überfahrt 90 Min., ca. 5 Std. Aufenthalt auf Hven, Tagesrückfahrkarte im Vorverkauf 200 DKK, 150 DKK/6–16 Jahre, Familienticket 2 Erw./2 Kinder 600 DKK, 90 DKK/Fahrrad, geringe Zuschläge bei Ticketkauf am Reisetag an Bord.
Fahrradverleih: Vens Cykeluthyring, oberhalb Hafen Bäckviken, Tel. 00 46-418-722 50, www.venscykeluthyrning.se, 90 SEK/Tag, Kinderräder 50 SEK/Tag.

Das Museum auf Hven ehrt den Renaissance-Astronomen Tycho Brahe

Nordseeland

zu Geld zu machen. Der einzige Käufer, der schließlich anbiss, war ein V-Mann der Polizei. Die Gemälde kamen unbeschädigt zurück, die Sicherungen sind inzwischen auf der Höhe der Zeit (Gammel Strandvej 2, Tel. 49 14 10 17, www.nivaagaard.dk, Di–Fr 12–16, Mi 12–20, Sa, So 11–17 Uhr, 70 DKK/ab 18 Jahre).

14 Louisiana Museum

In ganz andere Zeiten und Dimensionen stößt man im **Museum for Moderne Kunst Louisiana** in Humlebæk vor, eines der bedeutendsten Museen für Kunst der Moderne und der Gegenwart weltweit. Schwerpunkt der eigenen Sammlung ist Kunst seit dem Zweiten Weltkrieg. Erwähnenswert sind die lang gezogenen Figuren des Schweizer Bildhauers Alberto Giacometti und die mobile Kunst seines Landsmanns Jean Tinguely, Werke amerikanischer Pop-Art-Heroen wie Lichtenstein und Warhol, deftige Environments von Edward Kienholz oder unter den rund 60 Skulpturen im Park die wohlgeformten Bronzeplastiken von Henry Moore.

Elne alte Villa und moderne, vom skandinavischen Funktionalismus geprägten Ausstellungsräume bilden trotz der Kontraste eine gelungene architektonische Einheit, die sich wunderbar mit der umgebenden Natur verbindet. Immer wieder kann der Blick von der Kunst durch große Panoramafenster in das Grün des Park oder über den Øresund bis hinüber zur schwedischen Küste schweifen – ein Besuch im Louisiana wird somit gleichermaßen Kunst-, Architektur- und Naturgenuss. Und dank der geradezu beispielhaften Kinderabteilung, dem Børnehus, und des Parks, in dem Kinder auch mal toben dürfen, lassen sich im Louisiana Familienbedürfnisse mit Kunstinteresse leicht unter einen Hut bringen (Gammel Strandvej 13, Tel. 49 19 07 19, www.louisiana.dk, Di–Fr 11–22, Sa, So, Feiertage 11–18 Uhr, 110 DKK/ab 18 Jahre).

Essen & Trinken

Gastroperle am Jachthafen ▶ **Restaurant Sletten** 6: Gl. Strandvej 137, 3050 Humlebæk, Tel. 49 19 13 21, www.sletten.dk. Die Atmosphäre in dieser ›Provinzfiliale‹ des Kopenhagener Sternerestaurants »Formel B« an der Marina Sletten von Humlebæk, nur wenig südlich des Louisiana, ist ganz casual wie an der Øresund-Küste üblich. Auf den Tisch kommen heimische Produkte und das Konzept erinnert etwas an eine dänische Variante der Tapas-Kultur: kleine Gerichte von Suppen über Steaks bis Desserts zu je 130 DKK, von denen man sich je nach Hunger mehrere aussucht, dazu eine exzellente Weinkarte.

Helsingør ▶ O 9

Cityplan: S. 422

Die 35 000-Einwohner-Stadt Helsingør an der schmalsten Stelle des Øresund besitzt einen der geschäftigsten Fährhäfen Nordeuropas. Rund um die Uhr pendeln die Fähren in die etwa dreimal so große Zwillingsstadt Helsingborg am schwedischen Ufer, eine Stadt mit bekannten Museen und guten Shopping-Möglichkeiten (Infos: www.helsingborg.se). Allen Unkenrufen zum Trotz konnten sich die Fähren auch nach der Eröffnung der Øresund-Brücke behaupten. Zwar lässt das Sinken des Preisniveaus in Schweden inzwischen sogar Dänen für größere Anschaffungen oder zur Zahnbehandlung ins Nachbarland fahren, aber bei allem, was durch die Kehle läuft, ist Dänemark günstiger und grell umwerben Spirituosen-Shops die Tagesbesucher und Transitreisende aus Schweden.

Tipp: Kunst und Küche

Das **Louisiana Café** bietet an allen Öffnungstagen des Kunstmuseums zum Frokost sowie dienstags bis freitags auch abends üppige Buffets, im Winter eher klassisch, im Sommer bei gutem Wetter als Grill-Buffet (mittags ca. 120 DKK, Kinder 60 DKK, abends 150 DKK/75 DKK). Dann speist man mit atemberaubendem Blick an Calder-Skulpturen vorbei auf den Øresund – schöner und günstiger kann man kaum irgendwo sonst in Dänemark essen!

Helsingør

So gehören Einkäufer von drüben mit ihren auf Sackkarren geschnallten Bierkästen zum Straßenbild in Helsingør, und auch die Kneipen sind immer recht voll und munter.

Kronborg Slot 1

Das Bild von Sund und Stadt wird von **Kronborg Slot** geprägt – seit 2000 UNESCO-Welterbe. Shakespeare machte es weltberühmt als Schauplatz seines Hamlet. Immer wieder gibt das Schloss auch die Kulisse für Inszenierungen des Klassikers – achten Sie auf aktuelle Programme. Höhepunkte jeder Schlossbesichtigung sind die königlichen Gemächer, die seit über 400 Jahren unveränderte Schlosskirche und ein rund 600 m² großer Rittersaal. In weiteren Räumen hängen meist der einst 40 ›Kronborgtapeten‹, in Flandern gefertigte Gobelins mit Porträts früher dänischer Könige.

Zugänglich sind auch die weitläufigen aber geheimnisvoll düsteren und feuchten Kasematten unter dem Schloss. Dort schlummert, inzwischen aus Beton gegossen, der legendäre Holger Danske. Einer Sage nach wacht der gigantische Krieger immer auf, wenn Dänemark in Not gerät – nach ihm benannte sich die wichtigste dänische Widerstandsgruppe während der deutschen Besatzung im Zweiten Weltkrieg (Tel. 49 21 30 78, www.kronborg.dk, Ostern–Okt. tgl. 11–16, Juni-Aug. 10–17.30, sonst Di–So 11–16 Uhr, Ticketpreise je nach Besichtigungsprogramm: für alles 75 DKK, 30 DKK/6–17 Jahre, nur Kasematten und Schlosskirche 35/25 DKK, Wallanlagen frei zugänglich).

Kulturhavn Kronborg

Unter Erik von Pommern entstand im 15. Jh. eine erste Kronborg. Auf deren Fundament ließ Frederik II. 1574–85 das heutige Renaissanceschloss bauen. Und das Bauen nimmt kein Ende: Bis 2012 wird Kronborg renoviert und der Hafen vor dem Schloss zum **Kulturhavn Kronborg** umgestaltet. Die Befestigungsanlagen werden sich dann wieder wie Ende des 17. Jh. zeigen, so wie der holländische Festungsbauer Jobst von Scholten sie plante, nachdem schwedische Truppen Kronborg 1658 von der Landseite her erobert

Das Renaissanceschloss Kronborg in Helsingør

Helsingør

Sehenswert
1. Kronborg Slot
2. Von Scholtens Ravelin
3. M/S Museet for Søfart
4. Kulturværftet
5. Axeltorv
6. Gammel Færgestræde
7. Skibsklarerergaarden
8. Karmeliterkloster
9. Helsingør Bymuseum
10. Skt. Olai Kirke
11. Danmarks Tekniske Museum
12. Øresundsakvariet
13. Marienlyst Slot

Übernachten
1. Hotel Marienlyst
2. Hotel Sleep2Night
3. Danhostel Helsingør ›Villa Moltke‹

Essen & Trinken
1. Cafeen i Toldkammeret
2. Kronborg Havbad

Helsingør

hatten. Als markanter Teil der Rekonstruktion wird **Von Scholtens Ravelin** 2, eine flache, künstliche Verteidigungsinsel, wieder als spitzes Dreieck in den Hafen ragen.

Am spannendsten ist das neue Handels- und Seefahrtsmuseum **M/S Museet for Søfart** 3 mit einer Architektur, von der über der Erde kaum etwas zu sehen ist: Das nach modernsten Konzepten gestaltete Museum, das im Herbst 2013 eröffnet wurde, entstand unterirdisch beiderseits der 150 m langen, zigarrenförmigen Trockendocks der 1983 stillgelegten Helsingør Værft. Gänge und Brücken verbinden beide Seiten quer durch die früher für Schiffsreparaturen genutzte Betonwanne. Das neue Museum würdigt als nationales Seefahrtsmuseum den über Jahrhunderte wichtigsten Erwerbszweig Dänemarks mit allen Facetten (Kronborg 10 B, Tel. 49 21 06 85, www.mfs.dk, Nov.–Ostern Di–So, sonst tgl. 11–16, Juni–Aug. 10–17.30 Uhr, Eintritt je nach Saison 100–120 DKK/ab 18 Jahre).

Das dritte große Objekt der Neugestaltung bezog schon 2010 ehemalige Werfthallen und -büros: **Kulturværftet** 4 die Kulturwerft. Hinter der markanten Glasfassade, die Ausblicke auf Kronborg und Hafen erlaubt, finden sich Konzert- und Theatersäle, die Stadtbibliothek, das Café-Restaurant **Kulturværftets Spisehus** und das **Helsingør Værftsmuseum**, das an die frühere Funktion des Geländes erinnert (Kulturprogramm: www.kulturvaerftet.dk, Spisehuset Di–Sa 10.30–21, So, Mo 10.30–16 Uhr, Werftmuseum Di–Fr, So 12–16, Sa 10–14 Uhr, gratis). Zu guter Letzt wurde die Uferzone vor der alten Werft zu einem großen Platz mit maritimer Note. Sogar ein silbern spiegelnder Meermann, ›Han‹, Bruder der Kopenhagener Meerjungfrau, sitzt auf dem Kai – Kulturhavn Kronborg ist damit zusammen mit dem UNESCO-Welterbe Kronborg auch nach internationalen Maßstäben eine echte 5-Sterne-Attraktion.

Vom Hafen in die Stadt

Strategisch wichtig waren Hafen und Schloss von 1425 bis 1857, als jedes Schiff, das den Øresund durchfuhr, einen Sundzoll zahlen musste. Auch die Stadt profitierte: Die meisten Schiffe, die anlegten, um ihre Abgabe zu zahlen, nutzten die Gelegenheit, Proviant aufzufrischen oder Reparaturen von örtlichen Handwerkern vornehmen zu lassen. Kein Wunder, dass Helsingør Erik von Pommern – dem König, der Dänemark 1412–39 regierte und außer der Idee zum Sundzoll wahrlich keinen guten Eindruck hinterließ – auf dem schmucken **Axeltorv** 5 zwischen Straßencafés und Marktständen ein Denkmal setzte.

In der Altstadt nahe dem Hafen hat Helsingør viele Häuser aus dem 16.–18. Jh. bewahrt, nirgendwo jedoch so unverfälscht wie in der **Gammel Færgestræde** 6, die die heutige Fußgängerzone Stengade mit dem Strand verband, an dem die Fährleute ihre Boote liegen hatten. Wie Läden zu Sundzollzeiten aussahen, erlebt man im Nostalgie-Shop im Erdgeschoss des **Skibsklareregaarden** 7, eines im alten Stil eingerichteten Kaufmanns- und Schiffsmaklerhofes (Strandgade 91, Tel. 49 28 18 36, Di–Fr 12–16, Sa 10–14 Uhr, Führung 30 DKK, Laden gratis).

Kirchen

Etwa zeitgleich mit der ersten Burg am Øresund entstand im 15. Jh. im Zentrum ein einflussreiches **Karmeliterkloster** 8; nach der Reformation wurde es Hospital. Zu dem mehrfach erweiterten Komplex gehört das alte Armenhaus, das heute das stadthistorische **Helsingør Bymuseum** 9 beherbergt (Sct. Anna Gade 36, Tel. 49 28 18 00, www.helsingormuseer.dk, Di–Fr und So 12–16, Sa 10–14 Uhr, 20 DKK/ab 18 Jahre). Nebenan besitzt die **Skt. Mariæ Kirke** interessante Kalkmalereien aus dem 15. Jh., so im Ostschiff Stationen aus der Lebensgeschichte Jesu. Die Abendmahlsszene zeigt dabei einen Schweinebraten auf dem Tisch – der Maler hat sich wohl eher an der dänischen als an der jüdischen Küche orientiert.

Der Stolz der Skt. Mariæ Kirke ist die Orgel, die nach aufwändiger Restaurierung heute wieder so klingen soll wie im 17. Jh., als hier der Komponist und spätere Lehrer von J. S. Bach, Dietrich Buxtehude, die Register zog. Buxtehude wurde wahrscheinlich in Helsingborg geboren und kam als Kind

Nordseeland

nach Helsingør. Damals wurde sein Vater Organist an Helsingørs Domkirche **Skt. Olai** 10, die im Kern älteste Kirche der Stadt mit Wurzeln im frühen 13. Jh.

Technik und Fische am Rande

Am Südrand der Stadt hat das **Danmarks Tekniske Museum** 11 seine Heimat. Die Geschichte und Entwicklung von Wissenschaft und Technologie sind in der Wissenschaftsabteilung Thema, während eine große Verkehrshalle zahlreiche Oldtimer von Straße und Schiene präsentiert und sich auch des Luftverkehrs annimmt. Besondere Würdigung erfährt dabei der Tüfftler Jacob Ellehammer (1871–1946), ein Fleisch gewordener Daniel Düsentrieb: 1906 schaffte er Europas ersten Motorflug, und 1912 hob er erstmals mit einem Ur-Helikopter ab (Fabrikvej 25, Tel. 42 22 26 11, www.tekniskmuseum.dk, Di–So 10–17 Uhr, Ferien auch Mo, 65 DKK/ab 18 Jahre; Bus 802 ab Bahnhof).

Vor allem Fische und Krebse aus dem Øresund und dem Kattegat tummeln sich in den Aquarien des **Øresundsakvariet** 12, Abteilung eines Forschungsinstituts der Universität Kopenhagen (Strandpromenaden 5, Tel. 35 32 19 70, www.oresundsakvariet.ku.dk, Juni–Aug. tgl. 10–17, sonst 10–16 Uhr, 60 DKK, 35 DKK/3–11 Jahre).

Im Norden verlässt Straße [237], die Nordküstenstraße, Helsingør nach Westen vorbei am frühklassizistischen **Marienlyst Slot** 13, an dem der Zahn der Zeit so genagt hat, dass es restauriert werden muss, bevor es wieder zugänglich gemacht werden kann. Auf einem Hügel hinter dem Schloss kann man Hamlets Grab besuchen – eines von dreien, die in Dänemark als solche vermarktet werden.

Infos

VisitNordsjælland Helsingør Turistbureau: Havnepladsen 3, 3000 Helsingør, Tel. 49 21 13 33, www.visitnordsjaelland.com.

Übernachten

Luxuriös am Wasser ▶ **Hotel & Casino Marienlyst** 1: Ndr. Strandvej 2, Tel. 49 21 40 00, www.marienlyst.dk (Small Danish Hotels, S. 86) Das mondäne Hotel entstand in den 1860er-Jahren und lockte die Celebrities der Zeit aus Königshäusern, Hochadel und Kultur an den Øresund. Heute bietet es mit Casino (tgl. 19–3/4 Uhr), Restaurant (HG ca. 200–250 DKK), Bars und einer Lounge viel für den Abend und die Nacht. Da reichlich Zimmer zu füllen sind, sind Preise sehr flexibel: DZ ca. 1000–1475 DKK.

Discounthotel ▶ Hotel **Sleep2Night** 2: Industrivej 19, Tel. 49 27 01 00, www.sleep2night.com. Funktionales Hotel am Südrand der Stadt. DZ ab 675 DKK.

4-Sterne-Herberge mit ›Million-Dollar-View‹ ▶ **Danhostel Helsingør ›Villa Moltke‹** 3: Ndr. Strandvej 24, Tel. 49 28 49 49, www.helsingorhostel.dk. In einem ehemaligen Herrschaftshaus in zauberhafter Lage direkt am Øresund mit großer Strandwiese und eigener Badestelle; DZ 400–550 DKK, 4-Bett-Zimmer 480–650 DKK, Frühstück 59 DKK.

Essen & Trinken

Frokost-Ökocafé im Kulturhaus ▶ **Cafeen i Toldkammeret** 1: Havnepladsen 1, 3000 Helsingør, Tel. 49 28 20 52, Mo–Fr 11–16, Sa 11–15 Uhr und bei Konzerten. Das Café des Kulturhauses Toldkammeret steht jedem offen. Es setzt ganz auf Bio-Zutaten, trotzdem sind die Preise kaum zu unterbieten: Tagesgericht 65 DKK, Fisch vom Tage 75 DKK; im Sommer abgeschirmte Plätze im Innenhof.

Maritimer Touch am Jachthafen ▶ **Kronborg Havbad** 2: Strandpromenaden 6, Tel. 49 20 20 45, www.kronborg-havbad.dk. An der Marina mit großer Terrasse zum Wasser hin. Dänische Küche, viele Fischgerichte, abends HG ca. 180 DKK, Sa, So 12–15 Uhr großes Frokost-Buffet.

Verkehr

Fähren von **Scandlines** und **HHFerries** pendeln pausenlos zwischen Helsingør und Helsingborg, 20 Min. dauert die Überfahrt. Die Ex-Konkurrenten nutzen heute ein gemeinsames Buchungssystem: www.scandlines.dk. Tagesrückfahrtkarten kosten 54 DKK/Pers. oder ab 350 DKK/PKW mit bis zu 9 Insassen. Online-Tickets sind billiger.

Nordseelands Nordküste

Die rund 60 km lange Nordküste Seelands zwischen Helsingør und Hundested wird oft vereinfachend als Kattegatküste bezeichnet, obwohl die Grenze zwischen Øresund im Osten und Kattegat im Westen genau genommen von der ›Klippe‹ Gilbjerg Hoved bei Gilleleje markiert wird, die etwa in der Mitte aufragt.

Hornbæk und Dronningmølle
▶ N 9

Hornbæk 7 ist ein klassisches Seebad und war Ende des 19. Jh. Vorläufer von Skagen beim Ausbruch der Kunstszene aus der Enge der Kopenhagener Ateliers. Etliche Mitglieder der Künstlerkolonie an Jütlands Nordspitze wie Holger Drachmann oder P. S. Krøyer waren auch hier regelmäßige Gäste, und bis heute leben und arbeiten zahlreiche Künstler in der Stadt. Zu ihrer Attraktivität trägt einer der besten Strände an der Nordküste Seelands bei, der sich vom Hafen nach Westen bis vor den Nachbarort **Dronningmølle** erstreckt.

Dort wartet ca. 1,5 km im Hinterland das bunkerähnliche **Rudolf Tegner Museum** 8 mit seinem Skulpturenpark. Rudolf Tegner (1873–1950) war *der* Symbolist Dänemarks, aber auch der umstrittenste Bildhauer seiner Zeit. Er lag mit der ganzen dänischen Kunstszene im Clinch und die Antipathien beruhten auf Gegenseitigkeit. So blieb ihm mit seinen oft theatralisch wirkenden, an die Klassik angelehnten Skulpturen in der Heimat jene Anerkennung verwehrt, die er in Frankreich und Italien fand. Dass Tegner trotzdem in Dänemark arbeiten und für sein Werk einen würdigen Rahmen schaffen konnte, lag an zwei gewichtigen Bewunderern, dem Brauer und Kunstmäzen Carl Jacobsen und dem Kritiker und Philosophen Georg Brandes. Längst haben sich die Dänen mit Tegners Werk ausgesöhnt und das **Museum,** das er selbst 1938 entwarf, verzeichnet regen Besucherzuspruch (Museumsvej 19, 3120 Dronningmølle, Tel. 49 71 91 77, www.rudolphtegner.dk, Mitte April–Woche 42 Di–So 12–17, Juni–Aug. 11–18 Uhr, 50 DKK/ab 12 Jahre). In der das Museum umgebenden, kargen Heidelandschaft – Tegner bezeichnete sie einmal als ein ›Sibirien‹ – stehen jederzeit frei zugänglich 14 seiner imponierenden Bronzeskulpturen, zu denen auch ein Fuß- und Radweg ab dem Campingplatz in Dronningmølle führt (1,6 km). Und das urige Museumscafé »Traktørsted« hat an den Wochenenden geöffnet (ohne Eintritt zugänglich).

Weiter westlich dient die in einem Strandwald gelegene **Villa Munkeruphus** 9 als Ausstellungshaus für die aktuelle Kunstszene der Region, ein Stopp lohnt schon wegen des netten Cafés (Munkerup Strandvej 78, Tel. 49 71 79 06, www.munkeruphus.dk, Öffnungszeiten und Eintritt je nach Ausstellung).

Nakkehoved 10 ▶ N 8

Ein weiterer schöner Platz für eine Frokost- oder Kaffeepause ist der traditionsreiche Fyrkroen auf **Nakkehoved** (Tel. 48 30 02 25, www.fyrkroen.dk; Sa und So 12–15 Uhr großes Frokost-Buffet). Zu seinem Gebäudekomplex gehört Nakkehoved Øster Fyr. Der Leuchtturm-Oldie und sein Zwilling Nakkehoved Vester Fyr ein paar hundert Meter westlich wurden 1771/72 gebaut, um die Einfahrt in den Øresund zu erleichtern. Zwei mit Kohle befeuerte Türme waren damals notwendig, damit es keine Verwechslung mit dem Feuer auf Kullen am heute schwedischen Ufer gab, 21 km entfernt und bei klarem Wetter gut zu erkennen.

Als Ende des 19. Jh. rotierende Linsen zum Einsatz kamen, wurde der westliche Turm auf 21 m erhöht und mit der neuen Technik ausgestattet, der östliche außer Dienst gestellt. 2003 baute man ihn auf seine ursprüngliche Form als Kohlenfeuer zurück und machte ihn zu einem Exponat des **Fyrhistorisk Museum på Nakkehoved,** das die Entwicklung des Leuchtfeuerwesens in dänischen Gewässern vom 16. Jh. bis zur Gegenwart dokumentiert. Der Rest des Museums befindet sich am noch ›aktiven‹ **Vester Fyr** (Fyrvejen 25A, Tel. 48 30 16 31, Febr.–Nov. Sa, So, Mai–Mitte Juni auch Do, Fr und Mitte Juni–Mitte Sept. Di–So 11–16 Uhr, 40 DKK/ab 18 Jahre).

Nordseeland

Gilleleje ▶ N 8

Der Fyrstien führt als ›Spazierweg mit Aussicht‹ von den Leuchttürmen nach **Gilleleje** ⓫ hinab und endet nahe **Skibshallerne,** den Schiffshallen, einer Abteilung des Gilleleje Museum, die sich mit Fischerei befasst und einige traditionelle Boote zeigt (Juni–Aug. Di–So, Sept.–Woche 41 Sa, So 11–16, Woche 42 tgl. 13–16 Uhr, 35 DKK/ab 18 Jahre).

Gilleleje hat den lebhaftesten Hafen an dieser Küste, im Sommer mit Kuttern und Jachten gleichermaßen vollgepackt. In etliche alte Hafenhallen sind Souvenirshops und Fressstände gezogen, die von Fritten bis Hummer alles servieren – das Gosch-Konzept aus Sylt lässt grüßen. Und da der Hochsommer für die Fischindustrie nicht gerade die einträglichste Zeit ist, nutzt man eine Filetfabrik im Hafen für Kunstausstellungen und an Wochenenden auch für Konzerte: **Kunst i Filet'en** (Filetfabrikken, Alfavej 25, Programm: www.kunstifileten.dk).

Westlich von Gilleleje markiert der 33 m hohe **Gilbjerg Hoved** Seelands nördlichsten Punkt. Von hier zur schwedischen Landspitze Kullen hinüber verläuft offiziell die Grenze zwischen Kattegat im Westen und Øresund im Osten. Gilbjergstien, ein schmaler Spazierpfad, führt über die Steilküste zu Aussichtspunkten und dem Gedenkstein, der an Gillelejes langjährigen VIP-Besucher, den Philosophen Søren Kierkegaard (1813–55), erinnert, der gern hier saß.

Tisvildeleje ▶ M 9

Östlich von **Rågeleje** ⓬ geht Küstenstraße [237] wieder auf Tuchfühlung zu Meer und Strand. Hier stehen jene bunt-weiß gestreiften Badehäuschen am Wasser, die so gern abgebildet werden, dass sie längst ein Markenzeichen für ganz Nordseeland sind.

Tisvildeleje ⓭ leidet an schönen Tagen unter der engen Zufahrt mitten durch den Ort hinunter zu den großen Parkplätzen am Meer. Eine Ortsumgehung ist aber kaum möglich, denn direkt hinter dem Strand breitet sich einer der schönsten Wälder Nordseelands aus, der naturgeschützte **Tisvilde Hegn**, ein im 19. Jh. gegen den verheerenden Sandflug an-
gepflanzter Dünenwald – zuvor breitete sich hier eine Sandwüste aus. Fuß- und Radwanderwege sind markiert.

Gut 4 km landeinwärts liegt die **Tibirke Kirke** ⓮. Ein prächtiger gotischer Flügelaltar und die ungewöhnlichen Proportionen – der Chor ist größer als das Kirchenschiff – belegen, dass hier eine reiche Gemeinde existiert haben muss, die einen jähen wirtschaftlichen Abstieg erlebte, als der Sand kam. Nahe der Kirche heben sich die fast 60 m hohen Dünen **Tibirke Bakker** mit den besten Aussichtsplatz weit und breit aus der Landschaft. Weiter landeinwärts wurde im Moorgebiet **Ellemosen** ein gut 150 m langes Stück ›Oldtidsvejen‹ ausgegraben, ein gepflasterter Weg aus der Eisenzeit.

Halsnæs ▶ M 9

Ganz im Westen schuf eine Gemeindereform eine Kommune, die Anfang 2008 ihren sperrigen Namen Hundested-Frederiksværk-Kommune in das griffigere Halsnæs änderte. Der neue Name taucht schon des öfteren auf, so beim i-Büro (S. 427), aber die alten Ortsnamen werden noch lange geläufig bleiben.

Die Hafenstadt **Hundested** ⓯ breitet sich auf der Spitze einer Landzunge aus, die Roskilde Fjord, Isefjord und Kattegat voneinander trennt. Ein viel besuchter Aussichtsplatz ist der **Leuchtturm Spodsbjerg** hoch über den Hafen; er steht nicht weit vom **Knud Rasmussens Hus** entfernt, dem einstigen Domizil des Polarforschers Knud Rasmussen (1879–1933), der den magnetischen Nordpol entdeckte (Ostern–Woche 42 Di–So 11–16 Uhr, 50 DKK, ist Sammelticket für mehrere Museen der Region).

Auch in Hundested erlebt der Hafen einen Wandel: Fischerei ist noch vorhanden, aber zurückgedrängt. Das älteste der drei Hafenbecken bleibt heute Freizeitskippern vorbehalten, die ehemalige Auktionshalle wurde Restaurant und statt Fischerhütten stehen schon Feriendomizile an einem Kai. Vom einst regen Fährverkehr nach Jütland und Norwegen ist nur die kleine Hundested-Rørvig-Linie über die Mündung des Isefjord geblieben. Nur noch im Sommer wird die Minifähre Sølager–Kulhuse

Nordseelands Nordküste

Geräteschuppen der Fischer über dem Strand von Tisvildeleje

südlich der Stadt befahren – für Radwanderer eine gern genutzte Abkürzung.

Die Hauptstraße nach Süden führt auf dem Landstreifen zwischen Arresø, Dänemarks größtem See, und Roskilde Fjord durch **Frederiksværk** 16. 2007 in ihrer Gesamtheit zum nationalen Industriekultur-Erbe erhoben, wirkt die einstige Waffenschmiede der Nation geradezu romantisch. Großen Anteil an diesem Bild hat der Kanal, der 1717 zwischen See und Fjord angelegt wurde und den Fabriken den Einsatz von Wasserkraft ermöglichte.

Viele Relikte erinnern an die Kindertage der Industrialisierung, so **Krudtværket,** die ehemalige Pulverfabrik mit ihren ›arbeitenden‹ Werkstätten (Juni-Aug. und Woche 42 Di-So 11-16 Uhr, 50 DKK, gilt für mehrere Museen der Region). Auch das beeindruckendste Gebäude im Zentrum ist ein alter Industriebau, obwohl es eher einem neoklassizistischen Schlösschen ähnelt: **Gjethuset,** die alte Kanonengießerei, dient als Kulturhaus für Konzerte und Ausstellungen und beherbergt das i-Büro.

Infos (alle nur Sommer)

VisitNordsjælland Hornbæk Turistinformation: Vestre Stejlebakke 2A (in Hornbæk Bibliotek), 3100 Hornbæk, Tel. 49 70 47 47.
VisitNordsjælland Gilleleje Turistinformation: Stationsvej 10 , 3250 Gilleleje, Tel. 48 30 01 74.
VisitNordsjælland Halsnæs Turistinformation: Havnegade 20, Hundested Havn, Tel. 47 93 77 88.
VisitNordsjælland Liseleje Turistinformation: Lisehøjvej 10, 3360 Liseleje, Tel. 47 74 23 11.
Im Internet: www.visitnordsjaelland.com.

Übernachten

Mondän und romantisch ▶ Gilleleje Badehotel: Hulsøvej 15, 3250 Gilleleje, Tel. 48 30 13 47, www.gillelejebadehotel.dk. Badehotel von 1908, hoch über der Steilküste am Westrand von Gilleleje, respektvoll renoviert und mit einer Wellnessabteilung; viele Zimmer zum Meer hin. DZ ab ca. 1500 DKK.
Klassisches Badehotel von 1904 ▶ Helenekilde Badehotel: Strandvejen 25, 3220

Nordseeland

Tisvildeleje, Tel. 48 70 70 01, www.helene kilde.com. Mondän, romantisch, über der Küste am Ostrand von Tisvildeleje. Traumhafte ›Turmzimmer‹ mit Super-Aussicht im 2. Stock. DZ ca. 1400– 2500 DKK (Turmsuite).

Einfach-Hütten mitten im Hafenleben ▶
Hundested Havnehytter: Havnegade 2, 3390 Hundested, Mobil-Tel. 21 29 24 25, www.havnehytter.dk. Hütten an der Marina für bis zu 4 Pers., Bad/WC separat im Gemeinschaftshaus. Erster Tag ca. 550 DKK, ab dem 2. Tag 450/400 DKK.

Romantischer Kro ▶ **Lynæs Kro 17**: Frederiksværkvej 6, 3390 Hundested, Tel. 47 98 01 81, www.lynaes-kro.dk. Wenige Zimmer (DZ ca. 850 DKK) und traditionelle dänische Kost (HG 150–250 DKK).

Herberge und Campingplatz ▶ **Camping & Vandrerhjem Frederiksværk/Danhostel Frederiksværk:** Strandgade 30, 3300 Frederiksværk [16], Tel. 47 77 07 25,www.strandbo.dk. In der grünen Peripherie der Stadt, in der Herberge DZ 350–450 DKK, 4-Bett-Zimmer 450–550 DKK, auf dem Campingplatz Hütten von ›basic‹ bis komfortabel.

Ruhiger 4-Sterne-Campingplatz ▶ **TopCamp Dronningmølle Strand:** Strandkrogen 2 B, 3120 Dronningmølle, Tel. 49 71 92 90, www.dronningmolle.dk. Familien und Paare werden bevorzugt, allein reisende Jugendliche und partylustige Gruppen abgewiesen. Tunnel unter der Küstenstraße zum Strand.

Lokaler Ferienhausanbieter ▶ **Hornbæk Feriemboliger:** Tel. 49 70 20 08, www.hornbaek.net.

Essen & Trinken

Hafenblick ▶ **Brasseriet:** Nordre Havnevej, 3250 Gilleleje, Tel. 48 30 21 30, www.brasseriet-gilleleje.dk. Schöne Plätze vor der Tür mit Sicht auf den Hafen; gekocht wird modern dänisch mit mediterranen Einflüssen, HG um 200 DKK.

Im Hafen von Gilleleje ▶ **Adamsen's Fisk/ Adamsen's Skaldyr & Sushi Bar:** Havnen, 3250 Gilleleje, Tel. 48 30 09 27, www.adamsensfisk.dk. Der »Gosch« von Gilleleje mit gutem Fischgeschäft, Imbissbude und Fast-Food-Deli, an dessen Theke es Hummer, Krebse und Sushi auf die Hand gibt. Bänke zum Essen stehen überall.

Micro-Brauerei im Hafen von Hundested ▶
Halsnæs Bryghus: Nordre Beddingsvej 35, 3390 Hundested, Tel. 26 16 70 46, www.halsnaesbryghus.dk. Kleine Gerichte sollen Grundlage für das ein oder andere der guten, wie ungewöhnlichen Biere des kleinen Brauhauses sein. Das Kamille-Ale »Classens Lise« hört sich zwar eher nach Medizin an, ist aber ein herbes, fruchtiges Sommerbier. Und es gibt mein Lieblingsbier, das ganz herbe Porseol »Poulsen« mit Gagel als Biergewürz. Großes Liveprogramm!

Termine

Frederiksværk Musikfestival: Musikfestival im Juli mit ausgefallener Klassik, immer einer besonderen Kunstausstellung im Konzertsaal des Gjethuset (S. 427) und einem optionalen Festival-Dinner. Programm: www.frv-musik.dk. Tickets u. a. in den i-Büros der Region.

Verkehr

Fähren: Hundested–Rørvig, Tel. 47 93 71 50, www.hundested-roervig.dk; bis zu 15 x tgl., 25 Min. Kulhuse – Sølager, April–Sept. Pendelfahrt nach Bedarf, Kernzeit 10–19 Uhr, 8 Min.

Frederikssund und Hornsherred ▶ M 10

In **Frederikssund 18**, der Stadt an der schmalsten Stelle des Roskilde Fjord, widmet sich das **J. F. Willumsen Museum** dem Leben und Werk des vielseitigen Künstlers – er war Maler, Grafiker, Fotograf, Bildhauer, Keramiker und Architekt – Jens Ferdinand Willumsen (1863–1958) sowie der von ihm zusammengetragenen Kunstsammlung. Willumsen entwickelte sich vom romantischen Naturalisten zum Realisten und Symbolisten und schließlich zum Expressionisten; zudem gilt er als Vater des modernen Durchbruchs in Dänemark (Jenriksvej 4, Tel. 47 31 07 73, www.jfwillumsensmuseum.dk, Di–So 10–17 Uhr, 50 DKK/ab 18 Jahre).

Eine Brücke führt nicht weit vom Museum zur Halbinsel Hornsherred hinüber, ein Keil zwischen Roskilde Fjord und Isefjord. Dort diente **Schloss Jægerspris** 19 dem volkstümlichen König Frederik VII. (S. 33) und seiner dritten Frau, Gräfin Danner, als Liebesnest. Die Beziehung der beiden wäre heute ein gefundenes Fressen für die Regenbogenpresse: Die Gräfin, 1815 als uneheliches Kind eines Dienstmädchens und eines Kaufmanns geboren, kam mit elf Jahren in die Ballettschule des Hoftheaters, machte später auf der Bühne Karriere und in der Gesellschaft Furore. Als Geliebte des Verlegers Carl Berling hatte sie auch engen Kontakt zu dessen Freund Kronprinz Frederik. Als Louise Rasmussen, so ihr bürgerlicher Name, einen Sohn bekam, der auf den Namen Frederik Carl Louis getauft wurde, brodelte die Gerüchteküche. 1848 zog Louise bei Hofe ein, wurde von dem schon zweimal geschiedenen Frederik zur Baroness Danner und Lehnsgräfin von Samsø geadelt und 1850 ›zur linken Hand‹ geehelicht. Diese Form der Ehe war bei Verbindungen zwischen Hochadel und ›unstandesgemäßen‹ Partnern üblich, denn sie schloss eventuelle Kinder von der dynastischen Erbfolge aus. Frederik und seine Louise waren trotz – oder wegen? – ihres Liebesverhältnisses beim Volk äußerst populär. Der Adel mobbte die Gräfin hingegen, wo er konnte, und trieb das Paar schließlich aus der Hauptstadt in die Abgeschiedenheit von Jægerspris.

Nach Frederiks Tod 1863 erbte Louise das Schloss und vermachte es einer Stiftung zur Unterstützung ›armer und schlecht gestellter Mädchen‹ – sie hat ihre Herkunft nie vergessen. Gedenkzimmer für das populäre Paar sind zu besichtigen und im Schlosspark ist Gräfin Danner bestattet (www.kongfrederik.dk, Ostern–Woche 42 Di–So 11–16 Uhr, 55 DKK, 10 DKK/4–17 Jahre).

Im Südteil von Hornsherred zeigt sich ein Grafenschloss mit historisch sehr viel authentischerer Atmosphäre: **Selsø Slot** 20. Es wurde nach fast 160 Jahren Leerstand in den 1980er-Jahren behutsam restauriert, wie es früher war, ohne elektrisches Licht, fließendes Wasser oder Heizung. Der Rittersaal mit Schlachtengemälden und zwei großen Versailles-Spiegeln gibt häufig den Rahmen für Klassikkonzerte. Nicht mehr genutzt wird indes der Kerker unter dem Torhaus (www.selsoe.dk, Mai–Mitte Sept. und Woche 42 Di–So 11–16 Uhr, 50 DKK, 20 DKK/6–12 Jahre).

Infos
Frederikssund Turistbureau: Havnegade 5A, 3600 Frederikssund, Tel. 47 31 06 85, www.visitfrederikssund.dk.

Aktiv
Oldtimer-Dampfschiff ▶ »S/S Skjelskør«: ab Frederikssund Nordkajen, Tel. 45 81 86 99, www.dampskib.dk. Kohlebefeuert tuckert der Dampfer von 1914 in der Saison So 3 x zu einstündigen Fahrten auf den Roskilde Fjord, 50 DKK, 30 DKK/4–12 Jahre; im Juli Mi auch 2-stündige Abendfahrten 100/50 DKK.

Termine
Vikingespillene Frederikssund: Infos und Tickets Tel. 47 31 06 85, www.vikingespil.dk. Dänemarks traditionsreichste Wikingerspiele finden drei Wochen ab Ende Juni am Rande des Roskilde Fjord statt. An den actionreichen Aufführungen, an denen ca. 250 Akteure beteiligt sind, kann man auch ohne Sprachkenntnisse Spaß haben. Den Rahmen bildet ein rekonstruierter Wikingerhof. Aufführungen Mi–So 20 Uhr, So auch 16 Uhr, ca. 175 DKK, 50 DKK/5–12 Jahre, Arrangements mit Wikingergelage optional.

Kongernes Nordsjælland

Von Kopenhagen ist es via Kongens Lyngby (S. 403) auf gut ausgebauten Straßen oder mit der S-Bahn nur ein Katzensprung nach Hillerød, der 30 000-Einwohner-Stadt im grünen und königlichen Herzen Nordseelands.

Hillerød und das beschaulichere Fredensborg sind Gateways in den zukünftigen **Nationalpark Kongernes Nordsjælland**, dessen Infrastruktur noch entwickelt wird. Den Kern bilden nördlich Hillerød die uralten Wälder von Gribskov – mit über 5600 ha Flä-

Nordseeland

che der zweitgrößte Wald Dänemarks – und der Esrum Sø. Der ist zwar etwas kleiner als der Arresø (S. 426), aber aufgrund seiner Tiefe der wasserreichste See Dänemarks. Wege für Wanderer, Radfahrer und Reiter sind heute schon reichlich markiert und mit der Gribskovbanen (S. 415) kommt man umweltschonend mitten ins Grüne.

Hillerød ▶ N 9

Hillerød hat als Einkaufsstadt für einen großen Einzugsbereich sehr gute Shopping-Möglichkeiten in einer ausgedehnten Fußgängerzone sowie der Slotsarkaderne, einer populären Mall. Die meisten Touristen haben aber ein anderes Ziel im Visier: **Frederiksborg Slot** 21. Über den kleinen Slotssø tuckert im Sommer die »M/F Frederiksborg« das kurze Stück vom Torvet im Zentrum zum Schloss und bietet dabei eine imponierende Perspektive der Renaissanceanlage.

Seit 1878 ist **Det Nationalhistoriske Museum** auf Frederiksborg Slot zu Hause, Dänemarks Nationalhistorisches Museum. Mehrere tausend Exponate vermitteln Geschichte und Kultur Dänemarks bis zur Gegenwart. Die schönsten Räume sind ein königlicher Audienzsaal von 1688, der Rittersaal und vor allem die Schlosskirche, mit ihrer Ausstattung aus dem frühen 17. Jh. Die Kirche ist im Original erhalten, während große Teile des Schlosses nach einem Brand 1859 rekonstruiert wurden. Ebenfalls eine Rekonstruktion ist **Barokhaven**, der barocke Schlossgarten, mit seinen Wasserkaskaden. Er breitet sich in der Achse des Schlosses nördlich

Renaissance in voller Pracht: Schloss Frederiksborg in Hillerød

Kongernes Nordsjælland

des Slotssø so aus, wie er 1720 im Auftrag von Frederik IV. angelegt worden sein dürfte. Am Seeufer, von den höher gelegenen Terrassen aus gut zu überblicken, erkennt man die mit rund 65 000 Buchsbäumchen gepflanzten Monogramme jener vier Monarchen, unter denen der Garten bisher existierte (Museum: Tel. 42 26 04 39, www.dnm.dk, April–Okt. tgl. 10–17, sonst tgl. 11–15 Uhr, 75 DKK/Erw., 20 DKK/6–15 Jahre, Barockgarten: tgl., gratis).

Fredensborg ▶ N9

Vom Südostufer des **Esrum Sø** steigt eine große Parkanlage zum königlichen **Fredensborg Slot** 22 hinauf. Der Name ›Fredensburg‹ drängte sich auf, als das Jagdschloss 1722 für Frederik IV. fertig wurde: Zwei Jahre zuvor hatte das kriegsmüde Land nach 20 Jahren das Ende des Großen Nordischen Krieges erlebt. Mehrfach erweitert und umgebaut, gilt Fredensborg als schönste Barockanlage Nordeuropas.

Unter Christian IX., ›Europas Schwiegervater‹ (S. 127), erlebte Fredensborg Ende des 19. Jh. seine muntersten Tage – damals wurden hier regelmäßig große Familientreffen arrangiert. Und auch dem jetzigen Königspaar scheint es die liebste Residenz: Rund die Hälfte des Jahres, vorrangig im Frühjahr und Herbst, wohnt es auf Fredensborg und nutzt das Schloss für Familienfeiern und Staatsempfänge. Bill Clinton übernachtete hier, George Bush feierte an gleicher Stelle 2005 seinen 59. Geburtstag.

Im Juli überlassen die Royals normalerweise das Schloss dem Volk, dann können Innenräume und private Gärten bei Führungen besichtigt werden. Ist das Schloss königlich bewohnt, ist der Zugang beschränkt, dafür entschädigt dann täglich um 12 Uhr eine große Wachablösung. Immer geöffnet sind die Teile des Parks zwischen Schloss und See. Im Nordmandsdalen, dem Nordleutetal, zeigen 69 lebensgroße Sandsteinfiguren einfaches Volk – Bauern und Fischer – aus der einst dänischen Kolonie Norwegen sowie von den Färöer-Inseln (Innenräume, Schlosskirche und Orangerie nur im Juli tgl. 13–16.30 Uhr bei Führungen; private Gärten nur Juli 9–17 Uhr; Schlosspark mit Nordmandsdalen ganzjährig).

Vom Nordmandsdalen ist es nicht weit die Skipperallé hinunter zum historischen Ausflugslokal **Skipperhuset** und dem **Chaluphuset**, in dem die königlichen Boote für Touren auf dem Esrom Sø untergebracht sind. Frederik IV. ließ den Bootsschuppen so groß bauen, dass er mit voller Besegelung hineinfahren konnte.

Infos

VisitNordsjælland Hillerød Turistinformation: Frederiksværksgade 2 A, 3400 Hillerød, Tel. 48 24 26 26.
VisitNordsjælland Fredensborg Turistinformation: Slotsgade 2, 3480 Fredensborg, Tel. 41 21 81 59.
Im Internet: www.visitnordsjaelland.com.

Übernachten

Einfach nahe Schloss Fredensborg ▶
Danhostel Fredensborg Vandrerhjem: Østrupvej 3, 3480 Fredensborg, Tel. 48 48 03 15, www.fredensborghostel.dk. Viel Platz für Kinder auf großem Naturgrundstück. Viele Doppel- und Familienzimmer, einige zwar klein, aber preiswert und die Mehrzahl mit Bad. Unbedingt das üppige Frühstück mitbuchen, für das es sogar Familienrabatt gibt! DZ ca. 400–550 DKK, 4-Bett-Zimmer ca. 520–670 DKK. Leihräder gratis.

Essen & Trinken

Am Schloss Frederiksberg ▶ **Spisested Leonora:** Frederiksborg Slot, 3400 Hillerød, Tel. 48 26 75 16, www.leonora.dk. Ein gediegenes Frokost-Restaurant in den Nebengebäuden von Schloss Frederiksborg mit typischen Frokost-Gerichten um 100 DKK; Sa, So Brunch-Buffet ca. 150 DKK.

Im Park von Schloss Fredensborg ▶ **Skipperhuset:** Skipperalle 6, 3480 Fredensborg, Tel. 48 48 17 17, www.skipperhuset-fredensborg.dk, nur Mai–Sept. Di–So 12–17 Uhr. Idyllisches Ausflugslokal am Ufer des Esrom Sø; kleinere Gerichte zum Frokost um ca. 125 DKK.

Bornholm

Bornholm, gerade mal 40 km von Nord nach Süd, 30 km von Osten nach Westen, ist nur ein Klacks in der Ostsee und doch vielfältiger als alles sonst in Dänemark. Felsenküsten, Schären, Dünen, Sandstrände, Heiden und Wälder, einzigartige Kirchen, eine malerische Burgruine, idyllische Kleinstädte sowie Galerien und Ateliers ohne Ende.

Die Politik gab den Anstoß, Bornholm in einem Atemzug mit Kopenhagen zu nennen: Die Insel gehört seit Anfang 2007 verwaltungsmäßig zum Hauptstadtgebiet. Auch sonst irritiert die geografische Zuordnung oft: Gern wird die Geschichte einer deutschen Familie erzählt, die in Frederikshavn im Norden Jütlands fragte, wo denn ihre Fähre nach Bornholm ablege. Sie war mit einer Straßenkarte unterwegs, in der das Ziel zwischen Dänemark und Norwegen im Kattegat eingeklinkt war. Die Insel liegt so weit abseits, dass sie auf Dänemarkkarten im Kästchen geparkt wird, wo gerade Platz ist. Erst Skandinavienkarten zeigen die wirkliche Position 35 km südöstlich von Schweden. Bis zum nächsten Stück Dänemark, den Kreidefelsen von Møn, sind es 135 km, mehr als zur polnischen Küste oder zur 85 km entfernten Insel Rügen.

Immer etwas abseits ...

So ist Bornholm ein eigenständiges Reiseziel, das deutsche Urlaubern meist mit der Direktfähre über Rügen erreichen, ohne anderswo einen Fuß auf dänischen Boden zu setzen. Aus diesem Grund wird Bornholm hier weniger detailliert als der Rest des Landes vorgestellt, eher ein Appetizer für einen längeren Urlaub. Und der bleibt selten der letzte: 70 % aller Bornholm-Besucher kommen wieder, manche ihr Leben lang.

Die Lage brachte Bornholm von der Wikingerzeit bis zum Kalten Krieg nah an Dänemarks Hauptfeinde: Die Insel litt im frühen Mittelalter unter Überfällen der Wenden von der polnischen Küste, erlebte als einziger Landesteil des heutigen Dänemark eine Periode unter schwedischer Herrschaft und war zeitweilig im Besitz der Lübecker. Und während der Rest Dänemarks am 5. Mai 1945 über die deutsche Kapitulation jubelte und diesen Tag bis heute als Gedenktag achtet, wurden Rønne und Nexø noch am 8. und 9. Mai bei sowjetischen Luftangriffen in einem Maße zerstört, wie keine andere dänische Stadt: Der deutsche Inselkommandant wollte sich nicht der Roten Armee, sondern nur englischen oder amerikanischen Truppen ergeben, aber die hatten überhaupt keine Ambitionen, so weit nach Osten vorzustoßen. Die Russen kamen schließlich doch und zogen erst ein Jahr später wieder ab, nachdem Dänemark zugesichert hatte, Bornholm allein verteidigen zu können. Daraus resultierte bis in die 1980er-Jahre ein Sonderstatus innerhalb der NATO: Jede Anwesenheit eines fremden Soldaten auf Bornholm galt als Provokation und löste diplomatische Ost-West-Krisen aus, und sei es nur, weil irgendwo eine amerikanische Militärkapelle spielte.

Bornholm hat seit langem wirtschaftliche Probleme, denn Landwirtschaft und Fischerei kriseln, nennenswerte Industrie ist nicht vorhanden, und der Tourismus, so sehr er auch im Sommer boomt, reicht nicht, die gerade noch 42 000 Menschen ganzjährig zu beschäftigen. So ist Bornholm der einzige dänische Landesteil, der konstanten Bevölkerungsrückgang beklagt, und dies gerade unter Jüngeren.

... immer etwas anders

Bornholm ist ein Mikrokosmos, in dem nicht nur die Geschichte anders als im Mutterland verlief, sondern wo auch die Menschen einen ganz markanten Zungenschlag pflegen, der jeden Bornholmer verrät, selbst wenn er statt des Inseldialekts das längst zur Alltagssprache gewordene Hochdänisch spricht.

Sogar das Wetter ist anders und bringt statistisch weniger Niederschlag und mehr Sonnenstunden als im Rest Dänemarks. Das lässt auf Bornholm üppig wachsen, was man in solch nördlichen Breiten kaum vermuten. Andererseits bremst das umliegende Meer den Ablauf der Jahreszeiten gegenüber dem Festland: Der Frühling kommt spät, aber kurz und heftig, dafür verabschiedet sich der Sommer gern langsam und sehr golden. Mitte Mai blüht innerhalb kurzer Zeit alles auf einmal, was in anderen Teilen Europas über viele Wochen verteilt sprießt. Bornholm wird in rund 14 Tagen von einer kahlen grauen Felseninsel zu einem grünen Paradies. Berühmt sind im Blitzfrühling die blühenden Wildkirschen, von denen es ganze Wälder gibt und die Wochen später von Vögeln und Touristen kahl gefressen werden.

Bornholms Attraktionen
▶ T–V 12/13

Karte: S. 436

Bornholm unterscheidet sich auch geologisch markant von Restdänemark, ist eher mit Norwegen verwandt als mit Jütland: Die einzige Felseninsel des Landes ist praktisch ein frei stehender Horst des skandinavischen Urgesteinsschildes. Nirgendwo sonst kann man in Dänemark richtige Schären sehen. Am deutlichsten werden die Unterschiede in Nordbornholm, am karg bewachsenen Granithorn **Hammeren** [1]. In dem heutigen Naturschutzgebiet zeugen malerisch verwildernde Steinbrüche vom Granitabbau, der bis 1971 betrieben wurde. Die Wege und Pfade, die am Hammeren diese vom Menschen mitgestaltete Natur erschließen, zählen zu den schönsten in Dänemark.

Der Süden der Insel ähnelt dem Rest des Landes sehr viel mehr: Dort zieht sich eine

Tipp: Bornholmer Alchemie

Bornholmer sind bekannt dafür, aus Silber Gold zu machen. Sie lassen silberne Heringe 1–2 Std. an der Luft trocknen und hängen sie dann an Eisenstangen über glimmendes Erlenholz. Dabei passen sie auf, dass es immer reichlich Rauch gibt und die Temperatur in der Räucherkammer nie über 80 Grad steigt. Nach rund 4 Std. sind die Fische zu Gold geworden und überall in Dänemark als ›**Bornholmer**‹ bekannt. Mit einem rohen Ei und Graubrot serviert heißt das ganze ›Sol over Gudhjem‹, Sonne über Gudhjem. Räuchereien – mal eher Restaurant, mal eher Imbiss – gibt es in fast jedem Hafenort, gut an den hohen, breiten Kaminen zu erkennen. Ein ›Bornholmer‹ mit Brot und Butter kostet rund 35 DKK, zwei sind schon eine solide Mittagsmahlzeit. Den Fisch gibt's in festem Papier auf die Hand, etwas grobes Salz dabei und ›guten Appetit‹ – ein kaltes Bier passt gut. Weitere Heringsspezialität ist der in roter, streng geheim zusammengemischter Kräuterlake marinierte ›**Christiansø Sild**‹. Der muss von Christiansø kommen und ist als solcher eine Rarität, denn nur noch ein kleiner Betrieb stellt ihn dort her: ›**Ruths Sild**‹. Überall in Dänemark kann man indes ein Plagiat bekommen: ›**Christiansø-Pigens Sild**‹, etwa: Hering des Christiansø-Mädchens. Das wird auf dem Bornholmer Festland produziert, das Rezept aber, so versichert das Unternehmen, stamme von der Schwiegermutter des Firmengründers, und die habe immerhin lange auf Christiansø gelebt.

Bornholm

flache Küste mit vielen Sandstränden entlang, deren Höhepunkt der Strand von **Dueodde** 2 mit einem großen Dünenwald ist. Nirgendwo in Dänemark ist der Sand so fein und weiß wie hier – früher wurde er in königliche Sanduhren gefüllt.

Rundkirchen

Wahrzeichen Bornholms sind vier weiß gekalkte Rundkirchen aus den frühen Tagen der Christianisierung. Die größte und mächtigste ist die **Østerlarskirke** 3. Sieben äußere Stützpfeiler geben ihren Rundungen Halt. Der für alle Rundkirchen typische Mittelpfeiler fällt hier so mächtig aus, dass in ihm sogar eine Taufkapelle Platz hat.

Im Norden Bornholms dient die sehr exponiert liegende **Olskirke** 4 auch als Seezeichen. Die **Nylarskirke** 5, einzige Rundkirche ohne äußere Stützmauern, ist für ihre Kalkmalereien aus dem 13. Jh. bekannt, die ältesten in Bornholmer Kirchen. Von der **Nykirke** 6 nördlich Rønne wird angenommen, dass sie größer geplant war, aber nicht ganz fertiggestellt wurde. Sie ist ein Stockwerk niedriger als die anderen und die jüngste der vier Rundkirchen.

Der Ursprung der Rundkirchen liegt im Dunkeln, was zu Spekulationen reizt: Heidnische Sonnentempel seien sie gewesen, oder auch Teile eines mystischen, Europa überspannenden Netzes von Bauten der Tempelritter. Sehr wahrscheinlich entstanden sie im 12. und 13. Jh. als Wehrkirchen zum Schutz vor Überfällen der Wenden. Bei der Olskirke und der Østerlarskirke sieht man noch deutlich Löcher für die Balken, auf die einst äußere Wehrgänge aufgelegt werden konnten. Die markanten Spitzdächer von heute wurden erst in späteren Jahrhunderten aufgesetzt; die Wetterfahne auf der Spitze der Olskirke zeigt die Jahreszahl 1794.

Burg Hammershus 7

Bornholm besitzt keine Schlösser und Herrensitze, wohl aber die größte Burgruine Skandinaviens, Burg **Hammershus**. Sie thront mit wildromantischer Silhouette auf einem Felsen hoch über der zerklüfteten Küste im Norden. Auf Hammershus residierten nie Adelige, allenfalls waren hier mal einige Inhaftiert, die man auf dem Festland los werden wollte. Von der Wikingerzeit bis zur Mitte des 18. Jh. nutzten immer wieder andere Beherrscher der Insel die mächtigen Mauern: mal Vertreter des Königs, mal des Erzbischofs von Lund, mal Statthalter Lübecks, mal Schwedens. Nach der Aufgabe 1855 diente Hammershus dann den Inselbewohnern Jahrzehnte lang als Steinbruch, ehe der Rest unter Denkmalschutz kam.

Bornholms Städte

Mit Ausnahme von Aakirkeby im Süden liegen alle Bornholmer Städte am Meer und überbieten sich geradezu mit Hafenidyllen. Alle haben Winkel mit kleinen Gassen und Fachwerkhäusern, gern in Rot- und Gelbtönen getüncht und von einem Meer bunter Stockrosen umspielt, die vom Schweiß der alten Häuser – sprich vom Kalk der Farben – so hervorragend wachsen, wie die Einheimischen diese Pracht gern erklären.

Bei der Frage nach dem schönsten Ort können Bornholm-Fans in ernsten Streit geraten: **Allinge** 8 wurde in den letzten Jahren rund um den Hafen so sorgfältig restauriert, dass es heute die schönste maritime Atmosphäre der Insel bietet. **Gudhjem** 9, das sich an der Ostküste vom Meer aus einen Hang hinaufzieht, hatte mit geradezu mediterranem Charme lange die Nase vorn, inzwischen fordert die Beliebtheit ihren Tribut, und Dänemarks kleinste Stadt leidet unter einem täglichen Verkehrschaos in den schmalen Gassen zwischen der Hauptstraße oberhalb des Zentrums und den Parkplätzen unten am Hafen.

Svaneke 10 liegt nicht so schön, wirkt mit seinen vielen Fachwerkhäusern aber sehr harmonisch, immerhin betreibt man seit den 1940er-Jahren mit strengen Bauvorschriften Denkmalschutz. Dennoch blieb Raum für das, was Urlauber lieben: Am Marktplatz können Kinder und andere Leckermäuler beim Bonbon- und Lakritzmachen zusehen. Um die Ecke braut »Bryghuset Svaneke«, eine der ersten Mikrobrauereien des Landes, seine süffigen Biere und serviert sie zu deftigem

Bornholms Attraktionen

Rundkirchen wie die Nylarskirke sind Bornholms Wahrzeichen

Essen. Und in der Gasse, die vom Markt zum Hafen führt, haben sich verschiedene Kunsthandwerker und eine Galerie niedergelassen.

In der Inselhauptstadt **Rønne** 11 ist der geschäftige Marktplatz Store Torv von Läden, Cafés und Kneipen umsäumt, während die eigentliche Altstadt mit dem scheinbar unendlichen Gewirr kopfsteingepflasterter Gassen rund um die Skt. Nicolai Kirke ein ruhiges Wohnviertel mit vielen bunt angestrichenen Fachwerkhäusern bildet.

Bornholms Museen

Bornholm besitzt mehr als ein Dutzend Museen und Ausstellungen. Den besten Einstieg in Geschichte und Kultur bietet **Bornholms Museum in Rønne**. Es zeigt u. a. eine außergewöhnliche Sammlung jener Goldgubber, kleiner, mit gestanzten Figuren verzierter Goldplättchen aus dem 6. Jh., die im Osten Bornholms in einer Menge gefunden wurden wie nirgendwo sonst in Europa (Sct. Mortensgade 28, www.bornholmsmuseum.dk,

435

Bornholm

Juli/Aug. tgl. 10–17, übrige Zeit nur Mo–Sa, 50 DKK ab 18 Jahre).

Bei Rø an der Ostküste direkt über der spektakulären Steilküste von Helligdommen ist **Bornholms Kunstmuseum** 12 in einem architektonisch extravaganten, jedoch wunderbar in die Landschaft eingefügten Gebäude zu Hause. Neben häufigen Wechselausstellungen zeigt es permanent Werke der Bornholmer Maler, die ihre große Zeit in der ersten Hälfte des 20. Jh. hatten, und der vielen auf der Insel ansässigen Kunsthandwerker. Anfangs wegen seiner Baukosten in der Bevölkerung höchst umstritten, war das Museum so erfolgreich, dass es 2003 – bereits zehn Jahre nach seiner Eröffnung – großzü-

Bornholms Attraktionen

gig erweitert wurde (Helligdommen, 3760 Gudhjem, www.bornholms-kunstmuseum.dk, April–Okt. Di–So, Juni–Aug. auch Mo 10–17, sonst Do, Fr 13–17, Sa, So 10–17 Uhr, 70 DKK ab 18 Jahre).

Mit seiner fensterlosen Fassade aus aufgeschütteten Granitsteinen wirkt das populärwissenschaftliche Erlebniscenter **Natur-Bornholm** 13 am Südrand von Aakirkeby architektonisch ebenso exzentrisch. Die Natur der Felseninsel, ihre Entstehung und ihre Naturgeschichte bis zurück zu den Dinosauriern, die man auf der Insel bei Ausgrabungen nachgewiesen hat, sind Themen, die mit modernen, interaktiven Konzepten Besuchern aller Altersstufen nahegebracht werden (Grønningen 30, 3720 Aakirkeby, www.naturbornholm.dk, April–Okt. tgl. 10–17 Uhr, 100 DKK, 60 DKK/5–11 Jahre).

Die bunteste und lebendigste Attraktion findet man zwischen Gudhjem und Østerlars: In **Bornholms Middelalder Center** 14 schlagen sich stilecht ausgerüstete Ritter und jagen mit Falken, während holde Mägde die mittelalterliche Haushaltsführung demonstrieren (Stangevej 1, 3760 Østerlars, www.bornholmsmiddelaldercenter.dk, Mai–Sept., Woche 42 Mo–Fr 10–16, Hochsaison Mo–Sa 10–17 Uhr; Ritterturnier, Mittelaltermarkt im Juli, Eintritt je nach Aktivitäten 95–145 DKK/ab 7 Jahre, 40–70 DKK/3–6 Jahre; Ticket gilt im Sommer auch für eine weitere Ausstellung an Burg Hammershus).

15 Ertholmene ▶ V 12

Eine Sonderstellung – historisch wie geografisch – nehmen die 40 ha großen **Ertholmene** ein, Inseln und Schären, die Dänemarks östlichste Landflecken bilden. Einheimische nennen sie pars pro toto nach der größeren der beiden bewohnten Inseln Christiansø. Sie liegen knapp 20 km vor der Nordostküste Bornholms und locken jedes Jahr gut 80 000 Besucher an. Die kommen, von ganz wenigen Ausnahmen abgesehen, im Rahmen eines Tagesausflugs.

Von 1684 bis 1855 bestand auf Ertholmene eine Seefestung, die nie eingenommen wurde, aber Dänemark auch nie die erhoffte Herrschaft über die Ostsee brachte. Seit 1855 steht die Inselgruppe mit allen Bauten unter Denkmalschutz, dem sich jeder aus der kleinen Fischer- und Künstlergemeinde von gut 100 Personen, die ganzjährig auf Christiansø und Frederiksø leben, unterwerfen muss: Nirgendwo in Dänemark ist ein historischer Komplex solcher Größe so konsequent in einem historischen Status quo fixiert. Christiansø untersteht bis heute direkt dem Verteidigungsministerium, das einen Verwalter ernennt, den die Insulaner als ›König von Christiansø‹ titulieren. Der Vorteil: Es fallen keine kommunalen Steuern und Abgaben an, damit liegt der Steuersatz hier rund 30 % unter dem im restlichen Dänemark.

Eine ganz andere Welt öffnet sich Besuchern, die eines der sechs Zimmer im Insel-Kro (www.christiansoekro.dk) oder hinter den schützenden Mauern der Hertugindens Bastion einen der gut zwei Dutzend kleinen Stellplätze für ihr Zelt ergattert haben: Fährt gegen 16.30 Uhr das letzte Schiff mit Tagesgästen ab, versammeln sich die ›Locals‹ auf ein erstes Bier und einen Schnack vor dem kleinen Insellanden. Dort lehnen sie dann über den Mauern der alten Bastion, schauen zum Anleger hinunter und klatschen dem abfahrenden Boot nach. Die wenigen verbliebenen Touristen schlendern noch einmal über die Insel, die ihnen jetzt fast allein gehört, wo eben noch ein großes Menschengewusel war. Später treffen sich alle im Licht der untergehenden Sonne auf der Terrasse des Kro – zum Abendessen und auf ein zweites oder drittes Bier.

Die kurze Seereise zwischen Ertholmene und dem – aus deren Sicht – Festland Bornholm ist meist ein angenehmer Bonus bei einem Inselbesuch. Aber die Route muss das ganze Jahr bei fast jedem Wetter vom Postschiff »Peter« befahren werden. Im Sommer bekommt der treue Kutter, der auch Trinkwasser nach Christiansø bringen muss, Unterstützung von zwei schmucken Ausflugsschiffen. Tagestickets gelten für eine feste Hin- und Rückfahrt mit etwa 3 Std. Aufenthalt. Das reicht für ein ordentliches Sightseeing und den Besuch im Inselmuseum allemal.

437

Bornholm

Martin Andersen Nexø — Thema

In ärmlichsten Verhältnissen eines Kopenhagener Arbeiterviertels kommt 1869 ein Junge zur Welt. 1879 zieht er mit der Familie in die Heimat seines Vaters nach Nexø auf Bornholm. Seine Kindheit dort ist nicht leicht, als er später darüber schreibt, wird es ein Stück Weltliteratur: »Pelle der Eroberer«.

Der Steppke arbeitet als Hütejunge, Stallknecht und Handlanger des trunksüchtigen Vaters in den Steinbrüchen der Insel. Was er hier erlebt, prägt sein literarisches Werk und als er ein weltberühmter Autor ist, hängt er sogar den Namen der Stadt seiner Kindheit seinem dänischen Allerweltsnamen an: Martin Andersen Nexø.

Die Stärke seiner mehrbändig angelegten Entwicklungsromane »Pelle der Eroberer« (erschienen 1906–10) und »Ditte Menschenkind« (1917–21) liegt in der Schilderung der kleinen Leute und ihrer Lebensumstände zur Zeit der Industrialisierung. Höhepunkte sind Kinderdarstellungen, die bis heute nicht ihresgleichen in der Literatur finden. Spätere Romane des bekennenden Kommunisten wie »Morten der Rote« (1945) sind dann ideologisch überfrachtet, aber das darf nicht den Blick auf seine literarischen Qualitäten verstellen. In Deutschland sind die Bücher von Martin Andersen Nexø in den 1920er- und frühen 1930er-Jahren Bestseller – 1933 werden sie verbrannt. 1941 wird der 72-Jährige auf deutschen Druck in seiner besetzten Heimat inhaftiert, kann aber über Schweden in die Sowjetunion fliehen.

Andersen Nexø bleibt dem Volk, in dem er seine größte Leserschaft hatte, aber immer verbunden. Nach 1945 pflegt die DDR sein Werk, Bertolt Brecht übersetzt seine »Erinnerungen«. 1951 zieht Martin Andersen Nexø nach Dresden und lebt dort bis zu seinem Tod 1954 in einer Ehrenwohnung des Staates. Für Bornholm aber gilt er als Heimatdichter. Die »Bornholmer Novellen« sind längst ein Klassiker nicht nur für Fans der Insel, und mit »Pelle der Eroberer« setzte Andersen Nexø der Insel ein gewaltiges literarisches Denkmal. Mit vielen autobiografischen Details erzählt der erste Teil des vierbändigen Romans die Geschichte eines jungen Landarbeiterkindes auf der Insel. Mit Max von Sydow in der Rolle von Pelles Vater wurde dieser Teil von Dänemarks Regiestar Bille August (»Das Geisterhaus«) Ende der 1980er-Jahre auf die Leinwand gebracht, größtenteils auf Bornholm gedreht – ein Filmklassiker, der in Cannes eine Goldene Palme und in Hollywood einen Oscar als bester nicht englischsprachiger Kinostreifen einheimste und eine Nexø-Renaissance auslöste.

Heute ist das Haus, das der kleine Martin Andersen mit seinen Eltern in der Ferskesøstræde am Südrand von Nexø bewohnte, ein Gedenkmuseum **15**. Hier kam auch ein Teil seines Nachlasses unter, für den im wiedervereinigten Deutschland kein Platz mehr war: An einem Weltliteraten, der sich zum besiegten System bekannt hatte, bestand kein Interesse, und das Nexø-Museum in der früheren Ehrenwohnung des Autors in Dresden wurde aufgelöst. Aktuell pflegt der Berliner Aufbau-Verlag Andersen Nexøs Werk: »Pelle der Eroberer« gibt's als Taschenbuch und Hörbuch, außerdem in Buchform »Ditte Menschenkind«, »Bornholmer Novellen« und »Die Küste der Kindheit« (Erzählungen).

Bornholms Attraktionen

Aber aufgepasst: Weil die Schiffe an schönen Tagen oft ausgebucht sind, kommt man nur auf der gebuchten Rückfahrt sicher mit. Verpasst man die, hat man angesichts der wenigen Besucherbetten schlechte Karten. Vielleicht kann man dann ein Nachtlager beim Würfelspiel gewinnen – das ist die liebste Beschäftigung der Einheimischen an langen Abenden im Kro (Christiansøfarten, Tel. 56 48 51 76, www.bornholmexpress.dk, ganzjährig ab Gudhjem, Mai–Mitte Sept. auch ab Allinge, im Winter Mo–Fr je 1 x, in der Hochsaison bis 7 x tgl., Fahrzeiten und Preise je nach Schiff und Route 30–75 Min., 220–240 DKK, 110–120 DKK/6–14 Jahre).

Infos

Bornholms Velkomstcenter: Nørdre Kystvej 3, 3700 Rønne, Tel. 56 95 95 00. Das Hauptbüro für die ganze Insel. Lokale i-Büros in Allinge, Nexø und Aakirkeby haben ganzjährig, in Gudhjem, Svaneke und Hasle nur im Sommer geöffnet. Für alle gilt: www.bornholm.info. Alle Büros vermitteln Zimmer und Ferienhäuser und verkaufen Fähr-, Flug- und Ausflugstickets.
Forum für Bornholmfans und allgemeine Infos über die Insel: www.bornholm.de.

Übernachten

Hotels und Pensionen findet man zahlreich im Norden der Insel, Ferienhäuser – es gibt rund 3500 – mehr im Süden. Für Low-Budget-Urlauber gibt es fünf Danhostel-Herbergen (www.danhostel-bornholm.dk) sowie über ein Dutzend Campingplätze.

Kleine Art-déco-Perle ▶ Melsted Badehotel: Melstedvej 27, 3760 Melsted, Tel. 56 48 51 00, www.melstedbadehotel.dk, Ende April–Ende Sept. Mein Lieblingshotel liegt südlich von Gudhjem nahe Nordbornholms einzigem Dünenstrand. Hier den Tag mit einem Frühstück in der Morgensonne auf der Terrasse zu beginnen, ist Urlaub pur. DZ mit Gourmetfrühstück ca. 1350–1875 DKK.

Camping im Strandwald von Dueodde ▶ Bornholms Familiecamping: Krogegårdsvejen 2, 3730 Nexø-Dueodde, Tel. 56 48 81 50, www.bornholms-familiecamping.dk. Mein Lieblingscampingplatz hat nichts als ein paar Dünen zwischen Stellplatz und dem legendären Strand von Dueodde. Auch gut ausgestattete Apartments in einem alten Landschulheim auf dem Gelände.

Ferienhäuser ▶ Feriepartner Bornholm (Tel. 56 97 12 20, www.feriepartner.de/bornholm) vermittelt inselweit, wogegen **Svanekeferie** (Tel. 56 49 70 73, www.svanekeferie.dk) vornehmlich Ferienobjekte in und um Svaneke anzubieten hat.

Essen & Trinken

Hoch über dem Hafen von Vang ▶ Le Port: Vang 81, 3790 Vang, Tel. 56 96 92 01, www.leport.dk. Die Terrassenplätze in meinem Lieblingsrestaurant sind an lauen Abenden weder mit Bornholmern noch mit anderem Gold aufzuwiegen! Dann schaut man der Sonne hinterher, bis sie im Meer versinkt und die Lichter der schwedischen Küste zu blinken beginnen. Die Küche ist mediterran mit einem Schwerpunkt auf Fisch. HG um 250 DKK. Unbedingt reservieren!

Hummerimbiss in der Räucherkammer ▶ Hummerhytten: Strandstien 10, Listed, Tel. 56 49 76 16, www.hummerhytten.dk. Das urigste Gourmetlokal Dänemarks: Die Tatsache, dass in der Ostsee keine Hummer leben, stachelte den aus Deutschland stammenden Wirt an, direkt an deren Ufer Hummer zu verkaufen. Dafür stylte er eine alte Heringsräucherei zum Edel-Imbiss auf, aber lediglich die ›Kombüse‹, in der so viele echte Hummer zubereitet werden, wie nirgendwo sonst in Dänemark, und ein einziger Tisch haben in den alten Räucherkammern Platz gefunden, alle anderen Tische und die Theke stehen im Freien, nur durch Schirme vor der Sonne geschützt: Hummergerichte ab 210 DKK, frischer dänischer Hummer (meist aus Skagen, S. 205) ca. 1 DKK/Gramm.

Einkaufen

Schmuck ▶ Sebastian Frost: Strandstien 1 A, 3740 Listed, www.sebastianfrost.dk. Der aus Deutschland zugewanderte Golschmied design in seinem kleinen Atelier in einem alten Fischlager am Felsenhafen von Listed

Bornholm

edelsten Schmuck, der auch schon die königliche Familie begeisterte. Seine Spezialität ist ein ›schwebender‹ Diamant, in Ringe, Anhänger oder Ohrgestecke scheinbar frei schwebend eingearbeitet.

Kunsthandwerk ▶ Keramiker, Glaskünstler, Textildesigner, Goldschmiede und andere Kunsthandwerker bieten inselweit **Direktverkauf** in Ateliers und Studios an.

Aktiv

Ein Netz von fast 250 km vom Autoverkehr getrennter **Radwege** überzieht Bornholm. Ideal sind die von Schienen und Schwellen befreiten Trassen des alten Eisenbahnnetzes, die mit wenigen sanften Steigungen auskommen. Vorbildliche Infos inkl. Karten und Höhenprofilen auf www.cykel.bornholm.info.
Organisierte Radrundfahrten ▶ Biking Bornholm: www.biking.dk.

Termine

Bornholms Brands Park Travbane: Segenvej 41, Almindingen, 3720 Aakirkeby, von April bis Okt. 1–2 Renntage pro Woche, www.bornholmsbrandpark.dk. Mehr Dorffest denn Ascot sind die Renntage – im Sommer meist Di – auf Bornholms Travbane, der Trabrennbahn im Wald von Almindingen. Da wird gewettet, gejubelt und geflucht, neben der Rennbahn Familienpicknick, dazu liefert das Rennbahnrestaurant Würstchen mit Pommes oder ein Smørrebrød. Und bei Wetteinsätzen ab 10 Kronen darf man auch mal was riskieren, wenn man die Pferde nicht kennt.

Bornholm Rundt March: Anfang Juli findet die Volkswanderung statt, 2016 zum 40. Mal. In 3 Tagesetappen wird die Insel auf insgesamt 125 km immer nah der Küste umrundet. Man nächtigt in Schulen und Turnhallen nahe den Etappenstationen. Startgeld 400 DKK, Infos unter www.bornholmrundtmarchen.dk oder bei Bornholms Velkomstcenter.

Hammershus Fairtrade Concert: Nur wenige Orte für Open-Air-Konzerte auf unserem Planeten können bei Aussicht und Atmosphäre mit dem Gelände konkurrieren, auf dem die Hilfsorganisation Global Trade jedes Jahr in der 2. Julihälfte ihr Hammershus Fairtrade Concert veranstaltet: Bühne, Burgruine Hammershus und die Ostsee mit Schweden am Horizont bilden eine grandiose Kulisse und spät in der nordischen Nacht, wenn es endlich dunkel ist, werden die Ruinen von Hammershus romantisch illuminiert – da hält sogar das wildeste Rock-Publikum für einen Augenblick den Atem an.

Etape Bornholm Marathon: Jedes Jahr Ende Juli können ambitionierte Sportler den Bornholmer Etappenmarathon laufen. Er zeichnet sich durch fünf sehr unterschiedliche Etappen aus, vom Strandlauf auf dem feinen Sand von Dueodde über einen Waldlauf im Almindinger Forst bis zum ›Berglauf‹ über den Granithorst Hammeren. Infos und Anmeldung auf www.etape-bornholm.dk.

Verkehr

Fähre: ab Deutschland direkt Mukran (Rügen) – Rønne (Ostern–Okt. mind. 3 x wöchentl., Hochsaison 1–2 x tgl., ca. 3,5 Std., Pkw inkl. 5 Pers. je nach Abfahrt 115–130 €). Sonst via innerdänischer Linie Køge – Rønne (ca. 6,5 Std., Nacht-/Tagfahrten) oder via Schweden Ystad – Rønne (Katamaranfähre 75 Min., sonst 2,5 Std., 3–9 x tgl.). Alle Linien: BornholmerFærgen (Tel. 56 95 18 66, www.faergen.de mit einfacher Online-Buchung auch auf Deutsch).

Flug: Via Kopenhagen. Von dort tgl. zahlreiche Flüge nach Bornhom (der Airport liegt südl. von Rønne) mit DAT / Bornholmerflyet.dk (S. 78); bei frühzeitiger Buchung sind oft Tickets für knapp 300 DKK inkl. Steuern zu bekommen.

Bahn/Bus/Fähre: Ab Kopenhagen jeweils ca. 3 Std.: ganzjährig 3–6 x tgl. via Ystad – Rønne mit Bahn (www.dsb.dk/bornholm) oder Bus (www.graahundbus.dk); via Simrishamn – Allinge Juni–Aug. 2 x tgl. mit Bus (www.bornholmexpress.dk). Alle Varianten kosten ab Kopenhagen regulär um 260–280 DKK, es gibt aber häufig Sonderangebote.

Inselverkehr: Bornholms öffentlicher Nahverkehr BAT betreibt ein dichtes Busnetz mit Knotenpunkt in Rønne. Mehrfachkarten (›RaBATkort‹) und eine 1- oder 7-Tage-Karte helfen sparen. Fahrpläne unter www.bat.dk.

Bornholms Attraktionen

aktiv unterwegs

Im Flying Fox über den Opalsø

Tour-Infos
Start: Opalsø westlich Sandvig
Dauer: ca. 6–8 Min. Aufstieg, ca. 15–20 Sek. Absturz
Anbieter: Nature Event, www.natureevent.dk, Tel. 70 22 26 48. Eine ›Abfahrt‹ 150 DKK, Wiederholungsfahrten 50 DKK, Ende Juni–1. Augustwoche tgl. 10–17 Uhr

Der Absprung ist kurz. Viele zögern einen Augenblick: vor ihren Füßen 50 m Abgrund. Zum Glück rauscht man nicht direkt in die Tiefe, sondern eingeklinkt an Tauen quer über den Opalsø 16. Nach knapp 300 m Flug klatscht jeder mehr oder minder elegant mit rund 40 km/h aufs Wasser – Schwergewichte auch etwas schneller. Es ist einer der alten Granitsteinbrüche am Hammeren, nicht weit von Sandvig, der die imposante Kulisse für dieses ›splashhhhhhh-Erlebnis‹ gibt, mit dem sich Bornholm eindrucksvoll auf der Weltkarte für Adrenalin-Junkies positioniert.

Wie nur nennt man den Spaß am Tau? Betreiber Nature Event vermarktet ihn als ›Danmarks længste Tovbane‹. Deutsche dürften sich unter ›Dänemarks längster Seilbahn‹ aber anderes als den kontrollierten Absturz vorstellen. In Neuseeland, dem Mutterland der Action-Aktivitäten, wäre von einem ›Flying Fox‹ die Rede. Am besten springen Sie selbst einmal – irgendetwas fällt Ihnen dazu schon ein und sei es nur der Schrei, der den meisten beim ersten Absprung entfährt …

Erst schreien, dann splashen – Absprung über dem Opalsø

Register

Das Register folgt dem dänischen Alphabet, die Buchstaben Æ, Ø und Å – inklusive der älteren Schreibweise Aa (S. 100) – stehen hinter dem Z.

Abelines Gaard 155, 157
Absalon, Bischof 361, 362, 380, 382, 391
Agersø 354
Agger 180, 182
Aggersborg 31, **194**
Agri Bavnehøj 278
Ajstrup Strand 273
Albuen **334**
Allinge 434
Als (Insel) **241,** 248
Amager 381, **401**
Andersen Nexø, Martin 51, **438**
Andersen, H.C. 11, 33, 46, 69, 164, **289,** 290, **292,** 322, 355, 389, 391, 395, 398
Angeln 88, 160, 182, 204, 212, 319, 355, 414
Anholt 18, **280**
AroS (Kunstmuseum) 48, **268**
Ärztliche Versorgung 97
Asger, Jorn 48, 262
Assens 302, 303
Augustenborg **242**
Auning 282
Avernakø 311

Ballum Enge 114, 116
Bagenkop 318
Bang & Olufsen 50, 174
Bang, Herman 50, 218, 222
Behinderte 74
Bevölkerung 13, 40
Billund 76, 78, **153, 253**
Birkholm 311
Bisserup 356
Bjerre Herred 258
Bjørnø 310
Blicher, Steen Steensen 261

Blixen, Karen (Tanja) 51, 69, 415
Blockhus 193, **195**
Blåbjerg 149
Blåvand 42, **147, 150**
Bogense **297**
Bommerlunder Forst 246
BonBon-Land **348**
Bork Vikingehavn 31, **155, 156**
Bornholm 63, 71, 75, **432**
Borreby 355
Botschaften 93
Bournonville, August 52
Bovbjerg 10, 15, **167**
Brahe, Tycho 418
Brandts Klædefabrik 291
Bratten Strand 216
Brecht, Bertold 308
Bredebro 116
Bregentved **348**
Bregninge (Sjælland) 364
Bregninge (Tåsinge) 316
Bregninge (Ærø) 313
Bronzezeit 27, 36, 181, 225, 331, 367
Brovst **193**
Brundlund Slot 244
Bulbjerg 10, 16, **187,** 193
Børglum 181, **197,** 221

Camping 71, **86,** 96
Carlsberg (Brauerei) 253, **394**
Charlottenlund **402**
Christian I. 41
Christian II. 32, 34, 263, 277
Christian III. 263, 322
Christian IV. 32, 36, 47, 387, 389, 392, 399, 418
Christian VIII. 41, 292
Christian IX. 41, 127, 431
Christian X. 34, 249, 270
Christiansfeld 244, **249**
Christiansø 433, 437
Clausholm 282
CoBrA 48, 170, 228, **262, 404**

Dagmar, Königin 134, 362
Danevirke 28
Danfoss Univers 242
Danhostel 70, 79, **85**
Daugbjerg (Kalkgruber) **171**
Design **49,** 91, 109, 172, 174, 250, 391, 407
Deutsche Minderheit 40, **41,** 241, 244
Djursland 15, **277**
Doverodde **181**
Drachmann, Holger 214, 425
Dragør 401
Dragsholm (Schloss) 366
Drejø 311
Dreyer, Carl Th. 52
Dronninglund 222
Dronningmølle **425**
Düppel s. Dybbøl
Dybbøl (Düppel) 36, 41, **241**
Dueodde 71, 434, 439

Ebbesen, Niels 283
Ebeltoft 248, **279**
Egeskov 47, **307**
Egholm 299, 230
Egtved 27, 48, **255**
Eigtved, Nicolai 47, **395**
Eisenzeit **28,** 36, 46, 111, 116, 155, 229, 286, 288, 323, 426
Ejer Bavnehøj 15, 261
Elíasson, Ólafur 48, 268
Elmelunde **342**
Elmelunde-Meister 54, 342
Endelave 258
Enebærodde **298**
Erik von Pommern 32, 421
Erster Weltkrieg 33, 36
Ertebølle 27, **232**
Ertholmene s. Christiansø
Esbjerg 33, 46, 49, **139**
Eskilstrup 338

Fähren 75, **77,** 192, 204, 325
Falsled Kro 57, 304

Der Haupteintrag ist **fett** hervorgehoben.

Falster 17, **336**
Fanefjord Kirke 340
Fanø 42, 71, 80, 89, **127**
Färöer 21, **23,** 29, 189
Faxe 351
Feggesund 192
Feiertage 43, 44
Fejø 332
Femø 332
Ferienhäuser 79, **83**
Ferring **167**
Film **51,** 52, 186, 304, 366
Fischerei 19, **25,** 122, 139, 142, 158, 187, 198, 208, 221, 280, 425, 432
Fjellebroen 304
Fjerritslev **193**
Fjord&Bælt 19, **300**
Flaggentage 44
Flensborg Fjord 240
Flyvesandet 71, **298**
Folketing 21, 22, 36, 391
Fredensborg **431**
Fredericia 240, **253**
Frederik II. 323, 366, 389, 421
Frederik III. 33, 112, 253, 396
Frederik IX. 370
Frederik IV. 283, 430
Frederik VI. 33, 332
Frederik VII. 33, 41, 44, 255, 277, 292, 389, 429
Frederik (Kronprinz) 34, 37, 44, 58, 148, 395
Frederiksberg 380, 392, 413
Frederiksborg Slot 430
Frederikshavn 16, 31, **216**
Frederikssund 31, 415, **428**
Frederiksværk 427
Frokost 58
Frøslevlejren **244**
Fuglsang Kunstmuseum 331
Fünen (Fyn) 17, 27, 47, **286**
Fünen-Maler 291, 300, 305
Fur 62, **172**
Fyns Hoved **300**

Fyrkat 31, **234**
Faaborg **304,** 309
Fårup Sommerland 195

Gallehus, Goldhörner 28, 111
Gabet 298
Gammel Estrup 282
Gammel Holtegaard 415
Gammel Rye **261**
Gavnø (Schloss) **348**
Gedser **337**
Gelbes Riff 182, 187, 204
Geld 95
Geologie 15, 172, 343, 352
Gilbjerg Hoved 426
Gilleleje **426**
Gisselfeld 348
Glavendruplunden **298**
Golf 88
Gorm den Gamle 30, 256
Gram 139
Grauballe-Mann 28, **270**
Grenaa 280
Grenen 14, 210, **212**
Grönland 21, **22, 23,** 29, 40
Großer Belt 12, 15, 37, 75, 79, 81, 321, 324, **354**
Grundtvig, Nicolai F. S. 45, 347
Gråsten **240**
Gudenå 89, 263, 264, **284**
Gudhjem 434
Gudme 308, **323**
Guldalder 33, 36, **48,** 283, 404
Guldborg Sund 331
Gule Rev s. Gelbes Riff
Gørlev **358**

Haderslev **247**
Hals **222**
Halskov Vænge 338
Halsnæs **426**
Hamlet 191, 404, 420, 424
Hammershøj, Vilhelm 48
Hammershus (Burg) **434**
Hanherred 190, **193**

Hansen, Christian Frederik 48, 245, 388
Hansen, Svend Wiig 46, 142
Hanstholm 16, 25, 182, 183, 184, **186, 187**
Harald Blåtand 30, 194, 234, 256, 278, 357, 370
Harridslevgaard 297
Havneby **122**
Hein, Piet 50
Hellerup 402
Helgenæs **277**
Helnæs 302, **304**
Helsingør 415, **420**
Henne 50, 72, **149**
Henningsen, Poul 50, 151
Herning 46, **170**
Hesselager 322
Hestehovedet 335
Hillerød 415, **430**
Himmelbjerg 15, **261**
Himmerland 231
Hindsholm 300
Hirsholmene **217**
Hirtshals 16, 182, 198, **203**
Hjarnø 258
Hjejlen (Raddampfer) 261, 264
Hjerl Hede **173**
Hjerpsted 115
Hjerting 143
Hjortø 311
Hjørring 48, **202**
Hobro 31, **234**
Holbæk 363
Holmsland Klit 15, 155, **156**
Holstebro 52, **168**
Holsteinborg 293, 356
Hornbæk **425**
Horne/Horne Kirke 304
Hornsherred **428**
Hornslet **277**
Horsens 42, **259**
Houstrup 149
Houvig 159
Hovslund 246

443

Register

Hunde 93
Hundested 415, 426
Hurup **180**
Husby Klit 163
Hven/Ven **418**
Hvide Sande 89, 149, 150, **156**
Hærvejen 90, **246**
Høeg, Peter 51, 69
Højby **367**
Højer **113**
Højerup 352
Høve **366**

Ibsen, Henrik 222
Immervad Bro 246
Information 68
Internet 68, 81, 83, **98**

Jacobsen, Arne 49, **50**, 251, 268, 403, 405, 407
Jacobsen, Robert 48, 142, 143, 228, 255
Jacobsen, Jens Peter 189, 338
Jammerbugten 71, 80, 89, **193**
Jelling 30, 31, 36, **256**
Jels Vikingespil 31, 253
Jensen, Jacob 50, 172
Juelsminde 254, **258**
Julsø 261
Jægerspris (Schloss) 428

Kalkmalerei 47, **54, 146,** 195, 222, 340, 342, 364
Kalmarer Union **32,** 277
Kalundborg 325, **359**
Kalø Slot 277
Kanu **89, 169, 192, 205, 235,** 249, 264, 284, 349, 410
Karikaturenstreit **35, 37,** 39
Karrebæksminde **348,** 351
Kegnæs 241
Keldby 342
Kerteminde 19, **299**
Kierkegaard, Søren 389, 394, 426

Kinder (reisen mit) 31, 61, **72,** 80, 97, 116, 122, 134, 153, 167, 189, 195, 211, 227, 253, 256, 283, 284, 289, 305, 348, 367, 389, 390, 402, 411, 420
Kirkeby, Per 48, 170, 232, 395
Kleiner Belt 18, 240, 253, 301
Klejtrup Sø 234
Klampenborg 403
Klima 96
Klintholm Havn 344, 345
Klitmøller 89, 182, **185, 184, 198**
Knivsbjerg 245
Knud der Heilige 288
Knudshoved 321
Knudshoved Odde 347
Knuthenborg Safaripark **332**
Kolding 63, 240, **250**
Kolind 277
Kong Asgers Høj 340
Kong Humbles Grav 318
Kong Svends Høj 332
Kongens Lyngby 403
Kongernes Nordsjælland s. Nationalpark
Kopenhagen 24, 31, 42, **47,** 49, 52, 57, 61, **380**
Amager 401
Amalienborg Slot **395**
Arbejdermuseet 388
Arken Museum 402
Assistens Kirkegård 384, 389
Bakken 361, **402**
Bibliotekshaven 392
Botanisk Have 389
Børsen (Börse) 47, 392
Carlsberg Besøgscenter 394
Charlottenborg Slot 386
Christiania 399
Christiansborg 391
Christianshavn 381, 399
Danmarks Akvarium 402
Dansk Arkitektur Center 399
Dansk Jødisk Museum 392

Dyrehave 403
Flakfortet 410
Flughafen 401, 412
Frihedsmuseet 390, 396
Frilandmuseet Sorgenfri 404
Hafenrundfahrten 410
Halvandet 399, 410
Hirschsprung Museum 389
Holmen 400
Holmens Kirke 392
Kastellet 396
Kleine Meerjungfrau 398
Kongelige Bibliotek 392
Kongelige Teater 386
Kongens Have 388
Kunstindustrimuseet 396
Købmagergade 387
Københavns Bymuseum 386
Langelinie Kaj 398
Latinerkvarter 388
Lille Havfrue 398
Marionetteatret 411
Marmorkirken 396
Metro 379, 402
Mindelunden i Ryvangen 402
Nationalmuseet 31, 391
Nikolaj Kunsthal 383
Nordatlantens Brygge **399**
Ny Carlsberg Glyptotek 391
Nyhavn **395, 406,** 410
Operaen Kobenhavn 49, **395, 408**
Ordrupgaard 403
Orlogsmuseet 399
Post & Tele Museum 387
Rundetårn 387
Rosenborg 389
Snarens Kvarter 386
Sophienholm 403
Sorte Diamant 392
Statens Museum for Kunst 389
Strædet **387**
Strøget **382,** 407
Thorvaldsens Museum 392

Der Haupteintrag ist **fett** hervorgehoben.

Tivoli 73, **390, 407, 411**
Torvehallerne KBH 388
Trekroner 399, 410
Tøjhusmuseet 392
Vesterbro 392
Zoologisk Have 394
Koresand 118, **126**
Korsør **356**
Kragenæs 332
Kronborg Slot 47, **421**
Krøyer, Peter Severin 212, **214**
Kystbanen 403, 413, 415
Kærgård 149
Køge **353**
Køge Bugt 402

Ladby/Ladbyskibet 31, **300**
Landwirtschaft 20, **25,** 274
Langeland 43, 274, **317**
Langelandsbælt 319
Langelandsfort 318
Langerak 234
Langø 334
Langør 275
Larsen, Henning 49
Larsen, Johannes 300
Ledreborg (Schloss) **371**
LEGOLAND Park 73, 79, **154,** 257
Lejre 329, **371**
Lem 162
Lemvig **175**
Lild Strand **187, 198**
Lillebælt s. Kleiner Belt
Lille Vildmose 234
Limfjord 16, 30, 105, 177, 181, 192, 230, 192
Limfjordruten **230**
Limfjordsmuseum 232
Lindehoved Fyr 302
Lindholm Høje 31, **229**
Liselund **343**
Literatur **50,** 69, 191, 213, 242, 286, 292, 308, 332, 338, 438
Livø 230

Lodbjerg Fyr/Mile 183
Lolland 34, **330**
Louisiana Museum for Moderne Kunst 46, **420**
Lumsås 348
Lundeborg 286, 308, 309, **323**
Lustrupholm 31
Lykkesholm 322
Lystrup 282
Lyø 311
Læsø (Insel) 18, 70, 75, **218**
Løgstør 31, 232
Løgumkloster 42, **116**
Løkken 71, 80, 193, 195, **196**
Lønstrup 198, **201**
Lønstrup Klint 193, **199**

Mandø 107, **125**
Margeriten-Route 70, 232, 245
Margrete I. **34,** 86, 285, 370
Margrethe II. 21, **32,** 370, 395
Margrethe Kog 113, 115
Mariager Fjord 231, 234
Maribo **332**
Marielyst 71, **337**
Marienlyst Slot 424
Marselisborg (Schloss) **270**
Marstal **312**
Melbye, Vilhelm 214
Mellerup 279
Menstrup 350
Middelfart 18, 253, 286, 287, **301**
Mietwagen 81
Moesgård 31, **270**
Mols Bjerge s. Nationalpark
Monarchie 13, 21, 33, 34
Moorleichen 28, 263
Mørkøv 364
Mors 180, **190**
Mukran (Rügen) 440
Munk, Kaj **163**
Munkebo 299
Møgeltønder **111**
Møllehøj 15, **261**

Møn 14, 54, 327, 340, **340**
Møns Klint 14, 310, **342, 344**
Mønsted (Kalkgruber) **171**
Målov Kirke 54
Mårhøj 300
Mårup Kirke **200**

Nakkehoved 425
Nakskov 330, **333**
Nakskov Fjord 328, 330, 335
Nationalhistoriske Museum 430
Nationalpark **18**
– Kongernes Nordsjælland 18, 429
– Mols Bjerge 15, 18, 258, **277**
– Thy 18, 183
– Wattenmeer 14, 18, 19, 74, 105, 106, **118,** 120, 125
Nekselø 354
New Scandinavian Cooking **57,** 272, 335, 406
Nibe 232
Nielsen, Carl 289
Nissum Fjord 17, **163,** 166
Nivå **415**
Nolde, Emil **113, 161,** 389
Nordborg **242**
Nordby **130,** 274
Nordkyststien 414
Nordsøen 204
Norre Nebel 149, **150**
North Sea Beach Marathon **149**
Notruf 97
Nyborg **321**
Nykøbing Mors **191**
Nykøbing Falster 51, **336**
Nykøbing Sjælland **366**
Nymindegab 149
Nyord **342**
Nysø 351
Nysted 330
Næstved **347**
Nørgaard, Bjørn **48,** 169, 202, 228, 259, 353, 391, 398
Nørre Lyngby **197**

Register

Nørre Lyngvig Fyr 158
Nørre Nebel 150, 160
Nørre Vorupør 182, **183**, 184, 198
Nørre Wosborg **164**

Odense 11, 33, 92, 238, **287**
Odense Fjord 288, 297
Odsherred **365**
Oehlenschläger, Adam 50, 343, 387
Öffnungszeiten 91, 96
Oksbøl 34, **146**
Okseøer 240
Omø 354
Opalsø **441**
Ordrup Næs 369
Orø 363

Pannenhilfe 79
Politik 13, 21
Post 99
Præstø **351**
Puttgarden 35, 75, 326

Radfahren 77, **81**, 246, 325
Randers 258, **283**
Randers Fjord 264, 279, **284**
Rauchverbot 94
Rasmussen, Anders Fogh 21, 40
Rebild Bakker 232
Reersø **358**
Reformation **32**, 132, 173, 197, 226, 263
Renaissance 17, **47**, 142, 222, 307, 383, 415
Ribe 28, 31, 105, **132**
Ringkøbing 161
Ringkøbing Fjord 15, 19, **156**
Ringkøbing-Skjern Museum 155
Ringreiterspiele 42, **248**
Ringsted **362**
Rold Skov 233
Romer, Knud 51

Rosenholm 277
Roskilde 31, 54, **370**
Roskilde Festival 43, **373**
Rudbøl 113
Rudkøbing 43, **317**
Rungsted **414**
Rødby/Rødbyhavn 35, 328, **330**
Rødvig 353
Røjle Klint 296
Rømø 71, 79, 80, **121**
Rønde **277**
Rønne 432, 435
Rønnerne 219
Rørby 364
Rørvig 368
Råbjerg Mile 18, 193, **208**
Rågeleje 426

Sahl **173**
Sakskøbing **331**
Sallingsund 190
Samsø 52, 248, **274**, 299
Sandflug **17,** 146,
Sankthansaften 44, 213
Schackenborg **111**
Schleswig 41
Seakayaking **89**, 181, 192, 253, 287, 310, 315, 339
Seeland (Sjælland) 35, 324, 326, **346,** 392
Segeln 89
Sejerø 354
Sejerø Bugt 354, 369
Selsø Slot 429
Silkeborg 238, 261, 262, **263**
Sjælland s. Seeland
Sjælland Rundt 355
Sjællands Odde 325, **367**
Skagen 16, 18, 25, 45, 177, **206**
Skagenmaler 48, 209, **214**
Skallerup **201**
Skallingen **149**
Skamlingsbanken **249**
Skamstrup 364

Skarø 311
Skibsted Fjord 181
Skive **172**
Skjern 155, **162**
Skjern Enge 155, 162
Skjoldenæsholm 363
Skjoldnæs Fyr 314
Skodsborg **414**
Skovsbostrand 308
Skovsgård 318
Skovshoved 71, 403
Skælskør **355**
Skærbæk **116**
Slagelse **358**
Sletterhage Fyr 278
Slotø 334
Smørrebrød **58,** 59
Snapseruten 179, **230**
Snaptun 258
Sorø 43, **361**
Sort Sol 108, **117**
Sostrup Slot 282
Spodsbjerg 426
Spøttrup Middelalderborg **173**
Stadil Fjord **163**
Stauning 162
Stavns Fjord 275
Steensgaard Herregård 305
Stege **340**
Steinzeit **27**, 172, 181, 189, 232
Stenbjerg **183**, 198
Stevns/Stevns Klint **352**
Storebælt s. Großer Belt
Storebælt-Brücke 35, **324,** 356
Strandby 216
Strib **297**
Struensee, Johann Friedrich 33, 69, 388
Struer **174**
Strynø **320**
Stubbekøbing 338
Sundby 331
Surfen **89,** 123, 184
Suså 89, **349**

Der Haupteintrag ist **fett** hervorgehoben.

Svaneke 62, 434
Svendborg 274, **307**
Sydals 241
Sydthy **180**
Sæby **222**
Sæbygård 222
Særby Strand 369
Søbygaard 313
Sønderborg **241,** 248
Søndergaard, Jens 167
Sønderho **129**
Søndervig 155, **158**
Søndre Asmindrup 364
Søndre Jernløse 364

Tarm 155, 162
Tauchen 90, 253
Telefonie 98
Thingbæk Kalkmine 232
Thisted **189**
Thisted Bryghus 190
Thorsager 277
Thorsminde 165
Thorvaldsen, Bertel 48, 343, 351, 388
Thy 18, 42, **180**
Thy s. Nationalpark
Thyborøn 19, 106, **167**
Tibirke Kirke 426
Tipperne 19, 150
Tiseholt 323
Tisvildeleje 71, **426**
Tivoli 267, 377, **390**
Tollund-Mann 28, 263
Torup Strand 193, 198
Tordenskjold, Peter 217
Tourismus 13, 51, 68, 432
Tranebjerg 274
Tranekær 318
Trapholt Kunstmuseum 251
Trelleborg 31, **357**
Trier, Lars von 46, 53
Troldkirken 232
Trundholm, Sonnenwagen 28, 46, 366

Tuen 19, 178, **205**
Tunø **276**
Tuse Kirke 364
Tømmerby Kirke 188
Tønder 43, 91, **108**
Tørring 264
Tåsinge 287, 310, **316**

Udby 347
Udbyhøj 279
Uggerby 205
Ulfborg **164**
Ulvshale **342,** 345
Undløse 364
Unfall 79
Urnehoved Ting 246
Utzon, Jørn 49, 141, 209, 226

Valby 392
Valdemar I. den Store 346
Valdemar II. Sejr 133, 346
Valdemar III. Atterdag 32, 347, 361
Valdemars Slot 315, **316**
Vallø Stift 354
Varde 79, **152**
Vedersø Kirke 163
Vejers 149
Vejle 253, **255**
Vejlerne 19, **188**
Vejlø 334, 335
Vejstrupgård 323
Vendsyssel 43, 193, 201
Venø 174, 230
Verkehrsregeln 80
Vesborg Fyr 275
Vester Vedsted 19, 120, 125
Vesterø Havn 221
Vestervig **180**
Viborg 15, 171, **285**
Vigsø Bugt **187**
Vilsund Marked 42, 189
Visit Denmark 68
Voer 279
Voergård 222

Vorbasse Hestemarked 42, 257
Vordingborg 346

Wattenmeer s. Nationalpark
Wegner, Hans J. 50, **109**
Wikinger **28, 31,** 132, 155, 156, 180, 194, 217, 229, 234, 253
Willemoes, Peter 303, 367
Willumsen, J. F. 205, 228, 428
Wirtschaft 13, 23

Ydby **181**

Zoll 75
Zeiter Weltkrieg **34,** 164, 187, 202, 214, 217, 244, 250, 396

Æbelø 298
Ærø 45, 287, 309, **311**
Ærøskøbing **311**

Øhavet 15, 238, 386, **310**
Øhavsstien 287, **309**
Øm 261, 263
Ørbæk 323
Ørebæklunde 322
Ørestad 401
Øresundsakvariet 424
Øresundsbro 401
Øster Hurup 235
Østerby 221
Østerlarskirke 434
Østersøroute 72

Aabenraa 40, **244,** 246
Aalborg 47, 62, 71, 92, 177, 216, **223**
Aalsgaard 63
Aarhus 31, 43, 46, 70, 92, 238, **264**
Ålbæk Bugt **216**
Årø 240, 245, **311**
Årosund **245**

447

Abbildungsnachweis/Impressum

Abbildungsnachweis

Bildagentur Huber (Garmisch-Partenkirchen): Umschlagklappe vorn, S. 1, 4, 8, 102/103, 227, Umschlagrückseite (Gräfenhain); 47 (Damm); 3, 176 (Spiegelhalter); 7, 435

Bilderberg (Hamburg): S. 2, 39 (Modrak)

Corbis (Düsseldorf): S. 29 (Krist)

DuMont Bildarchiv (Ostfildern): S. 104, 106 re., 144, 153, 178 li., 184, 200/201, 260, 333 (Holger Leue), 126 (Hartmut Schwarzbach)

Getty Images (München): S. 6, 137, 270, 430 (John Elk III); 306 (Grilly); 6, 400 (Parker); 412/413 (Panoramic Images)

Klüche, Hans (Bielefeld): S. 2, 3 (2x), 4, 5, 24, 55, 57, 60/61, 73, 81, 90, 123, 124, 174, 178 re., 182, 188, 196, 198, 203, 208, 234, 238 re., 243, 248, 257, 269, 278, 281, 290, 293, 296, 300, 315, 319, 326, 328 re., 340/341, 350, 374/375, 409, 427, 441

Kürtz, Hans.-J. (Kiel): S. 16

laif (Köln): S. 1, 11 (Falke); 51 (Barth), S. 99 (Hub); 110 (Galli); 219 (Kreuels); 1, 236, Umschlagrückseite (Tophoven); 382/383 (Lengler); 5, 378 li., 398 (Gläscher); 378 re., 411 (Zanettini)

Leue, Holger (Haunetal): S. 66/67, 251, 336/337

LOOK (München): S. 42 (F. Dressler); 360/361 (H. Dressler); Titelbild (Arthur F. Selbach)

Picture Alliance (Frankfurt/M.): S. 244 (Langenstrassen); 312/313, 316/317 (Wagner); 6, 238 li., 325 (Woitas); 419 (Lindblom/Scanpix)

Schapowalow (Hamburg): S. 106 li., 157 (Picker), 228 (Atlantide)

Visum (Hamburg): S. 7, 49, 393 (Kowsky); 376 (Buellesbach)

Wir danken:

Visit Denmark: S. 92 (Stenberg); 164/165 (van Roeden); 220 (Britton); 349 (Visit-Næstved); 328 li., 364/365, 369 (Lauridsen); 421 (Crone)

Skagens Museum: S. 215

Iver Gram, Sort Safari, Møgeltønder, www.sortsafari.dk: S. 117

Kartografie

DuMont Reisekartografie, Fürstenfeldbruck
© DuMont Reiseverlag, Ostfildern

Umschlagfotos:

Titelbild: Nyhavn, Kopenhagen; Umschlagklappe vorn: Fischerboot am Nyminde Ström

Über den Autor: Hans Klüche, geboren in Ibbenbüren, lebte und arbeitete nach dem Studium der Publizistik und Skandinavistik als freier Auslandskorrespondent in Kopenhagen. Als Journalist und Fotograf ist er dem Norden bis heute eng verbunden geblieben und hat an zahlreichen Reiseführern und Bildbänden über Dänemark, Norwegen und Island mitgearbeitet. Für DuMont schrieb und fotografierte er z. B. in der gleichen Reihe »Neuseeland«.

Lektorat: Hans E. Latzke, Erika E. Schmitz (Bildredaktion), Anja Lehner

Hinweis: Autor und Verlag haben alle Informationen mit größtmöglicher Sorgfalt geprüft. Dennoch sind Fehler nicht vollständig auszuschließen. Alle Angaben erfolgen ohne Gewähr. Bitte schreiben Sie uns! Über Ihre Rückmeldung zum Buch freuen sich Autor und Verlag:
DuMont Reiseverlag, Postfach 3151, 73751 Ostfildern, E-Mail: info@dumontreise.de

3., aktualisierte Auflage 2014
© DuMont Reiseverlag, Ostfildern
Alle Rechte vorbehalten
Grafisches Konzept: Groschwitz, Hamburg
Printed in China

MIX
Papier aus verantwortungsvollen Quellen
FSC® C020056